ADAMS 车辆工程案例仿真

王孝鹏　吴　龙 ◎ 编著

西南交通大学出版社
·成　都·

图书在版编目（C I P）数据

ADAMS 车辆工程案例仿真 / 王孝鹏，吴龙编著. —
成都：西南交通大学出版社，2021.3
ISBN 978-7-5643-7987-2

Ⅰ. ①A… Ⅱ. ①王… ②吴… Ⅲ. ①车辆工程 - 计算
机仿真 - 应用软件 Ⅳ. ①U27-39

中国版本图书馆 CIP 数据核字（2021）第 040977 号

ADAMS Cheliang Gongcheng Anli Fangzhen

ADAMS 车辆工程案例仿真

王孝鹏　吴　龙　编著

责任编辑	刘　昕
封面设计	何东琳设计工作室
出版发行	西南交通大学出版社 （四川省成都市金牛区二环路北一段 111 号 西南交通大学创新大厦 21 楼）
发行部电话	028-87600564　028-87600533
邮政编码	610031
网　　址	http：//www.xnjdcbs.com
印　　刷	四川森林印务有限责任公司
成品尺寸	185 mm × 260 mm
印　　张	35
字　　数	871 千
版　　次	2021 年 3 月第 1 版
印　　次	2021 年 3 月第 1 次
书　　号	ISBN 978-7-5643-7987-2
定　　价	120.00 元

课件咨询　028-81435775

前　言

从车辆研究、设计、制造的角度考虑，目前高校车辆工程专业课程的设置已经无法适应现代企业的需求，车辆的虚拟仿真可以提前发现预测车辆在设计中存在问题，进而对车辆存在的缺陷进行改进或优化。采用多体系统动力学对车辆工程案例进行建模与仿真，可提升整车设计及性能指标，国内外汽车研究院所、技术中心多采用 ADAMS 软件完成整车及子系统工程项目。车辆系统动力学是研究所有与车辆运动状态有关的学科，目前研究方法主要分为两大类：一是采用简化的弹簧质量系统研究整车或是局部系统；二是采用多体系统动力学软件构建物理模型并对整车系统或子系统进行仿真研究。与简化模型相比，准确且精致的模型是工程项目实施的良好开端，准确的模型可以提供更加精确的载荷谱，同时对于系统本身也更有利于精确的优化。

本书主要包含以下内容：（1）综述钢板弹簧不同建模方法及各自优缺点，横置板簧悬架模型设计是一种新式悬架模型；（2）系统介绍发动机、变速器、传动轴等模型的建立及模型在车辆传动、台架实验、半车实验中的应用；（3）对 FSAE 方程式赛车整车及系统模型进行匹配、实验、调试等系统分析，在整车模型基础下改变后悬架为不同悬架模型对比分析其对整车性能的影响；（4）对商用车平衡悬架、整车模型系统论述与分析，包含 4×2、6×4 多轴系整车模型探讨；（5）对联合系统模型（车辆机电液耦合模型）及算法（PID、模糊、双模、PID 模糊）进行系统介绍及案例（主动悬架、主动驾驶室等）应用；（6）通过悬架、运载火箭案例介绍 Insight 模块下工程案例的研究、优化策略。

本书是汽车工程研究院设计研发人员及高等院所高年级本科生、研究生学习车辆系统动力学较好的资料，书中不同章节提供车辆案例仿真模型。

由于编著者水平有限，书中难免有疏漏和不足之处，敬请广大读者批评指正。

王孝鹏

2021 年 1 月于三明学院

正文仿真模型资源包

目录 CONTENTS

第 1 章　横置板簧悬架模型

横置板簧悬架较为少见，目前克尔维特跑车前后悬架以及沃尔沃后悬架采用此类悬架，横置板簧上有不同距离的螺孔，固定不同的螺孔位置，可以改变板簧的刚度，进而调整整车底盘的特性。横置板簧同时相当于一根横拉杆，对整车的稳定性起到提升作用。安装横置板簧后，螺旋弹簧可以省去，增大悬架系统的空间，降低非簧载质量。非簧载质量减小，车辆的制动特性改善明显。建立好的横置板簧双 A 臂悬架模型如图 1-1 所示。

图 1-1　横置板簧双 A 臂悬架模型

学习目标

- ✧ 横置板簧前处理。
- ✧ 横置板簧 MNF。
- ✧ 横置板簧双 A 臂悬架模型。
- ✧ 通信器。
- ✧ 单轮激振仿真。

1.1　横置板簧前处理

- 启动 ABAQUS/CAE，切换到 PART 模块，创建草图绘制后通过拉伸厚度为 5 mm 完成几何体的创建，如图 1-2 所示。

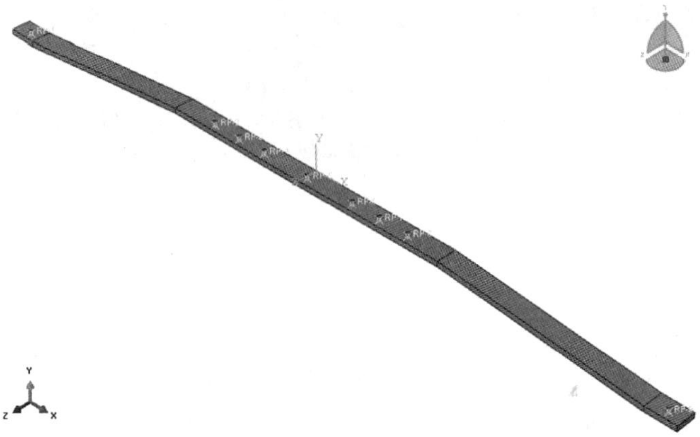

图 1-2　板簧三维模型（20×5）

• 切换到 Property 界面，创建材料属性。弹性模量：2.1E5，泊松比：0.3，密度：7.9E－9。材料属性参数一定要保持正确，要注意不同软件的单位制不同，否则会导致计算出的模态出错。材料通过界面属性赋予三维模型上，赋予成功后，板簧几何体颜色变为浅绿色，界面属性如图 1-3 所示。

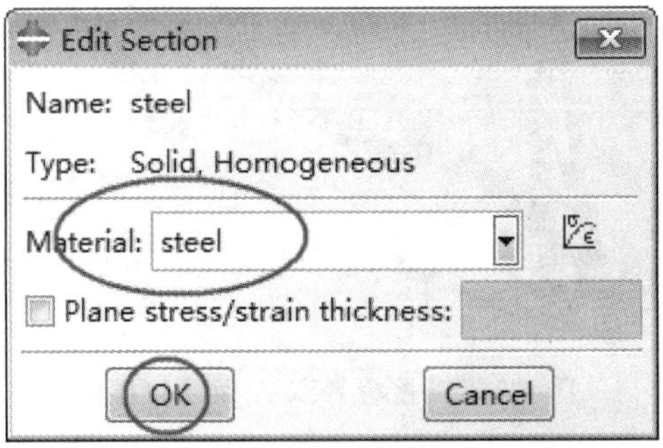

图 1-3　材料界面属性——steel

• 切换到 Assembly 界面，单击装配完成单体部件装配。

• 切换到分析部 Step 界面，完成 2 个分析部创建，如图 1-4 所示，Step-1 为模态分析步，设置提取前 20 阶模态；Step-2 为子结构生成，子结构即把整个连杆作为一个单一部件。Step-2 子结构在 Basic 选项卡设置子结构标示（Substructure identifier：Z101），点选 Whole model，在后续方框中选择整个模型；切换到 Options 选项卡：勾选 Specify retained eigenmodes by，点选 Mode range，在 Date 方框中输入 1,20,1。Step-2 设置如图 1-5、图 1-6 所示。

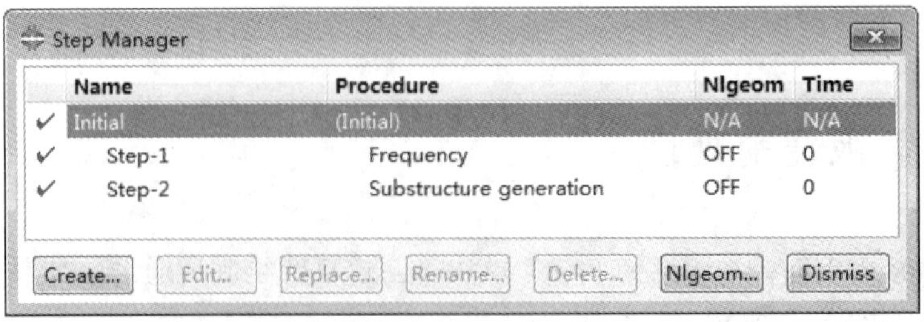

图 1-4　分析步设置

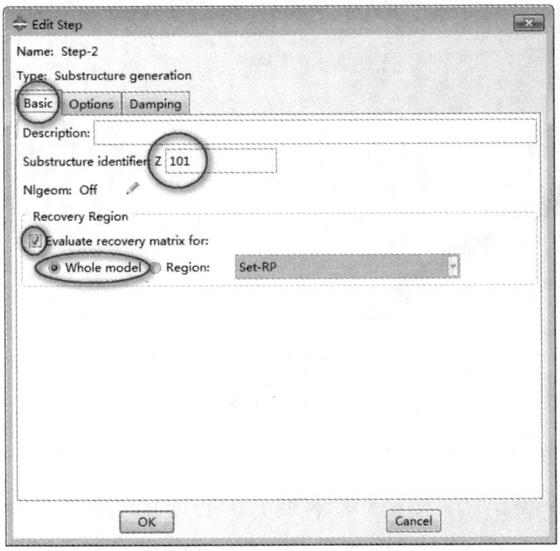

图 1-5　Basic 选项卡设置

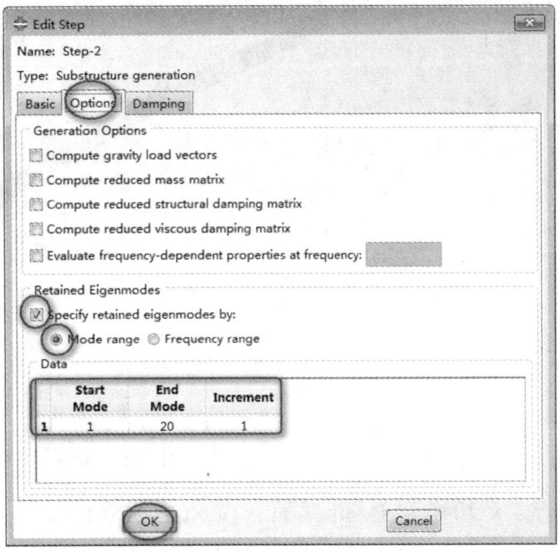

图 1-6　Options 选项卡设置

• 切换到相互作用 Interaction 界面，在连杆两圆孔中心创建 RP 参考点，建立 RP 点与孔内表面的 MPC 多点约束，如图 1-7 所示。

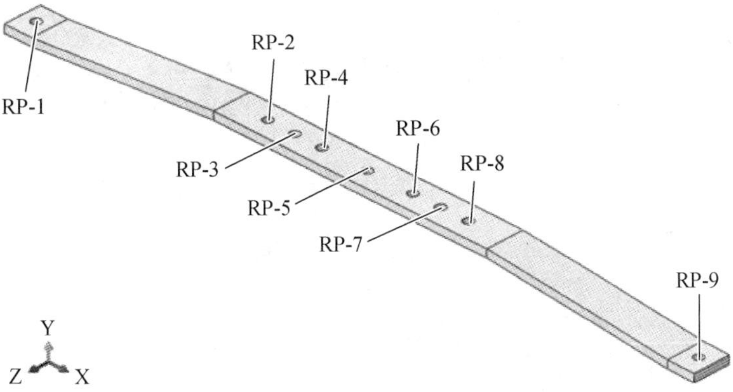

图 1-7　RP 点约束

板簧长度中心线上设计出 9 个孔，孔直径为 5 mm，此板簧有 4 种刚度：RP-5 为板簧长度的中心，固定 RP-5 时，单侧臂 RP-5 与 RP-1 之间的刚度为 A，单侧臂 RP-5 与 RP-9 之间的刚度为 A；RP-4 与 RP-6 关于 RP-5 对称，固定 RP-4 与 RP-6 时，单侧臂 RP-4 与 RP-1 之间的刚度为 B，单侧臂 RP-6 与 RP-9 之间的刚度为 B；RP-3 与 RP-7 关于 RP-5 对称，固定 RP-4 与 RP-6 时，单侧臂 RP-3 与 RP-1 之间的刚度为 C，单侧臂 RP-7 与 RP-9 之间的刚度为 C；RP-2 与 RP-8 关于 RP-5 对称，固定 RP-2 与 RP-8 时，单侧臂 RP-2 与 RP-1 之间的刚度为 D，单侧臂 RP-8 与 RP-9 之间的刚度为 D；RP-1、RP-9 与下控制臂刚性固定连接。

• 切换到网格划分 Mesh 界面，设置网格全局尺寸为 2 mm，网格划分完成后如图 1-8 所示，共包含 5 488 个六面体单元，经检查，网格全部符合要求。

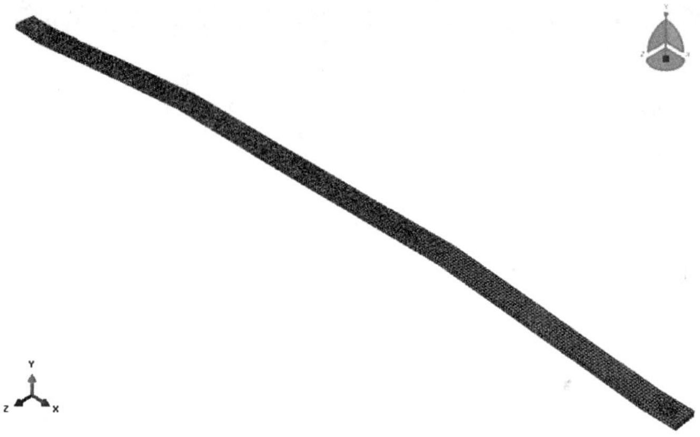

图 1-8　板簧网格划分——六面体

- 切换到 Load 界面，在 Step-1 分析步下约束 RP-1、RP-2 两个参考点完全固定。
- Step-2 分析步下选择 Retained nodal dofs，点击继续弹出编辑界面对话框如图 1-9 所示，勾选全部约束。
- 切换到 Job 界面，在模型下点击编辑关键字，弹出关键字命令窗口如图 1-10 所示。

> 在图片位置处添加关键字符如下：
> MASS MATRIX=YES　　%质量矩阵
> *FLEXIBLE BODY, TYPE=ADAMS　　%转换为 ADAMS 关键字；
> *ELEMENT RECOVERY MATRIX, POSITION=AVERAGED AT NODES　　%计算结果中显示应力应变
> S,
> E,

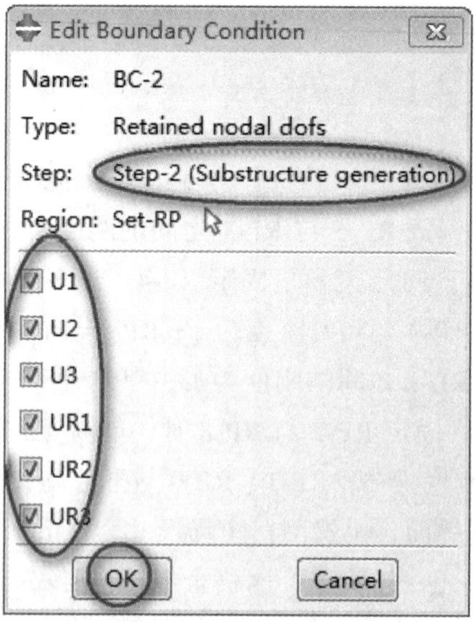

图 1-9　约束设置

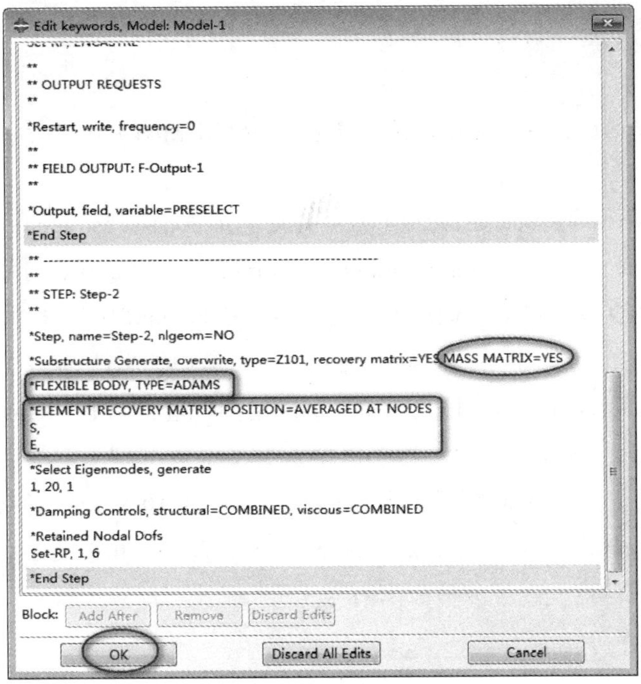

图 1-10　模型关键字编辑

• 创建 fsae_leaf_20p5 分析作业并提交运算，运算完成后可以在后处理模块中显示连杆的模态变形及对应的频率。前 4 阶模态变形如图 1-11 ~ 图 1-14 所示。

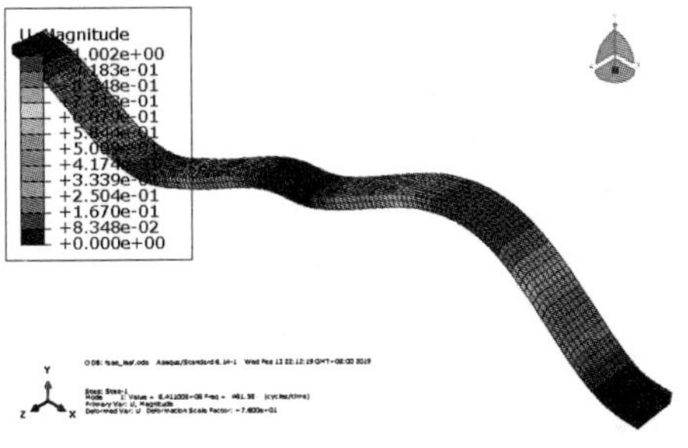

图 1-11　板簧一阶模态

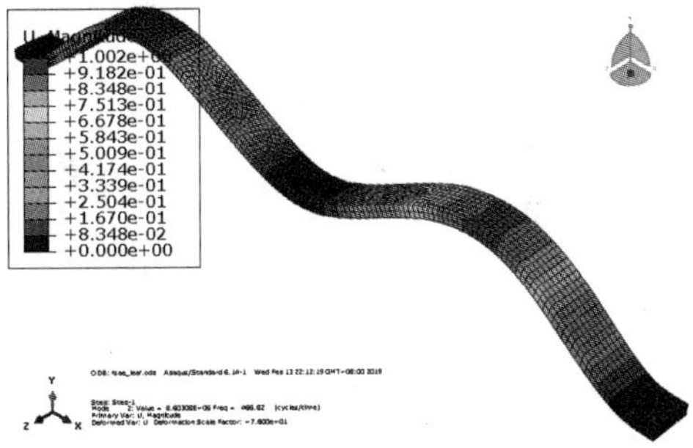

图 1-12　板簧二阶模态

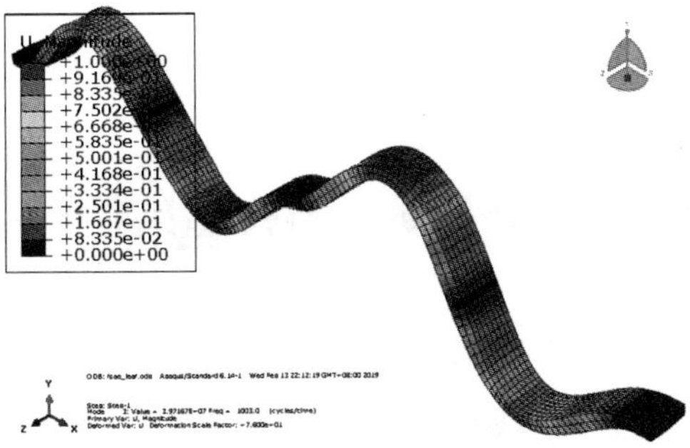

图 1-13　板簧三阶模态

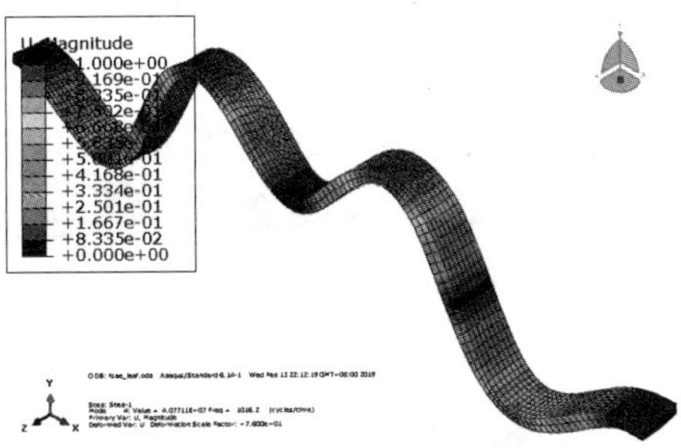

图 1-14　板簧四阶模态

1.2 横置板簧 MNF

• 打开 ABAQUS COMMAND，输入 cd D：\ADAMS_MNF，切换命令至 ADAMS_MNF 文件夹。

• 继续输入以下命令：abaqus adams job= fsae_leaf_20p5 substructure_sim=fsae_leaf_20p5_Z101 model_odb= fsae_leaf_20p5 length=mm mass=tonne time=sec force=N，命令输入完成后，ABAQUS COMMAND 完成提交并运算产生 fsae_leaf_20p5.mnf 中性文件。

• 板簧子数据块完成计算后通过转换命令生成板簧中性文件 MNF，在 ADAMS 中导入中性文件添加约束、驱动计算板簧刚度，单侧臂刚度测试过程如下：RP-9 处添加与 *Y* 轴平行的移动副，在移动副上添加驱动位移，运动速度为 20 mm/s，分别固定约束 RP-5、RP-6、RP-7、RP-8 计算出刚度 *A*、*B*、*C*、*D* 如图 1-15 所示；刚度 *A* 为 26.10 N/mm、刚度 *B* 为 56.04 N/mm、刚度 *C* 为 107.54 N/mm、刚度 *D* 为 232.55 N/mm。从计算结果可以看出，同一片钢板弹簧，通过改变力臂大小，刚度实现了 9 倍范围内变化。

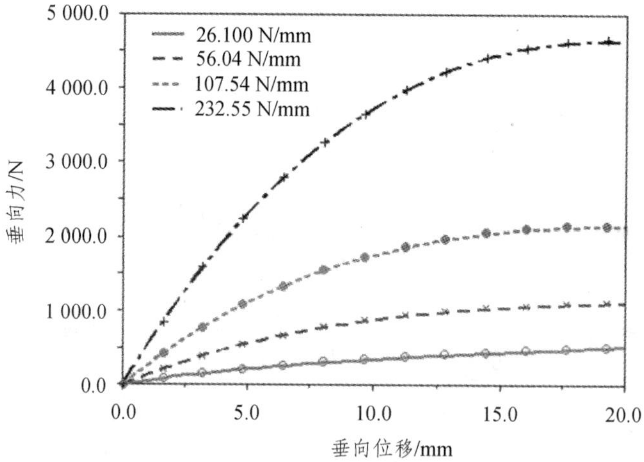

图 1-15　板簧刚度

1.3 横置板簧双 A 臂悬架模型

• 启动 ADAMS/CAR，选择专家模块进入建模界面。

• 单击 File > New 命令，弹出建模对话框如图 1-16 所示，在模板名称输入 fsae_suspension_rear_axle，主特征选择 suspension，单击 OK。

• 单击 Build > Hardpoint > New 命令，弹出创建硬点对话框如图 1-17 所示。

• 在硬点名称里输入 drive_shaft_inr,类型选择 left;在位置文本框输入 1 500, – 200.0, 225.0。

• 单击 Apply，完成 drive_shaft_inr 硬点的创建。此时在屏幕上显示出左右对称的两个硬点。以此类推，重复上述步骤完成如图 1-18 所示硬点的创建，创建完成后单击 OK。

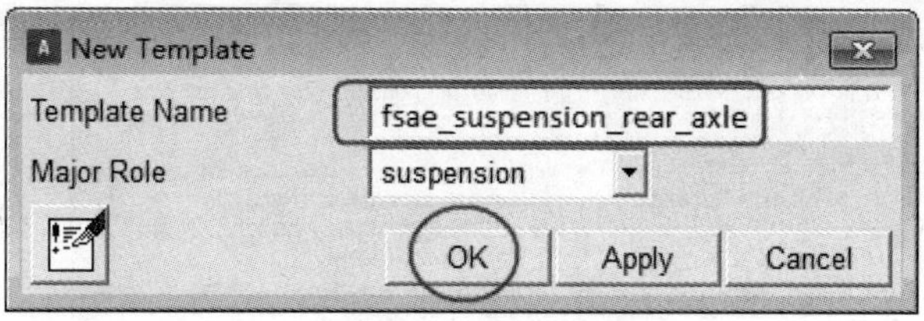

图 1-16　模板框

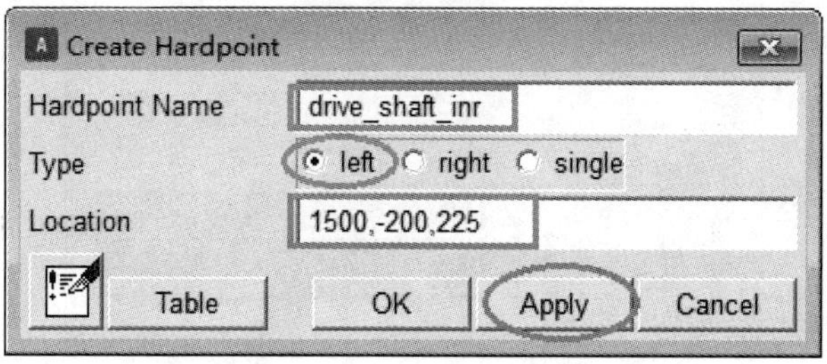

图 1-17　硬点对话框

	loc x	loc y	loc z
hpl_arb_bushing_mount	1651.0	-127.0	101.6
hpl_drive_shaft_inr	1500.0	-200.0	225.0
hpl_lca_front	1270.0	-127.0	127.0
hpl_lca_outer	1498.6	-482.6	101.6
hpl_lca_rear	1651.0	-127.0	127.0
hpl_strut_low	1498.6	-375.0	101.6
hpl_strut_low_ref	1498.6	-375.0	1.6
hpl_strut_up	1498.6	-345.0	401.6
hpl_strut_up_ref	1498.6	-345.0	501.6
hpl_tierod_inner	1676.4	-127.0	152.4
hpl_tierod_outer	1574.8	-457.2	152.4
hpl_uca_front	1270.0	-152.4	304.8
hpl_uca_outer	1549.4	-482.6	355.6
hpl_uca_rear	1625.6	-152.4	304.8
hpl_wheel_center	1524.0	-558.8	228.6
hps_global	1524.0	0.0	0.0

图 1-18　后推力杆式双横臂悬架硬点数据

1.3.1　上控制臂部件 UCA

- 单击 Build > Part > General Part > New 命令，弹出创建部件对话框，如图 1-19 所示，对于已经创建好的横置板簧悬架模型，通过右击._fsae_suspension_rear_axle.gel_uca 部件，在

弹出的快捷菜单中单击 Modify 而弹出对话框；

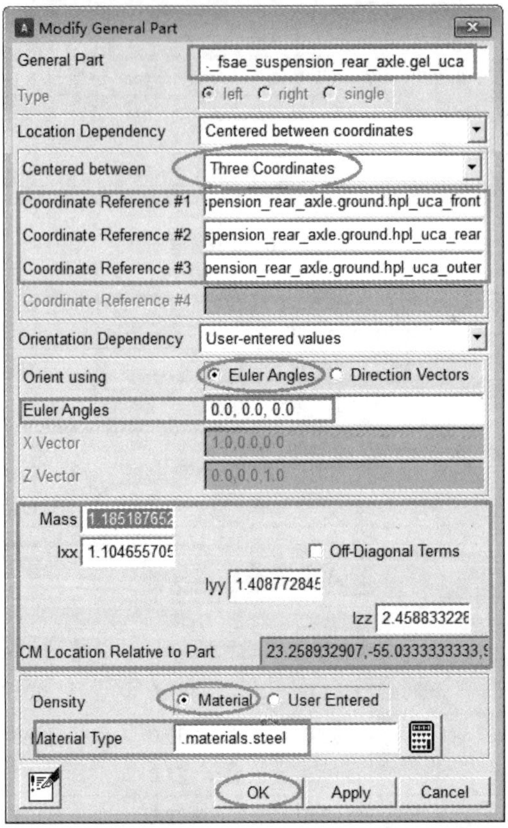

图 1-19　控制臂 UCA 部件创建对话框

- General Part 输入 uca；
- Location Dependency：Centered between coordinates；
- Centered between：Three Coordinates，即上控制臂部件 uca 位于三点坐标的中心位置；
- Coordinate Reference #1（参考坐标）：._fsae_suspension_rear_axle.ground.hpl_uca_front；
- Coordinate Reference #2（参考坐标）：._fsae_suspension_rear_axle.ground.hpl_uca_rear；
- Coordinate Reference #3（参考坐标）：._fsae_suspension_rear_axle.ground.hpl_uca_outer；
- Orient using：Euler Angles，即部件定向采用欧拉角模式；
- Euler Angles：0,0,0；
- Mass：1；
- Ixx：1；
- Iyy：1；
- Izz：1；
- Density：Material；
- Material Type：.materials.steel；
- 单击 OK，完成部件._fsae_suspension_rear_axle.gel_uca 创建。
- 单击 Build > Geometry > Link > New 命令，弹出创建连杆几何体对话框，如图 1-20 所示；

- Link Name （连杆名称）输入几何名称：uca_link_front；
- General Part 输入._fsae_suspension_rear_axle.gel_uca；
- Coordinate Reference #1（参考坐标）：._fsae_suspension_rear_axle.ground.hpl_uca_front；
- Coordinate Reference #2（参考坐标）：._fsae_suspension_rear_axle.ground.hpl_uca_outer；
- Radius（半径）：8；
- Color：dark gray；
- 选择 Calculate Mass Properties of General Part 复选框，当几何建立好之后会更新对应部件的质量和惯量参数；
- Density：Material；
- Material Type：steel；
- 单击 Apply,完成 uca_link_front 几何体的创建；
- Link Name （连杆名称）输入几何名称：uca_link_rear；
- General Part 输入._fsae_suspension_rear_axle.gel_uca；
- Coordinate Reference #1（参考坐标）：._fsae_suspension_rear_axle.ground.hpl_uca_rear；
- Coordinate Reference #2（参考坐标）：._fsae_suspension_rear_axle.ground.hpl_uca_outer；
- Radius（半径）：8；
- Color：dark gray；
- 勾选 Calculate Mass Properties of General Part 复选框；
- Density：Material；
- Material Type：steel；
- 单击 OK，完成 uca_link_rear 几何体的创建。

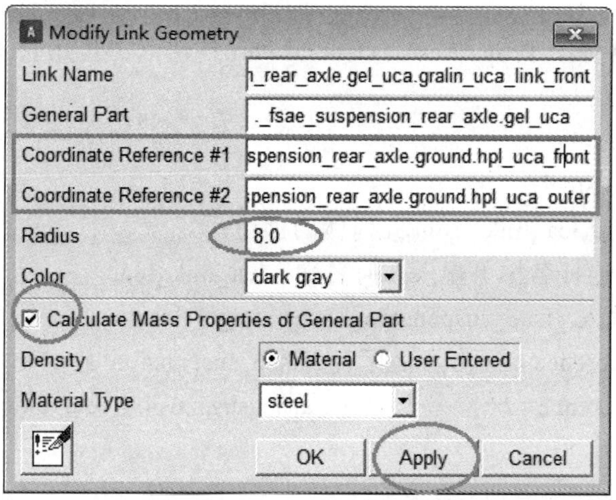

图 1-20　控制臂 UCA 几何体创建对话框

1.3.2　下控制臂部件 LCA

- 单击 Build > Part > General Part > New 命令，弹出创建部件对话框可参考如图 1-19 所示；

- General Part 输入 lca；
- Location Dependency：Centered between coordinates；
- Centered between：Three Coordinates；
- Coordinate Reference #1（参考坐标）：._fsae_suspension_rear_axle.ground.hpl_lca_front；
- Coordinate Reference #2（参考坐标）：._fsae_suspension_rear_axle.ground.hpl_lca_rear；
- Coordinate Reference #3（参考坐标）：._fsae_suspension_rear_axle.ground.hpl_lca_outer；
- Orient using：Euler Angles；
- Euler Angles：0，0，0；
- Mass：1；
- Ixx：1；
- Iyy：1；
- Izz：1；
- Density：Material；
- Material Type：.materials.steel；
- 单击 OK，完成部件._fsae_suspension_rear_axle.gel_lca 创建。
- 单击 Build > Geometry > Link > New 命令；
- Link Name（连杆名称）输入几何名称：lca_link_front；
- General Part 输入._fsae_suspension_rear_axle.gel_lca；
- Coordinate Reference #1(参考坐标)：._fsae_suspension_rear_axle.ground.hpl_lca_front；
- Coordinate Reference #2（参考坐标）：._fsae_suspension_rear_axle.ground.hpl_lca_outer；
- Radius（半径)：8；
- Color：yellow；
- 选择 Calculate Mass Properties of General Part 复选框，当几何建立好之后会更新对应部件的质量和惯量参数；
- Density：Material；
- Material Type：steel；
- 单击 Apply,完成 lca_link_front 几何体的创建；
- Link Name （连杆名称）输入几何名称：lca_link_rear；
- General Part 输入._fsae_suspension_rear_axle.gel_lca；
- Coordinate Reference #1(参考坐标)：._fsae_suspension_rear_axle.ground.hpl_lca_rear；
- Coordinate Reference #2(参考坐标)：._fsae_suspension_rear_axle.ground.hpl_ lca_outer；
- Radius（半径)：8；
- Color：yellow；
- 勾选 Calculate Mass Properties of General Part 复选框；
- Density：Material；
- Material Type：steel；
- 单击 OK，完成 lca_link_rear 几何体的创建。

1.3.3 转向节 upright 部件

- 单击 Build > Part > General Part > New 命令，弹出创建部件对话框可参考如图 1-19 所示；
- General Part 输入 upright；
- Location Dependency：Centered between coordinates；
- Centered between：Two Coordinates；
- Coordinate Reference #1（参考坐标）：._fsae_suspension_rear_axle.ground.hpl_uca_outer；
- Coordinate Reference #2（参考坐标）：._fsae_suspension_rear_axle.ground.hpl_lca_outer；
- Orient using：Euler Angles；
- Euler Angles：0,0,0；
- Mass：1；
- Ixx：1；
- Iyy：1；
- Izz：1；
- Density：Material；
- Material Type：.materials.steel；
- 单击 OK，完成部件._fsae_suspension_rear_axle.gel_upright 创建。
- 单击 Build > Geometry > Link > New 命令；
- Link Name（连杆名称）输入几何名称：upright；
- General Part 输入._fsae_suspension_rear_axle.gel_upright；
- Coordinate Reference #1（参考坐标）：._fsae_suspension_rear_axle.ground.hpl_uca_outer；
- Coordinate Reference #2（参考坐标）：._fsae_suspension_rear_axle.ground.hpl_lca_outer；
- Radius（半径）：13；
- Color（杆件几何体颜色）：blue；
- 选择 Calculate Mass Properties of General Part 复选框，当几何建立好之后会更新对应部件的质量和惯量参数；
- Density：Material；
- Material Type：steel；
- 单击 OK，完成 upright 几何体的创建。

1.3.4 转向横拉杆 tierod 部件

- 单击 Build > Part > General Part > New 命令，弹出创建部件对话框可参考如图 1-19 所示；
- General Part 输入 tierod；
- Location Dependency：Centered between coordinates；
- Centered between：Two Coordinates；
- Coordinate Reference #1（参考坐标）：._fsae_suspension_rear_axle.ground.hpl_tierod_inner；

- Coordinate Reference #2（参考坐标）：._fsae_suspension_rear_axle.ground.hpl_tierod_outer；
- Orientation Dependency：User-entered values；
- Orient using：Euler Angles；
- Euler Angles：0，0，0；
- Mass：1；
- Ixx：1；
- Iyy：1；
- Izz：1；
- Density：Material；
- Material Type：.materials.steel；
- 单击 OK，完成部件._fsae_suspension_rear_axle.gel_tierod 创建。
- 单击 Build > Geometry > Link > New 命令；
- Link Name （连杆名称）输入几何名称：tierod；
- General Part 输入._fsae_suspension_rear_axle.gel_tierod；
- Coordinate Reference #1（参考坐标）：._fsae_suspension_rear_axle.ground.hpl_tierod_innerr；
- Coordinate Reference #2（参考坐标）：._fsae_suspension_rear_axle.ground.hpl_tierod_outer；
- Radius（半径）：7；
- Color（杆件几何体颜色）：magenta；
- 选择 Calculate Mass Properties of General Part 复选框，当几何建立好之后会更新对应部件的质量和惯量参数；
- Density：Material；
- Material Type：steel；
- 单击 OK，完成横拉杆._fsae_suspension_rear_axle.gel_tierod.gralin_tierod 几何体的创建。

1.3.5 部件 strut_up

- 单击 Build > Part > General Part > New 命令，弹出创建部件对话框可参考如图 1-19 所示；
- General Part 输入 strut_up；
- Location Dependency：Delta location from coordinate；
- Coordinate Reference （参考坐标）：._fsae_suspension_rear_axle.ground.hpl_strut_up；
- Location：0,0,0；
- Location in：local；
- Orientation Dependency：User-entered values；
- Orient using：Euler Angles；
- Euler Angles：0,0,0；
- Mass：1；
- Ixx：1；
- Iyy：1；

- Izz：1；
- Density：Material；
- Material Type：.materials.steel；
- 单击 OK，完成部件._fsae_suspension_rear_axle.gel_strut_up 创建。

1.3.6 部件 strut_low

- 单击 Build > Part > General Part > New 命令，弹出创建部件对话框可参考如图 1-19 所示；
- General Part 输入 strut_low；
- Location Dependency：Delta location from coordinate；
- Coordinate Reference （参考坐标）：._fsae_suspension_rear_axle.ground.hpl_strut_low；
- Location：0,0,0；
- Location in：local；
- Orientation Dependency：User-entered values；
- Orient using：Euler Angles；
- Euler Angles：0,0,0；
- Mass：1；
- Ixx：1；
- Iyy：1；
- Izz：1；
- Density：Material；
- Material Type：.materials.steel；
- 单击 OK，完成部件._fsae_suspension_rear_axle.gel_strut_low 创建。

1.3.7 轮毂 spindle 部件

- 单击 Build > Suspension Parameters > Toe/Camber Values> Set 命令，弹出悬架参数对话框如图 1-21 所示。前束角输入 0；外倾角输入 – 1.5；单击 OK，完成参数创建。与此同时系统自动建立两个输出通信器：col[r]_toe_angle、col[r]_camber_angle。

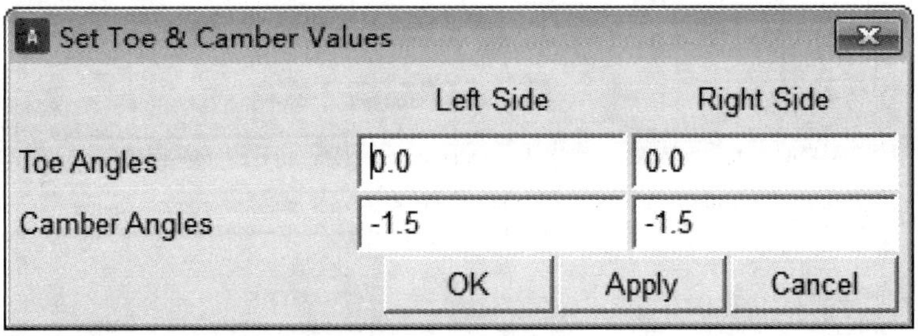

图 1-21 悬架参数

- 单击 Build > Construction Frame > New 命令，弹出创建结构框，如图 1-22 所示；
- Construction Frame（结构框名称）：wheel_center；
- Coordinate Reference（参考坐标）：_fsae_suspension_rear_axle.ground.hpl_wheel_center；
- Location：0，0，0；
- Location in：local；
- Orientation Dependency：User-entered values；
- Variable Type（变量类型）：Parameter Variable（参数变量）；
- Toe Parameter Values（前束变量值）：._fsae_suspension_rear_axle.pvl_toe_angle；
- Camber Parameter Values（外倾变量值）：._fsae_suspension_rear_axle.pvl_camber_angle；
- 单击 OK，完成._fsae_suspension_rear_axle.ground.cfl_wheel_center 结构框的创建。
- 单击 Build > Construction Frame > New 命令；
- Construction Frame（结构框名称）：wheel_center；
- Coordinate Reference（参考坐标）：_fsae_suspension_rear_axle.ground.hpl_wheel_center；
- Location：0，0，0；
- Location in：local；
- Orientation Dependency：User-entered values；
- Variable Type（变量类型）：Parameter Variable（参数变量）；
- Toe Parameter Values（前束变量值）：._fsae_suspension_rear_axle.pvl_toe_angle；
- Camber Parameter Values（外倾变量值）：._fsae_suspension_rear_axle. pvl_camber_angle；
- 单击 OK，完成._fsae_suspension_rear_axle.ground.cfl_wheel_center 结构框的创建。

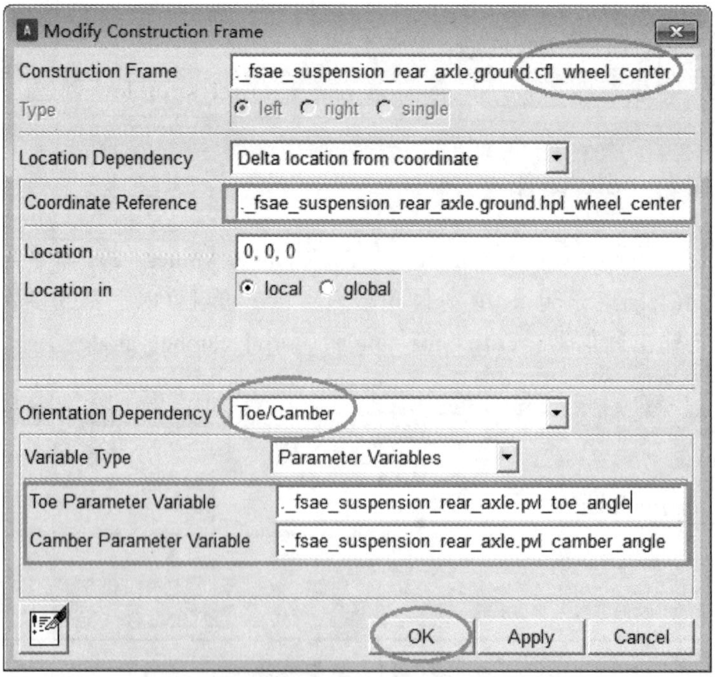

图 1-22　wheel_center 结构框

- 单击 Build > Part > General Part > New 命令，弹出创建部件对话框可参考如图 1-19 所示；
- General Part 输入 spindle；
- Location Dependency：Delta location from coordinate；
- Coordinate Reference （参考坐标）：._fsae_suspension_rear_axle.ground.cfl_wheel_center；
- Location：0，0，0；
- Location in：local；
- Orientation Dependency：Delta orientation from coordinate；
- Construction Frame：._fsae_suspension_rear_axle.ground.cfl_wheel_center；
- Orientation：0，0，0；
- Mass：1；
- Ixx：1；
- Iyy：1；
- Izz：1；
- Density：Material；
- Material Type：.materials.steel；
- 单击 OK，完成部件._fsae_suspension_rear_axle.gel_spindle 创建。
- 单击 Build > Geometry > Cylinder（圆柱体）> New 命令，弹出创建圆柱几何体对话框，如图 1-23 所示；

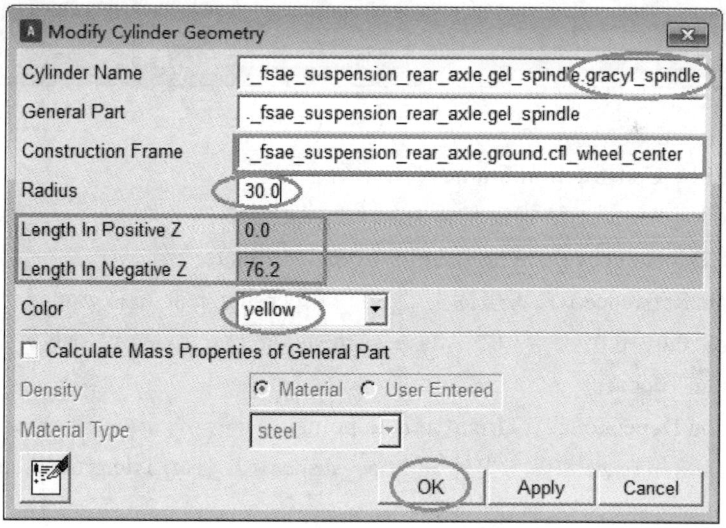

图 1-23　轮毂几何体创建对话框

- Cylinder Name（连杆名称）输入几何名称：spindle；
- General Part 输入._fsae_suspension_rear_axle.gel_spindle；
- Radius（半径）：30；
- Length In Positive Z（*Z* 轴正方向长度）：0；
- Length In Negative Z（*Z* 轴负方向长度）：76.2；

- Color（圆柱体几何体颜色）：yellow；
- 选择 Calculate Mass Properties of General Part 复选框；
- 单击 OK，完成轮毂圆柱体._fsae_suspension_rear_axle.gel_spindle.gracyl_spindle 几何体的创建。

1.3.8 驱动轴 drive_shaft 部件

- 单击 Build > Parameter Variable > New 命令，弹出参数变量对话框，如图 1-24 所示；
- Parameter Variable Name：drive_shaft_offset；
- 参数类型：Real Value（实数值），数值为 75；
- Units：length；
- Hide from standard user（是否从标准界面隐藏）：no；
- 单击 OK，完成变量._fsae_suspension_rear_axle.pvl_drive_shaft_offset 的创建。

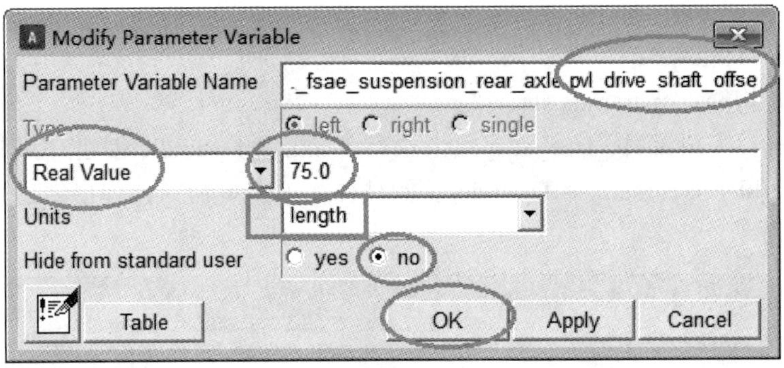

图 1-24　drive_shaft_offset 变量

- 单击 Build > Construction Frame > New 命令；
- Construction Frame（结构框名称）：drive_shaft_otr；
- Location Dependency：Delta location from coordinate；
- Coordinate Reference（参考坐标）：._fsae_suspension_rear_axle.ground.cfl_wheel_center；
- Location：0.0，0.0，(– 1.0 * ._fsac_suspension_rear_axle.pvl_drive_shaft offset)；
- Location in：local；
- Orientation Dependency：Orient axis to point；
- Coordinate Reference（参考坐标）：._fsae_suspension_rear_axle.ground.hpl_wheel_center；：
- Axis：Z；
- 单击 OK，完成._fsae_suspension_rear_axle.ground.cfl_drive_shaft_otr 结构框的创建。
- 单击 Build > Part > General Part > New 命令；
- General Part 输入 drive_shaft；
- Location Dependency：Delta location from coordinate；
- Coordinate Reference （参考坐标）：._fsae_suspension_rear_axle.ground.hpl_drive_shaft_inr；
- Location：0，0，0；
- Location in：local；

- Orientation Dependency：Orient in plane；
- Coordinate Reference #1（参考坐标）：._fsae_suspension_rear_axle.ground.cfl_drive_shaft_otr；
- Coordinate Reference #2（参考坐标）：._fsae_suspension_rear_axle.ground.hpl_drive_shaft_inr；
- Coordinate Reference#3 （参考坐标）：._fsae_suspension_rear_axle.ground.hpl_wheel_center；
- Axis：ZX；
- Mass：1；
- Ixx：1；
- Iyy：1；
- Izz：1；
- Density：Material；
- Material Type：.materials.steel；
- 单击 OK，完成部件._fsae_suspension_rear_axle.gel_drive_shaft 创建。
- 单击 Build > Geometry > Link > New 命令；
- Link Name （连杆名称）输入几何名称：drive_shaft；
- General Part 输入._fsae_suspension_rear_axle.gel_drive_shaft；
- Coordinate Reference #1（参考坐标）：._fsae_suspension_rear_axle.ground.hpl_drive_shaft_inr；
- Coordinate Reference #2（参考坐标）：._fsae_suspension_rear_axle.ground.cfl_drive_shaft_otr；
- Radius（半径）：15；
- Color（杆件几何体颜色）：red；
- 选择 Calculate Mass Properties of General Part 复选框，当几何建立好之后会更新对应部件的质量和惯量参数；
- Density：Material；
- Material Type：steel；
- 单击 OK，完成._fsae_suspension_rear_axle.gel_drive_shaft.gralin_drive_shaft 几何体的创建。
- 单击 Build > Geometry > Ellipsoid > New 命令；
- Ellipsoid Name （连杆名称）输入几何名称：otr_cv_housing；
- Coordinate Reference（参考坐标）：._fsae_suspension_rear_axle.ground.cfl_drive_shaft_otr；
- Link：._fsae_suspension_rear_axle.gel_drive_shaft.gralin_drive_shaft；
- X Scale：2；
- Y Scale：2；
- Z Scale：2；
- Color（杆件几何体颜色）：red；
- 选择 Calculate Mass Properties of General Part 复选框，当几何建立好之后会更新对应部件的质量和惯量参数；
- Density：Material；
- Material Type：steel；
- 单击 Apply，完成._fsae_suspension_rear_axle.gel_drive_shaft.graell_otr_cv_housing 几何体的创建；

- Ellipsoid Name（连杆名称）输入几何名称：tripot_housing；
- Coordinate Reference （参考坐标）：._fsae_suspension_rear_axle.ground.hpl_drive_shaft_inr；
- Link：._fsae_suspension_rear_axle.gel_drive_shaft.gralin_drive_shaft；
- X　Scale：2；
- Y　Scale：2；
- Z　Scale：2；
- Color（杆件几何体颜色）：yellow；
- 选择 Calculate Mass Properties of General Part 复选框；
- Density：Material；
- Material Type：steel；
- 单击 OK，完成._fsae_suspension_rear_axle.gel_drive_shaft.graell_tripot_housing 几何体的创建。

1.3.9　等速万向节 tripot 部件

- 单击 Build > Construction Frame > New 命令；
- Construction Frame（结构框名称）：drive_shaft_inr；
- Location Dependency：Delta location from coordinate；
- Coordinate Reference （参考坐标）：._fsae_suspension_rear_axle.ground.hpl_drive_shaft_inr；
- Location：0,0,0；
- Location in：local；
- Orientation Dependency：Orient in plane；
- Coordinate Reference #1（参考坐标）：._fsae_suspension_rear_axle.ground.hpl_drive_shaft_inr；
- Coordinate Reference #2（参考坐标）：._fsae_suspension_rear_axle.ground.hpr_drive_shaft_inr；
- Coordinate Reference#3（参考坐标）：._fsae_suspension_rear_axle.ground.cfl_drive_shaft_otr；
- Axis：ZX；
- 单击 OK，完成._fsae_suspension_rear_axle.ground.cfl_drive_shaft_inr 结构框的创建。
- 单击 Build > Part > General Part > New 命令，弹出创建部件对话框可参考如图 1-19 所示；
- General Part 输入 tripot；
- Location Dependency：Delta location from coordinate；
- Coordinate Reference （参考坐标）：._fsae_suspension_rear_axle.ground.hpl_drive_shaft_inr；
- Location：0，0，0；
- Location in：local；
- Orientation Dependency：Delta orientation from coordinate；
- Construction Frame：._fsae_suspension_rear_axle.ground.cfl_drive_shaft_inr；
- Orientation：0，0，0；
- Mass：1；
- Ixx：1；

- Iyy：1；
- Izz：1；
- Density：Material；
- Material Type：.materials.steel；
- 单击 OK，完成部件._fsae_suspension_rear_axle.gel_tripot 创建。
- 单击 Build > Geometry > Cylinder （圆柱体）> New 命令；
- Cylinder Name （连杆名称）输入几何名称：tripot_housing_extention；
- General Part 输入._fsae_suspension_rear_axle.gel_tripot；
- Radius（半径)：30；
- Length In Postive Z（Z 轴正方向长度）：50；
- Length In Negative Z（Z 轴负方向长度）：0；
- Color（圆柱体几何体颜色）：yellow；
- 选择 Calculate Mass Properties of General Part 复选框；
- 单击 OK,完成轮毂圆柱体._fsae_suspension_rear_axle.gel_tripot.gracyl_tripot_housing_extention 几何体的创建。

1.3.10 柔性板簧部件

- 单击 Build > Part > Flexible Body > New 命令；
- General Part 输入_fsae_leaf;
- Location Dependency：Centered between coordinates；
- Centered between：Two Coordinates；
- Coordinate Reference #1（参考坐标）：._fsae_suspension_rear_axle.ground.hpr_strut_low；
- Coordinate Reference #2（参考坐标）：._fsae_suspension_rear_axle.ground.hpl_strut_low；
- Orientation Dependency：User entered values
- Orient using：Euler Angles；
- Euler Angles：－90，90，0；
- MNF File：file：//D：/ADAMS_MNF/fsae_leaf_20p5.mnf；
- Sprung Mass：100；
- Color：.peach；
- 单击 OK，完成板簧柔性部件._fsae_suspension_rear_axle.fbs_fsae_leaf 创建。

1.3.11 避震器

- 单击 Build > Force > Damper > New 命令，弹出避震器创建对话框，如图 1-25 所示；
- Damper Name（减震器名称）：damper；
- I Part：._fsae_suspension_rear_axle.gel_strut_up；
- J Part：._fsae_suspension_rear_axle.gel_strut_low；
- I Coordinate Reference(参考坐标)：._fsae_suspension_rear_axle.ground.hpl_strut_up；

- J　Coordinate Reference（参考坐标）：._fsae_suspension_rear_axle.ground.hpl_strut_low；
- Property File（属性文件）：mdids：//FASE/dampers.tbl/msc_0001.dpr，避震器系数曲线如图 1-26 所示，具体数据如下列避震器信息。
- Damper Diameter（避震器直径)：拖动滑块选择 15 mm；
- Color：maize；
- 单击 OK，完成避震器._fsae_suspension_rear_axle.dal_damper 的创建。

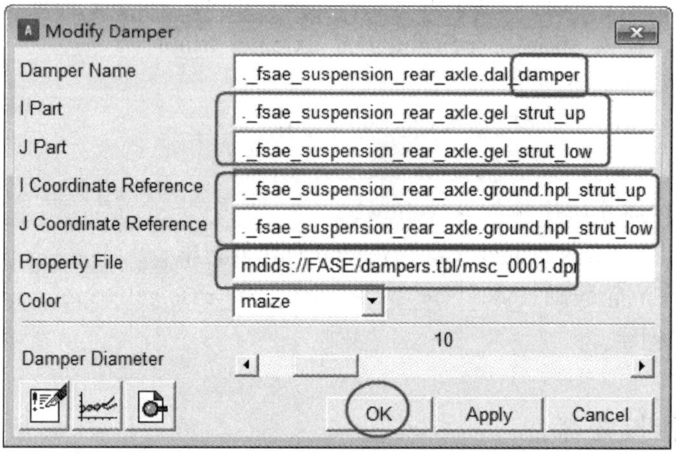

图 1-25　damper 避震器创建对话框

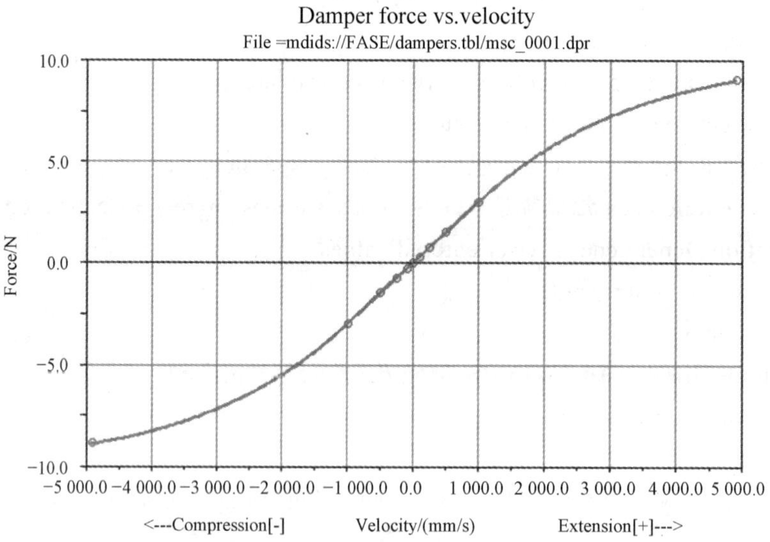

图 1-26　避震器系数曲线图

避震器属性文件信息： $--MDI_HEADER [MDI_HEADER] FILE_TYPE　　=　'dpr' FILE_VERSION　=　4.0 FILE_FORMAT　=　'ASCII'

```
$------------------------------------------------------------------UNITS
[UNITS]
LENGTH   =   'mm'
ANGLE   =   'degrees'
FORCE   =   'newton'
MASS   =   'kg'
TIME   =   'second'
$-----------------------------------------------------------------   CURVE
[CURVE]
{   vel                     force}
 -4916.935               -8.889
 -1000.0                 -3.0
 -500.0                  -1.5
 -250.0                  -0.75
 -100.0                  -0.3
0.0                       0.0
100.0                     0.3
250.0                     0.75
500.0                     1.5
1000.0                    3.0
4914.298                  9.0416
```

1.3.12 安装部件

- 单击 Build > Part > Mount > New 命令，弹出创建部件对话框，如图 1-27 所示；
- Mount name（安装件名称）：suspension_to_chassis；
- Coordinate Reference （参考坐标）：._fsae_suspension_rear_axle.ground.hps_global；
- 安装件此特征选择：inherit（继承特性）；
- 单击 Apply，完成._fsae_suspension_rear_axle.mts_suspension_to_chassis 安装部件的创建；
- Mount name（安装件名称）：tierod_to_steering；
- Coordinate Reference （参考坐标）：._fsae_suspension_rear_axle.ground.hpl_tierod_inner；
- 安装件此特征选择：inherit（继承特性）；
- 单击 Apply，完成._fsae_suspension_rear_axle.mtl_tierod_to_steering 安装部件的创建；
- Mount name（安装件名称）：tripot_to_differential；
- Coordinate Reference （参考坐标）：._fsae_suspension_rear_axle.ground.hpl_drive_shaft_inr；
- 安装件此特征选择：inherit（继承特性）；
- 单击 OK，完成._fsae_suspension_rear_axle.mtl_tripot_to_differential 安装部件的创建。

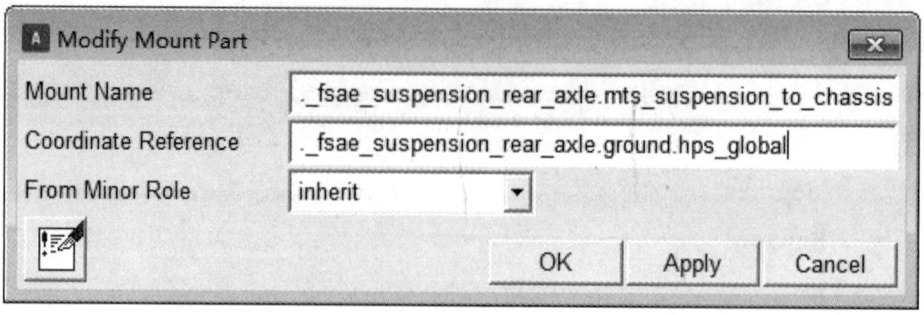

图 1-27　安装部件对话框

1.3.13　刚性约束

单击 Build > Attachments > Joint > New 命令，弹出创约束件对话框，如图 1-28 所示。

（1）部件 uca 与安装件 suspension_to_chassis 之间 revolute 约束。

- Joint Name（约束副名称）：uca_mid；
- I　Part：._fsae_suspension_rear_axle.gel_uca；
- J　Part：._fsae_suspension_rear_axle.mts_suspension_to_chassis；
- Joint Type（约束副类型）：revolute，转动副，约束 5 个自由度；
- Active（激活）：kinematic mode（运动学模式）；
- Location Dependency：Centered between coordinates；
- Centered between：Two Coordinates；
- Coordinate Reference #1（参考坐标）：._fsae_suspension_rear_axle.ground.hpl_uca_rear；
- Coordinate Reference #2（参考坐标）：._fsae_suspension_rear_axle.ground.hpl_uca_front；
- Orientation Dependency：Orient axis along line；
- Coordinate Reference #1（参考坐标）：._fsae_suspension_rear_axle.ground.hpl_uca_rear；
- Coordinate Reference #2（参考坐标）：._fsae_suspension_rear_axle.ground.hpl_uca_front；
- 单击 Apply，完成._fsae_suspension_rear_axle.jklrev_uca_mid 转动副的创建。

（2）部件 uca 与 upright 之间 spherical 约束。

- Joint Name（约束副名称）：uca_outer；
- I　Part：._fsae_suspension_rear_axle.gel_uca；
- J　Part：._fsae_suspension_rear_axle.gel_upright；
- Joint Type（约束副类型）：spherical，转动副，约束 3 个自由度；
- Active（激活）：always；
- Location Dependency：Delta location from coordinate；
- Coordinate Reference（参考坐标）：._fsae_suspension_rear_axle.ground.hpl_uca_outer；
- Location：0,0,0；
- Location in：local；
- Orientation：None；
- 单击 Apply，完成约束副._fsae_suspension_rear_axle.jolsph_uca_outer 的创建。

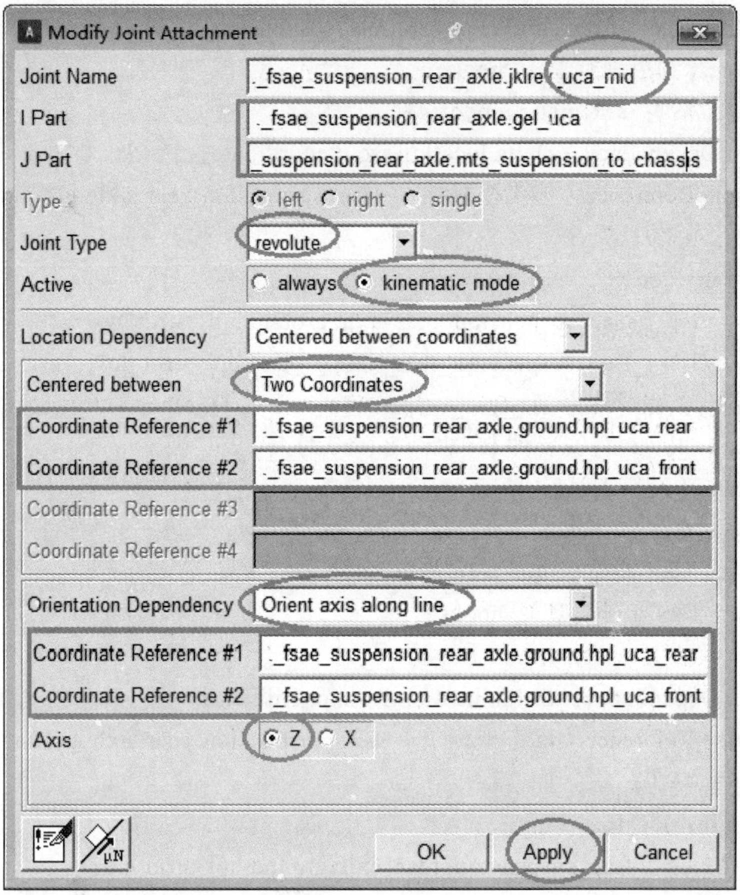

图 1-28 刚性约束对话框-revolute

（3）部件 spindle 与 upright 之间 revolute 约束。

- Joint Name（约束副名称）：spindle；
- I Part：._fsae_suspension_rear_axle.gel_spindle；
- J Part：._fsae_suspension_rear_axle.gel_upright；
- Joint Type（约束副类型）：revolute；
- Active（激活）：always；
- Location Dependency：Delta location from coordinate；
- Coordinate Reference（参考坐标）：._fsae_suspension_rear_axle.ground.hpl_wheel_center；
- Location：0,0,0；
- Location in：local；
- Orientation Dependency：Delta orientation from coordinate；
- Construction Frame：._fsae_suspension_rear_axle.ground.cfl_wheel_center；
- 单击 Apply，完成约束副._fsae_suspension_rear_axle.jolrev_spindle 的创建。

（4）部件 strut_up 与安装件 suspension_to_chassis 之间 hooke 约束。

- Joint Name（约束副名称）：strut_up；
- I Part：._fsae_suspension_rear_axle.gel_ strut_up；

- J　Part：._fsae_suspension_rear_axle.mts_suspension_to_chassis；
- Joint Type（约束副类型）：hooke；
- Active（激活）：kinematic mode；
- Location Dependency：Delta location from coordinate；
- Coordinate Reference（参考坐标）：._fsae_suspension_rear_axle.ground.hpl_ strut_up；
- Location：0,0,0；
- Location in：local；
- I-Part　Axis：._fsae_suspension_rear_axle.ground.hpl_ strut_up_ref；
- J-Part　Axis：._fsae_suspension_rear_axle.ground.hpl_strut_low；
- 单击 Apply，完成约束副._fsae_suspension_rear_axle.jolhoo_ strut_up 的创建。

（5）部件 strut_lower 与安装件 lca 之间 hooke 约束。

- Joint Name（约束副名称）：strut_lower；
- I　Part：._fsae_suspension_rear_axle.gel_strut_low；
- J　Part：._fsae_suspension_rear_axle.gel_lca；
- Joint Type（约束副类型）：hooke；
- Active（激活）：kinematic mode；
- Location Dependency：Delta location from coordinate；
- Coordinate Reference（参考坐标）：._fsae_suspension_rear_axle.ground.hpl_strut_low；
- Location：0,0,0；
- Location in：local；
- I-Part　Axis：._fsae_suspension_rear_axle.ground.hpl_strut_up；
- J-Part　Axis：._fsae_suspension_rear_axle.ground.hpl_strut_low_ref；
- 单击 Apply，完成约束副._fsae_suspension_rear_axle.jklhoo_strut_lower 的创建。

（6）部件 lca 与安装件 suspension_to_chassis 之间 revolute 约束。

- Joint Name（约束副名称）：lca_inner_mid；
- I　Part：._fsae_suspension_rear_axle.gel_lca；
- J　Part：._fsae_suspension_rear_axle.mts_suspension_to_chassis；
- Joint Type（约束副类型）：revolute，转动副，约束 5 个自由度；
- Active（激活）：kinematic mode（运动学模式）；
- Location Dependency：Centered between coordinates；
- Centered between：Two Coordinates；
- Coordinate Reference #1（参考坐标）：._fsae_suspension_rear_axle.ground.hpl_lca_rear；
- Coordinate Reference #2(参考坐标)：._fsae_suspension_rear_axle.ground.hpl_lca_front；
- Orientation Dependency：Orient axis along line；
- Coordinate Reference #1（参考坐标）：._fsae_suspension_rear_axle.ground.hpl_lca_rear；
- Coordinate Reference #2(参考坐标)：._fsae_suspension_rear_axle.ground.hpl_lca_front；
- Axis：Z；
- 单击 Apply，完成._fsae_suspension_rear_axle.jklrev_lca_inner_mid 铰接副的创建。

（7）部件 tierod 与安装件 tierod_to_steering 之间 convel 约束。

- Joint Name（约束副名称）：tierod_inner；
- I　Part：._fsae_suspension_rear_axle.gel_tierod；
- J　Part：._fsae_suspension_rear_axle.mtl_tierod_to_steering；
- Joint Type（约束副类型）：convel，恒速副；
- Active（激活）：always；
- Location Dependency：Delta location from coordinate；
- Coordinate Reference(参考坐标)：._fsae_suspension_rear_axle.ground.hpl_tierod_inner；
- Location：0，0，0；
- Location in：local；
- I-Part　Axis：._fsae_suspension_rear_axle.ground.hpl_tierod_outer；
- J-Part　Axis：._fsae_suspension_rear_axle.ground.hpr_tierod_inner；
- 单击 Apply，完成约束副._fsae_suspension_rear_axle.jolcon_tierod_inner 的创建。

（8）部件 tierod 与 upright 之间 spherical 约束。

- Joint Name（约束副名称）：tierod_outer；
- I　Part：._fsae_suspension_rear_axle.gel_tierod；
- J　Part：._fsae_suspension_rear_axle.gel_upright；
- Joint Type（约束副类型）：spherical，约束 3 个自由度；
- Active（激活）：always；
- Location Dependency：Delta location from coordinate；
- Coordinate Reference(参考坐标)：._fsae_suspension_rear_axle.ground.hpl_tierod_outer；
- Location：0,0,0；
- Location in：local；
- Orientation：None；
- 单击 Apply，完成约束副._fsae_suspension_rear_axle.jolsph_tierod_outer 的创建。

（9）部件 lca 与 upright 之间 spherical 约束。

- Joint Name（约束副名称）：lca_outer；
- I　Part：._fsae_suspension_rear_axle.gel_lca；
- J　Part：._fsae_suspension_rear_axle.gel_upright；
- Joint Type（约束副类型）：spherical，约束 3 个自由度；
- Active（激活）：always；
- Location Dependency：Delta location from coordinate；
- Coordinate Reference（参考坐标）：._fsae_suspension_rear_axle.ground.hpl_lca_outer；
- Location：0,0,0；
- Location in：local；
- Orientation：None；
- 单击 Apply，完成约束副._fsae_suspension_rear_axle.jolsph_lca_outer 的创建。

（10）部件 strut_up 与 strut_low 之间 cylindrical 约束。

- Joint Name（约束副名称）：strut_mid；
- I　Part：._fsae_suspension_rear_axle.gel_strut_low；

- J　Part：._fsae_suspension_rear_axle.gel_strut_up；
- Joint Type（约束副类型）：cylindrical；
- Active（激活）：always；
- Location Dependency：Centered between coordinates；
- Centered between：Two Coordinates；
- Coordinate Reference #1（参考坐标）：._fsae_suspension_rear_axle.ground.hpl_strut_low；
- Coordinate Reference #2（参考坐标）：._fsae_suspension_rear_axle.ground.hpl_strut_up；
- Orientation Dependency：Orient axis along line；
- Coordinate Reference #1（参考坐标）：._fsae_suspension_rear_axle.ground.hpl_strut_low；
- Coordinate Reference #2（参考坐标）：._fsae_suspension_rear_axle.ground.hpl_strut_up；
- Axis：Z；
- 单击 Apply，完成._fsae_suspension_rear_axle.jolcyl_strut_mid 约束副的创建。

（11）部件 tripot 与 drive_shaft 之间 convel 约束。

- Joint Name（约束副名称）：drive_sft_int_jt；
- I　Part：._fsae_suspension_rear_axle.gel_tripot；
- J　Part：._fsae_suspension_rear_axle.gel_drive_shaft；
- Joint Type（约束副类型）：convel，恒速副；
- Active（激活）：always；
- Location Dependency：Delta location from coordinate；
- Coordinate Reference（参考坐标）：._fsae_suspension_rear_axle.ground.hpl_drive_shaft_inr；
- Location：0，0，0；
- Location in：local；
- I-Part　Axis：._fsae_suspension_rear_axle.ground.hpr_drive_shaft_inr；
- J-Part　Axis：._fsae_suspension_rear_axle.ground.cfl_drive_shaft_otr；
- 单击 Apply，完成约束副._fsae_suspension_rear_axle.jolcon_drive_sft_int_jt 的创建。

（12）部件 spindle 与 drive_shaft 之间 convel 约束。

- 单击 Build > Construction Frame > New 命令；
- Construction Frame（结构框名称）：drive_shaft_otr；
- Location Dependency：Delta location from coordinate；
- Coordinate Reference（参考坐标）：._fsae_suspension_rear_axle.ground.cfl_wheel_center；
- Location：0.0, 0.0,（ – 1.0 * ._fsae_suspension_rear_axle.pvl_drive_shaft_offset)；
- Location in：local；
- Orientation Dependency：Orient axie to point；
- Coordinate Reference（参考坐标）：._fsae_suspension_rear_axle.ground.hpl_wheel_center；
- Axis：Z；
- 单击 OK，完成._fsae_suspension_rear_axle.ground.cfl_drive_shaft_otr 结构框的创建。
- Joint Name（约束副名称）：drive_sft_otr；
- I　Part：._fsae_suspension_rear_axle.gel_drive_shaft；
- J　Part：._fsae_suspension_rear_axle.gel_spindle；

- Joint Type（约束副类型）：convel，恒速副；
- Active（激活）：always；
- Location Dependency：Delta location from coordinate；
- Coordinate Reference（参考坐标）：._fsae_suspension_rear_axle.ground.cfl_drive_shaft_otr；
- Location：0，0，0；
- Location in：local；
- I-Part　Axis：._fsae_suspension_rear_axle.ground.hpl_drive_shaft_inr；
- J-Part　Axis：._fsae_suspension_rear_axle.ground.hpl_wheel_center；
- 单击 Apply，完成约束副_fsae_suspension_rear_axle.jolcon_drive_sft_otr 的创建。

（13）部件 tripot 与安装件 tripot_to_differential 之间 translational 约束。

- Joint Name（约束副名称）：tripot_to_differential；
- I　Part：._fsae_suspension_rear_axle.gel_tripot；
- J　Part：._fsae_suspension_rear_axle.mtl_tripot_to_differential；
- Joint Type（约束副类型）：translational；
- Active（激活）：always；
- Location Dependency：Delta location from coordinate；
- Coordinate Reference #1（参考坐标）：._fsae_suspension_rear_axle.ground.hpl_drive_shaft_inr；
- Orientation Dependency：Orient to zpoint-xpoint；
- Coordinate Reference #1（参考坐标）：._fsae_suspension_rear_axle.ground.hpr_drive_shaft_inr；
- Coordinate Reference #2（参考坐标）：._fsae_suspension_rear_axle.ground.cfl_drive_shaft_otr；
- Axis：ZX；
- 单击 OK，完成约束副._fsae_suspension_rear_axle.joltra_tripot_to_differential 的创建。

（14）柔性部件 fbs_fsae_leaf 与部件 lca 之间 Fixed 约束。

- Tools > Adams/View > Interface，切换到 View 模块；
- 单击固定副约束快捷方式：
- 选择柔性部件 fbs_fsae_leaf 与部件._fsae_suspension_rear_axle.gel_lca，创建左侧固定副约束；
- 选择柔性部件 fbs_fsae_leaf 与部件._fsae_suspension_rear_axle.ger_lca，创建右侧固定副约束。

1.3.14　柔性约束

单击 Build > Attachments > Bushing > New 命令，弹出创衬套件对话框，如图 1-29 所示。

（1）部件 uca 与 suspension_to_chassis 之间 bushing 约束。

- Bushing Name（约束副名称）：uca_front；
- I　Part：._fsae_suspension_rear_axle.gel_uca；
- J　Part：._fsae_suspension_rear_axle.mts_suspension_to_chassis；
- Inactive（抑制）：kinematic mode（运动学模式）；
- Preload：0，0，0；

- Tpreload：0，0，0；
- Offset：0，0，0；
- Roffset：0，0，0；
- Geometry Length：25.4；
- Geometry Radius：12.7；

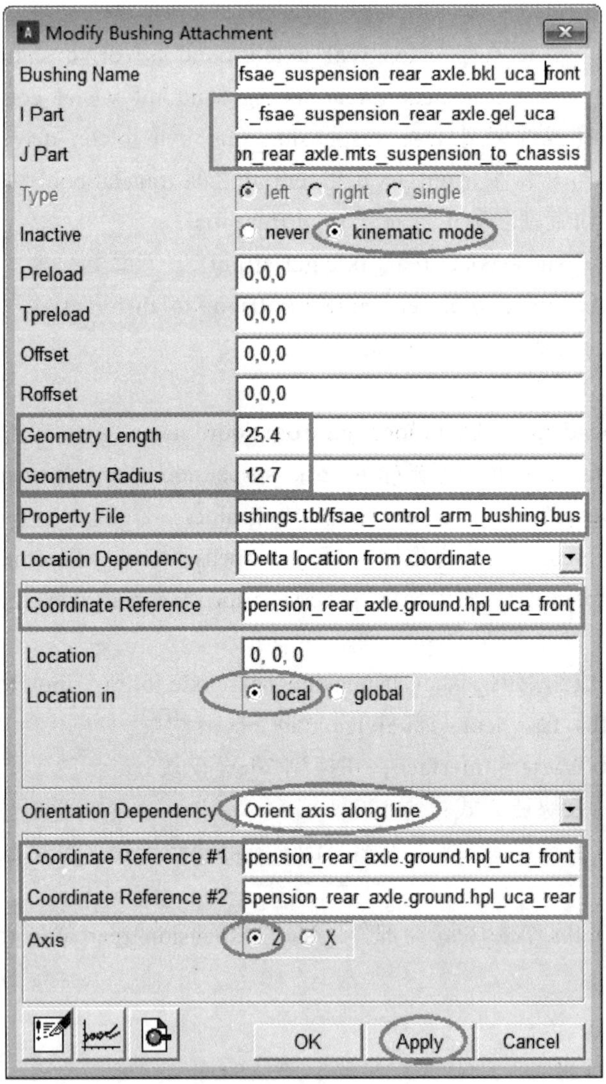

图 1-29　衬套约束对话框-bushing

- Property File：mdids：//FASE/bushings.tbl/fsae_control_arm_bushing.bus；用记事本文件打开衬套属性文件，用 MATLAB 软件绘制在 *X*、*Y*、*Z* 方向的垂向刚度及扭转刚度，如图 1-30、图 1-31 所示；
- Location Dependency：Delta location from coordinate；
- Coordinate Reference（参考坐标）：._fsae_suspension_rear_axle.ground.hpl_uca_front；
- Location：0，0，0；

- Location in：local；
- Orientation Dependency：Orient axis along line；
- Coordinate Reference #1（参考坐标）：._fsae_suspension_rear_axle.ground.hpl_uca_front；
- Coordinate Reference #2（参考坐标）：._fsae_suspension_rear_axle.ground.hpl_uca_rear；
- Axis：Z；
- 单击 Apply，完成轴套._fsae_suspension_rear_axle.bkl_uca_front 的创建；
- Bushing Name（约束副名称）：uca_rear；
- I　Part：._fsae_suspension_rear_axle.gel_uca；
- J　Part：._fsae_suspension_rear_axle.mts_suspension_to_chassis；
- Inactive（抑制）：kinematic mode（运动学模式）；
- Preload：0，0，0；
- Tpreload：0，0，0；
- Offset：0，0，0；
- Roffset：0，0，0；
- Geometry Length：25.4；
- Geometry Radius：12.7；
- Property File：mdids：//FASE/bushings.tbl/fsae_control_arm_bushing.bus；
- Location Dependency：Delta location from coordinate；
- Coordinate Reference（参考坐标）：._fsae_suspension_rear_axle.ground.hpl_uca_rear；
- Location：0，0，0；
- Location in：local；
- Orientation Dependency：Orient axis along line；
- Coordinate Reference #1（参考坐标）：._fsae_suspension_rear_axle.ground.hpl_uca_front；
- Coordinate Reference #2（参考坐标）：._fsae_suspension_rear_axle.ground.hpl_uca_rear；
- Axis：Z；
- 单击 Apply，完成轴套._fsae_suspension_rear_axle.bkl_uca_rear 的创建；
- Bushing Name（约束副名称）：uca_rear；
- I　Part：._fsae_suspension_rear_axle.gel_uca；
- J　Part：._fsae_suspension_rear_axle.mts_suspension_to_chassis；
- Inactive（抑制）：kinematic mode（运动学模式）；
- Preload：0，0，0；
- Tpreload：0，0，0；
- Offset：0，0，0；
- Roffset：0，0，0；
- Geometry Length：25.4；
- Geometry Radius：12.7；
- Property File：mdids：//FASE/bushings.tbl/fsae_control_arm_bushing.bus；
- Location Dependency：Delta location from coordinate；
- Coordinate Reference（参考坐标）：._fsae_suspension_rear_axle.ground.hpl_uca_rear；
- Location：0，0，0；

- Location in：local；
- Orientation Dependency：Orient axis along line；
- Coordinate Reference #1（参考坐标）：._fsae_suspension_rear_axle.ground.hpl_uca_front；
- Coordinate Reference #2（参考坐标）：._fsae_suspension_rear_axle.ground.hpl_uca_rear；
- Axis：Z；
- 单击 Apply，完成轴套._fsae_suspension_rear_axle.bkl_uca_rear 的创建。

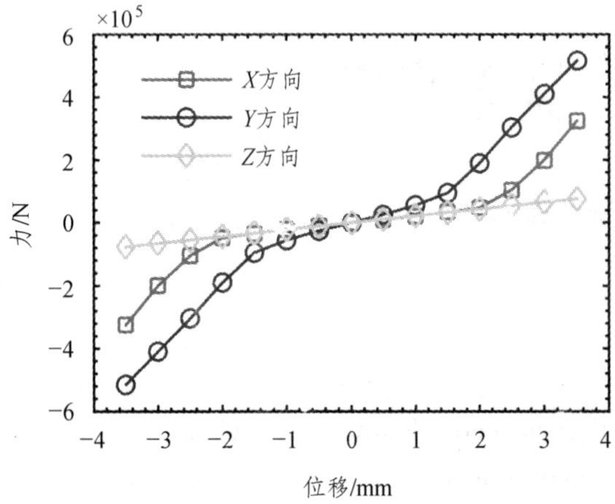

图 1-30　衬套垂向刚度

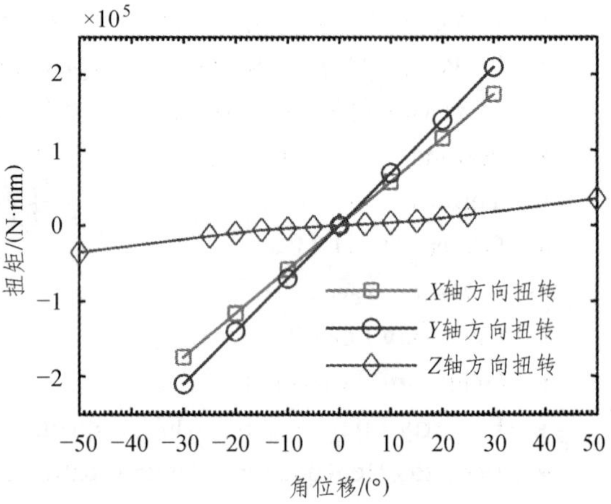

图 1-31　衬套扭转刚度

（2）部件 lca 与 suspension_to_chassis 之间 bushing 约束。

- Bushing Name（约束副名称）：lca_front；
- I　Part：._fsae_suspension_rear_axle.gel_lca；
- J　Part：._fsae_suspension_rear_axle.mts_suspension_to_chassis；
- Inactive（抑制）：kinematic mode（运动学模式）；
- Preload：0，0，0；
- Tpreload：0，0，0；
- Offset：0，0，0；
- Roffset：0，0，0；
- Geometry Length：25.4；
- Geometry Radius：12.7；
- Property File：mdids：//FASE/bushings.tbl/fsae_control_arm_bushing.bus；
- Location Dependency：Delta location from coordinate；
- Coordinate Reference（参考坐标）：._fsae_suspension_rear_axle.ground.hpl_lca_front；
- Location：0，0，0；
- Location in：local；
- Orientation Dependency：Orient axis along line；
- Coordinate Reference #1（参考坐标）：._fsae_suspension_rear_axle.ground.hpl_lca_front；
- Coordinate Reference #2（参考坐标）：._fsae_suspension_rear_axle.ground.hpl_lca_rear；
- Axis：Z；

- 单击 Apply，完成轴套._fsae_suspension_rear_axle.bkl_lca_front 的创建；
- Bushing Name（约束副名称）：lca_rear；
- I Part：._fsae_suspension_rear_axle.gel_lca；
- J Part：._fsae_suspension_rear_axle.mts_suspension_to_chassis；
- Inactive（抑制）：kinematic mode（运动学模式）；
- Preload：0，0，0；
- Tpreload：0，0，0；
- Offset：0，0，0；
- Roffset：0，0，0；
- Geometry Length：25.4；
- Geometry Radius：12.7；
- Property File：mdids：//FASE/bushings.tbl/fsae_control_arm_bushing.bus；
- Location Dependency：Delta location from coordinate；
- Coordinate Reference（参考坐标）：._fsae_suspension_rear_axle.ground.hpl_lca_rear；
- Location：0，0，0；
- Location in：local；
- Orientation Dependency：Orient axis along line；
- Coordinate Reference #1（参考坐标）：._fsae_suspension_rear_axle.ground.hpl_lca_front；
- Coordinate Reference #2（参考坐标）：._fsae_suspension_rear_axle.ground.hpl_lca_rear；
- Axis：Z；
- 单击 OK，完成轴套._fsae_suspension_rear_axle.bkl_lca_rear 的创建。

（3）避震器与 suspension_to_chassis 之间 bushing 约束。

- Bushing Name（约束副名称）：strut_up；
- I Part：._fsae_suspension_rear_axle.gel_strut_up；
- J Part：._fsae_suspension_rear_axle.mts_suspension_to_chassis；
- Inactive（抑制）：kinematic mode（运动学模式）；
- Preload：0，0，0；
- Tpreload：0，0，0；
- Offset：0，0，0；
- Roffset：0，0，0；
- Geometry Length：25.4；
- Geometry Radius：12.7；
- Property File：mdids：//acar_shared/bushings.tbl/mdi_0001.bus；
- Location Dependency：Delta location from coordinate；
- Coordinate Refcrence（参考坐标）：._fsae_suspension_rear_axle.ground.hpl_strut_up；
- Location：0，0，0；
- Location in：local；
- Orientation Dependency：Orient axis to point；
- Coordinate Reference #1（参考坐标）：._fsae_suspension_rear_axle.ground.hpr_strut_up；
- Axis：Z；

- 单击 Apply，完成轴套._fsae_suspension_rear_axle.bkl_strut_up 的创建。
- Bushing Name（约束副名称）：strut_lower；
- I　Part：._fsae_suspension_rear_axle.gel_strut_low；
- J　Part：._fsae_suspension_rear_axle.gel_lca；
- Inactive（抑制）：kinematic mode（运动学模式）；
- Preload：0，0，0；
- Tpreload：0，0，0；
- Offset：0，0，0；
- Roffset：0，0，0；
- Geometry Length：25.4；
- Geometry Radius：12.7；
- Property File：mdids：//acar_shared/bushings.tbl/mdi_0004.bus；
- Location Dependency：Delta location from coordinate；
- Coordinate Reference（参考坐标）：._fsae_suspension_rear_axle.ground.hpl_strut_low；
- Location：0，0，0；
- Location in：local；
- Orientation Dependency：Orient axis to point；
- Coordinate Reference #1（参考坐标）：._fsae_suspension_rear_axle.ground.hpr_strut_low；
- Axis：Z；
- 单击 OK，完成轴套._fsae_suspension_rear_axle.bkl_strut_lower 的创建。

1.4　变量参数

- 单击 Build > Parameter Variable > New 命令；
- Parameter Variable Name：driveline_active；
- Integer Value（实数值）：1；
- Units：length；
- Hide from standard user（是否从标准界面隐藏）：yes；
- 单击 Apply，完成变量._fsae_suspension_rear_axle.phs_driveline_active 的创建；
- Parameter Variable Name：kinematic_flag；
- Integer　Value（实数值）：1；
- Units：length；
- Hide from standard user（是否从标准界面隐藏）：yes；
- 单击 OK，完成变量._fsae_suspension_rear_axle.phs_kinematic_flag 的创建。
- 单击 Build > Suspension Parameters > Characteristics Array > Set 命令，此设置主要用于设置悬架的转向主销，如图 1-32 所示；
- Steer Axis Caculation：Geometric；
- Suspension Type：Independent，非独立悬架；

- I Part：._fsae_suspension_rear_axle.gel_uca；
- J Part：._fsae_suspension_rear_axle.gel_lca；
- I Coordinate Reference：._fsae_suspension_rear_axle.ground.hpl_uca_outer；
- J Coordinate Reference：._fsae_suspension_rear_axle.ground.hpl_lca_outer；
- 单击 OK，完成悬架参数变量设置。

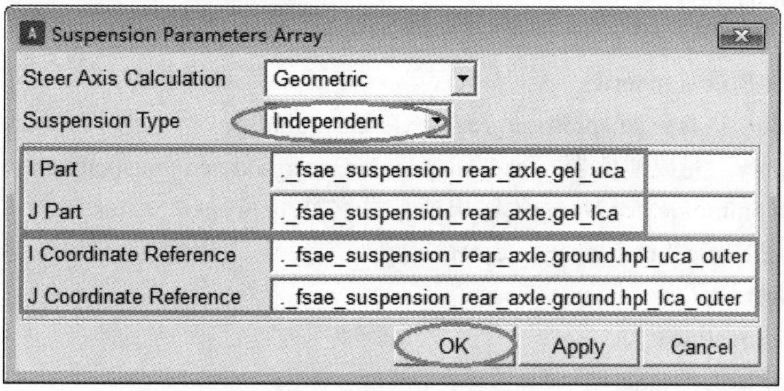

图 1-32　悬架参数变量设置

1.5　通信器

- 单击 Build > Communicator > Output >New 命令，弹出输出通信器对话框，如图 1-21 所示；
- Output Communicator Name（输出通信器名称）：driveline_active；
- Matching Name（s）：driveline_active；
- Type：single；
- Entity：parameter integer；
- To Minor Role：inherit；
- Parameter Variable Name：._fsae_suspension_rear_axle.phs_driveline_active；
- 单击 Apply，完成通信器._fsae_suspension_rear_axle.cos_driveline_active 的创建；
- Output Communicator Name（输出通信器名称）：tripot_to_differential；
- Matching Name（s）：tripot_to_differential；
- Type：left；
- Entity：Location；
- To Minor Role：inherit；
- Coordinate Reference Name：._fsae_suspension_rear_axle.ground.hpl_drive_shaft_inr；
- 单击 Apply，完成通信器._fsae_suspension_rear_axle.col_tripot_to_differential 的创建；
- Output Communicator Name（输出通信器名称）：arb_pickup；
- Matching Name（s）：arb_pickup；
- Type：left；
- Entity：mount；

- To Minor Role：inherit；
- Part Name：._fsae_suspension_rear_axle.gel_upright；
- 单击 Apply，完成通信器._fsae_suspension_rear_axle.col_arb_pickup 的创建；
- Output Communicator Name（输出通信器名称）：suspension_mount；
- Matching Name（s）：suspension_mount；
- Type：left；
- Entity：mount；
- To Minor Role：inherit；
- Part Name：._fsae_suspension_rear_axle.gel_spindle；
- 单击 Apply，完成通信器._fsae_suspension_rear_axle.col_suspension_mount 的创建；
- Output Communicator Name（输出通信器名称）：wheel_center；
- Matching Name（s）：wheel_center；
- Type：left；
- Entity：Location；
- To Minor Role：inherit；
- Coordinate Reference Name：._fsae_suspension_rear_axle.ground.hpl_wheel_center；
- 单击 Apply，完成通信器._fsae_suspension_rear_axle.col_wheel_center 的创建；
- Output Communicator Name（输出通信器名称）：suspension_upright；
- Matching Name（s）：suspension_upright；
- Type：left；
- Entity：mount；
- To Minor Role：inherit；
- Part Name：._fsae_suspension_rear_axle.gel_upright；
- 单击 OK，完成通信器._fsae_suspension_rear_axle.col_suspension_upright 的创建。
- 单击 Build > Communicator > Test 命令，弹出输出通信器测试对话框，如图 1-33 所示；

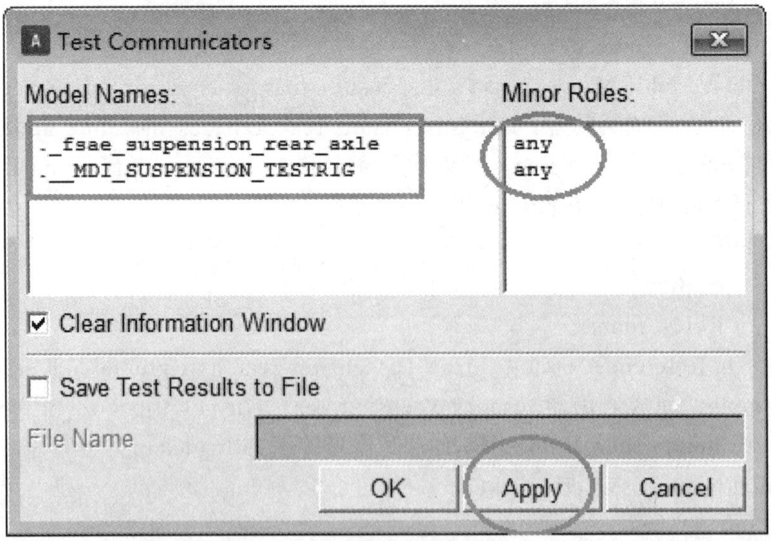

图 1-33　通信器测试对话框设置

- Model Names：._fsae_suspension_rear_axle 与.__MDI_SUSPENSION_TESTRIGG；
- Minor Roles：并列两排输入特征 any，也可以并排输入特征 front，在此两个都可以；
- 单击 OK，完成推杆式双叉臂悬架和悬架试验台._fsae_suspension_rear_axle 与.__MDI_SUSPENSION_TESTRIGG 的匹配测试；测试结果如下列信息所示。

通信器匹配信息如下：

!--- -- Matched communicators：--------!　%以下为匹配的通信器

Communicator Matching Name：tripot_to_differential
Input Communicator Name：ci[lr]_tripot_to_differential
Located in：_fsae_suspension_rear_axle
Output Communicator Name：co[lr]_tripot_to_differential
Output from：__MDI_SUSPENSION_TESTRIG

Communicator Matching Name：camber_angle
Input Communicator Name：ci[lr]_camber_angle
Located in：__MDI_SUSPENSION_TESTRIG
Output Communicator Name：co[lr]_camber_angle
Output from：_fsae_suspension_rear_axle

Communicator Matching Name：toe_angle
Input Communicator Name：ci[lr]_toe_angle
Located in：__MDI_SUSPENSION_TESTRIG
Output Communicator Name：co[lr]_toe_angle
Output from：_fsae_suspension_rear_axle

Communicator Matching Name：wheel_center
Input Communicator Name：ci[lr]_wheel_center
Located in：__MDI_SUSPENSION_TESTRIG
Output Communicator Name：co[lr]_wheel_center
Output from：_fsae_suspension_rear_axle

Communicator Matching Name：suspension_mount
Input Communicator Name：ci[lr]_suspension_mount
Located in：__MDI_SUSPENSION_TESTRIG
Output Communicator Name：co[lr]_suspension_mount
Output from：_fsae_suspension_rear_axle

Communicator Matching Name：driveline_active

Input Communicator Name：cis_driveline_active
Located in：__MDI_SUSPENSION_TESTRIG
Output Communicator Name：cos_driveline_active
Output from：_fsae_suspension_rear_axle

Communicator Matching Name：suspension_parameters_array
Input Communicator Name：cis_suspension_parameters_ARRAY
Located in：__MDI_SUSPENSION_TESTRIG
Output Communicator Name：cos_suspension_parameters_ARRAY
Output from：_fsae_suspension_rear_axle

Communicator Matching Name：tripot_to_differential
Input Communicator Name：ci[lr]_diff_tripot
Located in：__MDI_SUSPENSION_TESTRIG
Output Communicator Name：co[lr]_tripot_to_differential
Output from：_fsae_suspension_rear_axle

Communicator Matching Name：suspension_upright
Input Communicator Name：ci[lr]_suspension_upright
Located in：__MDI_SUSPENSION_TESTRIG
Output Communicator Name：co[lr]_suspension_upright
Output from：_fsae_suspension_rear_axle

!----------Unmatched input communicators：-----------!　%以下为不匹配的输入通信器
Input Communicator Name：cis_suspension_to_chassis
Class：mount
From Minor Role：any
Matching Name（s)：suspension_to_chassis
In Template：_fsae_suspension_rear_axle

Input Communicator Name：ci[lr]_tierod_to_steering
Class：mount
From Minor Role：any
Matching Name（s)：tierod_to_steering
In Template：_fsae_suspension_rear_axle

Input Communicator Name：ci[lr]_jack_frame
Class：mount

From Minor Role：any
Matching Name（s)：jack_frame
In Template：__MDI_SUSPENSION_TESTRIG

Input Communicator Name：cis_leaf_adjustment_steps
Class：parameter_integer
From Minor Role：any
Matching Name（s)：leaf_adjustment_steps
In Template：__MDI_SUSPENSION_TESTRIG

Input Communicator Name：cis_powertrain_to_body
Class：mount
From Minor Role：any
Matching Name（s)：powertrain_to_body
In Template：__MDI_SUSPENSION_TESTRIG

Input Communicator Name：cis_steering_rack_joint
Class：joint_for_motion
From Minor Role：any
Matching Name（s)：steering_rack_joint
In Template：__MDI_SUSPENSION_TESTRIG

Input Communicator Name：cis_steering_wheel_joint
Class：joint_for_motion
From Minor Role：any
Matching Name（s)：steering_wheel_joint
In Template：__MDI_SUSPENSION_TESTRIG

!----------Unmatched output communicators：-----------! %以下为不匹配的输出通信器
Output Communicator Name：cos_leaf_adjustment_multiplier
Class：array
To Minor Role：any
Matching Name（s)：leaf_adjustment_multiplier
In Template：__MDI_SUSPENSION_TESTRIG

Output Communicator Name：cos_characteristics_input_ARRAY
Class：array
To Minor Role：any

Matching Name（s）：characteristics_input_array
In Template：__MDI_SUSPENSION_TESTRIG

1.6 驱动轴显示组建

- 在模型树栏，点击 Group 菜单，在模型树栏右击鼠标 New Group，弹出创建组件对话框，如图 1-34 所示；
- Group Name：driveline_active；

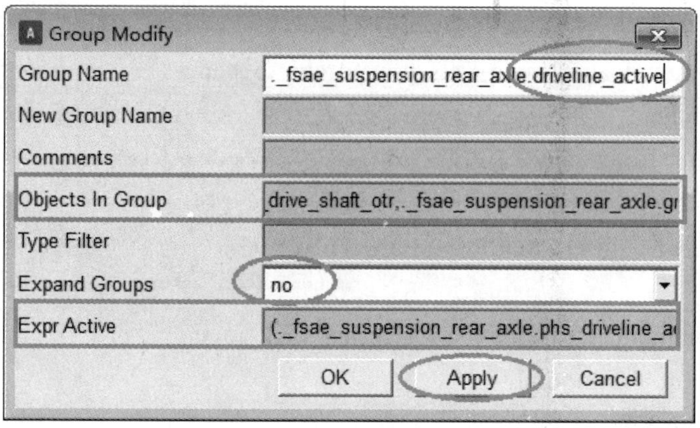

图 1-34　驱动轴显示组件对话框

- Object In Group（显示组件包括的部件、几何体、约束等对象），顺序输入①～㉖对象，如下信息所示：

① ._fsae_suspension_rear_axle.gel_drive_shaft,
② ._fsae_suspension_rear_axle.ger_drive_shaft,
③ ._fsae_suspension_rear_axle.gel_tripot,
④ ._fsae_suspension_rear_axle.ger_tripot,
⑤ ._fsae_suspension_rear_axle.ground.cfl_drive_shaft_otr,
⑥ ._fsae_suspension_rear_axle.ground.cfr_drive_shaft_otr,
⑦ ._fsae_suspension_rear_axle.ground.cfl_drive_shaft_inr,
⑧ ._fsae_suspension_rear_axle.ground.cfr_drive_shaft_inr,
⑨ ._fsae_suspension_rear_axle.mtl_tripot_to_differential,
⑩ ._fsae_suspension_rear_axle.mtr_tripot_to_differential,
⑪._fsae_suspension_rear_axle.jolcon_drive_sft_int_jt,
⑫._fsae_suspension_rear_axle.jorcon_drive_sft_int_jt,
⑬._fsae_suspension_rear_axle.jolcon_drive_sft_otr,
⑭._fsae_suspension_rear_axle.jorcon_drive_sft_otr,
⑮._fsae_suspension_rear_axle.joltra_tripot_to_differential,
⑯._fsae_suspension_rear_axle.jortra_tripot_to_differential,

⑰._fsae_suspension_rear_axle.gel_drive_shaft.gralin_drive_shaft,

⑱._fsae_suspension_rear_axle.gel_drive_shaft.graell_otr_cv_housing,

⑲._fsae_suspension_rear_axle.gel_drive_shaft.graell_tripot_housing,

⑳._fsae_suspension_rear_axle.gel_tripot.gracyl_tripot_housing_extention,

㉑._fsae_suspension_rear_axle.ger_drive_shaft.gralin_drive_shaft,

㉒._fsae_suspension_rear_axle.ger_drive_shaft.graell_otr_cv_housing,

㉓._fsae_suspension_rear_axle.ger_drive_shaft.graell_tripot_housing,

㉔._fsae_suspension_rear_axle.ger_tripot.gracyl_tripot_housing_extention,

㉕._fsae_suspension_rear_axle.mtl_fixed_2,

㉖._fsae_suspension_rear_axle.mtr_fixed_2。

- Expr Active：（._fsae_suspension_rear_axle.phs_driveline_active || ._fsae_suspension_rear_axle.model_class == "template" ? 1 ： 0);
- 单击 Apply，完成组件 driveline_active 的创建；
- Group Name：driveline_inactive；
- Expr Active：（ ! ._fsae_suspension_rear_axle.phs_driveline_active || ._fsae_suspension_rear_axle.model_class == "template" ? 1 ： 0);
- 单击 OK，完成组件 driveline_inactive 的创建。
- 单击 File > Save As 命令，弹出保存模板对话框，如图 1-35 所示；

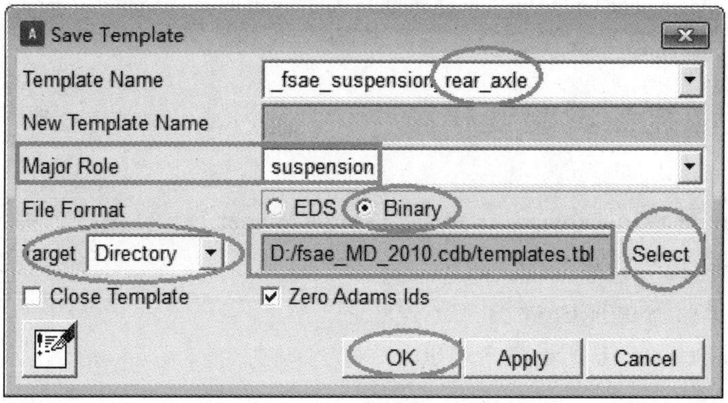

图 1-35　横置板簧悬架模型保存

- Major Role（主特征）：suspension；
- File Format：Binary；
- Target：Directory；
- 单击 Select，选择存储路径为 D：/fsae_MD_2010.cdb/templates.tbl；
- 单击 OK，完成横置板簧式悬架模型._fsae_suspension_rear_axle 的保存。

1.7　横置板簧式悬架系统

- 按 F9，把专家模板转换到标准模式，单击 File > New > Suspension 命令，弹出子系统对话框，如图 1-36 所示；

- Subsystem Name（系统名称）：fsae_suspension_rear_axle；
- Minor Role（副特征）：rear（指悬架为后悬架）；
- Template Name（模板路径）：mdids：//FASE/templates.tbl/_fsae_suspension_rear_axle.tpl；
- 单击 OK，完成推杆式悬架子系统 fsae_suspension_rear_axle 的创建。

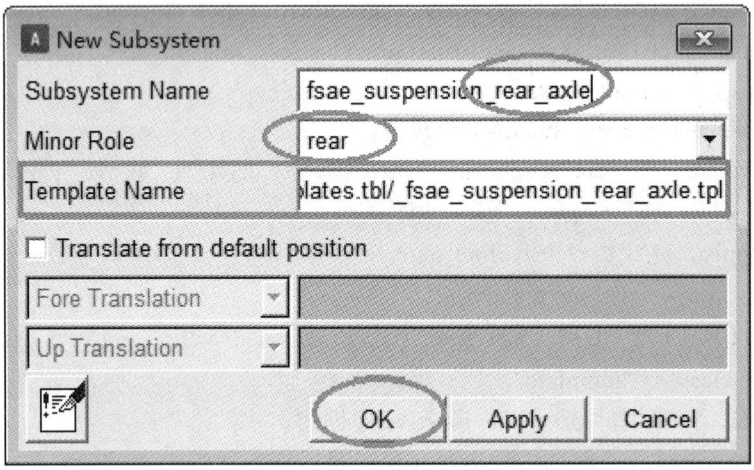

图 1-36　横置板簧式悬架子系统创建对话框

1.8　单轮激振测试验证模型

- 单击 Simulate > Suspension Analysis >Single Wheel Travel 命令，弹出双轮同向激振对话框，如图 1-37 所示；
- Output Prefix：single traavel；
- Number of Steps（仿真步数）：100；
- Mode of Simulation：intcractivc；
- Vertical Setup Mode：Wheel Center；
- Bump Travel：50；
- Rebound Travel：－50；
- Side：Left；
- Travel Relative To：Wheel Center；
- Control Mode：Absolute；
- Coordinate System：Vehicle；
- 单击 Apply，完成横置板簧悬架在 C 模式下的仿真；
- 菜单栏单击 Review > Animation Controls，开始动画观看，动画结束后悬架模型变化如图 1-38 所示；

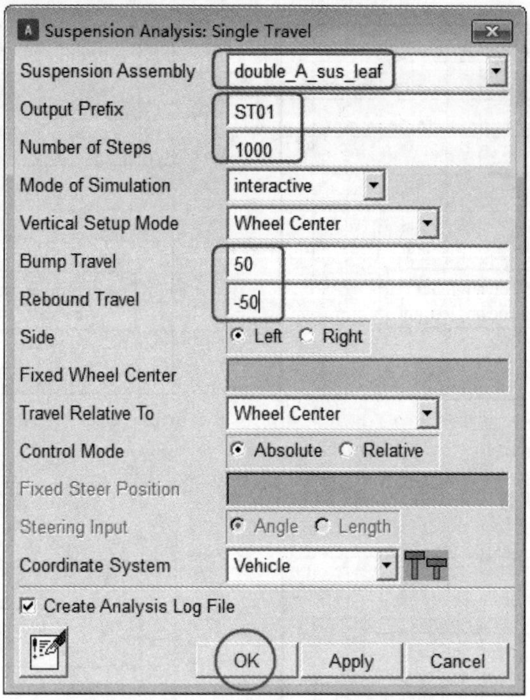

图 1-37　左单轮激振仿真设置

- 按 F8，界面转换到后处理模块；
- Filter：user defined；

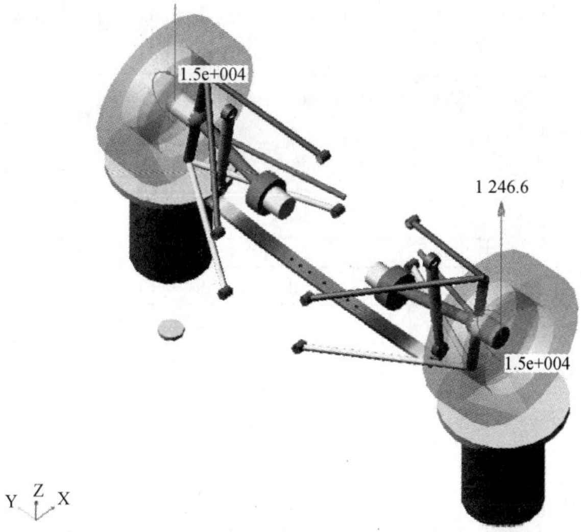

图 1-38　单轮跳动仿真

- Request：选择左前轮 toe_angle；
- Component：left；
- 单击 Add Curves，完成相关参数曲线绘制，如图 1-39 ~ 图 1-43 所示。

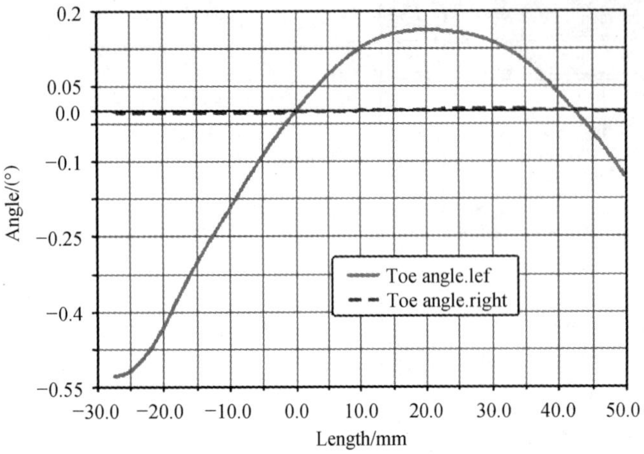

图 1-39　前束角

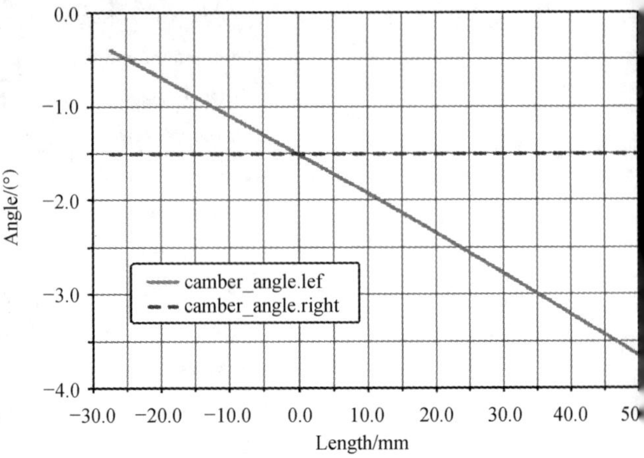

图 1-40　外倾角

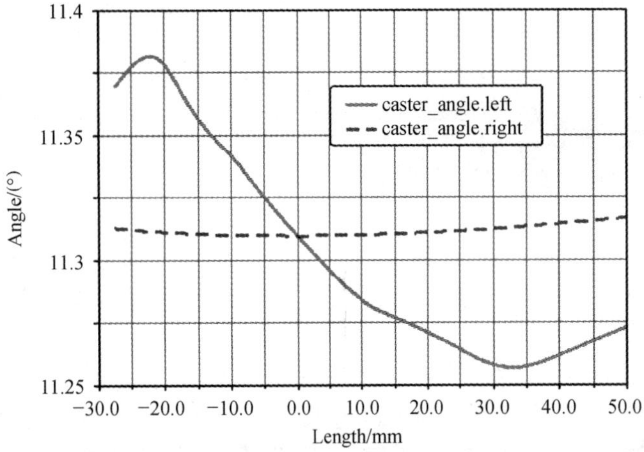

图 1-41　主销后倾角

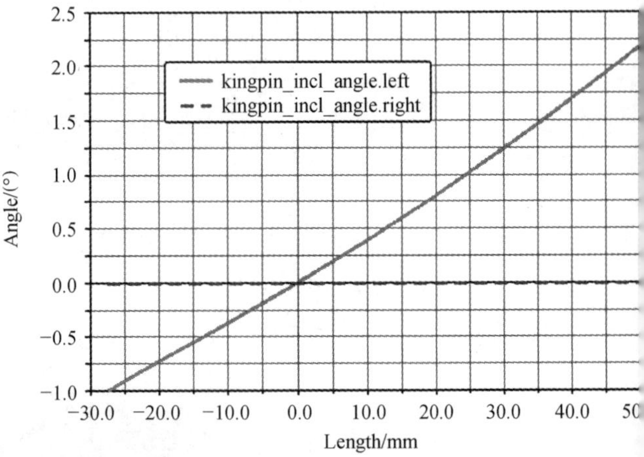

图 1-42　主销内倾角

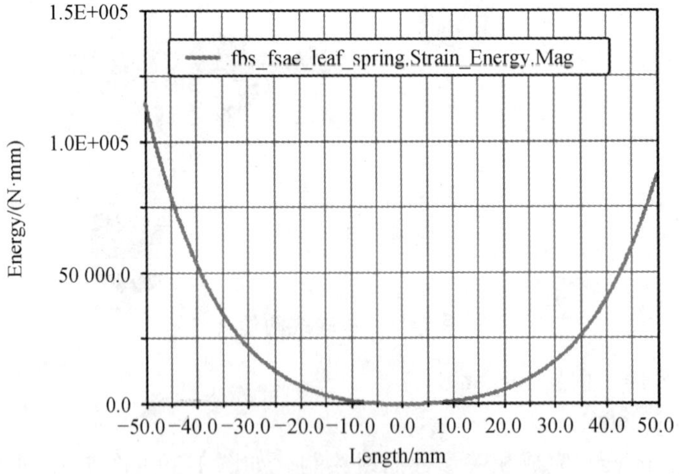

图 1-43　板簧能量变化特性

第 2 章 钢板弹簧模型（Ⅰ）

钢板弹簧是一种比较特殊的弹簧。板簧由不等长的簧片叠加而成，由于簧片之间有摩擦存在，在板簧运动过程中同时可以起到减震器的作用，同时还可以作为导向机构保证车桥与车身之间的稳定连接，如图 2-1 所示。鉴于这些优点，商用货车、农用车辆以及一些特种车辆仍在使用板簧。板簧建模的难点在于其非线性特性，即簧片之间的摩擦特性不能很好的确定。板簧在研究过程中主要采用三段梁法、Beam 梁法，有限元模态法。有限元法模态法能较好地分析单片簧片的动态变形特性，采用模态中性文件 MNF 导入到 ADMAS 中进行相关分析结果精确，但其计算量较大。需要注意的是对于多片簧片叠加的板簧装配模型，装配体接触模态分析由于理论等较多原因仍不成熟，在分析中采用 MNF 的误差仍然较大，原因在于装配体本质是把不同的簧片之间采用绑定，即整个板簧装配体为一个整体，忽略了簧片之间的摩擦移动，在路面较好车身振幅过小原则上垂向方向可以满足要求，除此之外误差较大。虽然有不少文献采用此方法对整车性能进行分析，但谨慎考虑其使用范围。两个物体以上的装配体接触模态计算结果不能保证，虽然有限元软件也能计算完成，但其是在初始变形状态下（后续并未继续变形）继续进行分析，结果并不能保证准确（采用 ABAQUS 软件进行相关模型验证）。SA 三段梁法是美国汽车工程学会 20 世纪 60 年代提出的对板簧的近似算法在 ADAMS 中的应用，它将板簧看成中间的刚性钢板与两侧的简支梁构成，参数为板簧的径向扭转刚度，即采用轴套把刚性体与两端的简支梁连接起来，刚度特性可以通过实验测量。离散 Beam 梁法采用无质量的柔性梁把离散刚体连接起来，Beam 梁参数根据钢板弹簧界面形状与材料参数得出各片簧之间的接触。利用 ADAMS 中的接触力定义中性面法可视为离散梁法。离散梁法建立的钢板弹簧与实际板簧模型接近，其精度较高，计算经济性好，综合特性优良。

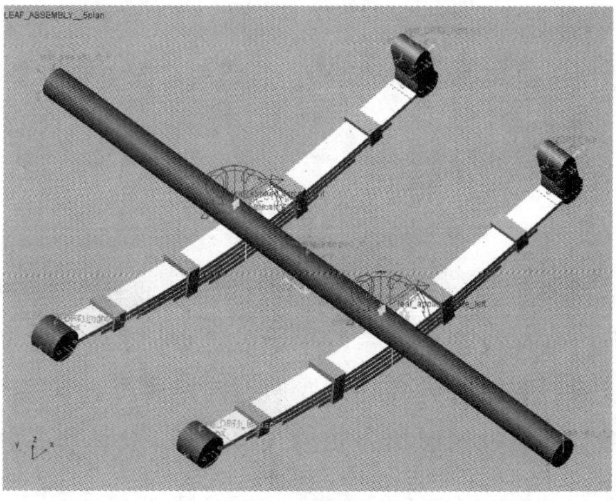

图 2-1　板簧模型

学习目标

- ✧ 板簧工具箱介绍。
- ✧ OG profile。
- ✧ 板簧模型。
- ✧ 板簧分析。
- ✧ 预载荷施加。
- ✧ 板簧模型装配。
- ✧ 转换为 ADAMA/CAR 模板。

2.1 板簧工具箱介绍

Leaf Spring Toolkit 板簧工具箱是 ADAMS 2008 软件日本版提供的一个插件，能够建立由离散梁单元构成的高质量的板簧虚拟模型，并进行刚度分析、预加载及板簧模型装配，可以自动快速（或者手动添加相关通信器，根据需要可以不建立驱动轴组建）地转换为 ADAMS/CAR 模板。在装配好板簧模型中，同过移动旋转板簧模型等可以建立双轴非独立悬架，可以添加转向系统构造前轴或者前双轴为转向轮，根据实际模型的物理结构可以自行拓展，实用性非常广阔。此插件的通用模块 View 和专业模块之间可以快速转换。本案例在 ADAMS/VIEW 中建立 3 篇板簧模型，在通过 cmd 文件转换导入到 ADAMS/CAR 中进行装配和添加通信器（自动或者手动，自动添加会建立驱动轴系统，如果不考虑驱动轴部件可以删除或者手动建立）。

- 单击菜单：Tools > Plugin Manager（插件管理），弹出插件管理对话框；
- 勾选 Leafspring Toolkit 后面的 Load、Load at Starup；在当前界面和启动软件时系统会自动加载插件；
- 单击 OK，菜单栏上出现 Leaftool 菜单，在当前界面板簧工具箱加载完成。

2.2 OG profile

板簧的初始几何轮廓是通过平展的板簧的弯曲角度或者高度完成定义。初始几何生成器根据输入的参数，会为每片板簧生成一组平展的梁单元，然后在弧高的测量点位置加上驱动，运行准静态分析后，平展的板簧可以变形为确定的孤高状态，即板簧前端与后端的完全形状，变形后板簧上表面内侧形状为初始几何轮廓。具体板簧初始几何尺寸设置如图 2-2 所示。

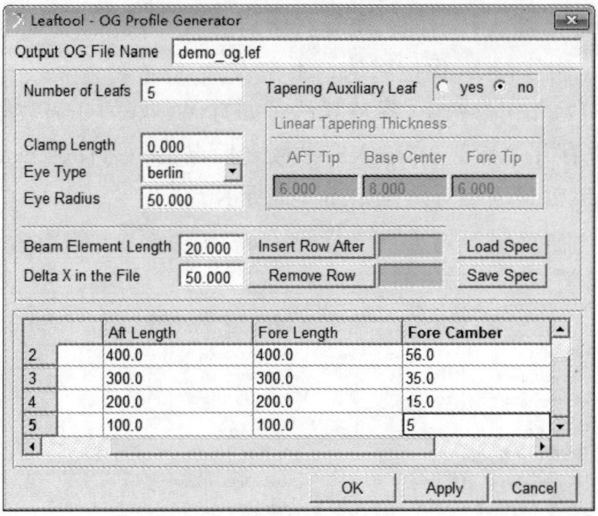

图 2-2　板簧几何创建对话框

- 单击菜单菜单：Leaftool > OG Profile Generator，弹出几何创建对话框；
- Output OG File Name（几何输出文件名）：demo_og.lef；
- Number of Leafs（板簧的簧片数量）：5；
- Clamp Length（板簧与车轴连接处的有效长度）：0；
- Eye Type（卷耳类型，包括 none\berlin\up\down 4 种）：berlin；
- Eye Radius（卷耳半径）：50；
- Tapering Auxiliary Leaf（副簧厚度渐变）：no；板簧厚度渐变，需要定义板簧安装夹持中心、前端、后端的厚度，板簧从夹持中心到板簧前后端成线性变化厚度；
- Aft Camber（板簧负方向端弧高）；Aft Length（板簧负方向端展开长度）；Fore Length（板簧正方向端展开长度）；Fore Camber（板簧正方向端弧高）；Thickness（板簧厚度，需要注意板簧厚度是等厚度还是厚度渐变化）：5 片簧的初始几何参数如表 2-1 所示；在创建板簧过程中，其中 Aft（Fore）Camber（板簧负方向/正方向端弧高）参数比较难确定，需要根据经验多尝试几次几何模型建立，使创始几何参数达到最理想的状态；

表 2-1　板簧几何参数

Leafspring	Aft Camber	Aft Length	Fore Length	Fore Camber	Thickness
1	80	500	500	80	10
2	56	400	400	56	10
3	35	300	300	35	10
4	15	200	200	15	10
5	5	100	100	5	10

- Beam Element Length（展开状态下梁单元长度）：20；
- Delta X in the File（初始几何轮廓中，X 向间距数据）：50；

- Insert Row After（插入行）：4；第 4 行之后插入一行；
- Remove Row（删除行）：保持默认，不输入；
- Load Spec（初始几何参数）：保持默认，如有保存好的几何数据可以直接载入；
- Save Spec（保存几何参数）：输入完参数之后点击，另存为 banhuang_5pian.def；
- 单击 OK，弹出板簧创建对话框如图 2-3 所示。

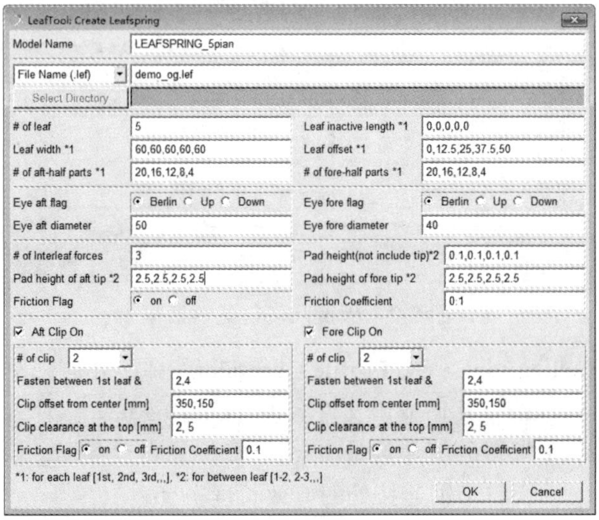

图 2-3　创建板簧对话框

- Model Name（板簧模型名称）：LEAFSPRING_5pian；
- File Name（几何轮廓文件名）：demo_og.lef，直接选择；
- #of leaf（板簧片数）：5；
- Leaf width（板簧宽度数组）：60，60，60，60，60；
- #of aft（fore）half parts（板簧前后端部分离散成小刚体块的数量）：20，16，12，8，4；
- Leaf inactive length（安装长度实数组）：0，0，0，0，0，在此不考虑板簧夹持的有效长度；
- Leaf offset（每片板簧最高点之间的距离实数组）：0，12.5，25，37.5，50，这样设置后，即有限长度小区域附近簧片之间的间隙为 2.5 mm；
- Eye fore（aft）flag（前后吊耳类型）：Berlin；
- Eye fore（aft）dimeter（前后吊耳内径）：50，40；
- #of interleaf forces（簧片之间摩擦力数量）：3；
- Pad height（not include tip）（簧片之间的衬垫高度）：0.1，0.1，0.1，0.1；
- Pad height of fore（aft）tip（簧片前后端部衬垫高度）：2.0，2.5，2.5，2.5；
- Friction flag（摩擦力标识）：on；
- Friction coefficient（摩擦力系数）：0.1；
- 勾选：Fore（Aft）Clip ON；在板簧模型上显示弹簧夹；
- #of Clip（弹簧夹数量）：2；
- Fastener between 1st leaf &（与主簧片，即第一片簧片绑定的板簧数量）：2，4；

- Clip offset from center（弹簧夹距离板簧上表面中心位置的距离）：350，150；
- Clip clearance at the top（弹簧夹和主簧上表面之间的间隙）：2.5；
- Friction flag（摩擦力标识）：on；
- Friction coefficient（摩擦力系数）：0.1；
- 单击 OK，弹出板簧连接创建对话框如图 2-4 所示。

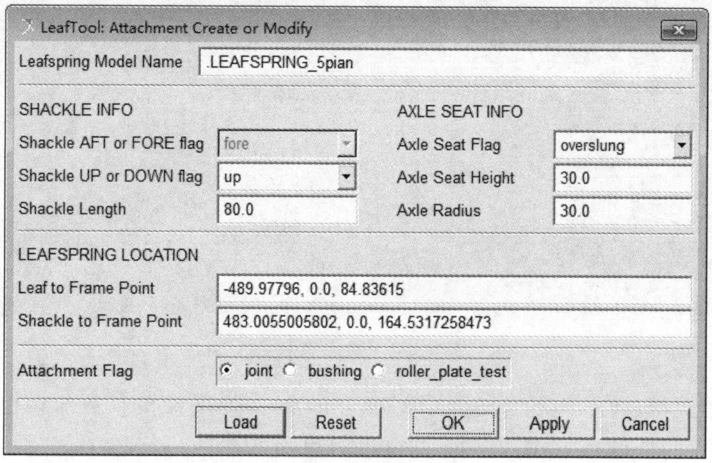

图 2-4　板簧连接对话框

2.3　板簧模型

- Leafspring Model Name：LEAFSPRING_5pian；
- Shackle AFT or FORE flag（吊耳处于板簧模型正方向端还是负方向端）：fore；
- Shackle UP or DOWN flag（吊耳处于板簧模型压缩或拉伸状态）：up；
- Shackle Length（吊耳长度）：80；
- Axle Seat Flag（板簧正吊或反吊）：overslung；
- Axle Radius（车轮半径）：30；
- Axle Seat Height（车轴安装高度）：30；
- Attachment Flag（板簧、吊耳与车架连接方式）：joint，通过铰接副连接；bushing，通过轴套连接；boller_plate_test，通过实验研究定义的相关运动副；
- Leaf to Frame Point（卷耳与车架连接处的位置）：右击 Pick lacation 在屏幕上选择卷耳中心点；*x\y\z* 坐标值可以修改；
- Shackle to Frame Point（吊耳与车架连接处的位置）：右击 Pick lacation 在屏幕上选择吊耳中心点；*x\y\z* 坐标值可以修改；
- Load（载入当前模型数值）：推荐使用这种方式，此方式获取饿参数与右击 Pick lacation 在屏幕上选择卷耳中心点的参数相同；
- Reset：恢复到初始状态，便于重新复制更新。
- 单击 OK，完成单个板簧模型的创建，5 片簧模型如图 2-5 所示。

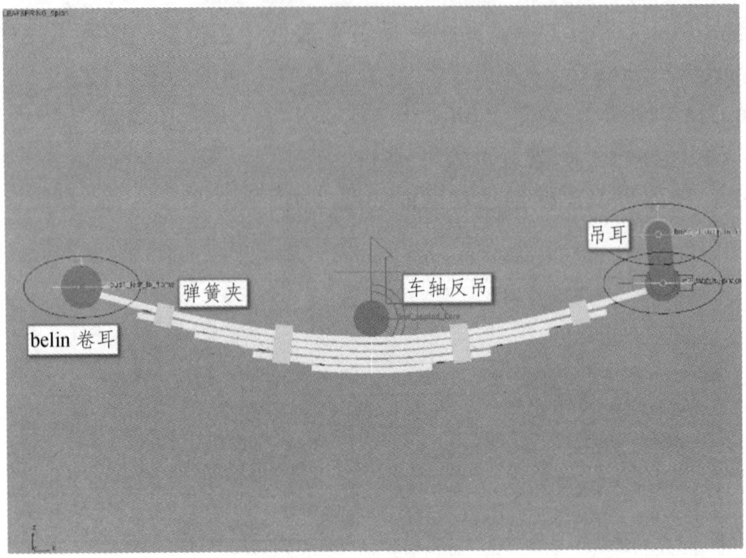

图 2-5　五片簧模型

- 单击菜单菜单：Leaftool > Specify Parameters，弹出板簧参数对话框；板簧参数的设置如图 2-6 所示。勾选红色方框 1、2、3 可以对里面的参数进行相关修改，其中衬套参数一般通过实验获取；簧片之间的摩擦系数很难通过实验获取，一般为经验值；板簧的材料参数通过查取相关材料的本构特征，需要对其进行修改，其他参数可以保持默认。簧片的材料是 60Si2Mn，弹性模量为 2.06×10^{5} MPa，剪切模量为 7.99×10^{4} MPa 泊松比为 0.29，密度为 7.74×10^{-9} t/mm^{3}；

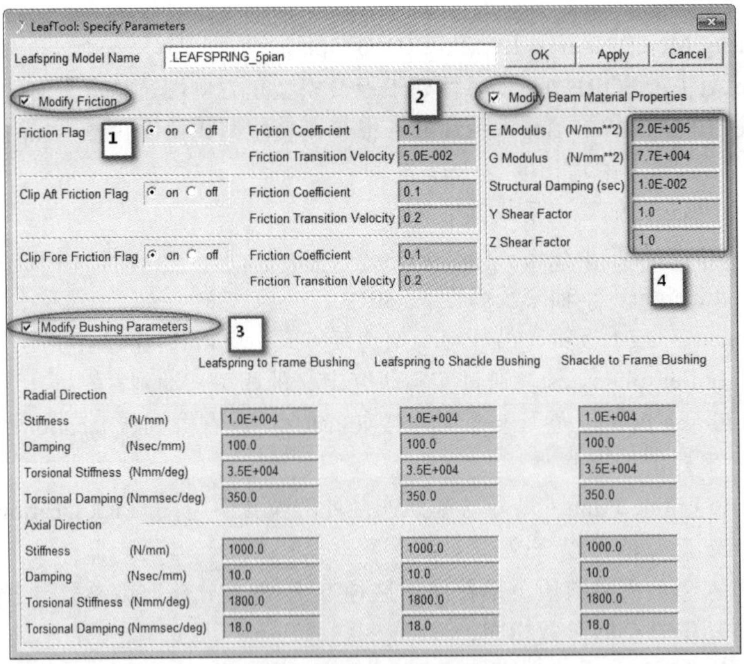

图 2-6　板簧参数修改对话框

- E Modulus（弹性模量）：2.06E5；

- G Modulus（剪切模量）：7.99E4；
- 单击 OK，完成板簧模型的参数设置。
- 单击 File > Save As 命令，保存为 LEAFSPRING_5pian 模板，如图 2-7 所示。

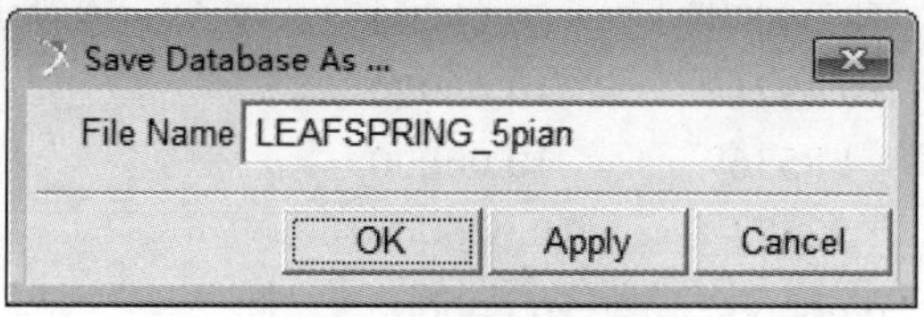

图 2-7　保存板簧模型

用记事本格式打开 banhuang_5pian.lef 文件，文件中的参数是基于 LEAFTOOL 的 GUI 操作结果，也可以直接在文件中修改相关的参数，然后保存载入软件中，其效果与在软件中修改一样。直接在文件中修改相关参数速度较快，对于熟悉文件结构的人员推荐使用。文件中具体包含了 5 片板簧的详细参数如下。

```
$---------------------------------------MDI_HEADER（标题）
[MDI_HEADER]
 FILE_TYPE        =  'lef'
 FILE_VERSION   =   1.0
 FILE_FORMAT     =   'ASCII'
$---------------------------------------UNITS（单位）
[UNITS]
 LENGTH    =   'mm'
 ANGLE     =   'degrees'
 FORCE     =   'newton'
 MASS      =   'kg'
 TIME      =   'second'
$---------------------------------------LEAFSPRING_HEADER（板簧标题）
[LEAFSPRING_HEADER]
 NAME              =   'Administrator'
 TIMESTAMP     =   '2017/10/04，21：25：20'
 #_OF_LEAF     =   5
 DIMENSION     =   2
 HEADER_SIZE =   10
（COMMENTS）
{comment_string}
'ADAMS/Car sample leafspring data'
$---------------------------------------LEAF_1（主簧，第一片簧参数）[LEAF_1]
{      x                    z                  thick}
   – 489.97796         84.83615          10.00000
   – 450.00000         74.36901          10.00000
   – 400.00000         61.50054          10.00000
```

– 350.00000	49.15792	10.00000
– 300.00000	37.61883	10.00000
– 250.00000	27.14541	10.00000
– 200.00000	18.04074	10.00000
– 150.00000	10.49215	10.00000
– 100.00000	4.85369	10.00000
– 50.00000	1.23573	10.00000
0.00000	0.00000	10.00000
50.00000	1.23573	10.00000
100.00000	4.85369	10.00000
150.00000	10.49215	10.00000
200.00000	18.04074	10.00000
250.00000	27.14541	10.00000
300.00000	37.61883	10.00000
350.00000	49.15792	10.00000
400.00000	61.50054	10.00000
450.00000	74.36901	10.00000
489.97796	84.83615	10.00000

$---LEAF_2（第二片簧参数）[LEAF_2]

{ x	z	thick}
– 394.57732	54.00000	10.00000
– 350.00000	44.83784	10.00000
– 300.00000	34.86157	10.00000
– 250.00000	25.51838	10.00000
– 200.00000	17.17774	10.00000
– 150.00000	10.10893	10.00000
– 100.00000	4.72465	10.00000
– 50.00000	1.21508	10.00000
0.00000	0.00000	10.00000
50.00000	1.21508	10.00000
100.00000	4.72465	10.00000
150.00000	10.10893	10.00000
200.00000	17.17774	10.00000
250.00000	25.51838	10.00000
300.00000	34.86157	10.00000
350.00000	44.83784	10.00000
394.57732	54.00000	10.00000

$---LEAF_3（第三片簧参数）[LEAF_3]

{ x	z	thick}
– 345.88675	43.00000	10.00000

– 300.00000	34.45419	10.00000
– 250.00000	25.51248	10.00000
– 200.00000	17.32221	10.00000
– 150.00000	10.30768	10.00000
– 100.00000	4.84019	10.00000
– 50.00000	1.26356	10.00000
0.00000	0.00000	10.00000
50.00000	1.26356	10.00000
100.00000	4.84019	10.00000
150.00000	10.30768	10.00000
200.00000	17.32221	10.00000
250.00000	25.51248	10.00000
300.00000	34.45419	10.00000
345.88675	43.00000	10.00000

$--LEAF_4（第四片簧参数）[LEAF_4]

{ x	z	thick}
– 298.69873	20.00000	10.00000
– 250.00000	15.14382	10.00000
– 200.00000	10.44127	10.00000
– 150.00000	6.27833	10.00000
– 100.00000	2.98973	10.00000
– 50.00000	0.78303	10.00000
0.00000	0.00000	10.00000
50.00000	0.78303	10.00000
100.00000	2.98973	10.00000
150.00000	6.27833	10.00000
200.00000	10.44127	10.00000
250.00000	15.14382	10.00000
298.69873	20.00000	10.00000

$--LEAF_5（第五片簧参数）[LEAF_5]

{ x	z	thick}
– 199.32404	10.00000	8.00000
– 150.00000	6.17431	8.49500
– 100.00000	2.94587	8.99683
– 50.00000	0.76475	9.49847
0.00000	0.00000	10.00000
50.00000	0.76475	9.49847
100.00000	2.94587	8.99683
150.00000	6.17431	8.49500
199.32404	10.00000	8.00000

2.4 板簧分析

板簧模型创建好之后，对其进行静态分析，验证其刚度特性，通过与实验刚度对比验证模型的正确性及准确性，如果实验条件受限，可以采用现有方法验证板簧的刚度，采用ABAQUS 有限元软件能很好地模拟部件之间的接触特性，同时由于其非线性计算能力较强，其分析结果与实验结果接近，可以代替刚度试验验证板簧的正确性。

- 单击菜单：Leaftool >Analysis，弹出板簧分析对话框，如图 2-8 所示；

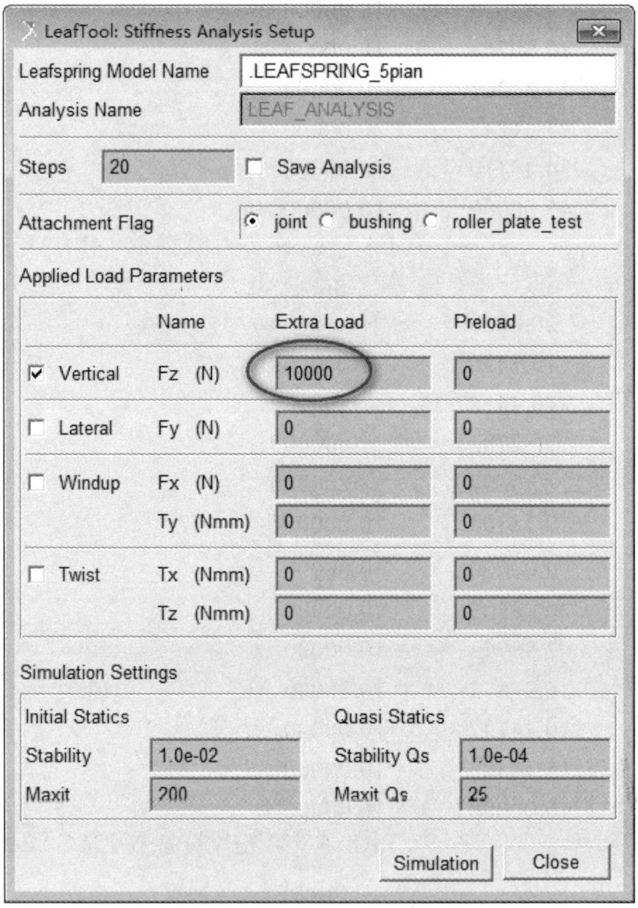

图 2-8 板簧分析对话框

- Leafspring Model Name：LEAFSPRING_5pian；
- Analysis Name（分析名称）：LEAF_ANALYSIS，勾选 Save Analysis；
- Steps（准静态分析步数）：20；
- Attachment Flag（板簧、吊耳与车架连接方式）：joint，通过铰接副连接；
- Applied Load Paraments（施加载荷参数）：勾选 Vertical Fz（N）：10 000 N；其余参数保持默认；
- 单击 Simulation，对板簧进行仿真，仿真完成后按 F8 进入后处理模块。

• 单击菜单菜单：Leaftool > Leaftool Plot，弹出板簧图形绘制配置对话框如图 2-9 所示，此对话框可以绘制板簧的相关四幅图形如图 2-10 ~ 图 2-13 所示，分别为板簧刚度曲线、阻尼系数曲线、状态图、位移图；相对在后处理模块单独绘图比较方便快捷；

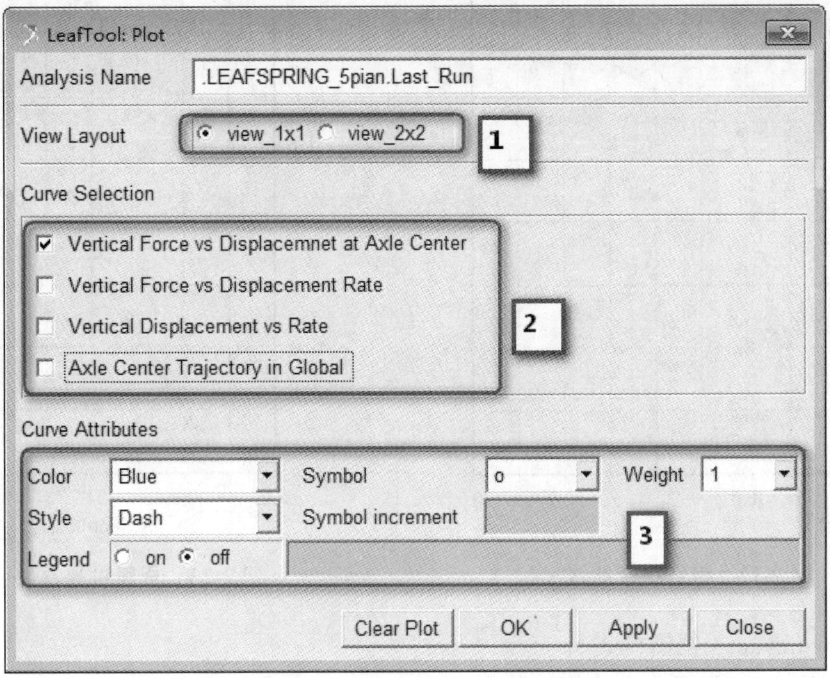

图 2-9　板簧图形绘制配置对话框

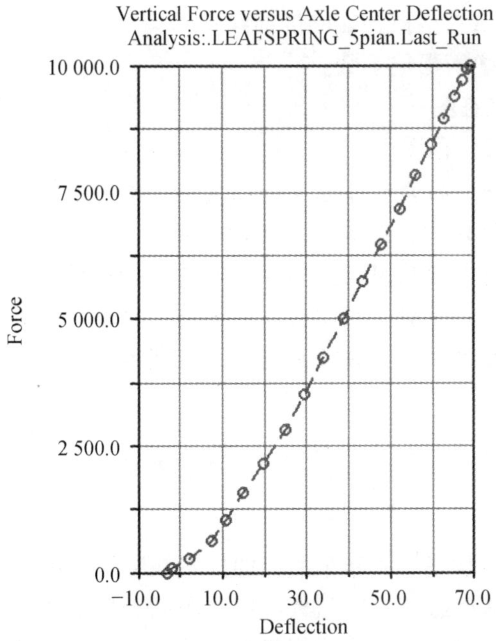

图 2-10　板簧刚度曲线

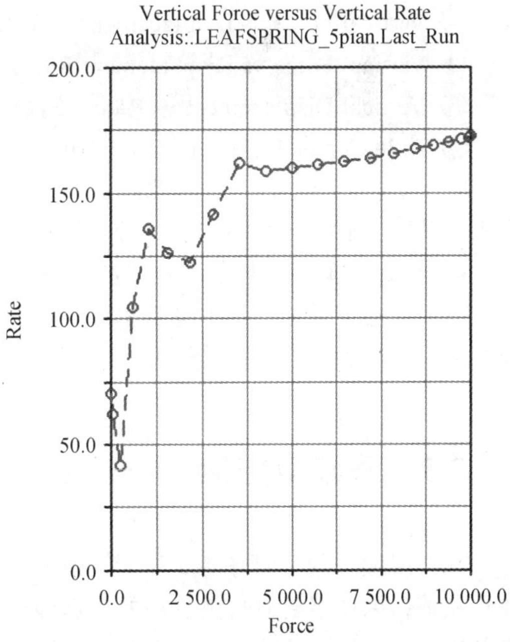

图 2-11　板簧阻尼系数曲线

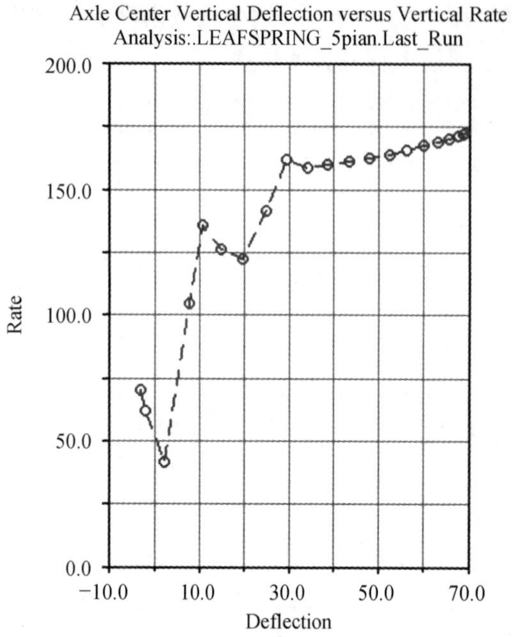

图 2-12　板簧状态曲线

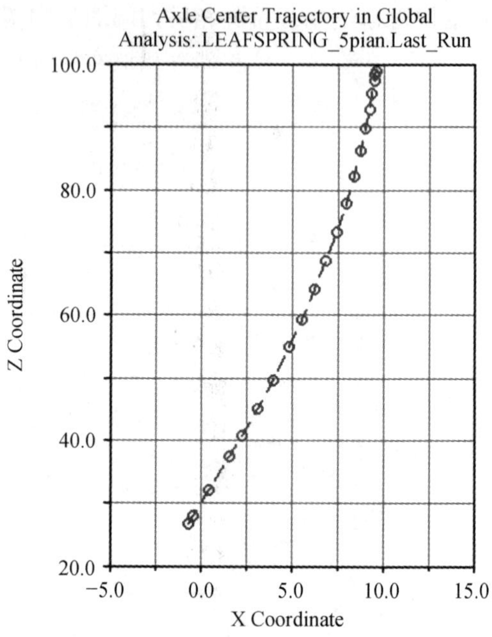

图 2-13　板簧位移曲线

- View Layout（视图模式）；
- view_1×1：显示单条曲线，与 Curve Selection（曲线选择）配合使用，可以单个勾选下列需要绘制的曲线，点击 Apply 在视窗上显示出对应的图形；

① Vertical Force vs Displacement at Axle Center：钢板弹簧刚度曲线；

② Vertical Force vs Displacement Rate：钢板弹簧阻尼系数；

③ Vertical Displacement vs Rate：钢板弹簧状态图；

④ Axle Center Trajectory in Global：钢板弹簧位移图。

- view_2×2：显示 4 条曲线；系统在绘制图形时会全部把 4 条曲线在视窗中全部显示出来；从图 2-10 中可以看出，5 片簧装配体的刚度较大，约等于 142.9 N/mm。
- 至此，单个板簧模型分析完成。实际车辆中板簧在装配过程中会存在一定的预载，簧片在分离状态下并非图片中等曲率，在力的作用下，一般是在位移约束下装配好板簧模型本身会存在预应力。本例板簧模型在装配好后不存在内力，具有板簧的形而无其实质。

2.5　预载荷施加

如上所述，创建的好的 5 片板簧模型处于自由状态，实际车辆上的板簧在装配过程中存在预载荷，因此需要对自由状态的板簧施加与载荷，载荷的实际大小以整车处于静止状态的簧载质量在车轴的精确分配为主，可以通过平面平衡方程快速计算得出，关键是要确定整车质心的位置。

- 单击菜单：Leaftool >Preloaded Model，弹出板簧图形绘制配置对话框，如图 2-14 所示；

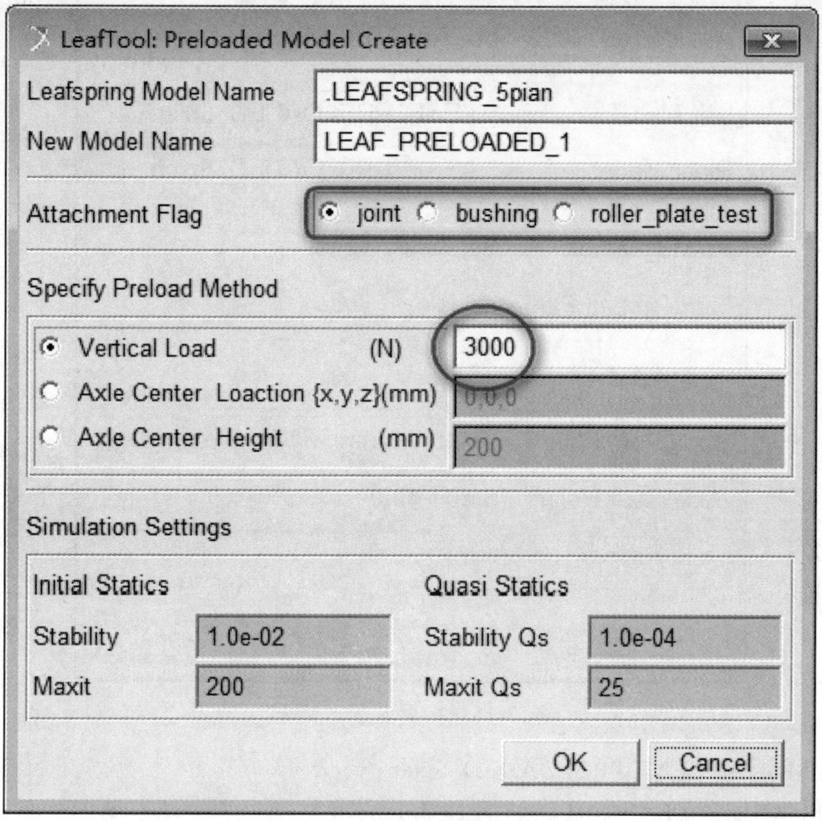

图 2-14　板簧预载对话框

- Leafspring Model Name：LEAFSPRING_5pian；
- New Model Name（预加载荷模型名称）：LEAF_PRELOADED_5pian；
- Attachment Flag（板簧、吊耳与车架连接方式）：joint，通过铰接副连接；
- Vertical Load（垂直载荷）：3 000；
- Axle Height（车轴距主簧上表面高度方向距离）：保持系统默认；
- Axle Center Location：车轴中心移动的位置，保持系统默认
- 其余参数保持默认，点击 OK 完成板簧模型预载荷的施加。

2.6　板簧模型装配

板簧一般应用的非独立悬架上，需要将左右板簧通过一根轴连接起来。在装配过程中板簧在车轴上的安装具体位置不同的车型位置不同，需要对其精确调整，其安装位置会影响整车的侧倾特性。

- 单击菜单：Leaftool > Leafspring Assembly，弹出板簧装配对话框，如图 2-15 所示；

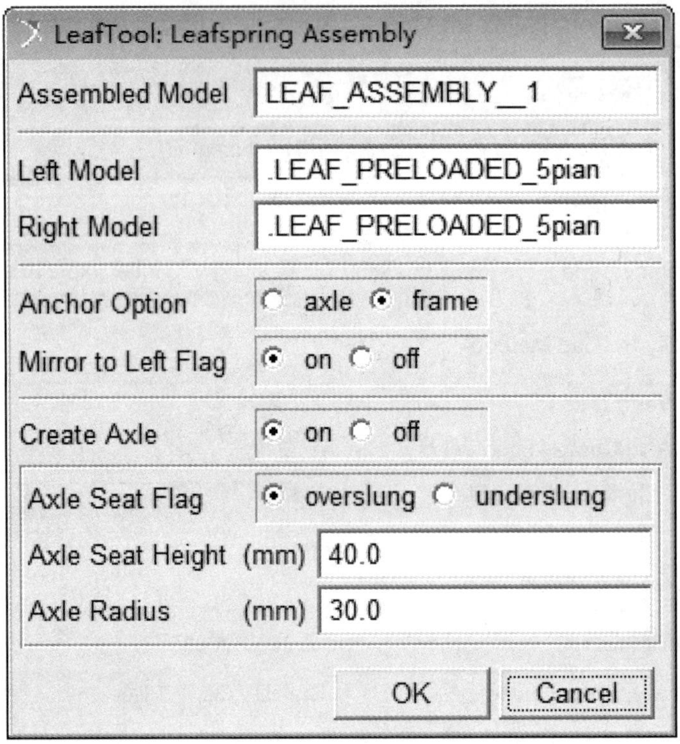

图 2-15　板簧装配对话框

- Left Model：.LEAF_PRELOADED_5pian；
- Right Model：.LEAF_PRELOADED_5pian；
- 左右板簧模型也可以选择自由状态板簧模型 LEAFSPRING_5pian；在此全部选择装配预载荷模型.LEAF_PRELOADED_5pian；
- Anchor Option：固定方式包括两种：选择 Axle。

① Axle：根据车轴中心和安装高度定位板簧位置；

② Frame：根据板簧到车架安装点和吊耳到车架安装点定位板簧位置。

- Mirror to Left Flag（板簧对称）：on；
- Create Axle（装配中有无车轴）：on；
- Axle Seat Flag（板簧正吊或反吊）：overslung；
- Axle Radius（车轮半径）：30；
- 点击 OK 完成板簧模型装配，如图 2-1 所示。

板簧模型装配完成之后车轮的轮距为 1 400 mm，板簧安装位置距离车轴对称中心为 200 mm，实际的板簧及车轮的轮距不同的车型不相同，因此要对车轮的轮距及板簧的安装位置进行调整。在调整过程中采用 move 命令，选择所要移动的全部部件，根据实际距离进行偏移和旋转。

- 单击 File > Save As 命令，保存为 LEAFSPRING_5pian.bin 模板。
- 单击 File > Export 命令，File Type（文件类型）选择 cmd 格式，输出完成后，在对应的文件夹中出现 LEAF_ASSEMBLY__5pian.cmd。

2.7 转换模板 ADAMS/CAR

转换过程主要是通过添加通信器及相关约束，此过程可以手动完成，自动创建好的悬架模型包括驱动轴及显示组件。驱动轴在仿真过程中并没有实际用处，可以删除相关部件、安装件、结构框等并不影响非独立悬架的正确仿真。

• 启动 ADAMS/CAR，转换到专家模板，单击 File > Import 命令，File Type（文件类型）选择 cmd 格式，File To Read（选择文件路径）：LEAF_ASSEMBLY__5pian.cmd；如图 2-16 所示；

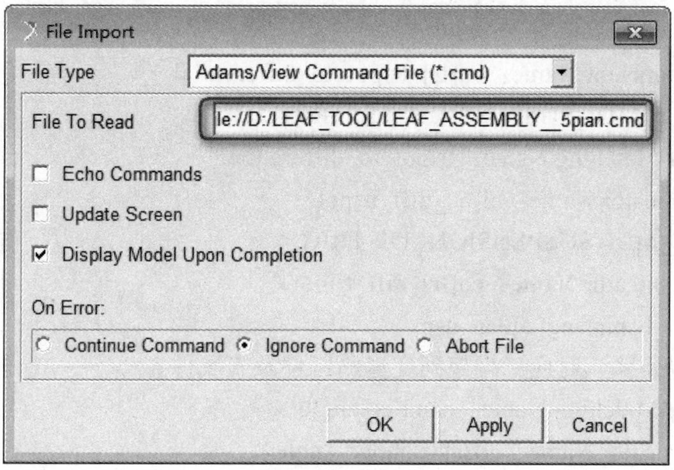

图 2-16　板簧装配对话框

• 单击 OK，ASSEMBLY__5pian 模型导入到 ADAMS/CAR 中；
• 单击菜单：Leaftool >Porting ADAMS/CAR，弹出板转换对话框，如图 2-17 所示；

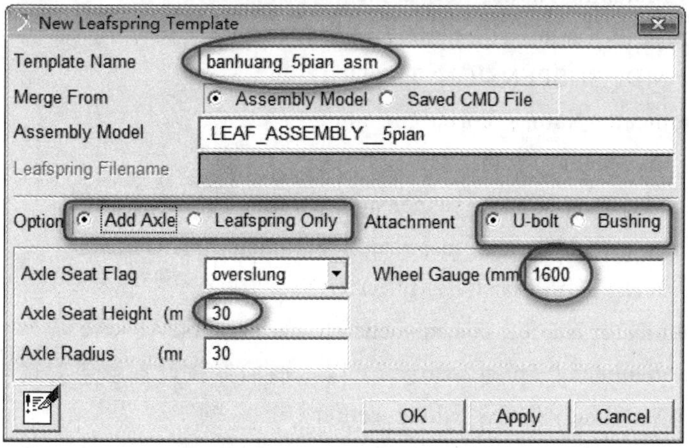

图 2-17　板簧转换对话框

• Template Name：ASSEMBLY__5pian_asm；
• Option：Add Axle，装配模型中添加驱动轴；
• Attament：U-bolt，车轴与板簧座采用约束连接；

- Wheel Gauge（轮距）：1 600 mm；
- Axle Seat Height（车轴安装高度）：200 mm；
- 点击 OK，完成板簧模型转换为 ADAMS/CAR 中的模型，子系统建立及悬架装配后可以进行悬架系统的仿真，也可以与转向系统相配仿真（需要在此悬架模型基础上建立转向的相关部件）。

非独立钢板弹簧悬架与悬架测试台通信器进行匹配，匹配结果如下，在转换过程中，对需要添加的通信器、可以删除的通信器进行标注。

!------------------ ----- Matched communicators：----------------- 匹配的通信器

Input Communicator Name：ci[lr]_tripot_to_differential

Located in：_banhuang_5pian_asm

Output Communicator Name：co[lr]_tripot_to_differential

Output from：__MDI_SUSPENSION_TESTRIG

Communicator Matching Name：tripot_to_differential

Input Communicator Name：ci[lr]_diff_tripot

Located in：__MDI_SUSPENSION_TESTRIG

Output Communicator Name：co[lr]_diff_tripot

Output from：_banhuang_5pian_asm

// 通信器可以删除，对应三脚架到变速箱部件及安装件；

Communicator Matching Name：camber_angle

Input Communicator Name：ci[lr]_camber_angle

Located in：__MDI_SUSPENSION_TESTRIG

Output Communicator Name：co[lr]_camber_angle

Output from：_banhuang_5pian_asm

Communicator Matching Name：toe_angle

Input Communicator Name：ci[lr]_toe_angle

Located in：__MDI_SUSPENSION_TESTRIG

Output Communicator Name：co[lr]_toe_angle

Output from：_banhuang_5pian_asm

Communicator Matching Name：suspension_parameters_array

Input Communicator Name：cis_suspension_parameters_ARRAY

Located in：__MDI_SUSPENSION_TESTRIG

Output Communicator Name：cos_suspension_parameters_ARRAY

Output from：_banhuang_5pian_asm // 以上通信器在设置悬架参数时自动创建；

Communicator Matching Name：wheel_center

Input Communicator Name：ci[lr]_wheel_center

Located in：__MDI_SUSPENSION_TESTRIG

Output Communicator Name：co[lr]_wheel_center

Output from：_banhuang_5pian_asm

Communicator Matching Name：suspension_mount

Input Communicator Name：ci[lr]_suspension_mount
Located in：__MDI_SUSPENSION_TESTRIG
Output Communicator Name：co[lr]_suspension_mount
Output from：_banhuang_5pian_asm
Communicator Matching Name：suspension_upright
Input Communicator Name：ci[lr]_suspension_upright
Located in：__MDI_SUSPENSION_TESTRIG
Output Communicator Name：co[lr]_suspension_upright
Output from：_banhuang_5pian_asm
//以上通信器在悬架与试验台装配时起定位作用，需要添加；
Communicator Matching Name：driveline_active
Input Communicator Name：cis_driveline_active
Located in：__MDI_SUSPENSION_TESTRIG
Output Communicator Name：cos_driveline_active
Output from：_banhuang_5pian_asm
//通信器可以删除，对应驱动轴的激活与抑制；
!------------ ---- Unmatched input communicators：----------------!不匹配的输入通信器
Input Communicator Name：cis_body
Class：mount
From Minor Role：any
Matching Name（s）：body
In Template：_banhuang_5pian_asm
//以上通信器需要添加；
Input Communicator Name：cis_testrig_flag
Class：parameter_integer
From Minor Role：any
Matching Name（s）：testrig_flag
In Template：_banhuang_5pian_asm
Input Communicator Name：ci[lr]_jack_frame
Class：mount
From Minor Role：any
Matching Name（s）：jack_frame
In Template：__MDI_SUSPENSION_TESTRIG
Input Communicator Name：cis_leaf_adjustment_steps
Class：parameter_integer
From Minor Role：any
Matching Name（s）：leaf_adjustment_steps
In Template：__MDI_SUSPENSION_TESTRIG
Input Communicator Name：cis_powertrain_to_body

Class：mount
From Minor Role：any
Matching Name（s）：powertrain_to_body
In Template：__MDI_SUSPENSION_TESTRIG
Input Communicator Name：cis_steering_rack_joint
Class：joint_for_motion
From Minor Role：any
Matching Name（s）：steering_rack_joint
In Template：__MDI_SUSPENSION_TESTRIG
Input Communicator Name：cis_steering_wheel_joint
Class：joint_for_motion
From Minor Role：any
Matching Name（s）：steering_wheel_joint
In Template：__MDI_SUSPENSION_TESTRIG
!------------ -- Unmatched output communicators：-----------------!不匹配的输出通信器
Output Communicator Name：co[lr]_arb_bushing_mount
Class：mount
To Minor Role：sny
Matching Name（s）：arb_bushing_mount
In Template：_banhuang_5pian_asm
Output Communicator Name：co[lr]_droplink_to_suspension
Class：mount
To Minor Role：sny
Matching Name（s）：droplink_to_suspension
In Template：_banhuang_5pian_asm
Output Communicator Name：co[lr]_diff_tripot_ori
Class：orientation
To Minor Role：sny
Matching Name（s）：diff_tripot_ori
In Template：_banhuang_5pian_asm
Output Communicator Name：cos_axle
Class：mount
To Minor Role：sny
Matching Name（s）：axle
In Template：_banhuang_5pian_asm
Output Communicator Name：cos_leaf_adjustment_multiplier
Class：array
To Minor Role：any
Matching Name（s）：leaf_adjustment_multiplier

In Template：__MDI_SUSPENSION_TESTRIG

Output Communicator Name：cos_characteristics_input_ARRAY

Class：array

To Minor Role：any

Matching Name（s）：characteristics_input_array

In Template：__MDI_SUSPENSION_TESTRIG

（1）板簧子系统建立。

- 把模板转换到标准模式，单击 File > New > Subsystem 命令；
- Subsystem Name（系统名称）：leafspring_5；
- Minor Role（副特征）：front（指前轮为转向轮）；
- Template Name（模板路径）：mdids：//my_adams/templates.tbl/_banhuang_5pian_asm.tpl；
- 单击 OK，完成 5 片板簧装配体系统 leafspring_5 创建。

（2）板簧装配模型。

- 单击 File > New > Suspension　Amssembly 命令；
- Amssembly Name（系统名称）：leafspring_5_asm；
- Suspension Subsystem（悬架子系统）：mdids：//my_adams/subsystems.tbl/leafsping_5.sub；
- Suspension Test Rig：MDI_SUSPENSION_TESTRIG（悬架试验台）；
- 单击 OK，完成非独立悬架模型的装配。视窗弹出如下装配信息（包含悬架不匹配的通信器及悬架特征等）：

Creating the suspension assembly：'leafspring_5_asm'...

Moving the front suspension subsystem：'leafsping_5'...

Assembling subsystems...

Assigning communicators...

WARNING：The following input communicators were not assigned during assembly：

leafsping_5.cis_body（attached to ground）

leafsping_5.cis_testrig_flag

testrig.cil_jack_frame（attached to ground）

testrig.cir_jack_frame（attached to ground）

testrig.cis_leaf_adjustment_steps

testrig.cis_powertrain_to_body（attached to ground）

testrig.cis_steering_rack_joint

testrig.cis_steering_wheel_joint

Assignment of communicators completed.

Assembly of subsystems completed.

Suspension assembly ready.

2.8 板簧悬架反向激振仿真

悬架的两侧车轮在垂直方向以相反的方向运动，可以与转向系统装配仿真，仿真时可以设定转向的角度。双轮反向激振仿真主要用来模拟车辆在坑洼不平的路面上行走时悬架系统的动态特征。

- 单击 Simulate > Suspension Analysis > Opposite Travel 命令，弹出仿真对话框如图 2-18 所示；
- Output Prefix（输出别名）：p2；
- Number of Steps（仿真步数）：200；
- 3 号方框中分别输入 80、－80；分别指上跳行程与回弹行程，其余参数保持默认；
- 单击 OK，完成非独立悬架在 C 模式下的仿真，如图 2-19 所示。
- 按 F8，此时从标准进入后处理模块，绘制左右车轮上下反向跳动时定位参数的变换曲线；
- Simulation（仿真结果）：p2_opposite_travel；
- 点击 Date（数据），在弹出的对话框中选择 Request > wheel_ travel；Component > vertical left；
- 单击 OK，把左侧车轮垂直输入 vertical left 作为横坐标。
- Filter：user defined；
- Request：分别选择 camber_angle\caster_angle；
- Component：同时选择 left\right；
- 点击 Add Curves，绘制出 camber_angle\caster_angle 曲线，如图 2-20 所示。

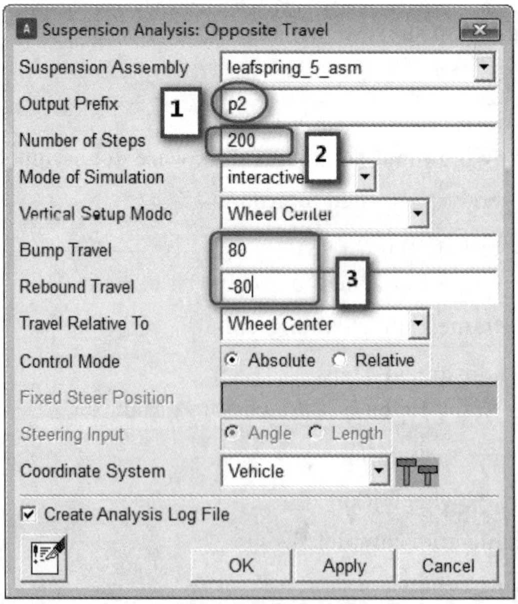

图 2-18　反向激振仿真对话框

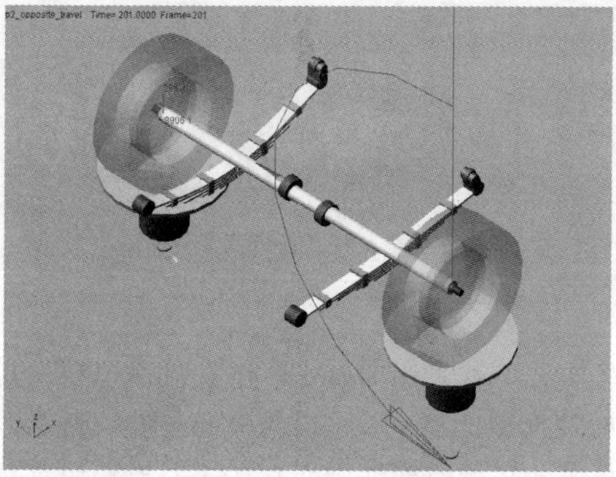

图 2-19　双轮反向激振

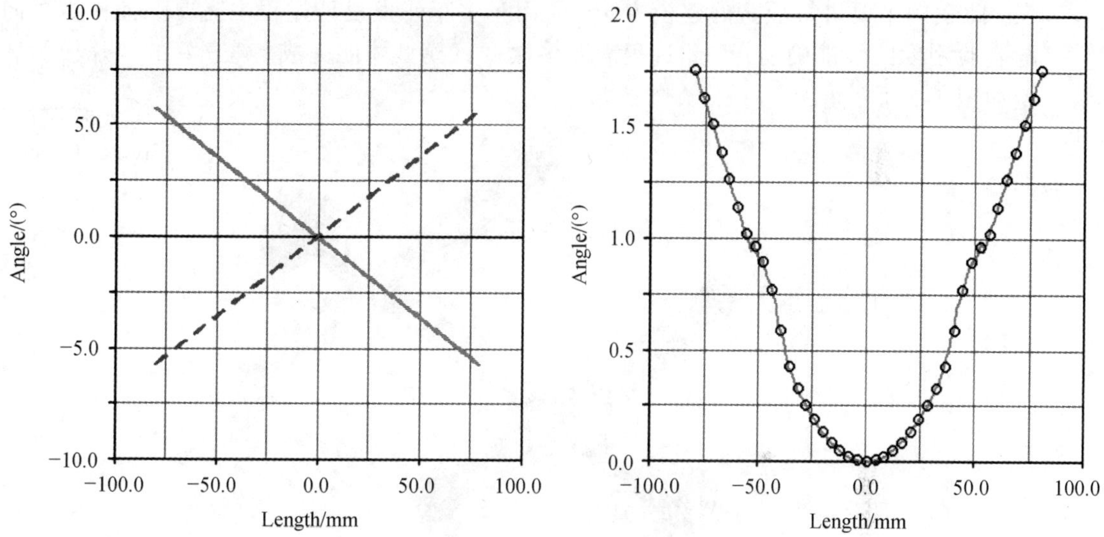

（a）车轮外倾角变换　　　（b）外主销后倾角变换

图 2-20　倾角变换

第3章 钢板弹簧模型（Ⅱ）

钢板弹簧建模方法较多，推荐采用 Beam 梁建立板簧模型，其综合特性较好。本章中通过案例介绍 4 片叠加板簧模型的建立，建模的核心是非线性梁及接触的施加，接触重复施加过程需要谨慎，务必保证接触面的准确对应关系；另外通过点面约束模拟弹簧夹，保证弹簧装配体在运动过程中接触面不产生分离，否则会导致在大载荷状态下模型计算错误。此案例主要讲解板簧的建模方法，商用车整车研发设计过程中需要保证板簧垂向刚度与实验刚度曲线准确吻合，此过程需要多次调试模型才能完成。建立好的 4 片板簧装配模型如图 3-1 所示。

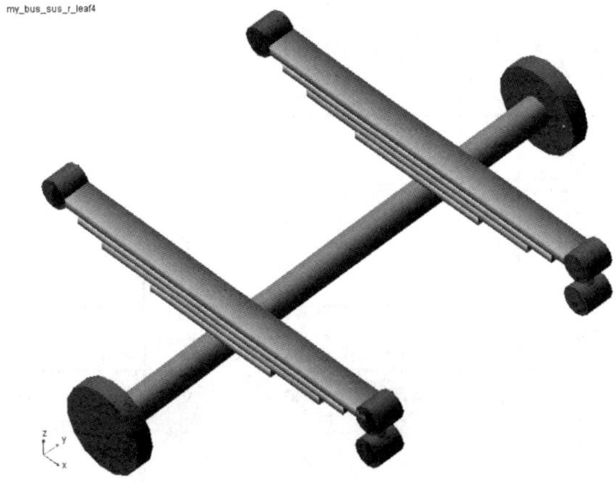

图 3-1　板簧模型

学习目标

- ✧ 非线性梁。
- ✧ 接触力模型。
- ✧ 弹簧夹模型。
- ✧ 板簧约束关系。
- ✧ 板簧悬架参数。
- ✧ 车轮反向激振实验。

3.1 非线性梁

3.1.1 板簧硬点参数

- 启动 ADAMS/CAR，选择专家模块进入建模界面；
- 单击 **File > New** 命令，弹出建模对话框，如图 3-2 所示；
- 在模板名称处输入 my_leaf_4，主特征选择 suspension，单击 OK。

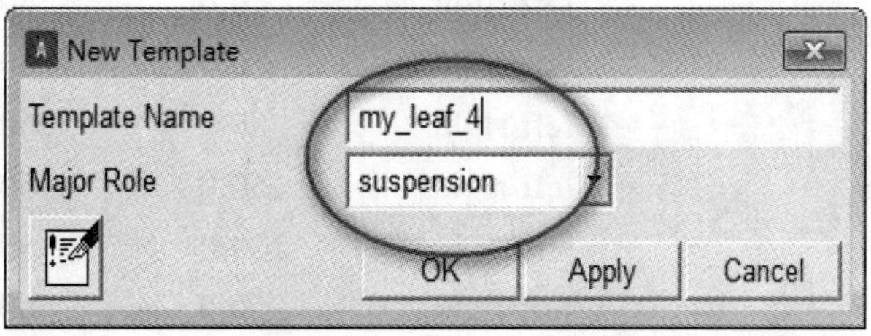

图 3-2 新建模板对话框

- 单击 Build > Hardpoint > New 命令，弹出创建硬点对话框如图 3-3 所示；
- 在硬点名称里输入 p0，类型选择 left；在位置文本框输入 0.0，－1 000.0，－125.0；
- 单击 Apply，完成 p0 硬点的创建；重复硬点建立，完成如下硬点参数的建立。

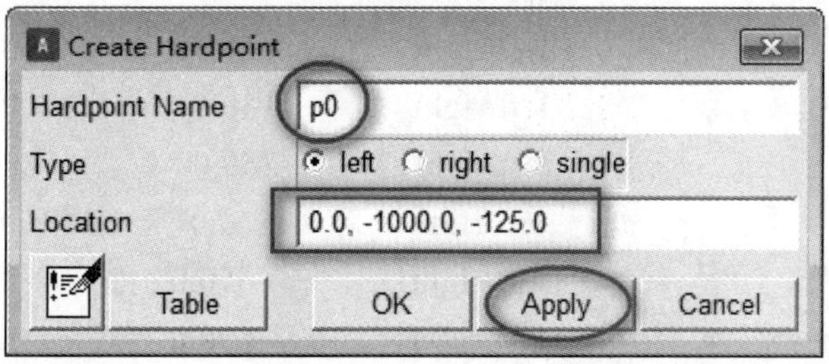

图 3-3 硬点对话框

硬点参数

hardpoint name	symmetry	x_value	y_value	z_value
--------------	--------	-------	-------	-------
a2	left/right	－ 550.0	－ 600.0	0.0
a3	left/right	－ 450.0	－ 600.0	0.0
a4	left/right	－ 350.0	－ 600.0	0.0
a5	left/right	－ 250.0	－ 600.0	0.0
a6	left/right	－ 150.0	－ 600.0	0.0
a7	left/right	－ 50.0	－ 600.0	0.0
a8	left/right	0.0	－ 600.0	0.0
a9	left/right	50.0	－ 600.0	0.0
a10	left/right	150.0	－ 600.0	0.0
a11	left/right	250.0	－ 600.0	0.0

a12	left/right	350.0	– 600.0	0.0
a13	left/right	450.0	– 600.0	0.0
a14	left/right	550.0	– 600.0	0.0
b3	left/right	– 450.0	– 600.0	– 30.0
b4	left/right	– 350.0	– 600.0	– 30.0
b5	left/right	– 250.0	– 600.0	– 30.0
b6	left/right	– 150.0	– 600.0	– 30.0
b7	left/right	– 50.0	– 600.0	– 30.0
b8	left/right	0.0	– 600.0	– 30.0
b9	left/right	50.0	– 600.0	– 30.0
b10	left/right	150.0	– 600.0	– 30.0
b11	left/right	250.0	– 600.0	– 30.0
b12	left/right	350.0	– 600.0	– 30.0
b13	left/right	450.0	– 600.0	– 30.0
c5	left/right	– 250.0	– 600.0	– 60.0
c6	left/right	– 150.0	– 600.0	– 60.0
c7	left/right	– 50.0	– 600.0	– 60.0
c8	left/right	0.0	– 600.0	– 60.0
c9	left/right	50.0	– 600.0	– 60.0
c10	left/right	150.0	– 600.0	– 60.0
c11	left/right	250.0	– 600.0	– 60.0
p0	left/right	0.0	– 1000.0	– 125.0
p1	left/right	– 650.0	– 600.0	30.0
p2	left/right	– 550.0	– 600.0	30.0
p3	left/right	– 450.0	– 600.0	30.0
p4	left/right	– 350.0	– 600.0	30.0
p5	left/right	– 250.0	– 600.0	30.0
p6	left/right	– 150.0	– 600.0	30.0
p7	left/right	– 50.0	– 600.0	30.0
p8	left/right	0.0	– 600.0	30.0
p9	left/right	50.0	– 600.0	30.0
p10	left/right	150.0	– 600.0	30.0
p11	left/right	250.0	– 600.0	30.0
p12	left/right	350.0	– 600.0	30.0
p13	left/right	450.0	– 600.0	30.0
p14	left/right	550.0	– 600.0	30.0
p15	left/right	650.0	– 600.0	30.0
p16	left/right	600.0	– 600.0	250.0

- 单击 Build > Suspension Parameters > Toe/Camber Values> Set 命令，弹出悬架参数对话框，如图 3-4 所示，前束角输入 0；外倾角输入 0；单击 OK，完成参数创建；与此同时系统自动建立两个输出通信器：col[r]_toe_angle、col[r]_camber_angle；
- 单击 Build > Constructon Frame > New 命令，弹出创建结构框，如图 3-5 所示；
- Constructon Frame（结构框名称）：wheel_center；
- Type：left；
- Coordinate Reference（参考坐标）：._my_leaf_4.ground.hpl_p0；
- Location：0，0，0；
- Location in：local；
- Orientation Dependency：User-entered values；
- Variable Type（变量类型）：Parameter Variable（参数变量）；
- Toe Parameter Values（前束变量值）：._my_leaf_4.pvl_toe_angle；
- Camber Parameter Values（外倾变量值）：._my_leaf_4.pvl_camber_angle；
- 单击 Apply，完成._my_leaf_4.ground.cfl_wheel_center 结构框的创建。

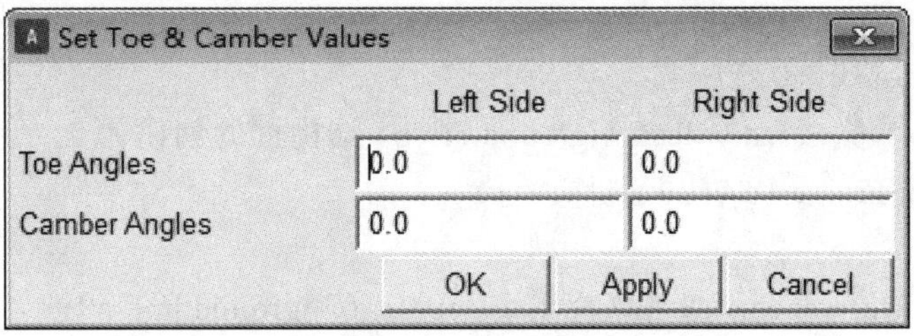

图 3-4　悬架参数

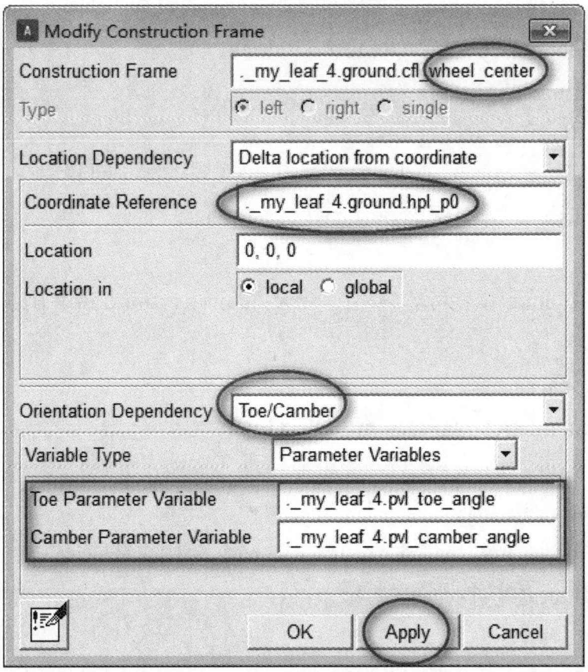

图 3-5　wheel_center 结构框

- Constructon Frame（结构框名称）：axle_center；
- Type：single；
- Centered between：Two Coordinates；
- Coordinate Reference #1（参考坐标）：._my_leaf_4.ground.hpl_p0；
- Coordinate Reference #2（参考坐标）：._my_leaf_4.ground.hpr_p0；
- Orient using：Euler Angles；
- Euler Angles：0，0，0；
- 单击 Apply，完成._my_leaf_4.ground.cfs_axle_center 结构框的创建；
- Constructon Frame（结构框名称）：p1；
- Type：left；
- Coordinate Reference（参考坐标）：._my_leaf_4.ground.hpl_p1；
- Location：0，0，0；
- Location in：local；
- Orientation Dependency：User-entered values；
- Orient using：Euler Angles；
- Euler Angles：0，0，0；
- 单击 Apply，完成._my_leaf_4.ground.cfl_p1 结构框的创建；
- Constructon Frame（结构框名称）：p8；
- Type：left；
- Coordinate Reference（参考坐标）：._my_leaf_4.ground.hpl_p8；
- Location：0，0，0；
- Location in：local；
- Orientation Dependency：User-entered values；
- Orient using：Euler Angles；
- Euler Angles：0，90，0；
- 单击 Apply，完成._my_leaf_4.ground.cfl_p8 结构框的创建；
- Constructon Frame（结构框名称）：p15；
- Type：left；
- Coordinate Reference（参考坐标）：._my_leaf_4.ground.hpl_p15；
- Location：0，0，0；
- Location in：local；
- Orientation Dependency：User-entered values；
- Orient using：Euler Angles；
- Euler Angles：0，90，0；
- 单击 Apply，完成._my_leaf_4.ground.cfl_p15 结构框的创建；
- Constructon Frame（结构框名称）：p16；
- Type：left；
- Coordinate Reference（参考坐标）：._my_leaf_4.ground.hpl_p16；
- Location：0，0，0；

- Location in：local；
- Orientation Dependency：User-entered values；
- Orient using：Euler Angles；
- Euler Angles：0，90，0；
- 单击 OK，完成._my_leaf_4.ground.cfl_p16 结构框的创建。
- 单击 Build > Suspension Parameters > Characteristics Arrary > Set 命令，此设置主要用于设置悬架的转向主销，如图 3-6 所示；
- Steer Axis Caculation：Instant Axis；
- Suspension Type：Dependent，非独立悬架；
- Part：._my_leaf_4.gel_spindle；
- Coordinate Reference：._my_leaf_4.ground.cfl_wheel_center；
- 单击 OK，完成悬架参数变量设置。

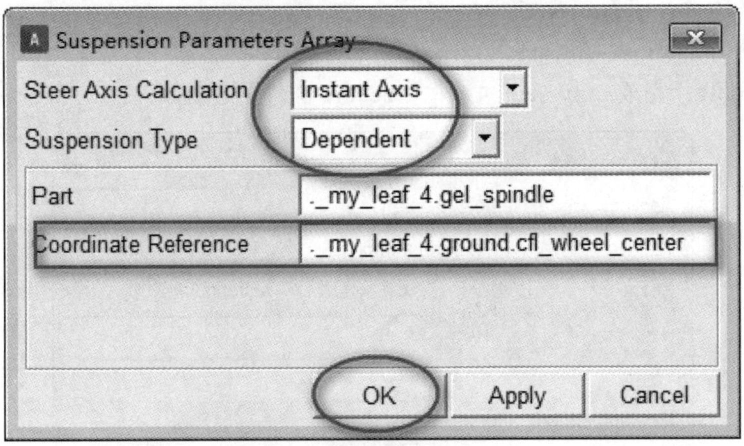

图 3-6　悬架参数变量设置

3.1.2　非线性梁部件

- 单击 Build > Part > Nonlinear Beam > New 命令，弹出创建非线性梁对话框，如图 3-7 所示；
- General Part 输入 beam1；
- Coordinate Reference（参考坐标，依次输入如下硬点信息，硬点信息属性不能乱，右击鼠标选择 Pick 选取）：

① ._my_leaf_4.ground.hpl_p1，
② ._my_leaf_4.ground.hpl_p2，
③ ._my_leaf_4.ground.hpl_p3，
④ ._my_leaf_4.ground.hpl_p4，
⑤ ._my_leaf_4.ground.hpl_p5，
⑥ ._my_leaf_4.ground.hpl_p6，
⑦ ._my_leaf_4.ground.hpl_p7，

⑧ ._my_leaf_4.ground.hpl_p8，

⑨ ._my_leaf_4.ground.hpl_p9，

⑩ ._my_leaf_4.ground.hpl_p10，

⑪ ._my_leaf_4.ground.hpl_p11，

⑫ ._my_leaf_4.ground.hpl_p12，

⑬ ._my_leaf_4.ground.hpl_p13，

⑭ ._my_leaf_4.ground.hpl_p14，

⑮ ._my_leaf_4.ground.hpl_p15。

- Shape（非线性梁形状，包括圆形和矩形两种）：rectangular；
- Height：30；
- Width：100；
- Material Type：steel；
- Type of Beam：flexible；
- Beam Formulation：linear；
- 单击 Apply，完成._my_leaf_4.nrl_1_beam1 部件的创建。

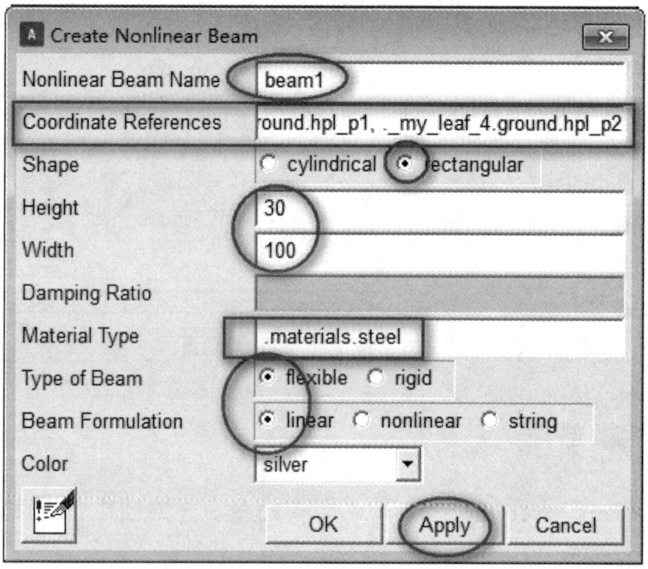

图 3-7 非线性梁部件 Beam1

- General Part 输入 beam2；
- Coordinate Reference（参考坐标，依次输入如下硬点信息，硬点信息属性不能乱，右击鼠标选择 Pick 选取）：

① ._my_leaf_4.ground.hpl_a2，

② ._my_leaf_4.ground.hpl_a3，

③ ._my_leaf_4.ground.hpl_a4，

④ ._my_leaf_4.ground.hpl_a5，

⑤ ._my_leaf_4.ground.hpl_a6，

⑥ ._my_leaf_4.ground.hpl_a7,

⑦ ._my_leaf_4.ground.hpl_a8,

⑧ ._my_leaf_4.ground.hpl_a9,

⑨ ._my_leaf_4.ground.hpl_a10,

⑩ ._my_leaf_4.ground.hpl_a11,

⑪ ._my_leaf_4.ground.hpl_a12,

⑫ ._my_leaf_4.ground.hpl_a13,

⑬ ._my_leaf_4.ground.hpl_a14。

- Shape（非线性梁形状，包括圆形和矩形两种）：rectangular；
- Height：30；
- Width：100；
- Material Type：steel；
- Type of Beam：flexible；
- Beam Formulation：linear；
- 单击 Apply，完成._my_leaf_4.nrl_1_beam2 部件的创建；
- General Part 输入 beam3；
- Coordinate Reference（参考坐标，依次输入如下硬点信息，硬点信息属性不能乱，右击鼠标选择 Pick 选取）：

① ._my_leaf_4.ground.hpl_b3,

② ._my_leaf_4.ground.hpl_b4,

③ ._my_leaf_4.ground.hpl_b5,

④ ._my_leaf_4.ground.hpl_b6,

⑤ ._my_leaf_4.ground.hpl_b7,

⑥ ._my_leaf_4.ground.hpl_b8,

⑦ ._my_leaf_4.ground.hpl_b9,

⑧ ._my_leaf_4.ground.hpl_b10,

⑨ ._my_leaf_4.ground.hpl_b11,

⑩ ._my_leaf_4.ground.hpl_b12,

⑪ ._my_leaf_4.ground.hpl_b13。

- Shape（非线性梁形状，包括圆形和矩形两种）：rectangular；
- Height：30；
- Width：100；
- Material Type：steel；
- Type of Beam：flexible；
- Beam Formulation：linear；
- 单击 Apply，完成._my_leaf_4.nrl_1_beam3 部件的创建。
- General Part 输入 beam4；
- Coordinate Reference（参考坐标，依次输入如下硬点信息，硬点信息属性不能乱，右击鼠标选择 Pick 选取）：

① ._my_leaf_4.ground.hpl_c5，
② ._my_leaf_4.ground.hpl_c6，
③ ._my_leaf_4.ground.hpl_c7，
④ ._my_leaf_4.ground.hpl_c8，
⑤ ._my_leaf_4.ground.hpl_c9，
⑥ ._my_leaf_4.ground.hpl_c10，
⑦ ._my_leaf_4.ground.hpl_c11。

- Shape（非线性梁形状，包括圆形和矩形两种）：rectangular；
- Height：30；
- Width：100；
- Material Type：steel；
- Type of Beam：flexible；
- Beam Formulation：linear；
- 单击 OK，完成._my_leaf_4.nrl_1_beam4 部件的创建。

3.1.3 车轴 rear_axle 部件

- 单击 Build > Part > General Part > New 命令，弹出创建部件对话框，如图 3-8 所示；
- General Part 输入 rear_axle；
- Type：single；
- Location Dependency：Centered between coordinates；
- Centered between：Two Coordinates；
- Coordinate Reference #1（参考坐标）：._my_leaf_4.ground.hpl_p0；
- Coordinate Reference #2（参考坐标）：._my_leaf_4.ground.hpr_p0；
- Orient using：Euler Angles；
- Euler Angles：0，0，0；
- Mass：1；
- Ixx：1；
- Iyy：1；
- Izz：1；
- Density：Material；
- Material Type：.materials.steel；
- 单击 OK，完成部件._my_leaf_4.ges_rear_axle 创建。
- 单击 Build > Geometry > Link > New 命令；
- Link Name（连杆名称）输入几何名称：rear_axle；
- General Part 输入._my_leaf_4.ges_rear_axle；
- Coordinate Reference #1（参考坐标）：._my_leaf_4.ground.hpl_p0；
- Coordinate Reference #2（参考坐标）：._my_leaf_4.ground.hpr_p0；
- Radius（半径）：50；

- Color（杆件几何体颜色）：white；
- 选择 Calculate Mass Properties of General Part 复选框，当几何建立好之后会更新对应部件的质量和惯量参数；
- Density：Material；
- Material Type：steel；
- 单击 OK，完成车轴._my_leaf_4.ges_rear_axle.gralin_rear_axle 几何体的创建，如图 3-9 所示。

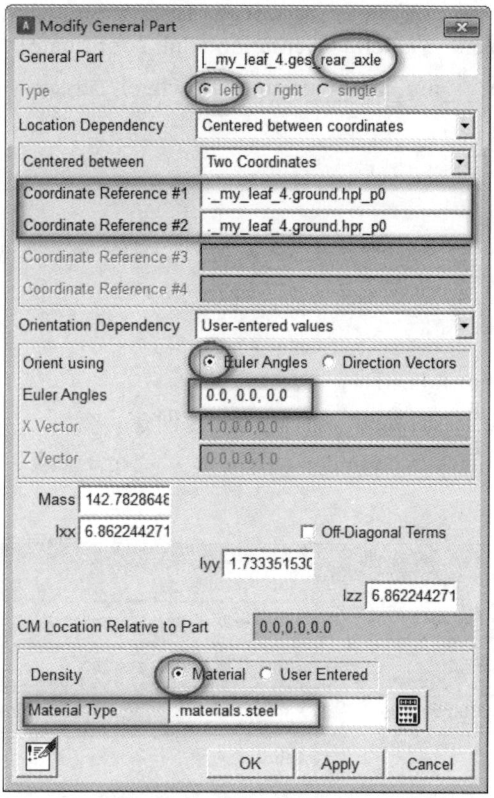

图 3-8　rear_axle 部件创建对话框

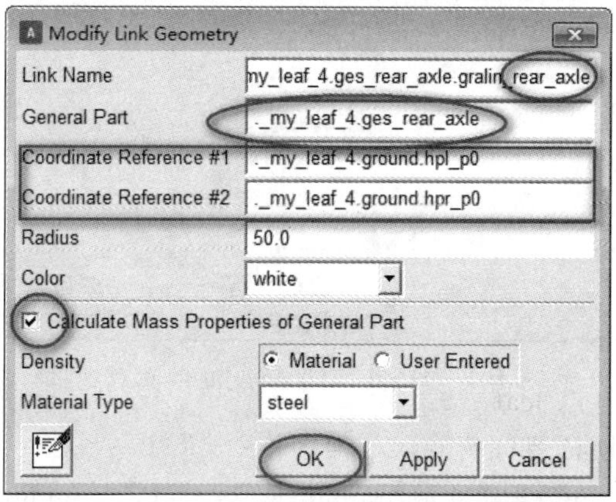

图 3-9　车轴几何体创建对话框

3.1.4 轮毂 spindle 部件

- 单击 Build > Part > General Part > New 命令，弹出创建部件对话框，可参考图 3-8 所示；
- General Part 输入 spindle；
- Location Dependency：Delta location from coordinate；
- Coordinate Reference（参考坐标）：._my_leaf_4.ground.cfl_wheel_center；
- Location：0，0，0；
- Location in：local；
- Orientation Dependency：Delta orientation from coordinate；
- Constructon Frame：._my_leaf_4.ground.cfl_wheel_center；
- Orientation：0，0，0；
- Mass：1；
- Ixx：1；
- Iyy：1；
- Izz：1；
- Density：Material；
- Material Type：.materials.steel；
- 单击 OK，完成部件._my_leaf_4.gel_spindle 创建。
- 单击 Build > Geometry > Cylinder（圆柱体）> New 命令，弹出创建几何体对话框，如图 3-10 所示；

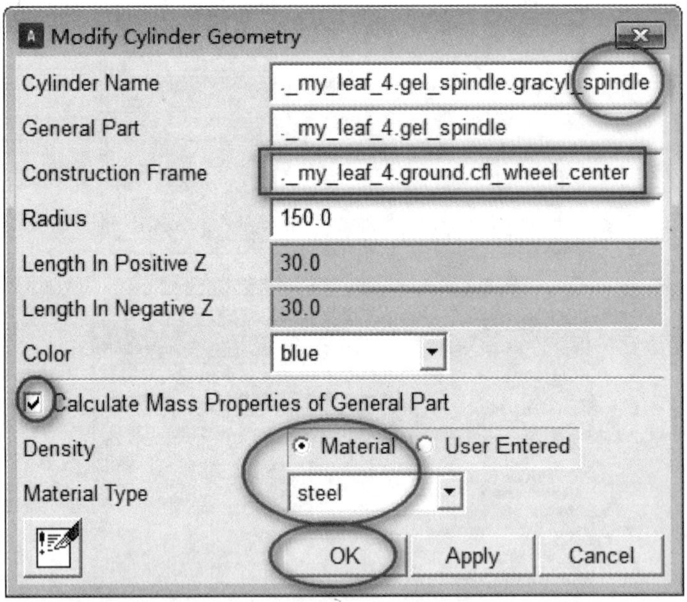

图 3-10　车轴几何体 spindle 创建对话框

- Cylinder Name（连杆名称）输入几何名称：spindle；
- General Part 输入._my_leaf_4.gel_spindle；
- Constructon Frame：._my_leaf_4.ground.cfl_wheel_center；

- Radius（半径）：150；
- Length In Postive Z（Z 轴正方向长度）：30；
- Length In Negative Z（Z 轴负方向长度）：30；
- Color（圆柱体几何体颜色）：blue；
- 选择 Calculate Mass Properties of General Part 复选框；
- 单击 OK，完成轮毂圆柱体._my_leaf_4.gel_spindle.gracyl_spindle 几何体的创建。

3.1.5 吊耳 shackle 部件

- 单击 Build > Part > General Part > New 命令，弹出创建部件对话框，可参考如图 3-8 所示；
- General Part 输入 shackle；
- Type：single；
- Location Dependency：Centered between coordinates；
- Centered between：Two Coordinates；
- Coordinate Reference #1（参考坐标）：._my_leaf_4.ground.hpl_p15；
- Coordinate Reference #2（参考坐标）：._my_leaf_4.ground.hpr_p15；
- Orient using：Euler Angles；
- Euler Angles：0，0，0；
- Mass：1；
- Ixx：1；
- Iyy：1；
- Izz：1；
- Density：Material；
- Material Type：.materials.steel；
- 单击 OK，完成部件._my_leaf_4.gel_shackle 创建。
- 单击 Build > Geometry > Link > New 命令；
- Link Name（连杆名称）输入几何名称：shackle；
- General Part 输入._my_leaf_4.gel_shackle；
- Coordinate Reference #1（参考坐标）：._my_leaf_4.ground.hpl_p15；
- Coordinate Reference #2（参考坐标）：._my_leaf_4.ground.hpr_p15；
- Radius（半径）：20；
- Color（杆件几何体颜色）：yellow；
- 选择 Calculate Mass Properties of General Part 复选框，当几何建立好之后会更新对应部件的质量和惯量参数；
- Density：Material；
- Material Type：steel；
- 单击 OK，完成车轴._my_leaf_4.gel_shackle.gralin_shackle 几何体的创建。

3.2　接触力

- 单击 Tools > Adams/View Interface 命令，切换到 View 通用界面，如图 3-11 所示；

图 3-11　Adams/View Interface

- 单击 Forces > Create a Contact 命令，弹出创建接触对话框，如图 3-12 所示；
- Contant Type：Solid to Solid；
- I Solid（s）：._my_leaf_4.nrl_1_beam2.nrl_gra_i_29；
- J Solid（s）：._my_leaf_4.nrl_2_beam1.nrl_gra_i_3；
- Force Display：Red；
- Normal Force：Impact；
- Force Exponent：2.2；
- Damping：10；
- Coulomb Force：Coulomb；
- Coulomb Coulomb：On；
- Static Coefficient：0.3；
- Dynamic Coefficient：0.3；
- 其余参数保持默认，单击 Apply，完成._my_leaf_4.CONTACT_1 接触设置，重复上述步骤，完成所有对应接触面的接触力设置，特别强调接触面要一一对应，此模型包含 102 个接触。

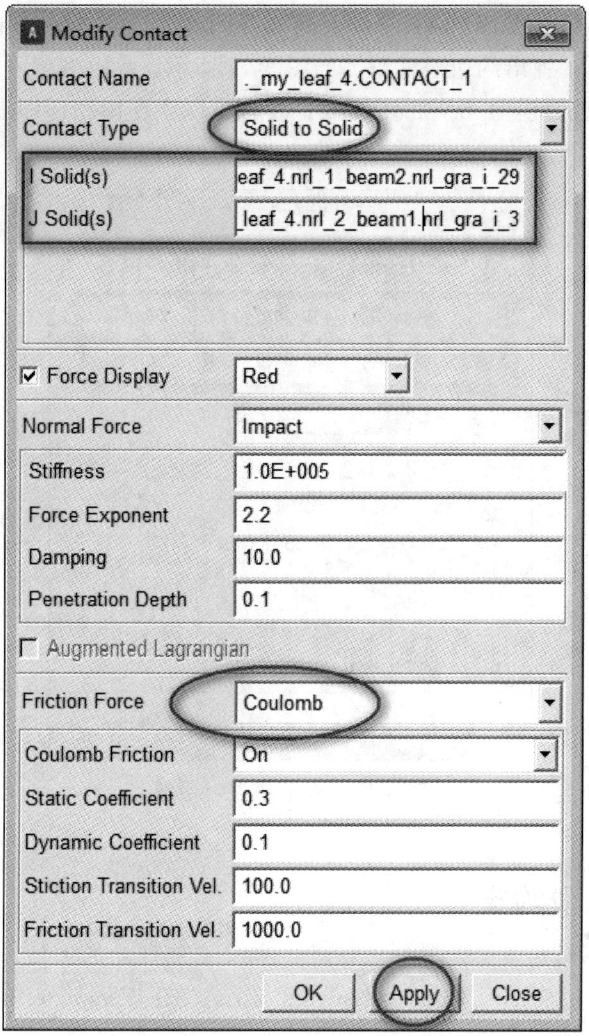

图 3-12　接触力创建对话框

3.3　弹簧夹

钢板弹簧弹簧夹的主要作用是保障弹簧在上下运动过程中装配（模型中为接触）的两簧片不产生分离，通过约束关系中的点面约束抽象为弹簧夹。当钢板弹簧长度较大时，在板簧接触的端部和大概中间部位进行约束。在大载荷冲击下，点面约束是保障整车静平衡或者板簧计算模型收敛的必要条件。

- 单击 Connectors > Primitives> Create an inplane Joint Primitive 命令；
- Construction：2 Bodies-1 Location；
- Normal To Grid；
- 用鼠标分别选择钢板弹簧部件._my_leaf_4.nrl_1_beam2，._my_leaf_4.nrl_2_beam1及._my_leaf_4.ground.hpl_p1 点，完成._my_leaf_4.JPRIM_1 点面约束的创建；

• 在模型树上右击点面约束._my_leaf_4.JPRIM_1，点击 Modify 或者双击点面约束._my_leaf_4.JPRIM_1 弹出约束对话框，如图 3-13 所示。此模型建立过程中共包含 12 个点面约束。本章节提供板簧模型_my_leaf_4.tpl，读者可以根据模型详细查看接触与点面约束的施加。

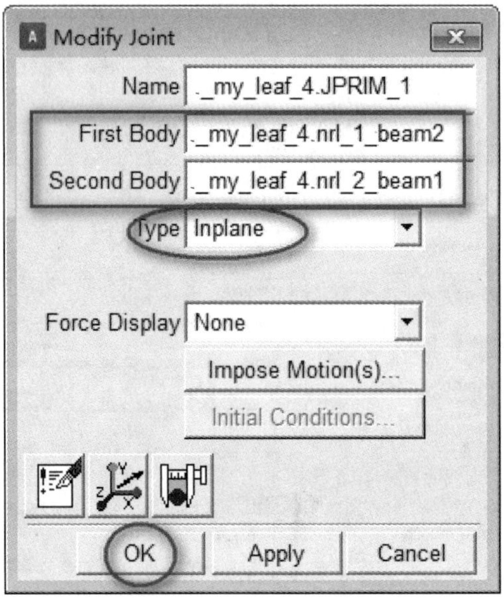

图 3-13　点面约束对话框

3.4　板簧模型约束

• 单击 Tools > Select Mode > Switch To A/Car Template Biulder 命令，切换到 ADAMS/CAR 专家界面；
• 单击 Build > Part > Mount > New 命令；
• Mount name（安装件名称）：leafspring_to_body；
• Coordinate Reference（参考坐标）：._my_leaf_4.ground.cfs_axle_center；
• 安装件此特征选择 inherit（继承特性）；
• 单击 OK，完成._my_leaf_4.mts_leafspring_to_body 安装部件的创建。

（1）部件 nrl_1_beam1 与安装件 leafspring_to_body 之间 revolute 约束。

• 单击 Build > Attachments > Joint > New 命令，弹出创约束件对话框，如图 3-14 所示；
• Joint Name（约束副名称）：p1；
• I　Part：._my_leaf_4.nrl_1_beam1；
• J　Part：._my_leaf_4.mts_leafspring_to_body；
• Joint Type：revolute；
• Active（激活）：kinematic mode（运动学模式）；
• Location Dependency：Delta location from coordinate；

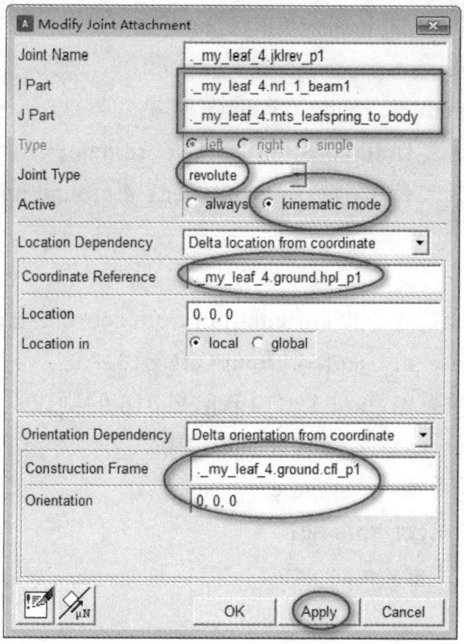

图 3-14　刚性约束对话框—revolute

- Coordinate Reference（参考坐标）：._my_leaf_4.ground.hpl_p1；
- Location：0，0，0；
- Location in：local；
- Orientation Dependency：Delta orientation from coordinate；
- Construction Frame：._my_leaf_4.ground.cfl_p1；
- 单击 Apply，完成约束副._my_leaf_4.jklrev_p1 的创建。

（2）部件 nrl_15_beam1 与安装件 leafspring_to_body 之间 revolute 约束。

- Joint Name（约束副名称）：p15；
- I　Part：._my_leaf_4.nrl_15_beam1；
- J　Part：._my_leaf_4.gel_shackle；
- Joint Type：revolute；
- Active（激活）：kinematic mode（运动学模式）；
- Location Dependency：Delta location from coordinate；
- Coordinate Reference（参考坐标）：._my_leaf_4.ground.hpl_p15；
- Location：0，0，0；
- Location in：local；
- Orientation Dependency：Delta orientation from coordinate；
- Construction Frame：._my_leaf_4.ground.cfl_p15；
- 单击 Apply，完成约束副._my_leaf_4.jklrev_p15 的创建。

（3）部件 shackle 与安装件 leafspring_to_body 之间 revolute 约束。

- Joint Name（约束副名称）：p16；
- I　Part：._my_leaf_4.gel_shackle；

- J　Part：._my_leaf_4.mts_leafspring_to_body；
- Joint Type：revolute；
- Active（激活）：kinematic mode（运动学模式）；
- Location Dependency：Delta location from coordinate；
- Coordinate Reference（参考坐标）：._my_leaf_4.ground.hpl_p16；
- Location：0，0，0；
- Location in：local；
- Orientation Dependency：Delta orientation from coordinate；
- Construction Frame：._my_leaf_4.ground.cfl_p16；
- 单击 Apply，完成约束副._my_leaf_4.jklrev_p16 的创建。

（4）部件 spindle 与 rear_axle 之间 revolute 约束。

- Joint Name（约束副名称）：spindle；
- I　Part：._my_leaf_4.gel_spindle；
- J　Part：._my_leaf_4.ges_rear_axle；
- Joint Type：revolute；
- Active（激活）：always；
- Location Dependency：Delta location from coordinate；
- Coordinate Reference（参考坐标）：._my_leaf_4.ground.cfl_wheel_center；
- Location：0，0，0；
- Location in：local；
- Orientation Dependency：Delta orientation from coordinate；
- Construction Frame：._my_leaf_4.ground.cfl_wheel_center；
- 单击 Apply，完成约束副._my_leaf_4.jolrev_spindle 的创建。

（5）部件 rear_axle 与 nrl_4_beam4 之间 fixed 约束。

- Joint Name（约束副名称）：axle；
- I　Part：._my_leaf_4.ges_rear_axle；
- J　Part：._my_leaf_4.nrl_4_beam4；
- Joint Type：fixed；
- Active（激活）：always；
- Location Dependency：Delta location from coordinate；
- Coordinate Reference（参考坐标）：._my_leaf_4.ground.hpl_c8；
- Location：0，0，0；
- Location in：local；
- 单击 Apply，完成约束副._my_leaf_4.jolfix_axle 的创建。

（6）部件 nrl_8_beam1 与 nrl_7_beam2 之间 fixed 约束。

- Joint Name（约束副名称）：beam1；
- I　Part：._my_leaf_4.nrl_8_beam1；
- J　Part：._my_leaf_4.nrl_7_beam2；
- Joint Type：fixed；

- Active（激活）：always；
- Location Dependency：Delta location from coordinate；
- Coordinate Reference（参考坐标）：._my_leaf_4.ground.hpl_p8；
- Location：0，0，0；
- Location in：local；
- 单击 Apply，完成约束副._my_leaf_4.jolfix_beam1 的创建。

（7）部件 nrl_6_beam3 与 nrl_7_beam2 之间 fixed 约束。

- Joint Name（约束副名称）：beam2；
- I　Part：._my_leaf_4.nrl_7_beam2；
- J　Part：._my_leaf_4.nrl_6_beam3；
- Joint Type：fixed；
- Active（激活）：always；
- Location Dependency：Delta location from coordinate；
- Coordinate Reference（参考坐标）：._my_leaf_4.ground.hpl_a8；
- Location：0，0，0；
- Location in：local；
- 单击 Apply，完成约束副._my_leaf_4.jolfix_beam2 的创建。

（8）部件 nrl_6_beam3 与 nrl_4_beam4 之间 fixed 约束。

- Joint Name（约束副名称）：beam3；
- I　Part：._my_leaf_4.nrl_6_beam3；
- J　Part：._my_leaf_4.nrl_4_beam4；
- Joint Type：fixed；
- Active（激活）：always；
- Location Dependency：Delta location from coordinate；
- Coordinate Reference（参考坐标）：._my_leaf_4.ground.hpl_b8；
- Location：0，0，0；
- Location in：local；
- 单击 OK，完成约束副._my_leaf_4.jolfix_beam3 的创建。

（9）部件 nrl_1_beam1 与 leafspring_to_body 之间 bushing 约束。

- 单击 Build > Attachments > Bushing > New 命令，弹出创衬套件对话框；
- Bushing Name（约束副名称）：p1；
- I　Part：._my_leaf_4.nrl_1_beam1；
- J　Part：._my_leaf_4.mts_leafspring_to_body；
- Inactive（抑制）：kinematic mode（运动学模式）；
- Preload：0，0，0；
- Tpreload：0，0，0；
- Offset：0，0，0；
- Roffset：0，0，0；
- Geometry Length：100；

- Geometry Radius：50；
- Property File：mdids：//acar_shared/bushings.tbl/mdi_0001.bus；
- Location Dependency：Delta location from coordinate；
- Coordinate Reference（参考坐标）：._my_leaf_4.ground.hpl_p1；
- Location：0，0，0；
- Location in：local；
- Orientation Dependency：Delta location from coordinate；
- Construction Frame：._my_leaf_4.ground.cfl_p1；
- Orientation：0，0，0；
- 单击 Apply，完成轴套._my_leaf_4.bkl_p1 的创建。

（10）部件 nrl_15_beam1 与 shackle 之间 bushing 约束。

- Bushing Name（约束副名称）：p15；
- I　Part：._my_leaf_4.nrl_1_beam1；
- J　Part：._my_leaf_4.gel_shackle；
- Inactive（抑制）：kinematic mode（运动学模式）；
- Preload：0，0，0；
- Tpreload：0，0，0；
- Offset：0，0，0；
- Roffset：0，0，0；
- Geometry Length：100；
- Geometry Radius：50；
- Property File：mdids：//acar_shared/bushings.tbl/mdi_0001.bus；
- Location Dependency：Delta location from coordinate；
- Coordinate Reference（参考坐标）：._my_leaf_4.ground.hpl_p15；
- Location：0，0，0；
- Location in：local；
- Orientation Dependency：Delta location from coordinate；
- Construction Frame：._my_leaf_4.ground.cfl_p15；
- Orientation：0，0，0；
- 单击 Apply，完成轴套._my_leaf_4.bkl_p15 的创建。

（11）部件 leafspring_to_body 与 shackle 之间 bushing 约束。

- Bushing Name（约束副名称）：p15；
- I　Part：._my_leaf_4.mts_leafspring_to_body；
- J　Part：._my_leaf_4.gel_shackle
- Inactive（抑制）：kinematic mode（运动学模式）；
- Preload：0，0，0；
- Tpreload：0，0，0；
- Offset：0，0，0；
- Roffset：0，0，0；

- Geometry Length：100；
- Geometry Radius：50；
- Property File：mdids：//acar_shared/bushings.tbl/mdi_0001.bus；
- Location Dependency：Delta location from coordinate；
- Coordinate Reference（参考坐标）：._my_leaf_4.ground.hpl_p16；
- Location：0，0，0；
- Location in：local；
- Orientation Dependency：Delta location from coordinate；
- Construction Frame：._my_leaf_4.ground.cfl_p16；
- Orientation：0，0，0；
- 单击 OK，完成轴套._my_leaf_4.bkl_p16 的创建。

3.5 板簧悬架通信器

- 单击 Build > Communicator > Output >New 命令，弹出输出通信器对话框；
- Output Communicator Name（输出通信器名称）：suspension_mount；
- Matching Name（s）：suspension_mount；
- Type：left；
- Entity：mount；
- To Minor Role：inherit；
- Part Name：._my_leaf_4.gel_spindle；
- 单击 Apply，完成通信器._my_leaf_4.col_suspension_mount 的创建；
- Output Communicator Name（输出通信器名称）：wheel_center；
- Matching Name（s）：wheel_center；
- Type：left；
- Entity：Location；
- To Minor Role：inherit；
- Coordinate Reference Name：._my_leaf_4.ground.cfl_wheel_center；
- 单击 Apply，完成通信器._my_leaf_4.col_wheel_center 的创建；
- Output Communicator Name（输出通信器名称）：suspension_upright；
- Matching Name（s）：suspension_upright；
- Type：left；
- Entity：mount；
- To Minor Role：inherit；
- Part Name：._my_leaf_4.ges_rear_axle；
- 单击 OK，完成通信器._my_leaf_4.col_suspension_upright 的创建。
- 保存模型，至此 4 片装配体板簧模型建立完成。

3.6 反向激振实验

车辆反向激振实验完成后如图 3-15 所示。车辆上下跳动幅值为 – 30 ~ 30 mm，由于板簧接触特性的存在，模型在计算过程中速度较为缓慢，计算完成后板簧接触力及各参数如图 3-16 ~ 图 3-25 所示。

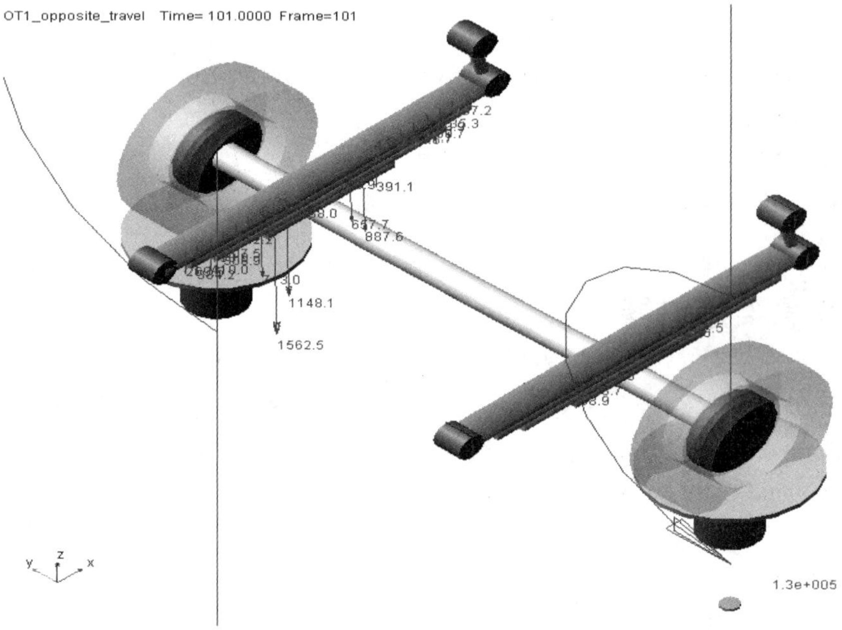

图 3-15 车轮反向激振实验

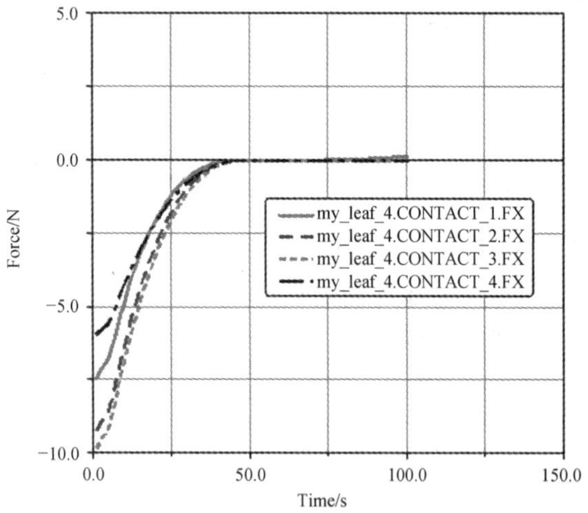

图 3-16 *X* 方向接触力

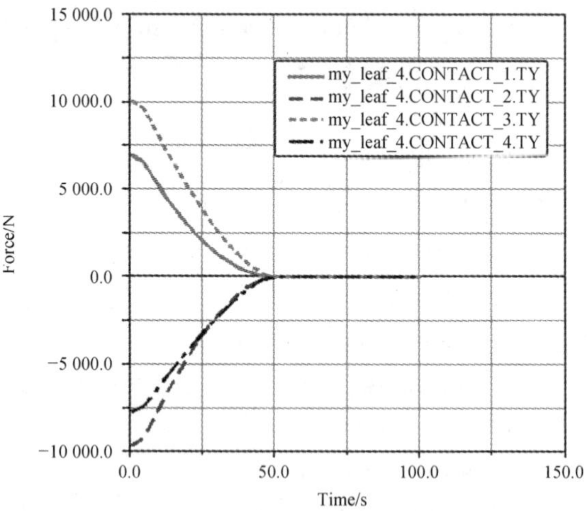

图 3-17 *Y* 方向接触力

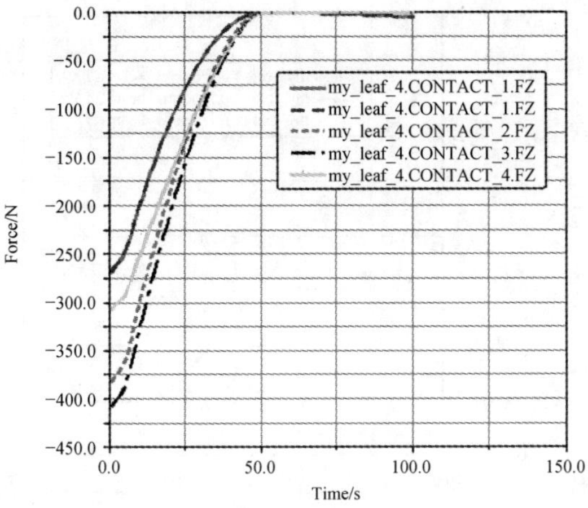

图 3-18　*Z* 方向接触力

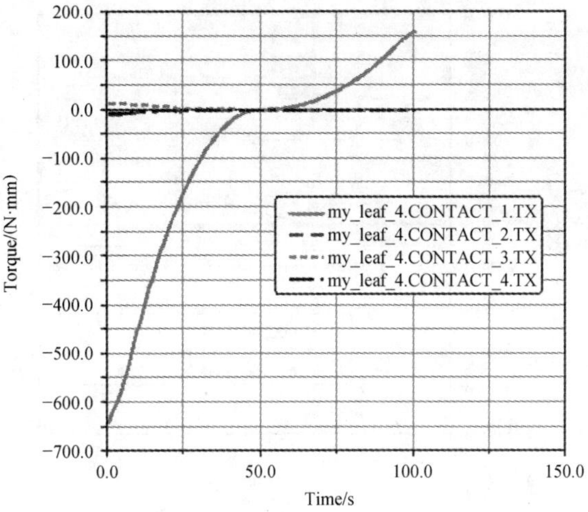

图 3-19　*X* 方向扭转接触力

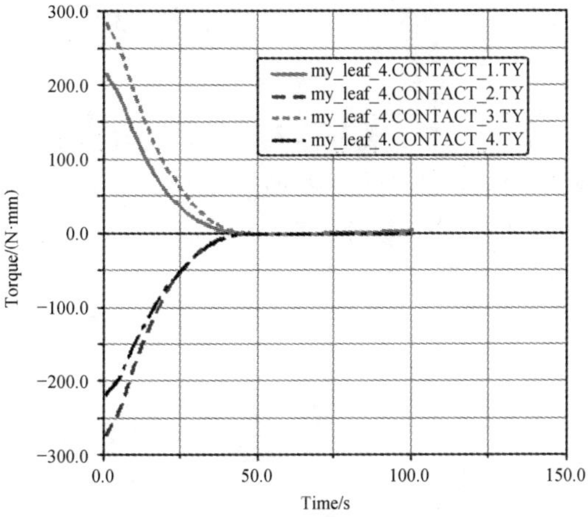

图 3-20　*Y* 方向扭转接触力

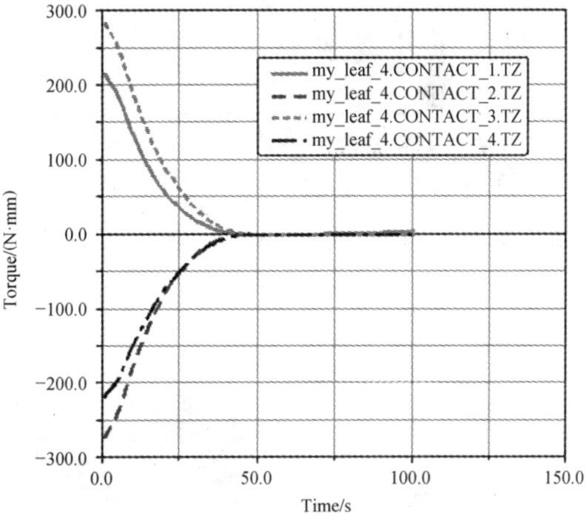

图 3-21　*Z* 方向扭转接触力

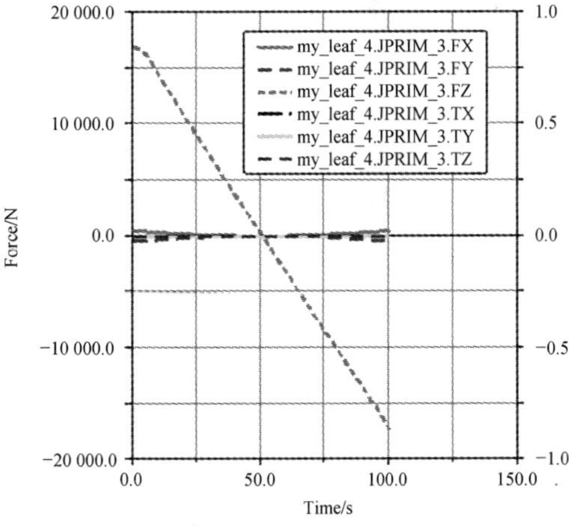

图 3-22　板簧中段弹簧夹受力状态

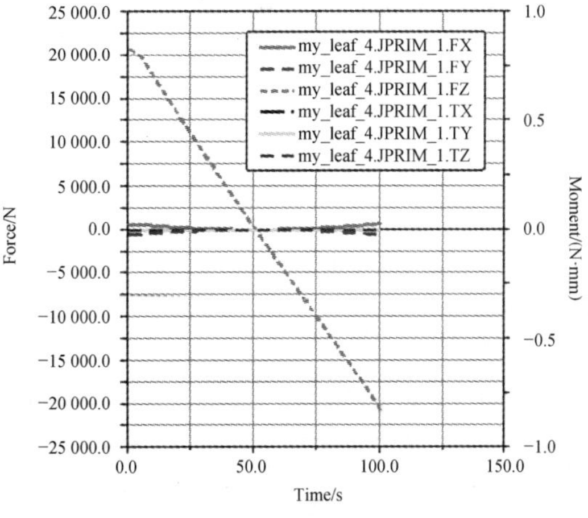

图 3-23　板簧前段弹簧夹受力状态

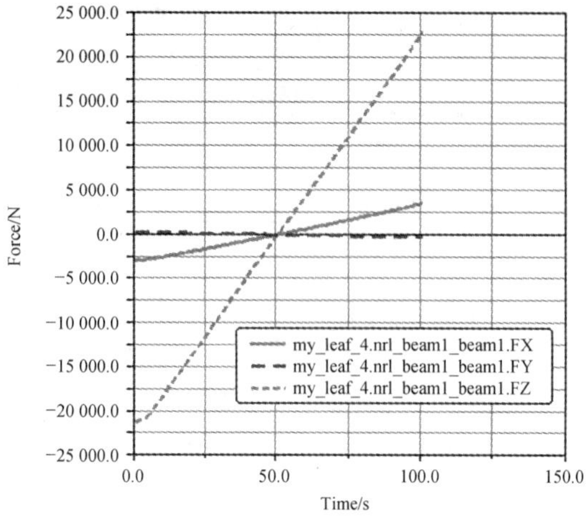

图 3-24　柔性梁垂向受力状态

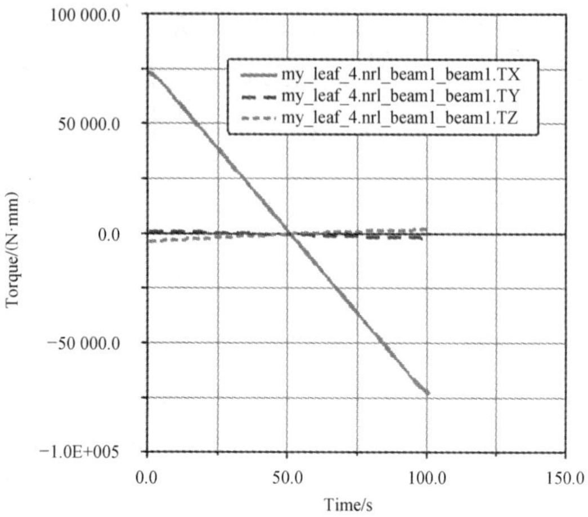

图 3-25　柔性梁扭转受力状态

附：单片簧装配体

单片钢板弹簧装配体模型如图 3-26 所示，模型较为简单，装配体不存在接触与点面约束，读者可参考下面硬点、部件、约束、变量参数等信息练习建立模型。单片钢板弹簧装配体模型：_my_leaf_1.tpl 存储在章节文件夹，读者可以自行参考练习。

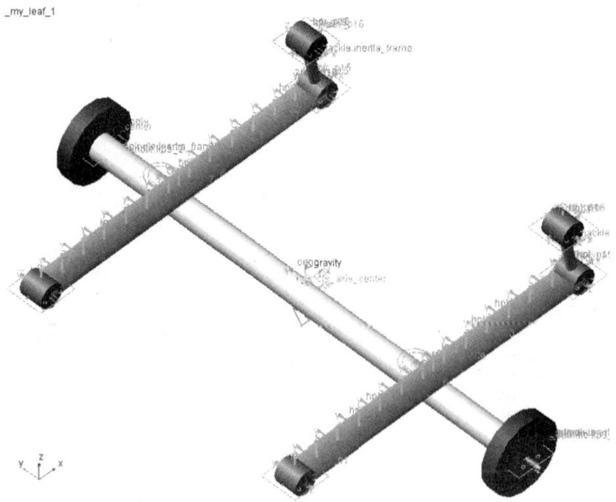

图 3-26　单片簧模型

HARDPOINTS:

hardpoint name	symmetry	x_value	y_value	z_value
p0	left/right	0.0	− 1000.0	− 70.0
p1	left/right	− 650.0	− 600.0	0.0

p2	left/right	－550.0	－600.0	0.0
p3	left/right	－450.0	－600.0	0.0
p4	left/right	－350.0	－600.0	0.0
p5	left/right	－250.0	－600.0	0.0
p6	left/right	－150.0	－600.0	0.0
p7	left/right	－50.0	－600.0	0.0
p8	left/right	0.0	－600.0	0.0
p9	left/right	50.0	－600.0	0.0
p10	left/right	150.0	－600.0	0.0
p11	left/right	250.0	－600.0	0.0
p12	left/right	350.0	－600.0	0.0
p13	left/right	450.0	－600.0	0.0
p14	left/right	550.0	－600.0	0.0
p15	left/right	650.0	－600.0	0.0
p16	left/right	600.0	－600.0	250.0

PARTS： % 部件信息

rear_axle
symmetry ： single
mass ： 142.7828648685
location（dependent） ： 0.0，0.0，－70.0
orientation ： zp_vector=0.0，0.0，1.0
： xp_vector=1.0，0.0，0.0
cm_location_from_part ： 0.0，0.0，0.0
Ixx，Iyy，Izz ： 6.8622442713E+007，1.7333515307E+005，6.8622442713E+007
Ixy，Izx，Iyz ： 1.551256599E－008，－1.0281560545E－009，－2.6474517099E－009

rear_axle link geometry % 几何体
name ： rear_axle
symmetry ： single
radius ： 50.0

shackle % 几何体
symmetry ： left/right
mass ： 2.4268420472
location（dependent） ： 625.0，－600.0，125.0
orientation ： zp_vector=0.0，0.0，1.0
： xp_vector=1.0，0.0，0.0

cm_location_from_part : 0.0, 0.0, 0.0
Ixx, Iyy, Izz : 1.2884557836E+004, 1.338108491E+004, 967.9080493034
Ixy, Izx, Iyz : 0.0, －2482.6353721348 , 0.0

shackle link geometry %几何体
name : shackle
symmetry : left/right
radius : 20.0

spindle %几何体
symmetry : left/right
mass : 32.1261445954
location（dependent） : 0.0, －1000.0, －70.0
orientation（dependent）: zp_vector=0.0, －1.0, 0.0
: xp_vector=1.0, 0.0, 0.0
cm_location_from_part : 0.0, 0.0, 0.0
Ixx , Iyy , Izz : 1.8513968586E+005 , 1.8513968586E+005 , 3.5100368497E+005
Ixy, Izx, Iyz : 0.0 , 0.0 , 0.0

NRODS:
beam1
symmetry : left/right
height : 30.0
width : 100.0
damping ratio : 2.0E－003
material type : steel
formulation : linear

BUSHINGS: % 柔性衬套信息
p1
definition : .ACAR.attachments.ac_bushing
symmetry : left/right
orientation（dependent）: zp_vector=0.0, －1.0, 0.0
: xp_vector=1.0, 0.0, 0.0
t preload x : 0.0
t preload y : 0.0
t preload z : 0.0

r preload x : 0.0
r preload y : 0.0
r preload z : 0.0
t offset x : 0.0
t offset y : 0.0
t offset z : 0.0
r offset x : 0.0
r offset y : 0.0
r offset z : 0.0
fx scaling factor : 1.0
fy scaling factor : 1.0
fz scaling factor : 1.0
tx scaling factor : 1.0
ty scaling factor : 1.0
tz scaling factor : 1.0
tx damping force scale：1.0
ty damping force scale：1.0
tz damping force scale：1.0
rx damping force scale：1.0
ry damping force scale：1.0
rz damping force scale：1.0
property file : mdids：//acar_shared/bushings.tbl/mdi_0001.bus

p15
definition : .ACAR.attachments.ac_bushing
symmetry : left/right
orientation（dependent）：zp_vector=0.0， －1.0，0.0
：xp_vector=1.0，0.0，0.0
t preload x : 0.0
t preload y : 0.0
t preload z : 0.0
r preload x : 0.0
r preload y : 0.0
r preload z : 0.0
t offset x : 0.0
t offset y : 0.0
t offset z : 0.0
r offset x : 0.0

```
r offset y                  :  0.0
r offset z                  :  0.0
fx scaling factor           :  1.0
fy scaling factor           :  1.0
fz scaling factor           :  1.0
tx scaling factor           :  1.0
ty scaling factor           :  1.0
tz scaling factor           :  1.0
tx damping force scale  :  1.0
ty damping force scale  :  1.0
tz damping force scale  :  1.0
rx damping force scale  :  1.0
ry damping force scale  :  1.0
rz damping force scale  :  1.0
property file               :  mdids：//acar_shared/bushings.tbl/mdi_0001.bus

p16
definition                    :  .ACAR.attachments.ac_bushing
symmetry                      :  left/right
orientation（dependent）：zp_vector=0.0，  – 1.0，0.0
:  xp_vector=1.0，0.0，0.0
t preload x                 :  0.0
t preload y                 :  0.0
t preload z                 :  0.0
r preload x                 :  0.0
r preload y                 :  0.0
r preload z                 :  0.0
t offset x                  :  0.0
t offset y                  :  0.0
t offset z                  :  0.0
r offset x                  :  0.0
r offset y                  :  0.0
r offset z                  :  0.0
fx scaling factor           :  1.0
fy scaling factor           :  1.0
fz scaling factor           :  1.0
tx scaling factor           :  1.0
ty scaling factor           :  1.0
```

```
tz scaling factor          : 1.0
tx damping force scale  : 1.0
ty damping force scale  : 1.0
tz damping force scale  : 1.0
rx damping force scale  : 1.0
ry damping force scale  : 1.0
rz damping force scale  : 1.0
property file              : mdids: //acar_shared/bushings.tbl/mdi_0001.bus
PARAMETERS:                               % 板簧参数
parameter name              symmetry      type       value
– – – – – –                 – – – – –     – – – –    – – – –
kinematic_flag              single        integer    0
camber_angle                left/right    real       0.0
toe_angle                   left/right    real       0.0
```

第 4 章 发动机模型

发动机的主要功能是提供动力源，经过变速器及传动系统把动力源输出到车轮上驱动车轮运动，动力源模型可有不同的形式，CAR 模块中是通过函数把发动机、变速器及主减速器整合在一起，整车动力单元并不需要真实的传动系统驱动，集成度较高；DRIVELINE 模块中发动机为简化模型，主要由机体和曲轴组成，曲轴绕机体产生旋转驱动后续的传动部件，曲轴旋转运动由动力元驱动，驱动元可以是固定参数，也可以是编制的发动机真实工况特性文件。简化发动机模型避免了复杂函数的整合，更容易直观理解，但必须与传动系统相配合驱动整车，同时传动系统可以拓展到多轴系车辆驱动。简化发动机通过衬套与车身或者前后悬架系统机械匹配安装，建立好的简化发动机模型如图 4-1 所示。

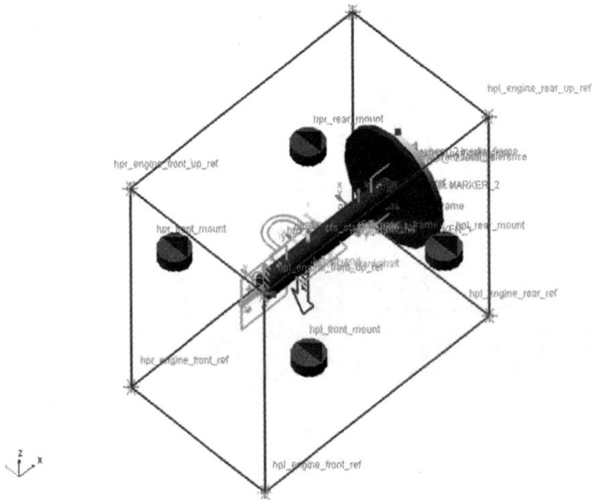

图 4-1 发动机模型

学习目标

- ✧ 机体。
- ✧ 曲轴。
- ✧ 飞轮。
- ✧ 驱动元。
- ✧ 发动机调试。
- ✧ 直线仿真。

- 启动 ADAMS/DRIVELINE，选择专家模块进入建模界面；
- 单击 File > New 命令，弹出建模对话框，如图 4-2 所示；在模板名称里输入 my_engine，主特征选择 poweertrain，单击 OK；

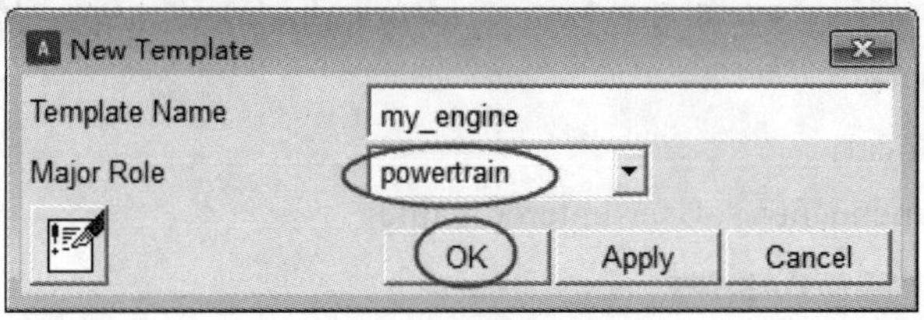

图 4-2　发动机模板框

- 单击 Build > Hardpoint > New 命令，弹出创建硬点对话框，如图 4-3 所示；
- 在硬点名称里输入 engine_CM，类型选择 single；在位置文本框输入 0.0, 0.0, 0.0；
- 单击 Apply，完成 engine_CM 硬点的创建。此时在屏幕上显示出左右对称的单个硬点；以此类推，重复上述步骤完成如图 4-4 所示硬点的创建，单击 OK。

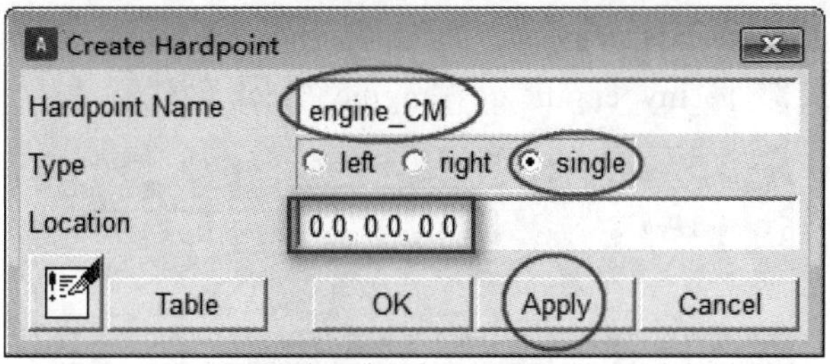

图 4-3　硬点对话框

	loc x	loc y	loc z
hpl_engine_front_ref	-250.0	-150.0	-200.0
hpl_engine_front_up_ref	-250.0	-150.0	200.0
hpl_engine_rear_ref	250.0	-150.0	-200.0
hpl_engine_rear_up_ref	250.0	-150.0	200.0
hpl_front_mount	-150.0	-150.0	0.0
hpl_rear_mount	150.0	-150.0	0.0
hps_crankshaft_reference	200.0	0.0	0.0
hps_engine_CM	0.0	0.0	0.0
hps_static_torque_loc	0.0	0.0	0.0

图 4-4　发动机硬点数据

4.1　发动机机体

- 单击 Build > Part > General Part > New 命令，弹出创建发动机机体部件对话框，如图

4-5 所示；

- General Part 输入 engine_block；
- Location Dependency：Delta location from coordinate；
- Coordinate Reference （参考坐标）：._my_engine.ground.hps_engine_CM；
- Location：0,0,0；
- Location in：local；
- Orientation Dependency：User-entered values；
- Orient using：Euler Angles；
- Euler Angles：0,0,0；
- Mass：100；
- Ixx：1 000；
- Iyy：1 000；
- Izz：1 000；
- Density：Material；
- Material Type：.materials.steel；
- 单击 OK，完成部件._my_engine.ges_engine_block 创建。

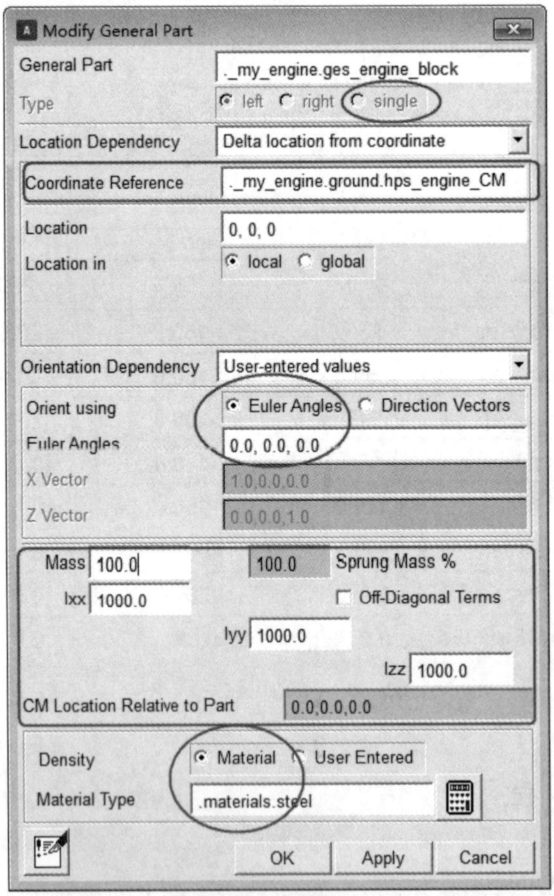

图 4-5 发动机机体部件创建对话框

- 单击 Build > Geometry >Outline > New 命令，轮廓线建立如图 4-6 所示；
- Outline Name （轮廓线名称）输入几何名称：engine1；
- General Part 输入._my_engine.ges_engine_block；
- Reference Coordinates （参考坐标点，顺序不能乱）：

① ._my_engine.ground.hpr_engine_front_up_ref；

② ._my_engine.ground.hpr_engine_front_ref；

③ ._my_engine.ground.hpl_engine_front_ref；

④ ._my_engine.ground.hpl_engine_front_up_ref。

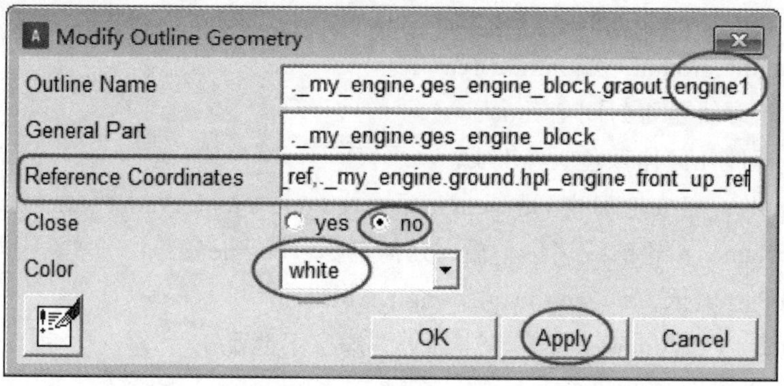

图 4-6　发动机轮廓

- Close（轮廓线是否封闭）：no；
- Color（杆件几何体颜色）：white；
- 单击 Apply，完成轮廓线._my_engine.ges_engine_block.graout_engine1 的创建；
- Outline Name （轮廓线名称）输入几何名称：engine2；
- Gencral Part 输入._my_engine.ges_engine_block；
- Reference Coordinates （参考坐标点，顺序不能乱）：

① ._my_engine.ground.hpl_engine_front_up_ref；

② ._my_engine.ground.hpl_engine_rear_up_ref；

③ ._my_engine.ground.hpl_engine_rear_ref；

④ ._my_engine.ground.hpl_engine_front_ref。

- Close（轮廓线是否封闭）：no；
- Color（杆件几何体颜色）：white；
- 单击 Apply，完成轮廓线._my_engine.ges_engine_block.graout_engine2 的创建；
- Outline Name （轮廓线名称）输入几何名称：engine3；
- General Part 输入._my_engine.ges_engine_block；
- Reference Coordinates （参考坐标点，顺序不能乱）：

① ._my_engine.ground.hpr_engine_front_up_ref；

② ._my_engine.ground.hpr_engine_rear_up_ref；

③ ._my_engine.ground.hpl_engine_rear_up_ref；

④ ._my_engine.ground.hpl_engine_front_up_ref。
- Close（轮廓线是否封闭）：no；
- Color（杆件几何体颜色）：white；
- 单击 Apply，完成轮廓线._my_engine.ges_engine_block.graout_engine3 的创建；
- Outline Name （轮廓线名称）输入几何名称：engine4；
- General Part 输入._my_engine.ges_engine_block；
- Reference Coordinates （参考坐标点，顺序不能乱）：

① ._my_engine.ground.hpr_engine_front_ref；
② ._my_engine.ground.hpr_engine_rear_ref；
③ ._my_engine.ground.hpl_engine_rear_ref。
- Close（轮廓线是否封闭）：no；
- Color（杆件几何体颜色）：white；
- 单击 Apply，完成轮廓线._my_engine.ges_engine_block.graout_engine4 的创建；
- Outline Name （轮廓线名称）输入几何名称：engine5；
- General Part 输入._my_engine.ges_engine_block；
- Reference Coordinates （参考坐标点，顺序不能乱）：

① ._my_engine.ground.hpr_engine_rear_ref；
② ._my_engine.ground.hpr_engine_rear_up_ref。
- Close（轮廓线是否封闭）：no；
- Color（杆件几何体颜色）：white；
- 单击 Apply，完成轮廓线._my_engine.ges_engine_block.graout_engine5 的创建；
- Outline Name （轮廓线名称）输入几何名称：engine6；
- General Part 输入._my_engine.ges_engine_block；
- Reference Coordinates （参考坐标点，顺序不能乱）：

① ._my_engine.ground.hpr_engine_front_up_ref；
② ._my_engine.ground.hpl_engine_front_up_ref。
- Close（轮廓线是否封闭）：no；
- Color（杆件几何体颜色）：white；
- 单击 OK，完成轮廓线._my_engine.ges_engine_block.graout_engine6 的创建。

4.2 曲 轴

- 单击 Build > Construction Frame > New 命令，结构框创建如图 4-7 所示；
- Construction Frame（结构框名称）：crankshaft_reference；
- Location Dependency：Delta location from coordinate；

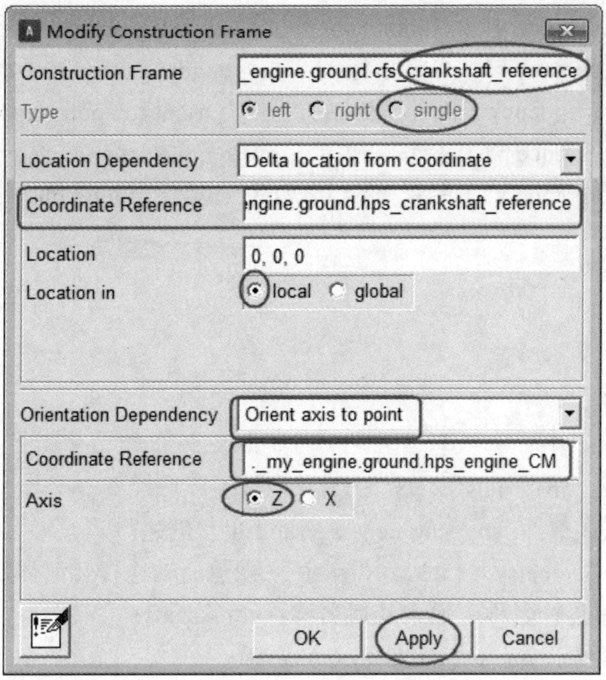

图 4-7　结构框

- Coordinate Reference （参考坐标）：._my_engine.ground.hps_crankshaft_reference；
- Location：0，0，0；
- Location in：local；
- Orientation Dependency：Orient axis to point；
- Coordinate Reference（参考坐标）：._my_engine.ground.hps_engine_CM；
- Axis：Z；
- 单击 Apply，完成._my_engine.ground.cfs_crankshaft_reference 结构框的创建；
- Construction Frame（结构框名称）：crankshaft_end；
- Location Dependency：Delta location from coordinate；
- Coordinate Reference （参考坐标）：._my_engine.ground.cfs_crankshaft_reference；
- Location：0，0，0；
- Location in：local；
- Orientation Dependency：Delta orientation from coordinate；
- Construction Frame：._my_engine.ground.cfs_crankshaft_reference；
- Orientation：0，0，0；
- 单击 OK，完成._my_engine.ground.cfs_crankshaft_end 结构框的创建。
- 单击 Build > Part > General Part > New 命令，弹出创建部件对话框可参考如图 4-5 所示；
- General Part 输入 crankshaft；
- Location Dependency：Centered between coordinates；
- Centered between：Two Coordinates；

- Coordinate Reference #1（参考坐标）：._my_engine.ground.cfs_crankshaft_end；
- Coordinate Reference #2（参考坐标）：._my_engine.ground.hps_crankshaft_reference；
- Orientation Dependency（部件坐标轴方向）：Orient to zpoint-xpoint；
- Coordinate Reference #1（参考坐标）：._my_engine.ground.cfs_crankshaft_end；
- Coordinate Reference #2（参考坐标）：._my_engine.ground.hps_crankshaft_reference；
- Axes：ZX；
- Mass：1；
- Ixx：1；
- Iyy：1；
- Izz：1；
- Density：Material；
- Material Type：.materials.steel；
- 单击 OK，完成部件._my_engine.ges_crankshaft 创建。
- 单击 Build > Geometry > Link > New 命令,创建曲轴连杆几何体如图 4-8 所示；
- Link Name （连杆名称）输入几何名称：crankshaft；
- General Part 输入._my_engine.ges_crankshaft；
- Coordinate Reference #1（参考坐标）：._my_engine.ground.cfs_crankshaft_end；
- Coordinate Reference #2（参考坐标）：._my_engine.ground.hps_crankshaft_reference；
- Radius（半径）：20；
- Color（杆件几何体颜色）：red；
- 选择 Calculate Mass Properties of General Part 复选框，当几何体建立好之后会更新对应部件的质量和惯量参数；
- Density：Material；
- Material Type：steel；
- 单击 OK，完成._my_engine.ges_crankshaft.gralin_crankshaft 几何体的创建。

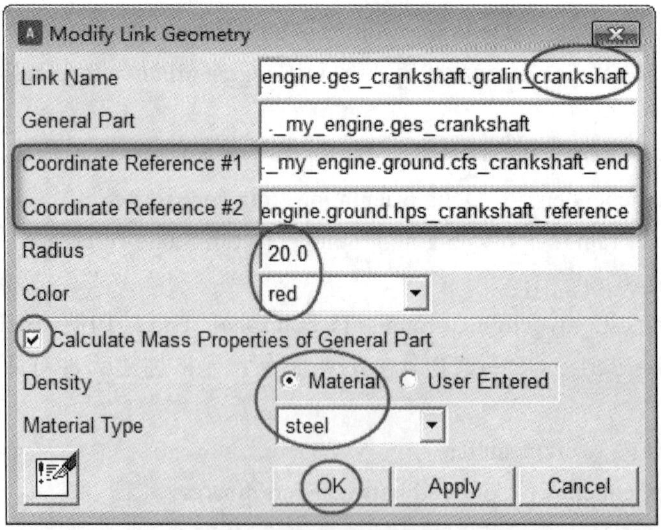

图 4-8 曲轴连杆几何体

- 单击 Build > Geometry > Cylinder （圆柱体）> New 命令，弹出创建曲轴圆柱几何体如图 4-9 所示；

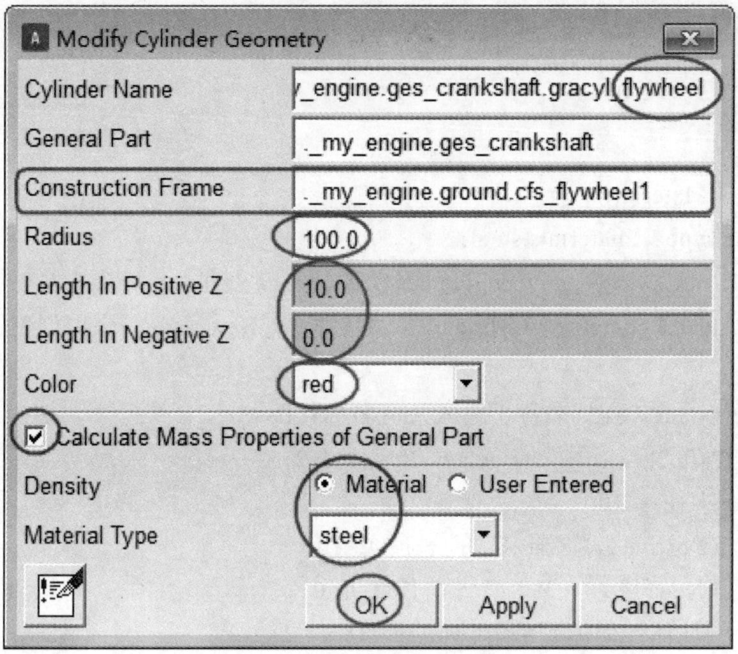

图 4-9　曲轴圆柱几何体

- Cylinder Name（连杆名称）输入几何名称：flywheel；
- General Part 输入._my_engine.ges_crankshaft；
- Radius（半径）：100；
- Length In Postive Z（Z 轴正方向长度）：10；
- Length In Negative Z（Z 轴负方向长度）：0；
- Color（圆柱体几何体颜色）：red；
- 选择 Calculate Mass Properties of General Part 复选框；
- 单击 OK，完成曲轴圆柱体._my_engine.ges_crankshaft.gracyl_flywheel 几何体的创建。

4.3　飞　轮

- 单击 Build > Part > General Part > New 命令，弹出创建部件对话参考如图 4-5 所示；
- General Part 输入 flywheel_2；
- Location Dependency：Delta location from coordinate；
- Coordinate Reference （参考坐标）：._my_engine.ground.hps_crankshaft_reference；
- Location：0,0,0；
- Location in：local；
- Orientation Dependency：Delta orientation from coordinate；

- Construction Frame：._my_engine.ground.cfs_crankshaft_reference；
- Orientation：0,0,0；
- Mass：1；
- Ixx：1；
- Iyy：1；
- Izz：1；
- Density：Material；
- Material Type：.materials.steel；
- 单击 OK，完成部件._my_engine.ges_flywheel_2 创建。
- 单击 Build > Geometry > Cylinder （圆柱体）> New 命令，弹出创建飞轮圆柱体参考如图 4-9 所示；
- Cylinder Name（连杆名称）输入几何名称：flywheel；
- General Part 输入._my_engine.ges_flywheel_2；
- Radius（半径)：100；
- Length In Postive Z（Z 轴正方向长度）：10；
- Length In Negative Z（Z 轴负方向长度）：0；
- Color（圆柱体几何体颜色）：white；
- 选择 Calculate Mass Properties of General Part 复选框；
- 单击 OK，完成曲轴飞轮圆柱体._my_engine.ges_flywheel_2.gracyl_flywheel 几何体的创建。

4.3.1 安装部件 BODY

- 单击 Build > Part > Mount > New 命令，安装部件对话框如图 4-10 所示；
- Mount name（安装件名称）：body；
- Coordinate Reference （参考坐标）：._my_engine.ground.hps_engine_CM；
- 安装件此特征选择：inherit（继承特性）；
- 单击 OK，完成._my_engine.mts_body 安装部件的创建。

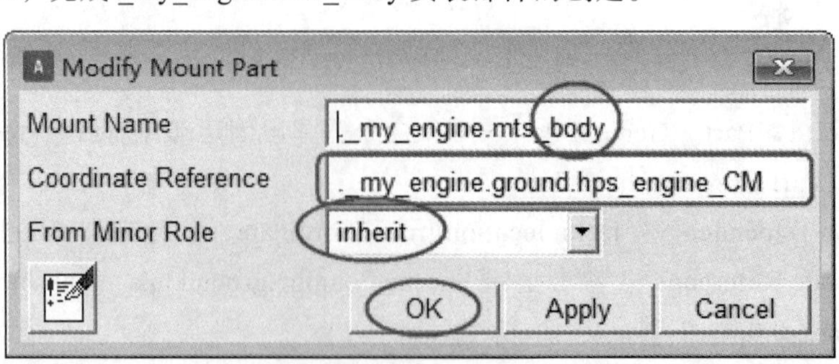

图 4-10　车身部件安装

4.3.2 发动机刚性约束

- 单击 Build > Attachments > Joint > New 命令，弹出创约束件对话框，如图 4-11 所示。

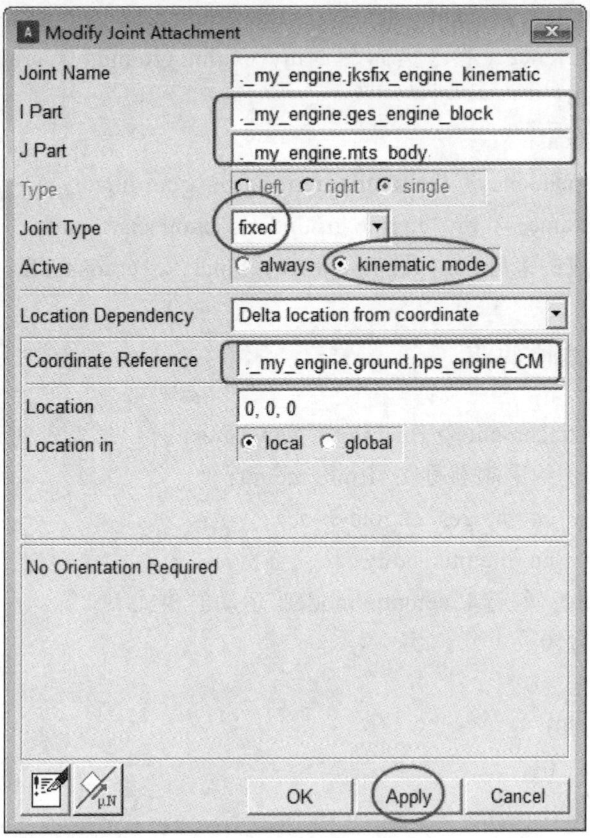

图 4-11　固定副约束

（1）部件 engine_block 与安装件 body 之间 fixed 约束。

- Joint Name（约束副名称）：engine_kinematic；
- I　Part　：._my_engine.ges_engine_block；
- J　Part　：._my_engine.mts_body；
- Joint Type（约束副类型）：fixed，即转动副，约束 6 个自由度；
- Active（激活）：kinematic mode（运动学模式）；
- Location Dependency：Delta location from coordinate；
- Coordinate Reference（参考坐标）：._my_engine.ground.hps_engine_CM；
- Location：0,0,0；
- Location in：local；
- 单击 Apply，完成约束副._my_engine.jksfix_engine_kinematic 的创建。

（2）部件 engine_block 与 crankshaft 之间 revolute 约束。

- Joint Name（约束副名称）：block_to_crankshaft；
- I　Part：._my_engine.ges_crankshaft；

- J　Part：._my_engine.ges_engine_block；
- Joint Type（约束副类型）：revolute；
- Active（激活）：always；
- Location Dependency：Delta location from coordinate；
- Coordinate Reference（参考坐标）：._my_engine.ground.cfs_crankshaft_end；
- Location：0,0,0；
- Location in：local；
- Orientation Dependency：Delta orientation from coordinate；
- Construction Frame：._my_engine.ground.cfs_crankshaft_end；
- 单击 OK，完成约束副._my_engine.josrev_block_to_crankshaft 的创建。

4.3.3　发动机柔性约束

- 单击 Build > Attachments > Bushing > New 命令，弹出衬套件对话框，如图 4-12 所示；
- Bushing Name（约束副名称）：front_mount；
- I　Part　：._my_engine.ges_engine_block；
- J　Part　：._my_engine.mts_body；
- Inactive（抑制）：勾选 kinematic mode（运动学模式）；
- Preload：0，0，0；
- Tpreload：0，0，0；
- Offset：0，0，0；
- Roffset：0，0，0；
- Geometry Length：20；
- Geometry Radius：30；
- Property File：mdids：//adriveline_shared/bushings.tbl/MDI_engine_mount.bus；
- Location Dependency：Delta location from coordinate；
- Coordinate Reference（参考坐标）：._my_engine.ground.hpl_front_mount；
- Location：0，0，0；
- Location in：local；
- Orientation Dependency：User entered values；
- Orient using：Euler Angles；
- Euler Angles：0,0,0；
- 单击 Apply，完成轴套._my_engine.bkl_front_mount 的创建；
- Bushing Name（约束副名称）：rear_mount；
- I　Part：._my_engine.ges_engine_block；
- J　Part：._my_engine.mts_body；
- Inactive（抑制）：勾选 kinematic mode（运动学模式）；
- Preload：0，0，0；

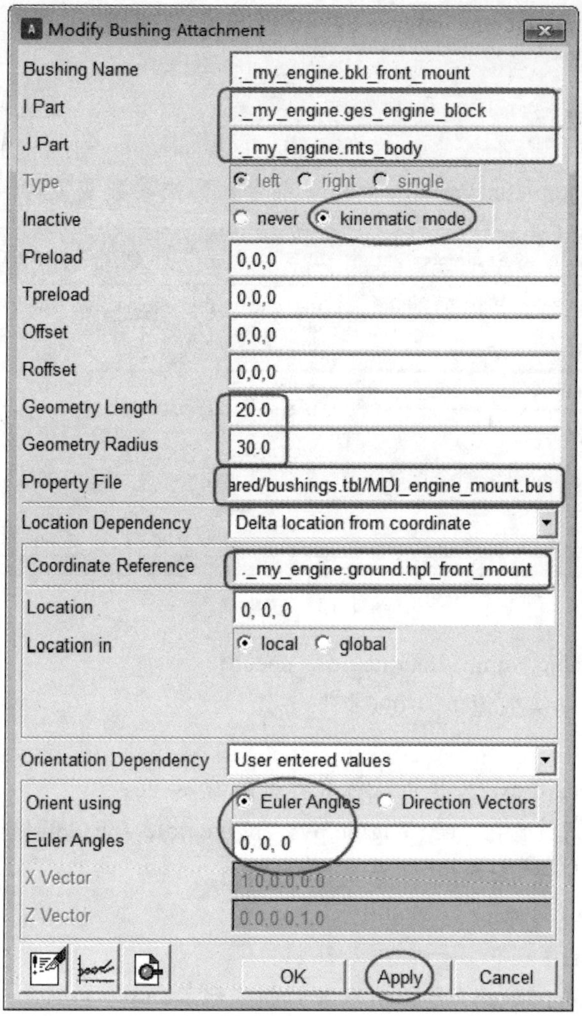

图 4-12 Bushing 衬套柔性约束

- Tpreload：0，0，0；
- Offset：0，0，0；
- Roffset：0，0，0；
- Geometry Length：20；
- Geometry Radius：30；
- Property File：mdids：//adriveline_shared/bushings.tbl/MDI_engine_mount.bus；
- Location Dependency：Delta location from coordinate；
- Coordinate Reference（参考坐标）：._my_engine.ground.hpl_rear_mount；
- Location：0，0，0；
- Location in：local；
- Orientation Dependency：User entered values；
- Orient using：Euler Angles；
- Euler Angles：0，0，0；

- 单击 OK，完成轴套._my_engine.bkl_rear_mount 的创建。

4.3.4 变量参数

- 单击 Build > Parameter Variable > New 命令，弹出参数变量对话框，如图 4-13 所示；

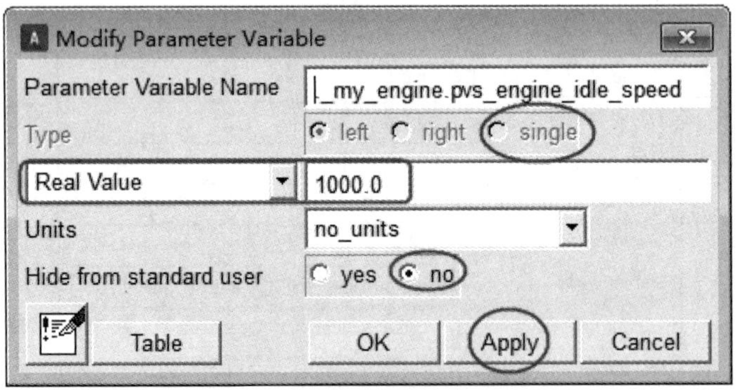

图 4-13　变量参数

- Parameter Variable Name：engine_idle_speed；
- Integer　Value（实数值）：1 000；
- Units：no_units；
- Hide from standard user（是否从标准界面隐藏）：no；
- 单击 Apply，完成变量._my_engine.pvs_engine_idle_speed 的创建；
- Parameter Variable Name：：engine_rev_limit；
- Integer　Value（实数值）：6 000；
- Units：no_units；
- Hide from standard user（是否从标准界面隐藏）：no；
- 单击 OK，完成变量._my_engine.pvs_engine_rev_limit 的创建。

4.4 动力元素

动力元素用于传递扭矩或者旋转运动，进而驱动传动系统，此功能可以在没有发动机和变速箱装配的整车工况下使用。

- 切换到 ADAMS/VIEW；
- 在部件 crankshaft 上添加参考点 MARKER_1，在部件 engine_block 上添加参考点 MARKER_2；
- 切换到 ADAMS/DRIVELINE；
- 单击 Driveline Components > Dyno > New 命令，弹出动力元素对话框如图 4-14 所示；
- Dyno Name：engine_torque；
- Attachment To：勾选 Marker；

- I Marker Name：._my_engine.ges_crankshaft.MARKER_1；
- J Marker Name：._my_engine.ges_engine_block.MARKER_2；
- Dyno Type：Torque；
- Function Type：Torque Demand；
- Direction：Counter Clockwise；
- Active：On；
- 单击 OK，完成动力元素._my_engine.ues_engine_torque 创建。

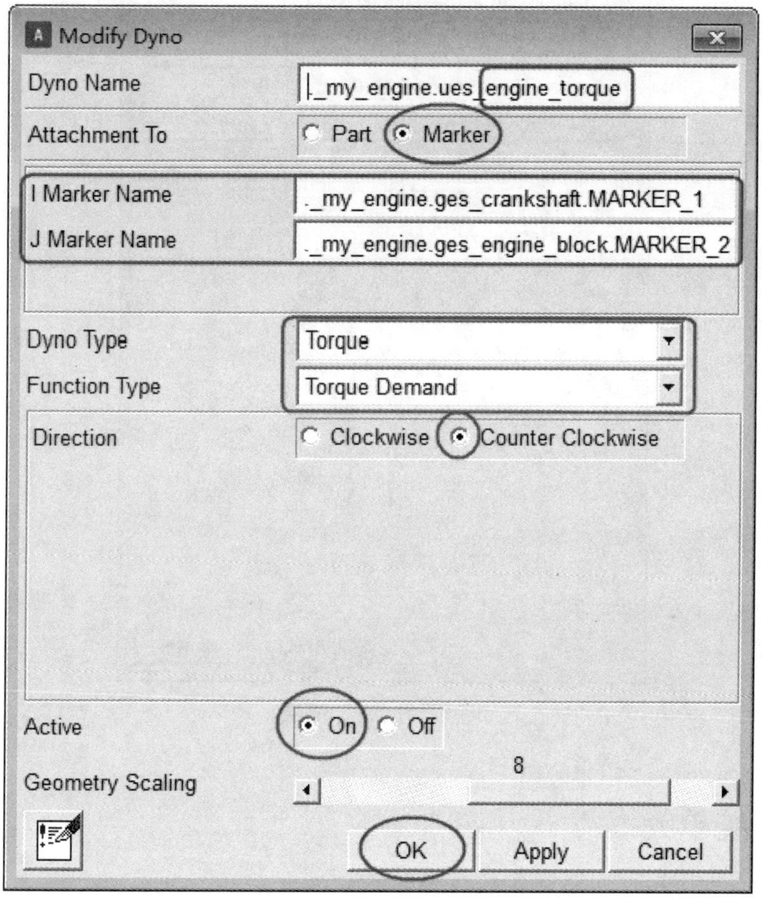

图 4-14 动力元素

- 切换到 ADAMS/VIEW 界面，创建设计变量如图 4-15 所示；
- Name：convert_rpm；
- Type：Real；
- Units：no_units；
- Standard Value：(CONVERT_RPM2UNITS (1))；
- Value Range by：Absolute Min and Max Values；
- 单击 Apply，完成设计变量._my_engine.convert_rpm 创建；
- Name：conv_angle；

- Type：Real；
- Units：no_units；
- Standard Value：(CONVERT_FROM_UNITS ("radian", 1))；
- Value Range by：Absolute Min and Max Values；
- 单击 OK，完成设计变量._my_engine.conv_angle 创建。

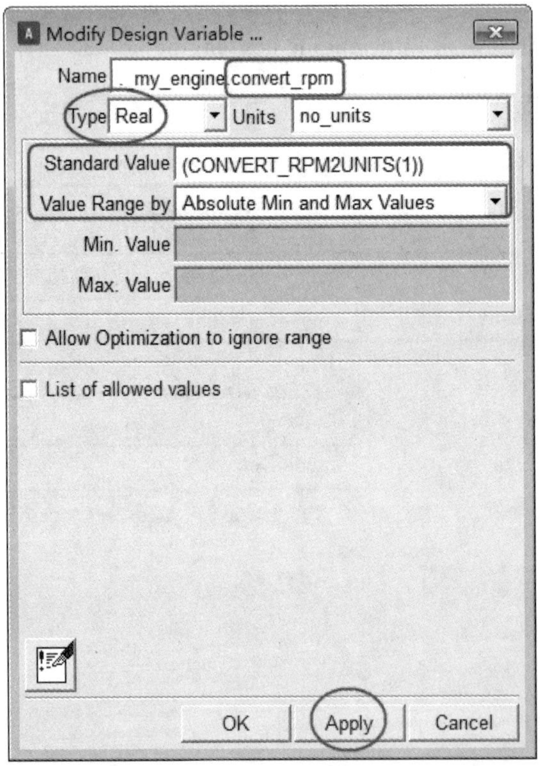

图 4-15　设计变量

4.5　系统单元

- 单击 Build >System Elements > State variable > New 命令，弹出创建状态变量对话框，如图 4-16 所示；
- Name （状态变量名称）：VAR_ENGINE_RPM；
- Definition：Run-Time Expression；
- F(time=0)：ABS(wz(._my_engine.ges_crankshaft.jxs_joint_i_1,._my_engine.ges_engine_block.jxs_joint_j_1, ._my_engine.ges_engine_block.jxs_joint_j_1)*60/ (2*PI))；状态变量函数的创建如图 4-17 所示，函数中所需的参数通过数据库 Database Navigator 在对应的部件下寻找，状态变量编写完成后单击 Verify 判定函数的正确性，如果正确单击 OK 完成函数编写，返回状态变量创建对话框；

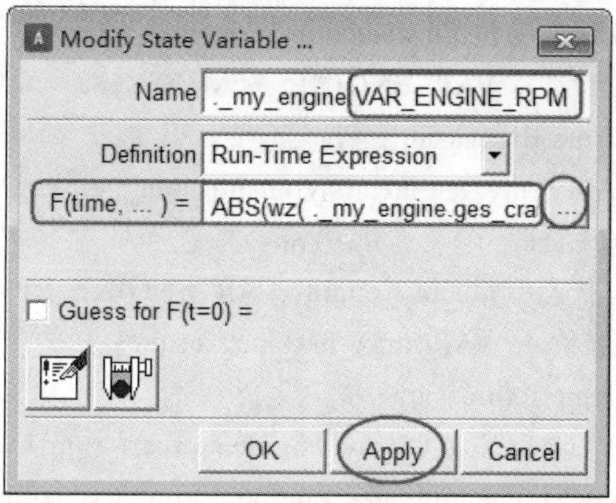

图 4-16　状态变量

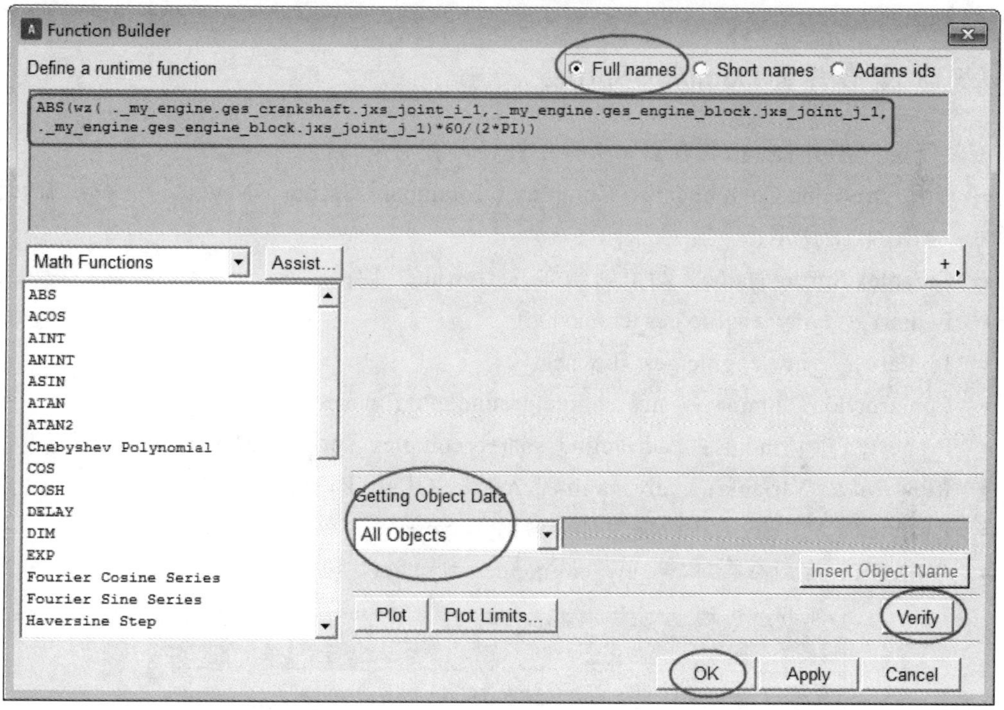

图 4-17　状态变量函数

- 单击 Apply，完成状态变量._my_engine.VAR_ENGINE_RPM 的创建；
- Name （状态变量名称）：VAR_ENGINE_OMEGA；
- Definition：Run-Time Expression；
- F（time=0）：VARVAL（._my_engine.VAR_ENGINE_RPM)*PI/30；
- 单击 Apply，完成状态变量._my_engine.VAR_ENGINE_OMEGA 的创建；
- Name （状态变量名称）：VAR_max_driving_torque；
- Definition：Run-Time Expression；
- F(time=0)：AKISPL(MAX(0,(._my_engine.convert_rpm)*VARVAL(._my_engine.ues_engine_torque.rpm_input)),1,._my_engine.ues_engine_torque.gss_spline)；

- 单击 Apply，完成状态变量._my_engine.VAR_max_driving_torque 的创建.
- Name（状态变量名称）：VAR_ENGINE_RPM_SSE；
- Definition：Run-Time Expression；
- F(time=0)：VARVAL(._my_engine.cis_transmission_output_omega_sse_adams_id)*._my_engine.cis_gear_ratio*30/PI；
- 单击 Apply，完成状态变量._my_engine.VAR_ENGINE_RPM_SSE 的创建；
- Name（状态变量名称）：VAR_max_braking_torque；
- Definition：Run-Time Expression；
- F(time=0)：AKISPL(MAX(0,(._my_engine.convert_rpm)*VARVAL(._my_engine.ues_engine_torque.rpm_input)),0,._my_engine.ues_engine_torque.gss_spline)；
- 单击 OK，完成状态变量._my_engine.VAR_max_braking_torque 的创建。

4.5.1 复合弹簧 Complex Spring

旋转弹簧主要用来模拟离合器摩擦片中弹簧及其滞后特性。

- 单击 Driveline Components > Complex（Torsional）Spring > New 命令，弹出旋转弹簧对话框，如图 4-18 所示；
- Complex Spring Name（约束副名称）：flywheel_12；
- I Part ：._my_engine.ges_crankshaft；
- J Part ：._my_engine.ges_flywheel_2；
- Construction Frame：._my_engine.ground.cfs_flywheel1；
- Property File：mdids：//adriveline_shared/complex_springs.tbl/mdi_0001.csp；
- RPM Solver Variable：._my_engine.VAR_ENGINE_RPM；
- Hysteresis Activity（滞后特性是否激活）：yes；
- 单击 OK，完成复合弹簧._my_engine.ues_flywheel_12 的创建。

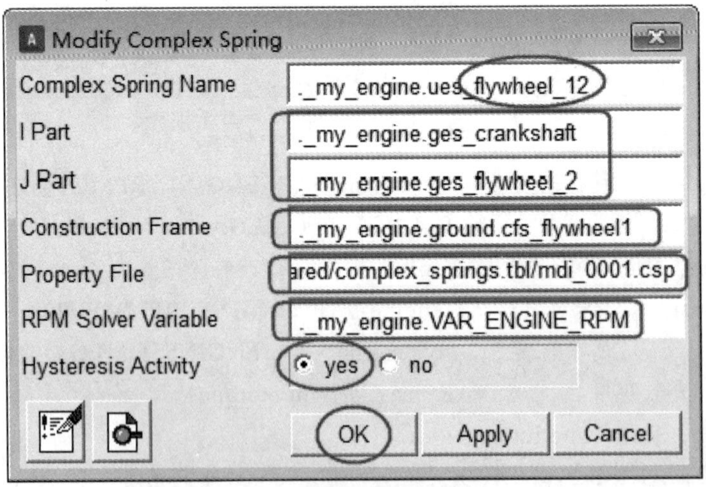

图 4-18 复合弹簧

旋转弹簧参数及信息如下：

```
$--------------------------------------MDI_HEADER
[MDI_HEADER]
FILE_TYPE      =   'csp'
FILE_VERSION   =   4.0
FILE_FORMAT    =   'ASCII'
$--------------------------------------UNITS
[UNITS]
LENGTH   =   'mm'
ANGLE   =   'degree'
FORCE   =   'newton'
MASS   =   'kg'
TIME   =   'second'
$--------------------------------------SPRING_PARAMETERS
[SPRING_PARAMETERS]
TRANSITION_VELOCITY          =   1.000
DAMPING                      =   10000
$--------------------------------------LOADING_SPLINE
[LOADING_SPLINE]
( Z_DATA)
{rpm}
0.0
1000.0
4000.0
( XY_DATA)
{   x          y}
–60    –400000  –400000  –400000
–50    –200000  –200000  –200000
–40    –150000  –150000  –150000
–30    –110000  –110000  –110000
–20    –70000   –70000   –70000
–10    –25000   –25000   –25000
0      0        0        0
10     50000    50000    50000
20     110000   110000   110000
30     180000   180000   180000
40     220000   220000   220000
```

```
50      300000   300000   300000
60      400000   400000   400000
$-----------------------------------------UNLOADING_SPLINE
[UNLOADING_SPLINE]
( Z_DATA)
{rpm}
0.0
1000.0
4000.0
( XY_DATA)
{   x          y}
 – 60     – 400000  – 400000     – 400000
 – 50     – 300000  – 300000     – 300000
 – 40     – 220000  – 220000     – 220000
 – 30     – 175000  – 175000     – 175000
 – 20     – 115000  – 115000     – 115000
 – 10     – 50000   – 50000      – 50000
0       0          0            0
10      30000      30000        30000
20      50000      50000        50000
30      100000     100000       100000
40      160000     160000       160000
50      200000     200000       200000
60      400000     400000       400000
```

4.5.2 通信器

- 单击 Build > Communicator > Input >New 命令，弹出输出通信器对话框，如图 4-19 所示；
- Input Communicator Name（输入通信器名称）：torque_demand；
- Matching Name（s）：torque_demand；
- Type：single；
- Entity：solver variable；
- From Minor Role：inherit；
- 单击 Apply，完成通信器._my_engine.cis_torque_demand 的创建；
- Input Communicator Name（输入通信器名称）：throttle_demand；
- Matching Name（s）：throttle_demand；

- Type：single；
- Entity：solver variable；
- From Minor Role：inherit；
- 单击 Apply，完成通信器._my_engine.cis_throttle_demand 的创建；

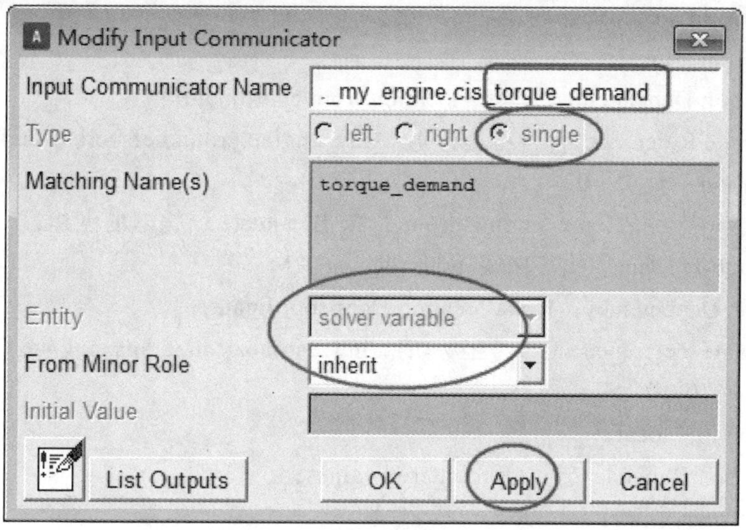

图 4-19　通信器

- Input Communicator Name（输入通信器名称）：gear_ratio；
- Matching Name（s）：gear_ratio；
- Type：single；
- Entity：parameter real；
- From Minor Role：inherit；
- Initial Value：1；
- 单击 Apply，完成通信器._my_engine.cis_gear_ratio 的创建；
- Input Communicator Name（输入通信器名称）：transmission_output_omega_sse；
- Matching Name（s）：transmission_output_omega_sse；
- Type：single；
- Entity：solver variable；
- From Minor Role：inherit；
- 单击 Apply，完成通信器._my_engine.cis_transmission_output_omega_sse 的创建；
- Input Communicator Name（输入通信器名称）：transmission_output_omega_sse_adams_id；
- Matching Name（s）：transmission_output_omega_sse_adams_id；
- Type：single；
- Entity：solver variable；
- From Minor Role：inherit；
- 单击 OK，完成通信器._my_engine.cis_transmission_output_omega_sse_adams_id 的创建。

- 单击 Build > Construction Frame > New 命令，参考如图 4-7 所示；
- Construction Frame（结构框名称）：flywheel1；
- Location Dependency：Delta location from coordinate；
- Coordinate Reference （参考坐标）：._my_engine.ground.cfs_crankshaft_reference；
- Location：0，0，10；
- Location in：local；
- Orientation Dependency：Delta location from coordinate；
- Coordinate Reference （参考坐标）：._my_engine.ground.cfs_crankshaft_reference；
- Orientation：0，0，0；
- 单击 Apply，完成._my_engine.ground.cfs_flywheel1 结构框的创建；
- Construction Frame（结构框名称）：engine_CM；
- Location Dependency：Delta location from coordinate；
- Coordinate Reference （参考坐标）：._my_engine.ground.hps_engine_CM；
- Location：0，0，0；
- Location in：local；
- Orientation Dependency：User entered values；
- Orient using：Euler Angles；
- Euler Angles：0，0，0；
- 单击 Apply，完成._my_engine.ground.cfs_engine_CM 结构框的创建。
- Construction Frame（结构框名称）：static_torque_loc；
- Location Dependency：Delta location from coordinate；
- Coordinate Reference （参考坐标）：._my_engine.ground.hps_static_torque_loc；
- Location：0，0，0；
- Location in：local；
- Orientation Dependency：User entered values；
- Orient using：Euler Angles；
- Euler Angles：0，0，0；
- 单击 OK，完成._my_engine.ground.cfs_static_torque_loc 结构框的创建。
- 单击 Build > Communicator > Output >New 命令，参考如图 4-19 所示；
- Output Communicator Name（输出通信器名称）：flywheel；
- Matching Name（s）：flywheel；
- Type：single；
- Entity：mount；
- To Minor Role：inherit；
- Part Name：._my_engine.ges_flywheel_2；
- 单击 Apply，完成通信器._my_engine.cos_flywheel 的创建；
- Output Communicator Name（输出通信器名称）：static_torque_marker；
- Matching Name（s）：static_torque_marker；
- Type：single；

- Entity：mark；
- To Minor Role：inherit；
- Construction Frame Name：._my_engine.ground.cfs_static_torque_loc；
- Part Name：._my_engine.ges_engine_block；
- 单击 Apply，完成通信器._my_engine.cos_static_torque_marker 的创建；
- Output Communicator Name（输出通信器名称）：engine_map；
- Matching Name（s）：engine_map；
- Type：single；
- Entity：spline；
- To Minor Role：inherit；
- Spline Name：._my_engine.ues_engine_torque.gss_spline，此样条函数在数据 Database Navigator 中查找选取。

发动机扭曲样条数据信息如下。 Object Name ： ._my_engine.ues_engine_torque.gss_spline Object Type ： Spline Parent Type ： ac_dyno Adams ID ： 0 Active ： NO_OPINION Units ： NO UNITS Endpoints ： Linear Interpolation Spline Points： （X = 1.0, Y = 1.0） （X = 2.0, Y = 2.0） （X = 3.0, Y = 3.0） （X = 4.0, Y = 4.0） （X = 5.0, Y = 5.0）

- 单击 Apply，完成通信器._my_engine.cos_engine_map 的创建；
- Output Communicator Name（输出通信器名称）：engine_rpm；
- Matching Name（s）：engine_rpm；
- Type：single；
- Entity：solver variable；
- To Minor Role：inherit；
- Solver Variable Name：._my_engine.VAR_ENGINE_RPM；
- 单击 Apply，完成通信器._my_engine.cos_engine_rpm 的创建；
- Output Communicator Name（输出通信器名称）：engine_speed；
- Matching Name（s）：engine_speed；
- Type：single；
- Entity：solver variable；

- To Minor Role：inherit；
- Solver Variable Name：._my_engine.VAR_ENGINE_OMEGA；
- 单击 Apply，完成通信器._my_engine.cos_engine_speed 的创建；
- Output Communicator Name（输出通信器名称）：default_downshift_rpm；
- Matching Name（s）：min_engine_speed；
- Type：single；
- Entity：parameter real；
- To Minor Role：inherit；
- Parameter Variable Name：._my_engine.pvs_engine_idle_speed；
- 单击 Apply，完成通信器._my_engine.cos_default_downshift_rpm 的创建；
- Output Communicator Name（输出通信器名称）：engine_idle_rpm；
- Matching Name（s）：engine_idle_rpm；
- Type：single；
- Entity：parameter real；
- To Minor Role：inherit；
- Parameter Variable Name：._my_engine.pvs_engine_idle_speed；
- 单击 Apply，完成通信器._my_engine.pvs_engine_idle_speed 的创建；
- Output Communicator Name（输出通信器名称）：default_upshift_rpm；
- Matching Name（s）：max_engine_speed；
- Type：single；
- Entity：parameter real；
- To Minor Role：inherit；
- Parameter Variable Name：._my_engine.pvs_engine_rev_limit；
- 单击 Apply，完成通信器._my_engine.cos_default_upshift_rpm 的创建；
- Output Communicator Name（输出通信器名称）：engine_max_rpm；
- Matching Name（s）：engine_revlimit_rpm；
- Type：single；
- Entity：parameter real；
- To Minor Role：inherit；
- Parameter Variable Name：._my_engine.pvs_engine_rev_limit；
- 单击 Apply，完成通信器._my_engine.cos_engine_max_rpm 的创建；
- Output Communicator Name（输出通信器名称）：max_engine_braking_torque；
- Matching Name（s）：engine_maximum_braking_torque；
- Type：single；
- Entity：solver variable；
- To Minor Role：inherit；
- Solver Variable Name：._my_engine.VAR_max_braking_torque；
- 单击 Apply，完成通信器._my_engine.cos_max_engine_braking_torque 的创建；
- Output Communicator Name（输出通信器名称）：max_engine_driving_torque；

- Matching Name（s）：engine_maximum_driving_torque；
- Type：single；
- Entity：solver variable；
- To Minor Role：inherit；
- Solver Variable Name：._my_engine.VAR_max_driving_torque；
- 单击 Apply，完成通信器._my_engine.cos_max_engine_driving_torque 的创建；
- Output Communicator Name（输出通信器名称）：engine_rpm_sse；
- Matching Name（s）：engine_rpm_sse；
- Type：single；
- Entity：solver variable；
- To Minor Role：inherit；
- Solver Variable Name：._my_engine.VAR_ENGINE_RPM_SSE；
- 单击 Apply，完成通信器._my_engine.cos_engine_rpm_sse 的创建；
- 单击 File > Save As 命令，弹出保存模板对话框，如图 4-20 所示；
- Major Role（主特征）：powertrain；
- File Format：Binary；
- Target：Database，my_driveline；
- 单击 OK，完成发动机模板_my_engine.tpl 的保存。

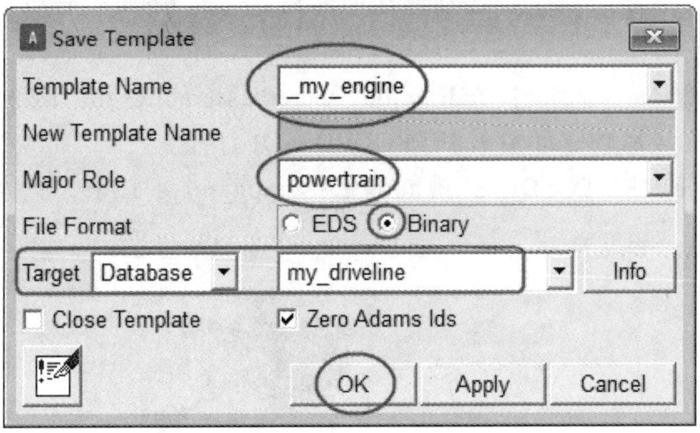

图 4-20　保存发动机模型

4.5.3　发动机子系统

- 按 F9，把专家模板转换到标准模式，单击 File > New > Suspension 命令，弹出子系统对话框，如图 4-21 所示；
- Subsystem Name（系统名称）：my_engine；
- Minor Role（副特征）：front（指发动机位于前轴）；
- Template Name（模板路径）：mdids：//my_driveline/templates.tbl/_my_engine.tpl；
- 单击 OK，完成发动机子系统 my_engine 的创建。

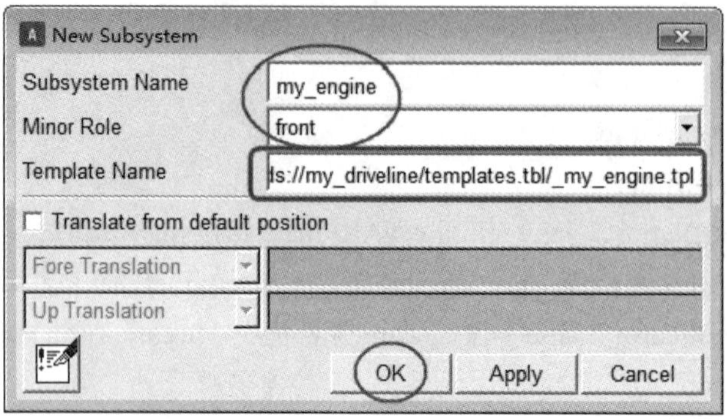

图 4-21　发动机子系统创建

4.6　发动机调试

- 单击 File > Open > Assembly 命令，弹出整车模型对话框，如图 4-22 所示；

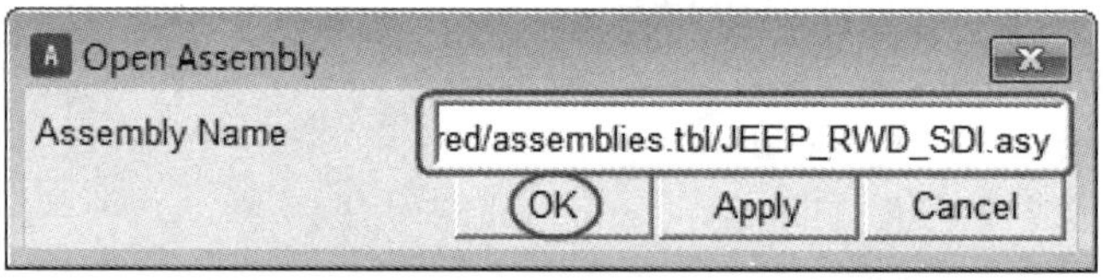

图 4-22　整车模型打开对话框

- Assembly　Name：mdids：//adriveline_shared/assemblies.tbl/JEEP_RWD_SDI.asy；
- 单击 OK，完成后轴驱动整车 JEEP_RWD_SDI 打开。
- 右击车身.JEEP_RWD_SDI.JEEP_body.ges_graph_ref > Hide，隐藏车身，此时整车模型如图 4-23 所示。

图 4-23　整车模型（共享数据库）

• 单击 File > Manage Assembly > Replace Subsystem 命令；

• Subsystem（S） to remove：勾选 engine_02，表明替换发动机 engine_02 子系统；

• Subsystem（S） toadd：mdids：//my_driveline/subsystems.tbl/my_engine.sub，发动机子系统替换设置如图 4-24 所示；

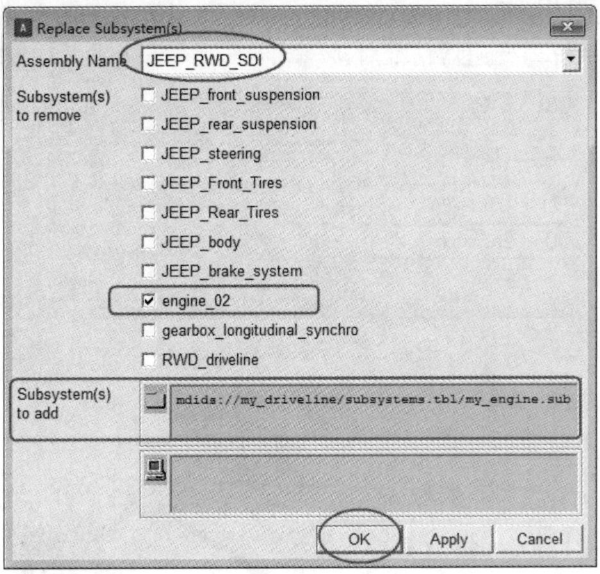

图 4-24 发动机子系统替换设置

• 单击 OK，完成发动机子系统 my_engine.sub 的替换。替换发动机子系统后的整车模型如图 4-25 所示，可以看出发动机与变速器并没有正确对接，因此需要对发动机的位置进移动。

图 4-25 整车模型（替换为自建发动机模型）

• 切换到整车装配体子系统，.my_JEEP.my_engine.ground.hps_engine_CM 硬点位置为 0，0，0；

• .my_JEEP.gearbox_longitudinal_synchro.ground.hps_gearbox_reference 硬点位置为

200.0，0.0，490.0；

- 通过对比两个系统的硬点位置，在 Z 轴上需要把发动机子系统向上移动 490 mm；
- 单击 Adjust > Shift 命令，弹出移动对话框如图 4-26 所示；
- Up Translation 对话框中输入 490；
- 单击 OK，完成发动机子系统 my_engine.sub 在 Z 方向上的平移，此时整车装配如图 4-27 所示，发动机子系统与变速器精准对接。

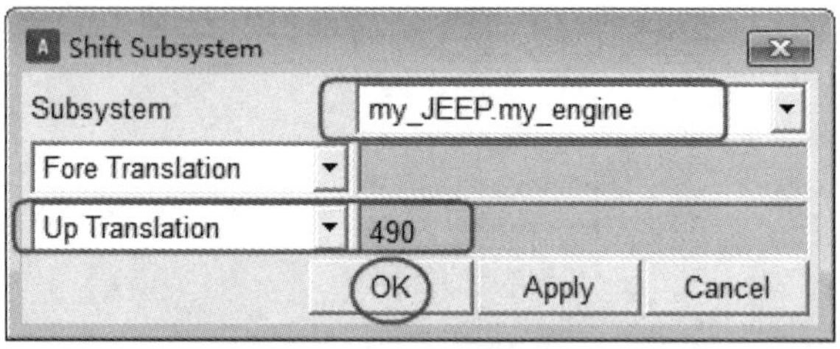

图 4-26　子系统移动设置

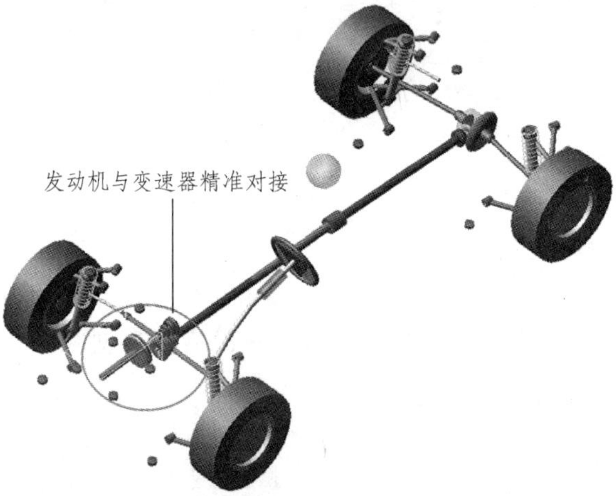

图 4-27　整车模型（发动机精准对接）

4.7　速度保持仿真

对整车进行直线速度保持（匀速直线）仿真，设置如下：

- 单击 Simulate > Full-Vehicle Analysis > Straight-line Events > Straight-line Maintain 命令；
- Output Prefix ：SLM_1；
- End Time：10；
- Output Step Size（仿真步数）：1 000；
- Mode of Simulation：interactive；
- Road Date File：mdids：//acar_shared/roads.tbl/2d_flat.rdf；
- Initial Velocity：20；

- Gear Position：1；
- Steering Input：locked；
- Quasi-Static Straight-Line Setup：勾选，整车模型包含发动机能运行准静态平衡；
- 单击 OK，完成速度保持仿真设置并提交运算，如图 4-28 所示。

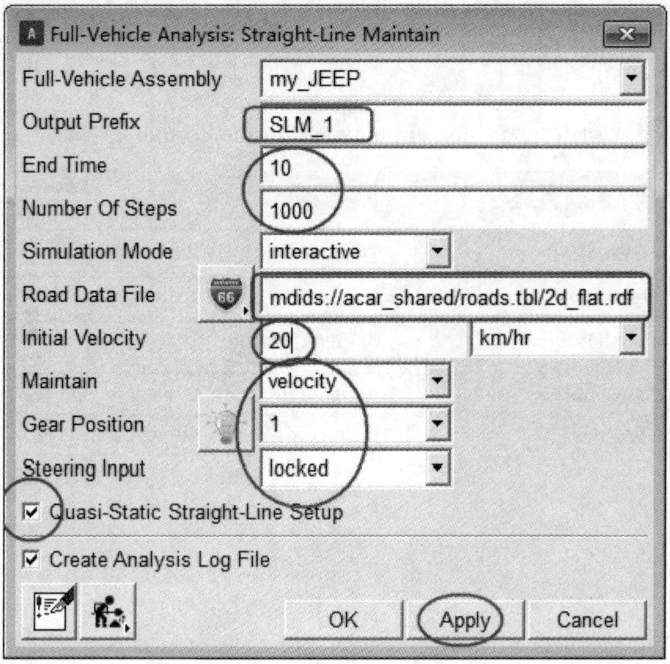

图 4-28　速度保持仿真

提交运算后命令窗口提示保持仿真并不能提交，经分析发现问题在于发动机子系统，发动机的动力元设置存在问题，命令窗口信息如下。

速度保持仿真命令窗口提示信息，下划线为发动机子系统存在的问题： Reading in property files… Reading of property files completed. Setting up the vehicle assembly for Driving Machine maneuver… Transmission data spline only 2D, using fixed shift points. Setup of vehicle assembly completed. In Adams/Car SDI analyses, the active dyno （ues_engine_torque） is required to be setup as per below： *Dyno type = Torque* *Function type = Throttle Demand* *Please change to the settings above.* Hence, Quasi-Static Straight-Line Setup is not supported. Analysis is not submitted!

切换到整车装配下对应的子系统：.my_JEEP.my_engine；

右击动力元素：.my_JEEP.my_engine.ues_engine_torque > Modify，更改设置如图 4-29 所示：

- Dyno Type：Torque；
- Function Type：Throttle Demand；
- Engine Map：mdids：//adriveline_shared/powertrains.tbl/V12_engine_map.pwr
- Direction：Counter Clockwise；
- Active：On；
- 单击 OK，完成动力元素._my_engine.ues_engine_torque 的修改。

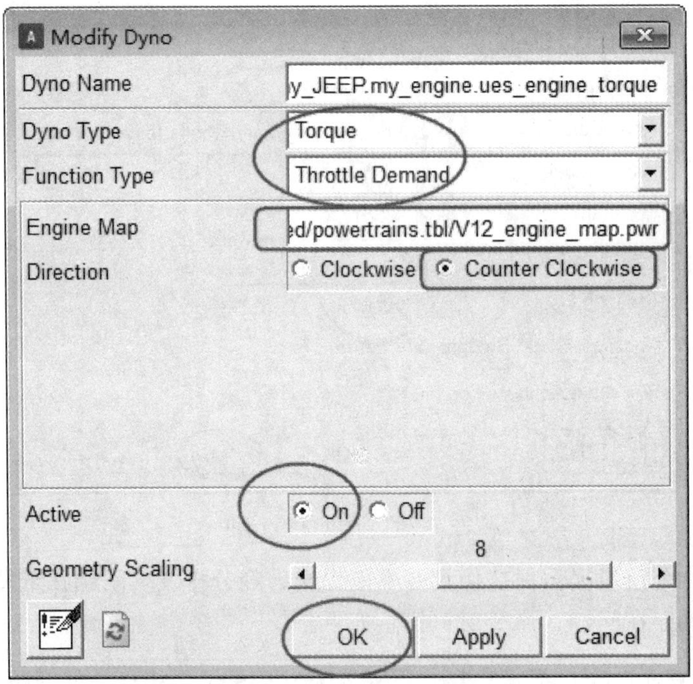

图 4-29　动力元素修改设置

V12_engine 发动机特性曲线图，此问题可以通过实验数据编写真实的发动机参数，此处为共享数据库中发动机模板数据：

```
$-----------------------------------------------MDI_HEADER
[MDI_HEADER]
FILE_TYPE      =  'pwr'
FILE_VERSION   =  1.0
FILE_FORMAT    =  'ASCII'
$-----------------------------------------------UNITS
[UNITS]
(BASE)
{length   force      angle      mass     time}
```

```
'mm'  'newton'  'degrees'  'kg'  'sec'
(USER)
{unit_type   length  force  angle  mass  time  conversion}
'rpm'          0        0      1      0    -1     6.0
'torque'       1        1      0      0     0     1.0
$------------------------ENGINE
%可以通过测功机获取发动机速度特性、负荷特性、万有特性数据替换以下数据
[ENGINE]
(Z_DATA)
{throttle}
0.0
1.00
(XY_DATA)
{engine_speed <rpm>  torque@throttle <torque>}
 0            0            0
500          -20000       80000
1000         -42000       135000
1500         -44000       200000
2000         -46000       245000
2500         -48000       263000
3000         -50000       310000
3500         -50000       358000
4000         -50000       404000
4500         -50000       455000
5000         -50000       475000
5500         -50000       485000
6000         -50000       468000
6250         -50000       462000
6500         -52000       455000
6750         -56000       427000
7000         -60000       370000
7500         -64000       259000
```

修改完成后，速度保持仿真设置不变，重新提交，整车顺利完成仿真，切换到后处理模块，计算结果如图 4-30 ~ 图 4-38 所示。从计算结果中可以看出，在 1 s 之前，发动机与离合器接触的瞬间各参数的振动幅值都较大，随着时间的推移，各参数进入平稳工作状态。

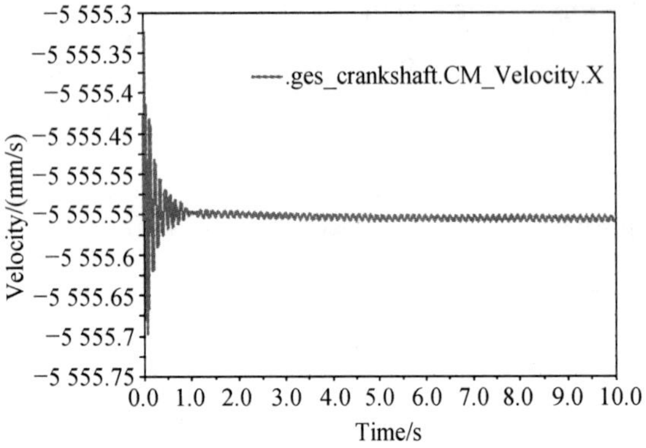

图 4-30　曲轴 *X* 方向转速

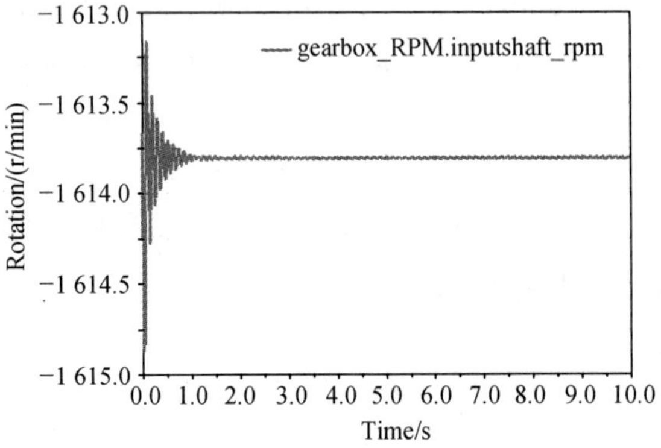

图 4-31　变速器输入轴转速

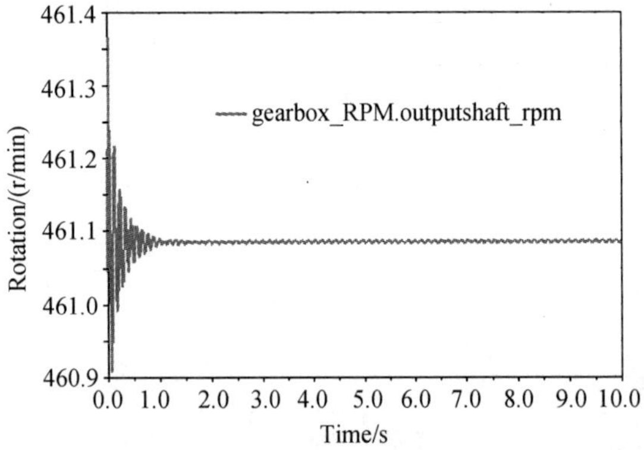

图 4-32　变速器输出轴转速

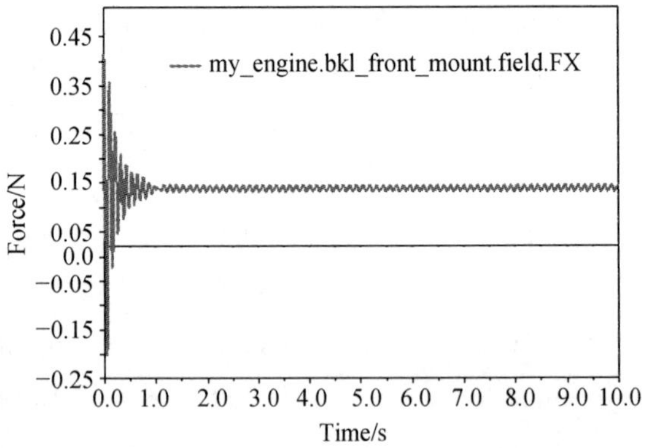

图 4-33　发动机左前衬套 *X* 方向受力

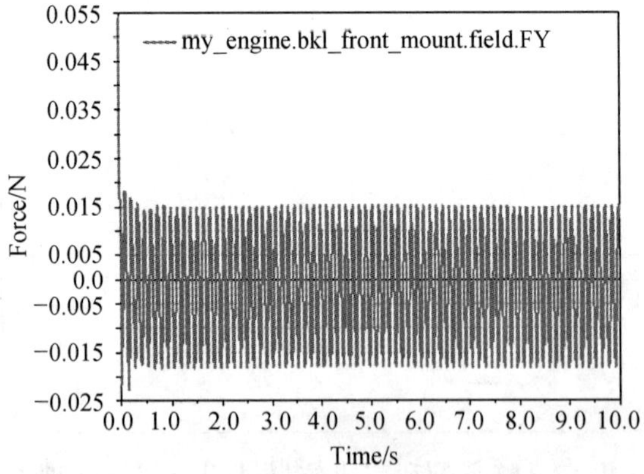

图 4-34　发动机左前衬套 *Y* 方向受力

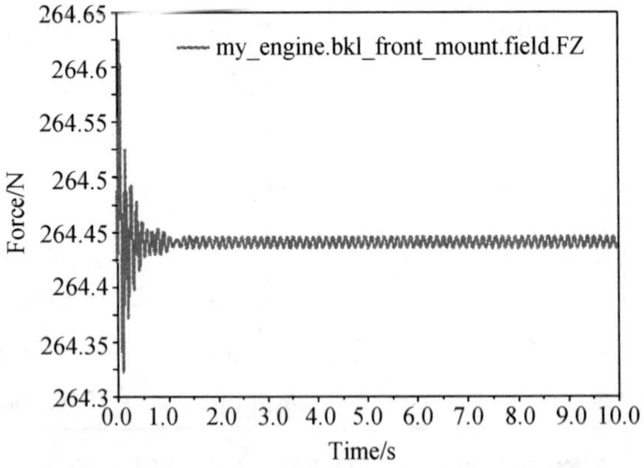

图 4-35　发动机左前衬套 *Z* 方向受力

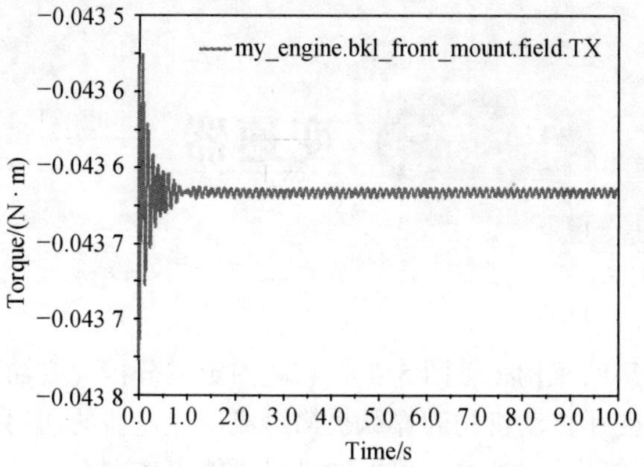

图 4-36　发动机左前衬套 *X* 方向扭矩

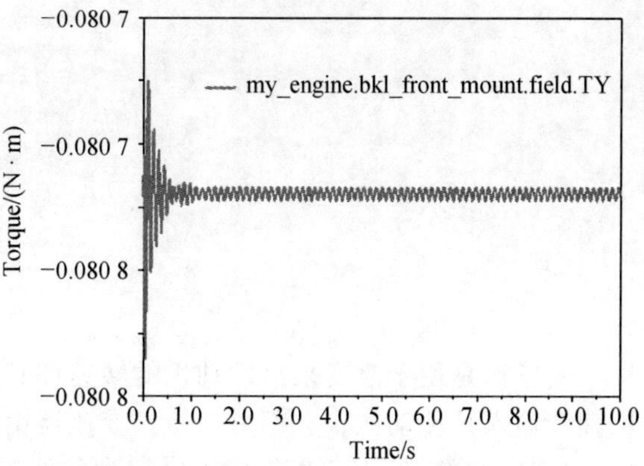

图 4-37　发动机左前衬套 *Y* 方向扭矩

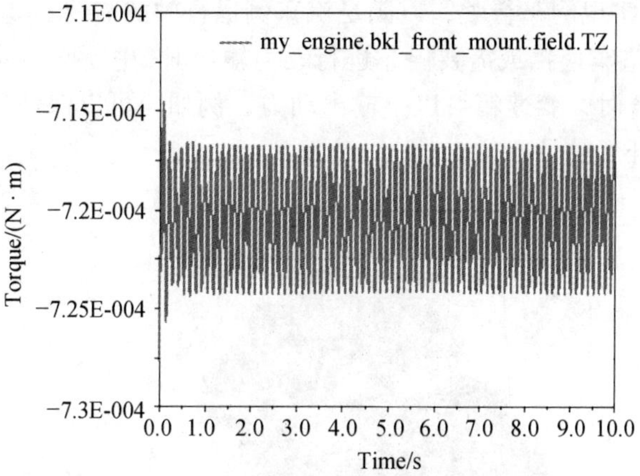

图 4-38　发动机左前衬套 *Z* 方向扭矩

第 5 章 变速器

变速器是用于改变来自发动机的转速和转矩的机构（见图 5-1)，它能固定或分挡改变输出轴和输入轴传动比，又称变速箱。变速器由变速传动机构和操纵机构组成，变速器的功用如下：① 改变传动比，以满足不同行驶条件对牵引力的需要，使发动机尽可能工作在有利的工况下，满足不同行驶速度要求，也可以在较大范围内改变汽车行驶速度的大小和汽车驱动轮上扭矩的大小。② 实现倒车行驶，以满足汽车倒退行驶的需要。③ 中断动力传递，在发动机启动、怠速运转、汽车换挡或需要停车进行动力输出时，中断向驱动轮的动力传递。④ 实现空挡，当离合器接合时，变速箱可以不输出动力，例如，可以保证驾驶员在发动机不熄火时松开离合器踏板离开驾驶员座位。

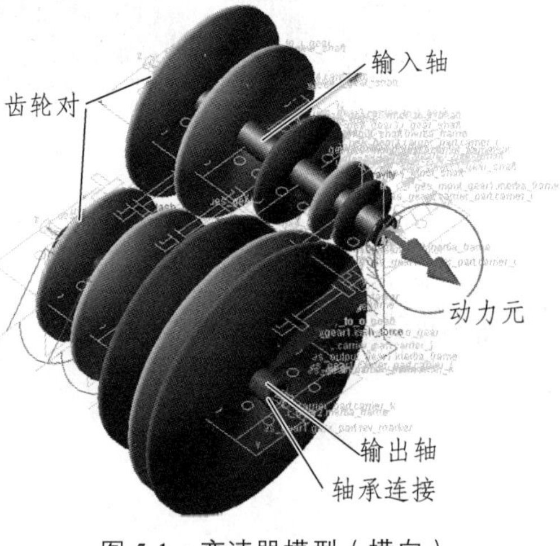

图 5-1　变速器模型（横向）

学习目标

- ✧ 变速器。
- ✧ 输入轴。
- ✧ 输出轴。
- ✧ 齿轮接触对。
- ✧ 轴承连接。
- ✧ 变速箱动力元。
- ✧ 同步器。

- 启动 ADAMS/DRIVERLINE；
- 单击 File > New 命令，弹出新建模板如图 5-2 所示；

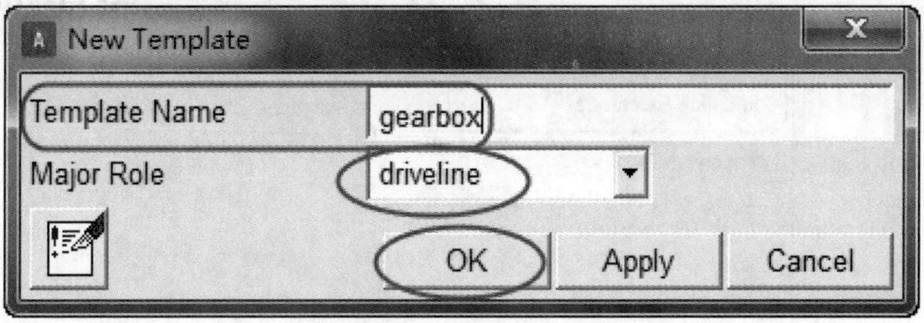

图 5-2　变速器模板

- Template Name：gearbox；
- Major Role：driveline；
- 单击 OK，完成变速器模板建立，进入建模界面。

5.1　变速器输入轴

- 单击 Build > Hardpoint> New 命令，弹出创建硬点对话框，如图 5-3 所示；
- Hardpoint Name：input_shaft；
- Type：single；
- Location ：0，0，0；
- 单击 OK，完成 input_shaft 硬点的创建。

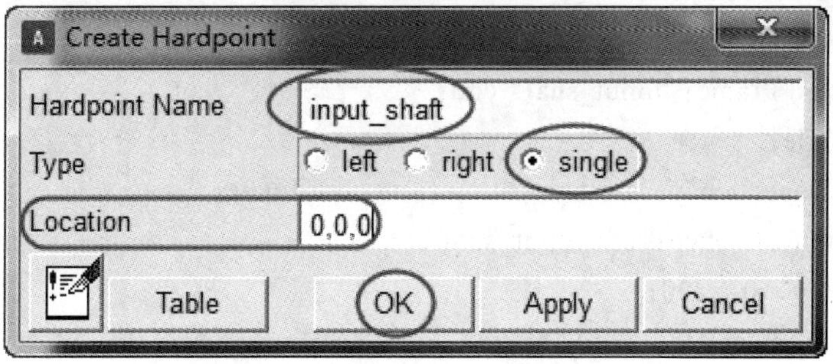

图 5-3　硬点创建——input_shaft

- 单击 Build > Construction Frame > New 命令，如图 5-4 所示；
- Construction Frame：input_shaft；
- Type：single；
- Location Dependency：Delta location from coordinate；

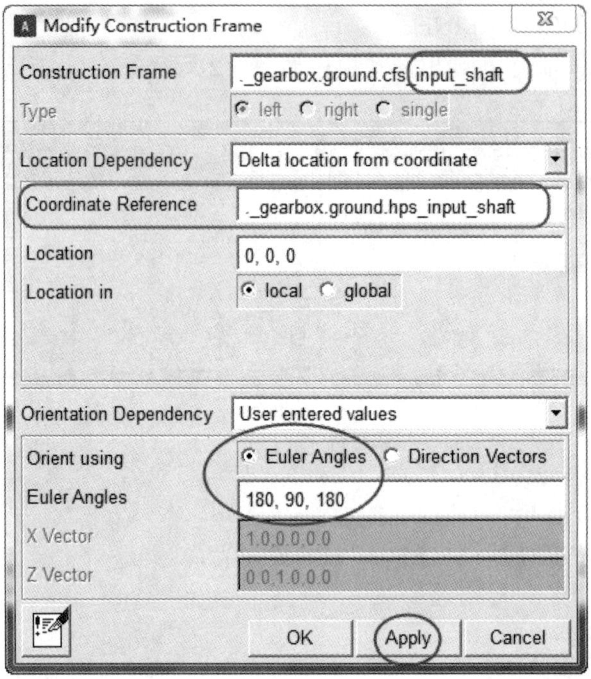

图 5-4　结构框——input_shaft

- Coordinate Reference：hps_input_shaft；
- Location：0，0，0；
- Location in：local；
- Orientation Dependency：User entered values；
- Orient using：Euler Angles；
- Euler Angles：0，－90, 0；
- 单击 Apply，完成._gearbox.ground.cfs_input_shaft 结构框的创建；
- Construction Frame：input_shaft_end；
- Type：single；
- Location Dependency：Delta location from coordinate；
- Coordinate Reference：cfs_input_shaft；
- Location：0，0，200；
- Location in：local；
- Orientation Dependency：Orient axis to point；
- Coordinate Reference：cfs_input_shaft；
- Axis：Z；
- 单击 OK，完成._gearbox.ground.cfs_input_shaft_end 结构框的创建。
- 单击 Build > Part > General Part > Wizard 命令，如图 5-5 所示；
- General Part Name：input_shaft；
- Type：single；
- Geometry Type：Link；

- Coordinate Reference # 1：cfs_input_shaft；
- Coordinate Reference # 2：cfs_input_shaft_end；
- Radius：10；
- Color：dark gray；
- 单击 OK，完成部件._gearbox.ges_input_shaft 创建。

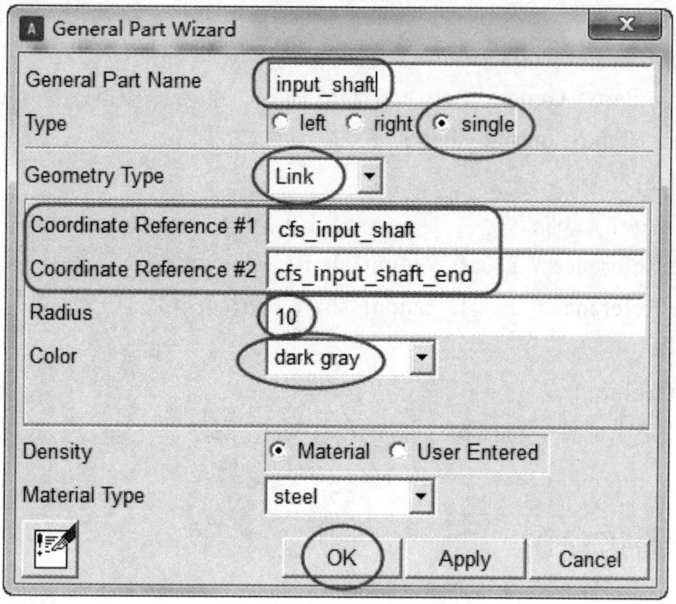

图 5-5　部件——input_shaft

5.2　变速器输出轴

- 单击 Build > Construction Frame > New 命令，参考如图 5-4 所示；
- Construction Frame：output_shaft；
- Type：single；
- Location Dependency：Delta location from coordinate；
- Coordinate Reference：cfs_input_shaft；
- Location：－100, 80, 0；
- Location in：local；
- Orientation Dependency：Delta orientation from coordinate；
- Construction Frame：cfs_input_shaft；
- Orientation：0, 0, 0；
- 单击 Apply，完成._gearbox.ground.cfs_output_shaft 结构框的创建；
- Construction Frame：output_shaft_end；
- Type：single；
- Location Dependency：Delta location from coordinate；

- Coordinate Reference：cfs_output_shaft；
- Location：0, 0, 200；
- Location in：local；
- Orientation Dependency：Delta orientation from coordinate；
- Construction Frame：cfs_output_shaft；
- Axis：Z；
- 单击 OK，完成._gearbox.ground.cfs_output_shaft 结构框的创建。
- 单击 Build > Part > General Part > Wizard 命令，参考如图 5-5 所示；
- General Part Name：output_shaft；
- Type：single；
- Geometry Type：Link；
- Coordinate Reference # 1：cfs_output_shaft；
- Coordinate Reference # 2：cfs_output_shaft_end；
- Radius：10；
- Color：dark blue；
- 单击 OK，完成部件._gearbox.ges_output_shaft 创建。

5.3 变速器齿轮副

- 单击 Build > Construction Frame > New 命令，参考如图 5-4 所示；
- Construction Frame：input_gear1；
- Type：single；
- Location Dependency：Delta location from coordinate；
- Coordinate Reference：cfs_input_shaft；
- Location：0, 0, 20；
- Location in：local；
- Orientation Dependency：Delta orientation from coordinate；
- Construction Frame：cfs_input_shaft；
- Orientation：0, 0, 0；
- 单击 Apply，完成._gearbox.ground.cfs_input_gear1 结构框的创建；
- Construction Frame：input_gear2；
- Type：single；
- Location Dependency：Delta location from coordinate；
- Coordinate Reference：cfs_input_shaft；
- Location：0, 0, 40；
- Location in：local；
- Orientation Dependency：Delta orientation from coordinate；
- Construction Frame：cfs_input_shaft；

- Orientation：0, 0, 0；
- 单击 Apply，完成._gearbox.ground.cfs_input_gear2 结构框的创建；
- Construction Frame：input_gear3；
- Type：single；
- Location Dependency：Delta location from coordinate；
- Coordinate Reference：cfs_input_shaft；
- Location：0, 0, 80；
- Location in：local；
- Orientation Dependency：Delta orientation from coordinate；
- Construction Frame：cfs_input_shaft；
- Orientation：0, 0, 0；
- 单击 Apply，完成._gearbox.ground.cfs_input_gear3 结构框的创建；
- Construction Frame：input_gear4；
- Type：single；
- Location Dependency：Delta location from coordinate；
- Coordinate Reference：cfs_input_shaft；
- Location：0, 0, 130；
- Location in：local；
- Orientation Dependency：Delta orientation from coordinate；
- Construction Frame：cfs_input_shaft；
- Orientation：0, 0, 0；
- 单击 Apply，完成._gearbox.ground.cfs_input_gear4 结构框的创建；
- Construction Frame：input_gear5；
- Type：single；
- Location Dependency：Delta location from coordinate；
- Coordinate Reference：cfs_input_shaft；
- Location：0, 0, 170；
- Location in：local；
- Orientation Dependency：Delta orientation from coordinate；
- Construction Frame：cfs_input_shaft；
- Orientation：0, 0, 0；
- 单击 Apply，完成._gearbox.ground.cfs_input_gear5 结构框的创建；
- Construction Frame：output_gear1；
- Type：single；
- Location Dependency：Delta location from coordinate；
- Coordinate Reference：cfs_output_shaft；
- Location：0, 0, 20；
- Location in：local；
- Orientation Dependency：Delta orientation from coordinate；

- Construction Frame：cfs_output_shaft；
- Orientation：0, 0, 0；
- 单击 Apply，完成._gearbox.ground.cfs_output_gear1 结构框的创建；
- Construction Frame：output_gear2；
- Type：single；
- Location Dependency：Delta location from coordinate；
- Coordinate Reference：cfs_output_shaft；
- Location：0, 0, 40；
- Location in：local；
- Orientation Dependency：Delta orientation from coordinate；
- Construction Frame：cfs_output_shaft；
- Orientation：0, 0, 0；
- 单击 Apply，完成._gearbox.ground.cfs_output_gear2 结构框的创建；
- Construction Frame：output_gear3；
- Type：single；
- Location Dependency：Delta location from coordinate；
- Coordinate Reference：cfs_output_shaft；
- Location：0, 0, 80；
- Location in：local；
- Orientation Dependency：Delta orientation from coordinate；
- Construction Frame：cfs_output_shaft；
- Orientation：0, 0, 0；
- 单击 Apply，完成._gearbox.ground.cfs_output_gear3 结构框的创建；
- Construction Frame：output_gear4；
- Type：single；
- Location Dependency：Delta location from coordinate；
- Coordinate Reference：cfs_output_shaft；
- Location：0, 0, 130；
- Location in：local；
- Orientation Dependency：Delta orientation from coordinate；
- Construction Frame：cfs_output_shaft；
- Orientation：0, 0, 0；
- 单击 Apply，完成._gearbox.ground.cfs_output_gear4 结构框的创建；
- Construction Frame：output_gear5；
- Type：single；
- Location Dependency：Delta location from coordinate；
- Coordinate Reference：cfs_output_shaft；
- Location：0, 0, 170；
- Location in：local；

- Orientation Dependency：Delta orientation from coordinate；
- Construction Frame：cfs_output_shaft；
- Orientation：0, 0, 0；
- 单击 OK，完成._gearbox.ground.cfs_output_gear5 结构框的创建。
- 单击 Build > Part > General Part > Wizard 命令，如图 5-6 所示；

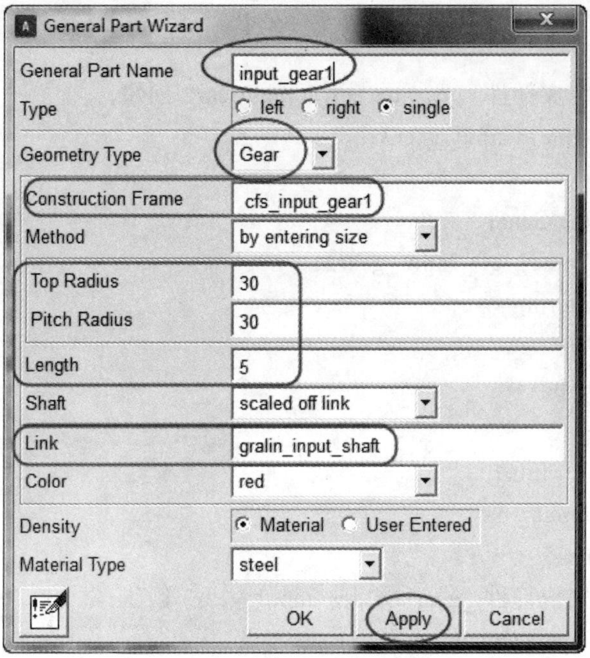

图 5-6　齿轮部件

- General Part Name：input_gear1；
- Type：single；
- Geometry Type：Gear；
- Construction Frame：cfs_input_gear1；
- Method：by entering size；
- Top Radius：30；
- Pitch Radius：30；
- Length：5；
- Shaft：scaled off link；
- Link：gralin_input_shaft；
- Color：red；
- 单击 Apply，完成部件._gearbox.ges_input_gear1 创建；
- General Part Name：input_gear2；
- Type：single；
- Geometry Type：Gear；
- Construction Frame：cfs_input_gear2；

- Method：by entering size；
- Top Radius：30；
- Pitch Radius：30；
- Length：5；
- Shaft：scaled off link；
- Link：gralin_input_shaft；
- Color：green；
- 单击 Apply，完成部件._gearbox.ges_input_gear2 创建；
- General Part Name：input_gear3；
- Type：single；
- Geometry Type：Gear；
- Construction Frame：cfs_input_gear3；
- Method：by entering size；
- Top Radius：30；
- Pitch Radius：30；
- Length：5；
- Shaft：scaled off link；
- Link：gralin_input_shaft；
- Color：magenta；
- 单击 Apply，完成部件._gearbox.ges_input_gear3 创建；
- General Part Name：input_gear4；
- Type：single；
- Geometry Type：Gear；
- Construction Frame：cfs_input_gear4；
- Method：by entering size；
- Top Radius：30；
- Pitch Radius：30；
- Length：5；
- Shaft：scaled off link；
- Link：gralin_input_shaft；
- Color：cyan；
- 单击 Apply，完成部件._gearbox.ges_input_gear4 创建；
- General Part Name：input_gear5；
- Type：single；
- Geometry Type：Gear；
- Construction Frame：cfs_input_gear5；
- Method：by entering size；
- Top Radius：30；
- Pitch Radius：30；

- Length：5；
- Shaft：scaled off link；
- Link：gralin_input_shaft；
- Color：skyblue；
- 单击 Apply，完成部件._gearbox.ges_input_gear5 创建；
- General Part Name：output_gear1；
- Type：single；
- Geometry Type：Gear；
- Construction Frame：cfs_output_gear1；
- Method：by entering size；
- Top Radius：30；
- Pitch Radius：30；
- Length：5；
- Shaft：scaled off link；
- Link：gralin_ouput_shaft；
- Color：red；
- 单击 Apply，完成部件._gearbox.ges_ouput_gear1 创建；
- General Part Name：output_gear2；
- Type：single；
- Geometry Type：Gear；
- Construction Frame：cfs_output_gear2；
- Method：by entering size；
- Top Radius：30；
- Pitch Radius：30；
- Length：5；
- Shaft：scaled off link；
- Link：gralin_ouput_shaft；
- Color：green；
- 单击 Apply，完成部件._gearbox.ges_ouput_gear2 创建；
- General Part Name：output_gear3；
- Type：single；
- Geometry Type：Gear；
- Construction Frame：cfs_output_gear3；
- Method：by entering size；
- Top Radius：30；
- Pitch Radius：30；
- Length：5；
- Shaft：scaled off link；
- Link：gralin_ouput_shaft；

- Color：magenta；
- 单击 Apply，完成部件._gearbox.ges_ouput_gear3 创建；
- General Part Name：output_gear4；
- Type：single；
- Geometry Type：Gear；
- Construction Frame：cfs_output_gear4；
- Method：by entering size；
- Top Radius：30；
- Pitch Radius：30；
- Length：5；
- Shaft：scaled off link；
- Link：gralin_ouput_shaft；
- Color：cyan；
- 单击 Apply，完成部件._gearbox.ges_ouput_gear4 创建；
- General Part Name：output_gear5；
- Type：single；
- Geometry Type：Gear；
- Construction Frame：cfs_output_gear5；
- Method：by entering size；
- Top Radius：30；
- Pitch Radius：30；
- Length：5；
- Shaft：scaled off link；
- Link：gralin_ouput_shaft；
- Color：skyblue；
- 单击 OK，完成部件._gearbox.ges_ouput_gear5 创建。
- 单击 Driveline Components > Gear Pair > New 命令，如图 5-7 所示；
- Gear Pair Name：gear1；
- Input Shaft：ges_input_shaft；
- Output Shaft：ges_output_shaft；
- Input Reference Frame：cfs_input_gear1；
- Output Reference Frame：cfs_output_gear1；
- Gear Number：1；
- Configuration：Input Gear to Shaft；
- Backlash：0.0 deg；
- Contact Stiffness：1e7；
- Contact Damping：1e3；
- Sharpness Factor：1e4；
- 勾选 Invert output direction from input direction：selected；

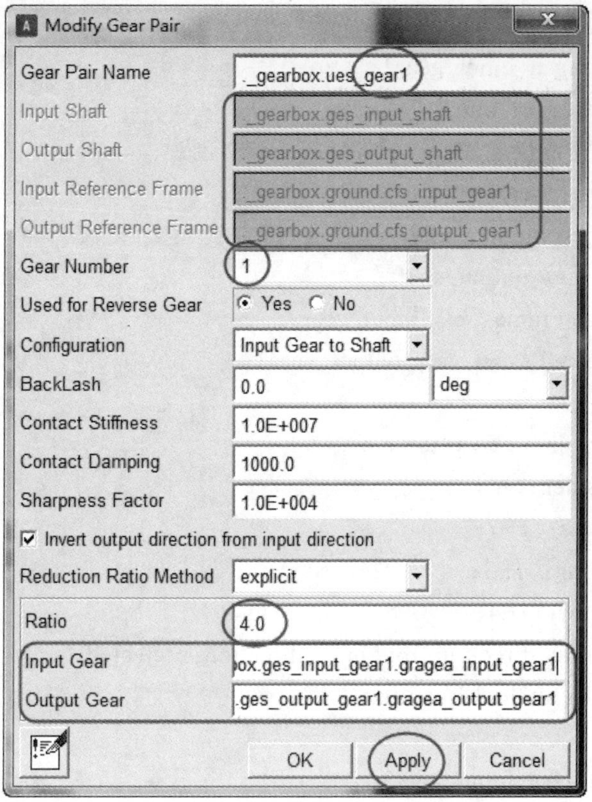

图 5-7　齿轮副

- Reduction Ratio Method：explicit；
- Ratio：4；
- Input Gear：gragea_input_gear1；
- Output Gear：gragea_output_gear1；
- 单击 Apply，完成齿轮副._gearbox.ues_gear1 创建；
- Gear Pair Name：gear2；
- Input Shaft：ges_input_shaft；
- Output Shaft：ges_output_shaft；
- Input Reference Frame：cfs_input_gear2；
- Output Reference Frame：cfs_output_gear2；
- Gear Number：2；
- Configuration：Input Gear to Shaft；
- Backlash：0.0 deg；
- Contact Stiffness：1E7；
- Contact Damping：1E3；
- Sharpness Factor：1E4；
- 勾选 Invert output direction from input direction：selected；
- Reduction Ratio Method：explicit；

- Ratio：3.5；
- Input Gear：gragea_input_gear2；
- Output Gear：gragea_output_gear2；
- 单击 Apply，完成齿轮副._gearbox.ues_gear2 创建；
- Gear Pair Name：gear3；
- Input Shaft：ges_input_shaft；
- Output Shaft：ges_output_shaft；
- Input Reference Frame：cfs_input_gear3；
- Output Reference Frame：cfs_output_gear3；
- Gear Number：3；
- Configuration：Input Gear to Shaft；
- Backlash：0.0 deg；
- Contact Stiffness：1E7；
- Contact Damping：1E3；
- Sharpness Factor：1E4；
- 勾选 Invert output direction from input direction：selected；
- Reduction Ratio Method：explicit；
- Ratio：2.2；
- Input Gear：gragea_input_gear3；
- Output Gear：gragea_output_gear3；
- 单击 Apply，完成齿轮副._gearbox.ues_gear3 创建；
- Gear Pair Name：gear4；
- Input Shaft：ges_input_shaft；
- Output Shaft：ges_output_shaft；
- Input Reference Frame：cfs_input_gear4；
- Output Reference Frame：cfs_output_gear4；
- Gear Number：4；
- Configuration：Input Gear to Shaft；
- Backlash：0.0 deg；
- Contact Stiffness：1E7；
- Contact Damping：1E3；
- Sharpness Factor：1E4；
- 勾选 Invert output direction from input direction：selected；
- Reduction Ratio Method：explicit；
- Ratio：1；
- Input Gear：gragea_input_gear4；
- Output Gear：gragea_output_gear4；
- 单击 Apply，完成齿轮副._gearbox.ues_gear4 创建；
- Gear Pair Name：gear5；

- Input Shaft：ges_input_shaft；
- Output Shaft：ges_output_shaft；
- Input Reference Frame：cfs_input_gear5；
- Output Reference Frame：cfs_output_gear5；
- Gear Number：5；
- Configuration：Input Gear to Shaft；
- Backlash：0.0 deg；
- Contact Stiffness：1E7；
- Contact Damping：1E3；
- Sharpness Factor：1E4；
- 勾选 Invert output direction from input direction：selected；
- Reduction Ratio Method：explicit；
- Ratio：0.8；
- Input Gear：gragea_input_gear5；
- Output Gear：gragea_output_gear5；
- 单击 OK，完成齿轮副._gearbox.ues_gear5 创建。

5.4 变速器轴承连接

- 单击 Driveline Components > Bearing > New 命令，如图 5-8 所示；
- Bearing Name：input_shaft_1；
- I Part：ges_input_shaft；
- J Part：._gearbox.ground；
- Type：single；
- Bearing Type：Axial_Radial；
- Contact Stiffness：1e7；
- Contact Damping：1e4；
- Sharpness Factor：1e4
- Axial Backlash：0.0；
- Radial Backlash：0.0；
- Diamctcr：20；
- Property File：mdids：//adriveline_shared/bearings.tbl/mdi_0001.bea；
- Location：Delta location from coordinate；
- Coordinate Reference：cfs_input_shaft；
- Location：0, 0, 0；
- Location in：local；
- Orientation：Delta orientation from coordinate；
- Construction Frame：cfs_input_shaft；

图 5-8 轴承连接——input_shaft_1

- Orientation：0, 0, 0；
- 单击 Apply，完成轴承._gearbox.ues_input_shaft_1 的创建；

```
轴承特性参数信息：
$--------------------------------------------------------------MDI_HEADER
[MDI_HEADER]
FILE_TYPE        =   'bea'
FILE_VERSION     =   4.0
FILE_FORMAT      =   'ASCII'
$--------------------------------------------------------------------UNITS
[UNITS]
LENGTH   =   'mm'
ANGLE    =   'degrees'
FORCE    =   'newton'
MASS     =   'kg'
TIME     =   'second'
$-------------------------------------------------------BEARING_PARAMETERS
[BEARING_PARAMETERS]
G1           =   1000
```

```
MU        =   10
K_FACTOR =   1
$--------------------------------------------------------------BEARING_SPLINE
[BEARING_SPLINE]
{  x          y}
 – 100.0      6.0E – 02
 – 50.0       6.0E – 02
0.0       6.0E – 02
50.0       6.0E – 02
100.0       6.0E – 02
```

- Bearing Name：input_shaft_2；
- I Part：ges_input_shaft；
- J Part：._gearbox.ground；
- Type：single；
- Bearing Type：Axial_Radial；
- Contact Stiffness：1E7；
- Contact Damping：1E4；
- Sharpness Factor：1E4
- Axial Backlash：0.0；
- Radial Backlash：0.0；
- Diameter：20；
- Property File：mdids：//adriveline_shared/bearings.tbl/mdi_0001.bea；
- Location：Delta location from coordinate；
- Coordinate Reference：cfs_input_shaft_end；
- Location：0, 0, 0；
- Location in：local；
- Orientation：Delta orientation from coordinate；
- Construction Frame：cfs_input_shaft_end；
- Orientation：0, 0, 0；
- 单击 Apply，完成轴承._gearbox.ues_input_shaft_2 的创建；
- Bearing Name：output_shaft_1；
- I Part：ges_output_shaft；
- J Part：._gearbox.ground；
- Type：single；
- Bearing Type：Axial_Radial；

- Contact Stiffness：1E7；
- Contact Damping：1E4；
- Sharpness Factor：1E4
- Axial Backlash：0.0；
- Radial Backlash：0.0；
- Diameter：20；
- Property File：mdids：//adriveline_shared/bearings.tbl/mdi_0001.bea；
- Location：Delta location from coordinate；
- Coordinate Reference：cfs_output_shaft；
- Location：0, 0, 0；
- Location in：local；
- Orientation：Delta orientation from coordinate；
- Construction Frame：cfs_output_shaft；
- Orientation：0, 0, 0；
- 单击 Apply ，完成轴承._gearbox.ues_output_shaft_1 的创建；
- Bearing Name：output_shaft_2；
- I Part：ges_output_shaft；
- J Part：._gearbox.ground；
- Type：single；
- Bearing Type：Axial_Radial；
- Contact Stiffness：1E7；
- Contact Damping：1E4；
- Sharpness Factor：1E4
- Axial Backlash：0.0；
- Radial Backlash：0.0；
- Diameter：20；
- Property File：mdids：//adriveline_shared/bearings.tbl/mdi_0001.bea；
- Location：Delta location from coordinate；
- Coordinate Reference：cfs_output_shaft_end；
- Location：0, 0, 0；
- Location in：local；
- Orientation：Delta orientation from coordinate；
- Construction Frame：cfs_output_shaft_end；
- Orientation：0, 0, 0；
- 单击 OK，完成轴承._gearbox.ues_output_shaft_2 的创建。

5.5 变速器动力元

- 单击 Driveline Components > Dyno > New 命令，弹出动力元对话框，如图 5-9 所示；

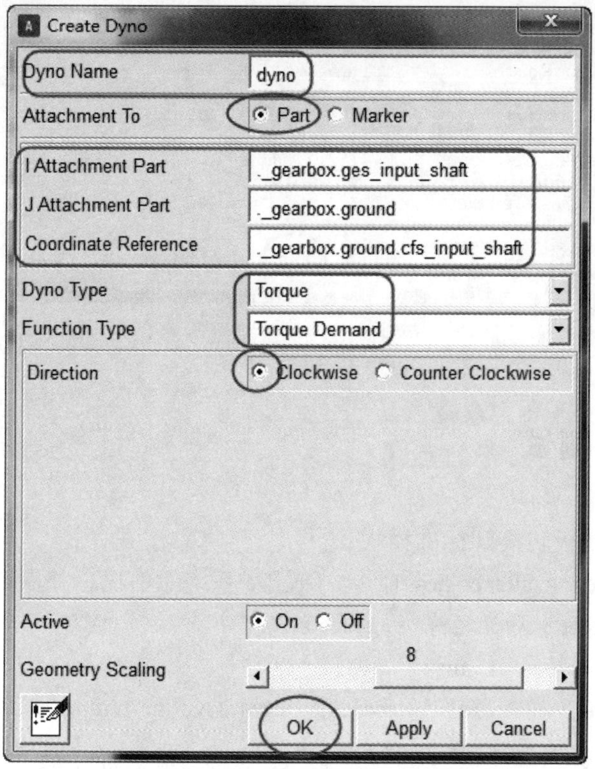

图 5-9　变速器动力元

- Dyno Name：dyno；
- Attachment To：Part；
- I Attachment Part：ges_input_shaft；
- I Attachment Part：ground；
- Coordinate Reference：cfs_input_shaft；
- Dyno Type：Torque；
- Function Type：Torque Demand；
- Direction：Clockwise；
- Active：On；
- Geometry Scaling：8；
- 单击 OK，完成动力元._gearbox.ues_dyno 的创建，此时变速器模型如图 5-1 所示。
- 单击 File > Save As 命令，弹出保存模板对话框，如图 5-10 所示；
- Major Role（主特征）：driveline；；
- File Format：Binary；
- Target：Datebase/my_driveline

- 单击 OK，完成推杆式悬架模型模板_gearbox 的保存。

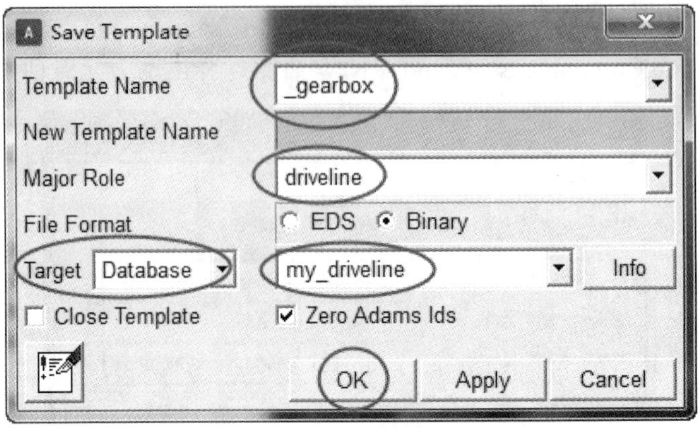

图 5-10　变速器保存

5.6　变速器测试

- 按 F9，专家模板转换到标准模式；
- 单击 File > New > Suspension 命令，弹出子系统对话框，如图 5-11 所示；
- Subsystem Name（系统名称）：gearbox；
- Minor Role（副特征）：any；
- Template Name（模板路径）：mdids：//my_driveline/templates.tbl/_gearbox.tpl；
- 单击 OK，完成子系统_gearbox 的创建。
- 单击 File > New > Bench Test Assembly 命令，如图 5-12 所示；
- Assembly Name：gearbox_tester；
- Subsystems：mdids：//my_driveline/subsystems.tbl/gearbox.sub；
- 单击 OK，完成变速器测试平台建立。

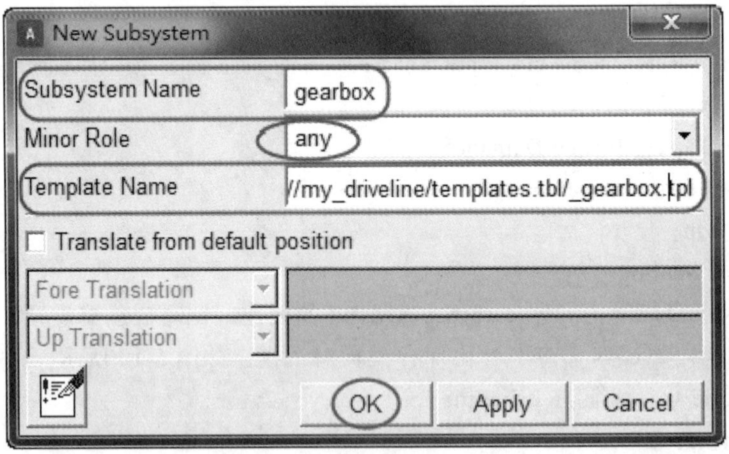

图 5-11　变速器子系统

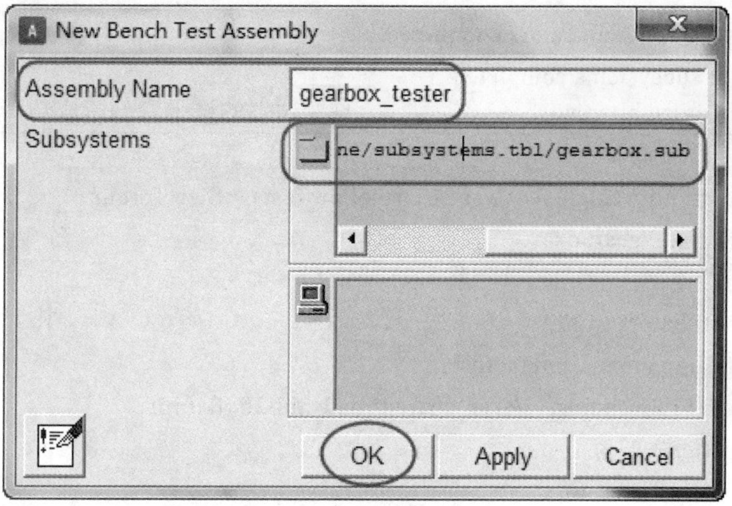

图 5-12 变速器测试平台

变速器平台创建过程信息如下。

Creating the full vehicle assembly：'gearbox_tester'...

Opening the driveline subsystem：'gearbox'...

Assembling subsystems...

Assigning communicators...

WARNING：The following input communicators were not assigned during assembly：

testrig.cis_steering_wheel_joint

testrig.cis_steering_rack_joint

testrig.cis_measure_for_distance

testrig.cil_steer_reference

testrig.cir_steer_reference

testrig.cis_chassis_path_reference

testrig.cis_body_subsystem （attached to ground)

testrig.cis_driver_reference

testrig.cis_engine_rpm

testrig.cil_front_suspension_mount （attached to ground)

testrig.cir_front_suspension_mount （attached to ground)

testrig.cil_rear_suspension_mount （attached to ground)

testrig.cir_rear_suspension_mount （attached to ground)

testrig.cil_tire_force_front

testrig.cir_tire_force_front

testrig.cil_tire_force_rear

testrig.cir_tire_force_rear

testrig.cis_body_cg

testrig.cis_static_torque_marker

```
Assignment of communicators completed.
Assembly of subsystems completed.
Full vehicle assembly ready.                    %变速器测试平台创建成功
```

- Simulate > Full-Vehicle Analysis > Driveline Tests > Step Torque;
- Output Prefix：gearbox;
- End Time：2;
- Number Of Steps：400;
- Mode of Simulation：interactive;
- Road Data File：mdids：//acar_shared/roads.tbl/2d_flat.rdf;
- Gear Position：1;
- Initial Torque Value：0;
- Final Torque Value：1E4;
- Step Start Time：0.5;
- Duration of Step：1;
- Engine Dyno：gearbox.ues_dyno;
- 单击 OK，完成阶跃扭矩设置并提交计算，变速器各计算参数如图 5-13 ~ 图 5-18 所示。

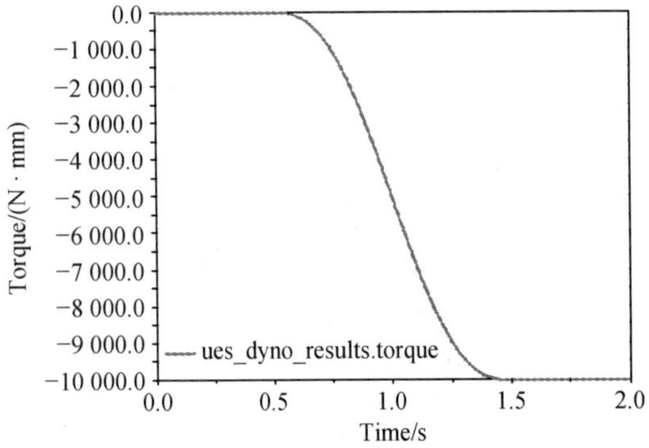

图 5-13　动力元输入扭矩

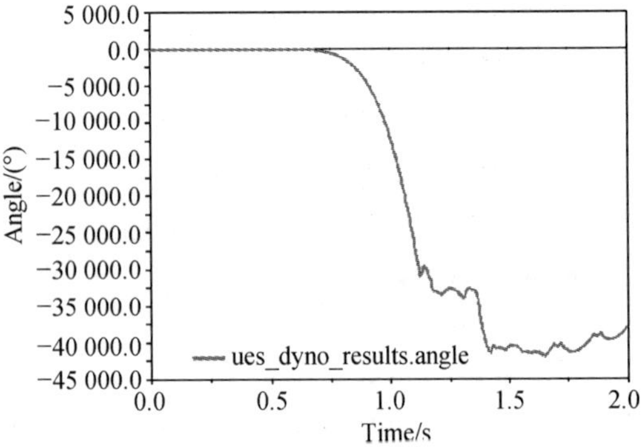

图 5-14　动力元输入角度

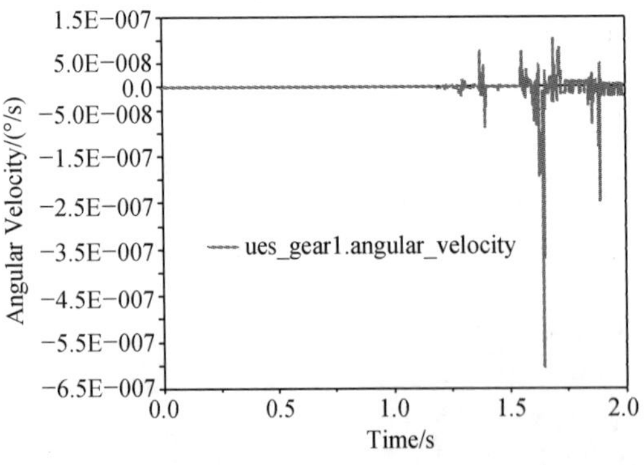

图 5-15　齿轮 1 输入角速度

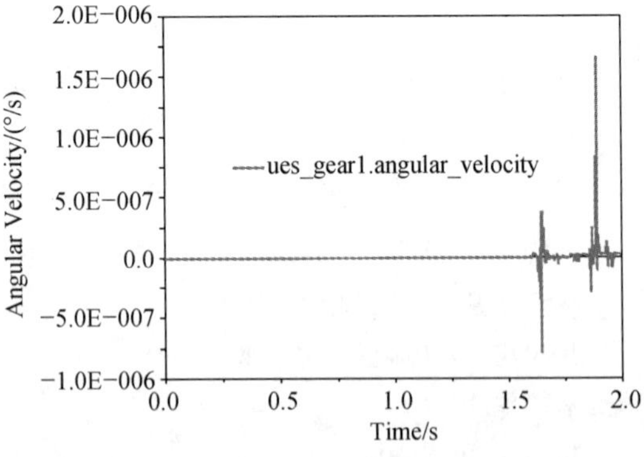

图 5-16　齿轮 1 输出角速度

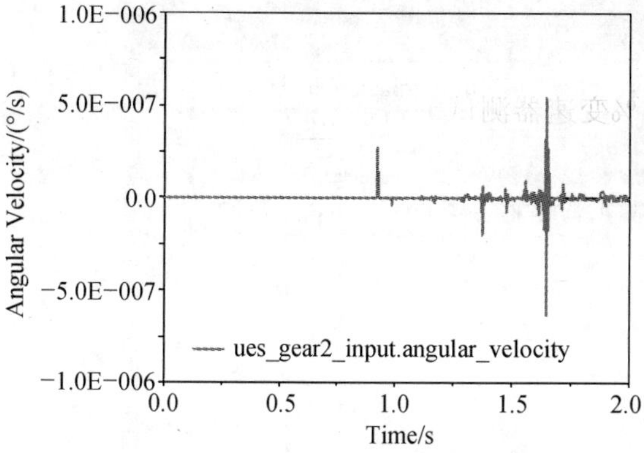

图 5-17　齿轮 2 输入角速度

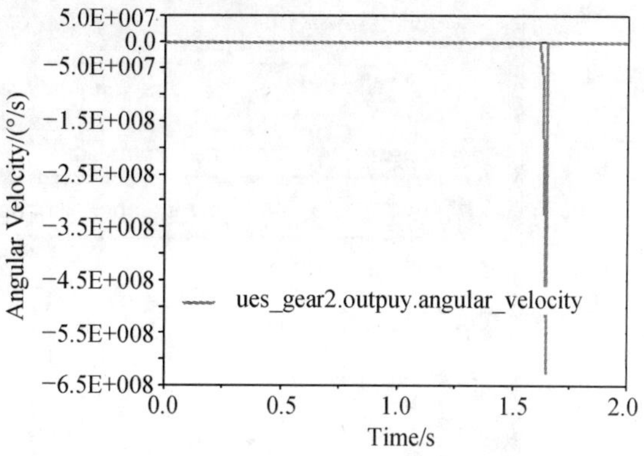

图 5-18　齿轮 2 输出角速度

5.7　纵向变速器

变速器在车辆上的安装分为横置式和纵置式，横置式主要安装在前置前轮驱动的车辆上，纵置式主要安装在后轮驱动或四轮驱动车辆上。纵置式变速器建模与横置式相似，此节在纵置变速器的基础上继续创建离合器飞轮等部件，创建好的纵置变速器可以与发动机传动轴对接，完成半车、整车及相关台架的仿真。建模过程可参考公版数据库中的变速器模型建立，建立模型的难点列举如下。

（1）速率样条曲线：._my_gearbox_longitudinal_synchro.gear_ratio_spline，如图 5-19 所示。

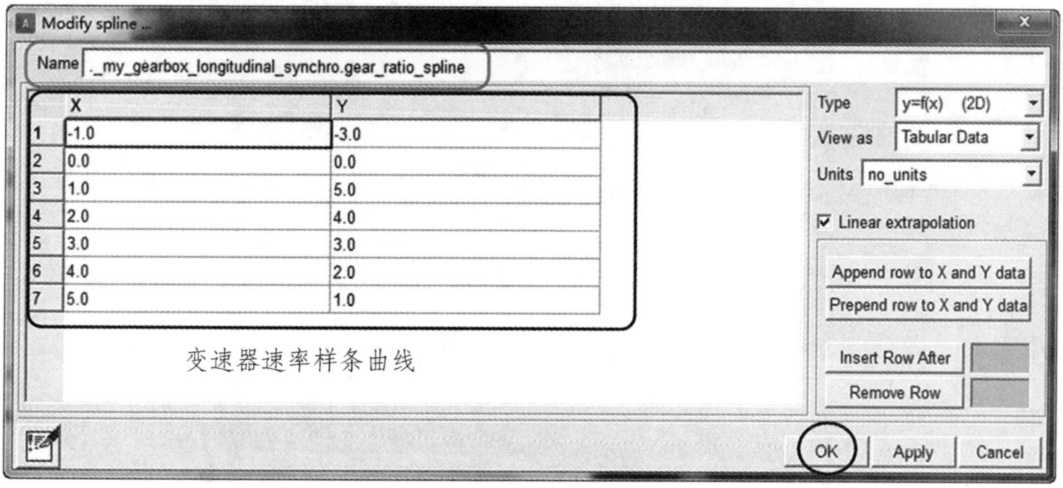

图 5-19　速率样条曲线

（2）解算器变量：._my_gearbox_longitudinal_synchro.VAR_transmission_input_omega，如图 5-20 所示。

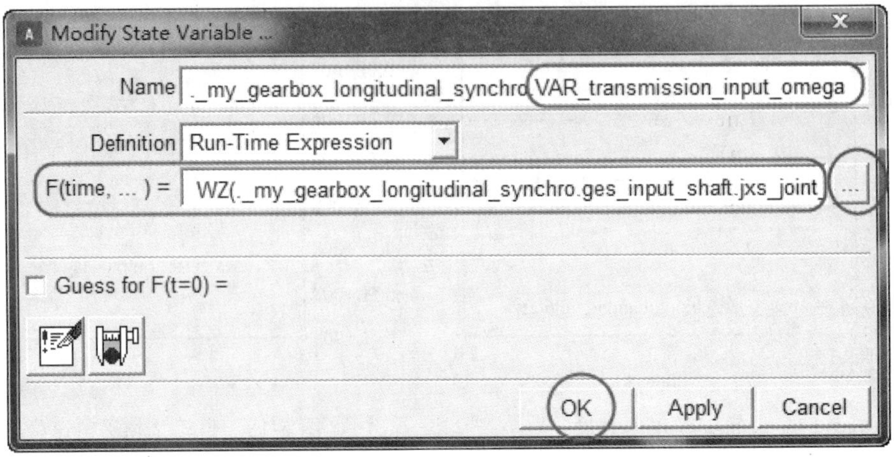

图 5-20　状态变量

状态变量函数：

WZ（._my_gearbox_longitudinal_synchro.ges_input_shaft.jxs_joint_i_1,._my_gearbox_longitudinal_synchro.mts_body.jxs_joint_j_1, ._my_gearbox_longitudinal_synchro.mts_body.jxs_joint_j_1)。

（3）设计变量._my_gearbox_longitudinal_synchro.gear_ratio，如图 5-21 所示。

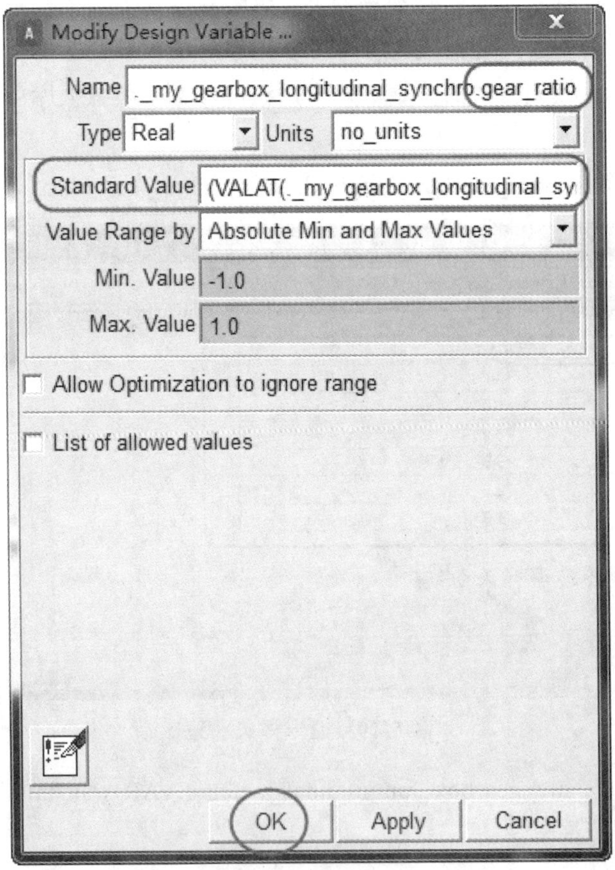

图 5-21　设计变量

设计变量标准值函数：

（VALAT（._my_gearbox_longitudinal_synchro.gear_ratio_spline.xs,._my_gearbox_longitudinal_synchro.gear_ratio_spline.ys,._my_gearbox_longitudinal_synchro.cis_transmission_demand.object_value.initial_condition)）。

纵向变速器的建模过程不再详细叙述，此处给出纵向变速器子系统信息，读者可以参考信息模型建立变速器，建好的如图 5-22 所示，变速器模型存储在章节文件中。

图 5-22　纵置式变速器

Info for subsystem：my_gearbox_longitudinal_synchro　包含同步器的纵置式变速器信息

File Name　：<my_driveline>/subsystems.tbl/my_gearbox_longitudinal_synchro.sub

Template　：mdids：//my_driveline/templates.tbl/_my_gearbox_longitudinal_synchro. tpl

Comments　：*no comments found*

Major Role：driveline

Minor Role：any

HARDPOINTS：　　% 　硬点信息

hardpoint name	symmetry	x_value	y_value	z_value
gearbox_reference	single	200.0	0.0	490.0

PARTS：　　% 　部件信息

friction_disk1

symmetry : single

mass : 1.9037715316

sprung_percentage : 100.0

location （dependent） : 200.0, 0.0, 490.0

orientation （dependent） : zp_vector=1.0, 0.0, 0.0

: xp_vector=0.0, 0.0, －1.0

cm_location_from_part : 0.0, 0.0, 4.0

Ixx, Iyy, Izz : 4632.42419669 , 4632.42419669 , 9244.5414970432

Ixy, Izx, Iyz : 0.0 , 0.0 , 0.0

friction_disk_hub_1

symmetry : single

mass : 5.0E－002

sprung_percentage : 100.0

location （dependent) : 200.0, 0.0, 490.0

orientation （dependent) : zp_vector=1.0, 0.0, 0.0

: xp_vector=0.0, 0.0, －1.0

cm_location_from_part : 0.0, 0.0, 0.0

Ixx, Iyy, Izz : 50.0 , 50.0 , 500.0

Ixy, Izx, Iyz : 0.0 , 0.0 , 0.0

input_shaft

symmetry : single

mass : 0.7139143243

sprung_percentage : 100.0

location （dependent) : 350.0, 0.0, 490.0

orientation （dependent) : zp_vector=1.0, 0.0, 0.0

: xp_vector=0.0, 0.0, -1.0

cm_location_from_part : 0.0, 0.0, 0.0

Ixx, Iyy, Izz : 5371.6909478774 , 5371.6909478774 , 34.6670306139

Ixy, Izx, Iyz : 0.0 , 0.0 , 0.0

input_shaft link geometry

name : input_shaft

symmetry : single

radius : 10.0

inp_gear1

symmetry : single

mass : 0.5851999155

sprung_percentage : 100.0

location (dependent) : 370.0, 0.0, 490.0

orientation (dependent) : zp_vector=1.0, 0.0, 0.0

: xp_vector=0.0, 0.0, －1.0

cm_location_from_part : 0.0, 0.0, 0.0

Ixx, Iyy, Izz : 383.3303356656 , 383.3303356656 , 756.9073394066

Ixy, Izx, Iyz : 0.0 , 0.0 , 0.0

inp_gear2

symmetry : single

mass : 0.5851999155

sprung_percentage : 100.0

location (dependent) : 400.0, 0.0, 490.0

orientation (dependent) : zp_vector=1.0, 0.0, 0.0

: xp_vector=0.0, 0.0, －1.0

cm_location_from_part : 0.0, 0.0, 0.0

Ixx, Iyy, Izz : 383.3303356656 , 383.3303356656 , 756.9073394066

Ixy, Izx, Iyz : 0.0 , 0.0 , 0.0

inp_gear3

symmetry : single

mass : 0.5851999155

sprung_percentage : 100.0

location (dependent) : 425.0, 0.0, 490.0

orientation (dependent) : zp_vector=1.0, 0.0, 0.0

: xp_vector=0.0, 0.0, －1.0

cm_location_from_part : 0.0, 0.0, 0.0

Ixx, Iyy, Izz : 383.3303356656 , 383.3303356656 , 756.9073394066

Ixy, Izx, Iyz : 0.0 , 0.0 , 0.0

inp_gear4

symmetry : single

mass : 0.5851999155

sprung_percentage : 100.0

location (dependent) : 460.0, 0.0, 490.0

orientation （dependent) : zp_vector=1.0, 0.0, 0.0
: xp_vector=0.0, 0.0, －1.0

cm_location_from_part : 0.0, 0.0, 0.0
Ixx, Iyy, Izz : 383.3303356656 , 383.3303356656 , 756.9073394066
Ixy, Izx, Iyz : 0.0 , 0.0 , 0.0

inp_gear5
symmetry : single
mass : 0.5851999155
sprung_percentage : 100.0
location （dependent) : 485.0, 0.0, 490.0
orientation （dependent) : zp_vector=1.0, 0.0, 0.0
: xp_vector=0.0, 0.0, －1.0
cm_location_from_part : 0.0, 0.0, 0.0
Ixx, Iyy, Izz : 383.3303356656 , 383.3303356656 , 756.9073394066
Ixy, Izx, Iyz : 0.0 , 0.0 , 0.0

output_shaft
symmetry : single
mass : 0.3569571622
sprung_percentage : 100.0
location （dependent) : 425.0, 0.0, 390.0
orientation （dependent) : zp_vector=1.0, 0.0, 0.0
: xp_vector=0.0, 0.0, －1.0
cm_location_from_part : 0.0, 0.0, 0.0
Ixx, Iyy, Izz : 677.9614367248 , 677.9614367248 , 17.333515307
Ixy, Izx, Iyz : 0.0 , 0.0 , 0.0

output_shaft link geometry
name : output_shaft
symmetry : single
radius : 10.0

out_gear1
symmetry : single
mass : 0.5851999155
sprung_percentage : 100.0
location （dependent) : 370.0, 0.0, 390.0

orientation （dependent) : zp_vector=1.0, 0.0, 0.0
: xp_vector=0.0, 0.0, －1.0
cm_location_from_part : 0.0, 0.0, 0.0
Ixx, Iyy, Izz : 383.3303356656 , 383.3303356656 , 756.9073394066
Ixy, Izx, Iyz : 0.0 , 0.0 , 0.0

out_gear2
symmetry : single
mass : 0.5851999155
sprung_percentage : 100.0
location （dependent) : 400.0, 0.0, 390.0
orientation （dependent) : zp_vector=1.0, 0.0, 0.0
: xp_vector=0.0, 0.0, －1.0
cm_location_from_part : 0.0, 0.0, 0.0
Ixx, Iyy, Izz : 383.3303356656 , 383.3303356656 , 756.9073394066
Ixy, Izx, Iyz : 0.0 , 0.0 , 0.0

out_gear3
symmetry : single
mass : 0.5851999155
sprung_percentage : 100.0
location （dependent) : 425.0, 0.0, 390.0
orientation （dependent) : zp_vector=1.0, 0.0, 0.0
: xp_vector=0.0, 0.0, －1.0
cm_location_from_part : 0.0, 0.0, 0.0
Ixx, Iyy, Izz : 383.3303356656 , 383.3303356656 , 756.9073394066
Ixy, Izx, Iyz : 0.0 , 0.0 , 0.0

out_gear4
symmetry : single
mass : 0.5851999155
sprung_percentage : 100.0
location （dependent) : 460.0, 0.0, 390.0
orientation （dependent) : zp_vector=1.0, 0.0, 0.0
: xp_vector=0.0, 0.0, －1.0
cm_location_from_part : 0.0, 0.0, 0.0
Ixx, Iyy, Izz : 383.3303356656 , 383.3303356656 , 756.9073394066
Ixy, Izx, Iyz : 0.0 , 0.0 , 0.0

out_gear5

symmetry : single

mass : 0.5851999155

sprung_percentage : 100.0

location （dependent) : 485.0, 0.0, 390.0

orientation （dependent) : zp_vector=1.0, 0.0, 0.0

: xp_vector=0.0, 0.0, －1.0

cm_location_from_part : 0.0, 0.0, 0.0

Ixx, Iyy, Izz : 383.3303356656 , 383.3303356656 , 756.9073394066

Ixy, Izx, Iyz : 0.0 , 0.0 , 0.0

pressure_plate

symmetry : single

mass : 2.3797144145

sprung_percentage : 100.0

location （dependent) : 209.0, 0.0, 490.0

orientation （dependent) : zp_vector=1.0, 0.0, 0.0

: xp_vector=0.0, 0.0, －1.0

cm_location_from_part : 0.0, 0.0, 5.0

Ixx, Iyy, Izz : 5797.669389106 , 5797.669389106 , 1.1555676871E+004

Ixy, Izx, Iyz : 0.0 , 0.0 , 0.0

NSPRINGS: % 离合器弹簧信息

clutch_spring

definition : .ACAR.forces.ac_spring

symmetry : single

property file : mdids://adriveline_shared/springs.tbl/MDI_125_300.spr

value type : 'preload'

user value : 1000.0

USER_ENTITIES:

flywheel_2_friction_disk1_1

definition : .ADRIVELINE.forces.ac_clutch_force

symmetry : single

property file : mdids://adriveline_shared/clutch_forces.tbl/mdi_0001.clu

mu static : 0.9

mu dynamic : 0.7

```
    static velocity   : 1.0
    dynamic velocity : 2.0
    clearance             : 2.0
    effective radius : 100.0

friction_disk1_2_pressure_plate_1
    definition            : .ADRIVELINE.forces.ac_clutch_force
    symmetry                : single
    property file       : mdids://adriveline_shared/clutch_forces.tbl/mdi_0001.clu
    mu static              : 0.9
    mu dynamic              : 0.7
    static velocity   : 1.0
    dynamic velocity : 2.0
    clearance             : 2.0
    effective radius : 100.0

friction_disk_torsion_spring_1
    definition       : .ADRIVELINE.forces.ac_torsion_spring
    symmetry           : single
    spring type     : 'linear'
    property file : mdids://adriveline_shared/complex_springs.tbl/mdi_0001.tsf
    stiffness        : 10000.0
    damping            : 10000.0
    hysteresis       : 0.0
    lock                  : 'no'

gear1
definition                  : .ADRIVELINE.forces.ac_gear_pair
    symmetry                     : single
    gear number                : 1
    ratio                          : 5.0
    backlash                     : 0.0
    stiffness                 : 1.00E+07
    damping                        : 10000.0
    sharpness                    : 10000.0
    i2shaft                      : 1
    o2shaft                        : 0
    invert input              : 1
```

```
    synchronizer active : 1

gear2
    definition               : .ADRIVELINE.forces.ac_gear_pair
    symmetry                     : single
    gear number              : 2
    ratio                    : 4.0
    backlash                 : 0.0
    stiffness              : 1.00E+07
    damping                      : 10000.0
    sharpness                : 10000.0
    i2shaft                  : 1
    o2shaft                  : 0
    invert input           : 1
    synchronizer active : 1

gear3
    definition               : .ADRIVELINE.forces.ac_gear_pair
    symmetry                     : single
    gear number              : 3
    ratio                    : 3.0
    backlash                 : 0.0
    stiffness                : 1.00E+07
    damping                      : 10000.0
    sharpness                : 10000.0
    i2shaft                  : 1
    o2shaft                  : 0
    invert input           : 1
    synchronizer active : 1

gear4
    definition               : .ADRIVELINE.forces.ac_gear_pair
    symmetry                     : single
    gear number              : 4
    ratio                    : 2.0
    backlash                 : 0.0
    stiffness              : 1.00E+07
    damping                      : 10000.0
```

```
    sharpness               : 10000.0
    i2shaft                 : 1
    o2shaft                 : 0
    invert input            : 1
    synchronizer active : 1

gear5
    definition              : .ADRIVELINE.forces.ac_gear_pair
    symmetry                : single
    gear number             : 5
    ratio                   : 1.0
    backlash                : 0.0
    stiffness               : 1.00E+07
    damping                 : 10000.0
    sharpness               : 10000.0
    i2shaft                 : 1
    o2shaft                 : 0
    invert input            : 1
    synchronizer active : 1

sync1
    definition                       : .ADRIVELINE.forces.ac_synchronizer
    symmetry                         : single
    gear numbers explicit            : 0
    friction ring                    : 1
    frictional torque max            : 50000.0
    frictional torque max vlimit : 2.0
    frictional torque start time : 0.0
    frictional torque step time   : 0.05
    dog clutch stiffness             : 1.00E+06
    dog clutch damping               : 1000.0
    dog clutch step time             : 0.05
    dog clutch vlimit                : 1.0
    geo length                       : 20.0
    geo radius                       : 40.0

sync2
    definition                       : .ADRIVELINE.forces.ac_synchronizer
```

```
    symmetry                                : single
    gear numbers explicit               : 0
    friction ring                       : 1
    frictional torque max               : 50000.0
    frictional torque max vlimit : 2.0
    frictional torque start time : 0.0
    frictional torque step time   : 0.05
    dog clutch stiffness                : 1.00E+06
    dog clutch damping                    : 1000.0
    dog clutch step time                : 0.05
    dog clutch vlimit                   : 1.0
    geo length                            : 20.0
    geo radius                            : 40.0

sync3
    definition                            : .ADRIVELINE.forces.ac_synchronizer
    symmetry                                : single
    gear numbers explicit               : 0
    friction ring                       : 1
    frictional torque max               : 50000.0
    frictional torque max vlimit : 2.0
    frictional torque start time : 0.0
    frictional torque step time   : 0.05
    dog clutch stiffness                : 1.00E+06
    dog clutch damping                    : 1000.0
    dog clutch step time                : 0.05
    dog clutch vlimit                   : 1.0
    geo length                            : 20.0
    geo radius                            : 40.0

sync4
    definition                            : .ADRIVELINE.forces.ac_synchronizer
    symmetry                                : single
    gear numbers explicit               : 0
    friction ring                       : 1
    frictional torque max               : 50000.0
    frictional torque max vlimit : 2.0
    frictional torque start time : 0.0
```

```
    frictional torque step time   : 0.05
    dog clutch stiffness          : 1.00E+06
    dog clutch damping            : 1000.0
    dog clutch step time          : 0.05
    dog clutch vlimit             : 1.0
    geo length                    : 20.0
    geo radius                    : 40.0

sync5
    definition                    : .ADRIVELINE.forces.ac_synchronizer
    symmetry                      : single
    gear numbers explicit         : 0
    friction ring                 : 1
    frictional torque max         : 50000.0
    frictional torque max vlimit : 2.0
    frictional torque start time : 0.0
    frictional torque step time   : 0.05
    dog clutch stiffness          : 1.00E+06
    dog clutch damping            : 1000.0
    dog clutch step time          : 0.05
    dog clutch vlimit             : 1.0
    geo length                    : 20.0
    geo radius                    : 40.0

PARAMETERS:                              %    变量参数信息
parameter name                   symmetry       type       value
--------------                   --------       ----       -----
kinematic_flag                   single         integer    0
deattaching_force                single         real       7500.0
max_gears                        single         integer    5
transmission_efficiency          single         real       1.0
```

5.8 半车台架仿真（传动轴与后悬架）

- 单击 File > Open > Assembly 命令，如图 5-23 所示；

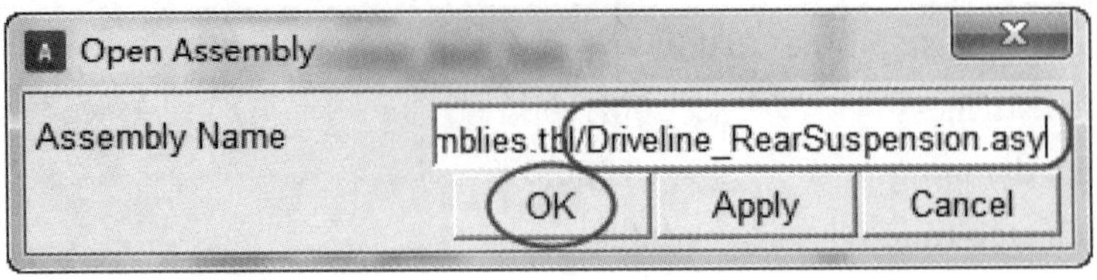

图 5-23　半车台架

- Assembly Name：mdids：//adriveline_shared/assemblies.tbl/Driveline_RearSuspension.asy；
- 单击 OK，完成半车台架 Driveline_RearSuspension 打开。
- 单击 File > Manqge Assembly > Replace Subsystem 命令，如图 5-24 所示；
- Subsystem（S) to remove：勾选 gearbox_longitudinal；
- Subsystem（S) to add：mdids：//my_driveline/subsystems.tbl/my_gearbox_longitudinal.sub；

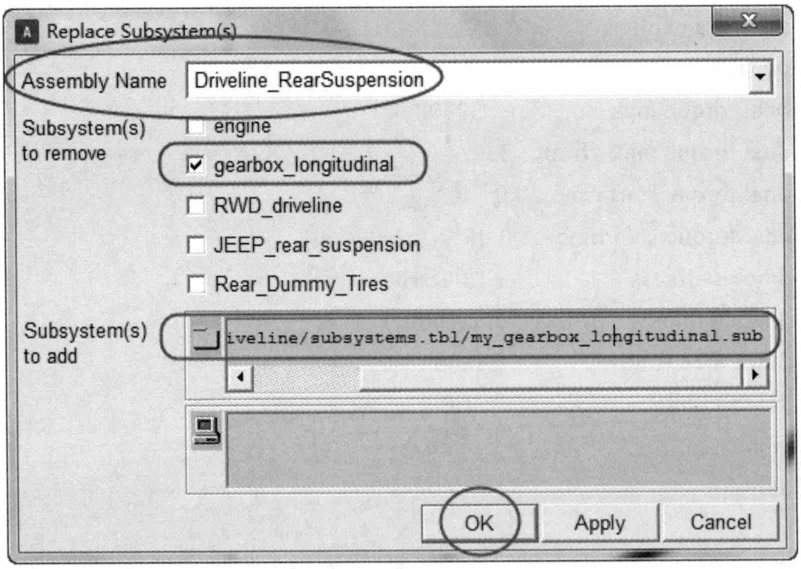

图 5-24　纵置式变速器子系统替换设置

- 单击 OK，完成变速器子系统 my_gearbox_longitudinal.sub 的替换，替换变速器子系统后的半车模型如图 5-25 所示。
- 单击 File > Save As > Assembly 命令；
- New Assembly Name：my_gearbox_longitudinal_synchro_test；
- 单击 OK，完成半车台架装配体的保存。
- 单击 Simulate > Full-Vehicle Analysis > Driveline Tests > Bench Test 命令，如图 5-26 所示；
- Assembly：my_gearbox_longitudinal_synchro_test；
- Output Prefix：BT；
- End Time：5；
- Number of Steps：500；
- Mode of Simulation：interactive；

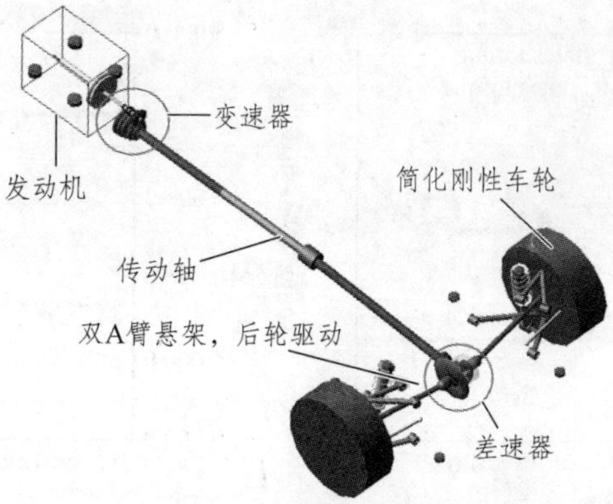

图 5-25　半车台架模型（已替换变速器）

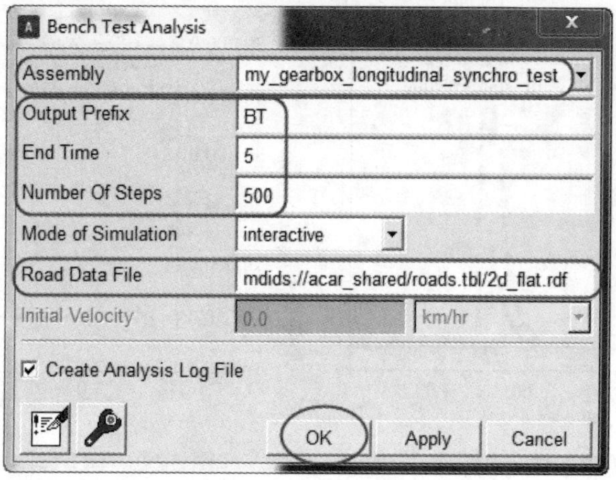

图 5-26　台架测试分析

- Road Date File：mdids：//acar_shared/roads.tbl/2d_flat.rdf；
- 单击 OK，完成半车台架测试分析设置并提交计算，计算结果如图 5-27 ~ 图 5-34 所示。

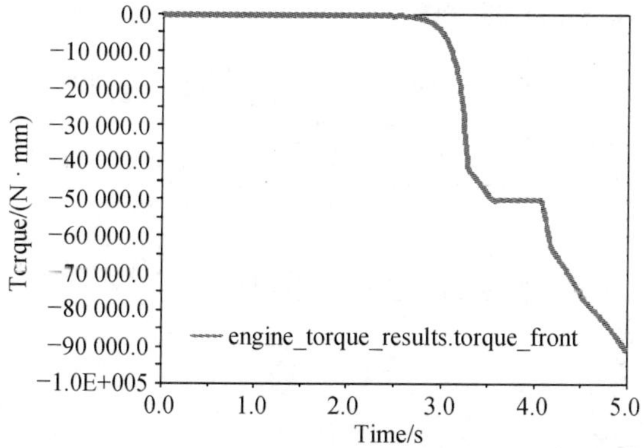

图 5-27　发动机扭矩输出

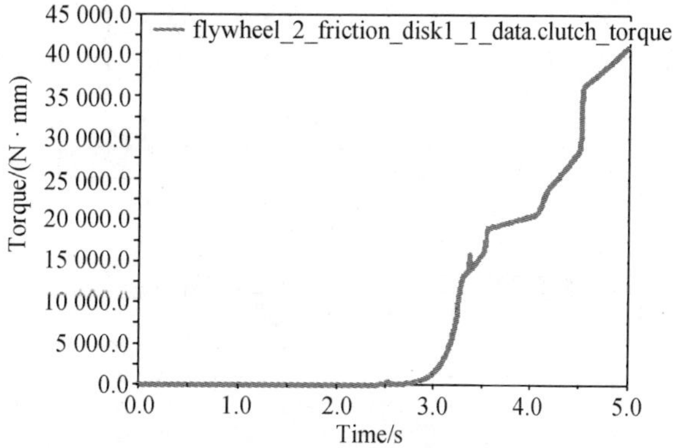

图 5-28　离合器摩擦盘扭矩

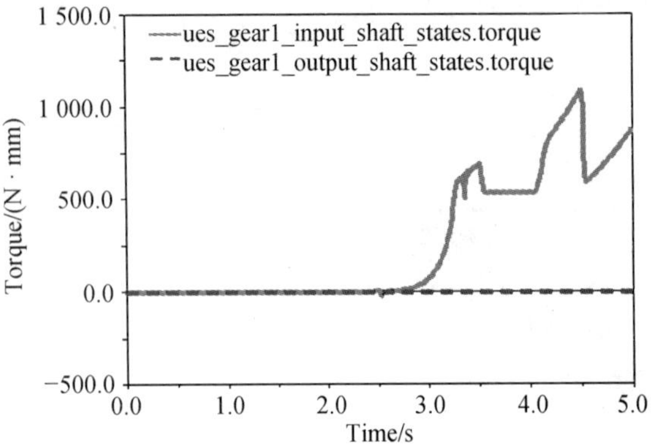

图 5-29 齿轮副 1 输入输出轴扭矩

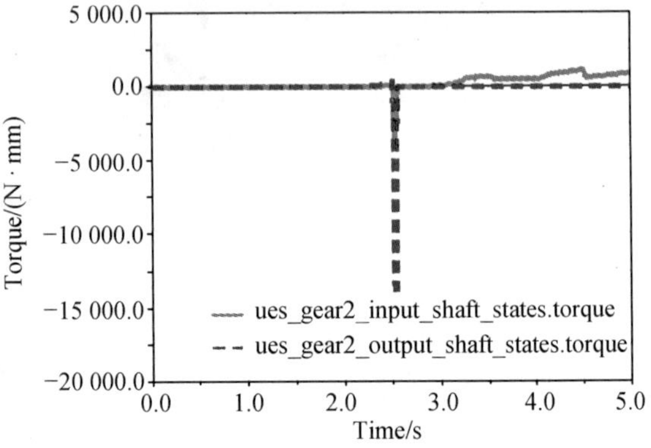

图 5-30 齿轮副 2 输入输出轴扭矩

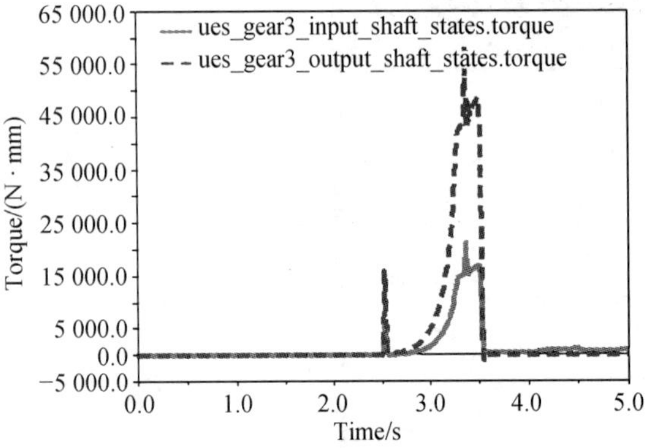

图 5-31 齿轮副 3 输入输出轴扭矩

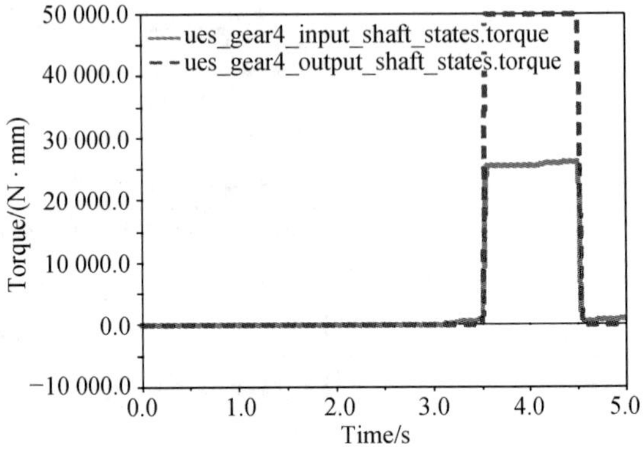

图 5-32 齿轮副 4 输入输出轴扭矩

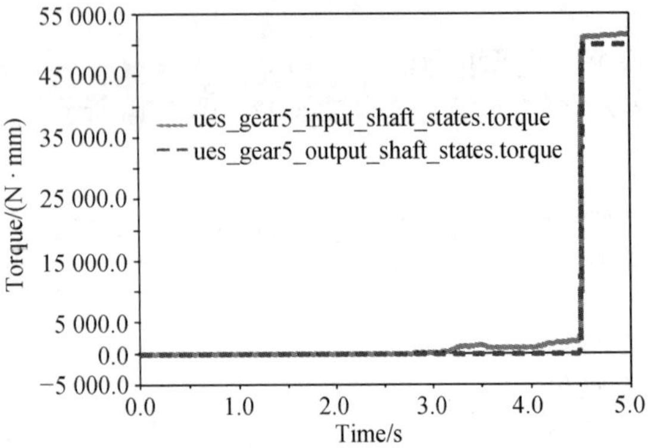

图 5-33 齿轮副 5 输入输出轴扭矩

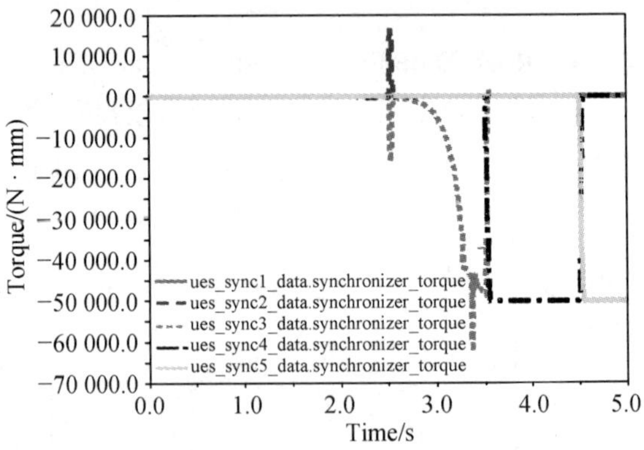

图 5-34 各同步器输出扭矩

第 6 章 传动轴

传动轴是汽车传动系统中传递动力的重要部件，传动轴与变速器、差速器共同作用将发动机输出的扭矩传递到车轮，驱动车辆行驶。如图 6-1 所示为四轮驱动系统的传动轴模型，包含前后差速器、中间传动轴及连接部件。删除前差速器及前半段传动轴，此时模型转换为后轮驱动系统。建模过程中，差速器可以逐个建立完成，亦可通过插件 ADAMS/DRIVERLINE 提供的差速器整体建模方法快速建立整体式前后差速器，这里推荐采用整体方法建立差速器、变速器及离合器模型。模型建立完成后，在前差速器上施加动力源，并建立测试平台仿真，测试传动轴模型的特性。

图 6-1 四轮驱动传动模型

学习目标

- ✧ 差速器。
- ✧ 限滑差速器。
- ✧ 前后传动轴。
- ✧ 连接器。
- ✧ 滑叉部件。
- ✧ 差速器动力元。

6.1　前轴差速器

（1）前轴差速器参考硬点、结构框。

- 启动 ADAMS/DRIVERLINE；
- 单击 File > New 命令，弹出建模对话框，如图 6-2 所示；

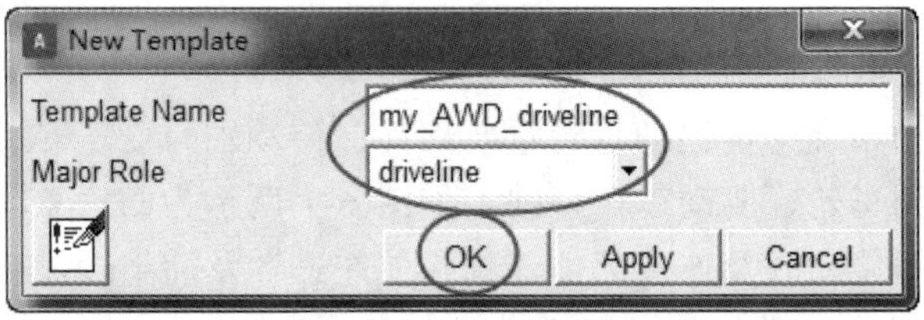

图 6-2　传动系统模板

- Template Name：my_AWD_driveline；
- Major Role：driveline；
- 单击 OK，完成驱动轴模板建立。
- 单击 Build > Hardpoint > New 命令，弹出创建硬点对话框，如图 6-3 所示；
- Hardpoint Name：front_diff_ref；
- Type：single；
- Location：1 500，－200.0, 225.0；
- 单击 OK，完成._my_AWD_driveline.ground.hps_front_diff_ref 硬点的创建。

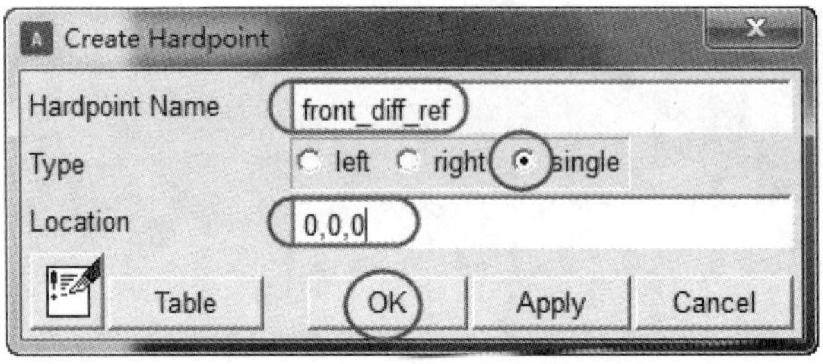

图 6-3　前差速器参考点

- 单击 Build > Construction Frame > New 命令，如图 6-4 所示；
- Construction Frame（结构框名称）：front_diff_ref；
- Location Dependency：Delta location from coordinate；
- Coordinate Reference （参考坐标）：._my_AWD_driveline.ground.hps_front_diff_ref；
- Location：0, 0, 0；
- Location in：local；
- Orientation Dependency：User entered values；
- Orient using：Euler Angles；
- Euler Angles：0, 90, 0；

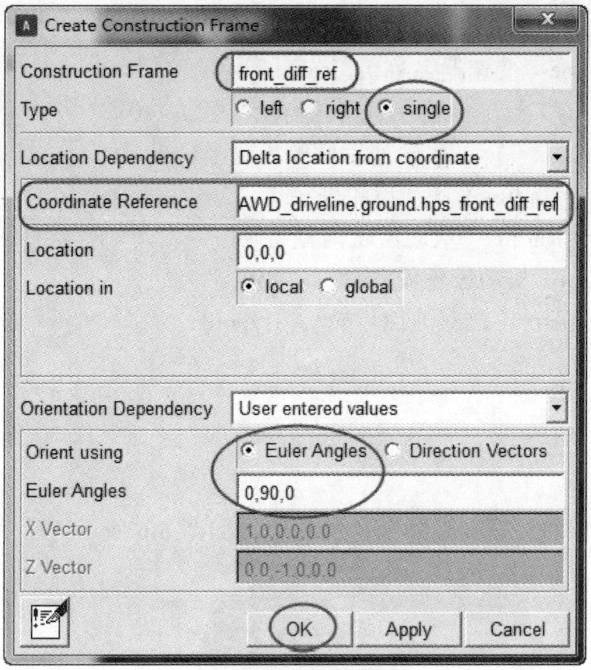

图 6-4　前差速器结构框——front_diff_ref

- 单击 OK，完成._my_AWD_driveline.ground.cfs_front_diff_ref 结构框的创建。

（2）前轴差速器整体部件。

- 单击 Driveline Components > COMPLEX COMPONENTS > Entire Differential Unit 命令，如图 6-5 所示；

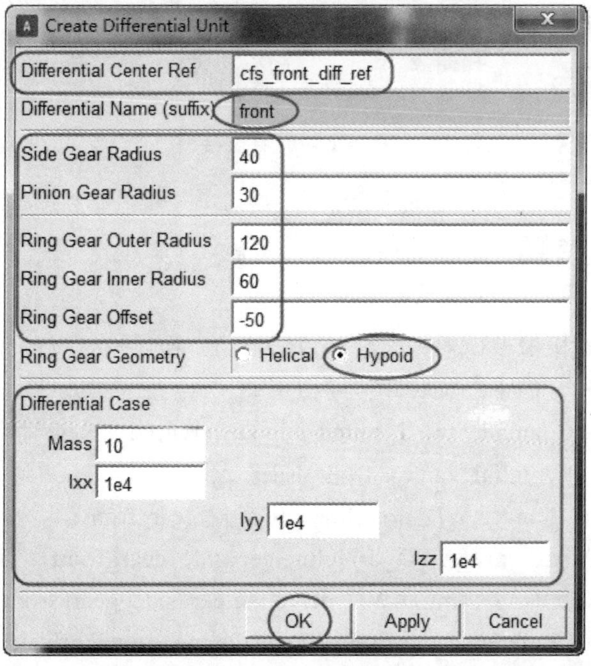

图 6-5　前差速器部件

- Differential Center Reference：Delta location from coordinate；
- Differential Name（变速器名称）：front；
- Side Gear Radius（行星齿轮左右两侧齿轮半径）：40；
- Pinion Gear Radius（行星齿轮前后两侧齿轮半径）：30；
- Ring Gear Outer Radius（从动齿轮外径）：120；
- Ring Gear Inner Radius（从动齿轮内径）：60；
- Ring Gear Offset（从动齿轮偏移量）：－50；
- Ring Gear Geometry（准双曲面齿轮）：Hypoid；
- Mass：10；
- Ixx：1E4；
- Iyy：1E4；
- Izz：1E4；
- 单击 OK，完成前差速器整体部件的创建，如图 6-6 所示。

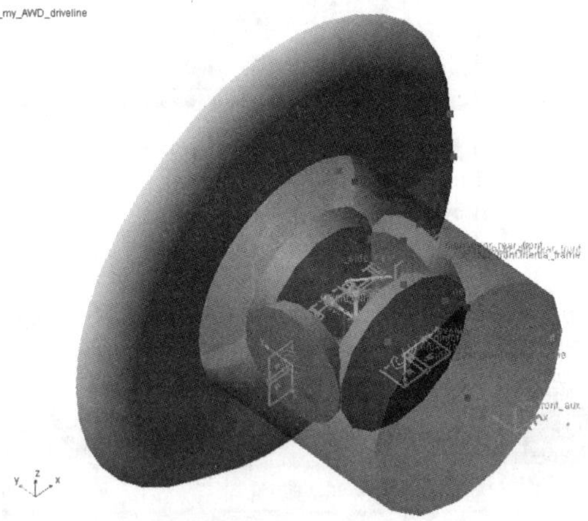

图 6-6　前差速器

6.2　限滑差速器

在前差速器上创建限滑差速器，限滑差速器行为是指通过感应左和右角速度差的扭矩定义，根据属性文件中指定的特性旋转并传递扭矩。

- 单击 Driveline Components > Limited Slip Differential > New 命令，如图 6-7 所示；
- Limited Slip Differential Name：front_lsd；
- First Gear Part：._my_AWD_driveline.gel_side_gear_front；
- Second Gear Part：._my_AWD_driveline.ger_side_gear_front；
- Differential Case Part：._my_AWD_driveline.ger_side_gear_front；
- First Coordinate Reference：._my_AWD_driveline.ground.cfl_side_gear_front；
- Second Coordinate Reference：._my_AWD_driveline.ground.cfr_side_gear_front；

- Type：Viscous，黏性耦合，用属性文件确定黏性特性，黏性耦合由作用在两个部件之间的旋转力组成，该旋转力具有位置和方向，当相对角速度为零时，不传递转矩；
- Property File（黏性属性文件）：mdids：//adriveline_shared/differentials.tbl/MDI_viscous.dif;
- 单击 OK，完成限滑差速器的创建。

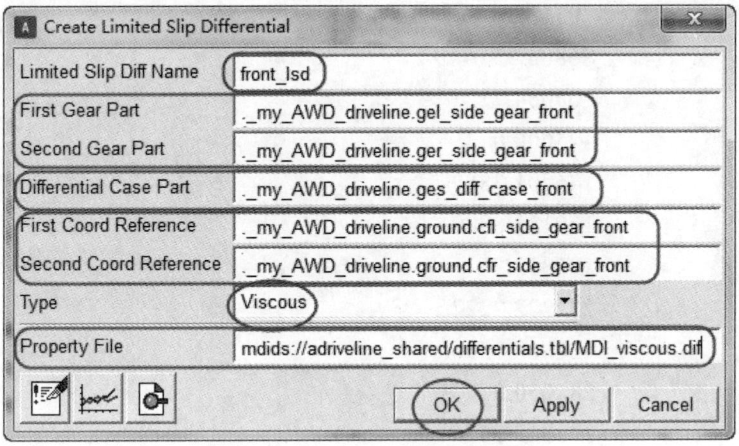

图 6-7　限滑差速器参数设置

```
限滑差速器黏性属性信息：
$------------------------------------------------------------------MDI_HEADER
[MDI_HEADER]
FILE_TYPE        =   'dif'
FILE_VERSION   =   4.0
FILE_FORMAT     =   'ASCII'
$------------------------------------------------------------------UNITS
[UNITS]
LENGTH   =   'mm'
ANGLE     =   'degrees'
FORCE     =   'newton'
MASS       =   'kg'
TIME        =   'second'
$------------------------------------------------------------------DIFFERENTIAL
[DIFFERENTIAL]
( XY_DATA)
{slip_speed            torque}
0.0                      0.0
4.1666                   868.0556
8.3333                   3472.2222
12.5                     7812.5
```

16.6667	13888.8889
20.8333	21701.3889
25.0	31250.0
29.1667	42534.7222
33.3333	55555.5556
37.5	70312.5
41.6667	86805.5556
45.8333	105034.7222
50.0	125000.0
54.1667	146701.3889
58.3333	170138.8889
62.5	195312.5
66.6667	222222.2222
70.8333	250868.0556
75.0	281250.0
79.1667	313368.0556
83.3333	347222.2222
87.5	382812.5
91.6667	420138.8889
95.8333	459201.3889
100.0	500000.0

6.3 传动轴

（1）传动轴应点。

- 单击 Build > Hardpoint > New 命令，弹出创建硬点对话框参考如图 6-3 所示；
- Hardpoint Name：propshaft_to_diffcase_front；
- Type：single；
- Location：120.0, 0.0, 0.0；
- 单击 Apply，完成._my_AWD_driveline.ground.hps_propshaft_to_diffcase_front 硬点的创建；
- Hardpoint Name：propshaft_intermediate；
- Type：single；
- Location：1 200.0, 0.0, －50.0；
- 单击 Apply，完成._my_AWD_driveline.ground.hps_propshaft_intermediate 硬点的创建；
- Hardpoint Name：propshaft_to_diffcase_rear；
- Type：single；

- Location：2 400.0, 0.0, －200.0；
- 单击 OK，完成._my_AWD_driveline.ground.hps_propshaft_to_diffcase_rear 硬点的创建。

（2）传动轴结构框。

- 单击 Build > Construction Frame > New 命令，如图 6-8 所示；
- Construction Frame（结构框名称）：mid_front_propshaft；

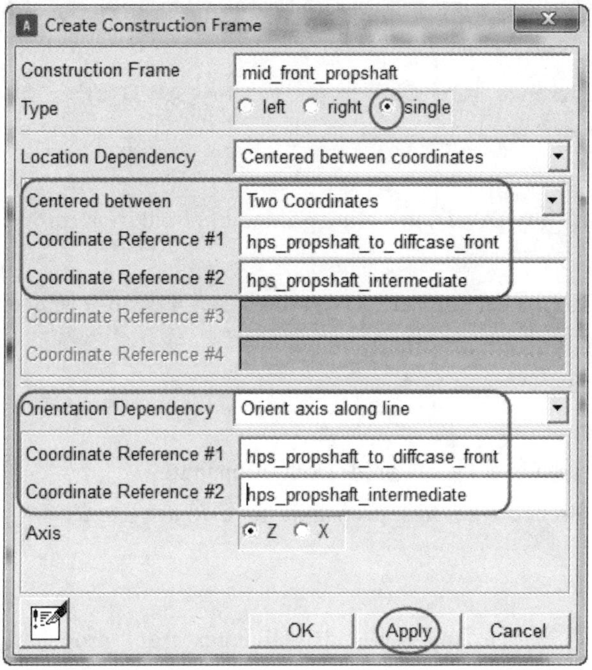

图 6-8　结构框——mid_front_propshaft

- Location Dependency：Center between coordinates；
- Centered between：Two Coordinates；
- Coordinate Reference #1（参考坐标）._my_AWD_driveline.ground.hps_propshaft_to_diffcase_front；
- Coordinate Reference #2（参考坐标）：._my_AWD_driveline.ground.hps_propshaft_intermediate；
- Orientation Dependency：Orient axis along line；
- Coordinate Reference #1（参考坐标）._my_AWD_driveline.ground.hps_propshaft_to_diffcase_front；
- Coordinate Reference #2（参考坐标）：._my_AWD_driveline.ground.hps_propshaft_intermediate；
- Axis：Z；
- 单击 Apply，完成._my_AWD_driveline.ground.cfs_mid_front_propshaft 结构框的创建；
- Construction Frame（结构框名称）：mid_rear_propshaft；
- Location Dependency：Center between coordinates；
- Centered between：Two Coordinates；

- Coordinate Reference #1（参考坐标）._my_AWD_driveline.ground.hps_propshaft_to_diffcase_rear；
- Coordinate Reference #2（参考坐标）：._my_AWD_driveline.ground.hps_propshaft_intermediate；
- Orientation Dependency：Orient axis along line；
- Coordinate Reference #1（参考坐标）._my_AWD_driveline.ground.hps_propshaft_to_diffcase_rear；
- Coordinate Reference #2（参考坐标）：._my_AWD_driveline.ground.hps_propshaft_intermediate；
- Axis：Z；
- 单击 OK，完成._my_AWD_driveline.ground.cfs_mid_rear_propshaft 结构框的创建。

（3）传动轴部件。

- 单击 Build > Part > General Part > Wizard 命令，如图 6-9 所示；
- General Part 输入 front_propshaft_1；
- Type：single；
- Geometry Type：Link；
- Coordinate Reference # 1：cfs_mid_front_propshaft；
- Coordinate Reference # 2：hps_propshaft_to_diffcase_front；
- Radius：20；
- Color：blue；
- 单击 Apply，完成部件._my_AWD_driveline.ges_front_propshaft_1 创建；

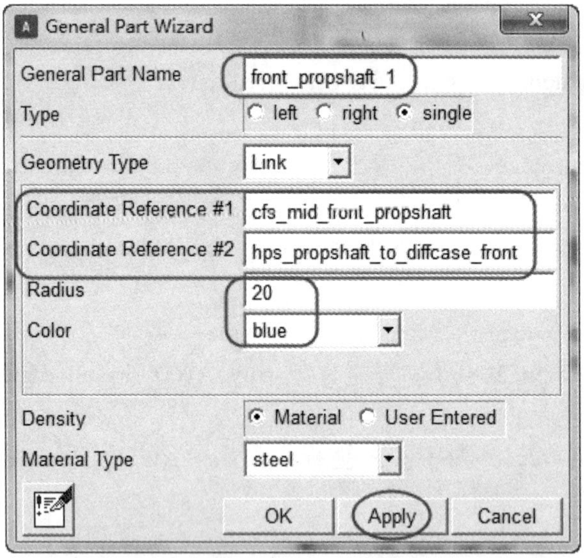

图 6-9　部件——front_propshaft_1

- General Part 输入 front_propshaft_2；
- Type：single；

- Geometry Type：Link；
- Coordinate Reference # 1：cfs_mid_front_propshaft；
- Coordinate Reference # 2：hps_propshaft_intermediate；
- Radius：20；
- Color：red；
- 单击 Apply，完成部件._my_AWD_driveline.ges_front_propshaft_2 创建；
- General Part 输入 rear_propshaft_1；
- Type：single；
- Geometry Type：Link；
- Coordinate Reference # 1：cfs_mid_rear_propshaft；
- Coordinate Reference # 2：hps_propshaft_intermediate；
- Radius：20；
- Color：blue；
- 单击 Apply，完成部件._my_AWD_driveline.ges_rear_propshaft_1 创建；
- General Part 输入 rear_propshaft_2；
- Type：single；
- Geometry Type：Link；
- Coordinate Reference # 1：cfs_mid_rear_propshaft；
- Coordinate Reference # 2：hps_propshaft_to_diffcase_rear；
- Radius：20；
- Color：red；
- 单击 OK，完成部件._my_AWD_driveline.ges_rear_propshaft_2 创建。

（4）扭转弹簧。

- 单击 Driveline Components > Limited Slip Differential > New 命令，如图 6-10 所示；

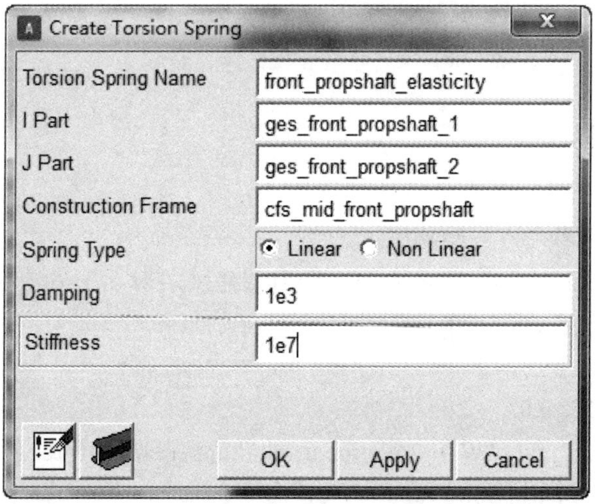

图 6-10　扭力弹簧——front_propshaft_elasticity

- Torsion Spring Name：front_propshaft_elasticity；

- I Part：ges_front_propshaft_1；
- J Part：ges_front_propshaft_2；
- Construction Frame：cfs_mid_front_propshaft；
- Spring Type：Linear；
- Damping：1E3；
- Stiffness：1E7；
- 单击 OK，完成扭转弹簧._my_AWD_driveline.ues_front_propshaft_elasticity 创建。

（5）黏性联轴器。

- 单击 Driveline Components > Viscous Coupling > New 命令，如图 6-11 所示；
- Viscous Coupling Name：rear_viscous_coupling；
- I Part：._my_AWD_driveline.ges_rear_propshaft_1；
- J Part：._my_AWD_driveline.ges_rear_propshaft_2；
- Construction Frame：._my_AWD_driveline.ground.cfs_mid_rear_propshaft；
- Property File：mdids：//adriveline_shared/differentials.tbl/viscous_coupling.dif；
- 单击 OK，完成黏性联轴器._my_AWD_driveline.ues_rear_viscous_coupling 创建。

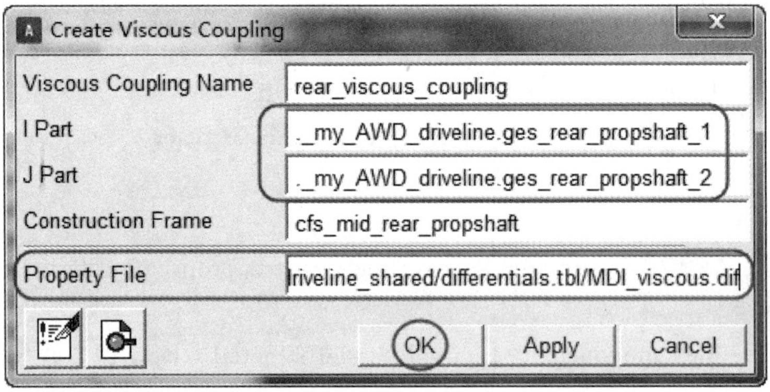

图 6-11 黏性联轴器

6.4 后差速器

（1）后轴差速器参考硬点、结构框。

- 单击 Build > Hardpoint> New 命令，弹出创建硬点对话框参考如图 6-3 所示；
- Hardpoint Name：rear_diff_ref；
- Type：single；
- Location：2 520, 0.0, －200.0；
- 单击 OK，完成._my_AWD_driveline.ground.hps_rear_diff_ref 硬点的创建。
- 单击 Build > Construction Frame > New 命令；
- Construction Frame（结构框名称）：rear_diff_ref；
- Location Dependency：Delta location from coordinate；

- Coordinate Reference （参考坐标）：hps_rear_diff_ref；
- Location：0，0，0；
- Location in：local；
- Orientation Dependency：User entered values；
- Orient using：Euler Angles；
- Euler Angles：0, 90, 0；
- 单击 OK，完成._my_AWD_driveline.ground.cfs_rear_diff_ref 结构框的创建。

（2）后轴差速器整体部件。

- 单击 Driveline Components > Complex Components > Entire Differential Unit 命令，参考如图 6-5 所示；
- Differential Center Reference：Delta location from coordinate；
- Differential Name（变速器名称）：rear；
- Side Gear Radius（行星齿轮左右两侧齿轮半径）：40；
- Pinion Gear Radius（行星齿轮前后两侧齿轮半径）：30；
- Ring Gear Outer Radius（从动齿轮外径）：120；
- Ring Gear Inner Radius（从动齿轮内径）：60；
- Ring Gear Offset（从动齿轮偏移量）：50；
- Ring Gear Geometry（准双曲面齿轮）：Hypoid；
- Mass：10；
- Ixx：1E4；
- Iyy：1E4；
- Izz：1E4；
- 单击 OK，完成后轴差速器整体部件的创建，此时传动轴整体模型如图 6-12 所示。

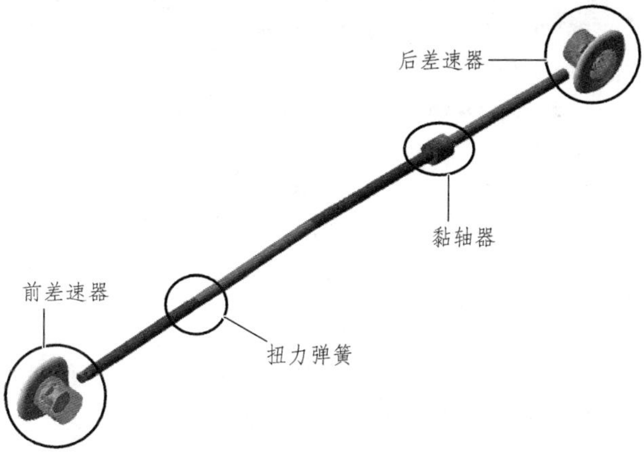

图 6-12　传动轴模型

（3）主动齿轮几何体。

- 单击 Build > Construction Frame > New 命令；
- Construction Frame（结构框名称）：propshaft_to_diffcase_front；

- Location Dependency：Delta location from coordinate；
- Coordinate Reference （参考坐标）：hps_propshaft_to_diffcase_front；
- Location：0，0，0；
- Location in：local；
- Orientation Dependency：Orient axis along line；
- Coordinate Reference # 1：cfs_mid_front_propshaft；
- Coordinate Reference # 2：hps_propshaft_to_diffcase_front；
- Axis：Z；
- 单击 Apply，完成._my_AWD_driveline.ground.cfs_propshaft_to_diffcase_front 结构框的创建；
- Construction Frame（结构框名称）：propshaft_to_diffcase_rear；
- Location Dependency：Delta location from coordinate；
- Coordinate Reference （参考坐标）：hps_propshaft_to_diffcase_rear；
- Location：0，0，0；
- Location in：local；
- Orientation Dependency：Orient axis along line；
- Coordinate Reference # 1：cfs_mid_ rear _propshaft；
- Coordinate Reference # 2：hps_propshaft_to_diffcase_rear；
- Axis：Z；
- 单击 OK，完成._my_AWD_driveline.ground.cfs_propshaft_to_diffcase_rear 结构框的创建。
- 单击 Build > Geometry > Frustum（锥形） > New 命令，如图 6-13 所示；

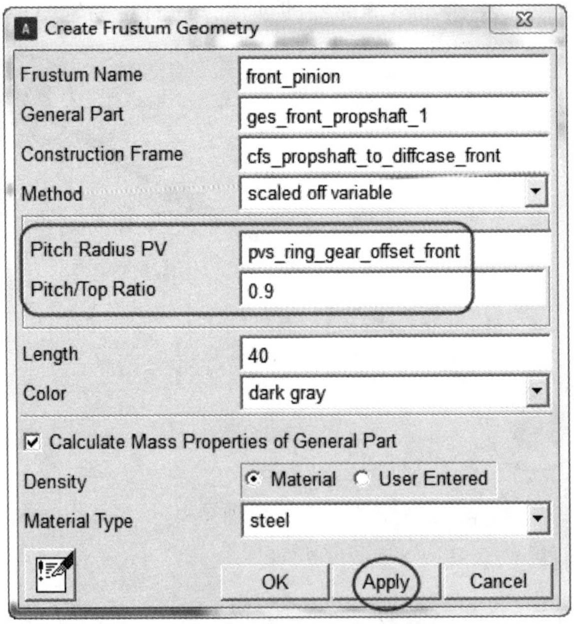

图 6-13 锥形几何体

- Frustum Name：front_pinion；
- General Part：ges_front_propshaft_1；
- Construction Frame：cfs_propshaft_to_diffcase_front；
- Method：scaled off variable；
- Pitch Radius PV：pvs_ring_gear_offset_front；
- Pitch/Top Ratio：0.9；
- Length：40；
- Color：dark gray；
- 勾选 Calculate Mass Properties of General Part；
- 单击 Apply，完成前锥形几何体._my_AWD_driveline.ges_front_propshaft_1.grafru_front_pinion 的创建；
- Frustum Name：rear_pinion；
- General Part：ges_ rear _propshaft_1；
- Construction Frame：cfs_propshaft_to_diffcase_ rear；
- Method：scaled off variable；
- Pitch Radius PV：pvs_ring_gear_offset_ rear；
- Pitch/Top Ratio：0.9；
- Length：40；
- Color：dark gray；
- 勾选 Calculate Mass Properties of General Part；
- 单击 OK，完成前锥形几何体._my_AWD_driveline.ges_front_propshaft_1.grafru_ rear _pinion 的创建。

6.5 差速器壳

（1）安装部件。

- 单击 Build > Part > Mount > New 命令，弹出创建部件对话框，如图 6-14 所示；
- Mount name（安装件名称）：body；
- Coordinate Reference（参考坐标）：._my_AWD_driveline.ground.hps_front_diff_ref；
- From Minor Role：any；
- 单击 OK，完成._my_AWD_driveline.mts_body 安装部件的创建。

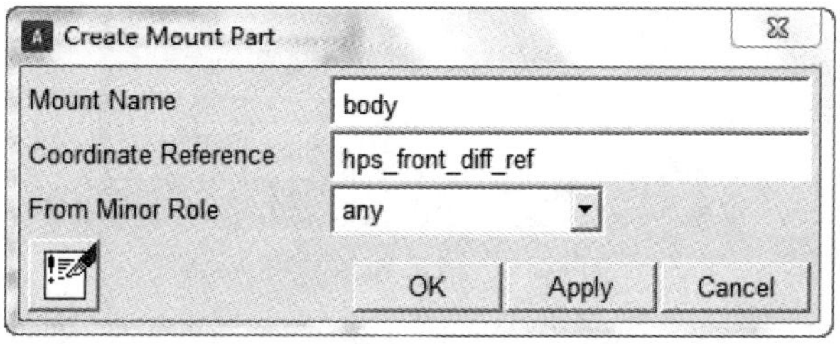

图 6-14　安装部件——body

（2）差速器壳部件。

- 单击 Build > Part > General Part > New 命令，如图 6-15 所示；
- General Part：front_diff_housing；
- Type：single；
- Location Dependency：Delta location from coordinate；
- Coordinate Reference：cfs_front_diff_ref；
- Location：0，0，0；
- Orientation Dependency：Delta orientation from coordinate；
- Construction Frame：cfs_front_diff_ref；
- Orientation：0，0，0；
- Mass：1；
- Ixx：1；
- Iyy：1；
- Izz：1；
- Density：Material；
- Material Type：.materials.steel；
- 单击 Apply，完成部件._my_AWD_driveline.ges_front_diff_housing 创建；

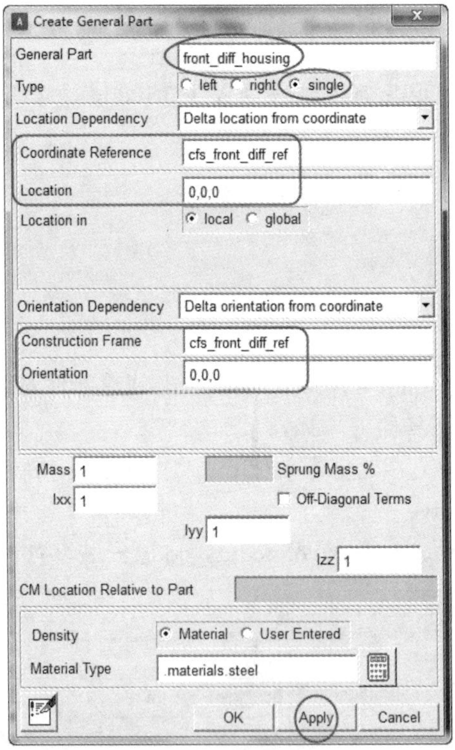

图 6-15　前差速器壳部件

- 单击 Build > Part > General Part > New 命令；
- General Part：rear_diff_housing；

- Type：single；
- Location Dependency：Delta location from coordinate；
- Coordinate Reference：cfs_rear_diff_ref；
- Location：0, 0, 0 ；
- Orientation Dependency：Delta orientation from coordinate；
- Construction Frame：cfs_ rear _diff_ref；
- Orientation：0，0，0；
- Mass：1；
- Ixx：1；
- Iyy：1；
- Izz：1；
- Density：Material；
- Material Type：.materials.steel；
- 单击 OK，完成部件._my_AWD_driveline.ges_ rear _diff_housing 创建。

（3）差速器壳约束。

- 单击 Build > Attachments > Joint > New 命令，弹出创约束件对话框，如图 6-16 所示；

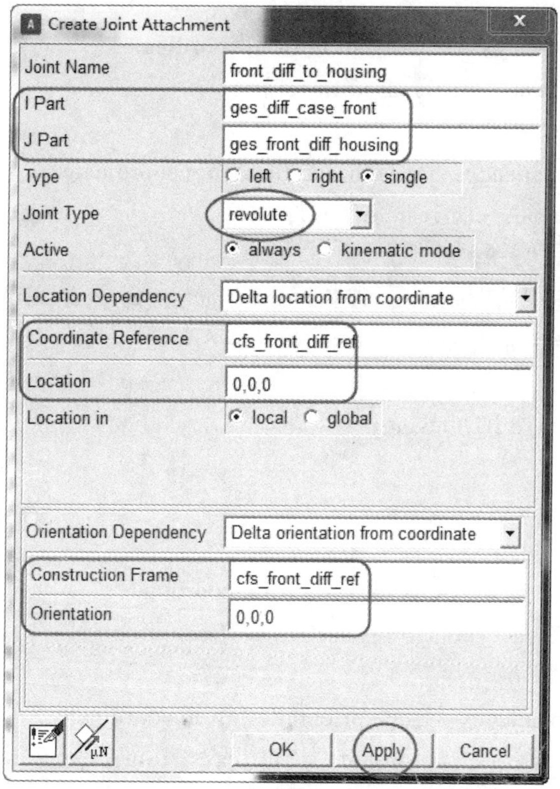

图 6-16　差速器壳约束

- Joint Name：front_diff_to_housing；
- I Part：ges_diff_case_front；

- J Part：ges_front_diff_housing；
- Type：single；
- Joint Type：revolute；
- Active：always；
- Location Dependency：Delta location from coordinate；
- Coordinate Reference：cfs_front_diff_ref；
- Location：0，0，0；
- Orientation Dependency：Delta orientation from coordinate；
- Construction Frame：cfs_front_diff_ref；
- Orientation：0，0，0；
- 单击 Apply，完成约束副._my_AWD_driveline.josrev_front_diff_to_housing 的创建；
- Joint Name：rear_diff_to_housing；
- I Part：ges_diff_case_ rear；
- J Part：ges_ rear _diff_housing；
- Type：single；
- Joint Type：revolute；
- Active：always；
- Location Dependency：Delta location from coordinate；
- Coordinate Reference：cfs_rear_diff_ref；
- Location：0，0，0；
- Orientation Dependency：Delta orientation from coordinate；
- Construction Frame：cfs_rear_diff_ref；
- Orientation：0，0，0；
- 单击 Apply，完成约束副._my_AWD_driveline.josrev_rear_diff_to_housing 的创建；
- Joint Name：front_pinion_to_housing；
- I Part：ges_front_propshaft_1；
- J Part：ges_front diff_housing；
- Type：single；
- Joint Type：revolute；
- Active：always；
- Location Dependency：Delta location from coordinate；
- Coordinate Reference：cfs_propshaft_to_diffcase_front；
- Location：0，0，0；
- Orientation Dependency：Delta orientation from coordinate；
- Construction Frame：cfs_propshaft_to_diffcase_front；
- Orientation：0，0，0；
- 单击 Apply，完成约束副._my_AWD_driveline.josrev_front_pinion_to_housing 的创建；
- Joint Name：rear_pinion_to_housing；
- I Part：ges_ rear _propshaft_1；

- J Part：ges_ rear_diff_housing；
- Type：single；
- Joint Type：revolute；
- Active：always；
- Location Dependency：Delta location from coordinate；
- Coordinate Reference：cfs_propshaft_to_diffcase_ rear；
- Location：0，0，0；
- Orientation Dependency：Delta orientation from coordinate；
- Construction Frame：cfs_propshaft_to_diffcase_rear；
- Orientation：0，0，0；
- 单击 OK，完成约束副._my_AWD_driveline.josrev_rear _pinion_to_housing 的创建。

（4）减速器约束。

- 单击 Build > Attachments > Joint > New 命令，弹出创约束件对话框，如图 6-17 所示；
- Reduction Gear Name：front_ringgear_pinion；
- Input Joint Type：Kinematic Joint；
- Input Joint：josrev_front_pinion_to_housing；
- Output Joint Type：Kinematic Joint；
- Output Joint：josrev_front_diff_to_housing；
- Method：explicit；
- Ratio：4；
- Active：always；
- 单击 Apply，完成减速副._my_AWD_driveline.grsred_front_ringgear_pinion 的创建；

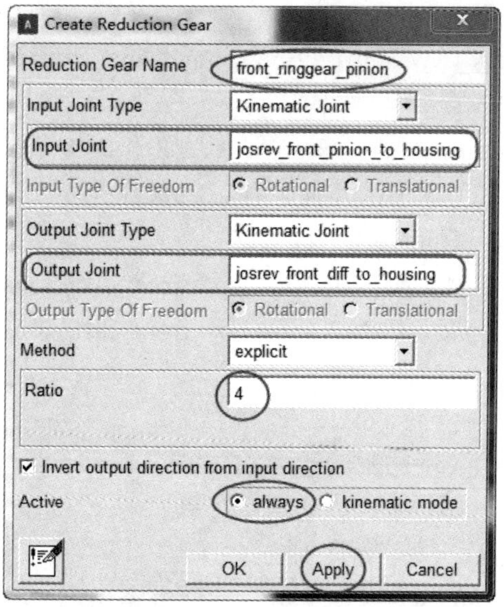

图 6-17　减速器约束

- Reduction Gear Name：rear_ringgear_pinion；

- Input Joint Type：Kinematic Joint；
- Input Joint：josrev_ rear _pinion_to_housing；
- Output Joint Type：Kinematic Joint；
- Output Joint：josrev_rear_diff_to_housing；
- Method：explicit；
- Ratio：4；
- Active：always；
- 单击 OK，完成减速副_my_AWD_driveline.grsred_ rear _ringgear_pinion 的创建。

（5）前差速器壳几何体。

- 单击 Build > Hardpoint > New 命令，弹出创建硬点对话框参考如图 6-3 所示；
- Hardpoint Name：front_diff_housing_mount_1；
- Type：single；
- Location：150，－100.0, 0.0；
- 单击 Apply，完成._my_AWD_driveline.ground.hps_front_diff_housing_mount_1 硬点的创建；
- Hardpoint Name：front_diff_housing_mount_2；
- Type：single；
- Location：150, 100.0, 0.0；
- 单击 Apply，完成._my_AWD_driveline.ground.hps_front_diff_housing_mount_2 硬点的创建；
- Hardpoint Name：front_diff_housing_mount_3；
- Type：single；
- Location：－200, 0.0, 0.0；
- 单击 OK，完成._my_AWD_driveline.ground.hps_front_diff_housing_mount_3 硬点的创建。
- 单击 Build > Geometry > Link > New 命令，如图 6-18 所示；
- Link Name （连杆名称）输入几何名称：Link_1；
- General Part 输入 ges_front_diff_housing；
- Coordinate Reference #1（参考坐标）：hps_front_diff_housing_mount_1；
- Coordinate Reference #2（参考坐标）：hps_front_diff_housing_mount_2；
- Radius（半径）：15；
- Color（杆件几何体颜色）：yellow；
- 选择 Calculate Mass Properties of General Part；
- Density：Material；
- Material Type：steel；
- 单击 Apply，完成._my_AWD_driveline.ges_front_diff_housing.gralin_link_1 几何体的创建；
- Link Name （连杆名称）输入几何名称：Link_2；
- Coordinate Reference #1（参考坐标）：hps_front_diff_housing_mount_1；

- Coordinate Reference #2（参考坐标）：hps_front_diff_housing_mount_3；
- Radius（半径)：15；
- Color（杆件几何体颜色）：yellow；
- 选择 Calculate Mass Properties of General Part；
- Density：Material；
- Material Type：steel；
- 单击 Apply，完成._my_AWD_driveline.ges_front_diff_housing.gralin_link_2 几何体的创建；
- Link Name （连杆名称）输入几何名称：Link_3；
- Coordinate Reference #1（参考坐标）：hps_front_diff_housing_mount_3；
- Coordinate Reference #2（参考坐标）：hps_front_diff_housing_mount_2；
- Radius（半径)：15；
- Color（杆件几何体颜色）：yellow；
- 选择 Calculate Mass Properties of General Part；
- Density：Material；
- Material Type：steel；
- 单击 OK，完成._my_AWD_driveline.ges_front_diff_housing.gralin_link_3 几何体的创建。

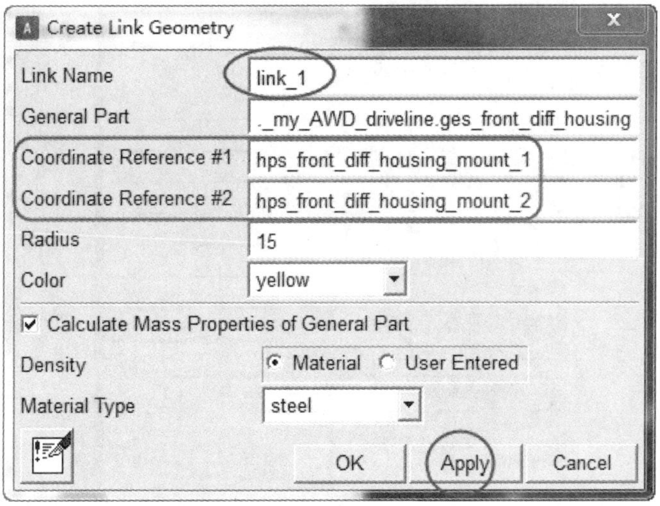

图 6-18 连杆几何体——link_1

（6）前差速器壳 bushing 连接。

- 单击 Build > Attachments > Bushing > New 命令，弹出创衬套件对话框，如图 6-19 所示；
- Bushing Name（约束副名称）：front_diff_housing_1；
- I Part ：ges_front_diff_housing；
- J Part ：mts_Body；
- Type：single；
- Inactive（抑制）：never；

- Preload：0，0，0；
- Tpreload：0，0，0；
- Offset：0，0，0；
- Roffset：0，0，0；
- Geometry Length：20；
- Geometry Radius：30；
- Property File：mdids：//acar_shared/bushings.tbl/mdi_0001.bus；
- Location Dependency：Delta location from coordinate；
- Coordinate Reference(参考坐标)：._my_AWD_driveline.ground.hps_front_diff_housing_mount_1；
- Location：0，0，0；
- Location in：local；
- Orientation Dependency：User entered values；
- Orient using：Euler Angles；
- Euler Angles：0, 90, 0；
- 单击 Apply，完成轴套._my_AWD_driveline.bgs_front_diff_housing_1 的创建；

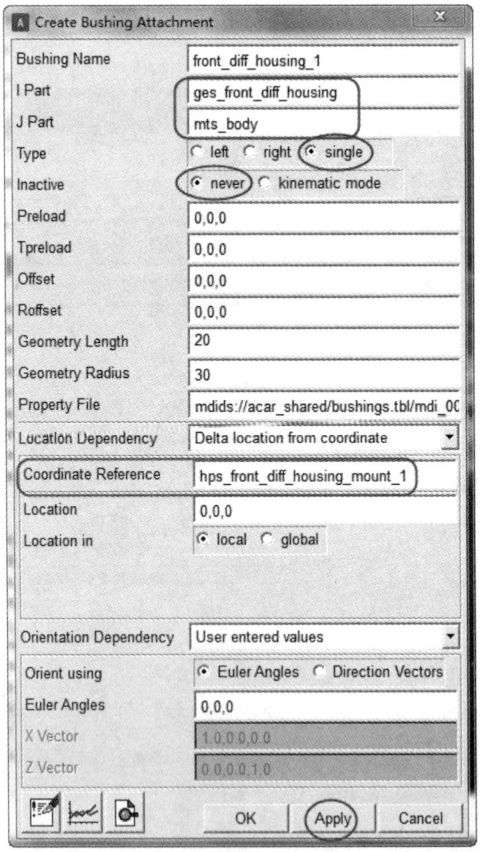

图 6-19　衬套连接——front_diff_housing_1

- Bushing Name（约束副名称）：front_diff_housing_2；
- I　Part ：ges_front_diff_housing；
- J　Part ：mts_Body；
- Type：single；
- Inactive（抑制）：never；
- Preload：0，0，0；
- Tpreload：0，0，0；
- Offset：0，0，0；
- Roffset：0，0，0；
- Geometry Length：20；
- Geometry Radius：30；
- Property File：mdids：//acar_shared/bushings.tbl/mdi_0001.bus；
- Location Dependency：Delta location from coordinate；
- Coordinate Reference（参考坐标）：._my_AWD_driveline.ground.hps_front_diff_ housing_mount_2；
- Location：0，0，0；
- Location in：local；
- Orientation Dependency：User entered values；
- Orient using：Euler Angles；
- Euler Angles：0, 90, 0；
- 单击 Apply，完成轴套._my_AWD_driveline.bgs_front_diff_housing_2 的创建；
- Bushing Name（约束副名称）：front_diff_housing_3；
- I　Part ：ges_front_diff_housing；
- J　Part ：mts_Body；
- Type：single；
- Inactive（抑制）：never；
- Preload：0，0，0；
- Tpreload：0，0，0；
- Offset：0，0，0；
- Roffset：0，0，0；
- Geometry Length：20；
- Geometry Radius：30；
- Property File：mdids：//acar_shared/bushings.tbl/mdi_0001.bus；
- Location Dependency：Delta location from coordinate；
- Coordinate Reference（参考坐标）：._my_AWD_driveline.ground.hps_front_diff_ housing_mount_3；
- Location：0，0，0；
- Location in：local；
- Orientation Dependency：User entered values；

- Orient using：Euler Angles；
- Euler Angles：0, 90, 0；
- 单击 OK，完成轴套._my_AWD_driveline.bgs_front_diff_housing_3 的创建。

（7）后差速器壳几何体。

- 单击 Build > Hardpoint > New 命令，弹出创建硬点对话框参考如图 6-3 所示；
- Hardpoint Name：rear_diff_housing_mount_1；
- Type：single；
- Location：2 650, －100.0, －200.0；
- 单击 Apply，完成._my_AWD_driveline.ground.hps_rear_diff_housing_mount_1 硬点的创建；
- Hardpoint Name：front_diff_housing_mount_2；
- Type：single；
- Location：2 650, 100.0, －200.0；
- 单击 Apply，完成._my_AWD_driveline.ground.hps_rear_diff_housing_mount_2 硬点的创建；
- Hardpoint Name：rear_diff_housing_mount_3；
- Type：single；
- Location：2 300, 0.0, －200.0；
- 单击 OK，完成._my_AWD_driveline.ground.hps_rear_diff_housing_mount_3 硬点的创建。
- 单击 Build > Geometry > Link > New 命令，如图 6-18 所示；
- Link Name（连杆名称）输入几何名称：Link_1；
- General Part 输入 ges_rear_diff_housing；
- Coordinate Reference #1（参考坐标）：hps_rear_diff_housing_mount_1；
- Coordinate Reference #2（参考坐标）：hps_rear_diff_housing_mount_2；
- Radius（半径)：15；
- Color（杆件几何体颜色）：yellow；
- 选择 Calculate Mass Properties of General Part；
- Density：Material；
- Material Type：steel；
- 单击 Apply，完成._my_AWD_driveline.ges_rear_diff_housing.gralin_link_1 几何体的创建；
- Link Name（连杆名称）输入几何名称：Link_2；
- Coordinate Reference #1（参考坐标）：hps_rear_diff_housing_mount_1；
- Coordinate Reference #2（参考坐标）：hps_rear_diff_housing_mount_3；
- Radius（半径)：15；
- Color（杆件几何体颜色）：yellow；
- 选择 Calculate Mass Properties of General Part；
- Density：Material；
- Material Type：steel；

- 单击 Apply，完成._my_AWD_driveline.ges_rear_diff_housing.gralin_link_2 几何体的创建。
- Link Name（连杆名称）输入几何名称：Link_3；
- Coordinate Reference #1（参考坐标）：hps_rear_diff_housing_mount_3；
- Coordinate Reference #2（参考坐标）：hps_rear_diff_housing_mount_2；
- Radius（半径)：15；
- Color（杆件几何体颜色）：yellow；
- 选择 Calculate Mass Properties of General Part；
- Density：Material；
- Material Type：steel；
- 单击 OK，完成._my_AWD_driveline.ges_rear_diff_housing.gralin_link_3 几何体的创建。

（8）后差速器壳 bushing 连接。

- 单击 Build > Attachments > Bushing > New 命令，弹出创衬套件对话框参考如图 6-19 所示；
- Bushing Name（约束副名称）：rear_diff_housing_1；
- I　Part ：ges_front_diff_housing；
- J　Part ：mts_Body；
- Type：single；
- Inactive（抑制）：never；
- Preload：0，0，0；
- Tpreload：0，0，0；
- Offset：0，0，0；
- Roffset：0，0，0；
- Geometry Length：20；
- Geometry Radius：30；
- Property File：mdids：//acar_shared/bushings.tbl/mdi_0001.bus；
- Location Dependency：Delta location from coordinate；
- Coordinate Reference（参考坐标）：._my_AWD_driveline.ground.hps_rear_diff_housing_mount_1；
- Location：0，0，0；
- Location in：local；
- Orientation Dependency：User entered values；
- Orient using：Euler Angles；
- Euler Angles：0, 90, 0；
- 单击 Apply，完成轴套._my_AWD_driveline.bgs_rear_diff_housing_1 的创建；
- Bushing Name（约束副名称）：rear_diff_housing_2；
- I　Part ：ges_rear_diff_housing；
- J　Part ：mts_Body；
- Type：single；
- Inactive（抑制）：never；

- Preload：0，0，0；
- Tpreload：0，0，0；
- Offset：0，0，0；
- Roffset：0，0，0；
- Geometry Length：20；
- Geometry Radius：30；
- Property File：mdids：//acar_shared/bushings.tbl/mdi_0001.bus；
- Location Dependency：Delta location from coordinate；
- Coordinate Reference（参考坐标）：._my_AWD_driveline.ground.hps_rear_diff_housing_mount_2；
- Location：0，0，0；
- Location in：local；
- Orientation Dependency：User entered values；
- Orient using：Euler Angles；
- Euler Angles：0, 90, 0；
- 单击 Apply，完成轴套._my_AWD_driveline.bgs_rear_diff_housing_2 的创建；
- Bushing Name（约束副名称）：front_diff_housing_3；
- I Part：ges_front_diff_housing；
- J Part：mts_Body；
- Type：single；
- Inactive（抑制）：never；
- Preload：0，0，0；
- Tpreload：0，0，0；
- Offset：0，0，0；
- Roffset：0，0，0；
- Geometry Length：20；
- Geometry Radius：30；
- Property File：mdids：//acar_shared/bushings.tbl/mdi_0001.bus；
- Location Dependency：Delta location from coordinate；
- Coordinate Reference（参考坐标）：._my_AWD_driveline.ground.hps_rear_diff_housing_mount_3；
- Location：0，0，0；
- Location in：local；
- Orientation Dependency：User entered values；
- Orient using：Euler Angles；
- Euler Angles：0, 90, 0；
- 单击 OK，完成轴套._my_AWD_driveline.bgs_rear_diff_housing_3 的创建。

6.6 滑叉部件与连接

（1）结构框 propshaft_intermediate。

- 单击 Build > Construction Frame > New 命令，参考如图 6-4 所示；
- Construction Frame：propshaft_intermediate；
- Type：single；
- Location Dependency：Delta location from coordinate；
- Coordinate Reference：hps_propshaft_intermediate；
- Location：0,0,0；
- Location in：local；
- Orientation Dependency：Orient axis to point；
- Coordinate Reference：cfs_mid_rear_propshaft；
- Axis：Z；
- 单击 OK，完成._my_AWD_driveline.ground.cfs_propshaft_intermediate 结构框的创建。

（2）滑叉部件。

- 单击 Build > Part > General Part > New 命令，弹出创建部件对话框，如图 6-20 所示；

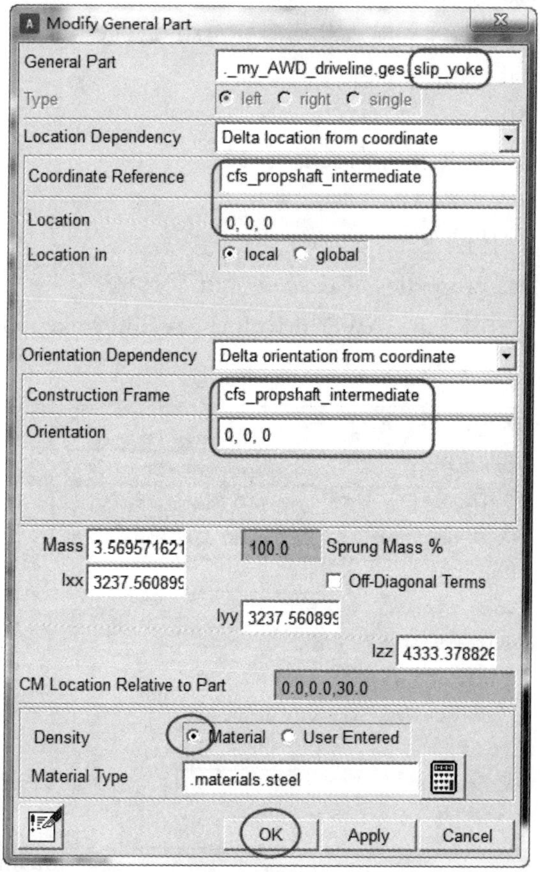

图 6-20　滑叉部件

- General Part：slip_yoke；
- Type：single；
- Location Dependency：Delta location from coordinate；
- Coordinate Reference：cfs_propshaft_intermediate；
- Location：0,0,0；
- Location Dependency：Delta orientation from coordin；
- Construction Frame：cfs_propshaft_intermediate；
- Orientation：0,0,0；
- Mass：1；
- Ixx：1；
- Iyy：1；
- Izz：1；
- Density：Material；
- Material Type：.materials.steel；
- 单击 OK，完成部件._my_AWD_driveline.ges_slip_yoke 创建。

（3）滑叉几何体。

- 单击 Build > Geometry > Cylinder（圆柱体）> New 命令，如图 6-21 所示；
- Cylinder Name（连杆名称）输入几何名称：slip_yoke；
- General Part 输入 ges_slip_yoke；
- Radius（半径）：50；
- Length In Postive Z（Z 轴正方向长度）：60；
- Length In Negative Z（Z 轴负方向长度）：0；
- Color（圆柱体几何体颜色）：yellow；
- 选择 Calculate Mass Properties of General Part 复选框；
- 单击 OK，完成圆柱体._my_AWD_driveline.ges_slip_yoke.gracyl_slip_yoke 几何体的创建。

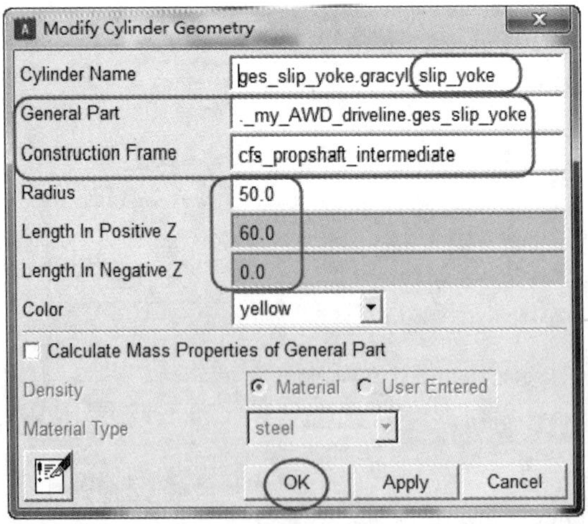

图 6-21　几何体——slip_yoke

（4）滑叉约束。

- 单击 Build > Attachments > Joint > New 命令，弹出创约束件对话框参考如图 6-16 所示；
- Joint Name：slipyoke_to_front_propshaft；
- I Part：ges_slip_yoke；
- J Part：ges_front_propshaft_2；
- Type：single；
- Joint Type：convel；
- Active：always；
- Location Dependency：Delta location from coordina；
- Coordinate Reference：cfs_propshaft_intermediate；
- Location：0,0,0；
- Part Axis：cfs_mid_front_propshaft；
- J-Part Axis：cfs_mid_rear_propshaft；
- 单击 Apply，完成约束副._my_AWD_driveline.joscon_slipyoke_to_front_propshaft 的创建；
- Joint Name：slipyoke_to_rear_propshaft；
- I Part：ges_slip_yoke；
- J Part：ges_rear_propshaft_1；
- Type：single；
- Joint Type：translational；
- Active：always；
- Location Dependency：Delta location from coordina；
- Coordinate Reference：cfs_propshaft_intermediate；
- Location：0,0,0；
- Orientation Dependency：Delta orientation from coordinate；
- Construction Frame：cfs_propshaft_intermediate；
- Orientation：0,0,0；
- 单击 OK，完成约束副._my_AWD_driveline.jostra_slipyoke_to_rear_propshaft 的创建。

6.7 动力传动系统-底盘连接

（1）支撑轴承部件。

- 单击 Build > Part > General Part > New 命令，弹出创建部件对话框如图 6-20 所示；
- General Part：support_bearing；
- Type：single；
- Location Dependency：Delta location from coordinate；
- Coordinate Reference：hps_propshaft_intermediate；
- Location：0,0,0；

- Orientation Dependency：Delta orientation from coordinate；
- Construction Frame：cfs_propshaft_intermediate；
- Orientation：0,0,0；
- Mass：1；
- Ixx：1；
- Iyy：1；
- Izz：1；
- Density：Material；
- Material Type：.materials.steel；
- 单击 OK，完成部件._my_AWD_driveline.ges_support_bearing 创建。

（2）安装部件 propshaft_support_to_body。

- 单击 Build > Part > Mount > New 命令；
- Mount name（安装件名称）：propshaft_support_to_body；
- Coordinate Reference（参考坐标）：._my_AWD_driveline.ground.hps_propshaft_intermediate；
- From Minor Role：any；
- 单击 OK，完成._my_AWD_driveline.mts_propshaft_support_to_body 安装部件的创建。

（3）传动轴连接。

- 单击 Build > Construction Frame > New 命令，参考如图 6-4 所示；
- Construction Frame：propshaft_support_to_bearing；
- Type：single；
- Location Dependency：Located on a line；
- Coordinate Reference # 1：cfs_mid_front_propshaft；
- Coordinate Reference # 2：hps_propshaft_intermediate；
- Relative Location （%)：50；
- Orientation Dependency：Orient to zpoint-xpoint；
- Coordinate Reference # 1：cfs_mid_front_propshaft；
- Coordinate Reference # 2：hps_propshaft_intermediate；
- Axes：ZX；
- 单击 OK,完成._my_AWD_driveline.ground.cfs_propshaft_support_to_bearing 结构框的创建。
- 单击 Build > Attachments > Bushing > New 命令，弹出创衬套件对话框，参考如图 6-19 所示；
- B Bushing Name：support_bearing；
- I Part：ges_support_bearing；
- J Part：mts_propshaft_support_to_body；
- Type：single；
- Inactive：never；
- Preload：0，0，0；
- TPreload：0，0，0；

- Offset：0，0，0；
- Roffset：0，0，0；
- Geometry Length：20；
- Geometry Radius：30
- Property File：mdids：//acar_shared/bushings.tbl/mdi_0001.bus；
- Location Dependency：Delta location from coordinate；
- Coordinate Reference：cfs_propshaft_support_to_bearing；
- Location：0, 0, 0
- Location in：local；
- Orientation Dependency：Delta orientation from coordinate；
- Construction Frame：cfs_propshaft_support_to_bearing；
- Orientation：0，0，0；
- 单击 OK，完成轴套._my_AWD_driveline.bgs_support_bearing 的创建。
- 单击 Build > Attachments > Joint > New 命令，弹出创约束件对话框参考如图 6-16 所示；
- Joint Name：support_bearing_to_propshaft_front；
- I Part：ges_support_bearing；
- J Part：ges_front_propshaft_2；
- Type：single；
- Joint Type：inline；
- Active：always；
- Location Dependency：Delta location from coordinate；
- Coordinate Reference：cfs_propshaft_support_to_bearing；
- Location：0，0，0；
- Location in：local；
- Orientation Dependency：Delta orientation from coordinate；
- Construction Frame：cfs_propshaft_support_to_bearing；
- Orientation：0，0，0；
- 单击 OK，完成约束副._my_AWD_driveline.josinl_support_bearing_to_propshaft_front 的创建。

6.8 差速器动力元

- 单击 Driveline Components > Dyno > New 命令，弹出动力元对话框，如图 6-22 所示；
- Dyno Name：driveline_input；
- Attachment To：Part；
- I Attachment Part：ges_diff_case_front；
- J Attachment Part：ground；
- Coordinate Reference：cfs_front_diff_ref；

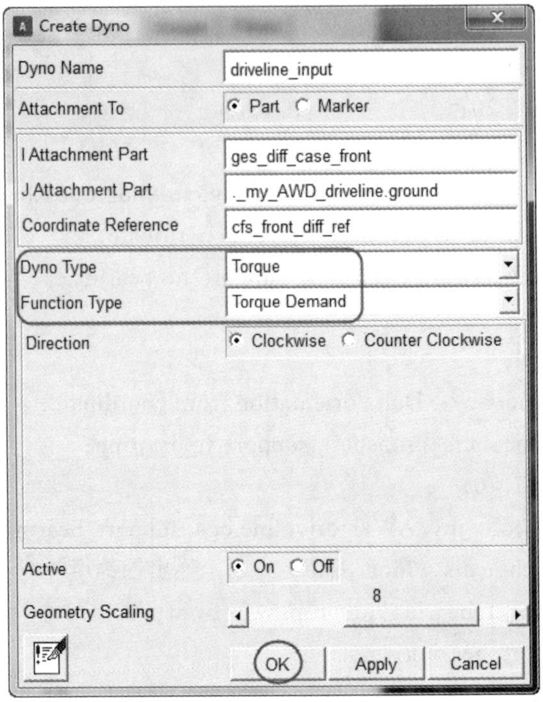

图 6-22　差速器动力元

- Dyno Type：Torque；
- Function Type：Torque Demand；
- Direction：Clockwise；
- Active：On；
- Geometry Scaling：8；
- 单击 OK，完成动力元._my_AWD_driveline.ues_driveline_input 的创建。
- 单击 File > Save As 命令，弹出保存模板对话框，如图 6-23 所示；
- Major Role（主特征）：driveline；
- File Format：Binary；
- Target：Datebase/my_driveline；
- 单击 OK，完成推杆式悬架模型模板 my_AWD_driveline 的保存。

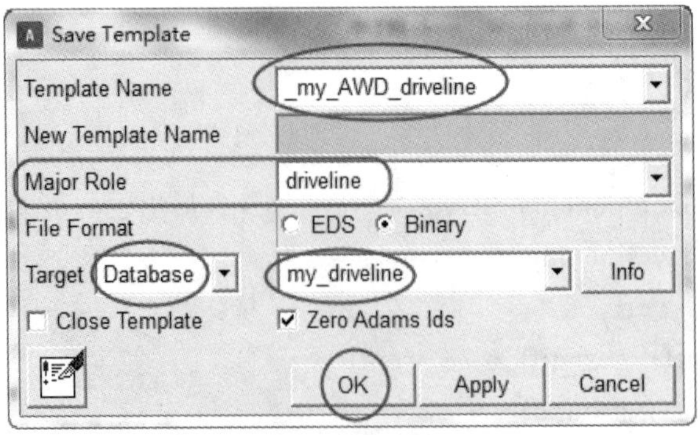

图 6-23　传动轴保存

6.9 阶跃扭矩仿真

（1）传动轴子系统。

- 按 F9，把专家模板转换到标准模式；
- 单击 File > New > Suspension 命令，弹出子系统对话框，如图 6-24 所示；
- Subsystem Name（系统名称）：my_AWD_driveline；
- Minor Role（副特征）：any；
- Template Name（模板路径）：mdids：//my_driveline/templates.tbl/_my_AWD_driveline.tpl；
- 单击 OK，完成子系统 my_AWD_driveline 的创建，如图 6-25 所示。

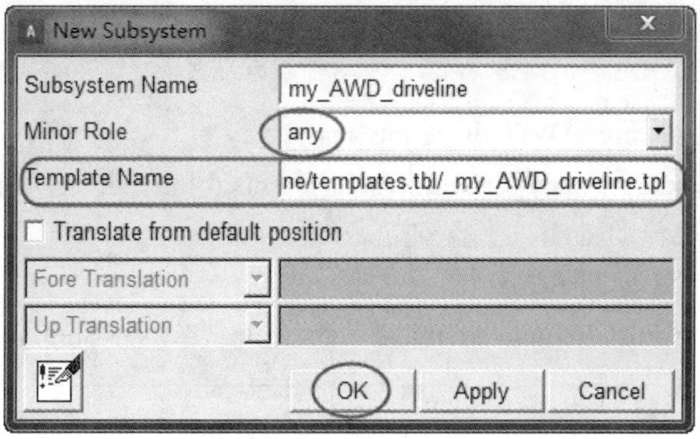

图 6-24 传动轴子系统建立

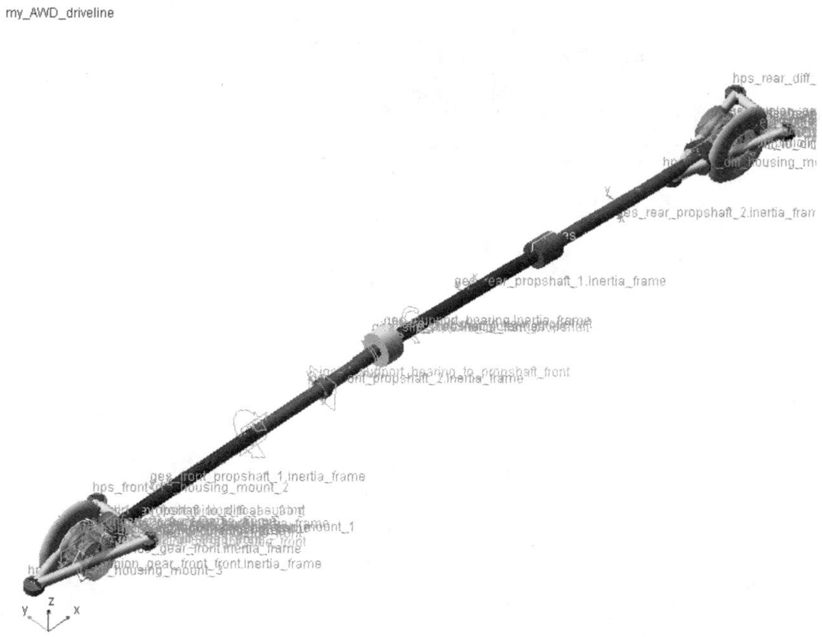

图 6-25 传动轴子系统

（2）传动轴测试平台。

- 单击 File > New > Bench Test Assembly 命令，如图 6-26 所示；

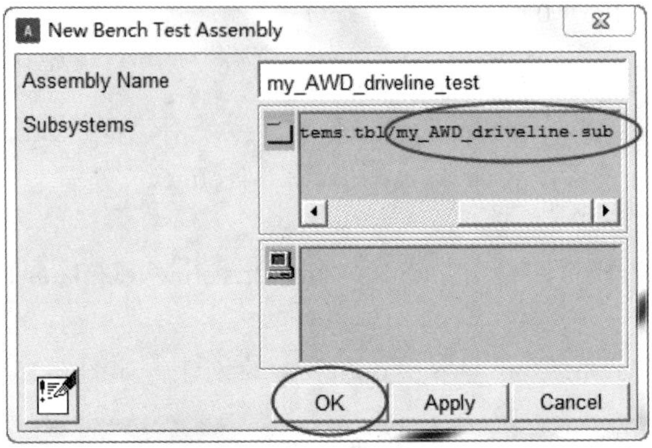

图 6-26　传动轴测试平台

- Assembly Name：my_AWD_driveline_test；
- Subsystems：mdids：//my_driveline/subsystems.tbl/my_AWD_driveline.sub；
- 单击 OK，完成传动轴测试平台建立。

（3）阶跃扭矩仿真（见图 6-27）。

- 单击 Simulate > Full-Vehicle Analysis > Driveline Tests > Step Torque 命令；

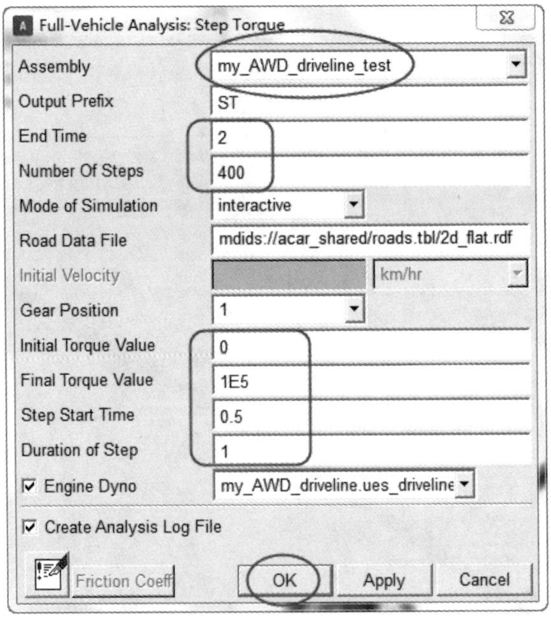

图 6-27　阶跃扭矩仿真

- Output Prefix：AWD_driveline；
- End Time：2；
- Number Of Steps：400；
- Mode of Simulation：interactive；

- Road Data File：mdids：//acar_shared/roads.tbl/2d_flat.rdf ；
- Gear Position：1 ；
- Initial Torque Value：0 ；
- Final Torque Value：1e5 ；
- Step Start Time：0.5 ；
- Duration of Step：1 ；
- Engine Dyno：AWD_driveline.ues_driveline_input；
- 单击 OK，完成阶跃扭矩设置并提交计算，传动轴各计算参数如图 6-28 ~ 图 6-39 所示。

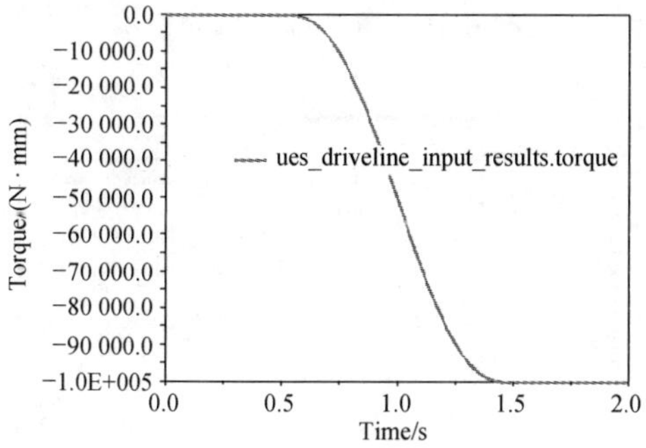

图 6-28 扭矩输入

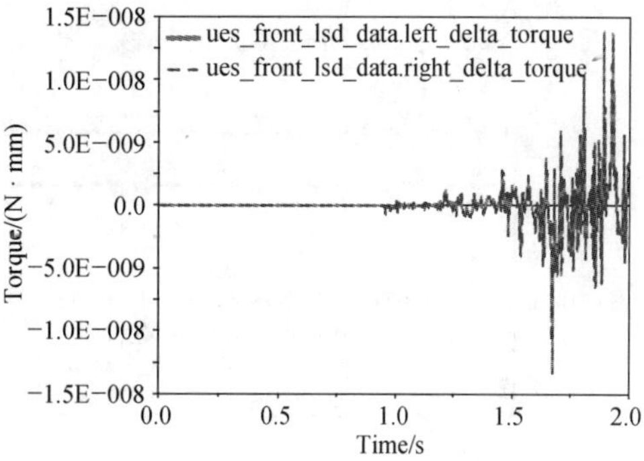

图 6-29 左右限滑差速器扭矩

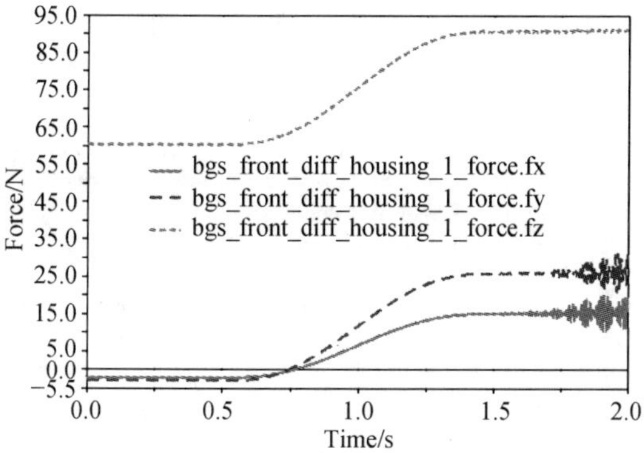

图 6-30 前差速器壳 bushing_1 衬套 $X/Y/Z$ 方向受力

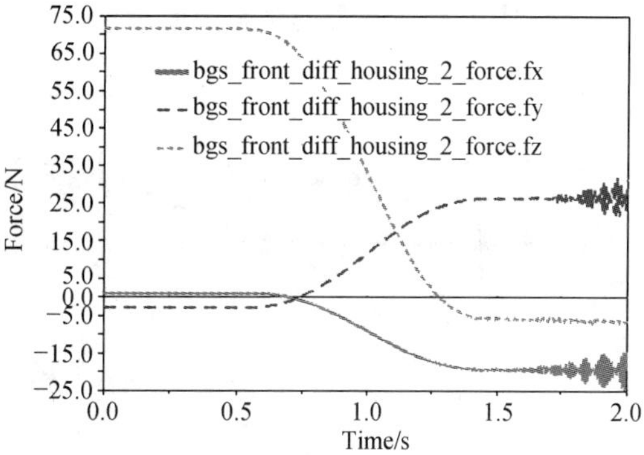

图 6-31 前差速器壳 bushing_2 衬套 $X/Y/Z$ 方向受力

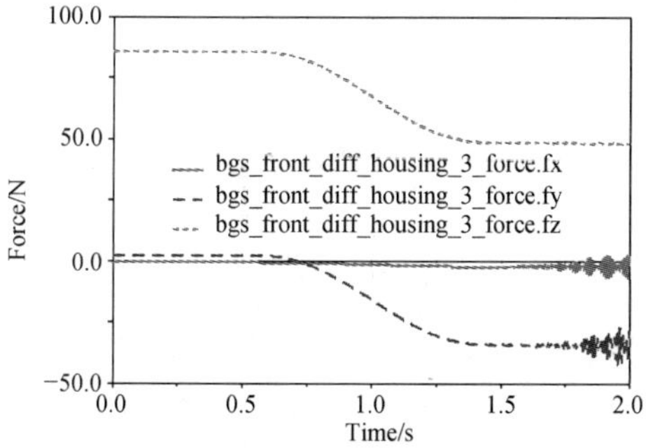

图 6-32 前差速器壳 bushing_3 衬套 $X/Y/Z$ 方向受力

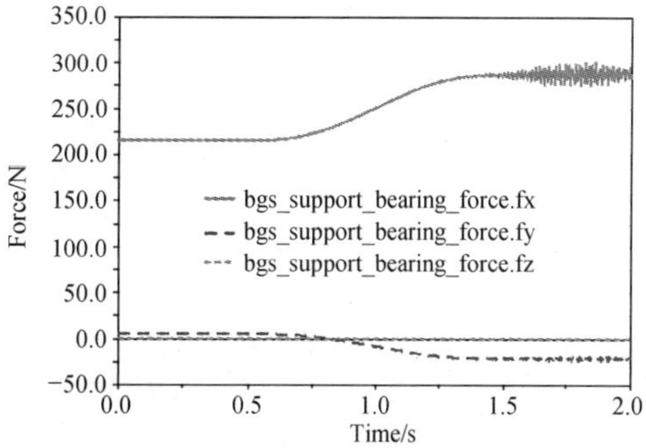

图 6-33 支撑轴承 $X/Y/Z$ 方向受力

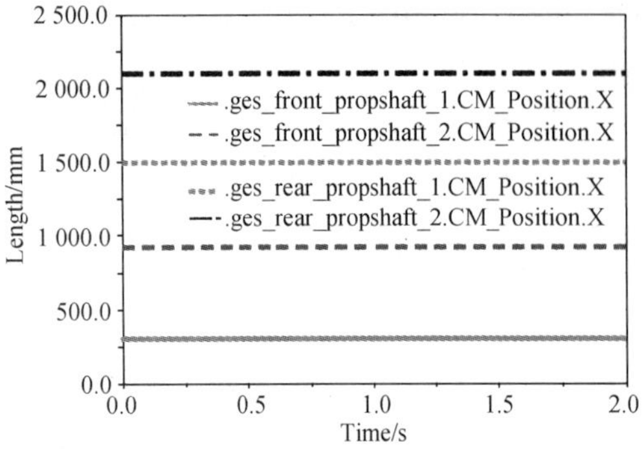

图 6-34　传动轴 *X* 方向位移

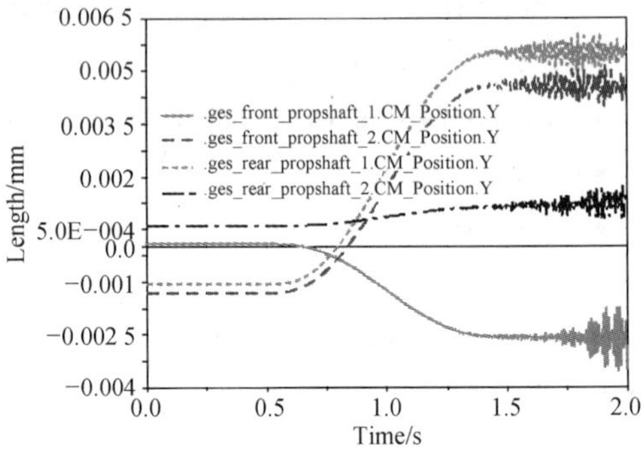

图 6-35　传动轴 *Y* 方向位移

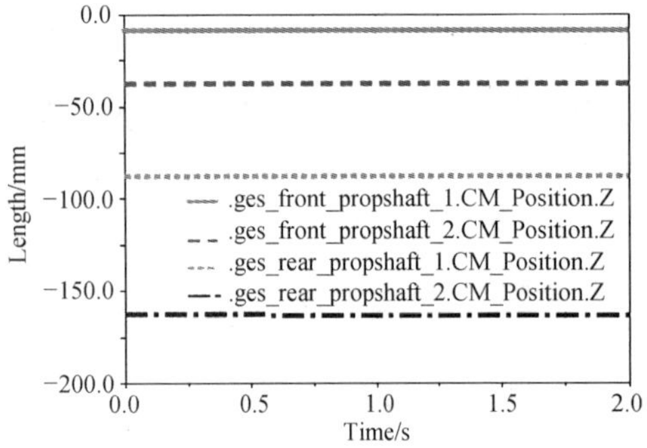

图 6-36　传动轴 *Z* 方向位移

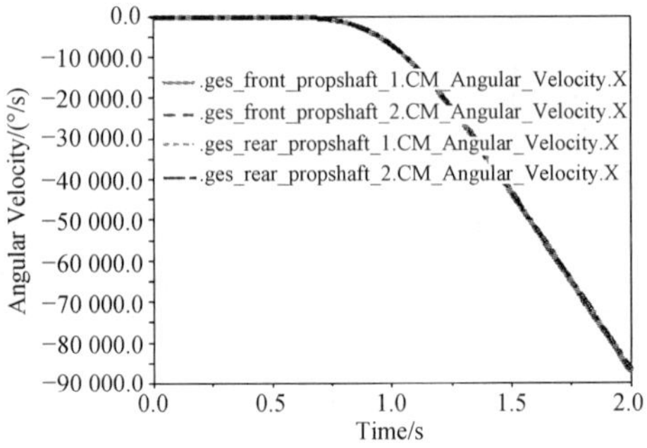

图 6-37　传动轴 *X* 方向速度

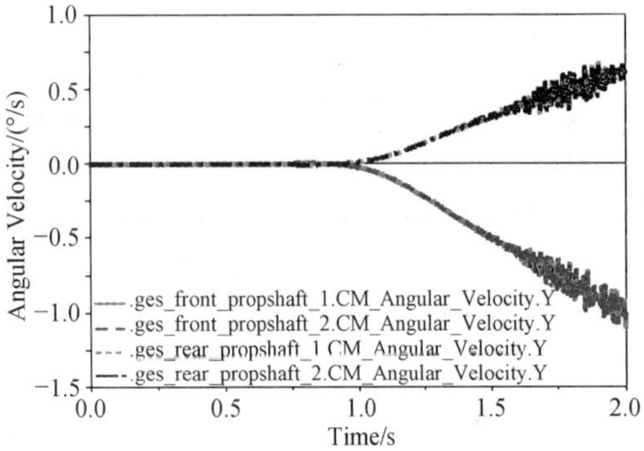

图 6-38　传动轴 *Y* 方向速度

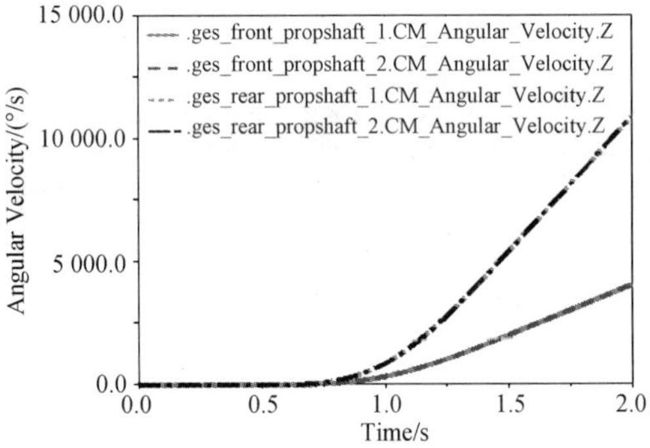

图 6-39　传动轴 *Z* 方向速度

第 7 章 制动系统

制动系统好坏直接关系到整车的安全特性，整车在制动过程中的制动力减速度与制动距离，制动时方向的稳定性以及制动盘的抗热衰退性能是衡量制动器系统的 3 个重要指标；制动盘的抗热衰退性能需要借助于有限元软件进行模拟；制动减速度及制动距离、制动时方向稳定性可以采用 ADAMS 多体动力学软件下的整车模型进行模拟。ABS 是现在乘用车与商用车的标准配置之一，制动系统多体模型（见图 7-1）与 MATLAB 控制软件结合可以模拟不同控制算法下制动系统的制动效能。制动系统中制动力矩的关键在于制动力矩函数的构造，可以在原有函数的基础上根据设计的要求增加或者减少状态变量项，即考虑最终制动力矩由哪些参数决定。制动盘的直径大小、接触面积、摩擦系数等参数可以通过变量参数直接修改，即影响制动力矩的大小。制动系统建模也推荐采用共享数据库中的制动模板，根据实际需求对制动模型中的有关参数进行修改。

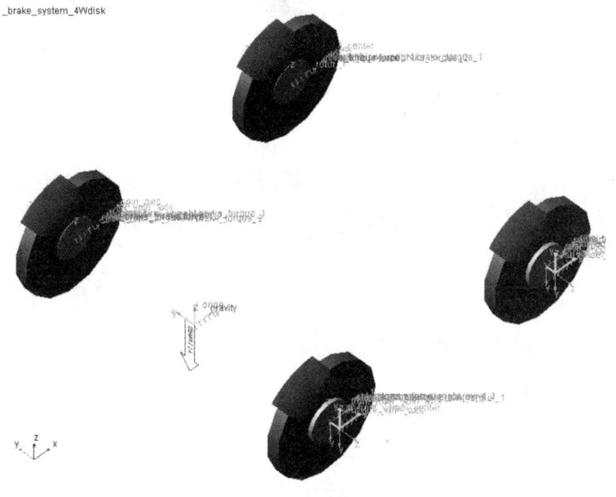

图 7-1　制动系统模型

学习目标

- ✧ 制动系统简介。
- ✧ 制动系统变量参数及通信器。
- ✧ FSAE 赛车 Braking 文件驱动仿真。
- ✧ 客车 Braking 仿真。
- ✧ 牵引车 Braking 仿真。

7.1 制动系统简介

基于 ADAMS 整车环境模式下对制动系统进行研究可以取得较好的效果，其仿真结果可以作为设计制造制动器的依据，同时也可以验证不同制动控制算法的优劣。制动系统建模的关键是要充分考虑影响制动力矩的因素，ADAMS/CAR 中四轮制动系统（左前轮）制动力矩函数如下：

2.0*._brake_system_4Wdisk.pvs_front_piston_area*._brake_system_4Wdisk.pvs_front_brake_bias*VARVAL（._brake_system_4Wdisk.cis_brake_demand_adams_id）*._brake_system_4Wdisk.force_to_pressure_cnvt*._brake_system_4Wdisk.pvs_front_brake_mu*._brake_system_4Wdisk.pvs_front_effective_piston_radius*STEP（ VARVAL（._brake_system_4Wdisk.left_front_wheel_omega），-10D，1，10D，-1）

以左前轮制动力矩函数为例，其中

① ._brake_ABS.pvs_front_piston_area：制动缸活塞有效面积；

② ._brake_ABS.pvs_front_brake_bias：前轴系制动力分配系数；

③ VARVAL（._brake_ABS.cis_brake_demand_adams_id）：制动踏板力；

④ ._brake_ABS.force_to_pressure_cnvt：换算系数，将制动踏板力直接转化为制动总管液体介质压强，默认 0.1；

⑤ ._brake_ABS.pvs_front_brake_mu：制动器摩擦系数；

⑥ ._brake_ABS.pvs_front_effective_piston_radius：制动油缸在制动盘上的作用半径；

⑦ STEP（VARVAL（._brake_ABS.left_front_wheel_omega），-10D，1，10D，-1）：阶跃函数，确保制动力矩与车轮旋转方向相反。

ADAMS/CAR 中商用牵引车三轴系制动系统中（6×4）制动力矩函及牵引车附加拖车（5 轴系）制动力矩函同上述相同，其制动系统模型如图 7-2 ~ 图 7-3 所示。

图 7-2　商用车制动系统模型

图 7-3　商用车附带拖车制动系统模型

7.2 制动系统变量参数及通信器

制动系统的变量参数及输入输出通信器如表 7-1、表 7-2 所示，在研究制动系统时，可以根据真实的制动系统的数据更改装变量的参数值，包含制动系统的几何参数，摩擦系数等。

表 7-1 制动系统变量参数表

Parameter name	symmetry	type	value
kinematic_flag	single	integer	0
front_brake_bias	single	real	0.6
front_brake_mu	single	real	0.4
front_effective_piston_radius	single	real	135.0
front_piston_area	single	real	2500.0
front_rotor_hub_wheel_offset	single	real	25.0
front_rotor_hub_width	single	real	40.0
front_rotor_width	single	real	-25.0
max_brake_value	single	real	100.0
rear_brake_mu	single	real	0.4
rear_effective_piston_radius	single	real	120.0
rear_piston_area	single	real	2500.0
rear_rotor_hub_wheel_offset	single	real	25.0
rear_rotor_hub_width	single	real	40.0
rear_rotor_width	single	real	-25.0

表 7-2 制动系统输入输出通信器表

Communicator Name:	Entity Class:	From Minor Role:
ci[lr]_front_camber_angle	parameter_real	front
ci[lr]_front_rotor_to_wheel	mount	front
ci[lr]_front_suspension_upright	mount	front
ci[lr]_front_tire_force	force	front
ci[lr]_front_toe_angle	parameter_real	front
ci[lr]_front_wheel_center	location	front
ci[lr]_rear_camber_angle	parameter_real	rear
ci[lr]_rear_rotor_to_wheel	mount	rear
ci[lr]_rear_suspension_upright	mount	rear
ci[lr]_rear_tire_force	force	rear
ci[lr]_rear_toe_angle	parameter_real	rear
ci[lr]_rear_wheel_center	location	rear
cis_brake_demand	solver_variable	any
cos_max_brake_value	parameter_real	inherit

7.3 FSAE 赛车 Braking 文件驱动仿真

- 启动 ADAMS/CAR，选择 Standard 标准模块进入界面；
- 单击 File > Open > Assembly 命令，弹出装配打开对话框；
- Assembly Name：mdids：//FASE/assemblies.tbl/fsae_full_2017.asy；
- 单击 OK，完成方程式赛车整车模型的打开。
- 单击 Simulate > Full-Vehicle Analysis > Straight-Line Event > Braking 命令，弹出制动仿真对话框；
- Output Prefix（输出别名）：B_line；
- End Time：10；
- Number Of Steps：1 000；
- Simulation Mode（仿真类型）：interactive；
- Road Date File：mdids：//FASE/roads.tbl/2d_flat.rdf；
- Steering Input（转向输入）lock，转向时保持转向锁定；
- Start Time：4；
- 选择闭环制动模式：Closed-Loop Bbrake；
- Longitudinal Decel（G's）(制动时侧向加速度)：0.63；
- Gear Position（挡位）：4 挡；
- 单击 OK，完成直线 B_line 制动仿真设置并提交软件进行计算。
- 仿真完成后，在计算目录存放一个文件：B_line_brake.xml，路径为 file：//C：/Users/Administrator/B_line_brake.xml；此文件可以用来作为驱动控制文件进行驱动文件控制仿真。
- 单击 **Simulate > Full-Vehicle Analysis > File Driven Event** 命令，弹出驱动控制文件仿真对话框，如图 7-4 所示；

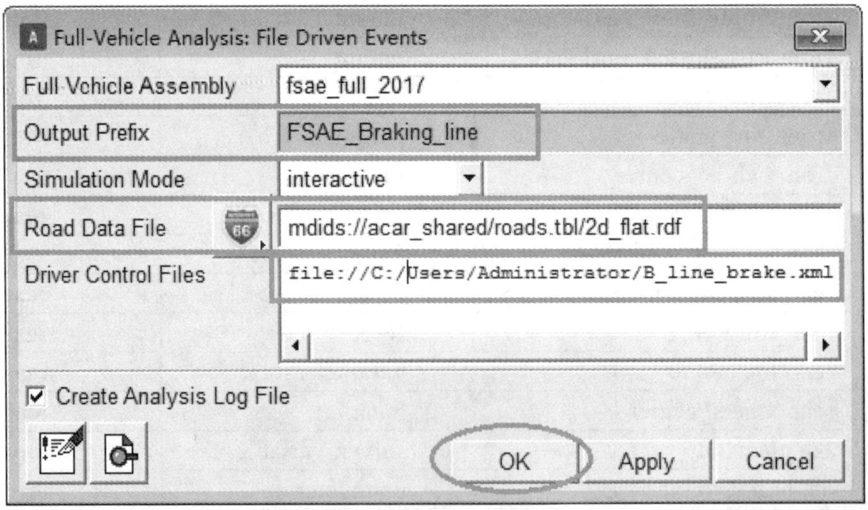

图 7-4　Braking 驱动控制仿真设置

- Output Prefix（输出别名）：FSAE_Braking_line；
- Simulation Mode（仿真类型）：interactive；
- Road Date File：mdids：//acar_shared/roads.tbl/2d_flat.rdf；
- Driver Control Files：file：//C：/Users/Administrator/B_line_brake.xml；此文件为上述 B_line 制动仿真在目录文件夹中存根；
- 单击 OK，完成直线制动 FSAE_Braking_line 驱动控制仿真设置并提交计算，计算结果如图 7-5 ~ 图 7-8 所示。B_line 制动仿真与直线制动 FSAE_Braking_line 驱动控制仿真计算结果完全一样，在此主要为了对驱动控制文件仿真进行说明。

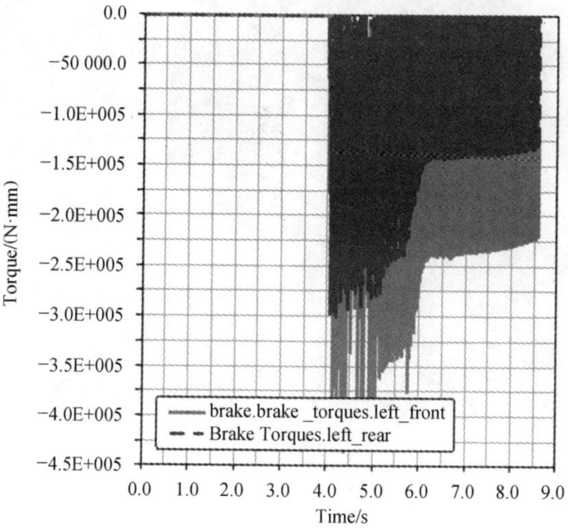

图 7-5　左前轮与左后轮制动力矩

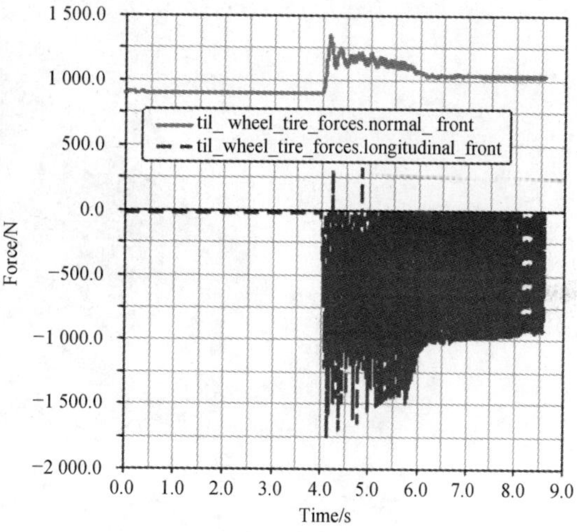

图 7-6　左前轮胎法向与纵向轮胎力

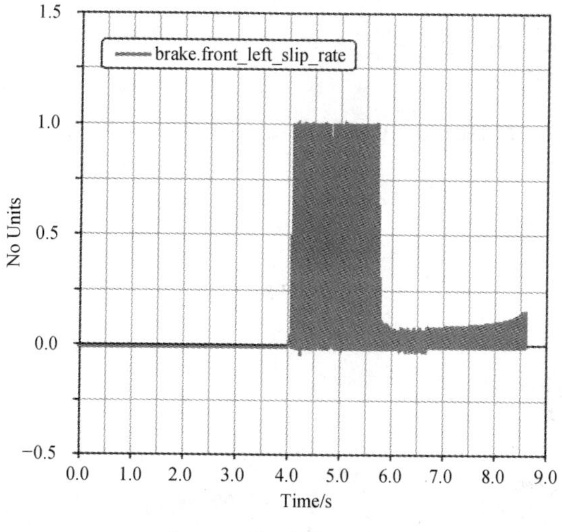

图 7-7　左前轮滑移率

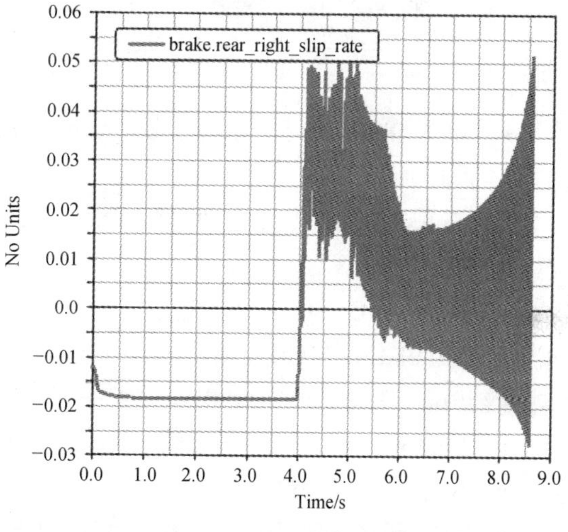

图 7-8　右后轮滑移率

7.4 客车 Braking 仿真

- 单击 File > Open > Assembly 命令，弹出装配打开对话框；
- Assembly Name：mdids：//atruck_shared/assemblies.tbl/msc_bus_rigid.asy；
- 单击 OK，完成客车整车模型的打开，如图 7-9 所示。

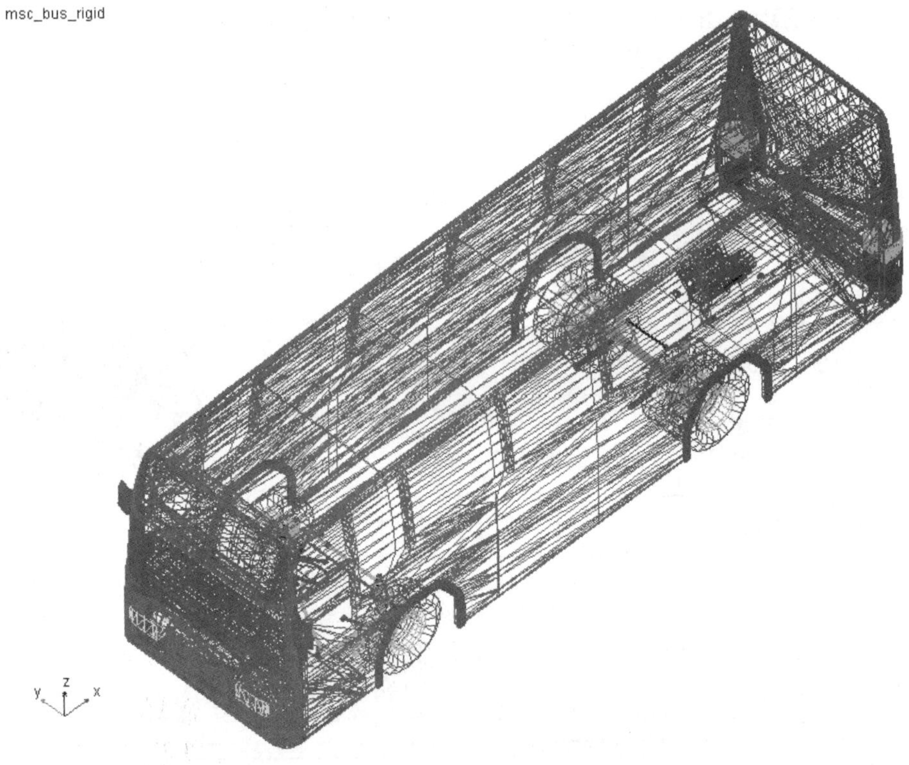

图 7-9　客车模型

- 单击 Simulate > Full-Vehicle Analysis > Straight-Line Event > Braking 命令，弹出制动仿真对话框；
- Output Prefix（输出别名）：Bus_Braking_line；
- End Time：10；
- Number Of Steps：1 000；
- Simulation Mode（仿真类型）：interactive；
- Road Date File：mdids：//FASE/roads.tbl/2d_flat.rdf；
- Steering Input（转向输入）：straight line；
- Start Time：4；
- 选择闭环制动模式：Closed-Loop Bbrake；
- Longitudinal Decel（G's）（制动时侧向加速度）：0.63；
- Gear Position（挡位）：4 挡；
- 单击 OK，完成直线 Bus_Braking_line 制动仿真设置并提交软件进行计算。

直线 Bus_Braking_line 制动仿真计算完成后如图 7-10、图 7-11 所示，客车后左后轮制动力矩相对于左前轮来说比较大，后驱动轴内外侧轮胎的纵向轮胎力大小总体相似，在第 4 s 制动后稍微有些波动，内侧轮胎相对外侧轮胎力变化稍大。

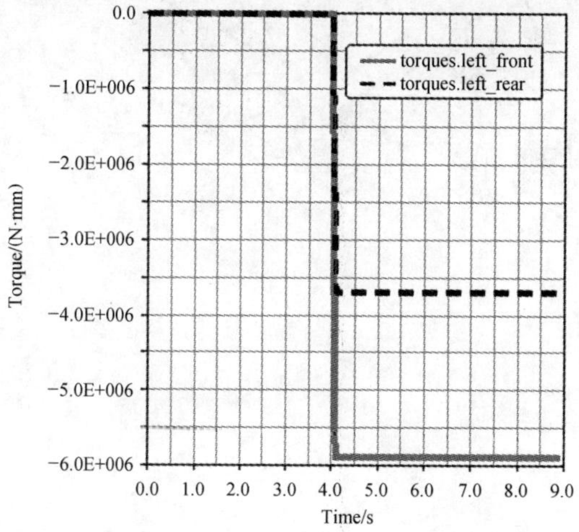

图 7-10　左前轮与左后轮制动力矩

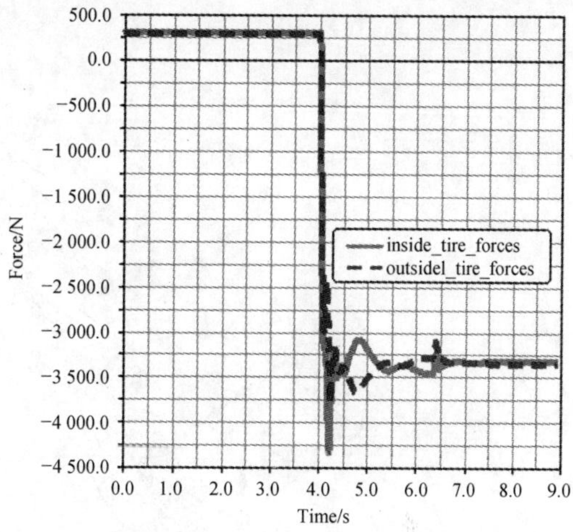

图 7-11　驱动轴内侧与外侧车辆纵向轮胎力-bus

7.5　牵引车 Braking 仿真

- 单击 File > Open > Assembly 命令，弹出装配打开对话框；
- Assembly Name：mdids：//atruck_shared/assemblies.tbl/msc_tractor_unit.asy；
- 单击 OK，完成商用重型牵引车整车模型的打开，如图 7-12 所示；
- 单击 Simulate > Full-Vehicle Analysis > Straight-Line Event > Braking 命令，弹出制动仿真对话框；
- Output Prefix（输出别名）：Tractor_Braking_line；
- End Time：10；
- Number Of Steps：1 000；
- Simulation Mode（仿真类型）：interactive；
- Road Date File：mdids：//FASE/roads.tbl/2d_flat.rdf；
- Steering Input（转向输入）：straight line；
- Start Time：4；
- 选择闭环制动模式：Closed-Loop Bbrake；
- Longitudinal Decel（G's）（制动时侧向加速度）：0.63；
- Gear Position（挡位）：4 挡；

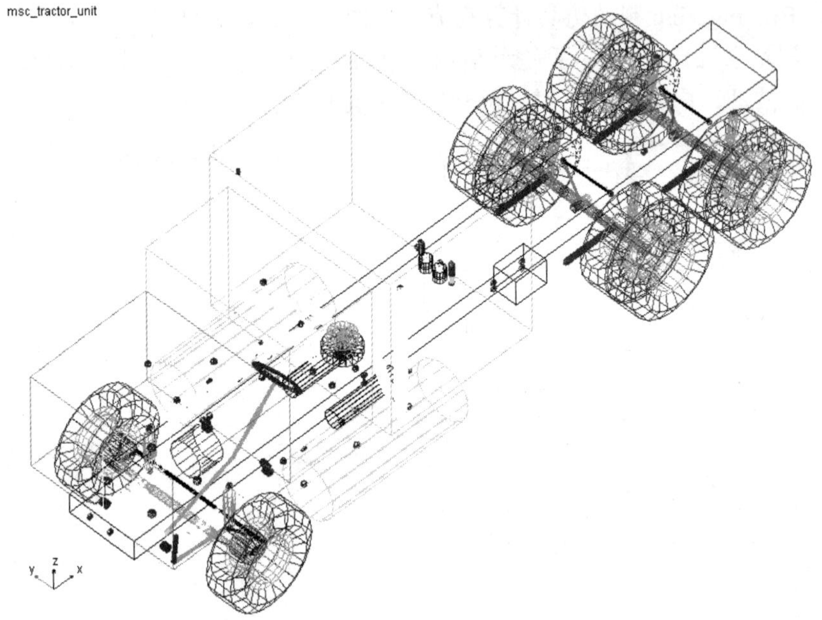

图 7-12　商用牵引车模型

- 单击 OK，完成直线 Tractor_Braking_line 制动仿真设置并提交软件进行计算。

直线 Tractor_Braking_line 制动仿真计算完成后如图 7-13、图 7-14 所示，牵引车前驱动轴制动力矩相对于后驱动轴制动力矩较大；驱动轴内外侧轮胎的纵向轮胎力大小总体相似，在第 4 s 制动后稍微有些波动，总体变化不大。

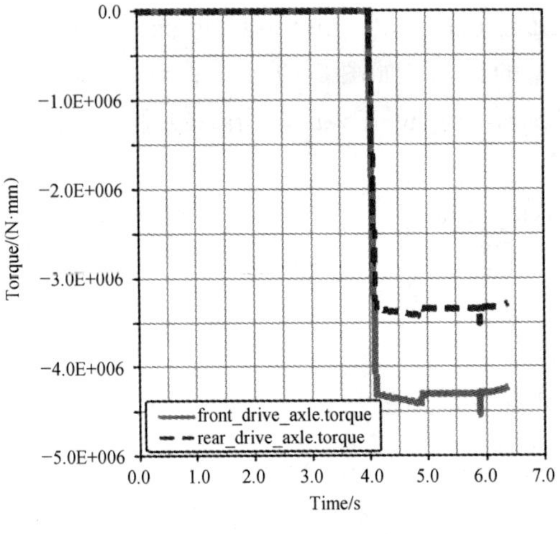

图 7-13　前后驱动轴制动力矩

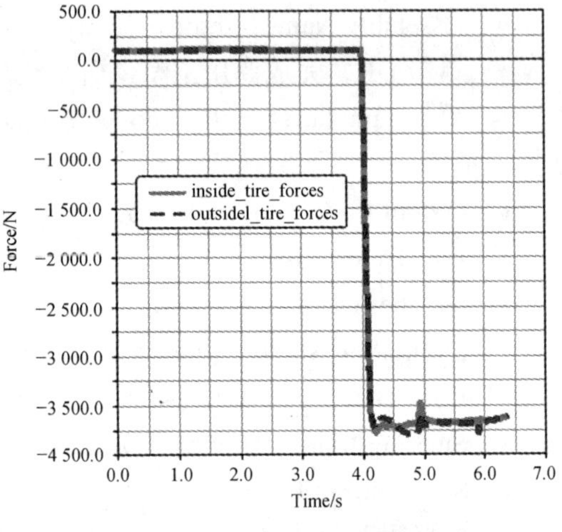

图 7-14　驱动轴内侧与外侧车辆纵向轮胎力-Tractor

第 8 章　路面模型

整车模型计算仿真的前提是必须在路面上进行。路面的状态设置类型较为多样，以满足不同计算工况的需要。对整车制动系统评估时，需要设置对开及对接路面；对整车的平顺性计算仿真时需要不同等级的路面及通过减速带、连续坑洼路面等。ADAMS\CAR 模块共享数据库中 ROAD 文件夹提供的路面文件足以满足日常所需工况仿真要求，但对于一些特殊工况仍需要读者自己建立相应路面。

学习目标

- ✧ 路面类型简介。
- ✧ 对开路面。
- ✧ 对接路面。
- ✧ 减速带路面。
- ✧ 连续障碍路面。
- ✧ 直线制动系统仿真。
- ✧ 分离轮胎路面设置。
- ✧ 弯道制动系统仿真。

8.1　路面类型简介

路面模型可以分为 2D 与 3D 模型。2D 路面接触通常采用点式跟踪法；3D 路面模型为三维轮胎-路面接触模型，用以计算路面和轮胎之间交叉体积，路面采用一系列离散三角形面表示，而轮胎用一系列的圆柱表示。采用 3D 路面模型（或称 3D 等效体积路面模型），可以模拟车辆在运动过程中碰到路边台阶、凹坑、粗糙路面及其在不规则路面上运动的情形。3D 等效体积路面模型如图 8-1 所示，此路面由 6 个节点构成 4 个三角形单元，每个三角形单元有向外的单位向矢量，与有限元网格中定义较为相似。ADAMS/TIRE 在定义路面时需要首先指定每个节点在路面参考坐标系下的坐标，再按顺序指定 3 个节点构成三角形单元，对应每个单元，可以指定不同的摩擦系数。除此之外还有 3D 光滑路面，用于定义停车场、赛道路面等，3D 光滑路面一般指路面的曲率小于轮胎的曲率。

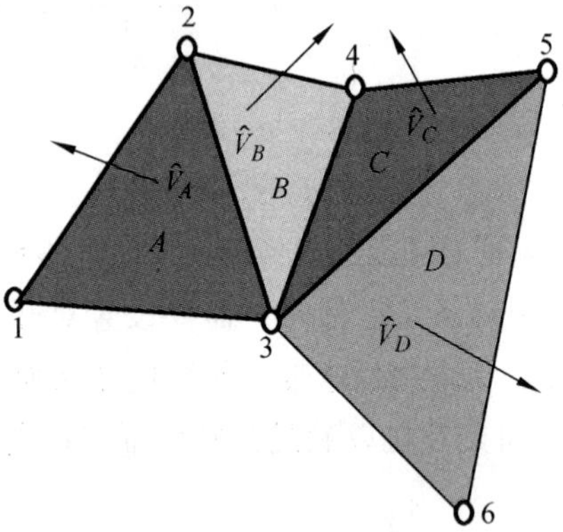

图 8-1　3D 等效体积路面模型

路面模型存储于共享数据库的文件夹中，路径为 D:\MSC.Software\Adams_x64\2014\acar\shared_car_database.cdb\roads.tbl。2D 路面模型除平整路面 FLAT 外其他路面在仿真时均不能显示几何图形。

① DRUM：测试轮胎用转股试验台。

② FLAT：平整路面。

③ PLANK：矩形凸块路面。

④ POLY_LINE：折线路面。

⑤ POT_HOLE：凹坑路面。

⑥ RAMP：斜坡路面。

⑦ ROOF：三角形凸块路面。

⑧ SINE：正弦波路面。

⑨ SINE_SWEEP：正弦波波纹路面。

⑩ STOCHASTIC_UNEVEN：随即不平路面。

- 单击 Simulate > Component Analysis > consin/tiretlls 命令，弹出 consin2014-3 插件对话框，如图 8-2 所示；
- 单击 File > Open road 命令，弹出选择路面文件对话框，选择正弦波波纹路面 2d_sine_sweep.rdf；
- 单击“打开”按钮，弹出 roadtools 工具对话框，如图 8-3 所示；
- 单击显示按钮快捷方式，显示正弦波波纹路面如图 8-4 所示，其余不同类型路面形状读者可自行尝试打开观看。

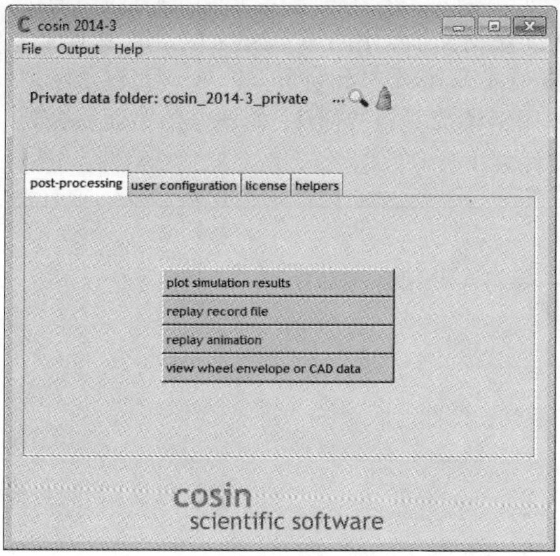

图 8-2 consin2014-3 插件

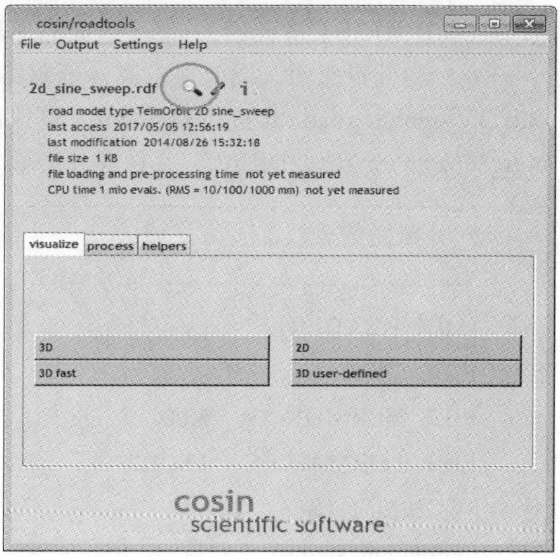

图 8-3 roadtools 工具对话框

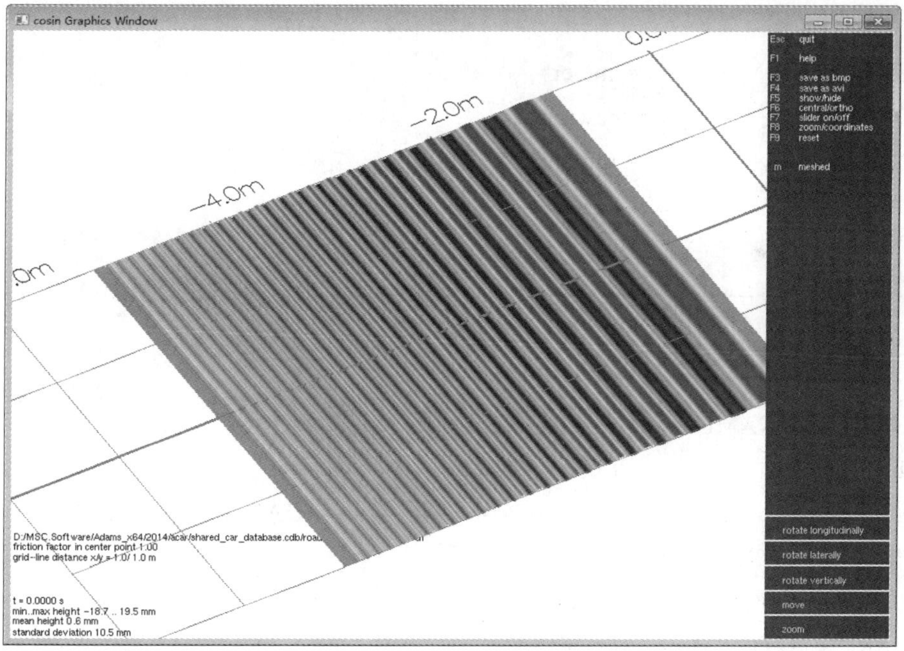

图 8-4 正弦波波纹路面图

8.2 对开路面

真实车辆在制动过程中，左右两侧车轮可能处在不同的路面上，对开路面主要用于车辆ABS 制动状态下系统的仿真，或者模拟车辆在失控状态下整车的稳定性能。对开路面编辑以

3D 样条路面 mdi_3d_smooth_road.rdf 为模板，对路面左侧摩擦系数 MU_LEFT 与右侧路面摩擦系数 MU_RIGHT 进行更改；高、低附路面以摩擦系数 0.5 为中间值，大于 0.5 为高附路面，小于 0.5 为低附路面，同时要求高、低附路面摩擦系数比值大于等于 2。对 3D 样条路面 mdi_3d_smooth_road.rdf 进行局部修改，修改部分用斜体加下划线标注。修改好的路面另存为 mdi_3d_smooth_road_DK.rdf，文件存放于章节文件夹中。

对开路面信息按如下方式修改：

```
$--------------------------------------------------------------MDI_HEADER
[MDI_HEADER]
FILE_TYPE  =  'rdf'
FILE_VERSION  =  5.00
FILE_FORMAT  =  'ASCII'
(COMMENTS)
(comment_string)
'3d smooth road'
$--------------------------------------------------------------UNITS
[UNITS]
LENGTH                 = 'meter'
FORCE                  = 'newton'
ANGLE                  = 'radians'
MASS                   = 'kg'
TIME                   = 'sec'
$--------------------------------------------------------------DEFINITION
[MODEL]
METHOD                 = '3D_SPLINE'
FUNCTION_NAME          = 'ARC903'
VERSION                = 1.00
$--------------------------------------------------------------ROAD_PARAMETERS
[GLOBAL_PARAMETERS]
CLOSED_ROAD            = 'nO'
SEARCH_ALGORITHM       = 'FaSt'
ROAD_VERTICAL          = '0.0 0.0 1.0'
FORWARD_DIR            =  'NORMAL'
MU_LEFT                =  1.0
MU_RIGHT               =  1.0
WIDTH                  =  7.000
BANK                   =  0.0
```

```
$-------------------------------------------------------------DATA_POINTS
[DATA_POINTS]
{     X              Y              Z          WIDTH  BANK  MU_LEFT   MU_RIGHT }
12.50000E+00  0.00000E-00  0.00000E-00  7.000 0.000  0.800  0.400
10.50000E+00  0.00000E-00  0.00000E-00  7.000 0.000  0.800  0.400
 5.50000E+00  0.00000E-00  0.00000E-00  7.000 0.000  0.800  0.400
 0.50000E+00  0.00000E-00  0.00000E-00  7.000 0.000  0.800  0.400
 0.00000E+00  0.00000E-00  0.00000E-00  7.000 0.000  0.800  0.400
 -2.50000E+00  0.00000E-00  0.00000E-00  7.000 0.000  0.800  0.400
 -5.00000E+00  0.00000E-00  0.00000E-00  7.000 0.000  0.800  0.400
 -1.00000E+01  0.00000E-00  0.00000E-00  7.000 0.000  0.800  0.400
 -2.00000E+01  0.00000E-00  0.10000E-00  7.000 0.000  0.800  0.400
 -3.00000E+01  0.00000E-00  0.20000E-00  7.000 0.000  0.800  0.400
 -4.00000E+01  0.00000E-00  0.30000E-00  7.000 0.000  0.800  0.400
 -5.00000E+01  0.00000E-00  0.40000E-00  7.000 0.000  0.800  0.400
 -6.00000E+01  0.00000E-00  0.50000E-00  7.000 0.000  0.800  0.400
 -7.00000E+01  0.00000E-00  0.60000E-00  7.000 0.000  0.800  0.400
 -8.00000E+01  0.00000E-00  0.70000E-00  7.000 0.000  0.800  0.400
 -9.00000E+01  0.00000E-00  0.80000E-00  7.000 0.000  0.800  0.400
 -1.00000E+02  0.00000E-00  0.90000E-00  7.000 0.000  0.800  0.400
 -1.10000E+02  0.00000E-00  1.00000E+00  7.000 0.000  0.800  0.400
 -1.20000E+02  0.00000E-00  1.10000E-00  7.000 0.000  0.800  0.400
 -1.30000E+02  0.00000E-00  1.20000E-00  7.000 0.000  0.800  0.400
$-------------------------------------------------------------END_DATA_POINTS
```

8.3 对接路面

对接路面同样用于车辆 ABS 制动状态下系统的仿真，对接路面以长度为单位划分为各小整体，每个整体路面摩擦系数不同，以路面中轴线为界，对接路面编辑以 3D 样条路面 mdi_3d_smooth_road.rdf 为模板，经过某一个长度后（长度的大小可以对整车进行直线制动仿真进行估计）路面左右侧的摩擦系数同时变更，一般情况下变小；高、低附路面以摩擦系数 0.5 为中间值，大于 0.5 为高附路面，小于 0.5 为低附路面，同时要求高、低附路面摩擦系数比值大于等于 2；对 3D 样条路面 mdi_3d_smooth_road.rdf 进行局部修改，修改部分用斜体加下划线标注。修改好的路面另存为 mdi_3d_smooth_road_DJ.rdf，文件存放于章节文件夹中。

对接路面信息按如下方式修改：

```
$---------------------------------------------------------------MDI_HEADER
[MDI_HEADER]
FILE_TYPE   =   'rdf'
FILE_VERSION   =   5.00
FILE_FORMAT   =   'ASCII'
( COMMENTS)
( comment_string)
'3d smooth road'
$---------------------------------------------------------------UNITS
[UNITS]
LENGTH                 = 'meter'
FORCE                  = 'newton'
ANGLE                  = 'radians'
MASS                   = 'kg'
TIME                   = 'sec'
$---------------------------------------------------------------DEFINITION
[MODEL]
METHOD                 = '3D_SPLINE'
FUNCTION_NAME          = 'ARC903'
VERSION                = 1.00
$---------------------------------------------------------------ROAD_PARAMETERS
[GLOBAL_PARAMETERS]
CLOSED_ROAD            = 'nO'
SEARCH_ALGORITHM       = 'FaSt'
ROAD_VERTICAL          = '0.0 0.0 1.0'
FORWARD_DIR            =   'NORMAL'
MU_LEFT                =   1.0
MU_RIGHT               =   1.0
WIDTH                  =   7.000
BANK                   =   0.0

$---------------------------------------------------------------DATA_POINTS
[DATA_POINTS]
{    X            Y             Z          WIDTH  BANK  MU_LEFT  MU_RIGHT }
12.50000E+00  0.00000E – 00  0.00000E – 00  3.000 0.000  0.900  0.900
```

```
10.50000E+00   0.00000E - 00   0.00000E - 00   3.000 0.000   0.900   0.900
5.50000E+00   0.00000E - 00   0.00000E - 00   3.000 0.000   0.900   0.900
0.50000E+00   0.00000E - 00   0.00000E - 00   3.000 0.000   0.900   0.900
0.00000E+00   0.00000E - 00   0.00000E - 00   3.000 0.000   0.900   0.900
- 2.50000E+00   0.00000E - 00   0.00000E - 00   3.000 0.000   0.900   0.900
- 5.00000E+00   0.00000E - 00   0.00000E - 00   3.000 0.000   0.900   0.900
- 1.00000E+01   0.00000E - 00   0.00000E - 00   3.000 0.000   0.300   0.300
- 2.00000E+01   0.00000E - 00   0.10000E - 00   3.000 0.000   0.300   0.300
- 3.00000E+01   0.00000E - 00   0.20000E - 00   3.000 0.000   0.300   0.300
- 4.00000E+01   0.00000E - 00   0.30000E - 00   3.000 0.000   0.300   0.300
- 5.00000E+01   0.00000E - 00   0.40000E - 00   3.000 0.000   0.300   0.300
- 6.00000E+01   0.00000E - 00   0.50000E - 00   3.000 0.000   0.300   0.300
- 7.00000E+01   0.00000E - 00   0.60000E - 00   3.000 0.000   0.300   0.300
- 8.00000E+01   0.00000E - 00   0.70000E - 00   3.000 0.000   0.300   0.300
- 9.00000E+01   0.00000E - 00   0.80000E - 00   3.000 0.000   0.300   0.300
- 1.00000E+02   0.00000E - 00   0.90000E - 00   3.000 0.000   0.300   0.300
- 1.10000E+02   0.00000E - 00   1.00000E+00   3.000 0.000   0.300   0.300
- 1.20000E+02   0.00000E - 00   1.10000E - 00   3.000 0.000   0.300   0.300
- 1.30000E+02   0.00000E - 00   1.20000E - 00   3.000 0.000   0.300   0.300
$----------------------------------------------------------------END_DATA_POINTS
```

8.4 减速带路面

减速带主要设置在路口、学校、小区门口等车流量较多、人口较为密集的地方，提示车辆减速慢行，注意安全。减速带规格类型较多，此案例采用的减速带规格为 250 × 350 × 50（长 × 宽 × 高），其中减速带断面参数为 350 × 50。通过 ADAMS\CAR 建立减速带模型，模拟 FSAE 赛车通过减速整车的运动状态。

- 单击 Simulate > Full-Vehicle Analyses > Road builder 命令，弹出路面构建对话框如图 8-5 所示，对话框主要包含 4 部分：路面文件、标题栏、路面文件版本信息、路面单位信息。
- Road File：D：\MSC.Software\Adams_x64\2014\acar\shared_car_database.cdb\roads.tbl\road_3d_sine_example.xml；
- 路面文件中输入上述路径，路面建模器打开后默认存在，也可以点击后面的文件快捷方式输入其他路面文件；界面其余设置均保持默认；
- 单击 Obstacle（障碍物，包括凸块路面、凹坑路面、三角形凸台路面等），此时图 8-5 转换成障碍物路面设置界面，如图 8-6 所示；

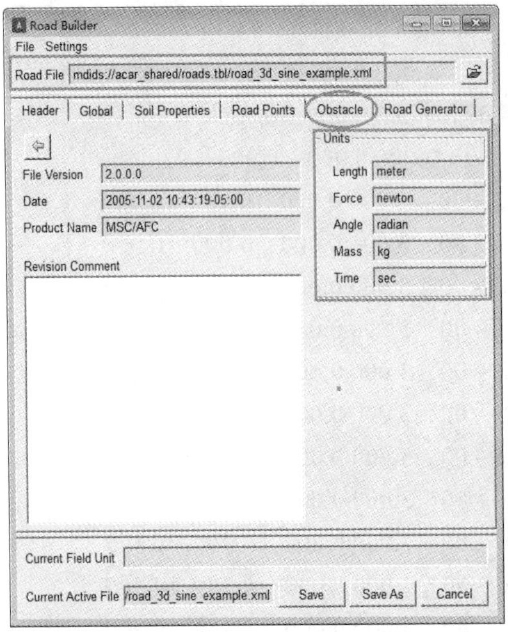

图 8-5 路面构建对话框

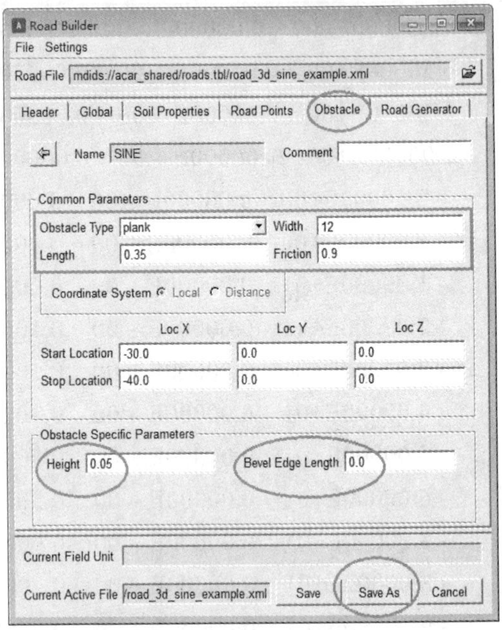

图 8-6 路面障碍对话框

- Obstacle Type：plank，即障碍物选择凸块路面；
- Width（路面宽度）：12，单位 m（减速带宽度与路面宽度相同，路面宽度可以用记事本打开 road_3d_sine_example.xml 查询）；
- Length（减速带断面宽度）：0.35，单位 m；
- Friction（摩擦系数）：0.9；
- Height（减速带高度）0.05，单位 m；
- Bevel Edge Length（凸块倒角变长度，默认角度为 45°）：0，单位 m；
- 其余保持默认设置，单击 Save As 标签，另存为 road_3d_sine_example_JIANSUDAI.xml；存储路径为 D：\fsae_MD_2010.cdb\roads.tbl\ road_3d_sine_example_JIANSUDAI.xml。

减速带路面如图 8-7 所示。

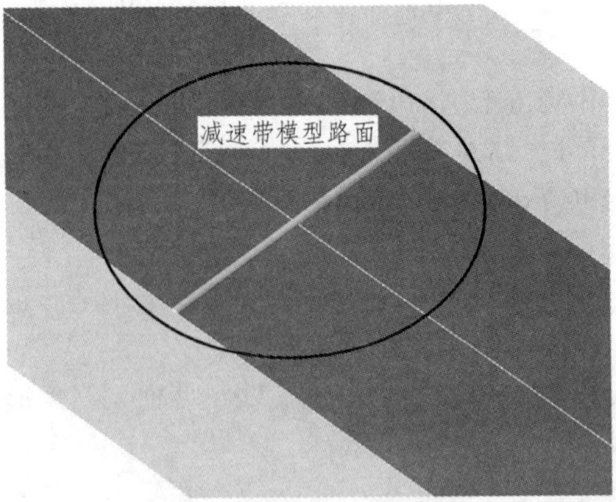

图 8-7 减速带路面模型

8.5 单线移仿真

- 单击 Simulate > Full-Vehicle Analysis > Open-Loop Steering Events > Single Lane Change 命令，弹出单线移仿真对话框，如图 8-8 所示；
- Output Prefix（输出别名）：FSAE_single_lane；
- End Time：10；
- Number Of Steps：1 000；
- Simulation Mode（仿真类型）：interactive；
- Road Date File：mdids：//FASE/roads.tbl/road_3d_sine_example_JIANSUDAI.xml；
- Initial Velocity（初始速度）：50；
- Gear Position（挡位）：4 挡；
- Maximum Steer Value（方向盘输入最大角度）：90，单位：度；
- Start Time：2；
- Cycle length（转向时间）：1；
- Steering Input（转向输入）：Angle；
- 其余设置保持默认，单击 OK，完成单线移仿真设置并提交软件进行计算。

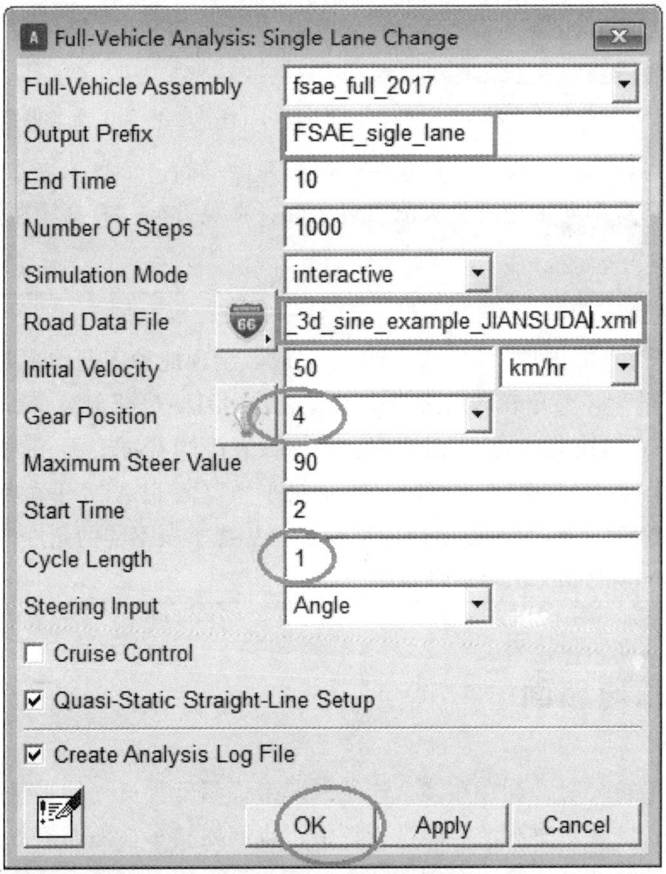

图 8-8　单线移仿真设置对话框

仿真正确且结束后，查看车身的垂向加速度与侧向加速度，根据数据评估 FSAE 整车运行状态及稳定性。查看数据有两种方法：一种是直接在后处理模块中查询；另一种是直接在标准窗口界面建立测量函数测量。

- 标准窗口界面右击选择.fsae_full_2017.FSAE_Body_2017.ges_chassis > Measure，弹出测量对话框；
- Measure Name：chassis_acc_Z ；
- Characteristic：CM acceleration；
- Component：Z；
- 单击 Apply，完成 FSAE 赛车的垂向加速度的测量，如图 8-9 所示；
- Measure Name：chassis_acc_Y ；
- Component：Y；
- 其余保持默认，单击 OK，完成 FSAE 赛车的侧向加速度的测量，如图 8-10 所示。

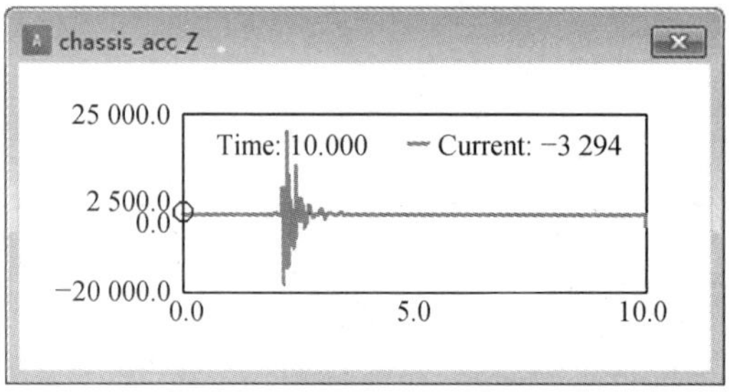

图 8-9　车身垂向加速度

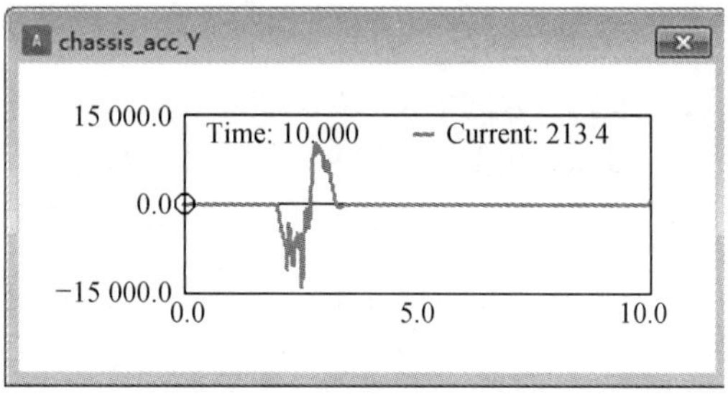

图 8-10　车身侧向加速度

从仿真结果中可以看出，FSAE 赛车在经过减速度瞬间，车身垂直方向产生剧烈振动，最大值接近 2.5g；车身侧向加速度最大值接近 1.5g，在负方向伴有高频振动趋势（线条变化并不光滑）。

单线移仿真注意事项：

单线移在仿真时可能出现错误，但能仿真完成。出现此种问题的主要原因：转向时间 Cycle length 设置过大、整车在转向过程中方向盘转向时间过长、整车行驶出宽度为 12 m 的路面跌落到空中。解决此问题① 需要多次尝试设置不同 Cycle length 值进行仿真，并根据整车运行的动画进行评估确定合适值；② 更换平整路面 FLAT，平整路面的长宽值可以在路面文件中进行修改；③ 也可以多次尝试使 FSAE 赛车从不同的角度四个车轮先后通过减速带，Cycle length 设置为 1 可以满足要求。

8.6　连续障碍路面

整车在高速路上行驶时，会存在多个连续减速带提示驾驶员与前车保持合适的车距。在整车设计量产之前，需要对整车的性能进行评估，也需要整车在随即不平路面上或者连续障碍路面上行驶。连续 3 个减速带路面创建如下，其他障碍路面创建也可参考。

- 单击 Simulate > Full-Vehicle Analyses > Road builder 命令，弹出路面构建对话框，如图 8-5 所示；
- Road File：D：\fsae_MD_2010.cdb\roads.tbl\ road_3d_sine_example_JIANSUDAI.xml；
- 单击 Obstacle；
- 单击 Display table view，显示出连续障碍路面设置对话框，如图 8-11 所示；

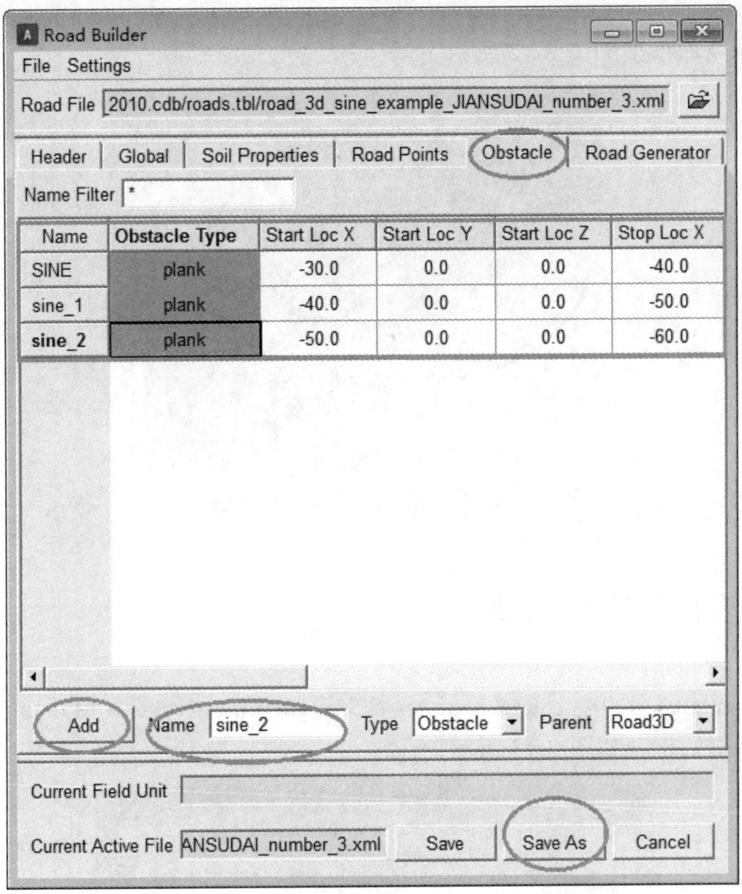

图 8-11 路面连续障碍设置对话框

- Name：sine_1；
- 单击 Add，双击列表中的 sine_1 界面转换成如图 8-6 所示；
- Obstacle Type：plank，即障碍物选择凸块路面；
- Width（路面宽度）：12，单位 m；减速带宽度与路面宽度相同，路面宽度可以用记事本打开 road_3d_sine_example.xml 查询；
- Length（减速带断面宽度）：0.35，单位 m；
- Friction（摩擦系数）：0.9；
- Height（减速带高度）：0.05，单位 m；
- Start Location：Loc X 下列方框输入 – 40；
- Stop Location：Loc X 下列方框输入 – 50；
- 单击 Display table view，重复一次上述过程；

- Name：sine_2；
- Start Location：Loc X 下列方框输入 – 50；
- Stop Location：Loc X 下列方框输入 – 60；
- 其余保持默认设置，单击 Save As 标签，另存为 road_3d_sine_example_JIANSUDAI_number_3.xml；存储路径为 D：\fsae_MD_2010.cdb\roads.tbl\ road_3d_sine_example_JIANSUDAI_number_3.xml。

连续减速带路面模型如图 8-12 所示。

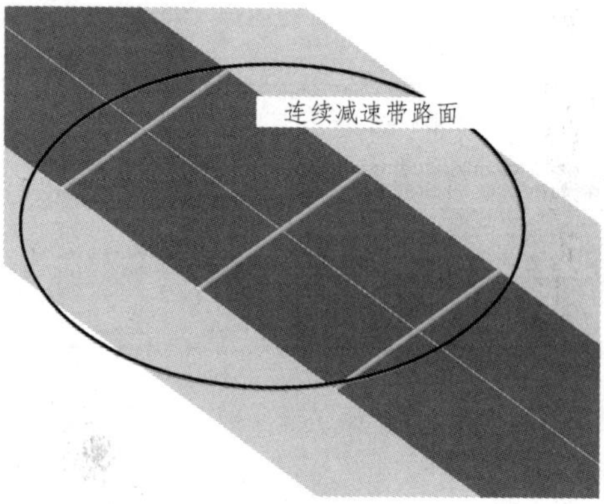

图 8-12　连续减速带路面模型

8.7　匀速直线行驶仿真

- 单击 Simulate > Full-Vehicle Analysis > Straight-Line Events > Maintain 命令，弹出匀速直线行驶仿真对话框，如图 8-13 所示；

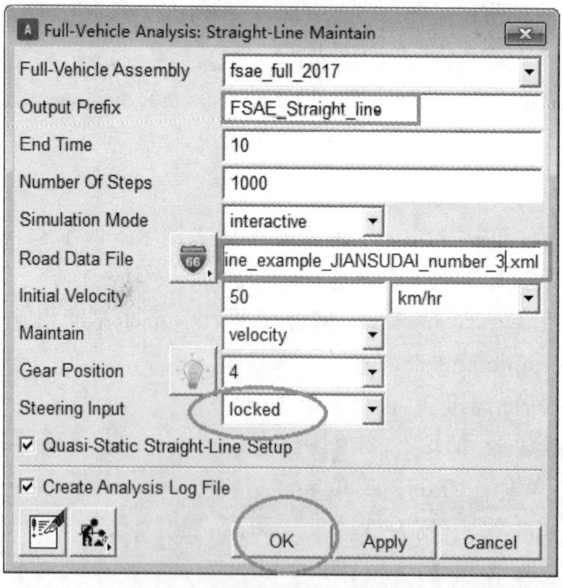

图 8-13　匀速行驶仿真对话框

- Output Prefix（输出别名）：FSAE_ Straight_Line；
- End Time：10；
- Number Of Steps：1 000；
- Simulation Mode（仿真类型）：interactive；
- Road Date File：mdids：//FASE/roads.tbl/road_3d_sine_example_JIANSUDAI_number_3.xml；
- Initial Velocity（初始速度）：50；
- Gear Position（挡位）：4 挡；
- Steering Input（转向输入）：Locked；
- 其余设置保持默认，单击 OK，完成匀速直线行驶仿真设置并提交软件进行计算。
- 标准窗口界面右击选择.fsae_full_2017.FSAE_Body_2017.ges_chassis > Measure，弹出测量对话框；
- Measure Name：Maintain_chassis_acc_Z；
- Characteristic：CM acceleration；
- Component：Z；
- 单击 OK，完成 FSAE 赛车在匀速仿真下垂向加速度的测量，如图 8-14 所示。

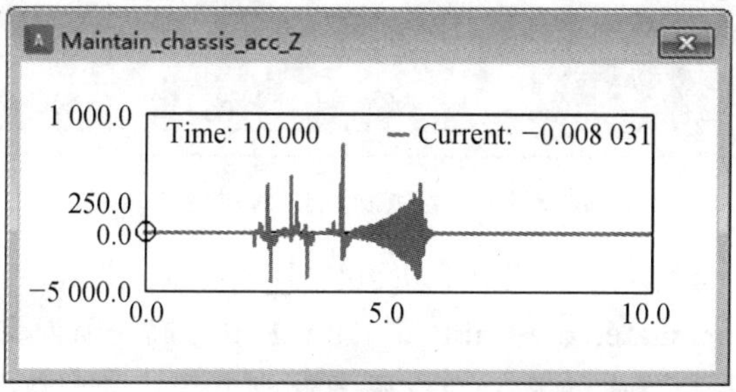

图 8-14　车身垂向加速度_Maintain

8.8　直线制动系统仿真

- 启动 ADAMS/CAR，选择 STANDARD 标准模块进入界面；
- 单击 File > Open > Assembly 命令，弹出装配打开对话框；
- Assembly Name：mdids：//FASE/assemblies.tbl/fsae_full_2017.asy；
- 单击 OK，完成方程式赛车整车模型的打开。
- 单击 Simulate > Full-Vehicle Analysis > Straight-Line Event > Braking 命令，弹出制动仿真对话框，如图 8-15 所示；
- Output Prefix（输出别名）：brake_line；
- End Time：10；
- Number Of Steps：1 000；
- Simulation Mode（仿真类型）：interactive；

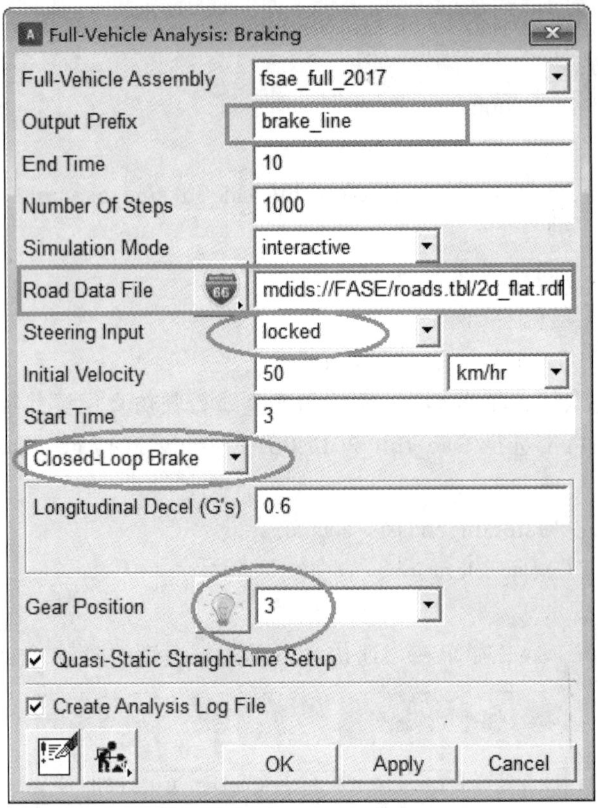

图 8-15　直线制动仿真对话框

- Road Date File：mdids：//FASE/roads.tbl/2d_flat.rdf，此处导入 CAR 模块中共享数据库中的路面 mdids：//acar_shared/roads.tbl/2d_flat.rdf 也可以，路面文件是相同的，为方程式赛车建模方便，把共享数据库中的 ROAD 文件复制到方程式赛车数据库中即可；
- Steering Input（转向输入）：lock，即转向时保持转向锁定；
- Start Time：3；
- 选择闭环制动模式：Closed-Loop Bbrake；
- Longitudinal Decel（G's)（制动时侧向加速度）：0.6；
- Gear Position（挡位）：3 挡；
- 单击 OK，完成直线制动仿真设置并提交软件进行计算。
- 计算提示完成后，右击选择 General Part：FSAE_Body_2017.ges_chassis > Measure，弹出部件测量对话框；
- Characteristic：CM position；
- Component：Y；
- 单击 OK，完成车身制动过程中侧向偏移量：.fsae_full_2017.ges_chassis_MEA_1。方程赛车制动过程中，车身侧向滑移量小，说明在制动过程中车身稳定性较好，直线制动车身侧向滑移率计算结果如图 8-16 所示。

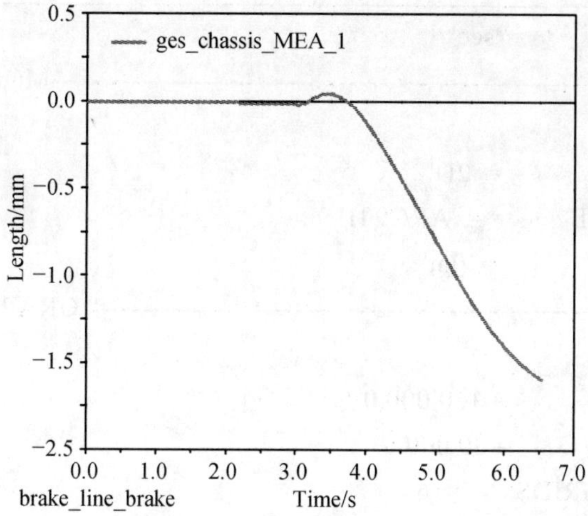

图 8-16　车身侧向滑移量（*Y*）

8.9　分离轮胎路面设置

整车在行驶过程中，四个轮胎接触的路面不可能完全相同，即使是在良好的一级路面上，也会存在微小差异。针对整车的制动特性，在一些特殊路面，如雨地、雪地、坑洼泥泞路面，四个车轮（或者多个车轮）与路面接触不可能具有相同的摩擦系数。因此有必要在虚拟仿真时设置分离路面，左右车轮或者四个车轮设置不同的摩擦系数。

根据文件夹路径 D：\fsae_MD_2010.cdb\roads.tbl，用记事本格式打开平整路面文件 2d_flat.rdf 如以下信息所示，在 PARAMETERS 栏修改 MU=0.5，保存文件重命名为 2d_flat_mu_0.5.rdf；

平整路面信息如下：

```
$--------------------------------------------------------------------MDI_HEADER
[MDI_HEADER]
FILE_TYPE  =  'rdf'
FILE_VERSION  =  5.00
FILE_FORMAT  =  'ASCII'
(COMMENTS)
{comment_string}
'flat 2d contact road for testing purposes'
$--------------------------------------------------------------------------UNITS
[UNITS]
LENGTH                  = 'mm'
FORCE                   = 'newton'
ANGLE                   = 'radians'
MASS                    = 'kg'
```

```
TIME                    = 'sec'
$--------------------------------------------------------------------MODEL
[MODEL]
METHOD                  = '2D'
FUNCTION_NAME           = 'ARC901'
ROAD_TYPE               = 'flat'
$-----------------------------------------------------------------GRAPHICS
[GRAPHICS]
LENGTH                  = 160 000.0
WIDTH                   = 80 000.0
NUM_LENGTH_GRIDS        = 16
NUM_WIDTH_GRIDS         = 8
LENGTH_SHIFT            = 10 000.0
WIDTH_SHIFT             = 0.0          %此栏参数也可以修改,用以改变路面的大小
$---------------------------------------------------------------PARAMETERS
[PARAMETERS]
MU                      =   0.5      %可修改的轮胎与路面的接触摩擦系数，范围在 0 到 1 之间
$-------------------------------------------------------------------REFSYS
[REFSYS]
OFFSET                          =    0.0 0.0 0.0
ROTATION_ANGLE_XY_PLANE    =    0.0
```

- 单击 Simulate > Full-Vehicle Analyses > Vehicle Set-Up > Set Road for individual Tires 命令，弹出分离轮胎路面数据文件对话框，如图 8-17 所示；
- Wheel：.fsae_full_2017.front_tire.whl_wheel，方框中右击 Wheel > Pick 选择；
- 不勾选使用路面默认文件：Use default road date file；
- Road Date File：mdids：//FASE/roads.tbl/2d_flat_mu_0.5.rdf；

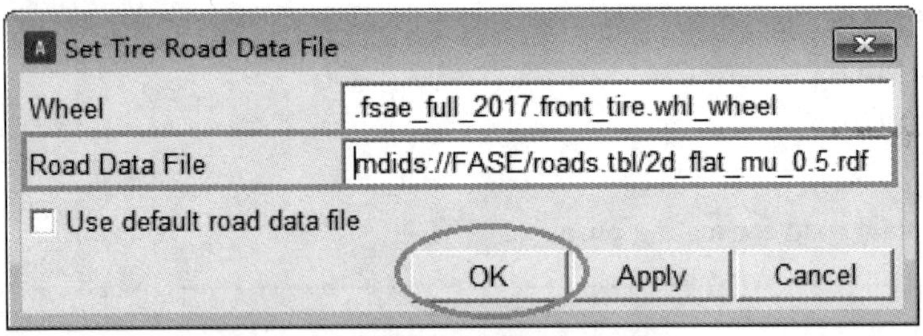

图 8-17 分离轮胎路面设置对话框

- 单击 Apply，完成左前轮轮胎路面设置；
- Wheel：.fsae_full_2017.rear_tire.whl_wheel，方框中右击 Wheel > Pick 选择；
- 不勾选使用路面默认文件：Use default road date file；

- Road Date File：mdids：//FASE/roads.tbl/2d_flat_mu_0.5.rdf；
- 单击 OK，完成左后轮轮胎路面设置。

8.10 分离轮胎路面直线制动仿真

- 单击 Simulate > Full-Vehicle > Straight-Line Event > Braking 命令，弹出制动仿真对话框；
- Output Prefix（输出别名）：brake_line_individual；
- 其余选项保持默认；
- 单击 OK，完成分离轮胎路面直线制动仿真设置并提交软件进行计算。
- 计算提示完成后，右击选择 General Part：FSAE_Body_2017.ges_chassis > Measure，弹出部件测量对话框；
- Characteristic：CM position；
- Component：Y；
- 单击 OK，完成分离轮胎路面直线制动车身侧向偏移量：.fsae_full_2017.ges_chassis_MEA_2，偏移量如图 8-18 所示，把.fsae_full_2017.ges_ chassis_ MEA_1 与.fsae_full_2017.ges_chassis_MEA_2 在同一张图中显示，可以看出分离轮胎路面制动时，车身已经产生严重的侧向滑移，制动稳定性丧失，如图 8-19 所示。

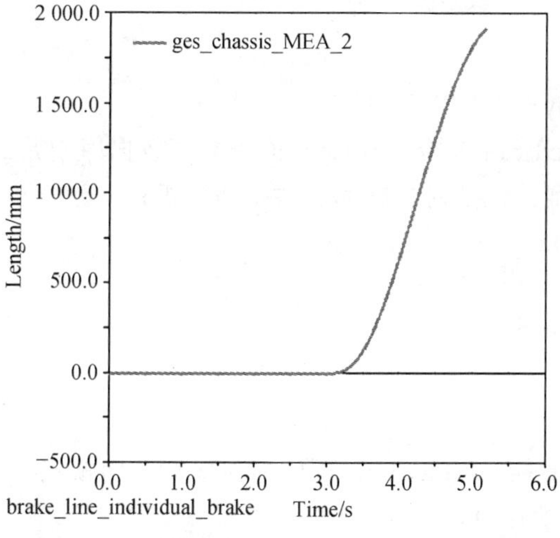

图 8-18 分离轮胎路面制动时车身侧向滑移量（*Y*）

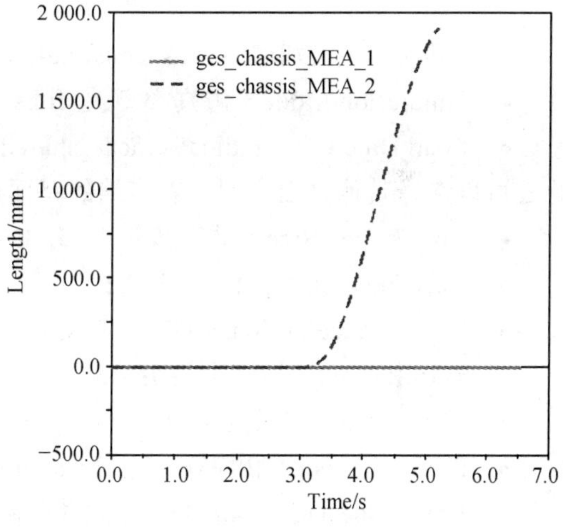

图 8-19 车身侧向滑移量对比图（*Y*）

8.11 弯道制动系统仿真

- 单击 Simulate > Full-Vehicle > Cornering Event >Braking-In-Turn 命令，弹出弯道制动仿真对话框，如图 8-20 所示；

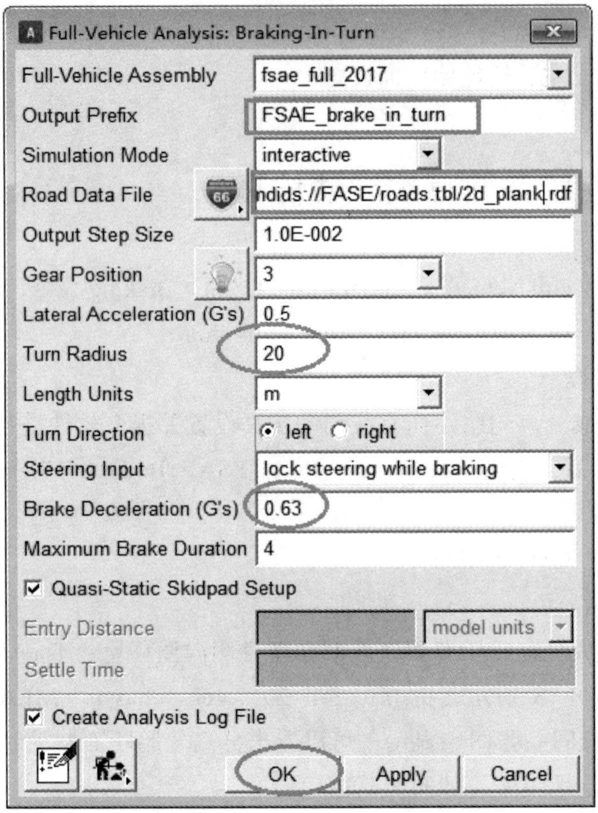

图 8-20 弯道制动仿真设置

- Prefix（输出别名）：abs_consimulation；
- Simulation Mode（仿真类型）：files_only；
- Road Date File：mdids：//acar_shared/roads.tbl/2d_flat.rdf；路面为共享数据库中路面，此处可以选择其他路面模型或者自编的路面模型，包括对开路面、对接路面等；
- Output Step Size（计算步长）：5.0E－002；
- Gear Position（挡位）：3 挡；
- Lateral Acceleration（G's）（制动时侧向加速度）：0.5；
- Turn Radiud（转弯半径）：15；
- Length Units（长度单位）：m；
- Steering Input（转向输入）：lock steering while braking，即转向时保持转向锁定；
- Brake Decelaeration（G's）（制动时减速度)：0.63；
- Maximum Brake Duration（制动时间)：4；
- 单击 OK，完成弯道制动设置并提交软件进行计算。
- 按 F8 进入后处理模块，显示弯道制动模式下车身侧向加速度、垂向加速度，如图 8-21、图 8-22 所示；左前轮、右后轮滑移率如图 8-23、图 8-24 所示，从滑移率可以看出，左前轮产生抱死现象，右后轮也会产生滑移，车辆失去稳定性。

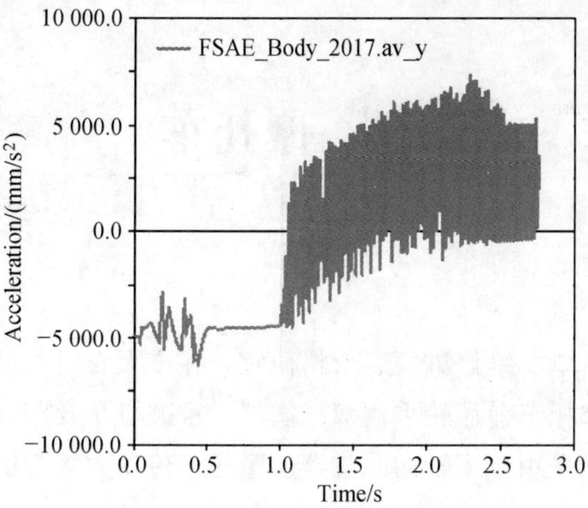

图 8-21 车身侧向加速度_brake

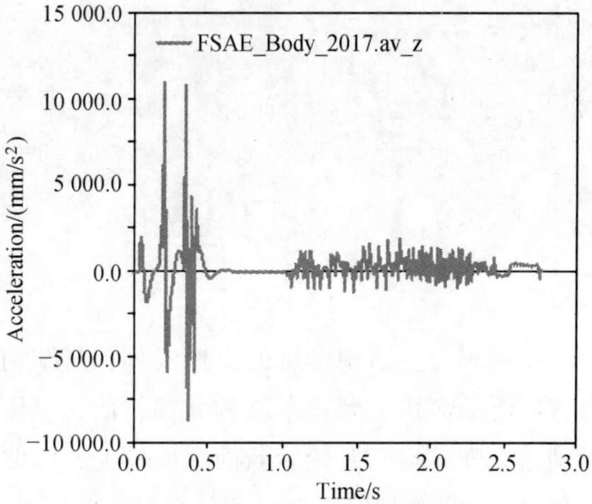

图 8-22 车身垂向加速度_brake

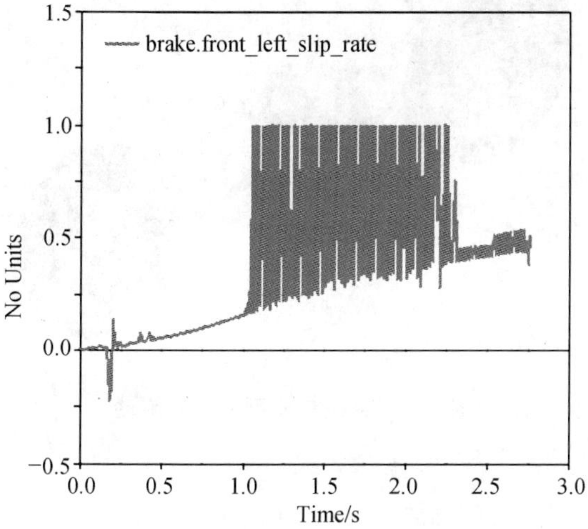

图 8-23 左前轮滑移率_brake

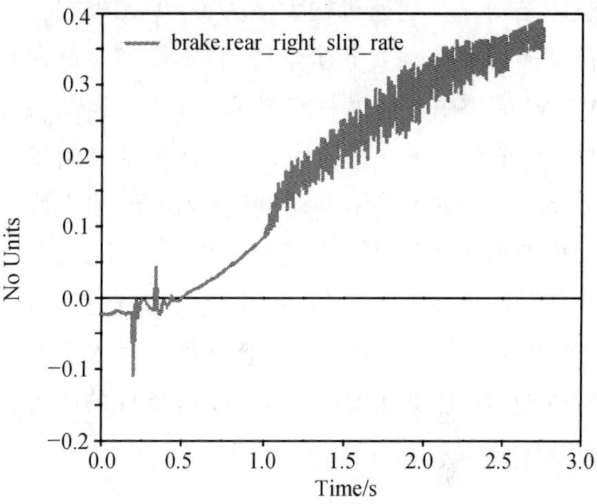

图 8-24 右后轮滑移率_brake

第 9 章 摩托车

摩托车是生活中常见的交通工具，其结构简单、维修方便、价格便宜，在广大农村、城市有广泛的应用。摩托车结构大都相似，家用摩托车前后轮采用双减震器，重型机车及跑车后轴由于安装空间及轮胎断面宽度较大，因此多采用单个轴向减震器。摩托车传动大多为链条传动，少量高性能车有采用轴传动；小型木兰摩托车多采用发动机与传动系统一体式的整体结构，其变速机构大多为 CVT 无极式，传动多为带传动或同步带传动。本章节通过在 VIEW 模块中建立摩托车模型，分析其运动特性，整车模型建立过程中，考虑链传动及同步皮带传动，驱动采用电动机模型驱动。建立好的电机传动驱动摩托车模型如图 9-1 所示，采用链传动或皮带传动后，由于链条与链轮接触（或皮带同皮带接触），因此整车模型为大型非线性模型，计算速度极为缓慢，有条件的读者建议采用服务器计算。

图 9-1　摩托车模型——链传动

学习目标

- ✧ 前双避震器转向轮。
- ✧ 后单避震器驱动轮。
- ✧ 轮胎模型。
- ✧ 路面模型。
- ✧ 链传动。
- ✧ 同步皮带传动。
- ✧ 电动机模型。
- ✧ 转向驱动。

9.1 摩托车身

- 单击 Bodies > Construction > Geometry Point 创建硬点；
- Add to Ground；
- Don't Attach；
- 右击鼠标，弹出硬点位置对话框，如图 9-2 所示；
- 硬点位置输入 1 000，0，425；
- 单击 Apply，完成硬点创建；
- 右击硬点，选择 Rename，重名为 body_center；

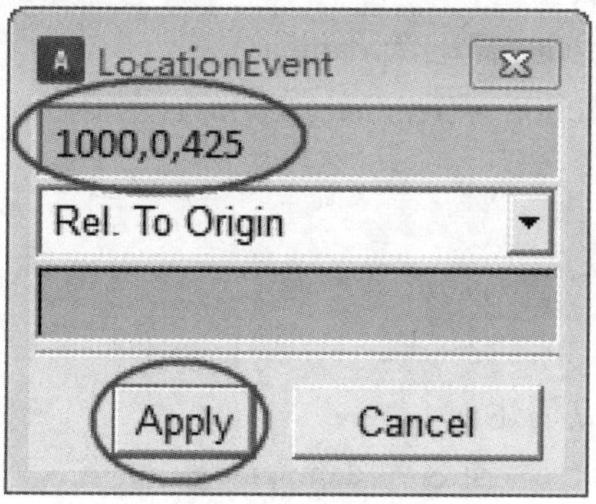

图 9-2　硬点创建对话框

- 单击 Bodies > Geometry Sphere 创建球形几何体；
- 选择 New Part；
- Radius：200；
- 选择硬点：body_center，完成球形部件创建；
- 右击球形部件，选择 Rename，重名为 body。

9.2 前双避震器转向系统

- 单击 Bodies > Construction > Geometry Point 创建硬点；
- Add to Ground；
- Don't Attach；
- 右击鼠标，弹出硬点位置对话框参考如图 9-2 所示；
- 硬点位置输入 250，－150，325；
- 单击 Apply，完成硬点创建；
- 右击硬点，选择 Rename，重名为 hub_front_l；
- 单击 Bodies > Construction > Geometry Point 创建硬点；
- Add to Ground；
- Don't Attach；

- 右击鼠标，弹出硬点位置对话框参考如图 9-2 所示；
- 硬点位置输入 250，150，325；
- 单击 Apply，完成硬点创建；
- 右击硬点，选择 Rename，重名为 hub_front_r；
- 单击 Bodies > Construction > Geometry Point 创建硬点；
- Add to Ground；
- Don't Attach；
- 右击鼠标，弹出硬点位置对话框参考如图 9-2 所示；
- 硬点位置输入 400，－150，725；
- 单击 Apply，完成硬点创建；
- 右击硬点，选择 Rename，重名为 damper_l；
- 单击 Bodies > Construction > Geometry Point 创建硬点；
- Add to Ground；
- Don't Attach；
- 右击鼠标，弹出硬点位置对话框参考如图 9-2 所示；
- 硬点位置输入 400，150，725；
- 单击 Apply，完成硬点创建；
- 右击硬点，选择 Rename，重名为 damper_r；
- 单击 Bodies > Construction > Geometry Point 创建硬点；
- Add to Ground；
- Don't Attach；
- 右击鼠标，弹出硬点位置对话框参考如图 9-2 所示；
- 硬点位置输入 600，0，675；
- 单击 Apply，完成硬点创建；
- 右击硬点，选择 Rename，重名为 steer_wheel_low；
- 单击 Bodies > Geometry Cylinder 创建圆柱几何体；
- 选择 New Part；
- Radius：10；
- 选择硬点：hub_front_l 与 hub_front_r，完成圆柱形部件创建；
- 右击圆柱体部件，选择 Rename，重名为 hub_front；
- 单击 Bodies > Geometry Cylinder 创建圆柱几何体；
- 选择 New Part；
- Radius：20；
- 选择硬点：damper_l 与 damper_r 完成圆柱形部件创建；
- 右击圆柱体部件，选择 Rename，重名为 damper_up；
- 单击 Bodies > Geometry Cylinder 创建圆柱几何体；
- 选择 Add to Part；
- Radius：20；
- 选择部件 damper_up；

- 选择硬点：damper_l 与 steer_wheel_low，完成圆柱形部件创建；
- 单击 Bodies > Geometry Cylinder 创建圆柱几何体；
- 选择 Add to Part；
- Radius：20；
- 选择部件 damper_up；
- 选择硬点：damper_r 与 steer_wheel_low，完成圆柱形部件创建；
- 单击 Bodies > Construction > Geometry Point 创建硬点；
- Add to Ground；
- Don't Attach；
- 右击鼠标，弹出硬点位置对话框参考如图 9-2 所示；
- 硬点位置输入 750，0，875；
- 单击 Apply，完成硬点创建；
- 右击硬点，选择 Rename，重名为 steer_wheel_up；
- 单击 Bodies > Construction > Geometry Point 创建硬点，
- Add to Ground；
- Don't Attach；
- 右击鼠标，弹出硬点位置对话框参考如图 9-2 所示；
- 硬点位置输入 900，－300，875；
- 单击 Apply，完成硬点创建；
- 右击硬点，选择 Rename，重名为 steer_wheel_left；
- 单击 Bodies > Construction > Geometry Point 创建硬点，
- Add to Ground；
- Don't Attach；
- 右击鼠标，弹出硬点位置对话框参考如图 9-2 所示；
- 硬点位置输入 900，300，875；
- 单击 Apply，完成硬点创建；
- 右击硬点，选择 Rename，重名为 steer_wheel_right；
- 单击 Bodies > Geometry Cylinder 创建圆柱几何体；
- 选择 New Part；
- Radius：20；
- 选择硬点：steer_wheel_low 与 steer_wheel_up，完成圆柱形部件创建；
- 右击圆柱体部件，选择 Rename，重名为 steer_wheel；
- 单击 Bodies > Geometry Cylinder 创建圆柱几何体；
- 选择 Add to Part；
- Radius：20；
- 选择部件 steer_wheel；
- 选择硬点：steer_wheel_up 与 steer_wheel_left，完成圆柱形部件创建；
- 单击 Bodies > Geometry Cylinder 创建圆柱几何体；
- 选择 Add to Part；

- Radius：20；
- 选择部件 steer_wheel；
- 选择硬点：steer_wheel_up 与 steer_wheel_right，完成圆柱形部件创建。

9.3 前轴双减震器

- 单击 Bodies > Construction > Construction Geometry：Marker 创建参考点；
- Add to Part；
- Don't Attach；
- 选择部件 hub_front；
- 右击鼠标，弹出硬点位置对话框参考如图 9-2 所示；
- 硬点位置输入 250，－150，325；
- 单击 Apply，完成参考点创建；
- 右击参考点，选择 Rename，重名为 M1；
- 单击 Bodies > Construction > Construction Geometry：Marker 创建参考点；
- Add to Part；
- Don't Attach；
- 选择部件 hub_front；
- 右击鼠标，弹出硬点位置对话框参考如图 9-2 所示；
- 硬点位置输入 250，150，325；
- 单击 Apply，完成参考点创建；
- 右击参考点，选择 Rename，重名为 M2；
- 单击 Bodies > Construction > Construction Geometry：Marker 创建参考点；
- Add to Part；
- Don't Attach；
- 选择部件 damper_up；
- 右击鼠标，弹出硬点位置对话框参考如图 9-2 所示；
- 硬点位置输入 400，－150，725；
- 单击 Apply，完成参考点创建；
- 右击参考点，选择 Rename，重名为 M1；
- 单击 Bodies > Construction > Construction Geometry：Mark 创建参考点；
- Add to Part；
- Don't Attach；
- 选择部件 damper_up；
- 右击鼠标，弹出硬点位置对话框参考如图 9-2 所示；
- 硬点位置输入 400，150，725；
- 单击 Apply，完成参考点创建；
- 右击参考点，选择 Rename，重名为 M2；

- 单击 Forces > Flexible Connections >Spring-Damper；
- K：50；
- C：1 000；
- 选择点 hub_front.M1 与 damper_up.M1，完成 SPRING_1 的创建。
- 单击 Forces > Flexible Connections >Spring-Damper；
- K：50；
- C：1 000；
- 选择点 hub_front.M2 与 damper_up.M2，完成 SPRING_2 的创建。

9.4 后驱动悬架系统

- 单击 Bodies > Construction > Geometry Point 创建硬点；
- Add to Ground；
- Don't Attach；
- 右击鼠标，弹出硬点位置对话框参考如图 9-2 所示；
- 硬点位置输入 2 000，－150，325；
- 单击 Apply，完成硬点创建；
- 右击硬点，选择 Rename，重名为 hub_rear_l；
- 单击 Bodies > Construction > Geometry Point 创建硬点；
- Add to Ground；
- Don't Attach；
- 右击鼠标，弹出硬点位置对话框参考如图 9-2 所示；
- 硬点位置输入 2 000，150，325；
- 单击 Apply，完成硬点创建；
- 右击硬点，选择 Rename，重名为 hub_rear_r；
- 单击 Bodies > Geometry Cylinder 创建圆柱几何体；
- 选择 New Part；
- Radius：15；
- 选择硬点：hub_rear_l 与 hub_rear_r，完成圆柱形部件创建；
- 右击圆柱体部件，选择 Rename，重名为 hub_rear；
- 单击 Bodies > Construction > Geometry Point 创建硬点；
- Add to Ground；
- Don't Attach；
- 右击鼠标，弹出硬点位置对话框参考如图 9-2 所示；
- 硬点位置输入 1 450，－150，425；
- 单击 Apply，完成硬点创建；
- 右击硬点，选择 Rename，重名为 rear_sus_left；
- 单击 Bodies > Construction > Geometry Point 创建硬点；

- Add to Ground；
- Don't Attach；
- 右击鼠标，弹出硬点位置对话框参考如图 9-2 所示；
- 硬点位置输入 1 450，150，425；
- 单击 Apply，完成硬点创建；
- 右击硬点，选择 Rename，重名为 rear_sus_right；
- 单击 Bodies > Construction > Geometry Point 创建硬点；
- Add to Ground；
- Don't Attach；
- 右击鼠标，弹出硬点位置对话框参考如图 9-2 所示；
- 硬点位置输入 1 450，0，425；
- 单击 Apply，完成硬点创建；
- 右击硬点，选择 Rename，重名为 rear_sus_mid；
- 单击 Bodies > Construction > Geometry Point 创建硬点；
- Add to Ground；
- Don't Attach；
- 右击鼠标，弹出硬点位置对话框参考如图 9-2 所示；
- 硬点位置输入 1 550，0，525；
- 单击 Apply，完成硬点创建；
- 右击硬点，选择 Rename，重名为 rear_sus_up；
- 单击 Bodies > Geometry Cylinder 创建圆柱几何体；
- 选择 New Part；
- Radius：15；
- 选择硬点：rear_sus_left 与 rear_sus_right，完成圆柱形部件创建；
- 右击圆柱体部件，选择 Rename，重名为 control_arm_rear；
- 单击 Bodies > Geometry Cylinder 创建圆柱几何体；
- 选择 Add to Part；
- Radius：15；
- 选择部件 control_arm_rear；
- 选择硬点：rear_sus_left 与 hub_rear_l，完成圆柱形部件创建；
- 单击 Bodies > Geometry Cylinder 创建圆柱几何体；
- 选择 Add to Part；
- Radius：15；
- 选择部件 control_arm_rear；
- 选择硬点：rear_sus_right 与 hub_rear_l，完成圆柱形部件创建；
- 单击 Bodies > Geometry Cylinder 创建圆柱几何体；
- 选择 New Part；
- Radius：30；
- 选择硬点：rear_sus_mid 与 rear_sus_up，完成圆柱形部件创建；

- 右击圆柱体部件，选择 Rename，重名为.damper_down_rear。

9.5 后单避震器

- 单击 Bodies > Construction > Construction Geometry：Marker 创建参考点；
- Add to Part；
- Don't Attach；
- 选择部件.damper_down_rear；
- 右击鼠标，弹出硬点位置对话框参考如图 9-2 所示；
- 硬点位置输入 1 550，0，525；
- 单击 Apply，完成参考点创建；
- 右击参考点，选择 Rename，重名为 M1；
- 单击 Bodies > Construction > Construction Geometry：Marker 创建参考点；
- Add to Part；
- Don't Attach；
- 选择部件.body；
- 右击鼠标，弹出硬点位置对话框参考如图 9-2 所示；
- 硬点位置输入 1 200，0，625；
- 单击 Apply，完成参考点创建；
- 右击参考点，选择 Rename，重名为 M1；
- 单击 Forces > Flexible Connections >Spring-Damper；
- K：50；
- C：1 000；
- 选择点 damper_down_rear.M1 与 body.M1，完成 SPRING_3 的创建。

9.6 摩托车约束

（1）部件 hub_front 与 damper_up 之间 Cylindrical 约束。

- 单击 Connecton > Joints >Creat a Cylindrical Joint,创建圆柱副约束如图 9-3 所示；
- Name：.hub_front_and_damper_up_left；
- First Body：hub_front；
- Second Body：damper_up；
- Type：Cylindrical；
- Force Display：None；
- 单击 OK，完成约束副 hub_front_and_damper_up_left 的创建。

（2）部件 hub_front 与 damper_up 之间 Cylindrical 约束。

- 单击 Connecton > Joints > Creat a Cylindrical Joint；

- Name：.hub_front_and_damper_up_right；
- First Body：hub_front；
- Second Body：damper_up；
- Type：Cylindrical；
- Force Display：None；
- 单击 OK，完成约束副.hub_front_and_damper_up_right 的创建。

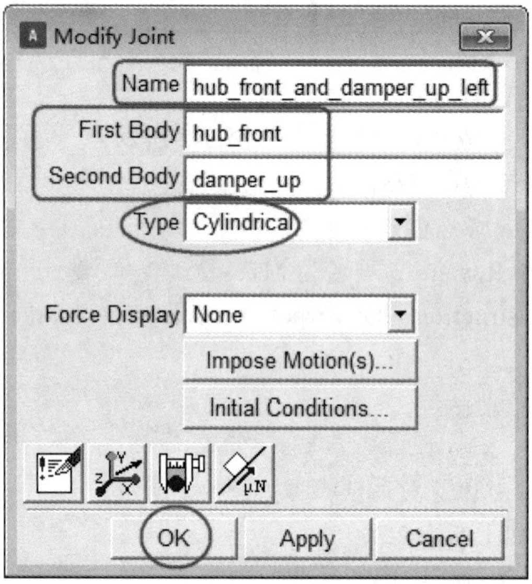

图 9-3　圆柱副约束

（3）部件 steer_wheel 与 damper_up 之间 Fixed 约束。

- 单击 Connecton > Joints >Creat a Fixed Joint；
- Name：steer_wheel_and_damper_up；
- First Body：steer_wheel；
- Second Body：damper_up；
- Type：Fixed；
- Force Display：None；
- 单击 OK，完成约束副 steer_wheel_and_damper_up 的创建。

（4）部件 body 与 damper_up 之间 Fixed 约束。

- 单击 Connecton > Joints > Creat a Fixed Joint；
- Name：body_and_damper_up；
- First Body：body；
- Second Body：damper_up；
- Type：Fixed；
- Force Display：None；
- 单击 OK，完成约束副 body_and_damper_up 的创建。

（5）部件 damper_down_rear 与 body 之间 Cylindrical 约束。

- 单击 Connecton > Joints > Creat a Cylindrical Joint；
- Name：damper_down_rear_and_body；
- First Body：damper_down_rear；
- Second Body：body；
- Type：Cylindrical；
- Force Display：None；
- 单击 OK，完成约束副 damper_down_rear_and_body 的创建。

（6）部件 damper_down_rear 与 control_arm_rear 之间 Fixed 约束。

- 单击 Connecton > Joints > Creat a Fixed Joint；
- Name：damper_down_rear_and_control_arm_rear；
- First Body：damper_down_rear；
- Second Body：control_arm_rear；
- Type：Fixed；
- Force Display：None；
- 单击 OK，完成约束副 damper_down_rear_and_control_arm_rear 的创建。

（7）部件 control_arm_rear 与 body 之间 Revolute 约束。

- 单击 Connecton > Joints > Creat a Revolute Joint；
- Name：control_arm_rear_and_body；
- First Body：control_arm_rear；
- Second Body：body；
- Type：Revolute；
- Force Display：None；
- 单击 OK，完成约束副 control_arm_rear_and_body 的创建。

（8）部件 control_arm_rear 与 hub_rear 之间 Fixed 约束。

- 单击 Connecton > Joints > Creat a Revolute Joint；
- Name：control_arm_rear_and_hub_rear；
- First Body：control_arm_rear；
- Second Body：hub_rear；
- Type：Fixed；
- Force Display：None；
- 单击 OK，完成约束副 control_arm_rear_and_hub_rear 的创建。

（9）部件 body 与 ground 之间 Perpendicular 约束。

- 单击 Bodies > Construction > Construction Geometry：Marker 创建参考点；
- Add to Part；
- Don't Attach；
- 选择部件 body；
- 右击鼠标，弹出硬点位置对话框参考如图 9-2 所示；
- 硬点位置输入 1 000，0，675；

- 单击 Apply，完成参考点创建；
- 右击参考点，选择 Rename，重名为 M11；
- 单击 Bodies > Construction > Construction Geometry：Marker 创建参考点；
- Add to Part；
- Don't Attach；
- 选择部件 body；
- 右击鼠标，弹出硬点位置对话框参考如图 9-2 所示；
- 硬点位置输入 1 000，－250，425；
- 单击 Apply，完成参考点创建；
- 右击参考点，选择 Rename，重名为 M22；
- 单击 Connecton > Primitives > Creat a Perpendicular Joint Primitives，创建垂直虚约束副如图 9-4 所示，虚约束的作用是保证摩托车载运行过程中与地面保持垂直，不会倒地；
- Name：JPRIM_1；
- First Body：body；
- Second Body：ground；
- Type：Perpendicular；
- Force Display：None；
- 单击 OK，完成约束副 JPRIM_1 的创建。

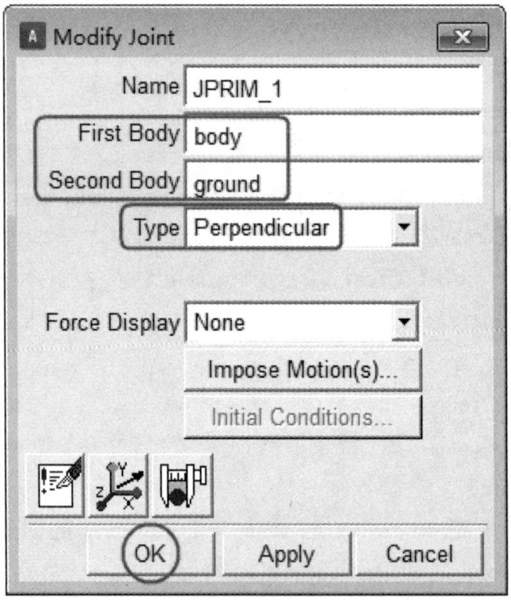

图 9-4 垂直虚约束副

9.7 摩托车轮胎

在 ADAMS/VIEW 通用模块中，轮胎模型与路面模型是同时创建的，在创建路面模型时，需要注意路面的方向，否则会导致车辆在仿真过程中跌落到空中。

（1）后轮胎。

- 单击 Forces > Special Forces > Creat a Tire，创建轮胎（包含路面）模型如图 9-5 所示；
- Name：wheel_rear；
- Side：Left；
- Cm Offset：0；
- Mass：20；
- Ixx Iyy：5E4；
- Izz：1E4；
- Wheel Center Offset：0.0；
- Tire Property File：D：/MSC.Software/Adams_x64/2015/acar/shared_car_database.cdb/tires.tbl/mdi_tire01_175.tir，轮胎属性文件包含轮胎的一些实验参数及外形参数，轮胎的实验参数获取难度较大，此章节改变轮胎的形状，即横截面的宽度改为 175 mm，其余参数保持不变；

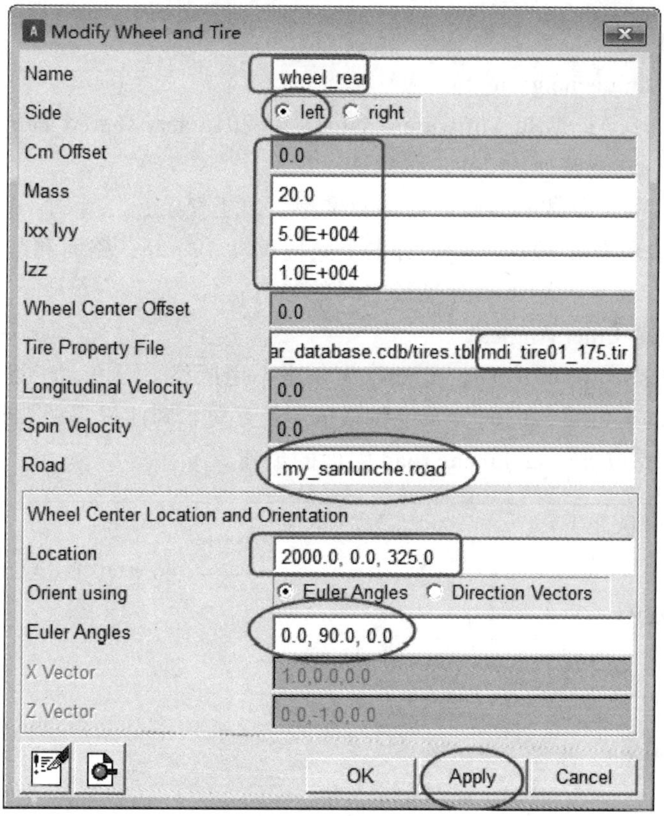

图 9-5　轮胎模型

- Longitudinal Velocity：0；
- Spin Velocity：0；
- Road：.my_sanlunche.road；在 Road 框中右击选择创建路面模型，如图 9-6 所示。

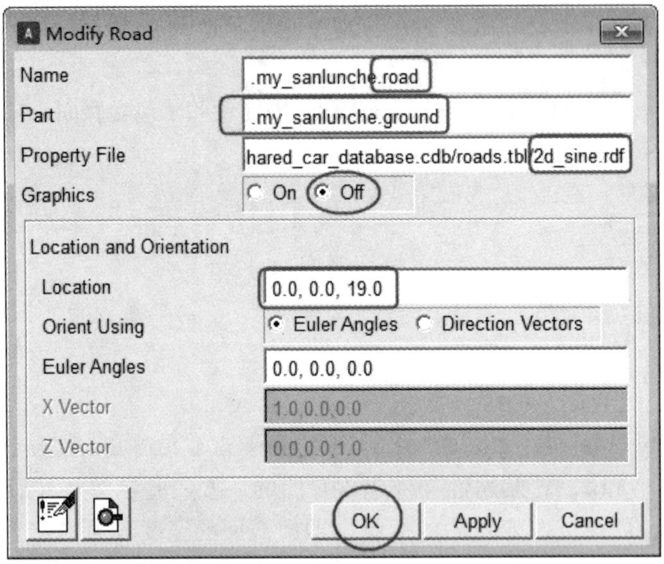

图 9-6　正弦路面模型

① Nam：road；

② Part：.my_sanlunche.ground；

③ Property File：D：/MSC.Software/Adams_x64/2015/acar/shared_car_database.cdb/roads.tbl/2d_sine.rdf，即创建的路面为 2 d 正弦路面；

④ Graphics：Off，即显示界面存在路面模型，但不显示；

⑤ Location：0.0, 0.0, 19.0，即+Z 方向上路面移动 19 mm，路面和摩托车车轮接触，移动距离为轮胎安装位置与轮胎无载荷半径之间的差值；

⑥ Orient using：Euler Angles；

⑦ Euler Angles：0.0, 0.0, 0.0，此处路面角度不用调整，原因在于重力方向在建模初始已经设置为 − Z 方向，如重力方向为系统默认的 − Y 方向，则此处需要调整路面的角度；

⑧ 单击 OK，完成.my_sanlunche.road 路面的创建。

2d 正弦路面信息如下：

```
$------------------------------------------------------------------MDI_HEADER
[MDI_HEADER]
FILE_TYPE    =   'rdf'
FILE_VERSION    =    5.00
FILE_FORMAT    =    'ASCII'
( COMMENTS)
{comment_string}
'sine style road description'
$----------------------------------------------------------------------UNITS
[UNITS]
MASS                     = 'kg'
```

```
LENGTH                  = 'mm'
TIME                   = 'sec'
ANGLE                  = 'degree'
FORCE                  = 'newton'
$--------------------------------------------------------------------MODEL
[MODEL]
METHOD                  = '2D'
FUNCTION_NAME            = 'ARC901'
ROAD_TYPE               = 'sine'
$-----------------------------------------------------------------GRAPHICS
[GRAPHICS]
LENGTH                  = 50000.0
WIDTH                   = 20000.0
NUM_LENGTH_GRIDS        = 500
NUM_WIDTH_GRIDS         = 50
LENGTH_SHIFT            = 45000.0
WIDTH_SHIFT             = 0.0
$---------------------------------------------------------------PARAMETERS
[PARAMETERS]
OFFSET                        =     0
ROTATION_ANGLE_XY_PLANE =    180
MU                            =   1.0
$
START                         =   1000
AMPLITUDE                       =    50
WAVE_LENGTH                     =   2500
```

- Location：2 000.0, 0.0, 325.0；
- Orient using：Euler Angles；
- Euler Angles：0.0, 90.0, 0.0；
- 单击 Apply，完成 wheel_rear 轮胎的创建。

（2）前轮胎。

- 单击 Forces > Special Forces > Creat a Tire，创建轮胎（包含路面）模型参考如图 9-5 所示；
- Name：wheel_rear；
- Side：Left；
- Cm Offset：0；
- Mass：20；
- Ixx Iyy：5E4；
- Izz：1E4；

- Wheel Center Offset：0；
- Tire Property File：D：/MSC.Software/Adams_x64/2015/acar/shared_car_database.cdb/tires.tbl/mdi_tire01_145.tir，修改轮胎横截面的宽度为 145 mm，其余参数保持不变；
- Longitudinal Velocity：0；
- Spin Velocity：0；
- Road：.my_sanlunche.road；
- Location：2 000.0, 0.0, 325.0；
- Orient using：Euler Angles；
- Euler Angles：0.0, 90.0, 0.0；
- 单击 OK，完成 wheel_front 轮胎的创建。

（3）部件 wheel_front.wheel_part 与 hub_front 之间 Revolute 约束。

- 单击 Connecton > Joints > Creat a Revolute Joint；
- Name：wheel_front_and_hub_front；
- First Body：wheel_front.wheel_part；
- Second Body：hub_front；
- Type：Revolute；
- Force Display：None；
- 单击 OK，完成约束副 wheel_front_and_hub_front 的创建。

（4）部件 wheel_ rear.wheel_part 与 hub_ rear 之间 Revolute 约束。

- 单击 Connecton > Joints > Creat a Revolute Joint；
- Name：wheel_ rear_and_hub_rear；
- First Body：wheel_ rear.wheel_part；
- Second Body：hub_ rear；
- Type：Revolute；
- Force Display：None；
- 单击 OK，完成约束副 wheel_rear_and_hub_rear 的创建。

9.8 摩托车驱动

- 单击 Forces > Applied Forces > Creat a Torque Applied Forces，创建旋转力矩（扭矩）如图 9-7 所示；
- Run-time Directon：Two Bodies；
- Construction：2 Body-2 Locatic，即两个部件与两个位置创建旋转驱动，创建旋转驱动时，显示网格线（调整网格与轴垂直），此时创建出的扭矩与网格面平行；
- Characteristic：Custom，选择 Custom，可以通过编写函数，使驱动力由小到大逐渐增加，此时整车可以静平衡，同时运行过程比较平稳，如果选取 Constant，此时力矩会直接加载在车轮上，摩托车不能平衡，仿真过程开始摩托车会跳动起来；

- 设置完成后根据界面左下角提示，按先后顺序选择部件 hub_rear 与 wheel_rear，接着按先后顺序选择硬点.hub_rear_l 与.hub_rear_r，硬点选择完成后，驱动扭矩 SFORCE_4 创建完成；
- 模型树 Forces 展开，右击 SFORCE_4 > Modify，弹出扭矩修改对话框，如图 9-8 所示；

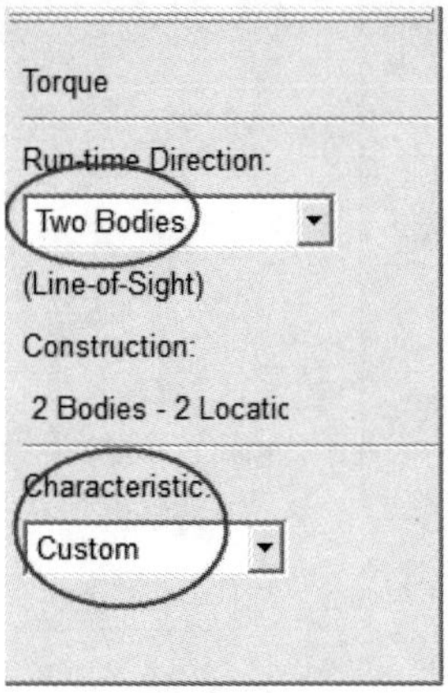

图 9-7　扭矩参数设置

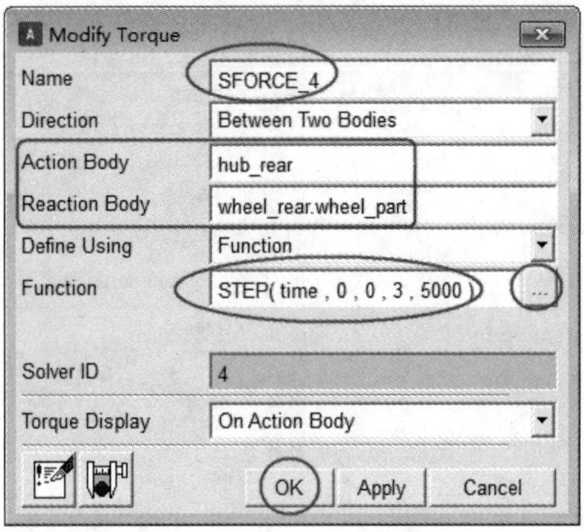

图 9-8　扭矩修改对话框

- Function：STEP（ time , 0 , 0 , 3 , 5 000 ），此函数为阶跃函数，在时间 t 等于 0 s 时，力矩为 0，当时间为 3 s 时，力矩为 5 000 N · mm，在 0 ~ 3 s，力矩呈线性增加，阶跃函数图形如图 9-9 所示。
- 单击 OK，完成扭矩 SFORCE_4 修改。

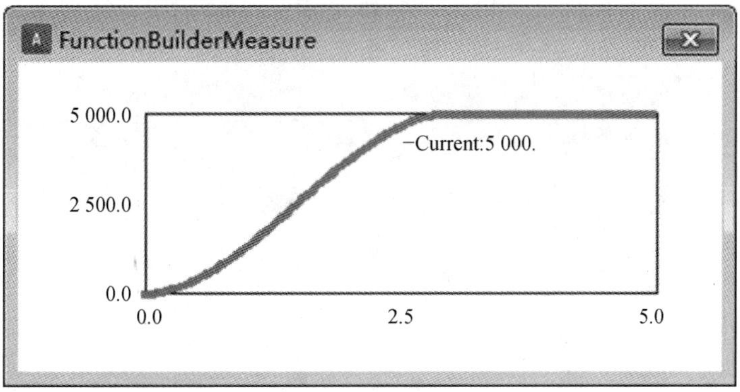

图 9-9　力矩图形

9.9　加速仿真

（1）仿真设置。

- 单击 Simulation > Simulate > Run an interative Simulation，仿真参数设置如图 9-10 所示；
- 单击静平衡按钮，检测三轮车整车模型是否能静平衡，静平衡是正确仿真的开始；

- End Time：20；
- Steps：2 000；
- 勾选 Start at equilibrium，从静平衡开始仿真；

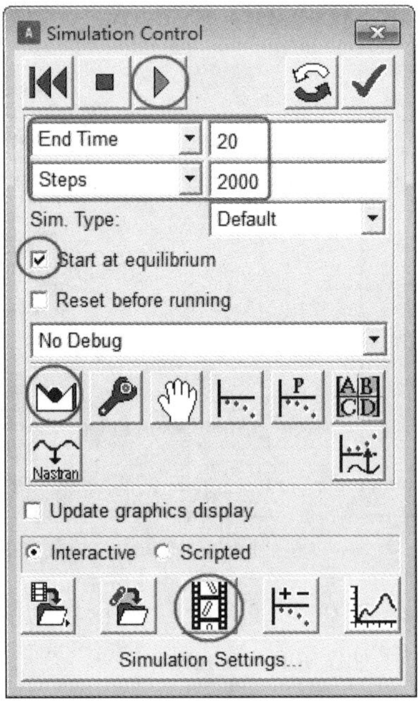

图 9-10　仿真参数设置

- 单击开始，完成摩托车直线仿真，摩托车运行轨迹如图 9-11 所示；

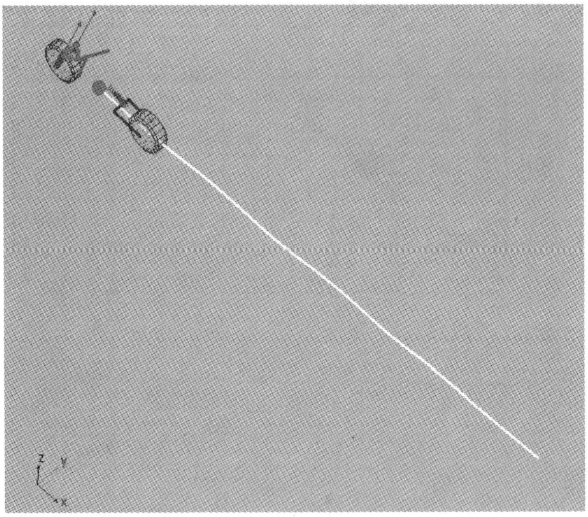

图 9-11　摩托车运动轨迹

- 切换到后处理模块，计算参数如图 9-12 ~ 图 9-22 所示，如图 9-12 为摩托车速度变化图，从曲线中可以看出，摩托车运行速度一直增加；如图 9-13 所示为车身垂向加速度、如图 9-14 所示为垂向加速度功率谱，从频谱图中可以看出，在 6.6 Hz 时候，车身的振动幅值最大。

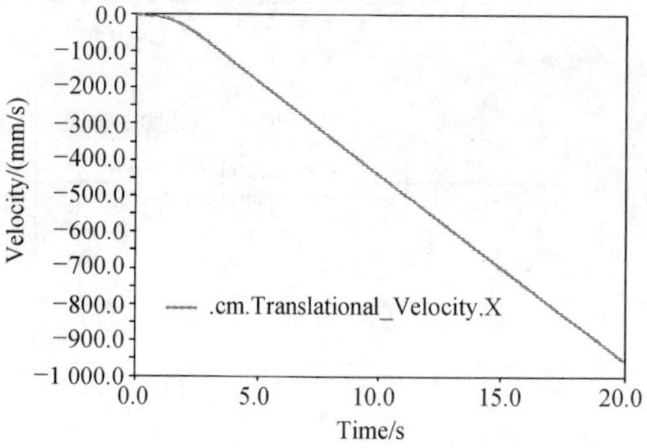

图 9-12　摩托车速度

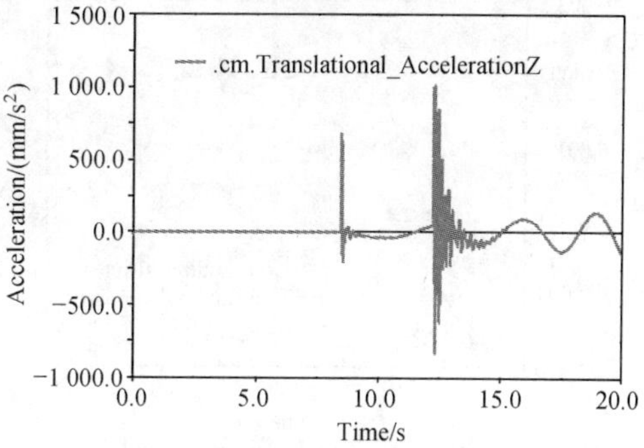

图 9-13　车身垂向加速度/Z

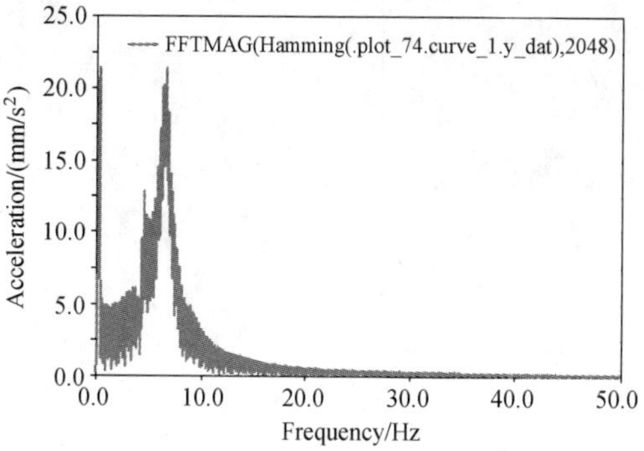

图 9-14　车身垂向加速度功率谱（6.6 Hz）

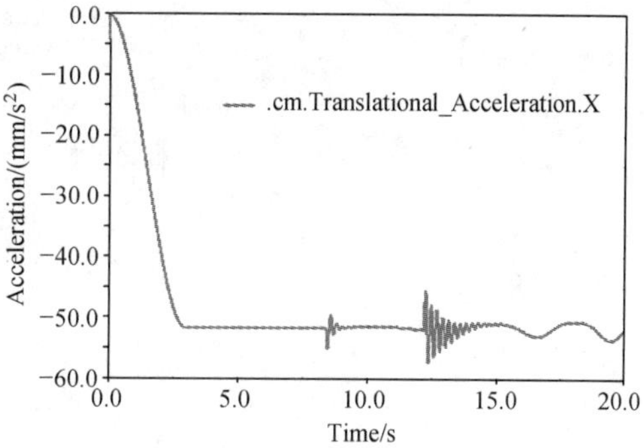

图 9-15　车身垂向加速度/X

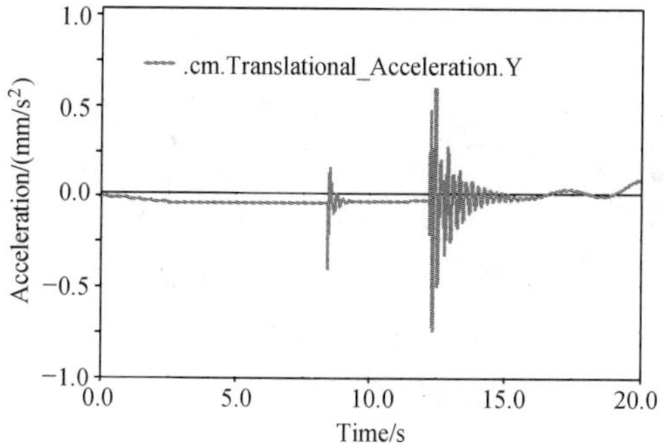

图 9-16　车身垂向加速度/Y

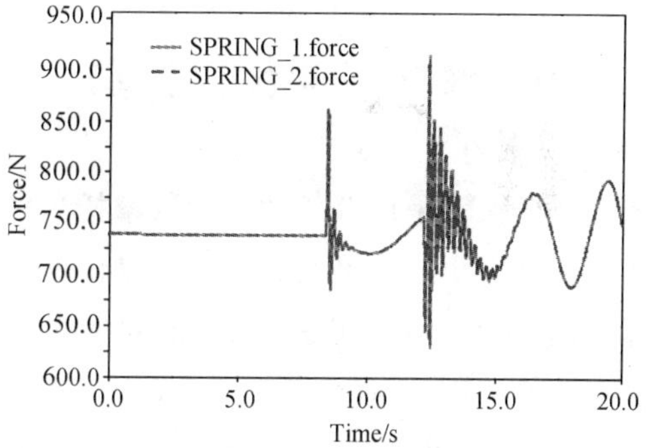

图 9-17　前轴弹簧受力

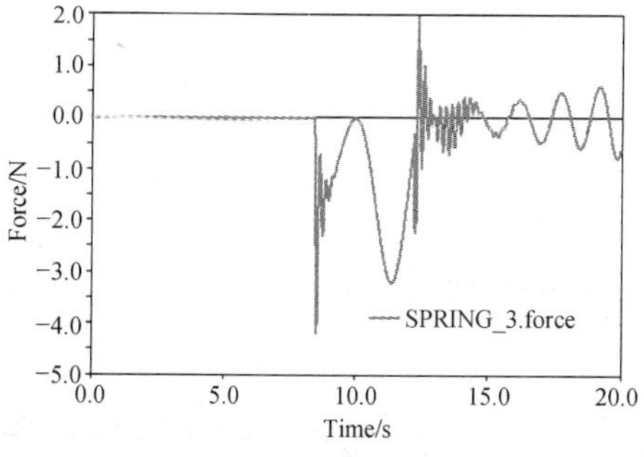

图 9-18　后轴弹簧受力

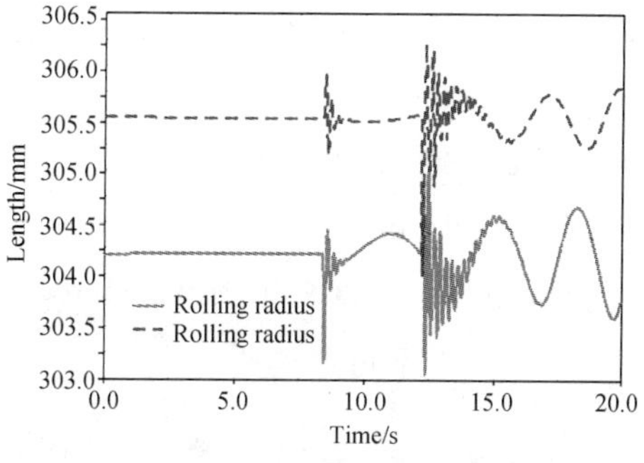

图 9-19　前后轮胎有载滚动半径

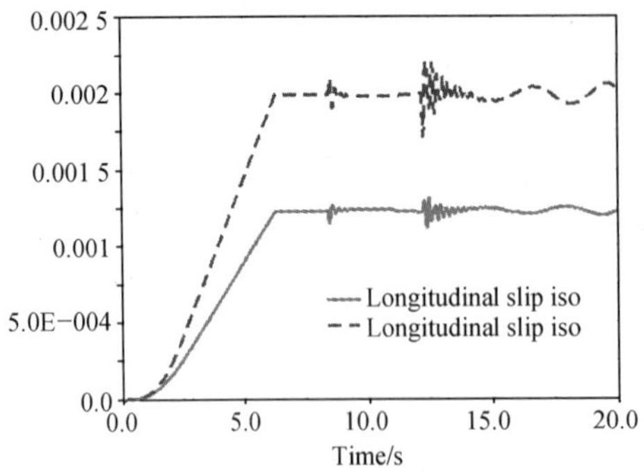

图 9-20　前后轮胎纵向滑移率

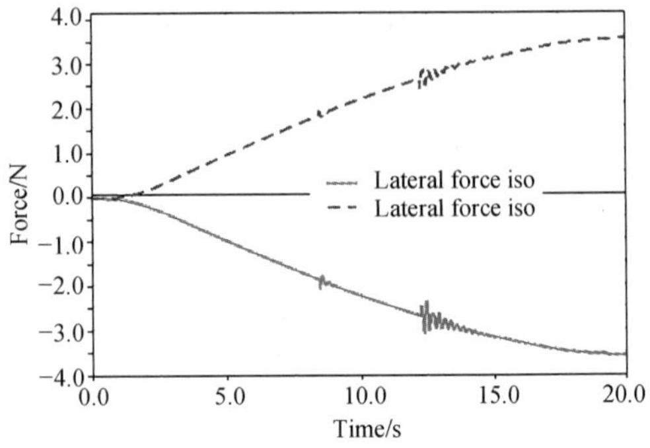

图 9-21　前后轮胎侧向力

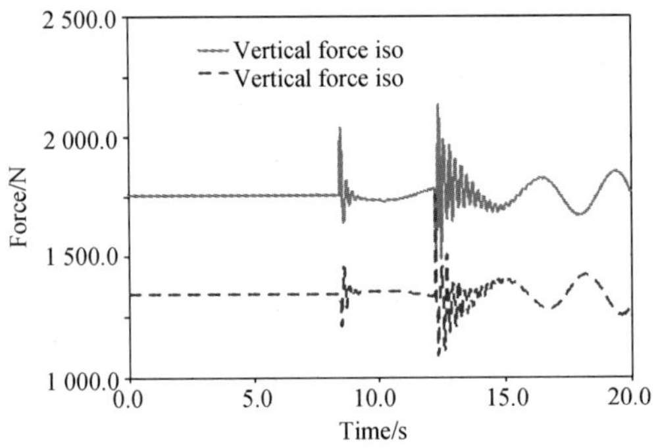

图 9-22　前后轮胎垂向力

9.10　摩托车同步带传动

摩托车大多采用链传动，少数摩托车采用轴传动或同步带传动，相对于链传动，同步带的优势是噪声小，价格便宜，缺点是传动效率相对较低。这里在上述摩托车模型的基础上继续建立同步带传动，在建立皮带传动时，需要对摩托车约束进行相应的修改。

（1）修改部件 wheel_ rear.wheel_part 与 hub_ rear 为 Fixed 约束。

- 模型树单击 Connectors > wheel_rear_and_hub_rear；
- 右击 Modify ：wheel_ rear_and_hub_rear，弹出修改对话框，如图 9-23 所示；
- First Body：wheel_ rear.wheel_part；
- Second Body：hub_ rear；
- Type：Fixed；
- Force Display：None；
- 单击 OK，完成约束副 wheel_rear_and_hub_rear 的修改。

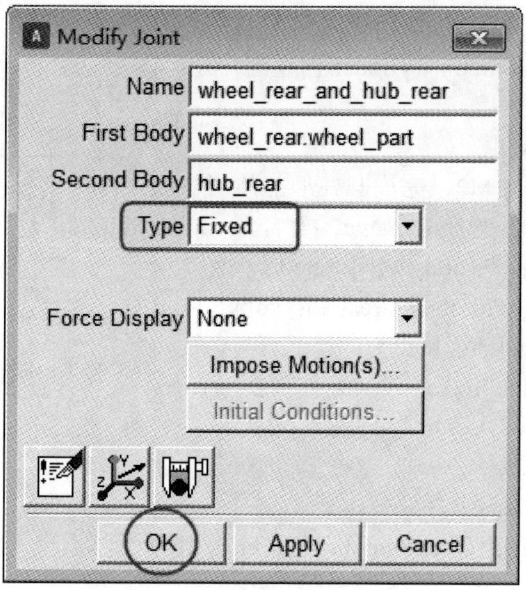

图 9-23　约束副修改——Fixed

（2）修改部件 body 与 damper_up 为 Revolute 约束。

- 模型树单击 Connectors > body_and_damper_up；
- 右击 Modify ：body_and_damper_up；
- First Body：body；
- Second Body：damper_up；
- Type：Revolute；
- Force Display：None；
- 单击 OK，完成约束副 body_and_damper_up 的修改。

（3）部件 engine_link。

- 单击 Bodies > Construction > Construction Geometry：Marker 创建参考点；
- Add to Part；
- Don't Attach；
- 选择部件.body；
- 右击鼠标，弹出硬点位置对话框参考如图 9-2 所示；
- 硬点位置输入 1 100.0, －150.0, 425.0；
- 单击 Apply，完成参考点创建；
- 右击参考点，选择 Rename，重名为 M1；
- 单击 Bodies > Construction > Construction Geometry：Marker 创建参考点；
- Add to Part；
- Don't Attach；
- 选择部件.body；
- 右击鼠标，弹出硬点位置对话框参考如图 9-2 所示；
- 硬点位置输入 1 100.0, 0.0, 425.0；
- 单击 Apply，完成参考点创建；

- 右击参考点，选择 Rename，重名为 M2；
- 单击 Bodies > Geometry Cylinder 创建圆柱几何体；
- 选择 New Part；
- Radius：15；
- 选择参考点 M1 与 M2，完成圆柱形部件创建；
- 右击圆柱体部件，选择 Rename，重名为 engine_link。

（4）部件 engine_link 与 body 之间 Fixed 约束。

- 单击 Connection > Joints > Creat a Revolute Joint；
- Name：engine_link_to_body；
- First Body：engine_link；
- Second Body：body；
- Type：Fixed；
- Force Display：None；
- 单击 OK，完成约束副 engine_link_to_body 的创建。

（5）同步带轮创建。

- 单击 Machinery > Belt > Create Pulley，创建滑轮界面，如图 9-24 所示；
- Belt System / Name：beltsys_1，默认皮带传动系统名称，可更改；
- Pully Set / Name：pullyset_1 默认滑轮部件名称，可更改；
- Type：Trapezoidal Toothed，梯形齿或同步带；
- 单击 Next，切换到 Method 界面；
- Method：2D links；

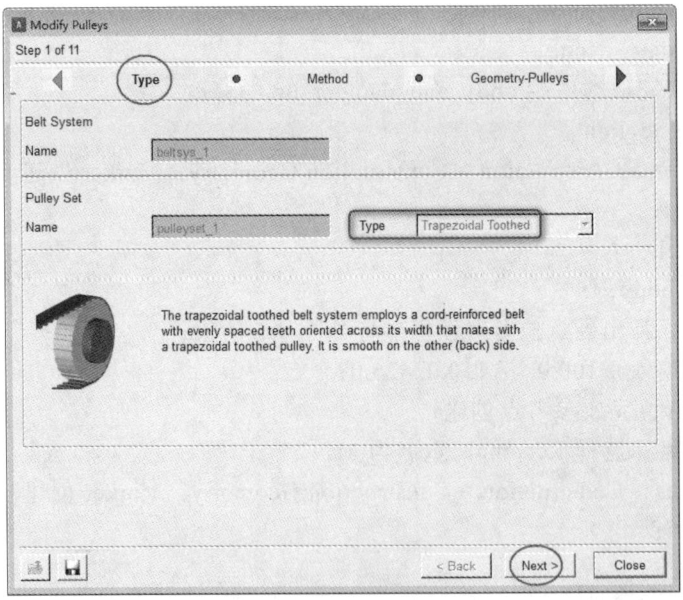

图 9-24　同步皮带轮/Type

- 单击 Next，切换到 Geometry-Pulleys 滑轮几何参数界面，如图 9-25 所示；
- Number of Pulleys（滑轮数量）：2，即皮带轮传动系统中包含两个滑轮，滑轮数量与下面的滑轮几何参数设置保持数量一致；

- Axis of Rotation：Global Y；
- 单击 1；
- Name：d1；

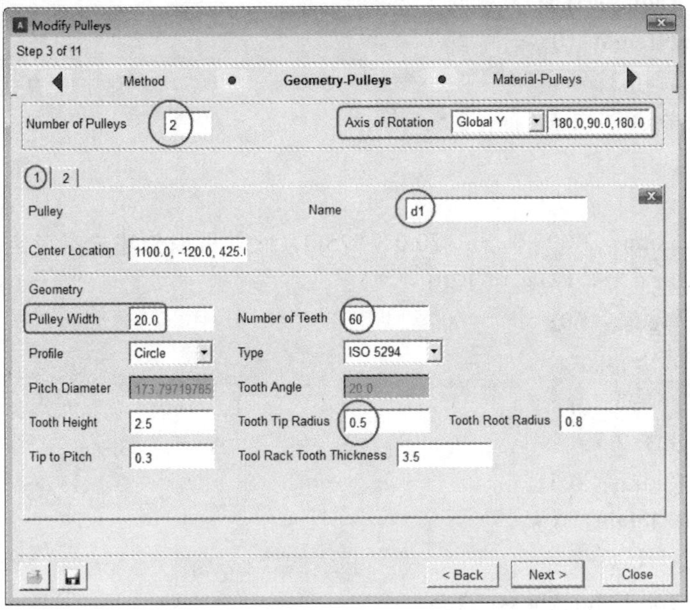

图 9-25（a） 同步皮带轮/d1

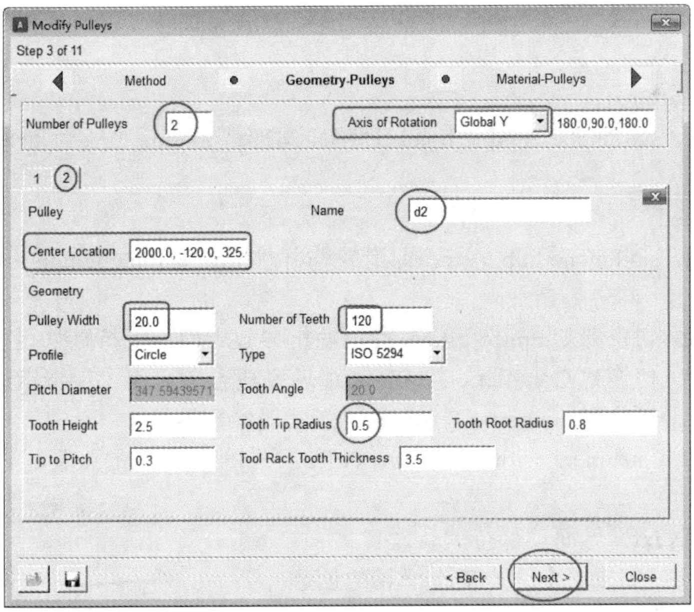

图 9-25（b） 同步皮带轮/d2

- Center Location：1 100.0, －120.0, 425.0，此处可以先建立参考点，然后依次选取；
- Pulley Width（滑轮厚度）：20；

- Number of Teeth：60；
- Profile：Circle；
- Type：ISO 5294；
- Tooth Height：2.5；
- Tooth Tip Radius：0.5；
- Tooth Roof Height：0.8；
- Tip to Pitch：0.3；
- Tool Rack Tooth Thickness：3.5；
- 单击 2；
- Name：d2；
- Center Location：2 000.0，－120.0，325.0，此处可以先建立参考点，然后依次选取；
- Pulley Width（滑轮厚度）：120；
- Number of Teeth：60；
- Profile：Circle；
- Type：ISO 5294；
- Tooth Height：2.5；
- Tooth Tip Radius：0.5；
- Tooth Roof Height：0.8；
- Tip to Pitch：0.3；
- Tool Rack Tooth Thickness：3.5；
- 单击 Next，切换到 Material-Pulleys 滑轮材料参数界面，保持默认设置；
- 单击 Next，切换到 Connection-Pulleys 滑轮约束参数界面；
- 单击 1；
- Type：Rotational；
- Body：.my_sanlunche.engine_link，即滑轮与部件 engine_link 之间采用转动副约束；
- 单击 2；
- Type：Fixed；
- Body：.my_sanlunche.hub_rear，即滑轮与部件.my_sanlunche.hub_rear 之间采用固定副约束；
- 单击 Next，切换到 Output-Pulleys 滑轮输出参数界面，保持默认设置；
- 单击 Next，切换到 Completion-Pulleys 滑轮完成参数界面，保持默认设置；
- 单击 Next，切换到 Gemetry-Tensioners 张紧器参数界；
- Number of Tensioners with Deviation Pulley（带偏差滑轮的张紧器数量）：0，不需要张紧轮；
- 连续单击 Next，界面均保持默认设置；
- 单击 Finish，完成两个同步皮带滑轮的创建。

（6）同步带创建。

- 单击 Machinery > Belt > Create Belt，创建同步皮带界面，如图 9-26 所示；
- Pulley Set/Name：.my_sanlunche.beltsys_1.pulleyset_1，通过 Pulley Set > Guesses 选取已经创建好的滑轮；

- Belt System/Name：.my_sanlunche.beltsys_1，系统自动默认命名；

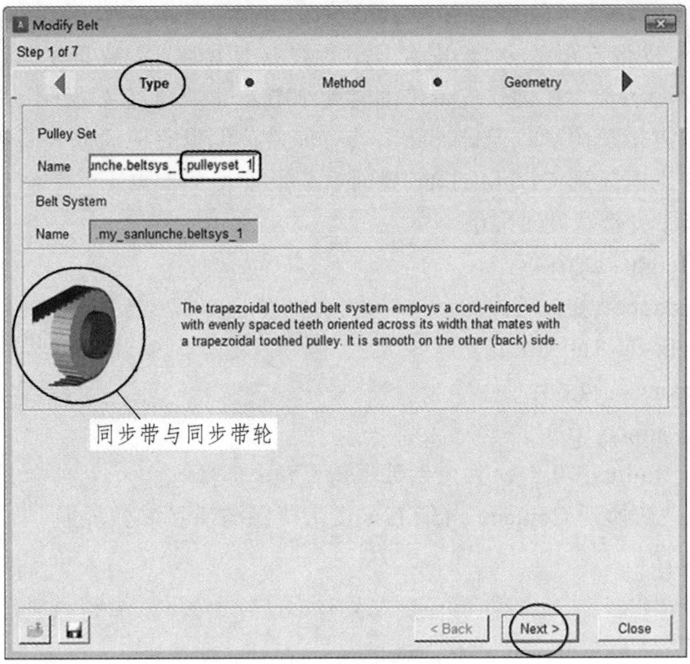

图 9-26　同步皮带（Type）

- 单击 Next，切换到 Method 界面；
- Method：2D links；
- 单击 Next，切换到 Geometry 皮带几何参数界面，如图 9-27 所示；

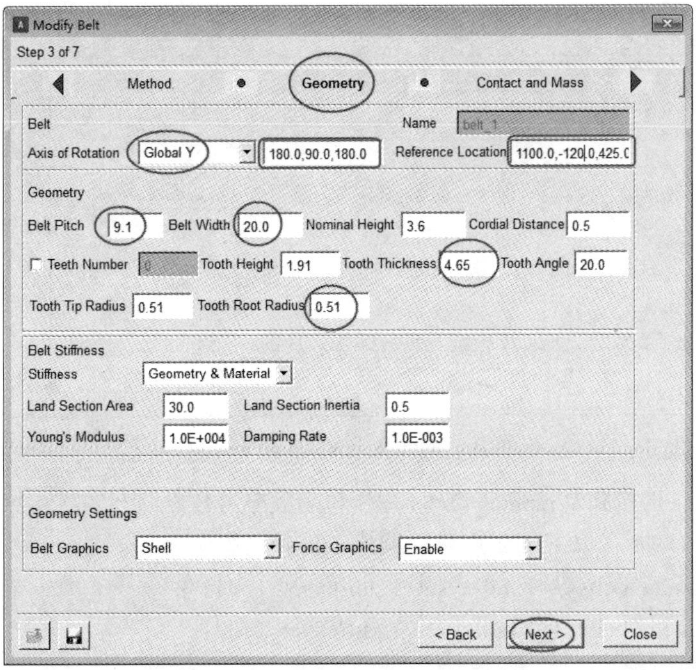

图 9-27　同步皮带（Geometry）

- Axis of Rotation：Global Y；
- Reference Location：1 100.0，－120.0，425.0；
- Belt Pitch（皮带节距）：9.1，皮带节距参数极为重要，需要重复调节此参数保证同步皮带与同步皮带轮齿啮合，在创建皮带传动时此细节是非常容易忽略的因素，虽然忽略此因素也可以创建同步皮带及仿真，但计算结果会有偏差；创建完成后放大同步皮带与皮带轮，观察是否切合，否则退还到 GEOMETRY 界面重新设置相关参数；
- Belt Width（皮带宽度）：20；
- Nominal Height：3.6；
- Cordial Distance：0.5；
- Tooth Height：1.91；
- Tooth Thickness：4.65；
- Tooth Tip Radius：0.51；
- Tooth Root Radius：0.51，其余参数保持默认；
- 单击 Next，切换到 Contant and Mass 皮带接触与质量参数界面，如图 9-28 所示，所有参数保持默认设置；

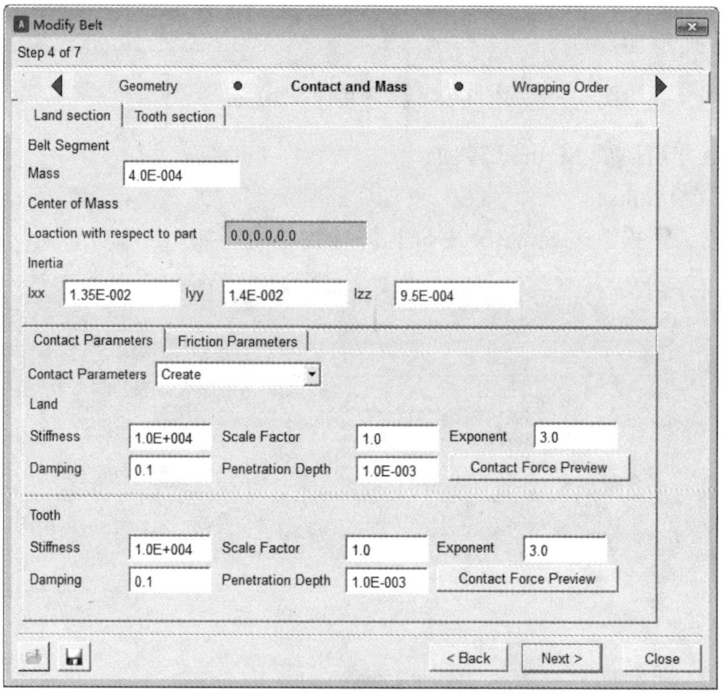

图 9-28　同步皮带/Contant and Mass

- 单击 Next，切换到 Wrapping Order 皮带包裹顺序参数界面，如图 9-29 所示；
- Wrapping Order：以下同步皮带轮顺序不能换。

① .my_sanlunche.beltsys_1.pulleyset_1.pulleyset_1_d1；

② .my_sanlunche.beltsys_1.pulleyset_1.pulleyset_1_d2。

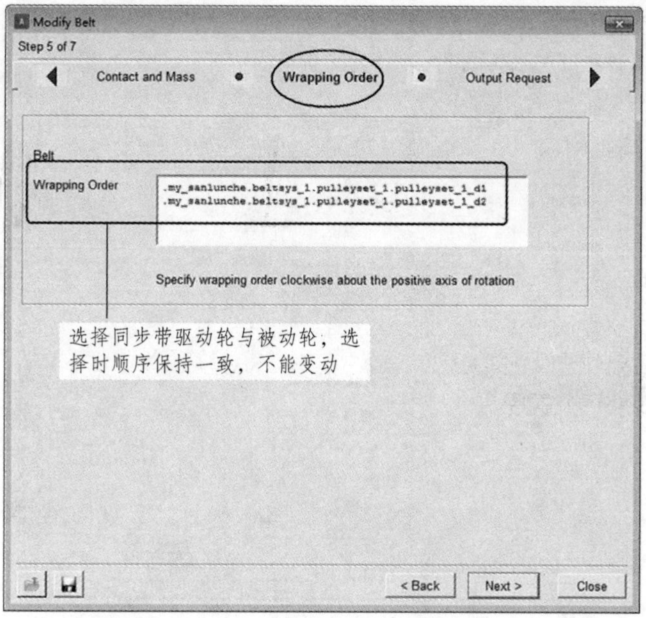

图 9-29　同步皮带（Wrapping Order）

- 单击 Next，弹出问题提示框如图 9-30 所示，皮带共包含 290 个皮带段块，单击 Yes，继续包裹皮带；皮带包裹完成后切换到 Output Request 输出请求界面；需要注意的是同步皮带包裹完成后，误差及皮带张紧力越小越好，对于链传动亦是如此，此处同步带张紧力为 72 N；
- 勾选 Segment Request；
- Link Part（s）：segment_1（皮带中第 1 个段块）；
- 单击 Next，切换到 Completion 参数设置；
- 单击 Finish，完成同步皮带模型建立。

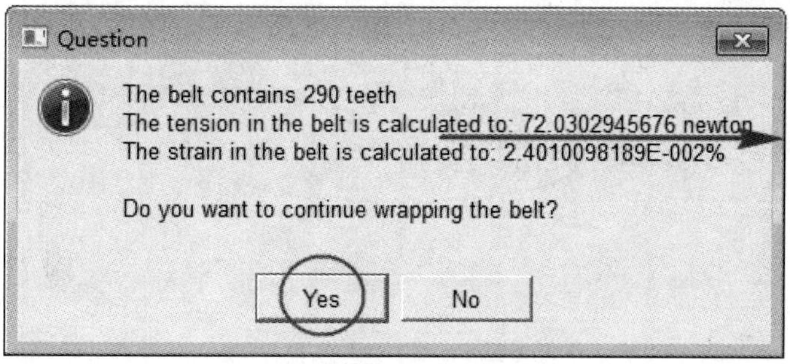

图 9-30　皮带创建问题提示框

（7）驱动力矩。

- 单击 Machinery > Belt > Belt Actuation Input，创建同步带驱动元界面如图 9-31 所示；
- Actuator / Name：.my_sanlunche.beltsys_1.actuator_1；
- Pulley：.my_sanlunche.beltsys_1.pulleyset_1.pulleyset_1_d1；

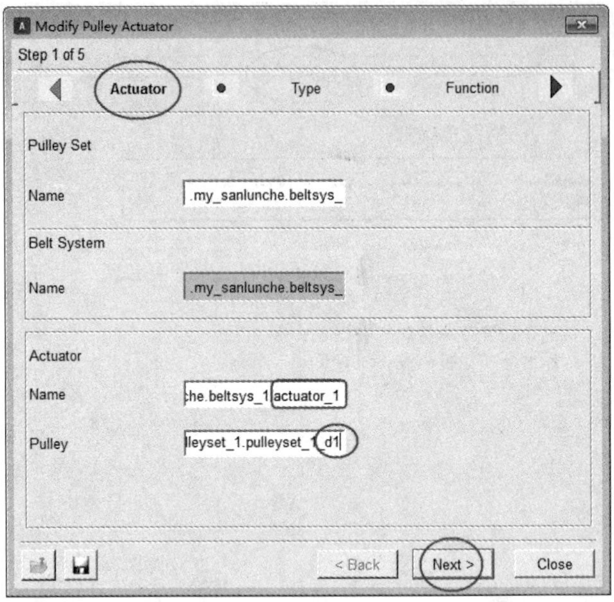

图 9-31　创建驱动元（Actuator）

- 单击 Next，切换到 Type 参数设置界面；
- Type：Torque；
- 单击 Next，切换到 Function 参数设置界面，如图 9-32 所示；
- Function：User Defined；
- User Entered Func.：－STEP（ time , 0 , 0 , 3, 5 000)；
- Direction：Clockwise，顺时针方向；
- 单击 Next，切换到 Output 参数设置界面，保持默认设置；

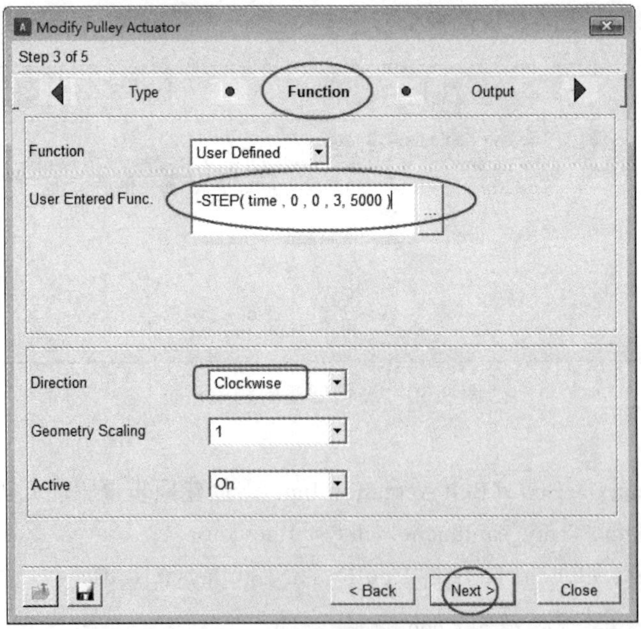

图 9-32　创建驱动元/ Function

- 单击 Next，切换到 Completion 参数设置；
- 单击 Finish，完成驱动元的创建，此时皮带传动摩托车整车模型如图 9-33 所示；

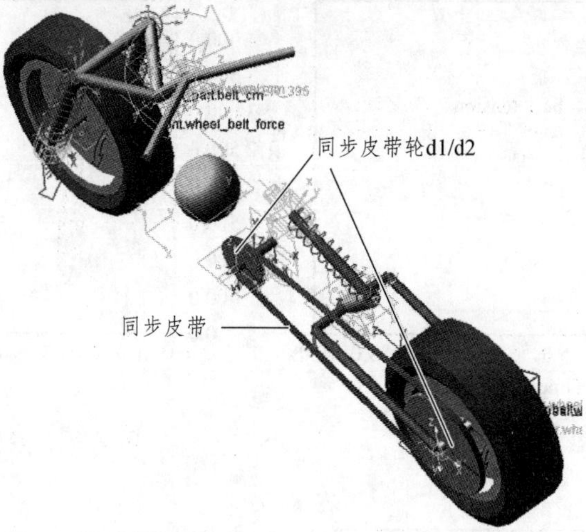

图 9-33　摩托车同步带传动

- 单击 Simulation > Simulate 命令；
- End Time：10；
- Steps：10 000，即步数按仿真时间的 1 000 倍设置，过小的话会导致计算过程出现收敛问题，仿真过程缓慢，有条件的读者建议采用服务器计算；
- 其余保持默认设置，单击 Start simulation；
- 计算完成后，按 F8 切换到后处理模块，驱动函数图形如图 9-34 所示；驱动元转动角度如图 9-35 所示；同步带传动接触力如图 9-36 所示，从计算结果中可以看出，摩托车起步瞬间，同步带接触力瞬间增大，同时伴有高频振动现象，随着时间推移，即摩托车平稳运行后，接触力逐渐减小至常数状态；如图 9-37 ~ 图 9-39 为前后轮胎 *X*、*Y*、*Z* 三方向的接触力特性曲线，启步数据亦有振荡现象；如图 9-40、图 9-41 所示前后弹簧受力转台，前弹簧受力相对于后轴较大，摩托车重型靠近前轴，转向较沉稳，稳定性好；如图 9-42 所示为车身垂向加速度特性曲线。

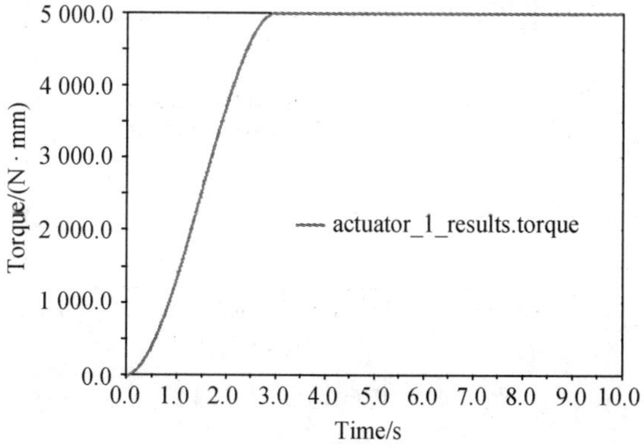

图 9-34　力矩-STEP (time , 0 , 0 , 3, 5 000)图形

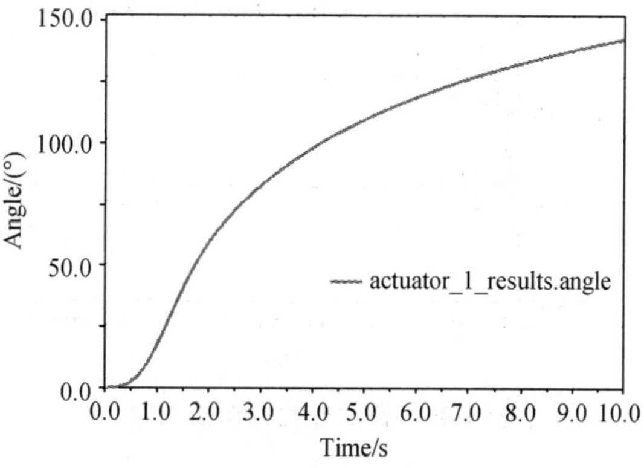

图 9-35　驱动力转动角度

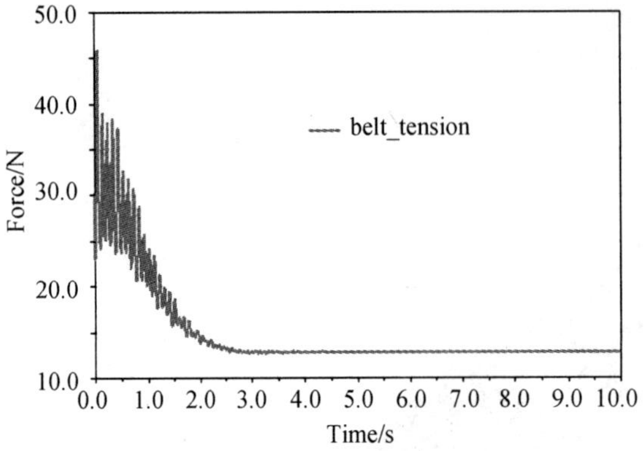

图 9-36　同步带张紧力

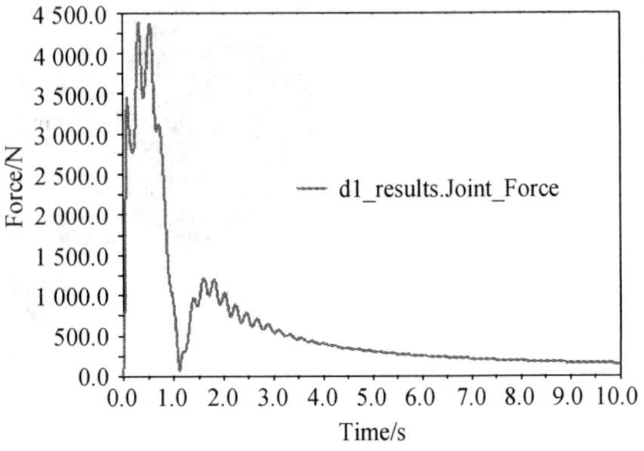

图 9-37　驱动带轮转动力

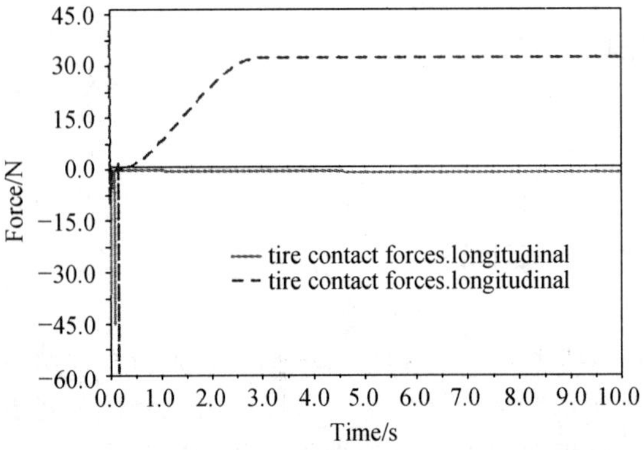

图 9-38　前后轮胎纵向接触力

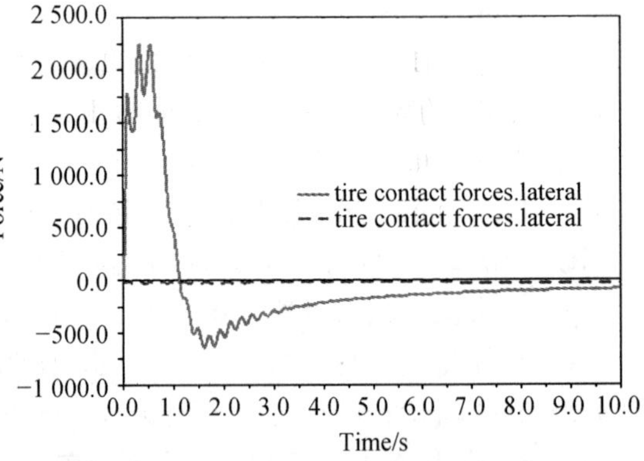

图 9-39　前后轮胎侧向接触力

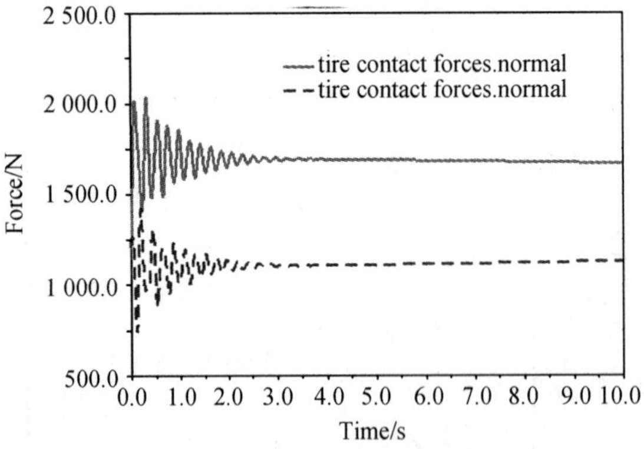

图 9-40　前后轮胎垂向接触力

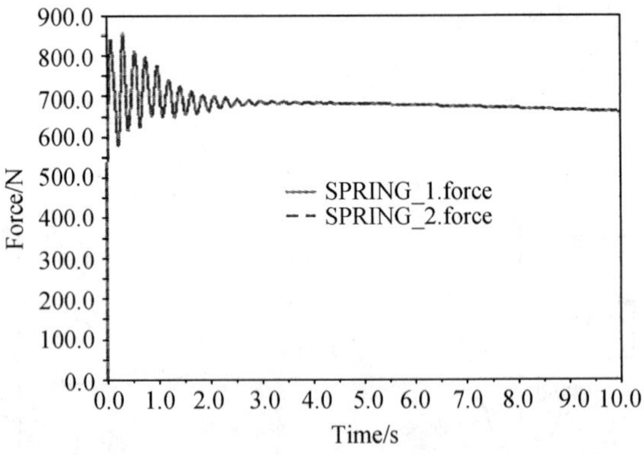

图 9-41　转向轴双减震器受力

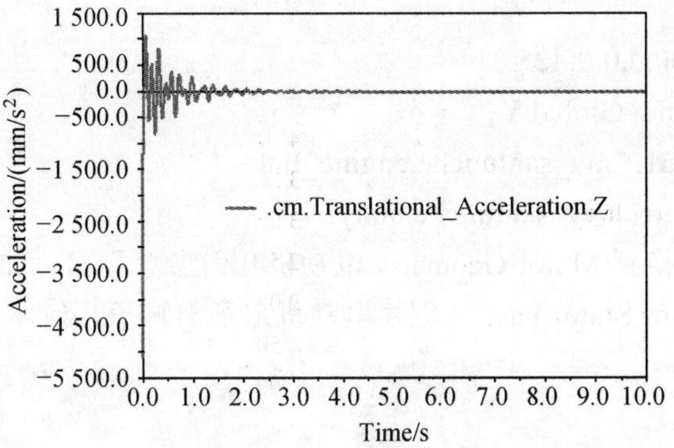

图 9-42　车身垂向加速度

9.11　电动机驱动同步带传动

主动滑轮 d1 需要通过电动来驱动，此时需要删除转动约束副：engine_link_to_body。

（1）删除约束副：engine_link_to_body。

- 模型树单击 Connectors > engine_link_to_body；
- 右击 Delete，完成约束的删除；
- 在驱动皮带轮 d1 附近右击删除驱动力 my_sanlunche.beltsys_1.actuator_1。

（2）电动机。

- 单击 Machinery > Motor > Create Motor 命令，弹出创建电动机对话框；
- Method：Curve Based；
- 单击 Next，切换到 Motor Type 参数界面，保持默认设置；
- 单击 Next，切换到 Motor Connections 参数界面，如图 9-43 所示；

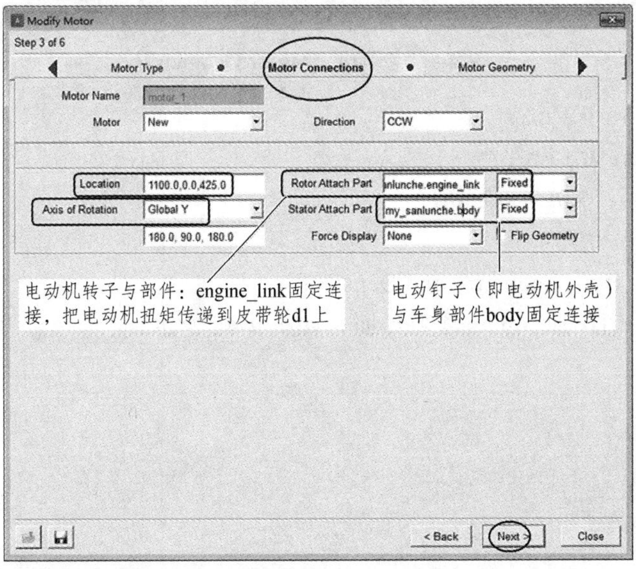

图 9-43　电动机（Motor Connections）

- Motor：New；
- Location：1 100.0,0.0,425.0；
- Axis of Rotation：Global Y；
- Rotor Attach Part：my_sanlunche.engine_link；
- Stator Attach Part：my_sanlunche.body；
- 单击 Next，切换到 Motor Geometry 电动机几何参数界面，如图 9-44 所示；
- 勾选 Creat Rotor Stator Parts，创建电动机定子与转子几何体；

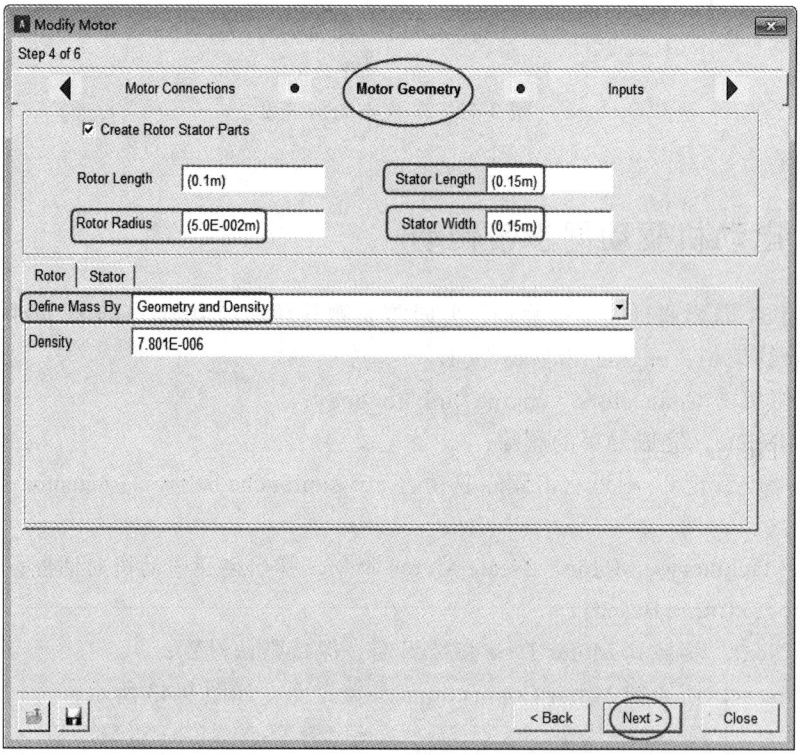

图 9-44　电动机（Motor Geometry）

- Rotor Length：0.1 m；
- Rotor Radius：0.15 m；
- Stator Length：5.0E – 002 m；
- Stator Width：0.15 m；
- Define Mass By：Geometry and Density；
- 单击 Next，切换到 Inputs 参数界面，如图 9-45 所示；

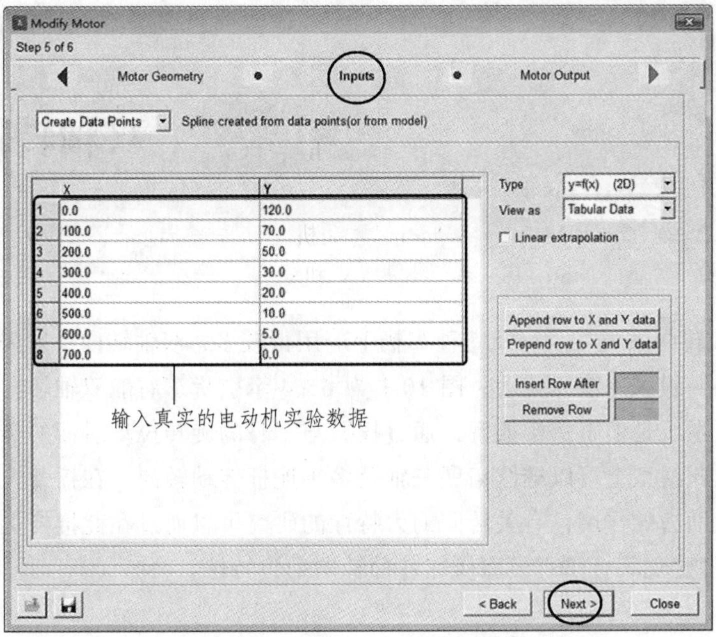

图 9-45 电动机/Inputs

- 单击 Next，切换到 Motor Output 参数界面，保持默认设置；
- 单击 Finish，完成电动机创建，此时摩托车整车模型如图 9-46 所示。

图 9-46 摩托车——电动机驱动皮带传动

第 10 章　双轴转向系统

双轴及多轴转向系统在工程及特种车辆上应用得较多，双轴转向一般采用连杆传动，大于两轴系转向的一般采用液压传动；图 10-1 为 6×4 牵引货车右舵双轴转向系统；与单轴转向相比，在转向系统是多了一个摇臂，通过摇臂与车身的旋转拉动后面的传动杆使第二轴车辆产生转动，在此模型上可以继续拓展三轴及多轴连杆传动转向。在摇臂上可以通过增加液压推杆起到转向助力的作用，有关转向助力特性的研究可以通过在此推杆上建立函数，然后与 MATLAB 软件建立联合仿真模型研究各种转向助力特性。

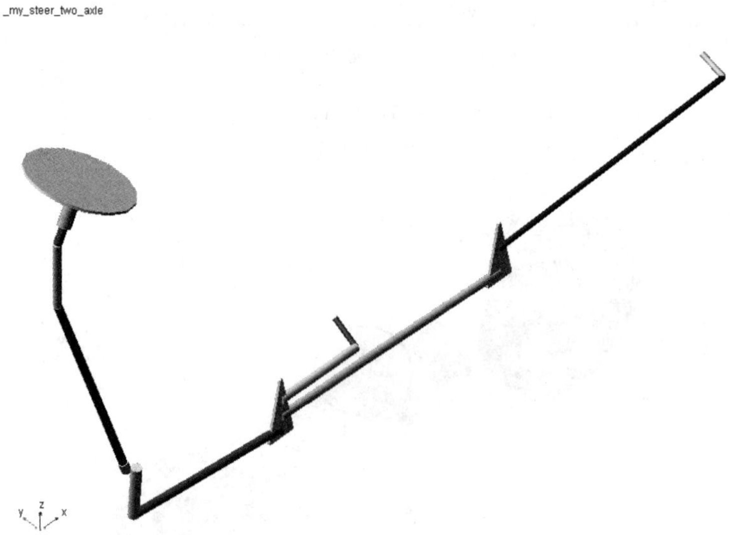

图 10-1　双轴转向系统

学习目标

- ✧ 双轴右舵转向系统。
- ✧ 通信器。
- ✧ 拓展多轴转向模型。
- ✧ TASA 实验。
- ✧ 单轴右舵转向系统。

10.1 双轴转向模型

- 启动 ADAMS/CAR、选择 Template 进入建模界面；
- 单击 File > New 命令，弹出建模对话框，如图 10-2 所示；
- Template Name：my_steer_two_axle；
- Major Role：steering；
- 单击 OK，进入到建模界面。

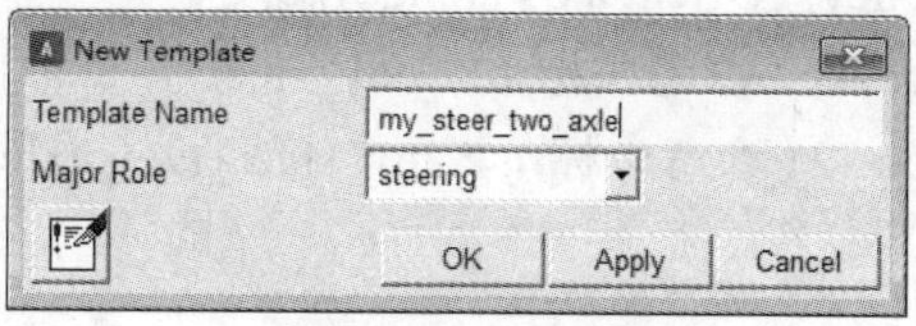

图 10-2 转向模板框

- 单击 Build > Hardpoint > New 命令，弹出 Template 创建硬点对话框，如图 10-3 所示；
- 在硬点名称里输入 steering_wheel_center；
- Type：left；
- Location：3 200.0, 800.0, 2 300.0；
- 单击 Apply,完成 steering_wheel_center 硬点的创建；
- 重复上述步骤完成如图 10-4 所示硬点的创建，创建完成后单击 OK。

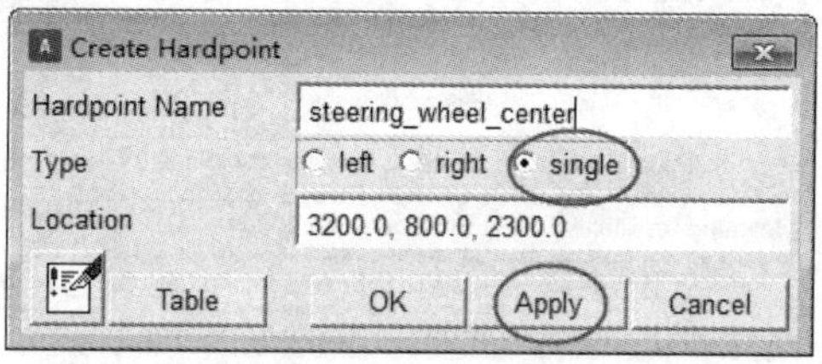

图 10-3 硬点创建

	loc x	loc y	loc z
hps_input_shaft_forward	3400.0	800.0	900.0
hps_intermediate_shaft_forward	3100.0	800.0	1812.5
hps_intermediate_shaft_rearward	3100.0	800.0	2088.6
hps_origin_ref	0.0	0.0	0.0
hps_pitman_arm_aft_front	5050.0	765.0	550.0
hps_pitman_arm_aft_rear	5150.0	765.0	550.0
hps_pitman_arm_aft_upper	5100.0	765.0	800.0
hps_pitman_arm_middle_front	4050.0	765.0	550.0
hps_pitman_arm_middle_rear	4150.0	765.0	550.0
hps_pitman_arm_middle_upper	4100.0	765.0	800.0
hps_pitman_axis	3415.0	750.0	900.0
hps_steer_arm	4450.0	765.0	700.0
hps_steer_link	3415.0	765.0	675.0
hps_steer_link_aft_front	5100.0	765.0	685.0
hps_steer_link_aft_rear	6130.0	765.0	730.0
hps_steer_link_fore_front	4100.0	765.0	710.0
hps_steer_link_middle_front	4100.0	765.0	635.0
hps_steer_link_middle_rear	5100.0	765.0	580.0
hps_steer_link_rear	4100.0	765.0	580.0
hps_steering_arm_attach	4450.0	865.0	760.0
hps_steering_arm_attach_aft	6130.0	865.0	765.0
hps_steering_wheel_center	3200.0	800.0	2300.0

图 10-4 双轴转向系统硬点

（1）部件 steer_link。

- 单击 Build > Part > General Part > New 命令，弹出创建部件对话框，如图 10-5 所示；
- General Part 输入 steer_link；
- Location Dependency：Centered between coordinates；
- Centered between：Two Coordinates；
- Coordinate Reference #1（参考坐标）：._my_steer_two_axle.ground.hps_steer_link；
- Coordinate Reference #2（参考坐标）：._my_steer_two_axle.ground.hps_steer_link_rear；
- Orientation Dependency：Orient axis along line；
- Coordinate Reference #1（参考坐标）：._my_steer_two_axle.ground.hps_steer_link；
- Coordinate Reference #2（参考坐标）：._my_steer_two_axle.ground.hps_steer_link_rear；
- Axis：Z；
- Mass：1；
- Ixx：1；
- Iyy：1；
- Izz：1；
- Density：Material；
- Material Type：.materials.steel；
- 单击 OK，完成部件._my_steer_two_axle.ges_steer_link 创建。

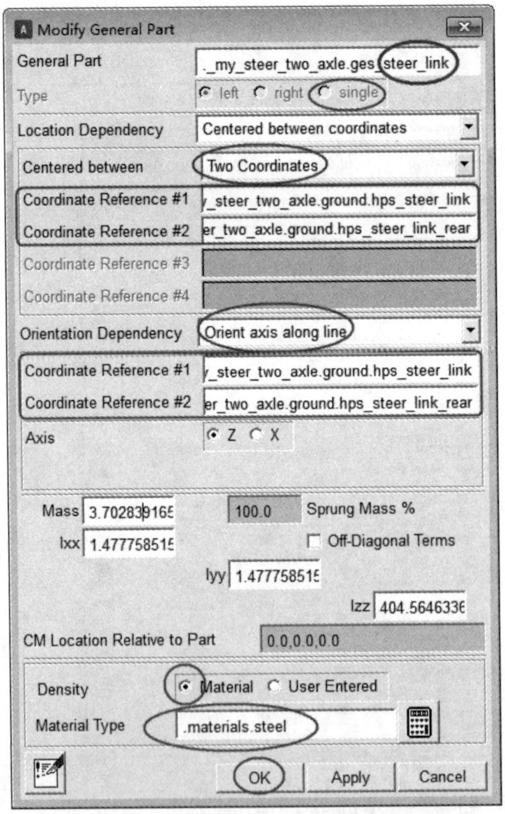

图 10-5　转向连杆部件 steer_link

- 单击 Build > Geometry > Link > New 命令，创建圆柱体如图 10-6 所示；
- Link Name （连杆名称）输入几何名称：steer_link；
- General Part 输入._my_steer_two_axle.ges_steer_link；
- Coordinate Reference #1（参考坐标）：._my_steer_two_axle.ground.hps_steer_link；
- Coordinate Reference #2（参考坐标）：._my_steer_two_axle.ground.hps_steer_link_rear；
- Radius（半径）：15.0；
- Color（杆件几何体颜色）：red；
- 选择 Calculate Mass Properties of General Part 复选框，当几何建立好之后会更新对应部件的质量和惯量参数；
- Density：Material；
- Material Type：steel；
- 单击 OK，完成._my_steer_two_axle.ges_steer_link.gralin_steer_link 几何体的创建。

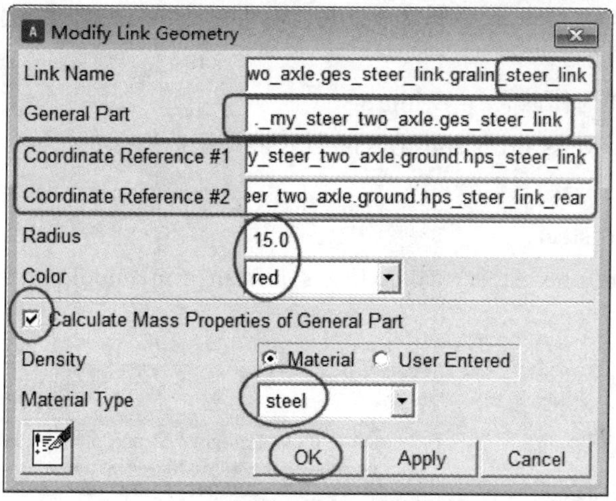

图 10-6 转向连杆几何体 steer_link

（2）部件 pitman_arm_middle。

- 单击 Build > Part > General Part > New 命令，弹出创建部件对话框参考如图 10-5 所示；
- General Part 输入 steer_link；
- Location Dependency：Centered between coordinates；
- Centered between：Three Coordinates；
- Coordinate Reference #1（参考坐标）：._my_steer_two_axle.ground.hps_pitman_arm_middle_upper；
- Coordinate Reference #2（参考坐标）：._my_steer_two_axlc.ground.hps_pitman_arm_middle_front；
- Coordinate Reference #3（参考坐标）：._my_steer_two_axle.ground.hps_pitman_arm_middle_rear；
- Orientation Dependency：Oriented in plane；
- Coordinate Reference #1（参考坐标）：._my_steer_two_axle.ground.hps_pitman_arm_middle_upper；
- Coordinate Reference #2（参考坐标）：._my_steer_two_axle.ground.hps_pitman_arm_middle_front；
- Coordinate Reference #3（参考坐标）：._my_steer_two_axle.ground.hps_pitman_arm_middle_rear；
- Axis：Z；

- Mass：1；
- Ixx：1；
- Iyy：1；
- Izz：1；
- Density：Material；
- Material Type：.materials.steel；
- 单击 OK，完成部件._my_steer_two_axle.ges_pitman_arm_middle 创建。
- 单击 Build > Geometry > Arm > New 命令，建立三角臂几何如图 10-7 所示；
- Link Name （连杆名称）输入几何名称：steer_link；
- General Part 输入._my_steer_two_axle.ges_pitman_arm_middle；
- Coordinate Reference #1（参考坐标）：._my_steer_two_axle.ground.hps_pitman_arm_middle_upper；
- Coordinate Reference #2（参考坐标）：._my_steer_two_axle.ground.hps_pitman_arm_middle_front；
- Coordinate Reference #3（参考坐标）：._my_steer_two_axle.ground.hps_pitman_arm_middle_rear；
- Thickness：10.0；
- Color（杆件几何体颜色）：white；
- 选择 Calculate Mass Properties of General Part 复选框；
- Density：Material；
- Material Type：steel；
- 单击 OK，完成._my_steer_two_axle.ges_pitman_arm_middle.graarm_pitman_arm_middle 几何体的创建。

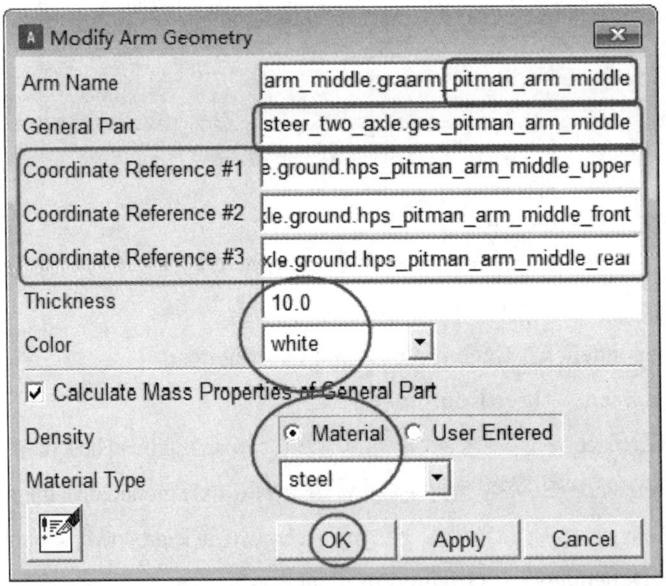

图 10-7　三角臂_arm

（3）部件 steer_input_arm_aft。

- 单击 Build > Part > General Part > New 命令，弹出创建部件对话框，如图 10-5 所示；
- General Part 输入 steer_input_arm_aft；

- Location Dependency：Located on a line；
- Coordinate Reference #1（参考坐标）：._my_steer_two_axle.ground.hps_steer_link_aft_rear；
- Coordinate Reference #2（参考坐标）：._my_steer_two_axle.ground.hps_steering_arm_attach_aft；
- Relative location（%）：50；
- Orientation Dependency：User-entered values；
- Orient using：Euler Angles；
- Euler Angles：0,0,0；
- Axis：Z；
- Mass：1；
- Ixx：1；
- Iyy：1；
- Izz：1；
- Density：Material；
- Material Type：.materials.steel；
- 单击 OK，完成部件._my_steer_two_axle.ges_steer_input_arm_aft 创建。
- 单击 Build > Geometry > Link > New 命令，创建圆柱体参考如图 10-6 所示；
- Link Name （连杆名称）输入几何名称：steer_link；
- General Part 输入. _my_steer_two_axle.ges_steer_link；
- Coordinate Reference #1（参考坐标）：._my_steer_two_axle.ground.hps_steer_link；
- Coordinate Reference #2（参考坐标）：._my_steer_two_axle.ground.hps_steer_link_rear；
- Radius（半径)：15.0；
- Color（杆件几何体颜色）：red；
- 选择 Calculate Mass Properties of General Part 复选框，当几何建立好之后会更新对应部件的质量和惯量参数；
- Density：Material；
- Material Type：steel；
- 单击 OK，完成._my_steer_two_axle.ges_steer_link.gralin_steer_link 几何体的创建。

（4）部件 pitman_arm_aft。

- 单击 Build > Part > General Part > New 命令，弹出创建部件对话框，如图 10-5 所示；
- General Part 输入 pitman_arm_aft；
- Location Dependency：Delfa location from coordinate；
- Coordinate Reference（参考坐标）：._my_steer_two_axle.ground.hps_steer_link_aft_front；
- Location：0,0,0；
- Location in：Local；
- Orientation Dependency：User-entered values；
- Orient using：Euler Angles；
- Euler Angles：0,0,0；
- Axis：Z；
- Mass：1；

- Ixx：1；
- Iyy：1；
- Izz：1；
- Density：Material；
- Material Type：.materials.steel；
- 单击 OK，完成部件._my_steer_two_axle.ges_pitman_arm_aft 创建。
- 单击 Build > Geometry > Arm > New 命令，建立三角臂几何参考如图 10-7 所示；
- Link Name （连杆名称）输入几何名称：pitman_arm_aft；
- General Part 输入._my_steer_two_axle.ges_pitman_arm_aft；
- Coordinate Reference #1（参考坐标）：._my_steer_two_axle.ground.hps_pitman_arm_aft_upper；
- Coordinate Reference #2（参考坐标）：._my_steer_two_axle.ground.hps_pitman_arm_aft_front；
- Coordinate Reference #3（参考坐标）：._my_steer_two_axle.ground.hps_pitman_arm_aft_rear；
- Thickness：10.0；
- Color（杆件几何体颜色）：white；
- 选择 Calculate Mass Properties of General Part 复选框；
- Density：Material；
- Material Type：steel；
- 单击 OK，完成._my_steer_two_axle.ges_pitman_arm_aft.graarm_pitman_arm_aft 几何体的创建。

（5）部件 steer_link_aft。

- 单击 Build > Part > General Part > New 命令，弹出创建部件对话框，如图 10-5 所示；
- General Part 输入 steer_link_aft；
- Location Dependency：Located on a line；
- Coordinate Reference #1（参考坐标）：._my_steer_two_axle.ground.hps_steer_link_aft_front；
- Coordinate Reference #2（参考坐标）：._my_steer_two_axle.ground.hps_steer_link_aft_rear；
- Relative location（%)：50；
- Orientation Dependency：User-entered values；
- Orient using：Euler Angles；
- Euler Angles：0,0,0；
- Axis：Z；
- Mass：1；
- Ixx：1；
- Iyy：1；
- Izz：1；
- Density：Material；
- Material Type：.materials.steel；
- 单击 OK，完成部件._my_steer_two_axle.ges_steer_link_aft 创建。
- 单击 Build > Geometry > Link > New 命令，创建圆柱体如图 10-6 所示；
- Link Name （连杆名称）输入几何名称：steer_link_aft；

- General Part 输入._my_steer_two_axle.ges_steer_link_aft;
- Coordinate Reference #1(参考坐标): ._my_steer_two_axle.ground.hps_steer_link_aft_front;
- Coordinate Reference #2 (参考坐标): ._my_steer_two_axle.ground.hps_steer_link_aft_rear;
- Radius (半径): 10;
- Color (杆件几何体颜色): blue;
- 选择 Calculate Mass Properties of General Part 复选框;
- Density: Material;
- Material Type: steel;
- 单击 OK, 完成._my_steer_two_axle.ges_steer_link_aft.gralin_steer_link_aft 几何体的创建。

（6）部件 steer_link_middle。

- 单击 Build > Part > General Part > New 命令，弹出创建部件对话框，如图 10-5 所示;
- General Part 输入 steer_link_middle;
- Location Dependency: Located on a line;
- Coordinate Reference #1(参考坐标): ._my_steer_two_axle.ground.hps_steer_link_middle_front;
- Coordinate Reference #2 (参考坐标): ._my_steer_two_axle.ground.hps_steer_link_middle_rear;
- Relative location (%): 50;
- Orientation Dependency: User-entered values;
- Orient using: Euler Angles;
- Euler Angles: 0,0,0;
- Axis: Z;
- Mass: 1;
- Ixx: 1;
- Iyy: 1;
- Izz: 1;
- Density: Material;
- Material Type: .materials.steel;
- 单击 OK，完成部件._my_steer_two_axle.ges_steer_link_middle 创建。
- 单击 Build > Geometry > Link > New 命令，创建圆柱体如图 10-6 所示;
- Link Name （连杆名称）输入几何名称：steer_link_middle;
- General Part 输入._my_steer_two_axle.ges_steer_link_middle;
- Coordinate Reference #1(参考坐标): ._my_steer_two_axle.ground.hps_steer_link_middle_front;
- Coordinate Reference #2 (参考坐标): ._my_steer_two_axle.ground.hps_steer_link_middle_rear;
- Radius (半径): 15;
- Color (杆件几何体颜色): skyblue;
- 选择 Calculate Mass Properties of General Part 复选框;
- Density: Material;
- Material Type: steel;
- 单击 OK，完成._my_steer_two_axle.ges_steer_link_middle.gralin_steer_link_middle 几何体的创建。

（7）部件 steering_wheel。

- 单击 Build > Construction Frame > New 命令，弹出创建结构框如图 10-8 所示；
- Construction Frame（结构框名称）：steering_whel_center；
- Location Dependency：Delfa location from coordinate；
- Coordinate Reference （参考坐标）：._my_steer_two_axle.ground.hps_steering_wheel_center；
- Location：0,0,0；
- Location in：local；
- Orientation Dependency：Orient axis along line；
- Coordinate Reference #1（参考坐标）：._my_steer_two_axle.ground.hps_steering_wheel_center；
- Coordinate Reference #2（参考坐标）：._my_steer_two_axle.ground.hps_intermediate_shaft_rearward；
- Axis：Z；
- 单击 Apply，完成._my_steer_two_axle.ground.cfs_steering_whel_center 结构框的创建；

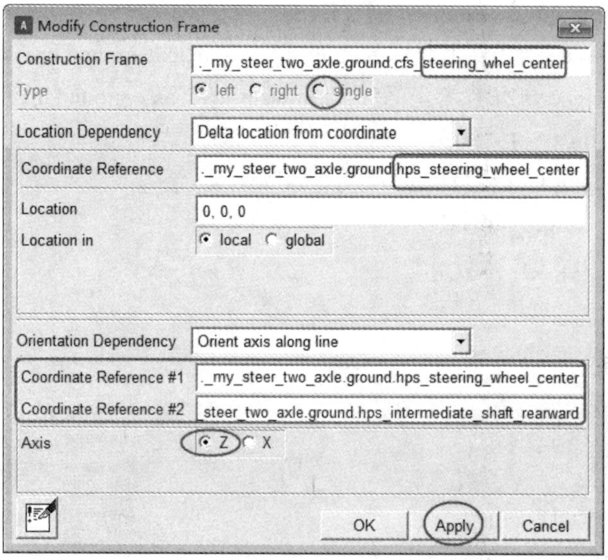

图 10-8　结构框 steering_whel_center

- Construction Frame（结构框名称）：steering_wheel_mcs；
- Location Dependency：Delfa location from coordinate；
- Coordinate Reference （参考坐标）：._my_steer_two_axle.ground.hps_steering_wheel_center；
- Location：0,0,0；
- Location in：local；
- Orientation Dependency：Delfa location from coordinate；
- Construction Frame（结构框名称）：._my_steer_two_axle.ground.cfs_steering_whel_center；
- Orientation：0,0,0；
- 单击 OK，完成._my_steer_two_axle.ground.cfs_steering_wheel_mcs 结构框的创建。
- 单击 Build > Part > General Part > New 命令，弹出创建部件对话框，如图 10-5 所示；
- General Part 输入 steering_wheel；
- Location Dependency：Delfa location from coordinate；

- Coordinate Reference （参考坐标）：._my_steer_two_axle.ground.cfs_steering_wheel_mcs；
- Location：0,0,0；
- Location in：Local；
- Orientation Dependency：Delfa location from coordinate；
- Construction Frame（参考坐标）：._my_steer_two_axle.ground.cfs_steering_wheel_mcs；
- Orientation：0,0,0；
- Mass：1；
- Ixx：1；
- Iyy：1；
- Izz：1；
- Density：Material；
- Material Type：.materials.steel；
- 单击 OK，完成部件._my_steer_two_axle.ges_steering_wheel 创建。
- 单击 Build > Geometry > Cylinder （圆柱体）> New 命令，弹出圆柱几何体对话框，如图 10-9 所示；
- Cylinder Name（连杆名称）输入几何名称：steering_wheel；
- General Part 输入._my_steer_two_axle.ges_steering_wheel；
- Construction Frame （参考坐标）：._my_steer_two_axle.ground.cfs_steering_whel_center；
- Radius（半径)：200.0；
- Length In Postive Z（Z 轴正方向长度）：5.0；
- Length In Negative Z（Z 轴负方向长度）：5.0；
- Color（圆柱体几何体颜色）：yellow；
- 选择 Calculate Mass Properties of General Part 复选框；
- 单击 OK，完成转向盘._my_steer_two_axle.ges_steering_wheel.gracyl_steering_wheel 几何体的创建。

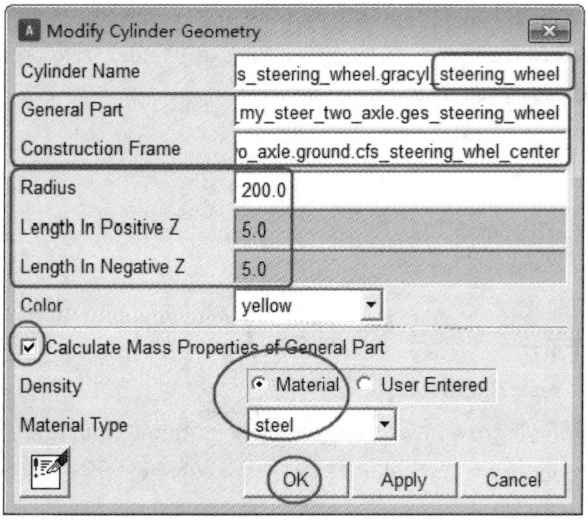

图 10-9　圆柱几何体 steering_wheel

（8）部件 column_housing。

- 单击 Build > Construction Frame > New 命令，弹出创建结构框参考，如图 10-8 所示；
- Construction Frame（结构框名称）：column_housing；
- Location Dependency：Centered between coordinates；
- Centered between：Two Coordinates；
- Coordinate Reference #1（参考坐标）：._my_steer_two_axle.ground.hps_intermediate_shaft_rearward；
- Coordinate Reference #2（参考坐标）：._my_steer_two_axle.ground.hps_steering_wheel_center；
- Orientation Dependency：Orient axis along line；
- Coordinate Reference #1（参考坐标）：._my_steer_two_axle.ground.hps_intermediate_shaft_rearward；
- Coordinate Reference #2（参考坐标）：._my_steer_two_axle.ground.hps_steering_wheel_center；
- Axis：Z；
- 单击 OK，完成._my_steer_two_axle.ground.cfs_column_housing 结构框的创建。
- 单击 Build > Part > General Part > New 命令，弹出部件对话框参考如图 10-6 所示；
- General Part 输入 column_housing；
- Location Dependency：Centered between coordinates；
- Centered between：Two Coordinates；
- Coordinate Reference #1（参考坐标）：._my_steer_two_axle.ground.hps_intermediate_shaft_rearward；
- Coordinate Reference #2（参考坐标）：._my_steer_two_axle.ground.hps_steering_wheel_center；
- Orientation Dependency：Orient axis to point；
- Coordinate Reference #1（参考坐标）：._my_steer_two_axle.ground.hps_steering_wheel_center；
- Axis：Z；
- Mass：1；
- Ixx：1；
- Iyy：1；
- Izz：1；
- Density：Material；
- Material Type：.materials.steel；
- 单击 OK，完成部件._my_steer_two_axle.ges_column_housing 创建。
- 单击 Build > Geometry > Cylinder （圆柱体）> New 命令，弹出圆柱体对话框参考如图 10-9 所示；
- Cylinder Name（连杆名称）输入几何名称：column_housing；
- General Part 输入._my_steer_two_axle.ges_column_housing；

- Construction Frame （参考坐标）：._my_steer_two_axle.ground.cfs_column_housing；
- Radius（半径)：25；
- Length In Postive Z（Z 轴正方向长度）：50；
- Length In Negative Z（Z 轴负方向长度）：50；
- Color（圆柱体几何体颜色）：skyblue；
- 选择 Calculate Mass Properties of General Part 复选框；
- 单击 OK,完成转向盘._my_steer_two_axle.ges_column_housing.gracyl_column_housing 几何体的创建。

（9）部件 steering_column。

- 单击 Build > Part > General Part > New 命令，弹出部件对话框参考如图 10-6 所示；
- General Part 输入 steering_column；
- Location Dependency：Centered between coordinates；
- Centered between：Two Coordinates；
- Coordinate Reference #1（参考坐标）：._my_steer_two_axle.ground.hps_intermediate_shaft_rearward；
- Coordinate Reference #2（参考坐标）：._my_steer_two_axle.ground.hps_steering_wheel_center；
- Orientation Dependency：Orient axis to point；
- Coordinate Reference #1（参考坐标）：._my_steer_two_axle.ground.hps_intermediate_shaft_rearward；
- Axis：Z；
- Mass：1；
- Ixx：1；
- Iyy：1；
- Izz：1；
- Density：Material；
- Material Type：.materials.steel；
- 单击 OK，完成部件._my_steer_two_axle.ges_steering_column 创建。
- 单击 Build > Geometry > Link > New 命令，创建圆柱体参考如图 10-6 所示；
- Link Name （连杆名称）输入几何名称：steering_column；
- General Part 输入._my_steer_two_axle.ges_steering_column；
- Coordinate Reference #1（参考坐标）：._my_steer_two_axle.ground.hps_intermediate_shaft_rearward；
- Coordinate Reference #2（参考坐标）：._my_steer_two_axle.ground.hps_steering_wheel_center；
- Radius（半径)：15；
- Color（杆件几何体颜色）：red；
- 选择 Calculate Mass Properties of General Part 复选框；
- Density：Material；

- Material Type：steel；
- 单击 OK,完成._my_steer_two_axle.ges_steering_column.gralin_steering_column 几何体的创建。

（10）部件 intermediate_shaft。

- 单击 Build > Part > General Part > New 命令，弹出部件对话框参考如图 10-6 所示；
- General Part 输入 intermediate_shaft；
- Location Dependency：Centered between coordinates；
- Centered between：Two Coordinates；
- Coordinate Reference #1（参考坐标）：._my_steer_two_axle.ground.hps_intermediate_shaft_rearward；
- Coordinate Reference #2（参考坐标）：._my_steer_two_axle.ground.hps_intermediate_shaft_forward；
- Orientation Dependency：Orient axis to point；
- Coordinate Reference #1（参考坐标）：._my_steer_two_axle.ground.hps_intermediate_shaft_rearward；
- Axis：Z；
- Mass：1；
- Ixx：1；
- Iyy：1；
- Izz：1；
- Density：Material；
- Material Type：.materials.steel；
- 单击 OK，完成部件._my_steer_two_axle.ges_intermediate_shaft 创建。
- 单击 Build > Geometry > Link > New 命令，创建圆柱体参考如图 10-6 所示；
- Link Name （连杆名称）输入几何名称：intermediate_shaft；
- General Part 输入._my_steer_two_axle.ges_intermediate_shaft；
- Coordinate Reference #1（参考坐标）：._my_steer_two_axle.ground.hps_intermediate_shaft_rearward；
- Coordinate Reference #2（参考坐标）：._my_steer_two_axle.ground.hps_intermediate_shaft_forward；
- Radius（半径)：15；
- Color（杆件几何体颜色）：yellow；
- 选择 Calculate Mass Properties of General Part 复选框；
- Density：Material；
- Material Type：steel；
- 单击 OK，完成._my_steer_two_axle.ges_intermediate_shaft.gralin_intermediate_shaft 几何体的创建。

（11）部件 input_shaft。

- 单击 Build > Part > General Part > New 命令，弹出部件对话框，参考图 10-6 所示；

- General Part 输入 input_shaft;
- Location Dependency：Centered between coordinates;
- Centered between：Two Coordinates;
- Coordinate Reference #1（参考坐标）：._my_steer_two_axle.ground.hps_intermediate_shaft_forward;
- Coordinate Reference #2（参考坐标）：._my_steer_two_axle.ground.hps_input_ shaft_forward;
- Orientation Dependency：Orient axis to point;
- Coordinate Reference #1（参考坐标）：._my_steer_two_axle.ground.hps_intermediate_shaft_forward;
- Axis：Z;
- Mass：1;
- Ixx：1;
- Iyy：1;
- Izz：1;
- Density：Material;
- Material Type：.materials.steel;
- 单击 OK，完成部件._my_steer_two_axle.ges_input_shaft 创建。
- 单击 Build > Geometry > Link > New 命令，创建圆柱体参考如图 10-6 所示；
- Link Name（连杆名称）输入几何名称：input_shaft;
- General Part 输入._my_steer_two_axle.ges_input_shaft;
- Coordinate Reference #1（参考坐标）：._my_steer_two_axle.ground.hps_intermediate_shaft_forward;
- Coordinate Reference #2（参考坐标）：._my_steer_two_axle.ground.hps_input_ shaft_forward;
- Radius（半径)：15;
- Color（杆件几何体颜色）：red;
- 选择 Calculate Mass Properties of General Part 复选框；
- Density：Material;
- Material Type：steel;
- 单击 OK，完成._my_steer_two_axle.ges_input_shaft.gralin_input_shaft 几何体的创建。

（12）部件 ball_screw。

- 单击 Build > Construction Frame > New 命令，弹出创建结构框参考如图 10-8 所示；
- Construction Frame（结构框名称）：ball_screw_rearward;
- Location Dependency：Delta lacation from coordinate;
- Coordinate Reference（参考坐标）：._my_steer_two_axle.ground.hps_input_shaft_forward;
- Orientation Dependency：Delta lacation from coordinate;
- Construction Frame（参考坐标）：._my_steer_two_axle.ground.cfs_input_shaft_forward;
- Orientation：0,0,0;

- 单击 Apply，完成._my_steer_two_axle.ground.cfs_ball_screw_rearward 结构框的创建；
- 单击 Build > Construction Frame > New 命令，弹出创建结构框参考如图 10-8 所示；
- Construction Frame（结构框名称）：input_shaft_forward；
- Location Dependency：Delta lacation from coordinate；
- Coordinate Reference （参考坐标）：._my_steer_two_axle.ground.hps_input_shaft_ forward；
- Location：0,0,0；
- Location in：local；
- Orientation Dependency：Oriented in plane；
- Coordinate Reference #1（参考坐标）：._my_steer_two_axle.ground.hps_input_ shaft_forward；
- Coordinate Reference #2（参考坐标）：._my_steer_two_axle.ground.hps_intermediate_shaft_forward；
- Coordinate Reference #3（参考坐标）：._my_steer_two_axle.ground.hps_intermediate_shaft_rearward；
- Axes：ZX；
- 单击 Apply，完成._my_steer_two_axle.ground.cfs_input_shaft_forward 结构框的创建；
- 单击 Build > Construction Frame > New 命令，弹出创建结构框参考如图 10-8 所示；
- Construction Frame（结构框名称）：screw_rearward；
- Location Dependency：Delta lacation from coordinate；
- Coordinate Reference （参考坐标）：._my_steer_two_axle.ground.hps_input_shaft_forward；
- Location：0,0,0；
- Location in：local；
- Orientation Dependency：Delta lacation from coordinate；
- Construction Frame（参考坐标）：._my_steer_two_axle.ground.cfs_input_shaft_forward；
- Orientation：0,0,0；
- 单击 OK，完成._my_steer_two_axle.ground.cfs_ball_screw_rearward 结构框的创建。
- 单击 Build > Part > General Part > New 命令，弹出部件对话框参考如图 10-6 所示；
- General Part 输入 ball_screw；
- Location Dependency：Centered between coordinates；
- Centered between：Two Coordinates；
- Coordinate Reference #1（参考坐标）：._my_steer_two_axle.ground.cfs_ball_screw_ rearward；
- Coordinate Reference #2（参考坐标）：._my_steer_two_axle.ground.cfs_ball_screw_forward；
- Orientation Dependency：Orient axis to point；
- Coordinate Reference #1（参考坐标）：._my_steer_two_axle.ground.cfs_ball_ screw_rearward；
- Axis：Z；
- Mass：1；
- Ixx：1；
- Iyy：1；

- Izz：1；
- Density：Material；
- Material Type：.materials.steel；
- 单击 OK，完成部件._my_steer_two_axle.ges_ball_screw 创建。
- 单击 Build > Geometry > Link > New 命令，创建圆柱体，参考如图 10-6 所示；
- Link Name （连杆名称）输入几何名称：ball_screw；
- General Part 输入._my_steer_two_axle.ges_ball_screw；
- Coordinate Reference #1（参考坐标）：._my_steer_two_axle.ground.cfs_ball_screw_ rearward；
- Coordinate Reference #2（参考坐标）：._my_steer_two_axle.ground.cfs_ball_screw_ forward；
- Radius（半径）：15；
- Color（杆件几何体颜色）：red；
- 选择 Calculate Mass Properties of General Part 复选框；
- Density：Material；
- Material Type：steel；
- 单击 OK，完成._my_steer_two_axle.ges_ball_screw.gralin_ball_screw 几何体的创建。

（13）部件 rack。

- 单击 Build > Part > General Part > New 命令，弹出创建部件对话框，如图 10-5 所示；
- General Part 输入 rack；
- Location Dependency：Located on a line；
- Coordinate Reference #1（参考坐标）：._my_steer_two_axle.ground.cfs_ball_screw_rearward；
- Coordinate Reference #2（参考坐标）：._my_steer_two_axle.ground.cfs_ball_ screw_ forward；
- Relative location（%）：50；
- Orientation Dependency：Orien axis to point；
- Coordinate Reference（参考坐标）：._my_steer_two_axle.ground.cfs_ball_ screw_ rearward；
- Axis：Z；
- Mass：1；
- Ixx：1；
- Iyy：1；
- Izz：1；
- Density：Material；
- Material Type：.materials.steel；
- 单击 OK，完成部件._my_steer_two_axle.ges_rack 创建。
- 单击 Build > Geometry > Link > New 命令，创建圆柱体，如图 10-6 所示；
- Link Name （连杆名称）输入几何名称：rack；
- General Part 输入._my_steer_two_axle.ges_rack；
- Coordinate Reference #1（参考坐标）：._my_steer_two_axle.ground.cfs_ball_screw_ rearward；
- Coordinate Reference #2（参考坐标）：._my_steer_two_axle.ground.cfs_ball_screw_ forward；
- Radius（半径）：18；

- Color（杆件几何体颜色）：white；
- 选择 Calculate Mass Properties of General Part 复选框；
- Density：Material；
- Material Type：steel；
- 单击 OK，完成._my_steer_two_axle.ges_rack.gralin_rack 几何体的创建。

（14）部件 steer_input_arm_fore。

- 单击 Build > Part > General Part > New 命令，弹出部件对话框参考如图 10-6 所示；
- General Part 输入 steer_input_arm_fore；
- Location Dependency：Centered between coordinates；
- Centered between：Two Coordinates；
- Coordinate Reference #1（参考坐标）：._my_steer_two_axle.ground.hps_steering_arm_ attach；
- Coordinate Reference #2（参考坐标）：._my_steer_two_axle.ground.hps_steer_arm；
- Orientation Dependency：User-entered values；
- Orient using：Euler Angles；
- Euler Angles：0,0,0；
- Mass：1；
- Ixx：1；
- Iyy：1；
- Izz：1；
- Density：Material；
- Material Type：.materials.steel；
- 单击 OK，完成部件._my_steer_two_axle.ges_steer_input_arm_fore 创建。
- 单击 Build > Geometry > Link > New 命令，创建圆柱体参考如图 10-6 所示；
- Link Name （连杆名称）输入几何名称：steer_input_arm；
- General Part 输入._my_steer_two_axle.ges_steer_input_arm_fore；
- Coordinate Reference #1（参考坐标）：._my_steer_two_axle.ground.hps_steering_arm_ attach；
- Coordinate Reference #2（参考坐标）：._my_steer_two_axle.ground.hps_steer_arm；
- Radius（半径)：10；
- Color（杆件几何体颜色）：red；
- 选择 Calculate Mass Properties of General Part 复选框；
- Density：Material；
- Material Type：steel；
- 单击 OK,完成._my_steer_two_axle.ges_steer_input_arm_fore.gralin_steer_input_arm 几何体的创建。

（15）部件 steer_link_fore。

- 单击 Build > Part > General Part > New 命令，弹出部件对话框参考如图 10-6 所示；
- General Part 输入 steer_link_fore；
- Location Dependency：Centered between coordinates；

- Centered between：Two Coordinates；
- Coordinate Reference #1（参考坐标）：._my_steer_two_axle.ground.hps_steer_link_ fore_front；
- Coordinate Reference #2（参考坐标）：._my_steer_two_axle.ground.hps_steer_arm；
- Orientation Dependency：User-entered values；
- Orient using：Euler Angles；
- Euler Angles：0,0,0；
- Mass：1；
- Ixx：1；
- Iyy：1；
- Izz：1；
- Density：Material；
- Material Type：.materials.steel；
- 单击 OK，完成部件._my_steer_two_axle.ges_steer_link_fore 创建。
- 单击 Build > Geometry > Link > New 命令，创建圆柱体参考如图 10-6 所示；
- Link Name （连杆名称）输入几何名称：steer_link_fore；
- General Part 输入._my_steer_two_axle.ges_steer_link_fore；
- Coordinate Reference #1（参考坐标）：._my_steer_two_axle.ground.hps_steer_arm；
- Coordinate Reference #2(参考坐标)：._my_steer_two_axle.ground.hps_steer_link_fore_ front；
- Radius（半径)：15；
- Color（杆件几何体颜色）：yellow；
- 选择 Calculate Mass Properties of General Part 复选框；
- Density：Material；
- Material Type：steel；
- 单击 OK,完成._my_steer_two_axle.ges_steer_link_fore.gralin_steer_link_fore 几何体的创建。

（16）部件 pitman_arm。

- 单击 Build > Part > General Part > New 命令，弹出部件对话框参考如图 10-6 所示；
- General Part 输入 pitman_arm；
- Location Dependency：Centered between coordinates；
- Centered between：Two Coordinates；
- Coordinate Reference #1（参考坐标）：._my_steer_two_axle.ground.hps_pitman_axis；
- Coordinate Reference #2（参考坐标）：._my_steer_two_axle.ground.hps_steer_link；
- Orientation Dependency：User-entered values；
- Orient using：Euler Angles；
- Euler Angles：0,0,0；
- Mass：1；
- Ixx：1；
- Iyy：1；
- Izz：1；

- Density：Material；
- Material Type：.materials.steel；
- 单击 OK，完成部件._my_steer_two_axle.ges_pitman_arm 创建。
- 单击 Build > Geometry > Link > New 命令，创建圆柱体参考如图 10-6 所示；
- Link Name （连杆名称）输入几何名称：pitman；
- General Part 输入._my_steer_two_axle.ges_pitman_arm；
- Coordinate Reference #1（参考坐标）：._my_steer_two_axle.ground.hps_pitman_axis；
- Coordinate Reference #2（参考坐标）：._my_steer_two_axle.ground.hps_steer_link；
- Radius（半径)：20；
- Color（杆件几何体颜色）：yellow；
- 选择 Calculate Mass Properties of General Part 复选框；
- Density：Material；
- Material Type：steel；
- 单击 OK,完成._my_steer_two_axle.ges_pitman_arm.gralin_pitman 几何体的创建。

（17）安装部件 pitman_mount。

- 单击 Build > Part > Mount > New 命令，弹出创建部件对话框，如图 10-10 所示；

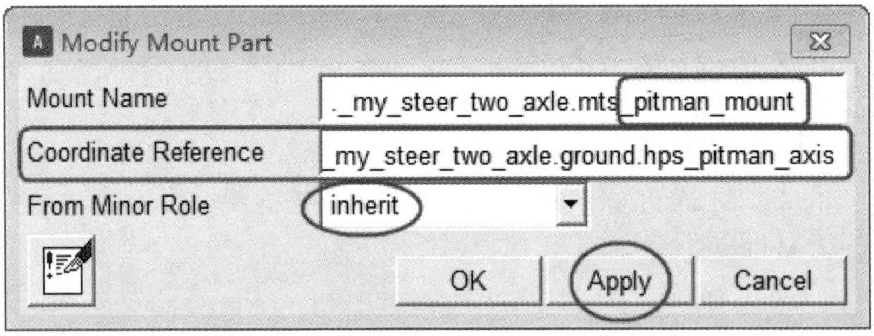

图 10-10　安装部件

- Mount name（安装件名称）：pitman_mount；
- Coordinate Reference （参考坐标）：._my_steer_two_axle.ground.hps_pitman_axis；
- 安装件此特征选择 inherit（继承特性）；
- 单击 OK，完成._my_steer_two_axle.mts_pitman_mount 安装部件的创建。

（18）安装部件 strarm_to_spindle_fore。

- 单击 Build > Part > Mount > New 命令，弹出创建部件对话框，如图 10-10 所示；
- Mount name（安装件名称）：strarm_to_spindle_fore；
- Coordinate Reference （参考坐标）：_my_steer_two_axle.ground.hps_steering_arm_attach；
- 安装件此特征选择 inherit（继承特性）；
- 单击 OK，完成._my_steer_two_axle.mts_strarm_to_spindle_fore 安装部件的创建。

（19）安装部件 column_to_body。

- 单击 Build > Part > Mount > New 命令，弹出创建部件对话框，如图 10-10 所示；
- Mount name（安装件名称）：column_to_body；

- Coordinate Reference （参考坐标）：._my_steer_two_axle.ground.cfs_column_housing；
- 安装件此特征选择 inherit；
- 单击 OK，完成._my_steer_two_axle.mts_steering_column_to_body 安装部件的创建。

（20）安装部件 pitman_arm_aft_to_body。

- 单击 Build > Part > Mount > New 命令，弹出创建部件对话框，如图 10-10 所示；
- Mount name（安装件名称）：pitman_arm_aft_to_body；
- Coordinate Reference（参考坐标）：._my_steer_two_axle.ground.hps_pitman_arm_aft_ upper；
- 安装件此特征选择 inherit；
- 单击 OK，完成._my_steer_two_axle.mts_pitman_arm_aft_to_body 安装部件的创建。

（21）安装部件 strarm_to_spindle_aft。

- 单击 Build > Part > Mount > New 命令，弹出创建部件对话框，如图 10-10 所示；
- Mount name（安装件名称）：strarm_to_spindle_aft；
- Coordinate Reference （参考坐标）：._my_steer_two_axle.ground.hps_steering_arm_ attach_aft；
- 安装件此特征选择 inherit；
- 单击 OK，完成._my_steer_two_axle.mts_strarm_to_spindle_aft 安装部件的创建。

（22）安装部件 pitman_arm_middle_to_body。

- 单击 Build > Part > Mount > New 命令，弹出创建部件对话框，如图 10-10 所示；
- Mount name（安装件名称）：pitman_arm_middle_to_body；
- Coordinate Reference（参考坐标）：._my_steer_two_axle.ground.hps_pitman_arm_ middle_upper；
- 安装件此特征选择 inherit；
- 单击 OK，完成._my_steer_two_axle.mts_pitman_arm_middle_to_body 安装部件的创建。

10.2 双轴转向系统约束

（1）部件 pitman_arm 与安装件 pitman_mount 之间 revolute 约束。

- 单击 Build > Construction Frame > New 命令，弹出创建结构框参考如图 10-8 所示；
- Construction Frame（结构框名称）：pitman_axis；
- Location Dependency：Delta lacation from coordinate；
- Coordinate Reference （参考坐标）：._my_steer_two_axle.ground.hps_pitman_axis；
- Location：0,0,0；
- Location in：local；
- Orientation Dependency：User-entered values；
- Orient using：Euler Angles；
- Euler Angles：－90，0，0；
- 单击 OK，完成._my_steer_two_axle.ground.cfs_pitman_axis 结构框的创建。
- 单击 Build > Attachments > Joint > New 命令，弹出创建约束件对话框，如图 10-11 所示；

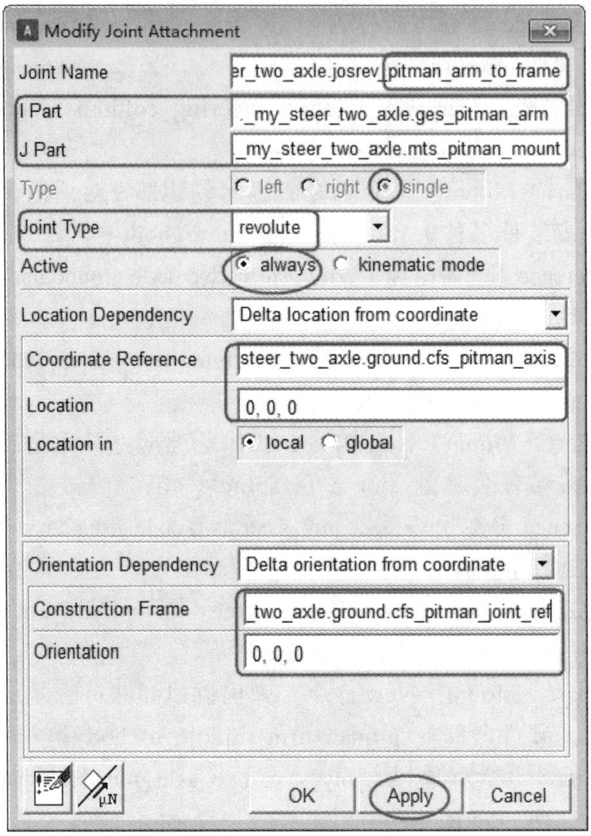

图 10-11　约束副——revolute

- Joint Name（约束副名称）：pitman_arm_to_frame；
- I　Part：._my_steer_two_axle.ges_pitman_arm；
- J　Part：._my_steer_two_axle.mts_pitman_mount；
- Joint Type（约束副类型）：revolute，即转动副，约束 5 个自由度；
- Active（激活）：always；
- Location Dependency：Delta location from coordinate；
- Coordinate Reference（参考坐标）：._my_steer_two_axle.ground.cfs_pitman_axis；
- Location：0,0,0；
- Location in：local；
- Orientation Dependency：Delta location from coordinate；
- Construction Frame（参考坐标）：._my_steer_two_axle.ground.cfs_pitman_joint_ref；
- Orientation：0,0,0；
- 单击 Apply，完成._my_steer_two_axle.josrev_pitman_arm_to_frame 转动副的创建。

（2）部件 steer_input_arm_fore 与 steer_link_fore 之间 convel 约束。

- Joint Name（约束副名称）：input_steering_arm_to_axle；
- I　Part：._my_steer_two_axle.ges_steer_input_arm_fore；
- J　Part：._my_steer_two_axle.ges_steer_link_fore；

- Joint Type（约束副类型）：convel；
- Active（激活）：always；
- Location Dependency：Delta location from coordinate；
- Coordinate Reference（参考坐标）：._my_steer_two_axle.ground.hps_steer_arm；
- Location：0,0,0；
- Location in：local；
- I-Part Axis：._my_steer_two_axle.ground.hps_steering_arm_attach；
- J-Part Axis：._my_steer_two_axle.ground.hps_steer_link_fore_front；
- 单击 Apply，完成._my_steer_two_axle.joscon_input_steering_arm_to_axle 恒速副的创建。

（3）部件 pitman_arm 与 steer_link 之间 spherical 约束。

- Joint Name（约束副名称）：pitman_to_draglink；
- I Part：._my_steer_two_axle.ges_pitman_arm；
- J Part：._my_steer_two_axle.ges_steer_link；
- Joint Type（约束副类型）：spherical；
- Active（激活）：always；
- Location Dependency：Delta location from coordinate；
- Coordinate Reference（参考坐标）：._my_steer_two_axle.ground.hps_steer_link；
- Location：0,0,0；
- Location in：local；
- 单击 Apply，完成._my_steer_two_axle.jossph_pitman_to_draglink 球副的创建。

（4）部件 steer_input_arm_fore 与 strarm_to_spindle_fore 之间 fixed 约束。

- Joint Name（约束副名称）：strarm_to_spindle；
- I Part：._my_steer_two_axle.ges_steer_input_arm_fore；
- J Part：._my_steer_two_axle.mts_strarm_to_spindle_fore；
- Joint Type（约束副类型）：fixed；
- Active（激活）：always；
- Location Dependency：Delta location from coordinate；
- Coordinate Reference（参考坐标）：._my_steer_two_axle.ground.hps_steer_link；
- Location：0,0,0；
- Location in：local；
- 单击 Apply，完成._my_steer_two_axle.josfix_strarm_to_spindle 固定副的创建。

（5）部件 rack 与 pitman_mount 之间 translational 约束。

- Joint Name（约束副名称）：rack_steering_gear；
- I Part：._my_steer_two_axle.ges_rack；
- J Part：._my_steer_two_axle.mts_pitman_mount；
- Joint Type（约束副类型）：translational；
- Active（激活）：always；
- Location Dependency：Delta location from coordinate；
- Coordinate Reference（参考坐标）：._my_steer_two_axle.ground.cfs_ball_screw_forward；

- Location：0,0,0；
- Location in：local；
- Orientation Dependency：Delta location from coordinate；
- Construction Frame（参考坐标）：._my_steer_two_axle.ground.cfs_ball_screw_forward；
- Orientation：0,0,0；
- 单击 Apply，完成._my_steer_two_axle.jostra_rack_steering_gear 移动副的创建。

（6）部件 ball_screw 与 pitman_mount 之间 revolute 约束。

- Joint Name（约束副名称）：ball_screw_steering_gear；
- I　Part：._my_steer_two_axle.ges_ball_screw；
- J　Part：._my_steer_two_axle.mts_pitman_mount；
- Joint Type（约束副类型）：revolute；
- Active（激活）：always；
- Location Dependency：Delta location from coordinate；
- Coordinate Reference（参考坐标）：._my_steer_two_axle.ground.cfs_ball_screw_forward；
- Location：0,0,0；
- Location in：local；
- Orientation Dependency：Delta location from coordinate；
- Construction Frame（参考坐标）：._my_steer_two_axle.ground.cfs_ball_screw_forward；
- Orientation：0,0,0；
- 单击 Apply，完成._my_steer_two_axle.josrev_ball_screw_steering_gear 转动副的创建。

（7）部件 input_shaft 与 pitman_mount 之间 revolute 约束。

- Joint Name（约束副名称）：input_shaft_steering_gear；
- I　Part：._my_steer_two_axle.ges_input_shaft；
- J　Part：._my_steer_two_axle.mts_pitman_mount；
- Joint Type（约束副类型）：revolute；
- Active（激活）：always；
- Location Dependency：Delta location from coordinate；
- Coordinate Reference（参考坐标）：._my_steer_two_axle.ground.hps_input_shaft_ forward；
- Location：0,0,0；
- Location in：local；
- Orientation Dependency：Orient to zpoint-xpoint；
- Coordinate Reference #1（参考坐标）：._my_steer_two_axle.ground.hps_intermediate_shaft_forward；
- Coordinate Reference #2（参考坐标）：._my_steer_two_axle.ground.hps_intermediate_ shaft_ rearward；
- Axes：ZX；
- 单击 Apply，完成._my_steer_two_axle.josrev_input_shaft_steering_gear 转动副的创建。

（8）部件 intermediate_shaft 与 input_shaft 之间 hooke 约束。

- Joint Name（约束副名称）：intermediate_shaftinput；
- I　Part：._my_steer_two_axle.ges_intermediate_shaft；
- J　Part：._my_steer_two_axle.ges_input_shaft；

- Joint Type（约束副类型）：hooke；
- Active（激活）：always；
- Location Dependency：Delta location from coordinate；
- Coordinate Reference（参考坐标）：._my_steer_two_axle.ground.hps_intermediate_shaft_ forward；
- Location：0,0,0；
- Location in：local；
- I-Part Axis：._my_steer_two_axle.ground.hps_intermediate_shaft_rearward；
- J-Part Axis：._my_steer_two_axle.ground.hps_input_shaft_forward；
- 单击 Apply，完成._my_steer_two_axle.joshoo_intermediate_shaftinput 胡克副的创建。

（9）部件 steering_column 与 intermediate_shaft 之间 hooke 约束。

- Joint Name（约束副名称）：column_intermediate；
- I　Part：._my_steer_two_axle.ges_steering_column；
- J　Part：._my_steer_two_axle.ges_intermediate_shaft；
- Joint Type（约束副类型）：hooke；
- Active（激活）：always；
- Location Dependency：Delta location from coordinate；
- Coordinate Reference（参考坐标）：._my_steer_two_axle.ground.hps_intermediate_ shaft_rearward；
- Location：0，0，0；
- Location in：local；
- I-Part Axis：._my_steer_two_axle.ground.hps_steering_wheel_center；
- J-Part Axis：._my_steer_two_axle.ground.hps_intermediate_shaft_forward；
- 单击 Apply，完成._my_steer_two_axle.joshoo_column_intermediate 胡克副的创建。

（10）部件 steering_wheel 与 column_housing 之间 revolute 约束。

- Joint Name（约束副名称）：steering_wheel；
- I　Part：._my_steer_two_axle.ges_steering_wheel；
- J　Part：._my_steer_two_axle.ges_column_housing；
- Joint Type（约束副类型）：revolute；
- Active（激活）：always；
- Location Dependency：Delta location from coordinate；
- Coordinate Reference（参考坐标）：._my_steer_two_axle.ground.hps_steering_wheel_ center；
- Location：0,0,0；
- Location in：local；
- Orientation Dependency：Delta location from coordinate；
- Construction Frame（参考坐标）：._my_steer_two_axle.ground.cfs_steering_whel_center；
- Orientation：0,0,0；
- 单击 Apply，完成._my_steer_two_axle.josrev_steering_wheel 转动副的创建。

（11）部件 column_housing 与 steering_column_to_body 之间 fixed 约束。

- Joint Name（约束副名称）：column_housing_to_housing_mount；
- I　Part：._my_steer_two_axle.ges_column_housing；

- J　Part：._my_steer_two_axle.mts_steering_column_to_body；
- Joint Type（约束副类型）：fixed；
- Active（激活）：always；
- Location Dependency：Delta location from coordinate；
- Coordinate Reference（参考坐标）：._my_steer_two_axle.ground.cfs_column_housing；
- Location：0,0,0；
- Location in：local；
- 单击 Apply，完成._my_steer_two_axle.josfix_column_housing_to_housing_mount 固定副的创建。

（12）部件 steering_column 与 column_housing 之间 cylindrical 约束。

- Joint Name（约束副名称）：steering_column；
- I　Part：._my_steer_two_axle.ges_steering_column；
- J　Part：._my_steer_two_axle.ges_column_housing；
- Joint Type（约束副类型）：cylindrical；
- Active（激活）：always；
- Location Dependency：Delta location from coordinate；
- Coordinate Reference（参考坐标）：._my_steer_two_axle.ground.cfs_column_housing；
- Location：0,0,0；
- Location in：local；
- Orientation Dependency：Orient axis to point；
- Coordinate Reference #1（参考坐标）：._my_steer_two_axle.ground.hps_intermediate_ shaft_rearward；
- Axis：Z；
- 单击 Apply，完成._my_steer_two_axle.joscyl_steering_column 转动副的创建。

（13）部件 pitman_arm_middle 与 steer_link_middle 之间 spherical 约束。

- Joint Name（约束副名称）：pitman_middle_to_steer_link_middle；
- I　Part ：._my_steer_two_axle.ges_pitman_arm_middle；
- J　Part ：._my_steer_two_axle.ges_steer_link_middle；
- Joint Type（约束副类型）：spherical；
- Active（激活）：always；
- Location Dependency：Delta location from coordinate；
- Coordinate Reference（参考坐标）：._my_steer_two_axle.ground.hps_steer_link_ middle_front；
- Location：0,0,0；
- Location in：local；
- 单击 Apply，完成._my_steer_two_axle.jossph_pitman_middle_to_steer_link_middle 球副的创建。

（14）部件 pitman_arm_aft 与 pitman_arm_aft_to_body 之间 revolute 约束。

- Joint Name（约束副名称）：pitman_arm_aft_to_body；
- I　Part ：._my_steer_two_axle.ges_pitman_arm_aft；
- J　Part ：._my_steer_two_axle.mts_pitman_arm_aft_to_body；

- Joint Type（约束副类型）：revolute；
- Active（激活）：always；
- Location Dependency：Delta location from coordinate；
- Coordinate Reference（参考坐标）：._my_steer_two_axle.ground.hps_pitman_arm_ aft_ upper；
- Location：0,0,0；
- Location in：local；
- Orientation Dependency：User-entered values；
- Orient using：Euler Angles；
- Euler Angles：0，90，0；
- 单击 Apply，完成._my_steer_two_axle.josrev_pitman_arm_aft_to_body 球副的创建。

（15）部件 steer_link_middle 与 pitman_arm_aft 之间 convel 约束。

- Joint Name（约束副名称）：steer_link_aft_to_pitman_arm_aft；
- I Part：._my_steer_two_axle.ges_steer_link_middle；
- J Part：._my_steer_two_axle.ges_pitman_arm_aft；
- Joint Type（约束副类型）：convel；
- Active（激活）：always；
- Location Dependency：Delta location from coordinate；
- Coordinate Reference（参考坐标）：._my_steer_two_axle.ground.hps_steer_link_ middle_rear；
- Location：0,0,0；
- Location in：local；
- I-Part Axis：._my_steer_two_axle.ground.hps_pitman_arm_aft_upper；
- J-Part Axis：._my_steer_two_axle.ground.hps_steer_link_middle_front；
- 单击 Apply，完成._my_steer_two_axle.joscon_steer_link_aft_to_pitman_arm_aft 恒速副的创建。

（16）部件 pitman_arm_aft 与 steer_link_aft 之间 spherical 约束。

- Joint Name（约束副名称）：pitman_arm_aft_to_steer_link_aft；
- I Part ：._my_steer_two_axle.ges_pitman_arm_aft；
- J Part ：._my_steer_two_axle.ges_steer_link_aft；
- Joint Type（约束副类型）：spherical；
- Active（激活）：always；
- Location Dependency：Delta location from coordinate；
- Coordinate Reference（参考坐标）：._my_steer_two_axle.ground.hps_steer_link_ aft_front；
- Location：0,0,0；
- Location in：local；
- 单击 Apply，完成._my_steer_two_axle.jossph_pitman_arm_aft_to_steer_link_aft 球副的创建。

（17）部件 steer_link_aft 与 steer_input_arm_aft 之间 convel 约束。

- Joint Name（约束副名称）：steering_arm_aft_to_axle；
- I Part：._my_steer_two_axle.ges_steer_link_aft；

- J　Part：._my_steer_two_axle.ges_steer_input_arm_aft；
- Joint Type（约束副类型）：convel；
- Active（激活）：always；
- Location Dependency：Delta location from coordinate；
- Coordinate Reference(参考坐标)：._my_steer_two_axle.ground.hps_steer_link_aft_rear；
- Location：0,0,0；
- Location in：local；
- I-Part Axis：._my_steer_two_axle.ground.hps_steering_arm_attach_aft；
- J-Part Axis：._my_steer_two_axle.ground.hps_steer_link_aft_front；
- 单击 Apply，完成._my_steer_two_axle.joscon_steering_arm_aft_to_axle 恒速副的创建。

（18）部件 steer_input_arm_aft 与 strarm_to_spindle_aft 之间 fixed 约束。

- Joint Name（约束副名称）：strarm_to_spindle_aft；
- I　Part：._my_steer_two_axle.ges_steer_input_arm_aft；
- J　Part：._my_steer_two_axle.mts_strarm_to_spindle_aft；
- Joint Type（约束副类型）：fixed；
- Active（激活）：always；
- Location Dependency：Delta location from coordinate；
- Coordinate Reference（参考坐标）：._my_steer_two_axle.ground.hps_steering_arm_ attach_aft；
- Location：0,0,0；
- Location in：local；
- 单击 Apply，完成._my_steer_two_axle.josfix_strarm_to_spindle_aft 固定副的创建。

（19）部件 steer_link 与 pitman_arm_middle 之间 convel 约束。

- Joint Name（约束副名称）：steering_link_to_pitman_arm_middle；
- I　Part：._my_steer_two_axle.ges_steer_link；
- J　Part：._my_steer_two_axle.ges_pitman_arm_middle；
- Joint Type（约束副类型）：convel；
- Active（激活）：always；
- Location Dependency：Delta location from coordinate；
- Coordinate Reference（参考坐标）：._my_steer_two_axle.ground.hps_steer_link_rear；
- Location：0,0,0；
- Location in：local；
- I-Part Axis：._my_steer_two_axle.ground.hps_pitman_arm_middle_upper；
- J-Part Axis：._my_steer_two_axle.ground.hps_steer_link；
- 单击 Apply，完成._my_steer_two_axle.joscon_steering_link_to_pitman_arm_middle 恒速副的创建；

（20）部件 steer_link_fore 与 pitman_arm_middle 之间 spherical 约束。

- Joint Name（约束副名称）：pitman_arm_middle_to_steer_link_fore；
- I　Part：._my_steer_two_axle.ges_steer_link_fore；
- J　Part：._my_steer_two_axle.ges_pitman_arm_middle；

- Joint Type（约束副类型）：spherical；
- Active（激活）：always；
- Location Dependency：Delta location from coordinate；
- Coordinate Reference（参考坐标）：._my_steer_two_axle.ground.hps_steer_link_fore_ front；
- Location：0,0,0；
- Location in：local；
- 单击 Apply，完成._my_steer_two_axle.jossph_pitman_arm_middle_to_steer_link_fore 球副的创建。

（21）部件 pitman_arm_middle 与 pitman_arm_middle_to_body 之间 revolute 约束。

- Joint Name（约束副名称）：pitman_arm_middle_to_body；
- I Part：._my_steer_two_axle.ges_pitman_arm_middle；
- J Part：._my_steer_two_axle.mts_pitman_arm_middle_to_body；
- Joint Type（约束副类型）：revolute；
- Active（激活）：always；
- Location Dependency：Delta location from coordinate；
- Coordinate Reference（参考坐标）：._my_steer_two_axle.ground.hps_pitman_arm_middle_upper；
- Location：0,0,0；
- Location in：local；
- Orientation Dependency：User-entered values；
- Orient using：Euler Angles；
- Euler Angles：0，90，0；
- 单击 OK，完成._my_steer_two_axle.josrev_pitman_arm_middle_to_body 球副的创建。

10.3 减速齿轮

- 单击 Build > Gear > Reduction Gear > New 命令，弹出创建齿轮对话框，如图 10-12 所示，减速齿轮本质上是一对耦合副，需要指定输入输出约束及传动比；
- Reduction Gear Name（减速器齿轮名称）：steering_wheel_column_lock；
- Input Joint （输入约束名称）：._my_steer_two_axle.josrev_steering_wheel；
- Output Joint （输出约束名称）：._my_steer_two_axle.joscyl_steering_column；
- Reduction Ratio（减速比）：1.0；
- Active（激活）：always；
- 单击 Apply，完成._my_steer_two_axle.grsred_steering_wheel_column_lock 减速齿轮的创建；
- Reduction Gear Name（减速器齿轮名称）：ball_screw_rack；
- Input Joint （输入约束名称）：._my_steer_two_axle.josrev_ball_screw_steering_gear；

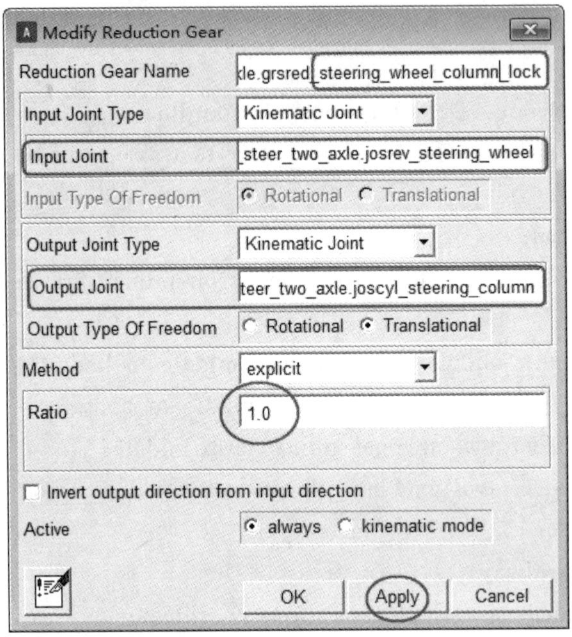

图 10-12 减速齿轮

- Output Joint （输出约束名称）：._my_steer_two_axle.jostra_rack_steering_gear；
- Reduction Ratio（减速比）18；
- Active（激活）：always；
- 单击 Apply，完成._my_steer_two_axle.grsred_ball_screw_rack 减速齿轮的创建；
- Reduction Gear Name（减速器齿轮名称）：pitman_arm_rack；
- Input Joint （输入约束名称）：._my_steer_two_axle.josrev_pitman_arm_to_frame；
- Output Joint （输出约束名称）：._my_steer_two_axle.jostra_rack_steering_gear；
- Reduction Ratio（减速比）：1；
- Active（激活）：always；
- 单击 Apply，完成._my_steer_two_axle.grsred_pitman_arm_rack 减速齿轮的创建；
- Reduction Gear Name（减速器齿轮名称）：ball_screw_input_shaft_lock；
- Input Joint （输入约束名称）：._my_steer_two_axle.josrev_input_shaft_steering_gear；
- Output Joint （输出约束名称）：._my_steer_two_axle.josrev_ball_screw_steering_gear；
- Reduction Ratio（减速比）：1；
- Active（激活）：always；
- 单击 OK，完成._my_steer_two_axle.grsred_ball_screw_input_shaft_lock 减速齿轮的创建。

10.4 双轴转向变量参数

- 单击 Build > Parameter Variable > New 命令，弹出参数变量对话框，如图 10-13 所示；
- Parameter Variable Name：max_rack_displacement；

- Real Value（实数值）：100.0；
- Units：length；
- Hide from standard user（是否从标准界面隐藏）：no；
- 单击 Apply，完成变量._my_steer_two_axle.pvs_max_rack_displacement 的创建；
- Parameter Variable Name：kinematic_flag；
- Integer Value：0；
- Units：length；
- Hide from standard user（是否从标准界面隐藏）：yes；
- 单击 Apply，完成变量._my_steer_two_axle.phs_kinematic_flag 的创建；
- Parameter Variable Name：max_rack_force；
- Real Value（实数值）：500；

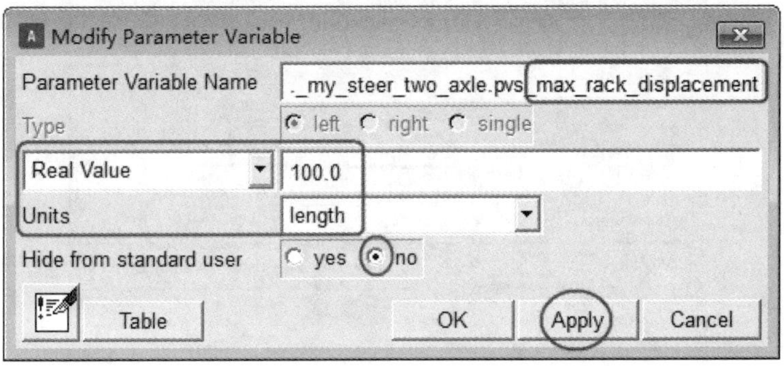

图 10-13　参数变量

- Units：force；
- Hide from standard user（是否从标准界面隐藏）：no；
- 单击 Apply，完成变量._my_steer_two_axle.pvs_max_rack_force 的创建；
- Parameter Variable Name：max_steering_angle；
- Real Value（实数值）：720；
- Units：angle；
- Hide from standard user（是否从标准界面隐藏）：no；
- 单击 Apply，完成变量._my_steer_two_axle.pvs_max_steering_angle 的创建；
- Parameter Variable Name：max_steering_torque；
- Real Value（实数值）：720；
- Units：torque；
- Hide from standard user（是否从标准界面隐藏）：no；
- 单击 Apply，完成变量._my_steer_two_axle.pvs_max_steering_torque 的创建；
- Parameter Variable Name：steering_assist_active；
- Integer　Value（实数值）：1；
- Units：torque；
- Hide from standard user（是否从标准界面隐藏）：yes；
- 单击 OK，完成变量._my_steer_two_axle.phs_steering_assist_active 的创建。

10.5 双轴转向通信器

- 单击 Build > Communicator > Output >New 命令，弹出输出通信器对话框，如图 10-14 所示；
- Output Communicator Name（输出通信器名称）：steering_wheel_joint；
- Matching Name（s）：steering_wheel_joint；
- Type：single；
- Entity：joint for motion；
- To Minor Role：inherit；

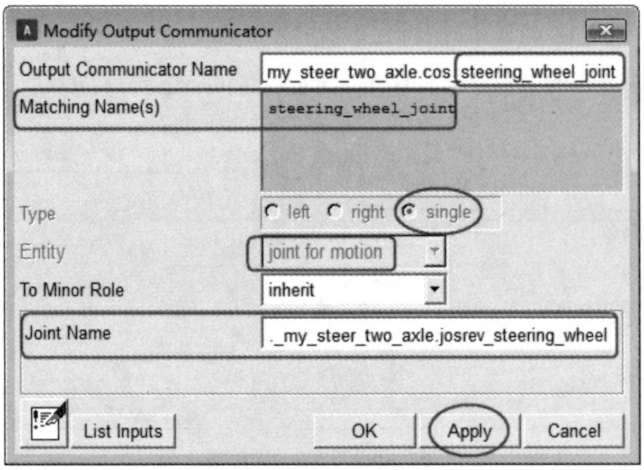

图 10-14　输出通信器

- Joint Name：._my_steer_two_axle.josrev_steering_wheel；
- 单击 Apply，完成通信器._my_steer_two_axle.cos_steering_wheel_joint 的创建；
- Output Communicator Name（输出通信器名称）：max_rack_displacement；
- Matching Name（s）：max_rack_displacement；
- Type：single；
- Entity：parameter real；
- To Minor Role：inherit；
- Parameter Variable Name：._my_steer_two_axle.pvs_max_rack_displacement；
- 单击 Apply，完成通信器._my_steer_two_axle.cos_max_rack_displacement 的创建；
- Output Communicator Name（输出通信器名称）：max_rack_force；
- Matching Name（s）：max_rack_force；
- Type：single；
- Entity：parameter real；
- To Minor Role：inherit；
- Parameter Variable Name：._my_steer_two_axle.pvs_max_rack_force；
- 单击 Apply，完成通信器._my_steer_two_axle.cos_max_rack_force 的创建；
- Output Communicator Name（输出通信器名称）：max_steering_angle；

- Matching Name（s）：max_steering_angle；
- Type：single；
- Entity：parameter real；
- To Minor Role：inherit；
- Parameter Variable Name：._my_steer_two_axle.pvs_max_steering_angle；
- 单击 Apply，完成通信器._my_steer_two_axle.cos_max_steering_angle 的创建；
- Output Communicator Name（输出通信器名称）：max_steering_torque；
- Matching Name（s）：max_steering_torque；
- Type：single；
- Entity：parameter real；
- To Minor Role：inherit；
- Parameter Variable Name：._my_steer_two_axle.pvs_max_steering_torque；
- 单击 Apply，完成通信器._my_steer_two_axle.cos_max_steering_torque 的创建；
- Output Communicator Name（输出通信器名称）：steering_rack_joint；
- Matching Name（s）：steering_rack_joint；
- Type：single；
- Entity：joint for motion；
- To Minor Role：inherit；
- Joint Name：._my_steer_two_axle.jostra_rack_steering_gear；
- 单击 OK，完成通信器._my_steer_two_axle.cos_steering_rack_joint 的创建。
- 单击 File > Save As 命令，弹出保存模板对话框，如图 10-15 所示；
- Major Role（主特征）：steering；
- File Format：Binary；
- Target：Database，my_driveline；
- 单击 OK，完成双轴转向模型模板._my_steer_two_axle 的保存。

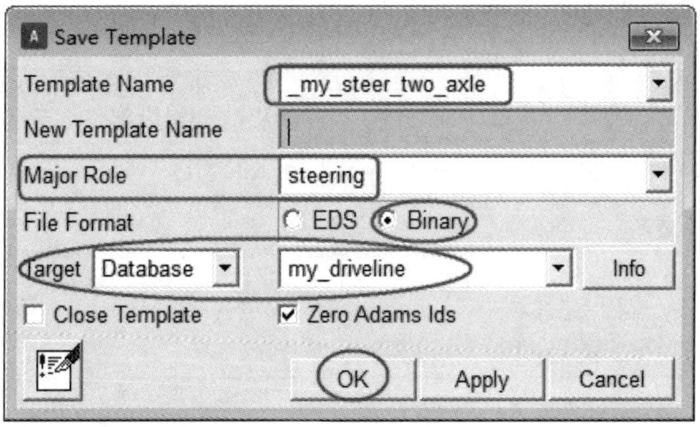

图 10-15　双轴转向模型保存

- 按 F9，把专家模板转换到标准模式，单击 File > New > Suspension 命令，弹出子系统对话框，如图 10-16 所示；

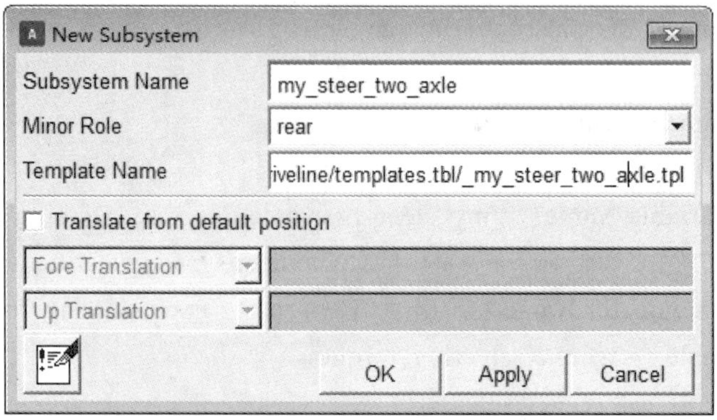

图 10-16　双轴转向子系统创建

- Subsystem Name（系统名称）：my_steer_two_axle；
- Minor Role（副特征）：rear（指悬架为后悬架）；
- Template Name（模板路径）：mdids：//my_driveline/templates.tbl/_my_steer_two_axle.tpl；
- 单击 OK，完成推杆式悬架子系统 my_steer_two_axle 的创建。

10.6　TASA 转向仿真

（1）双轴转向子系统。

- 按 F9，把专家模板转换到标准模式，单击 File > New > Suspension 命令，弹出子系统对话框，如图 10-17 所示；
- Subsystem Name（系统名称）：my_steer_two_axle；
- Minor Role（副特征）：rear（指悬架为后悬架），此处副特征必须为 rear，方可与双轴转向桥进行匹配；
- Template Name（模板路径）：mdids：//my_driveline/templates.tbl/_my_steer_two_axle. tpl；
- 单击 OK，完成双轴转向子系统 my_steer_two_axle 的创建。

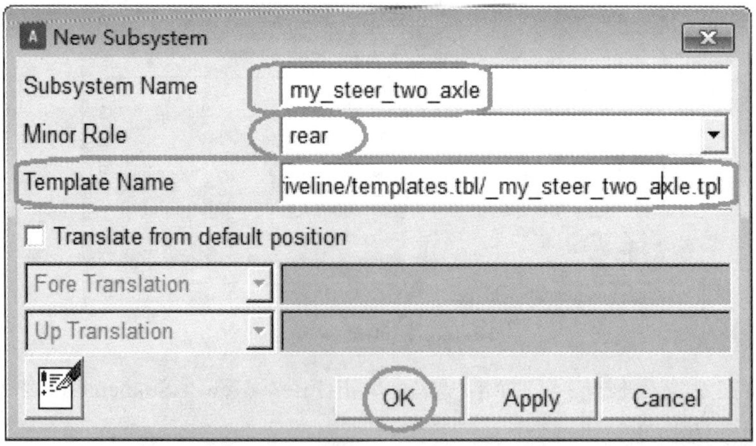

图 10-17　双轴转向子系统创建对话框

（2）Tasa 试验台。

- 单击 File > Open > Assembly 命令；
- Assembly Name（系统名称）：mdids：//atruck_shared/assemblies.tbl/tasa_truck_leaf_tandem_susp.asy；
- 单击 OK，打开公版数据库中双轴试验台，如图 10-18 所示。

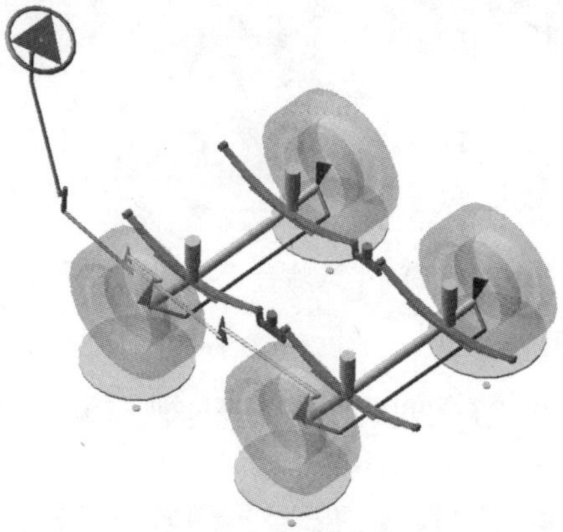

图 10-18　TASA 试验台（附带左舵转向系统）

- 单击 File > Manage Assembly > Replace Subsystem 命令；
- Subsystem（s) to remove：msc_truck_twin_axle_steering
- Subsystem（s) to add：mdids：//my_driveline/subsystems.tbl/my_steer_two_axle.sub；
- 单击 OK，完成转向系统的替换，如图 10-19 所示。

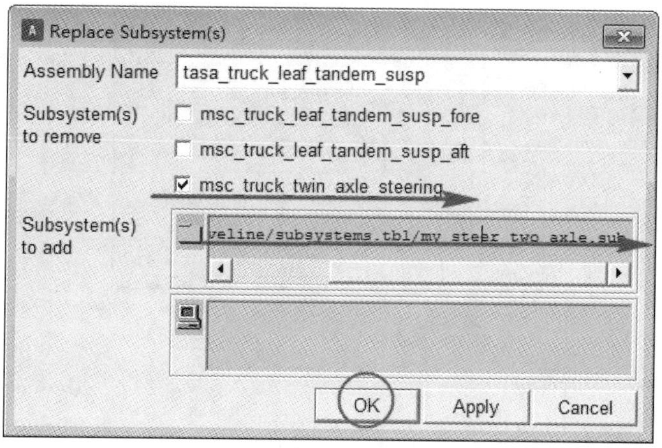

图 10-19　替换 TASA 试验台转向子系统

（3）Tasa 试验台修正。

替换完成后的 Tasa 试验台如图 10-20 所示，此时试验台并不能正确仿真，原因在于把左舵转向替换成右舵转向系统后，转向系统与转向轮毂的连接也需要修改，修改前后车桥与转向系统连接的输出通信器，把左轮毂部件替换为右轮毂部件，此时 Tasa 试验台修改成功，可以进行各种工况特性的仿真。

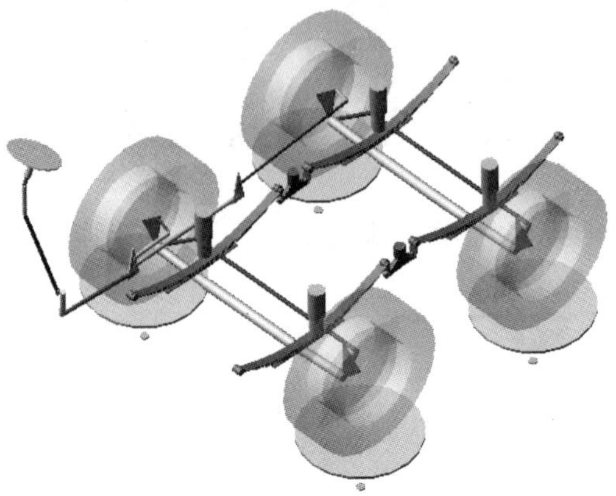

图 10-20　TASA 试验台（右舵转向系统）

（4）双轴转向仿真。

- 单击 Simulate > Suspension Analysis > Steering 命令，弹出转向仿真对话框，如图 10-21 所示；

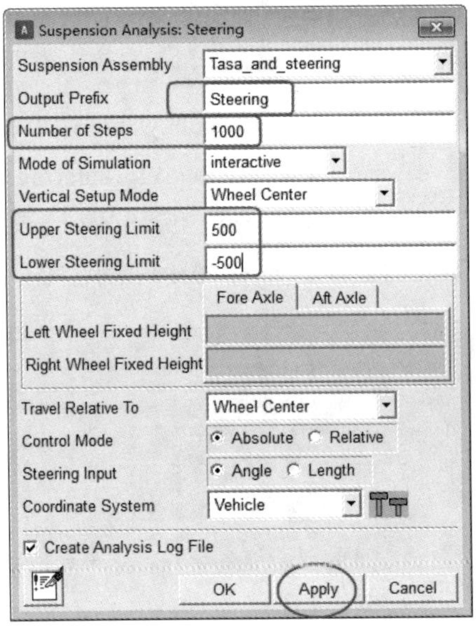

图 10-21　双轴转向仿真设置

- Output Prefix：Steering；
- Number of Steps（仿真步数）：1 000；
- Mode of Simulation：interactive；
- Vertical Setup Mode：Wheel Center；
- Upper Steering Limit：500；
- Lower Steering Limit：－500；
- Travel Relative To：Wheel Center；
- Control Mode：Absolute；
- Coordinate System：Vehicle；

- 单击 OK，完成双轴转向仿真如图 10-22、图 10-23 所示。

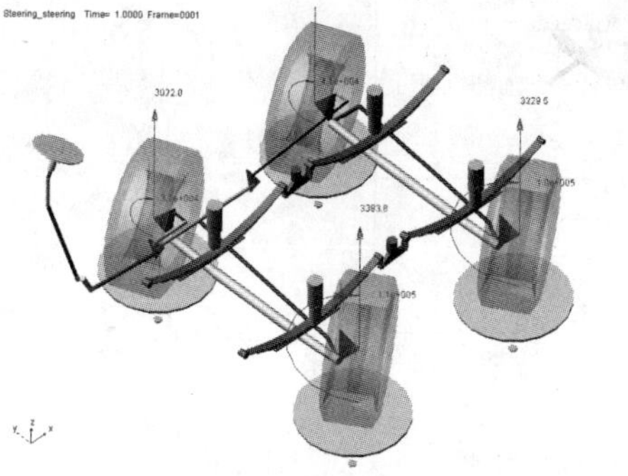

图 10-22　转向盘左转 500°

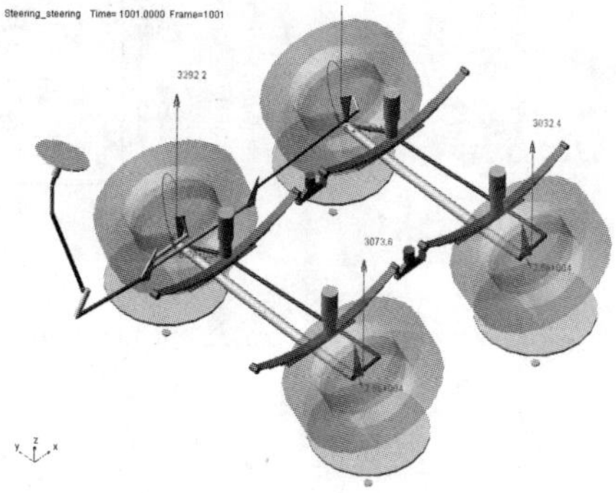

图 10-23　转向盘右转 500°

- 按 F8，界面转换到后处理模块；
- 设置横坐标为方向盘转动的角度，即转向范围为 − 500 ° ~ 500°，计算前后车桥的四轮定位参数如图 10-24 ~ 图 10-27 所示，车辆侧向偏移量如图 10-28 所示。

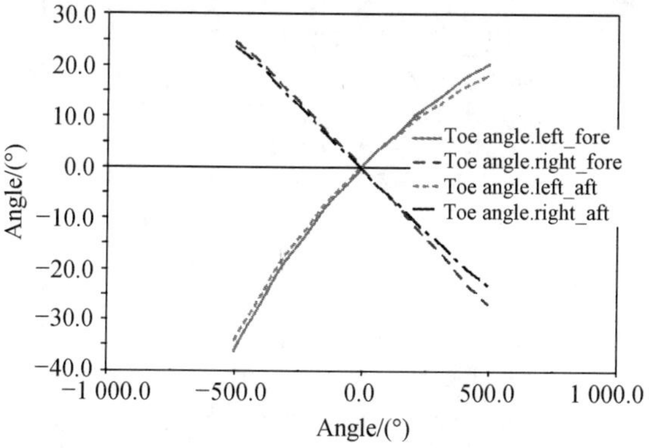

图 10-24　双轴前束角

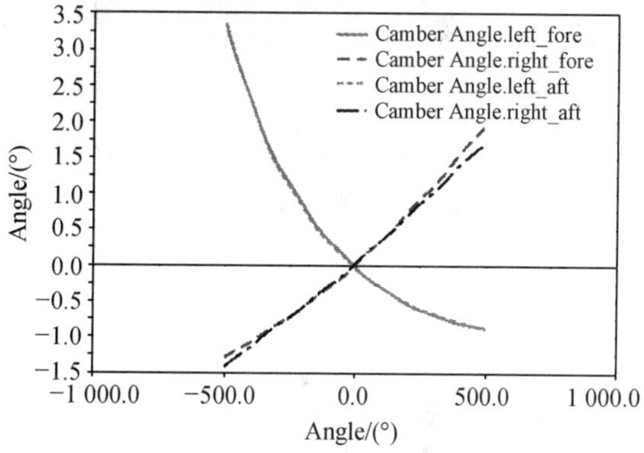

图 10-25　双轴外倾角

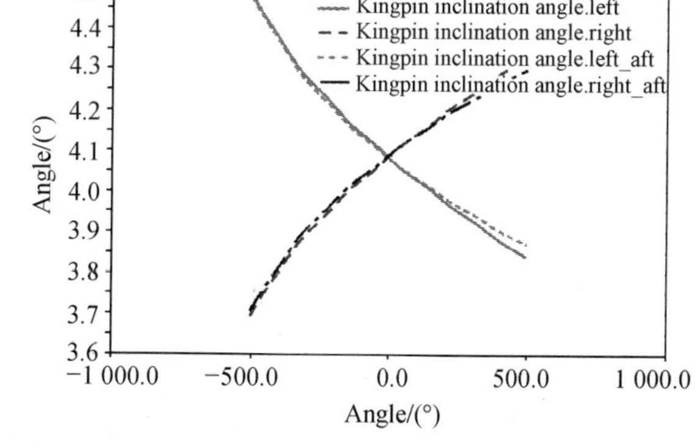

图 10-26　双轴主销内倾角

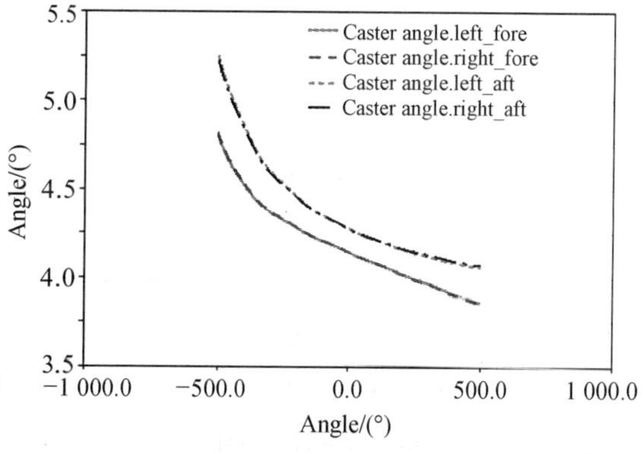

图 10-27　双轴主销后倾角

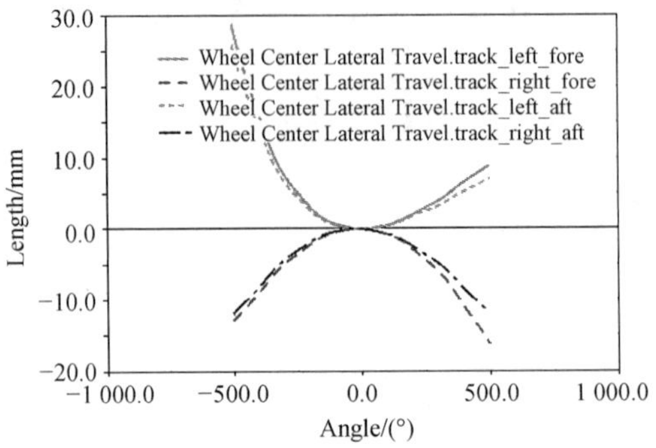

图 10-28　双轴车辆侧向偏移量

（5）双轴跳动仿真。

- 单击 Simulate > Suspension Analysis > Parallel Wheel Travel 命令，弹出双轴激振对话框，如图 10-29 所示；

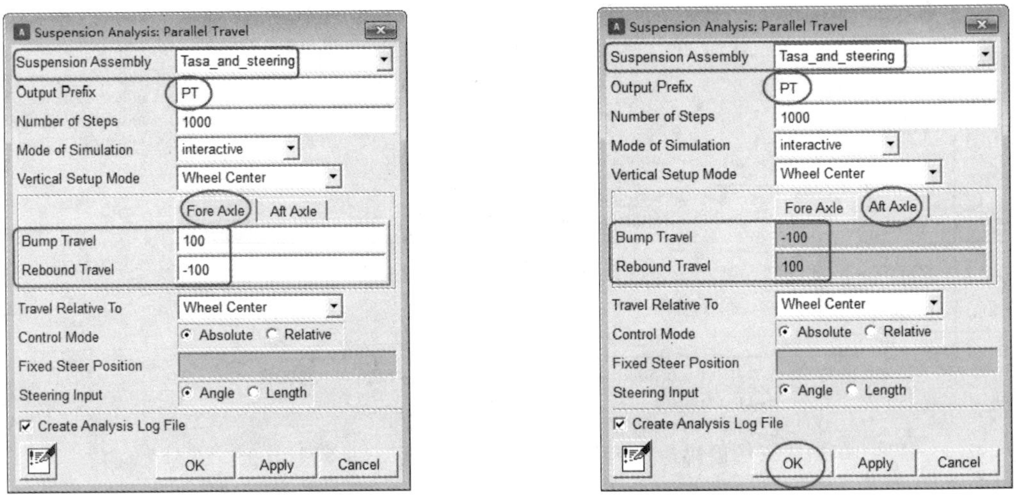

（a）Fore Axle 设置　　（b）Alt Axle 设置

图 10-29　双轴同向激振仿真

- Output Prefix：PT；
- Number of Steps（仿真步数）：1 000；
- Mode of Simulation：interactive；
- Vertical Setup Mode：Wheel Center；
- 单击 Fore Axle：

① Bump Travel：100；

② Rebound Travel：－100。

- 单击 Aft Axle：

① Bump Travel：100；

② Rebound Travel：－100。

- Travel Relative To：Wheel Center；
- Control Mode：Absolute；
- Coordinate System：Vehicle；
- 单击 OK，完成双轴转向仿真。
- 按 F8，界面转换到后处理模块；
- 设置横坐标为车轮跳动位移，即跳动范围为－100～100 mm，计算前后车桥的四轮定位参数如图 10-30～图 10-33 所示，车辆侧向偏移量如图 10-34 所示。

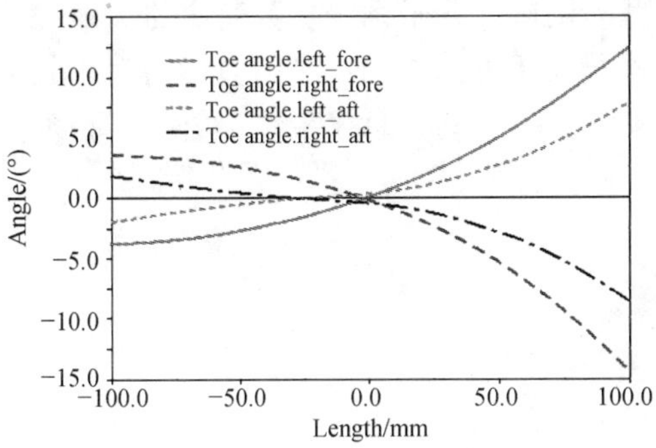

图 10-30　双轴前束角

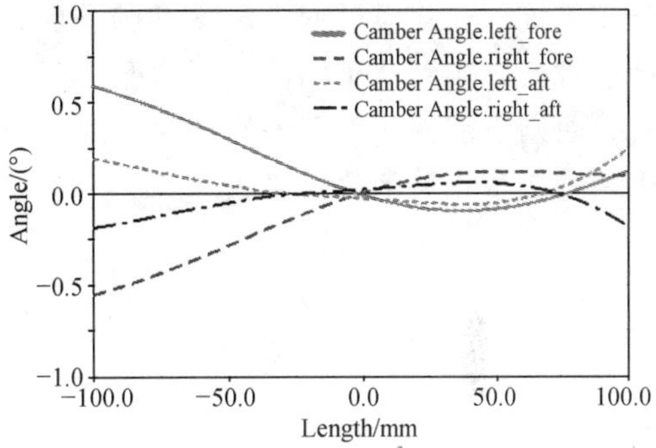

图 10-31　双轴外倾角

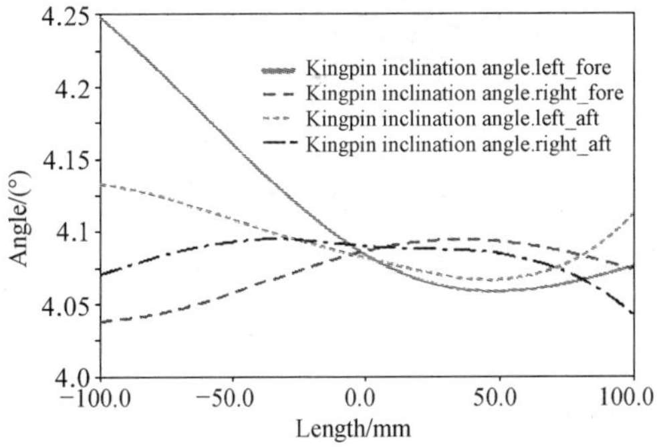

图 10-32　双轴主销内倾角

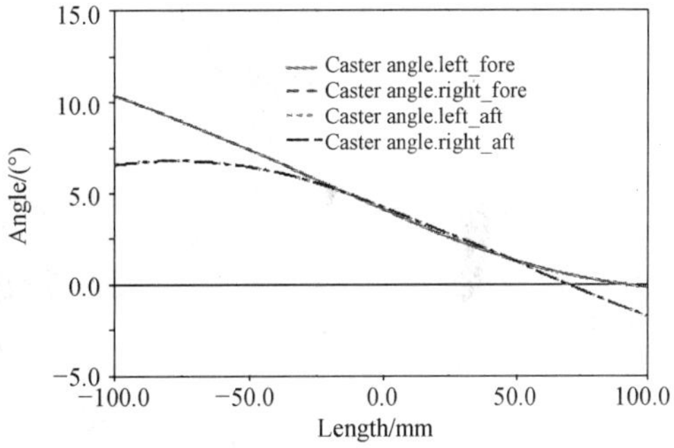

图 10-33　双轴主销后倾角

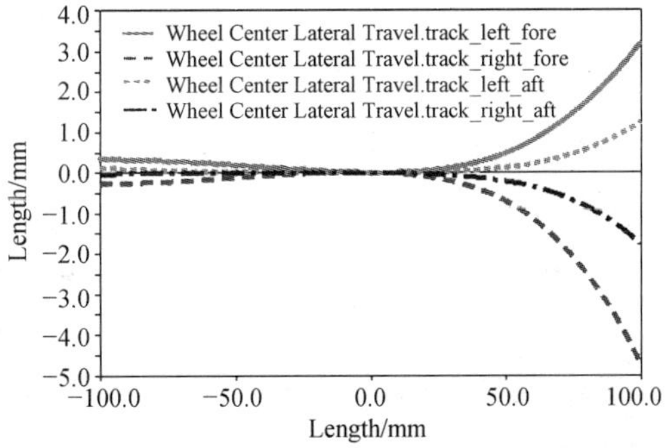

图 10-34　双轴车辆侧向偏移量

第 11 章　方程式赛车

方程式赛车的特殊性决定了其结构与传统的轿车有较大的区别。FSAE 赛车包括前后推力杆式双横臂悬架、中舵转向系统、前后轮胎、制动系统、后置动力总成后轮驱动总成及车身子系统。在建模过程中，难点在于装配体整车模型的调试。各子系统参数获取的准确性及精确性会影响到整车的仿真度精度。CAR 模型中整车模型（见图 11-1）必须包括动力总成系统，否则不能保证整车的静平衡特性。VIEW 模块不需要考虑动力总成系统，但其实验条件需要在编写相关函数下完成。

图 11-1　FSAE 整车模型

学习目标

- ✧ FSAE 方程式赛车介绍。
- ✧ 后推力杆双横臂悬挂模型。
- ✧ 前推力杆双横臂悬挂模型。
- ✧ 转向系统。
- ✧ FSAE 轮胎模型。
- ✧ 车身系统。
- ✧ FSAE 整车模型装配。

11.1 FSAE 方程式赛车介绍

Formula SAE（FSAE）由国际汽车工程师学会（SAE International）于 1978 年开办，其概念源于一家虚拟制作工厂，向所有大学生设计团队征集设计制造一辆小型的类似于标准方程式的赛车，要求赛车在加速、制动、操控性方面都有优异的表现并且足够稳定耐久。

赛前车队通常用 8 至 12 个月组的时间设计、建造、测试和准备赛车。在与来自世界各地的大学代表队的比较中，赛事给了车队证明和展示其创造力和工程技术能力的机会。为了达到比赛的目的，学生可以把自己假想成设计人员。某一制造公司聘请他们为其设计、制造和论证一辆用来评估该公司某一量产项目的原型车。预期的销售市场是周末业余汽车比赛。因此，该车必须在加速、制动和操控性能方面表现出色。该车必须成本低廉、易于维修、可靠性好。此外，考虑到市场销售的因素，该车需美观、舒适，零部件也需要有通用性。设计小组受到的挑战是设计和组装一辆满足各种要求的车。各个设计环节将作为竞赛比较和评判的内容。

随着汽车工业驱动技术的不断革新，以混合动力、纯电动汽车为主的大学生方程式赛事同样发展迅猛，势必成为今后的发展趋势。美国是首个开始混合动力 FSAE 项目的国家；而电动车 FSE 则在德国赛 Formula Student Germany 组委会的极力倡导下迅速发展起来。

赛车设计要求开舱，使用排量不超过 610cc 的四冲程汽油机；安装内径 20 mm 的进气限流阀；轴距不小于 1 525 mm；轮辋不小于 203.2 mm（8 英寸）；必须能够制动全部四个车轮；悬架行程不小于 50.8 mm（2 英寸）；大量安全和结构强度要求。比赛通过一系列静态和动态的项目来评判汽车的优劣，这些项目包括技术检验、成本分析、市场陈述、工程设计、单项性能测试、耐久测试、燃油经济性，通过给这些项目打分来评判汽车的性能。

11.2 后推力杆双横臂悬挂模型

推力杆式悬架较少见，多用于方程式赛车及超级跑车，在快速过弯过程中，可以减少车身的侧倾特性，提升整车的操控性。另一方面，采用推力杆式悬架的赛车，有利于整车动力总成及传动系统的布置。建立好的后推力杆式双横臂悬挂如图 11-2 所示。

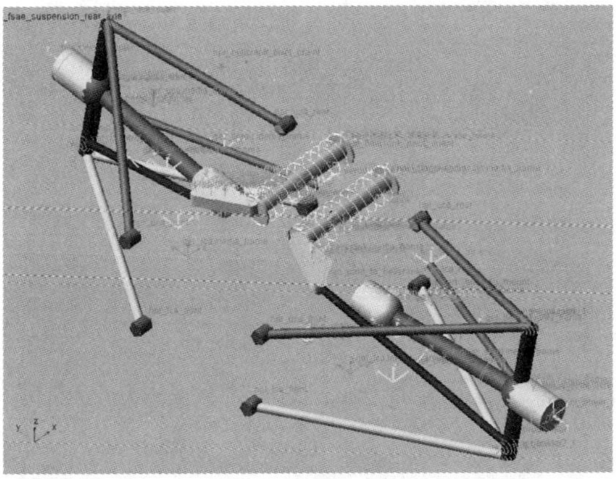

图 11-2　后推力杆式双横臂悬架

- 启动 ADAMS/CAR，选择专家模块进入建模界面；
- 单击 File > New 命令，弹出建模对话框，如图 11-3 所示；在模板名称力输入：fsae_suspension_rear_axle，主特征选择 suspension，单击 OK；

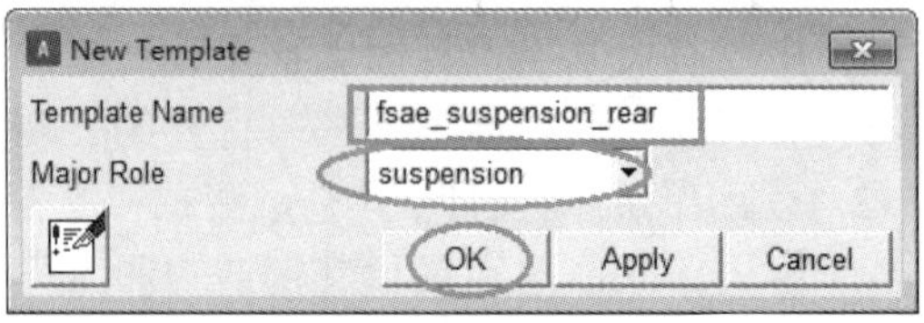

图 11-3　模板框

- 单击 Build > Hardpoind > New 命令，弹出创建硬点对话框，如图 11-4 所示；

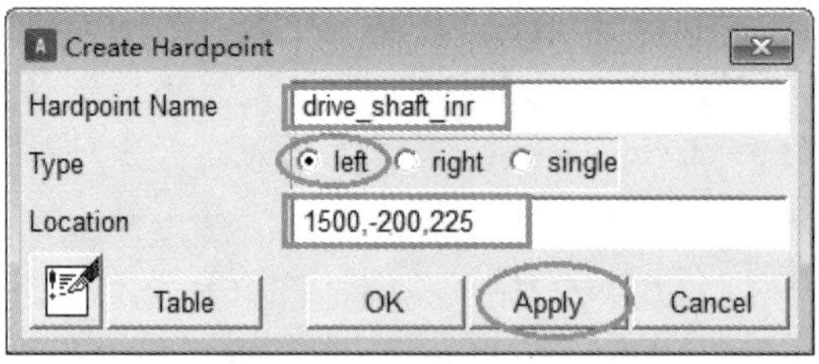

图 11-4　硬点对话框

- 在硬点名称里输入 drive_shaft_inr，类型选择 left；在位置文本框输入 1 500，– 200.0，225.0；
- 单击 Apply，完成 drive_shaft_inr 硬点的创建。此时在屏幕上显示出左右对称的两个硬点；依次类推，重复上述步骤完成如图 11-5 所示硬点的创建，创建完成后单击 OK。

	loc x	loc y	loc z
hpl_arb_bushing_mount	1651.0	-127.0	101.6
hpl_arblink_to_bellcrank	1447.8	-50.8	317.5
hpl_bellcrank_pivot	1447.8	-114.3	304.8
hpl_bellcrank_pivot_orient	1473.2	-146.05	547.3
hpl_drive_shaft_inr	1500.0	-200.0	225.0
hpl_lca_front	1270.0	-127.0	127.0
hpl_lca_outer	1498.6	-482.6	101.6
hpl_lca_rear	1651.0	-127.0	127.0
hpl_prod_outer	1498.6	-482.6	127.0
hpl_prod_to_bellcrank	1409.7	-139.7	304.8
hpl_shock_to_bellcrank	1460.5	-50.8	304.8
hpl_shock_to_chassis	1651.0	-50.8	304.8
hpl_tierod_inner	1676.4	-127.0	152.4
hpl_tierod_outer	1574.8	-457.2	152.4
hpl_uca_front	1270.0	-152.4	304.8
hpl_uca_outer	1549.4	-482.6	355.6
hpl_uca_rear	1625.6	-152.4	304.8
hpl_wheel_center	1524.0	-558.8	228.6
hps_global	1524.0	0.0	0.0

图 11-5　后推力杆式双横臂悬架硬点数据

11.2.1 上控制臂部件 UCA

- 单击 Build > Part > General Part > New 命令，弹出创建部件对话框，如图 11-6 所示；通过右击._fsae_suspension_rear_axle.gel_uca 部件，在弹出的快捷菜单中单击 Modify，弹出对话框；

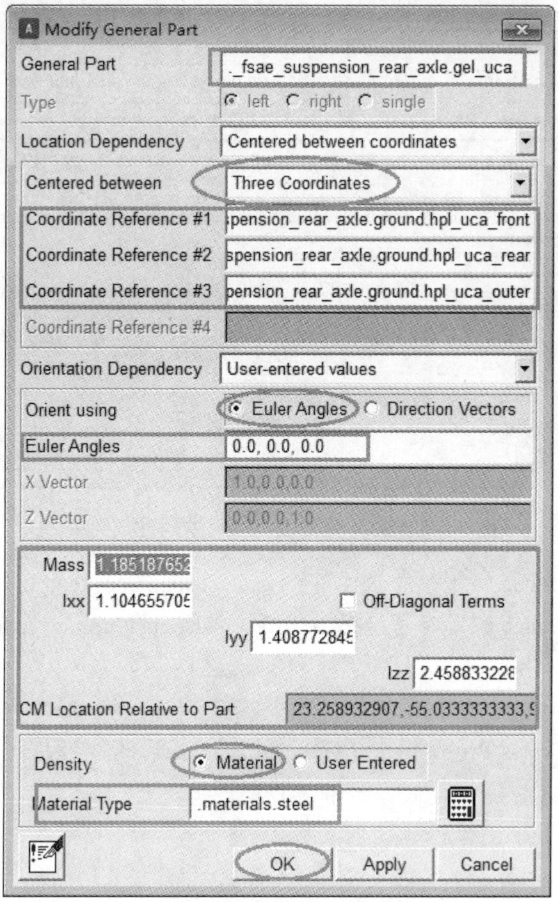

图 11-6 控制臂 UCA 部件创建对话框

- General Part 输入 uca；
- Location Dependency：Centered between coordinates；
- Centered between：Three Coordinates，上控制臂部件 uca 的位于 3 点坐标的中心位置；
- Coordinate Reference #1（参考坐标）：._fsae_suspension_rear_axle.ground.hpl_uca_front；
- Coordinate Reference #2（参考坐标）：._fsae_suspension_rear_axle.ground.hpl_uca_rear；
- Coordinate Reference #3（参考坐标）：._fsae_suspension_rear_axle.ground.hpl_uca_outer；
- Orient using：Euler Angles，部件定向采用欧拉角模式；
- Euler Angles：0，0，0；
- Mass：1；Ixx：1；Iyy：1；Izz：1；
- Density：Material；

- Material Type：.materials.steel；
- 单击 OK，完成部件._fsae_suspension_rear_axle.gel_uca 创建。
- 单击 Build > Geometry > Link > New 命令，弹出创建部件对话框，如图 11-7 所示；
- Link Name（连杆名称）输入几何名称：uca_link_front；
- General Part 输入._fsae_suspension_rear_axle.gel_uca；

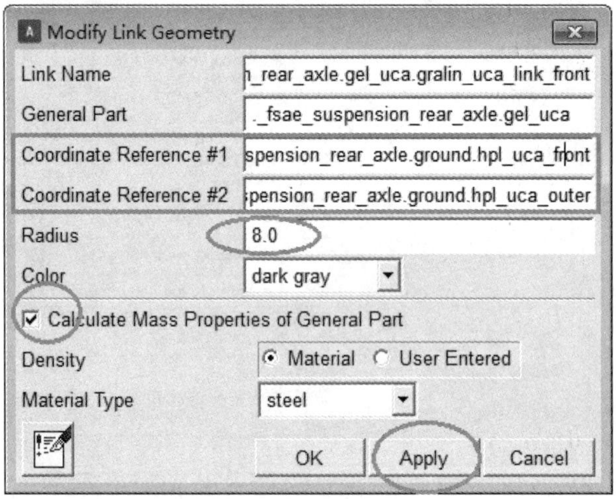

图 11-7　控制臂 UCA 几何体创建对话框

- Coordinate Reference #1（参考坐标）：._fsae_suspension_rear_axle.ground.hpl_uca_front；
- Coordinate Reference #2（参考坐标）：._fsae_suspension_rear_axle.ground.hpl_uca_outer；
- Radius（半径）：8；
- Color：dark gray；
- 选择 Calculate Mass Properties of General Part 复选框，当几何建立好之后会更新对应部件的质量和惯量参数；
- Density：Material；
- Material Type：steel；
- 单击 Apply，完成 uca_link_front 几何体的创建；
- Link Name（连杆名称）输入几何名称：uca_link_rear；
- General Part 输入._fsae_suspension_rear_axle.gel_uca；
- Coordinate Reference #1（参考坐标）：._fsae_suspension_rear_axle.ground.hpl_uca_rear；
- Coordinate Reference #2（参考坐标）：._fsae_suspension_rear_axle.ground.hpl_uca_outer；
- Radius（半径）：8；
- Color：dark gray；
- 勾选 Calculate Mass Properties of General Part 复选框；
- Density：Material；
- Material Type：steel；
- 单击 OK，完成 uca_link_rear 几何体的创建。

11.2.2 下控制臂部件 LCA

- 单击 Build > Part > General Part > New 命令，弹出创建部件对话框可参考如图 11-6 所示；
- General Part 输入 lca；
- Location Dependency：Centered between coordinates；
- Centered between：Three Coordinates；
- Coordinate Reference #1（参考坐标）：._fsae_suspension_rear_axle.ground.hpl_lca_front；
- Coordinate Reference #2（参考坐标）：._fsae_suspension_rear_axle.ground.hpl_lca_rear；
- Coordinate Reference #3（参考坐标）：._fsae_suspension_rear_axle.ground.hpl_lca_outer；
- Orient using：Euler Angles；
- Euler Angles：0，0，0；
- Mass：1；
- Ixx：1；
- Iyy：1；
- Izz：1；
- Density：Material；
- Material Type：.materials.steel；
- 单击 OK，完成部件._fsae_suspension_rear_axle.gel_lca 创建。
- 单击 Build > Geometry > Link > New 命令；
- Link Name（连杆名称）输入几何名称：lca_link_front；
- General Part 输入._fsae_suspension_rear_axle.gel_lca；
- Coordinate Reference #1（参考坐标）：._fsae_suspension_rear_axle.ground.hpl_lca_front；
- Coordinate Reference #2（参考坐标）：._fsae_suspension_rear_axle.ground.hpl_lca_outer；
- Radius（半径）：8；
- Color：yellow；
- 选择 Calculate Mass Properties of General Part 复选框，当几何建立好之后会更新对应部件的质量和惯量参数；
- Density：Material；
- Material Type：steel；
- 单击 Apply，完成 lca_link_front 几何体的创建；
- Link Name（连杆名称）输入几何名称：lca_link_rear；
- General Part 输入._fsae_suspension_rear_axle.gel_lca；
- Coordinate Reference #1（参考坐标）：._fsae_suspension_rear_axle.ground.hpl_lca_rear；
- Coordinate Reference #2（参考坐标）：._fsae_suspension_rear_axle.ground.hpl_lca_outer；
- Radius（半径）：8；
- Color：yellow；
- 勾选 Calculate Mass Properties of General Part 复选框；
- Density：Material；
- Material Type：steel；

- 单击 OK，完成 lca_link_rear 几何体的创建。

11.2.3 转向节 upright 部件

- 单击 Build > Part > General Part > New 命令，弹出创建部件对话框可参考如图 11-6 所示；
- General Part 输入 upright；
- Location Dependency：Centered between coordinates；
- Centered between：Two Coordinates；
- Coordinate Reference #1（参考坐标）：._fsae_suspension_rear_axle.ground.hpl_uca_outer；
- Coordinate Reference #2（参考坐标）：._fsae_suspension_rear_axle.ground.hpl_lca_outer；
- Orient using：Euler Angles；
- Euler Angles：0，0，0；
- Mass：1；
- Ixx：1；
- Iyy：1；
- Izz：1；
- Density：Material；
- Material Type：.materials.steel；
- 单击 OK，完成部件._fsae_suspension_rear_axle.gel_upright 创建；
- 单击 Build > Geometry > Link > New 命令；
- Link Name（连杆名称）输入几何名称：upright；
- General Part 输入._fsae_suspension_rear_axle.gel_upright；
- Coordinate Reference #1（参考坐标）：._fsae_suspension_rear_axle.ground.hpl_uca_outer；
- Coordinate Reference #2（参考坐标）：._fsae_suspension_rear_axle.ground.hpl_lca_outer；
- Radius（半径）：13；
- Color（杆件几何体颜色）：blue；
- 选择 Calculate Mass Properties of General Part 复选框，当几何建立好之后会更新对应部件的质量和惯量参数；
- Density：Material；
- Material Type：steel；
- 单击 OK，完成 upright 几何体的创建。

11.2.4 推力杆 prod 部件

- 单击 Build > Part > General Part > New 命令，弹出创建部件对话框可参考如图 11-6 所示；
- General Part 输入 prod；
- Location Dependency：Centered between coordinates；
- Centered between：Two Coordinates；

- Coordinate Reference #1（参考坐标）：._fsae_suspension_rear_axle.ground.hpl_prod_outer；
- Coordinate Reference #2（参考坐标）：._fsae_suspension_rear_axle.ground.hpl_prod_to_bellcrank；
- Orientation Dependency（部件坐标轴方向）：Orient axis along line，结构框的轴沿两参考方向，一般指 Z 轴；
- Coordinate Reference #1（参考坐标）：._fsae_suspension_rear_axle.ground.hpl_prod_outer；
- Coordinate Reference #2（参考坐标）：._fsae_suspension_rear_axle.ground.hpl_prod_to_bellcrank；
- Axis：Z；
- Mass：1；
- Ixx：1；
- Iyy：1；
- Izz：1；
- Density：Material；
- Material Type：.materials.steel；
- 单击 OK，完成部件._fsae_suspension_rear_axle.gel_prod 创建。
- 单击 Build > Geometry > Link > New 命令；
- Link Name（连杆名称）输入几何名称：prod；
- General Part 输入._fsae_suspension_rear_axle.gel_prod；
- Coordinate Reference #1（参考坐标）：._fsae_suspension_rear_axle.ground.hpl_prod_outer；
- Coordinate Reference #2（参考坐标）：._fsae_suspension_rear_axle.ground.hpl_prod_to_bellcrank；
- Radius（半径）：7；
- Color（杆件几何体颜色）：blue；
- 选择 Calculate Mass Properties of General Part 复选框，当几何建立好之后会更新对应部件的质量和惯量参数；
- Density：Material；
- Material Type：steel；
- 单击 OK，完成 prod 几何体的创建。

11.2.5　曲柄 bellcrank 部件

- 单击 Build > Part > General Part > New 命令，弹出创建部件对话框可参考如图 11-6 所示；
- General Part 输入 bellcrank；
- Location Dependency：Centered between coordinates；
- Centered between：T Coordinates；
- Coordinate Reference #1（参考坐标）：._fsae_suspension_rear_axle.ground.hpl_prod_to_bellcrank；
- Coordinate Reference #2(参考坐标)：._fsae_suspension_rear_axle.ground.hpl_shock_to_bellcrank；
- Coordinate Reference #2（参考坐标）：._fsae_suspension_rear_axle.ground.hpl_bellcrank_pivot；
- Coordinate Reference #2（参考坐标）：._fsae_suspension_rear_axle.ground.hpl_arblink_to_bellcrank；
- Orientation Dependency：User-entered values；
- Orient using：Euler Angles；

- Euler Angles：0，0，0；
- Mass：1；
- Ixx：1；
- Iyy：1；
- Izz：1；
- Density：Material；
- Material Type：.materials.steel；
- 单击 OK，完成部件._fsae_suspension_rear_axle.gel_bellcrank 创建。
- 单击 Build > Geometry > Arm > New 命令；
- Link Name（连杆名称）输入几何名称：bellcrank；
- General Part 输入._fsae_suspension_rear_axle.gel_bellcrank；
- Coordinate Reference #1（参考坐标）：._fsae_suspension_rear_axle.ground.hpl_prod_to_bellcrank；
- Coordinate Reference #2（参考坐标）：._fsae_suspension_rear_axle.ground.hpl_bellcrank_pivot；
- Coordinate Reference #3（参考坐标）：._fsae_suspension_rear_axle.ground.hpl_arblink_to_bellcrank；
- Thinkness：20；
- Color（杆件几何体颜色）：yellow；
- 选择 Calculate Mass Properties of General Part 复选框，当几何建立好之后会更新对应部件的质量和惯量参数；
- Density：Material；
- Material Type：steel；
- 单击 OK，完成._fsae_suspension_rear_axle.gel_bellcrank.graarm_bellcrank 几何体的创建。

11.2.6 转向横拉杆 tierod 部件

- 单击 Build > Part > General Part > New 命令，弹出创建部件对话框可参考如图 11-6 所示；
- General Part 输入 tierod；
- Location Dependency：Centered between coordinates；
- Centered between：Two Coordinatcs；
- Coordinate Reference #1（参考坐标）：._fsae_suspension_rear_axle.ground.hpl_tierod_inner；
- Coordinate Reference #2（参考坐标）：._fsae_suspension_rear_axle.ground.hpl_tierod_outer；
- Orientation Dependency：User-entered values；
- Orient using：Euler Angles；
- Euler Angles：0，0，0；
- Mass：1；
- Ixx：1；
- Iyy：1；
- Izz：1；
- Density：Material；
- Material Type：.materials.steel；

- 单击 OK，完成部件._fsae_suspension_rear_axle.gel_tierod 创建。
- 单击 Build > Geometry > Link > New 命令；
- Link Name（连杆名称）输入几何名称：tierod；
- General Part 输入：._fsae_suspension_rear_axle.gel_tierod；
- Coordinate Reference #1(参考坐标)：._fsae_suspension_rear_axle.ground.hpl_tierod_innerr；
- Coordinate Reference #2(参考坐标)：._fsae_suspension_rear_axle.ground.hpl_tierod_outer；
- Radius（半径）：7；
- Color（杆件几何体颜色）：magenta；
- 选择 Calculate Mass Properties of General Part 复选框，当几何建立好之后会更新对应部件的质量和惯量参数；
- Density：Material；
- Material Type：steel；
- 单击 OK，完成横拉杆._fsae_suspension_rear_axle.gel_tierod.gralin_tierod 几何体的创建；

11.2.7 阻尼器坐垫 damper_chassis 部件

- 单击 Build > Part > General Part > New 命令，弹出创建部件对话框可参考如图 11-6 所示；
- General Part 输入 damper_chassis；
- Location Dependency：Delta location from coordinate；
- Coordinate Reference（参考坐标）：._fsae_suspension_rear_axle.ground.hpl_shock_to_chassis；
- Location：0，0，0；
- Location in：local；
- Orientation Dependency：User-entered values；
- Orient using：Euler Angles；
- Euler Angles：0，0，0；
- Mass：1；
- Ixx：1；
- Iyy：1；
- Izz：1；
- Density：Material；
- Material Type：.materials.steel；
- 单击 OK，完成部件._fsae_suspension_rear_axle.gel_damper_chassis 创建。

11.2.8 阻尼器曲柄 damper_bellcrank 部件

- 单击 Build > Part > General Part > New 命令，弹出创建部件对话框可参考如图 11-6 所示；
- General Part 输入 damper_bellcrank；
- Location Dependency：Delta location from coordinate；
- Coordinate Reference(参考坐标)：._fsae_suspension_rear_axle.ground.hpl_shock_to_bellcrank；
- Location：0，0，0；

- Location in：local；
- Orientation Dependency：User-entered values；
- Orient using：Euler Angles；
- Euler Angles：0，0，0；
- Mass：1；
- Ixx：1；
- Iyy：1；
- Izz：1；
- Density：Material；
- Material Type：.materials.steel；
- 单击 OK，完成部件._fsae_suspension_rear_axle.gel_damper_bellcrank 创建。

11.2.9 轮毂 spindle 部件

- 单击 Build > Suspension Parameters > Toe/Camber Values> Set 命令，弹出悬架参数对话框，如图 11-8 所示，前束角输入 0；外倾角输入 – 1.5；单击 OK，完成参数创建；与此同时系统自动建立两个输出通信器：col[r]_toe_angle、col[r]_camber_angle；

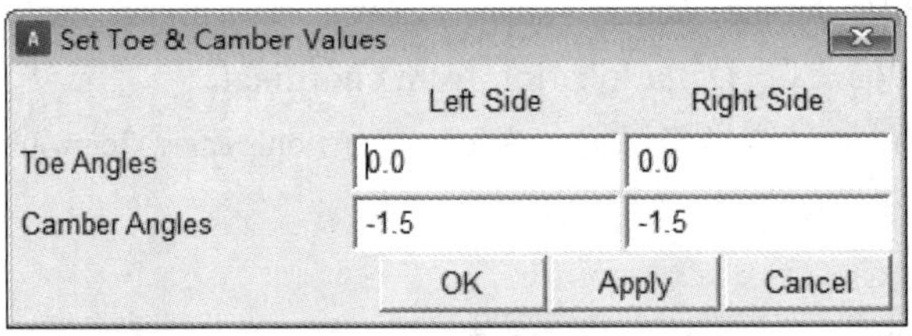

图 11-8　悬架参数

- 单击 Build > Constructon Frame > New 命令，弹出创建结构框，如图 11-9 所示；

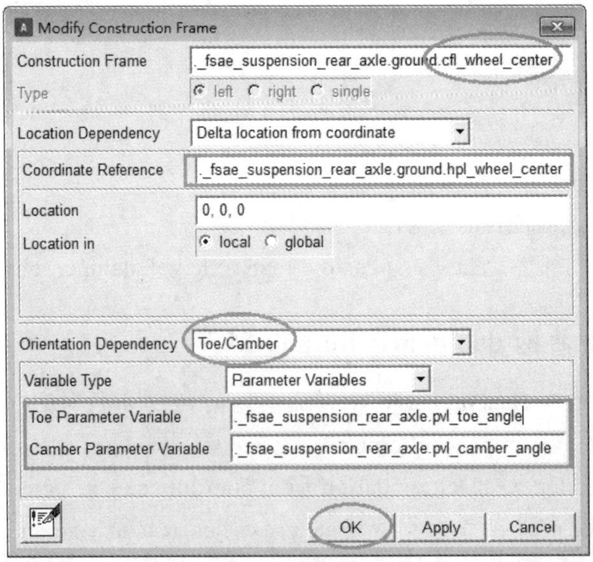

图 11-9　wheel_center 结构框

- Constructon Frame（结构框名称）：wheel_center；
- Coordinate Reference（参考坐标）：_fsae_suspension_rear_axle.ground.hpl_wheel_center；
- Location：0，0，0；
- Location in：local；
- Orientation Dependency：User-entered values；
- Variable Type（变量类型）：Parameter Variable（参数变量）；
- Toe Parameter Values（前束变量值）：._fsae_suspension_rear_axle.pvl_toe_angle；
- Camber Parameter Values（外倾变量值）：._fsae_suspension_rear_axle.pvl_camber_angle；
- 单击 OK，完成._fsae_suspension_rear_axle.ground.cfl_wheel_center 结构框的创建。
- 单击 Build > Part > General Part > New 命令，弹出创建部件对话框可参考如图 11-6 所示。
- General Part 输入 spindle；
- Location Dependency：Delta location from coordinate；
- Coordinate Reference（参考坐标）：._fsae_suspension_rear_axle.ground.cfl_wheel_center；
- Location：0，0，0；
- Location in：local；
- Orientation Dependency：Delta orientation from coordinate；
- Constructon Frame：._fsae_suspension_rear_axle.ground.cfl_wheel_center；
- Orientation：0，0，0；
- Mass：1；
- Ixx：1；
- Iyy：1；
- Izz：1；
- Density：Material；
- Material Type：.materials.steel；
- 单击 OK，完成部件._fsae_suspension_rear_axle.gel_spindle 创建。
- 单击 Build > Geometry > Cylinder（圆柱体）> New 命令，弹出创建部件对话框，如图 11-10 所示；

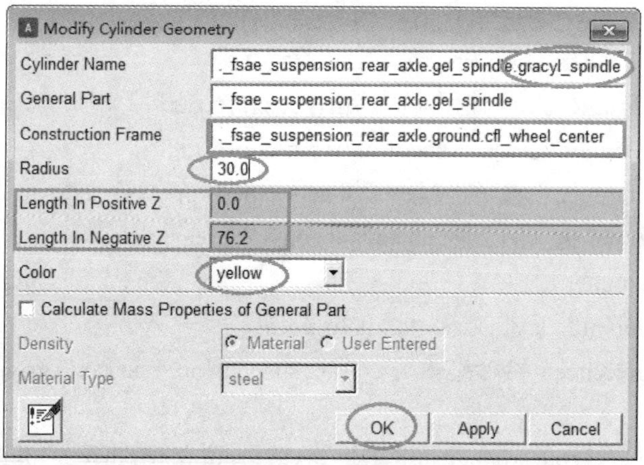

图 11-10 轮毂几何体创建对话框

- Cylinder Name（连杆名称）输入几何名称：spindle；
- General Part 输入._fsae_suspension_rear_axle.gel_spindle；
- Radius（半径）：30；
- Length In Positive Z（Z 轴正方向长度）：0；
- Length In Negative Z（Z 轴负方向长度）：76.2；
- Color（圆柱体几何体颜色）：yellow；
- 选择 Calculate Mass Properties of General Part 复选框；
- 单击 OK，完成轮毂圆柱体._fsae_suspension_rear_axle.gel_spindle.gracyl_spindle 几何体的创建。

11.2.10　驱动轴 drive_shaft 部件

- 单击 Build > Parameter Variable > New 命令，弹出参数变量对话框，如图 11-11 所示；
- Parameter Variable Name：drive_shaft_offset；
- 参数类型：Real　Value（实数值），数值为 75；
- Units：length；
- Hide from standard user（是否从标准界面隐藏）：no；
- 单击 OK，完成变量._fsae_suspension_rear_axle.pvl_drive_shaft_offset 的创建。

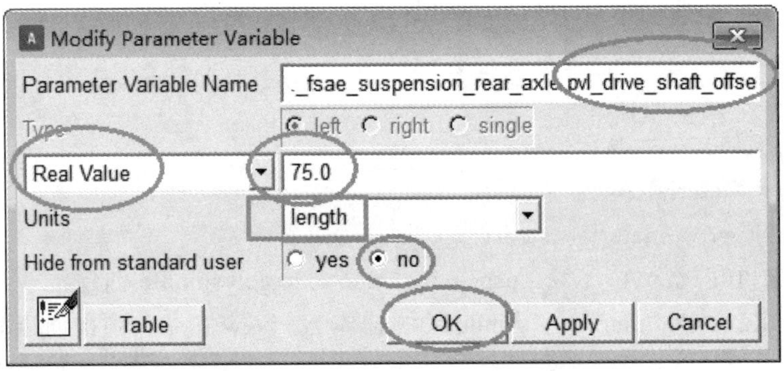

图 11-11　drive_shaft_offset 变量

- 单击 Build > Construction Frame > New 命令；
- Construction Frame（结构框名称）：drive_shaft_otr；
- Location Dependency：Delta location from coordinate；
- Coordinate Reference（参考坐标）：._fsae_suspension_rear_axle.ground.cfl_wheel_center；
- Location：0.0，0.0，（-1.0 * ._fsae_suspension_rear_axle.pvl_drive_shaft_offset）；
- Location in：local；
- Orientation Dependency：Orient axis to point；
- Coordinate Reference（参考坐标）：._fsae_suspension_rear_axle.ground.hpl_wheel_center；:
- Axis：Z；
- 单击 OK，完成._fsae_suspension_rear_axle.ground.cfl_drive_shaft_otr 结构框的创建。

- 单击 Build > Part > General Part > New 命令；
- General Part 输入 drive_shaft；
- Location Dependency：Delta location from coordinate；
- Coordinate Reference #1（参考坐标）：._fsae_suspension_rear_axle.ground.cfl_drive_shaft_otr；
- Coordinate Reference #2（参考坐标）：._fsae_suspension_rear_axle.ground.hpl_drive_shaft_inr；
- Coordinate Reference#3（参考坐标）：._fsae_suspension_rear_axle.ground.hpl_wheel_center；
- Axis：ZX；
- Mass：1；
- Ixx：1；
- Iyy：1；
- Izz：1；
- Density：Material；
- Material Type：.materials.steel；
- 单击 OK，完成部件._fsae_suspension_rear_axle.gel_drive_shaft 创建；
- 单击 Build > Geometry > Link > New 命令；
- Link Name（连杆名称）输入几何名称：drive_shaft；
- General Part 输入._fsae_suspension_rear_axle.gel_drive_shaft；
- Coordinate Reference #1（参考坐标）：._fsae_suspension_rear_axle.ground.hpl_drive_shaft_inr；
- Coordinate Reference #2（参考坐标）：._fsae_suspension_rear_axle.ground.cfl_drive_shaft_otr；
- Radius（半径）：15；
- Color（杆件几何体颜色）：red；
- 选择 Calculate Mass Properties of General Part 复选框，当几何建立好之后会更新对应部件的质量和惯量参数；
- Density：Material；
- Material Type：steel；
- 单击 OK，完成._fsae_suspension_rear_axle.gel_drive_shaft.gralin_drive_shaft 几何体的创建；
- 单击 Build > Geometry > Ellipsoid > New 命令；
- Ellipsoid Name（连杆名称）输入几何名称：otr_cv_housing；
- Coordinate Reference（参考坐标）：._fsae_suspension_rear_axle.ground.cfl_drive_shaft_otr；
- Link：._fsae_suspension_rear_axle.gel_drive_shaft.gralin_drive_shaft；
- X Scale：2；
- Y Scale：2；
- Z Scale：2；
- Color（杆件几何体颜色）：red；
- 选择 Calculate Mass Properties of General Part 复选框，当几何建立好之后会更新对应部件的质量和惯量参数；
- Density：Material；
- Material Type：steel；

- 单击 Apply，完成._fsae_suspension_rear_axle.gel_drive_shaft.graell_otr_cv_housing 几何体的创建；
- Ellipsoid Name（连杆名称）输入几何名称：tripot_housing；
- Coordinate Reference（参考坐标）：._fsae_suspension_rear_axle.ground.hpl_drive_shaft_inr；
- Link：._fsae_suspension_rear_axle.gel_drive_shaft.gralin_drive_shaft；
- X　Scale：2；
- Y　Scale：2；
- Z　Scale：2；
- Color（杆件几何体颜色）：yellow；
- 选择 Calculate Mass Properties of General Part 复选框；
- Density：Material；
- Material Type：steel；
- 单击 OK，完成._fsae_suspension_rear_axle.gel_drive_shaft.graell_tripot_housing 几何体的创建。

11.2.11　等速万向节 tripot 部件

- 单击 Build > Construction Frame > New 命令；
- Construction Frame（结构框名称）：drive_shaft_inr；
- Location Dependency：Delta location from coordinate；
- Coordinate Reference（参考坐标）：._fsae_suspension_rear_axle.ground.hpl_drive_shaft_inr；
- Location：0，0，0；
- Location in：local；
- Orientation Dependency：Orient in plane；
- Coordinate Reference #1（参考坐标）：._fsae_suspension_rear_axle.ground.hpl_drive_shaft_inr；
- Coordinate Reference #2（参考坐标）：._fsae_suspension_rear_axle.ground.hpr_drive_shaft_inr；
- Coordinate Reference#3（参考坐标）：._fsae_suspension_rear_axle.ground.cfl_drive_shaft_otr；
- Axis：ZX；
- 单击 OK，完成._fsae_suspension_rear_axle.ground.cfl_drive_shaft_inr 结构框的创建。
- 单击 Build > Part > General Part > New 命令，弹出创建部件对话框可参考如图 11-6 所示；
- General Part 输入 tripot；
- Location Dependency：Delta location from coordinate；
- Coordinate Reference（参考坐标）：._fsae_suspension_rear_axle.ground.hpl_drive_shaft_inr；
- Location：0，0，0；
- Location in：local；
- Orientation Dependency：Delta orientation from coordinate；
- Constructon Frame：._fsae_suspension_rear_axle.ground.cfl_drive_shaft_inr；
- Orientation：0，0，0；
- Mass：1；

- Ixx：1；
- Iyy：1；
- Izz：1；
- Density：Material；
- Material Type：.materials.steel；
- 单击 OK，完成部件._fsae_suspension_rear_axle.gel_tripot 创建。
- 单击 Build > Geometry > Cylinder（圆柱体）> New 命令，参考如图 11-10 所示；
- Cylinder Name（连杆名称）输入几何名称：tripot_housing_extention；
- General Part 输入._fsae_suspension_rear_axle.gel_tripot；
- Radius（半径）：30；
- Length In Postive Z（*Z* 轴正方向长度）：50；
- Length In Negative Z（*Z* 轴负方向长度）：0；
- Color（圆柱体几何体颜色）：yellow；
- 选择 Calculate Mass Properties of General Part 复选框；
- 单击 OK，完成轮毂圆柱体._fsae_suspension_rear_axle.gel_tripot.gracyl_tripot_housing_extention 几何体的创建。

11.2.12 弹簧与避震器

- 击 Build > Force > Spring > New 命令，弹出创建部件对话框，如图 11-12 所示；
- Spring Name（减震器名称）：spring；

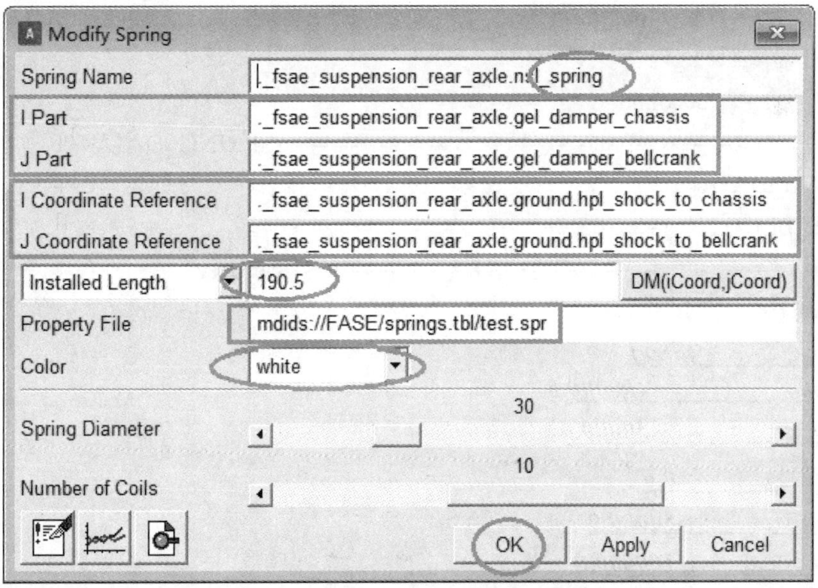

图 11-12　spring 弹簧创建对话框

- I　Part：._fsae_suspension_rear_axle.gel_damper_chassis；
- J　Part：._fsae_suspension_rear_axle.gel_damper_bellcrank

- I Coordinate Reference(参考坐标): ._fsae_suspension_rear_axle.ground.hpl_shock_to_chassis;
- J Coordinate Reference(参考坐标): ._fsae_suspension_rear_axle.ground.hpl_shock_to_bellcrank;
- Installed Length（安装长度）：单击 DM（iCoord，jCoord）自动计算弹簧的安装长度并填入到方框中，此模型的安装长度为 190.5；
- Property File（属性文件）：mdids：//FASE/springs.tbl/test.spr，弹簧属性文件用记事本文件打开后如下列信息所示，可以根据实际实验情况测出弹簧的参数（力与位移之间的关系，即刚度）填写到如下信息列表中，可修改部分为斜体加下划线部分；
- Spring Diameter（弹簧直径）：拖动滑块选择 30 mm；
- Spring of Coils（弹簧圈数）：拖动滑块选择 10；
- 单击 OK，完成弹簧._fsae_suspension_rear_axle.nsl_spring 的创建；

弹簧属性文件信息：

```
$--------------------------------------------------------------MDI_HEADER
[MDI_HEADER]
 FILE_TYPE       =   'spr'
 FILE_VERSION    =   4.0
 FILE_FORMAT     =   'ASCII'
$--------------------------------------------------------------UNITS
[UNITS]
 LENGTH   =   'mm'
 ANGLE    =   'degrees'
 FORCE    =   'newton'
 MASS     =   'kg'
 TIME     =   'second'
$--------------------------------------------------------------SPRING_DATA
[SPRING_DATA]
 FREE_LENGTH   =   205.7
$--------------------------------------------------------------CURVE
[CURVE]
{  disp           force}
 -100.0           -100000.0
 -50.0            -50000.0
  0.0              0.0
  50.0             50000.0
  100.0            100000.0
```

- 击 Build > Force > Damper > New 命令，弹出避震器创建对话框，如图 11-13 所示；

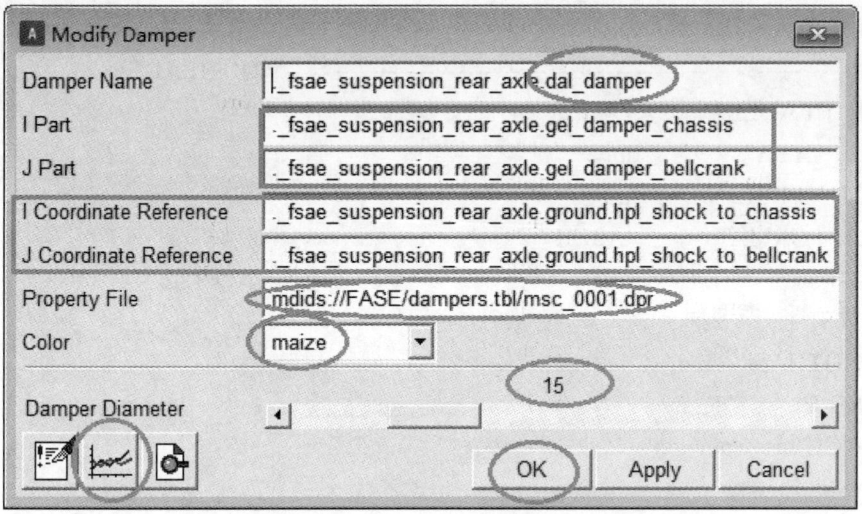

图 11-13　damper 避震器创建对话框

- Damper Name（减震器名称）：damper ；
- I　Part：._fsae_suspension_rear_axle.gel_damper_chassis；
- J　Part：._fsae_suspension_rear_axle.gel_damper_bellcrank
- I　Coordinate Reference(参考坐标)：._fsae_suspension_rear_axle.ground.hpl_shock_to_chassis；
- J　Coordinate Reference（参考坐标）：._fsae_suspension_rear_axle.ground.hpl_shock_to_bellcrank；
- Property File（属性文件）：mdids：//FASE/dampers.tbl/MSC_default.dpr，避震器系数曲线如图 11-14 所示，具体数据如下列避震器信息；
- Damper Diameter（避震器直径）：拖动滑块选择 15 mm；
- Color：maize；
- 单击 OK，完成避震器._fsae_suspension_rear_axle.dal_damper 的创建。

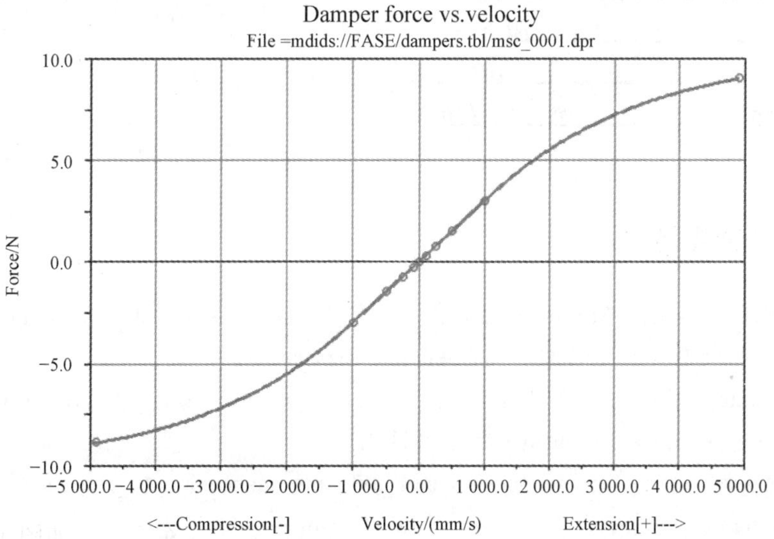

图 11-14　避震器系数曲线图

避震器属性文件信息：

$--MDI_HEADER

[MDI_HEADER]

FILE_TYPE = 'dpr'

FILE_VERSION = 4.0

FILE_FORMAT = 'ASCII'

$--UNITS

[UNITS]

LENGTH = 'mm'

ANGLE = 'degrees'

FORCE = 'newton'

MASS = 'kg'

TIME = 'second'

$-- CURVE

[CURVE]

{ vel	force}
– 4916.935	– 8.889
– 1000.0	– 3.0
– 500.0	– 1.5
– 250.0	– 0.75
– 100.0	– 0.3
0.0	0.0
100.0	0.3
250.0	0.75
500.0	1.5
1000.0	3.0
4914.298	9.0416

11.2.13 安装部件

- 单击 Build > Part > Mount > New 命令，弹出创建部件对话框，如图 11-15 所示；
- Mount name（安装件名称）：suspension_to_chassis；
- Coordinate Reference（参考坐标）：._fsae_suspension_rear_axle.ground.hps_global；
- 安装件此特征选择：inherit（继承特性）；
- 单击 Apply，完成._fsae_suspension_rear_axle.mts_suspension_to_chassis 安装部件的创建；
- Mount name（安装件名称）：tierod_to_steering；
- Coordinate Reference（参考坐标）：._fsae_suspension_rear_axle.ground.hpl_tierod_inner；
- 安装件此特征选择：inherit（继承特性）；

- 单击 Apply，完成._fsae_suspension_rear_axle.mtl_tierod_to_steering 安装部件的创建；
- Mount name（安装件名称）：tripot_to_differential；
- Coordinate Reference（参考坐标）：._fsae_suspension_rear_axle.ground.hpl_drive_shaft_inr；
- 安装件此特征选择：inherit（继承特性）；
- 单击 OK，完成._fsae_suspension_rear_axle.mtl_tripot_to_differential 安装部件的创建。

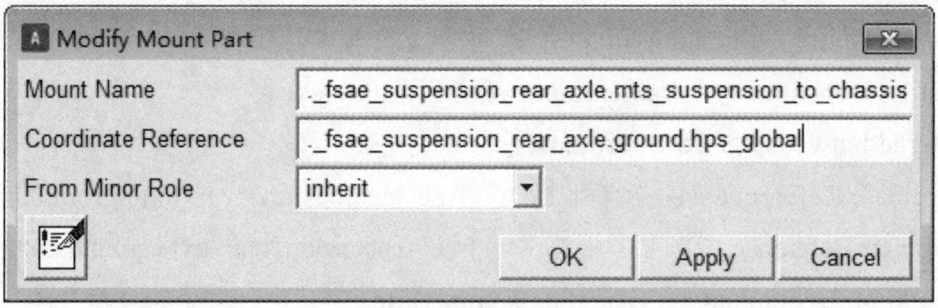

图 11-15　安装部件对话框

11.2.14　刚性约束

- 单击 Build > Attachments > Joint > New 命令，弹出创约束件对话框，如图 11-16 所示；

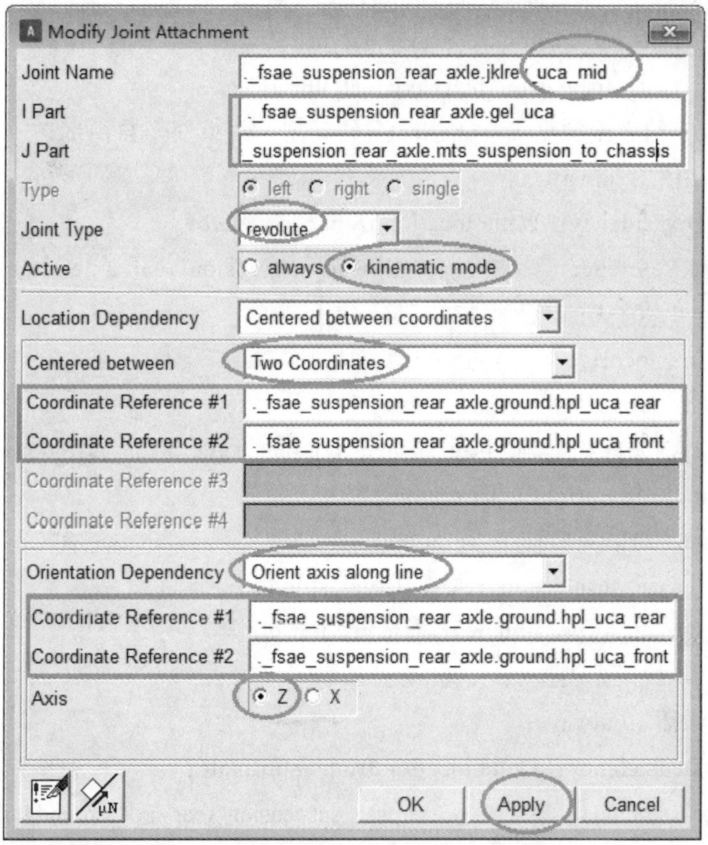

图 11-16　刚性约束对话框——revolute

（1）部件 uca 与安装件 suspension_to_chassis 之间 revolute 约束。

- Joint Name（约束副名称）：uca_mid；
- I Part：._fsae_suspension_rear_axle.gel_uca；
- J Part：._fsae_suspension_rear_axle.mts_suspension_to_chassis；
- Joint Type（约束副类型）：revolute，转动副，约束 5 个自由度；
- Active（激活）：kinematic mode（运动学模式）；
- Location Dependency：Centered between coordinates；
- Centered between：Two Coordinates；
- Coordinate Reference #1（参考坐标）：._fsae_suspension_rear_axle.ground.hpl_uca_rear；
- Coordinate Reference #2（参考坐标）：._fsae_suspension_rear_axle.ground.hpl_uca_front；
- Orientation Dependency：Orient axis along line；
- Coordinate Reference #1（参考坐标）：._fsae_suspension_rear_axle.ground.hpl_uca_rear；
- Coordinate Reference #2（参考坐标）：._fsae_suspension_rear_axle.ground.hpl_uca_front；
- 单击 Apply，完成._fsae_suspension_rear_axle.jklrev_uca_mid 转动副的创建。

（2）部件 uca 与 upright 之间 spherical 约束。

- Joint Name（约束副名称）：uca_outer；
- I Part：._fsae_suspension_rear_axle.gel_uca；
- J Part：._fsae_suspension_rear_axle.gel_upright；
- Joint Type（约束副类型）：spherical，转动副，约束 3 个自由度；
- Active（激活）：always；
- Location Dependency：Delta location from coordinate；；
- Coordinate Reference（参考坐标）：._fsae_suspension_rear_axle.ground.hpl_uca_outer；
- Location：0，0，0；
- Location in：local；
- Orientation：None；
- 单击 Apply，完成约束副._fsae_suspension_rear_axle.jolsph_uca_outer 的创建。

（3）部件 spindle 与 upright 之间 revolute 约束。

- Joint Name（约束副名称）：spindle；
- I Part：._fsae_suspension_rear_axle.gel_spindle；
- J Part：._fsae_suspension_rear_axle.gel_upright；
- Joint Type（约束副类型）：revolute；
- Active（激活）：always；
- Location Dependency：Delta location from coordinate；
- Coordinate Reference（参考坐标）：._fsae_suspension_rear_axle.ground.hpl_wheel_center；
- Location：0，0，0；
- Location in：local；

- Orientation Dependency：Delta orientation from coordinate；
- Construction Frame：._fsae_suspension_rear_axle.ground.cfl_wheel_center；
- 单击 Apply，完成约束副._fsae_suspension_rear_axle.jolrev_spindle 的创建。

（4）部件 damper_chassis 与安装件 suspension_to_chassis 之间 hook 约束。

- 单击 Build > Constructon Frame > New 命令；
- Constructon Frame（结构框名称）：damper_chassis_orient；
- Location Dependency：Delta location from coordinate；
- Coordinate Reference（参考坐标）：._fsae_suspension_rear_axle.ground.hpl_shock_to_chassis；
- Location：20，0，0；
- Location in：local；
- Orientation Dependency：User entered values；
- Orient using：Euler Angles；
- Euler Angles：0，0，0；
- 单击 OK，完成._fsae_suspension_rear_axle.ground.cfl_damper_chassis_orient 结构框的创建。
- Joint Name（约束副名称）：damper_to_chassis；
- I Part：._fsae_suspension_rear_axle.gel_damper_chassis；
- J Part：._fsae_suspension_rear_axle.mts_suspension_to_chassis；
- Joint Type（约束副类型）：hook；
- Active（激活）：always；
- Location Dependency：Delta location from coordinate；
- Coordinate Reference（参考坐标）：._fsae_suspension_rear_axle.ground.hpl_shock_to_chassis；
- Location：0，0，0；
- Location in：local；
- I-Part Axis：._fsae_suspension_rear_axle.ground.hpl_shock_to_bellcrank；
- J-Part Axis：._fsae_suspension_rear_axle.ground.cfl_damper_chassis_orient；
- 单击 Apply，完成约束副._fsae_suspension_rear_axle.jolhoo_damper_to_chassis 的创建。

（5）部件 damper_bellcrank 与安装件 bellcrank 之间 hook 约束。

- 单击 Build > Construction Frame > New 命令；
- Construction Frame（结构框名称）：damper_bellcrank_orient；
- Location Dependency：Delta location from coordinate；
- Coordinate Reference（参考坐标）：._fsae_suspension_rear_axle.ground.hpl_shock_to_bellcrank；
- Location：-20，0，0；
- Location in：local；
- Orientation Dependency：User entered values；
- Orient using：Euler Angles；

- Euler Angles：0，0，0；
- 单击 OK，完成._fsae_suspension_rear_axle.ground.cfl_damper_bellcrank_orient 结构框的创建。
- Joint Name（约束副名称）：damper_to_bellcrank；
- I Part：._fsae_suspension_rear_axle.gel_damper_bellcrank；
- J Part：._fsae_suspension_rear_axle.gel_bellcrank；
- Joint Type（约束副类型）：hook；
- Active（激活）：always；
- Location Dependency：Delta location from coordinate；
- Coordinate Reference（参考坐标）：._fsae_suspension_rear_axle.ground.hpl_shock_to_bellcrank；
- Location：0，0，0；
- Location in：local；
- I-Part Axis：._fsae_suspension_rear_axle.ground.hpl_shock_to_chassis；
- J-Part Axis：._fsae_suspension_rear_axle.ground.cfl_damper_bellcrank_orient；
- 单击 Apply，完成约束副._fsae_suspension_rear_axle.jolhoo_damper_to_bellcrank 的创建。

（6）部件 lca 与安装件 suspension_to_chassis 之间 revolute 约束。

- Joint Name（约束副名称）：lca_inner_mid；
- I Part：._fsae_suspension_rear_axle.gel_lca；
- J Part：._fsae_suspension_rear_axle.mts_suspension_to_chassis；
- Joint Type（约束副类型）：revolute，转动副，约束 5 个自由度；
- Active（激活）：kinematic mode（运动学模式）；
- Location Dependency：Centered between coordinates；
- Centered between：Two Coordinates；
- Coordinate Reference #1（参考坐标）：._fsae_suspension_rear_axle.ground.hpl_lca_rear；
- Coordinate Reference #2(参考坐标)：._fsae_suspension_rear_axle.ground.hpl_lca_front；
- Orientation Dependency：Orient axis along line；
- Coordinate Reference #1（参考坐标）：._fsae_suspension_rear_axle.ground.hpl_lca_rear；
- Coordinate Reference #2(参考坐标)：._fsae_suspension_rear_axle.ground.hpl_lca_front；
- Axis：Z；
- 单击 Apply，完成._fsae_suspension_rear_axle.jklrev_lca_inner_mid 铰接副的创建。

（7）部件 prod 与 bellcrank 之间 hook 约束。

- Joint Name（约束副名称）：prod_to_bellcrank；
- I Part：._fsae_suspension_rear_axle.gel_prod；
- J Part：._fsae_suspension_rear_axle.gel_bellcrank；
- Joint Type（约束副类型）：hook；
- Active（激活）：always；

- Location Dependency：Delta location from coordinate;
- Coordinate Reference(参考坐标)：._fsae_suspension_rear_axle.ground.hpl_prod_to_bellcrank;
- Location：0，0，0;
- Location in：local;
- I-Part　Axis：._fsae_suspension_rear_axle.ground.hpl_prod_outer;
- J-Part　Axis：._fsae_suspension_rear_axle.ground.hpl_bellcrank_pivot;
- 单击 Apply，完成约束副. ._fsae_suspension_rear_axle.jolhoo_prod_to_bellcrank 的创建。

（8）部件 bellcrank 与安装件 suspension_to_chassis 之间 revolute 约束。

- 单击 Build > Construction Frame > New 命令;
- Construction Frame（结构框名称）：bellcrank_pivot;
- Location Dependency：Delta location from coordinate;
- Coordinate Reference(参考坐标)：._fsae_suspension_rear_axle.ground.hpl_bellcrank_pivot;
- Location：0，0，0;
- Location in：local;
- Orientation Dependency：Orient axie to point;
- Coordinate Reference(参考坐标)：._fsae_suspension_rear_axle.ground.hpl_bellcrank_pivot_orient;
- Axis：Z;
- 单击 OK，完成._fsae_suspension_rear_axle.ground.cfl_bellcrank_pivot 结构框的创建。
- Joint Name（约束副名称）：bellcrank_pivot;
- I　Part：._fsae_suspension_rear_axle.gel_bellcrank;
- J　Part：._fsae_suspension_rear_axle.mts_suspension_to_chassis;
- Joint Type（约束副类型）：revolute;
- Active（激活）：always;
- Location Dependency：Delta location from coordinate;
- Coordinate Reference（参考坐标）：._fsae_suspension_rear_axle.ground.hpl_bellcrank_pivot;
- Location：0，0，0;
- Location in：local;
- Orientation Dependency：Delta orientation from coordinate;
- Construction Frame：._fsae_suspension_rear_axle.ground.cfl_bellcrank_pivot;
- Orientation：0，0，0;
- 单击 Apply，完成约束副._fsae_suspension_rear_axle.jolrev_bellcrank_pivot 的创建。

（9）部件 lca 与 prod 之间 spherical 约束。

- Joint Name（约束副名称）：prod_outer;
- I　Part：._fsae_suspension_rear_axle.gel_lca;
- J　Part：._fsae_suspension_rear_axle.gel_prod;
- Joint Type（约束副类型）：spherical，转动副，约束 3 个自由度;

- Active（激活）：always；
- Location Dependency：Delta location from coordinate；；
- Coordinate Reference（参考坐标）：._fsae_suspension_rear_axle.ground.hpl_prod_outer；
- Location：0，0，0；
- Location in：local；
- Orientation：None；
- 单击 Apply，完成约束副._fsae_suspension_rear_axle.jolsph_prod_outer 的创建。

（10）部件 tierod 与安装件 tierod_to_steering 之间 convel 约束。

- Joint Name（约束副名称）：tierod_inner；
- I　Part：._fsae_suspension_rear_axle.gel_tierod；
- J　Part：._fsae_suspension_rear_axle.mtl_tierod_to_steering；
- Joint Type（约束副类型）：convel，恒速副；
- Active（激活）：always；
- Location Dependency：Delta location from coordinate；
- Coordinate Reference（参考坐标）：._fsae_suspension_rear_axle.ground.hpl_tierod_inner；
- Location：0，0，0；
- Location in：local；
- I-Part　Axis：._fsae_suspension_rear_axle.ground.hpl_tierod_outer；
- J-Part　Axis：._fsae_suspension_rear_axle.ground.hpr_tierod_inner；
- 单击 Apply，完成约束副._fsae_suspension_rear_axle.jolcon_tierod_inner 的创建。

（11）部件 tierod 与 upright 之间 spherical 约束。

- Joint Name（约束副名称）：tierod_outer；
- I　Part：._fsae_suspension_rear_axle.gel_tierod；
- J　Part：._fsae_suspension_rear_axle.gel_upright；
- Joint Type（约束副类型）：spherical，约束 3 个自由度；
- Active（激活）：always；
- Location Dependency：Delta location from coordinate；；
- Coordinate Reference（参考坐标）：._fsae_suspension_rear_axle.ground.hpl_tierod_outer；
- Location：0，0，0；
- Location in：local；
- Orientation：None；
- 单击 Apply，完成约束副._fsae_suspension_rear_axle.jolsph_tierod_outer 的创建。

（12）部件 lca 与 upright 之间 spherical 约束。

- Joint Name（约束副名称）：lca_outer；
- I　Part：._fsae_suspension_rear_axle.gel_lca；
- J　Part：._fsae_suspension_rear_axle.gel_upright；

- Joint Type（约束副类型）：spherical，约束 3 个自由度；
- Active（激活）：always；
- Location Dependency：Delta location from coordinate；；
- Coordinate Reference（参考坐标）：._fsae_suspension_rear_axle.ground.hpl_lca_outer；
- Location：0，0，0；
- Location in：local；
- Orientation：None；
- 单击 Apply，完成约束副._fsae_suspension_rear_axle.jolsph_lca_outer 的创建。

（13）部件 damper_chassis 与 damper_bellcrank 之间 cylindrical 约束。

- Joint Name（约束副名称）：damper_slide；
- I Part：._fsae_suspension_rear_axle.gel_damper_chassis；
- J Part：._fsae_suspension_rear_axle.gel_damper_bellcrank；
- Joint Type（约束副类型）：cylindrical；
- Active（激活）：always；
- Location Dependency：Centered between coordinates；
- Centered between：Two Coordinates；
- Coordinate Reference #1（参考坐标）：._fsae_suspension_rear_axle.ground.hpl_shock_to_chassis；
- Coordinate Reference #2（参考坐标）：._fsae_suspension_rear_axle.ground.hpl_shock_to_bellcrank；
- Orientation Dependency：Orient axis along line；
- Coordinate Reference #1（参考坐标）：._fsae_suspension_rear_axle.ground.hpl_shock_to_chassis；
- Coordinate Reference #2（参考坐标）：._fsae_suspension_rear_axle.ground.hpl_shock_to_bellcrank；
- Axis：Z；
- 单击 Apply，完成._fsae_suspension_rear_axle.jolcyl_damper_slide 转动副的创建。

（14）部件 tripot 与 drive_shaft 之间 convel 约束。

- Joint Name（约束副名称）：drive_sft_int_jt；
- I Part：._fsae_suspension_rear_axle.gel_tripot；
- J Part：._fsae_suspension_rear_axle.gel_drive_shaft；
- Joint Type（约束副类型）：convel，恒速副；
- Active（激活）：always；
- Location Dependency：Delta location from coordinate；
- Coordinate Reference（参考坐标）：._fsae_suspension_rear_axle.ground.hpl_drive_shaft_inr；
- Location：0，0，0；
- Location in：local；
- I-Part Axis：._fsae_suspension_rear_axle.ground.hpr_drive_shaft_inr；
- J-Part Axis：._fsae_suspension_rear_axle.ground.cfl_drive_shaft_otr；
- 单击 Apply，完成约束副._fsae_suspension_rear_axle.jolcon_drive_sft_int_jt 的创建。

（15）部件 spindle 与 drive_shaft 之间 convel 约束。

- 单击 Build > Construction Frame > New 命令；
- Construction Frame（结构框名称）：drive_shaft_otr；
- Location Dependency：Delta location from coordinate；
- Coordinate Reference（参考坐标）：._fsae_suspension_rear_axle.ground.cfl_wheel_center；
- Location：0.0，0.0，（-1.0 * ._fsae_suspension_rear_axle.pvl_drive_shaft_offset）；
- Location in：local；
- Orientation Dependency：Orient axie to point；
- Coordinate Reference（参考坐标）：._fsae_suspension_rear_axle.ground.hpl_wheel_center；
- Axis：Z；
- 单击 OK，完成._fsae_suspension_rear_axle.ground.cfl_drive_shaft_otr 结构框的创建。
- Joint Name（约束副名称）：drive_sft_otr；
- I　Part：._fsae_suspension_rear_axle.gel_drive_shaft；
- J　Part：._fsae_suspension_rear_axle.gel_spindle；
- Joint Type（约束副类型）：convel，恒速副；
- Active（激活）：always；
- Location Dependency：Delta location from coordinate；
- Coordinate Reference（参考坐标）：._fsae_suspension_rear_axle.ground.cfl_drive_shaft_otr；
- Location：0，0，0；
- Location in：local；
- I-Part　Axis：._fsae_suspension_rear_axle.ground.hpl_drive_shaft_inr；
- J-Part　Axis：._fsae_suspension_rear_axle.ground.hpl_wheel_center；
- 单击 Apply，完成约束副_fsae_suspension_rear_axle.jolcon_drive_sft_otr 的创建。

（16）部件 tripot 与安装件 tripot_to_differential 之间 translational 约束。

- Joint Name（约束副名称）：tripot_to_differential；
- I　Part：._fsae_suspension_rear_axle.gel_tripot；
- J　Part：._fsae_suspension_rear_axle.mtl_tripot_to_differential；
- Joint Type（约束副类型）：translational；
- Active（激活）：always；
- Location Dependency：Delta location from coordinate；
- Coordinate Reference #1(参考坐标)：._fsae_suspension_rear_axle.ground.hpl_drive_shaft_inr；
- Orientation Dependency：Orient to zpoint-xpoint；
- Coordinate Reference #1（参考坐标）：._fsae_suspension_rear_axle.ground.hpr_drive_shaft_inr；
- Coordinate Reference #2（参考坐标）：._fsae_suspension_rear_axle.ground.cfl_drive_shaft_otr；
- Axis：ZX；
- 单击 OK，完成约束副._fsae_suspension_rear_axle.joltra_tripot_to_differential 的创建。

11.2.15 柔性约束

- 单击 Build > Attachments > Bushing > New 命令，弹出创衬套件对话框，如图 11-17 所示；

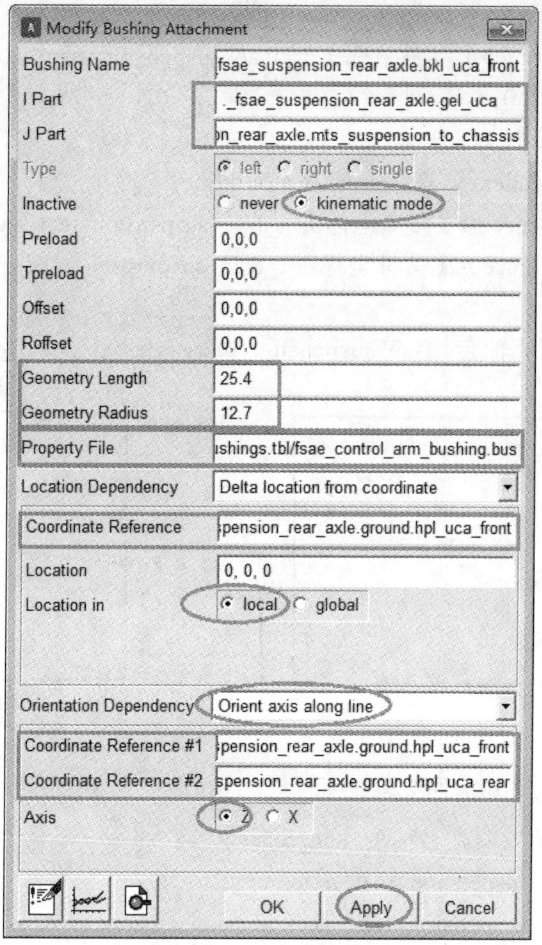

图 11-17 衬套约束对话框——bushing

（1）部件 uca 与 suspension_to_chassis 之间 bushing 约束。

- Bushing Name（约束副名称）：uca_front；
- I Part：._fsae_suspension_rear_axle.gel_uca；
- J Part：._fsae_suspension_rear_axle.mts_suspension_to_chassis；
- Inactive（抑制）：kinematic mode（运动学模式）；
- Preload：0，0，0；
- Tpreload：0，0，0；
- Offset：0，0，0；
- Roffset：0，0，0；
- Geometry Length：25.4；

- Geometry Radius：12.7；
- Property File：mdids：//FASE/bushings.tbl/fsae_control_arm_bushing.bus；用记事本文件打开衬套属性文件，用 MATLAB 软件绘制在 X、Y、Z 方向的垂向刚度及扭转刚度如图 11-18、图 11-19 所示；
- Location Dependency：Delta location from coordinate；
- Coordinate Reference（参考坐标）：._fsae_suspension_rear_axle.ground.hpl_uca_front；
- Location：0，0，0；
- Location in：local；
- Orientation Dependency：Orient axis along line；
- Coordinate Reference #1（参考坐标）：._fsae_suspension_rear_axle.ground.hpl_uca_front；
- Coordinate Reference #2(参考坐标)：._fsae_suspension_rear_axle.ground.hpl_uca_rear；
- Axis：Z；
- 单击 Apply，完成轴套._fsae_suspension_rear_axle.bkl_uca_front 的创建；

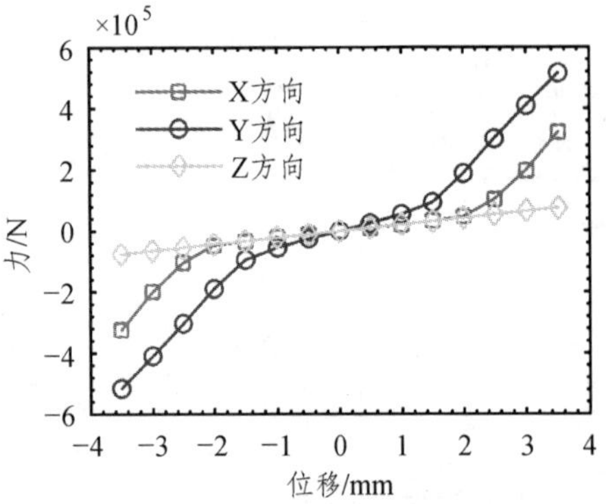

图 11-18　衬套垂向刚度

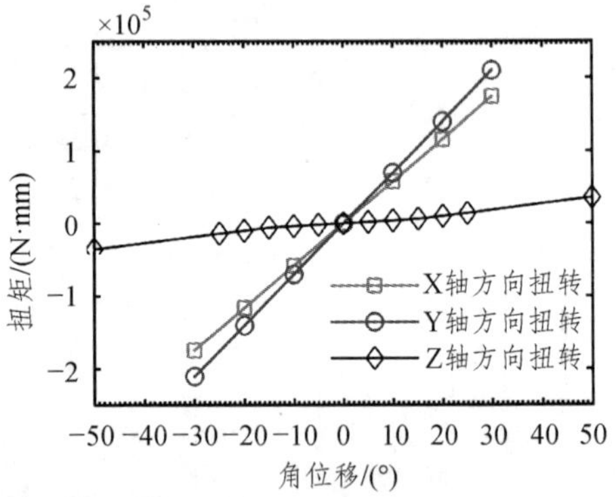

图 11-19　衬套扭转刚度

- Bushing Name（约束副名称）：uca_rear；
- I　Part：._fsae_suspension_rear_axle.gel_uca；
- J　Part：._fsae_suspension_rear_axle.mts_suspension_to chassis；
- Inactive（抑制）：kinematic mode（运动学模式）；
- Preload：0，0，0；
- Tpreload：0，0，0；
- Offset：0，0，0；
- Roffset：0，0，0；
- Geometry Length：25.4；
- Geometry Radius：12.7；
- Property File：mdids：//FASE/bushings.tbl/fsae_control_arm_bushing.bus；
- Location Dependency：Delta location from coordinate；
- Coordinate Reference（参考坐标）：._fsae_suspension_rear_axle.ground.hpl_uca_rear；
- Location：0，0，0；
- Location in：local；

- Orientation Dependency：Orient axis along line；
- Coordinate Reference #1（参考坐标）：._fsae_suspension_rear_axle.ground.hpl_uca_front；
- Coordinate Reference #2（参考坐标）：._fsae_suspension_rear_axle.ground.hpl_uca_rear；
- Axis：Z；
- 单击 Apply，完成轴套._fsae_suspension_rear_axle.bkl_uca_rear 的创建。

（2）部件 lca 与 suspension_to_chassis 之间 bushing 约束。

- Bushing Name（约束副名称）：lca_front；
- I Part：._fsae_suspension_rear_axle.gel_lca；
- J Part：._fsae_suspension_rear_axle.mts_suspension_to_chassis；
- Inactive（抑制）：kinematic mode（运动学模式）；
- Preload：0，0，0；
- Tpreload：0，0，0；
- Offset：0，0，0；
- Roffset：0，0，0；
- Geometry Length：25.4；
- Geometry Radius：12.7；
- Property File：mdids：//FASE/bushings.tbl/fsae_control_arm_bushing.bus；
- Location Dependency：Delta location from coordinate；
- Coordinate Reference（参考坐标）：._fsae_suspension_rear_axle.ground.hpl_lca_front；
- Location：0，0，0；
- Location in：local；
- Orientation Dependency：Orient axis along line；
- Coordinate Reference #1（参考坐标）：._fsae_suspension_rear_axle.ground.hpl_lca_front；
- Coordinate Reference #2（参考坐标）：._fsae_suspension_rear_axle.ground.hpl_lca_rear；
- Axis：Z；
- 单击 Apply，完成轴套._fsae_suspension_rear_axle.bkl_lca_front 的创建；
- Bushing Name（约束副名称）：lca_rear；
- I Part：._fsae_suspension_rear_axle.gel_lca；
- J Part：._fsae_suspension_rear_axle.mts_suspension_to_chassis；
- Inactive（抑制）：kinematic mode（运动学模式）；
- Preload：0，0，0；
- Tpreload：0，0，0；
- Offset：0，0，0；
- Roffset：0，0，0；
- Geometry Length：25.4；
- Geometry Radius：12.7；
- Property File：mdids：//FASE/bushings.tbl/fsae_control_arm_bushing.bus；
- Location Dependency：Delta location from coordinate；
- Coordinate Reference（参考坐标）：._fsae_suspension_rear_axle.ground.hpl_lca_rear；

- Location：0，0，0；
- Location in：local；
- Orientation Dependency：Orient axis along line；
- Coordinate Reference #1(参考坐标)：._fsae_suspension_rear_axle.ground.hpl_lca_front；
- Coordinate Reference #2(参考坐标)：._fsae_suspension_rear_axle.ground.hpl_lca_rear；
- Axis：Z；
- 单击 OK，完成轴套._fsae_suspension_rear_axle.bkl_lca_rear 的创建。

11.2.16 推杆式悬架变量参数

- 单击 Build > Parameter Variable > New 命令，弹出参数变量对话框，如图 11-11 所示；
- Parameter Variable Name：driveline_active；
- Integer Value(实数值)：1；
- Units：length；
- Hide from standard user(是否从标准界面隐藏)：yes；
- 单击 Apply，完成变量._fsae_suspension_rear_axle.phs_driveline_active 的创建；
- Parameter Variable Name：kinematic_flag；
- Integer Value(实数值)：1；
- Units：length；
- Hide from standard user(是否从标准界面隐藏)：yes；
- 单击 OK，完成变量._fsae_suspension_rear_axle.phs_kinematic_flag 的创建。
- 单击 Build > Suspension Parameters > Characteristics Arrary > Set 命令，此设置主要用于设置悬架的转向主销，如图 11-20 所示；
- Steer Axis Caculation：Geometric；
- Suspension Type：Independent，非独立悬架；
- I Part：._fsae_suspension_rear_axle.gel_uca；
- J Part：._fsae_suspension_rear_axle.gel_lca；
- I Coordinate Reference：._fsae_suspension_rear_axle.ground.hpl_uca_outer；
- J Coordinate Reference：._fsae_suspension_rear_axle.ground.hpl_lca_outer；
- 单击 OK，完成悬架参数变量设置。

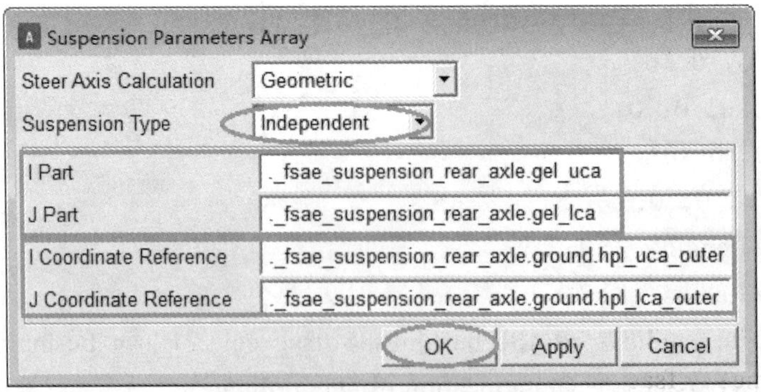

图 11-20 悬架参数变量设置

11.2.17　推杆式悬架通信器建立

- 单击 Build > Communicator > Output >New 命令，弹出输出通信器对话框，如图 11-21 所示；
- Output Communicator Name（输出通信器名称）：driveline_active；
- Matching Name（s）：driveline_active；
- Type：single；
- Entity：parameter integer；
- To Minor Role：inherit；
- Parameter Variable Name：._fsae_suspension_rear_axle.phs_driveline_active；
- 单击 Apply，完成通信器._fsae_suspension_rear_axle.cos_driveline_active 的创建；
- Output Communicator Name（输出通信器名称）：tripot_to_differential；
- Matching Name（s）：tripot_to_differential；
- Type：left；
- Entity：Location；
- To Minor Role：inherit；
- Coordinate Reference Name：._fsae_suspension_rear_axle.ground.hpl_drive_shaft_inr；
- 单击 Apply，完成通信器._fsae_suspension_rear_axle.col_tripot_to_differential 的创建；
- Output Communicator Name（输出通信器名称）：suspension_mount；
- Matching Name（s）：suspension_mount；
- Type：left；
- Entity：mount；
- To Minor Role：inherit；
- Part Name：._fsae_suspension_rear_axle.gel_spindle；
- 单击 Apply，完成通信器._fsae_suspension_rear_axle.col_suspension_mount 的创建；
- Output Communicator Name（输出通信器名称）：wheel_center；
- Matching Name（s）：wheel_center；
- Type：left；
- Entity：Location；
- To Minor Role：inherit；
- Coordinate Reference Name：._fsae_suspension_rear_axle.ground.hpl_wheel_center；
- 单击 Apply，完成通信器._fsae_suspension_rear_axle.col_wheel_center 的创建；
- Output Communicator Name（输出通信器名称）：suspension_upright；
- Matching Name（s）：suspension_upright；
- Type：left；
- Entity：mount；
- To Minor Role：inherit；
- Part　Name：._fsae_suspension_rear_axle.gel_upright；
- 单击 OK，完成通信器._fsae_suspension_rear_axle.col_suspension_upright 的创建。

11.2.18 推杆式悬架通信器测试

- 单击 Build > Communicator > Test 命令，弹出输出通信器测试对话框，如图 21 所示；
- Model Names：._fsae_suspension_rear_axle、.__MDI_SUSPENSION_TESTRIGG；
- Minor Roles：并列两排输入特征 any；也可以并排输入特征 front，在此两个都可以；
- 单击 OK，完成推杆式双叉臂悬架和悬架试验台._fsae_suspension_rear_axle、.__MDI_SUSPENSION_TESTRIGG 的匹配测试；测试结果如下列信息所示。

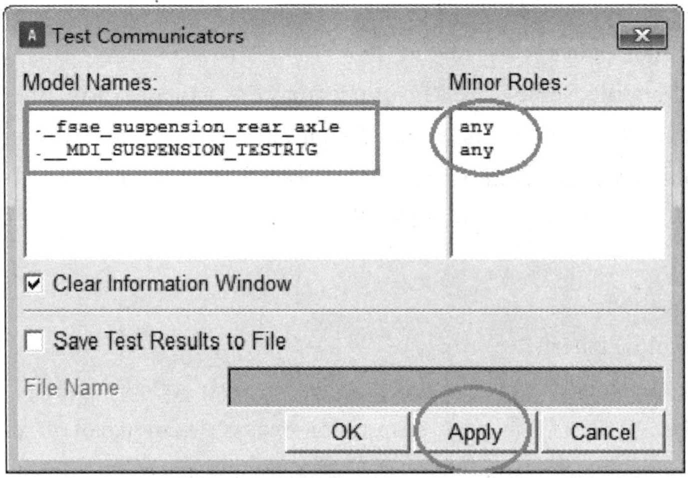

图 11-21　通信器测试对话框设置

通信器匹配信息如下：

!--- -- Matched communicators：--------!　　%以下为匹配的通信器

Communicator Matching Name：tripot_to_differential
Input Communicator Name：ci[lr]_tripot_to_differential
Located in：_fsae_suspension_rear_axle
Output Communicator Name：co[lr]_tripot_to_differential
Output from：__MDI_SUSPENSION_TESTRIG

Communicator Matching Name：camber_angle
Input Communicator Name：ci[lr]_camber_angle
Located in：__MDI_SUSPENSION_TESTRIG
Output Communicator Name：co[lr]_camber_angle
Output from：_fsae_suspension_rear_axle

Communicator Matching Name：toe_angle
Input Communicator Name：ci[lr]_toe_angle
Located in：__MDI_SUSPENSION_TESTRIG
Output Communicator Name：co[lr]_toe_angle
Output from：_fsae_suspension_rear_axle

Communicator Matching Name： wheel_center
Input Communicator Name： ci[lr]_wheel_center
Located in： __MDI_SUSPENSION_TESTRIG
Output Communicator Name： co[lr]_wheel_center
Output from： _fsae_suspension_rear_axle

Communicator Matching Name： suspension_mount
Input Communicator Name： ci[lr]_suspension_mount
Located in： __MDI_SUSPENSION_TESTRIG
Output Communicator Name： co[lr]_suspension_mount
Output from： _fsae_suspension_rear_axle

Communicator Matching Name： driveline_active
Input Communicator Name： cis_driveline_active
Located in： __MDI_SUSPENSION_TESTRIG
Output Communicator Name： cos_driveline_active
Output from： _fsae_suspension_rear_axle

Communicator Matching Name： suspension_parameters_array
Input Communicator Name： cis_suspension_parameters_ARRAY
Located in： __MDI_SUSPENSION_TESTRIG
Output Communicator Name： cos_suspension_parameters_ARRAY
Output from： _fsae_suspension_rear_axle

Communicator Matching Name： tripot_to_differential
Input Communicator Name： ci[lr]_diff_tripot
Located in： __MDI_SUSPENSION_TESTRIG
Output Communicator Name： co[lr]_tripot_to_differential
Output from： _fsae_suspension_rear_axle

Communicator Matching Name： suspension_upright
Input Communicator Name： ci[lr]_suspension_upright
Located in： __MDI_SUSPENSION_TESTRIG
Output Communicator Name： co[lr]_suspension_upright
Output from： _fsae_suspension_rear_axle

!----------Unmatched input communicators： -----------! %以下为不匹配的输入通信器
Input Communicator Name： cis_suspension_to_chassis
Class： mount
From Minor Role： any
Matching Name（s）： suspension_to_chassis
In Template： _fsae_suspension_rear_axle

Input Communicator Name：ci[lr]_tierod_to_steering
Class：mount
From Minor Role：any
Matching Name（s）：tierod_to_steering
In Template：_fsae_suspension_rear_axle

Input Communicator Name：ci[lr]_jack_frame
Class：mount
From Minor Role：any
Matching Name（s）：jack_frame
In Template：__MDI_SUSPENSION_TESTRIG

Input Communicator Name：cis_leaf_adjustment_steps
Class：parameter_integer
From Minor Role：any
Matching Name（s）：leaf_adjustment_steps
In Template：__MDI_SUSPENSION_TESTRIG

Input Communicator Name：cis_powertrain_to_body
Class：mount
From Minor Role：any
Matching Name（s）：powertrain_to_body
In Template：__MDI_SUSPENSION_TESTRIG

Input Communicator Name：cis_steering_rack_joint
Class：joint_for_motion
From Minor Role：any
Matching Name（s）：steering_rack_joint
In Template：__MDI_SUSPENSION_TESTRIG

Input Communicator Name：cis_steering_wheel_joint
Class：joint_for_motion
From Minor Role：any
Matching Name（s）：steering_wheel_joint
In Template：__MDI_SUSPENSION_TESTRIG

!-----------Unmatched output communicators：------------!　%以下为不匹配的输出通信器
Output Communicator Name：cos_leaf_adjustment_multiplier
Class：array
To Minor Role：any
Matching Name（s）：leaf_adjustment_multiplier
In Template：__MDI_SUSPENSION_TESTRIG

Output Communicator Name：cos_characteristics_input_ARRAY
Class：array
To Minor Role：any
Matching Name（s）：characteristics_input_array
In Template：__MDI_SUSPENSION_TESTRIG

11.2.19 驱动轴显示组建

- 在模型树栏，点击 Group 菜单，在模型树栏右击鼠标 New Group，弹出创建组件对话框，如图 11-22 所示；
- Group Name：driveline_active；

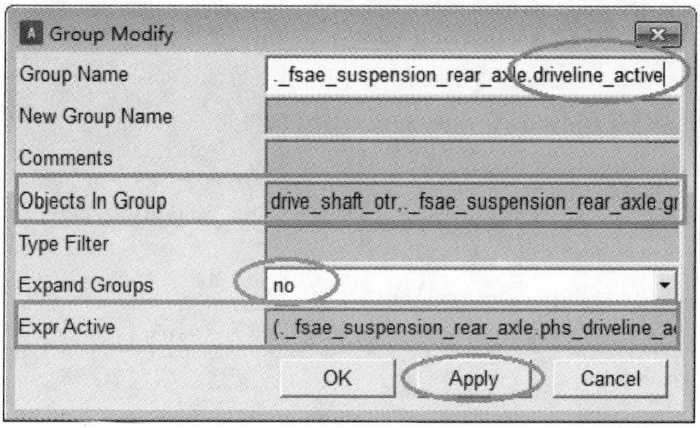

图 11-22　驱动轴显示组件对话框

- Object In Group（显示组件包括的部件、几何体、约束等对象）：顺序输入①～㉕对象如下信息所示。

① ._fsae_suspension_rear_axle.gel_drive_shaft;
② ._fsae_suspension_rear_axle.ger_drive_shaft;
③ ._fsae_suspension_rear_axle.gel_tripot;
④ ._fsae_suspension_rear_axle.ger_tripot;
⑤ ._fsae_suspension_rear_axle.ground.cfl_drive_shaft_otr;
⑥ ._fsae_suspension_rear_axle.ground.cfr_drive_shaft_otr;
⑦ ._fsae_suspension_rear_axle.ground.cfl_drive_shaft_inr;
⑧ ._fsae_suspension_rear_axle.ground.cfr_drive_shaft_inr;
⑨ ._fsae_suspension_rear_axle.mtl_tripot_to_differential;
⑩ ._fsae_suspension_rear_axle.mtr_tripot_to_differential;
⑪ ._fsae_suspension_rear_axle.jolcon_drive_sft_int_jt;
⑫ ._fsae_suspension_rear_axle.jorcon_drive_sft_int_jt;
⑬ ._fsae_suspension_rear_axle.jolcon_drive_sft_otr;
⑭ ._fsae_suspension_rear_axle.jorcon_drive_sft_otr;
⑮ ._fsae_suspension_rear_axle.joltra_tripot_to_differential;

⑯ ._fsae_suspension_rear_axle.jortra_tripot_to_differential;

⑰ ._fsae_suspension_rear_axle.gel_drive_shaft.gralin_drive_shaft;

⑱ ._fsae_suspension_rear_axle.gel_drive_shaft.graell_otr_cv_housing;

⑲ ._fsae_suspension_rear_axle.gel_drive_shaft.graell_tripot_housing;

⑲ ._fsae_suspension_rear_axle.gel_tripot.gracyl_tripot_housing_extention;

⑳ ._fsae_suspension_rear_axle.ger_drive_shaft.gralin_drive_shaft;

㉑ ._fsae_suspension_rear_axle.ger_drive_shaft.graell_otr_cv_housing;

㉒ ._fsae_suspension_rear_axle.ger_drive_shaft.graell_tripot_housing;

㉓ ._fsae_suspension_rear_axle.ger_tripot.gracyl_tripot_housing_extention;

㉔ ._fsae_suspension_rear_axle.mtl_fixed_2;

㉕ ._fsae_suspension_rear_axle.mtr_fixed_2。

- Expr Active：(._fsae_suspension_rear_axle.phs_driveline_active || ._fsae_suspension_rear_axle.model_class == "template" ? 1：0);
- 单击 Apply，完成组件 driveline_active 的创建；
- Group Name：driveline_inactive；
- Expr Active：(! ._fsae_suspension_rear_axle.phs_driveline_active || ._fsae_suspension_rear_axle.model_class == "template" ? 1：0);
- 单击 OK，完成组件 driveline_inactive 的创建。
- 单击 File > Save As 命令，弹出保存模板对话框，如图 11-23 所示；
- Major Role（主特征）：suspension；；
- File Format：Binary；
- Target：Directory
- 单击 Select，选择存储路径为 D:/fsae_MD_2010.cdb/templates.tbl；
- 单击 OK，完成推杆式悬架模型模板._fsae_suspension_rear_axle 的保存。

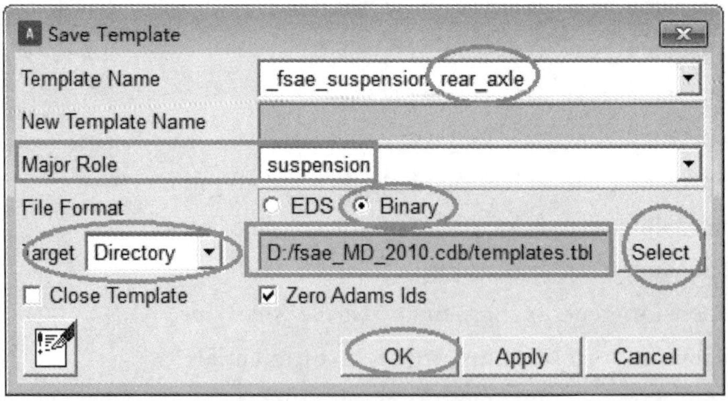

图 11-23　推杆式悬架模型保存

（推杆式悬架子系统）

- 按 F9，把专家模板转换到标准模式，单击 File > New > Suspension 命令，弹出子系统对话框，如图 11-24 所示；
- Subsystem Name（系统名称）：fsae_suspension_rear_axle；

- Minor Role（副特征）：rear（指悬架为后悬架）；
- Template Name（模板路径）：mdids：//FASE/templates.tbl/_fsae_suspension_rear_axle.tpl；
- 单击 OK，完成推杆式悬架子系统 fsae_suspension_rear_axle 的创建。

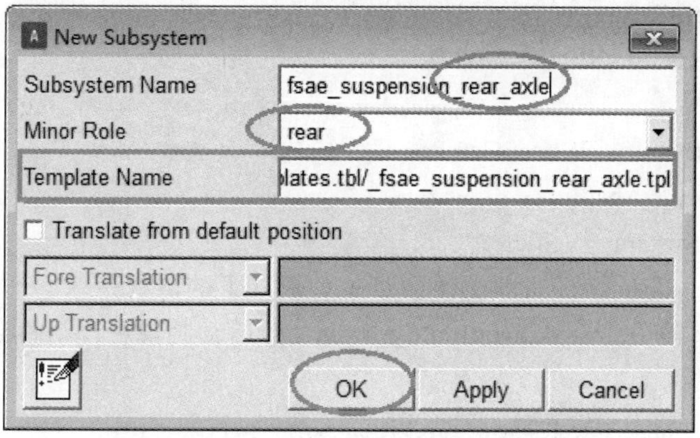

图 11-24　推杆式悬架子系统创建对话框

11.2.20　单轮激振测试验证模型

- 单击 Simulate > Suspension Analysis > Parallel Wheel Travel 命令，弹出双轮同向激振对话框，如图 11-25 所示；

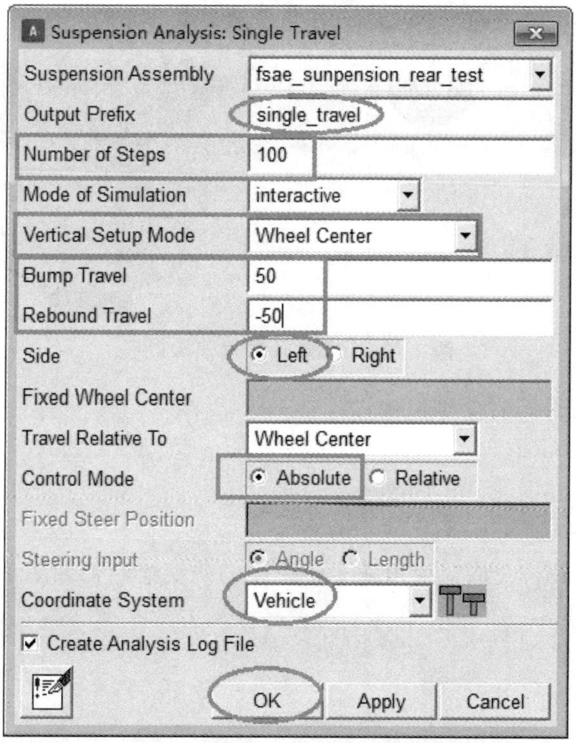

图 11-25　左单轮激振仿真设置

- Output Prefix：single travel；
- Number of Steps（仿真步数）：100；
- Mode of Simulation：interactive；
- Vertical Setup Mode：Wheel Center；
- Bump Travel：50；
- Rebound Travel：-50；
- Side：Left；
- Travel Relative To：Wheel Center；
- Control Mode：Absolute；
- Coordinate System：Vehicle；
- 单击 Apply，完成推杆式双横臂悬架在 C 模式下的仿真；
- 菜单栏单击 Review > Animation Controls，开始动画观看，动画结束后悬架模型变化如图 11-26 所示；

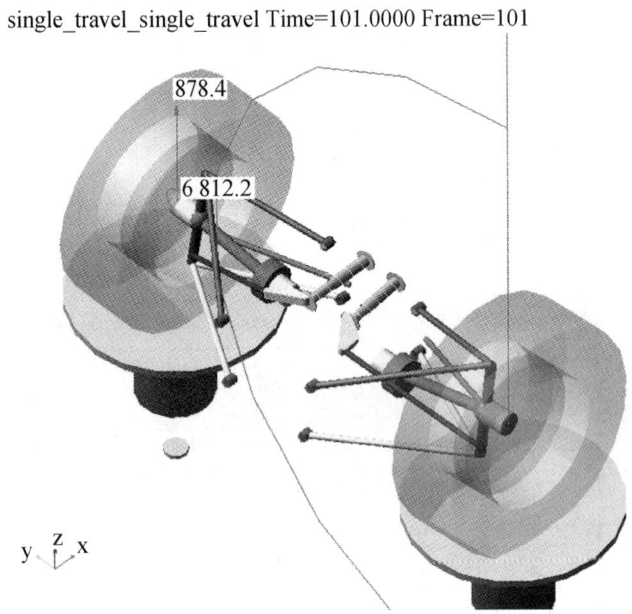

图 11-26　左单轮激振仿真动画

- 按 F8，界面转换到后处理模块；
- Filter：user defined；
- Request：选择左前轮 toe_angle；
- Component：left；
- 单击 Add Curves，完成前束角随车轮跳动的曲线绘制，如图 11-27 所示。

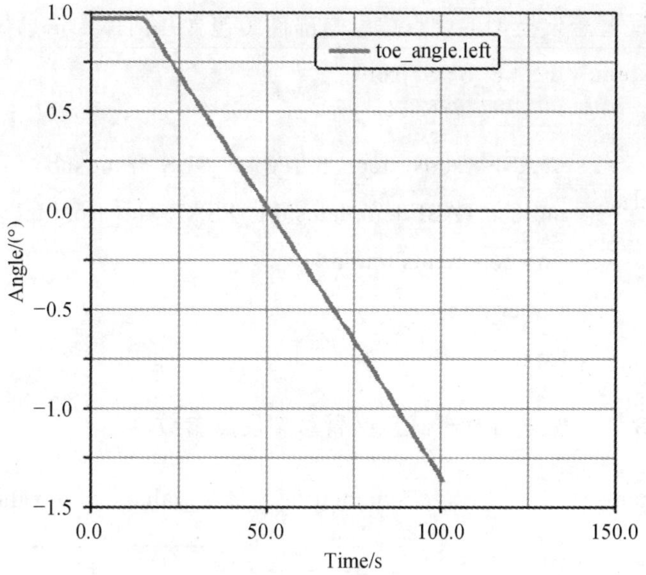

图 11-27 左单轮前束角曲线

11.3 前推力杆双横臂悬挂模型

FSAE 赛车前推力杆式双横臂悬架模型与后推力杆式悬架模型构架完全相似，区别在于前悬架硬点参数不同，前束角与外倾角不同，相对后悬架设置参数较大，以保证转向后 FSAE 整车方向快速回正，同时有利于提升轮胎与地面的侧向接触力，这也是较多赛车改装车轮为“外八字”的原因。

本节不再重复悬架的建模详细过程与步骤，仅提供悬架的硬点参数、部件特性；约束关系、通信器、结构框参数与后推力杆式悬架一样，驱动轴部件不建立；读者可参考上述后推力杆悬架建模过程自行建立，已经建立好的前推力杆式双横臂悬架_FSAE_sus_front.tpl 存放在章节文件夹中，读者请自行查阅。建立好的前推力杆式双横臂悬架模型如图 11-28 所示。

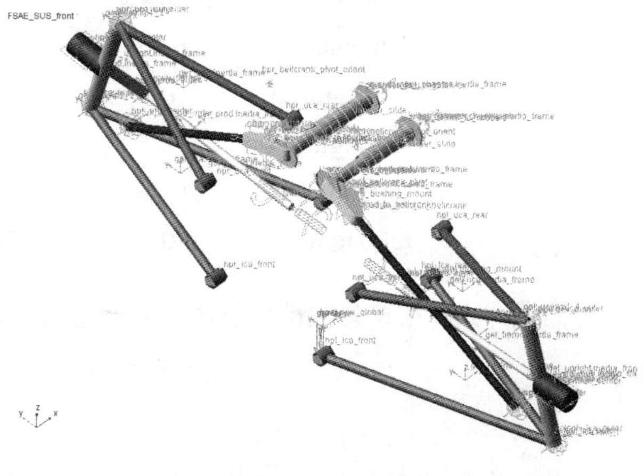

图 11-28 前推力杆式双横臂悬架模型

前推力杆式双横臂悬架模型的硬点信息与部件（包含几何体）信息如下。

Info for subsystem: FSAE_SUS_front

File Name	:	<FASE>/subsystems.tbl/FSAE_SUS_front.sub
Template	:	mdids://FASE/templates.tbl/_FSAE_sus_front.tpl
Comments	:	*no comments found*
Major Role	:	suspension
Minor Role	:	front

HARDPOINTS: %前推理杆式双横臂悬架硬点参数

hardpoint name	symmetry	x_value	y_value	z_value
--------------	--------	-------	-------	-------
hps_global	single	0.0	0.0	0.0
arblink_to_bellcrank	left/right	– 38.1	– 50.8	393.7
arb_bushing_mount	left/right	127.0	– 127.0	101.6
bellcrank_pivot	left/right	– 25.4	– 88.9	381.0
bellcrank_pivot_orient	left/right	– 25.4	– 101.6	508.0
lca_front	left/right	– 127.0	– 127.0	114.3
lca_outer	left/right	0.0	– 546.1	120.65
lca_rear	left/right	127.0	– 127.0	114.3
prod_outer	left/right	0.0	– 457.2	139.7
prod_to_bellcrank	left/right	– 50.8	– 127.0	381.0
shock_to_bellcrank	left/right	– 38.1	– 50.8	393.7
shock_to_chassis	left/right	152.4	– 50.8	381.0
tierod_inner	left/right	50.8	– 127.0	152.4
tierod_outer	left/right	63.5	– 482.6	152.4
uca_front	left/right	– 101.6	– 177.8	279.4
uca_outer	left/right	0.0	– 482.6	355.6
uca_rear	left/right	101.6	– 177.8	279.4
wheel_center	left/right	0.0	– 558.8	241.3

PARTS: %以下前推理杆式双横臂悬架模型包含的部件及几何体信息

bellcrank %部件信息

symmetry	:	left/right
mass	:	0.4303091649

location (dependent) : – 38.1, – 79.375, 387.35

orientation : zp_vector=0.0, 0.0, 1.0 –

: xp_vector=1.0, 0.0, 0.0

cm_location_from_part : – 1.2343961407, – 9.8079289787, – 1.7680743928

Ixx, Iyy, Izz : 267.8253419632 , 66.9012359153 , 287.9369992346

Ixy, Izx, Iyz : 37.4724779474 , – 1.393718599 , 38.6395993086

bellcrank arm geometry ***%几何体部件信息，***

name : bellcrank

symmetry : left/right

thickness : 20.0

damper_bellcrank **%部件信息**

symmetry : left/right

mass : 4.5E – 002

location (dependent) : – 38.1, – 50.8, 393.7

orientation : zp_vector=0.0, 0.0, 1.0

: xp_vector=1.0, 0.0, 0.0

cm_location_from_part : 0.0, 0.0, 0.0

Ixx, Iyy, Izz : 29.3 , 29.3 , 29.3

Ixy, Izx, Iyz : 0.0 , 0.0 , 0.0

damper_chassis **%部件信息**

symmetry : left/right

mass : 4.5E – 002

location (dependent) : 152.4, – 50.8, 381.0

orientation : zp_vector=0.0, 0.0, 1.0

: xp_vector=1.0, 0.0, 0.0

cm_location_from_part : 0.0, 0.0, 0.0

Ixx, Iyy, Izz : 29.3 , 29.3 , 29.3

Ixy, Izx, Iyz : 0.0 , 0.0 , 0.0

hub **%部件信息**

symmetry : left/right

mass : 0.6739351222

location (dependent) : 0.0, – 558.8, 241.3

orientation (dependent): zp_vector= – 1.7385994762E – 002, – 0.9960429728, 8.7155742748E – 002

: xp_vector=0.9998476952, – 1.7452406437E – 002, 0.0

cm_location_from_part : 0.0, 0.0, – 10.0

Ixx, Iyy, Izz : 346.9675330359 , 346.9675330359 , 130.9027075981

Ixy, Izx, Iyz : 0.0 , 0.0 , 0.0

lca **%部件信息**

symmetry : left/right

mass : 1.3340592298

location (dependent) : 0.0, – 266.7, 116.4166666667

orientation : zp_vector=0.0, 0.0, 1.0

: xp_vector=1.0, 0.0, 0.0

cm_location_from_part : 0.0, – 69.85, 1.0583333333

Ixx, Iyy, Izz : 1.9553670638E+004 , 7216.542014375 , 2.6719796284E+004

Ixy, Izx, Iyz : 0.0 , 0.0 , – 295.5717064923

lca link geometry ***%几何体部件信息，***

name : lca_link_front

symmetry : left/right

radius : 8.0

lca link geometry ***%几何体部件信息，***

name : lca_link_rear

symmetry : left/right

radius : 8.0

prod **%部件信息**

symmetry : left/right

mass : 0.4805502724

location (dependent) : – 25.4, – 292.1, 260.35

orientation (dependent) : zp_vector= – 0.1232667103, 0.8012336168, 0.5855168738

: xp_vector=0.978549785, 0.0, 0.206010481

cm_location_from_part : 0.0, 0.0, 0.0

Ixx, Iyy, Izz : 6807.0400103135 , 6807.0400103135 , 11.4341913516

Ixy, Izx, Iyz : 0.0 , 0.0 , 0.0

prod link geometry ***%几何体部件信息，***

name : prod

symmetry : left/right

radius : 7.0

tierod **%部件信息**

symmetry : left/right

mass : 0.4149153199

location (dependent) : 57.15, – 304.8, 152.4

orientation (dependent) : zp_vector=3.5691530512E – 002, – 0.9993628543, 0.0

: xp_vector=0.0, 0.0, – 1.0

cm_location_from_part : 0.0, 0.0, 0.0

Ixx, Iyy, Izz : 4382.7302532781 , 4382.7302532782 , 9.8724762731

Ixy, Izx, Iyz : 0.0 , 0.0 , 0.0

tierod link geometry ***%几何体部件信息，***

name : tierod

symmetry : left/right

radius : 7.0

uca **%部件信息**

symmetry : left/right

mass : 1.0058005756

location (dependent) : 0.0, – 279.4, 304.8

orientation : zp_vector=0.0, 0.0, 1.0

: xp_vector=1.0, 0.0, 0.0

cm_location_from_part : 0.0, – 50.8, 12.7

Ixx, Iyy, Izz : 8290.6130329765 , 3976.4350863299 , 1.1264101215E+004

Ixy, Izx, Iyz : 0.0 , 0.0 , – 1943.377634242

uca link geometry ***%几何体部件信息，***

name : uca_link_front

symmetry : left/right

radius : 8.0

uca link geometry ***%几何体部件信息，***

name : uca_link_rear

symmetry : left/right

radius : 8.0

upright **%部件信息**

symmetry : left/right

mass : 1.2436821378

location (dependent) : 0.0, – 514.35, 238.125

orientation : zp_vector=0.0, 0.0, 1.0

: xp_vector=1.0, 0.0, 0.0

cm_location_from_part : 6.7620572769, 3.3810286384, – 9.1287773238

Ixx, Iyy, Izz : 5500.1977647185 , 5396.8249016704 , 790.6725046413

Ixy, Izx, Iyz : 148.5279875991 , – 401.0255665176 , 1006.2971411943

upright link geometry ***%几何体部件信息，***

name : upright

symmetry : left/right

radius : 13.0

upright link geometry ***%几何体部件信息，***

name : upright_tierod_arm

symmetry : left/right

radius : 10.0

PARAMETERS: **%参数变量信息**

parameter name	symmetry	type	value
--------------	--------	----	-----
kinematic_flag	single	integer	0
camber_angle	left/right	real	– 5.0
toe_angle	left/right	real	1.0

前推力杆式双横臂悬架模型建立完成后，转换到标准界面，建立子系统为 FSAE_SUS_front.sub，特征设置为 Front，表明建立好的悬架子系统模型为前悬架，建立好的悬架系统存储于章节文件夹中。

11.4 中置转向系统

FSAE 赛车转向系统为中置转向，此模型与“右舵转向系统”架构相似。本节同样提供 FSAE 转向系统的硬点、部件、参数信息，请读者自行参考“右舵转向系统”，完成 FSAE 赛车转向系统模型的建立，或者直接在右舵转向系统模型中修改硬点及几何尺寸完成模型建立。在建模过程中，部件之间的约束与共享数据库中的约束稍有不同，部件之间的约束可以有多种方式，建模过程中没有考虑主动转向特性，因为转向系统中的主动转向特性文件可塑性比较差，推荐采用只建立转向多体模型，主动控制可以通过 ADAMS\CONTROL 模块外接控制算法建立联合仿真模型，可以模拟各种工况下转向系统的特性。建立好的 FSAE 赛车转向系统如图 11-29 所示，存放在章节文件夹中，请读者自行查阅。

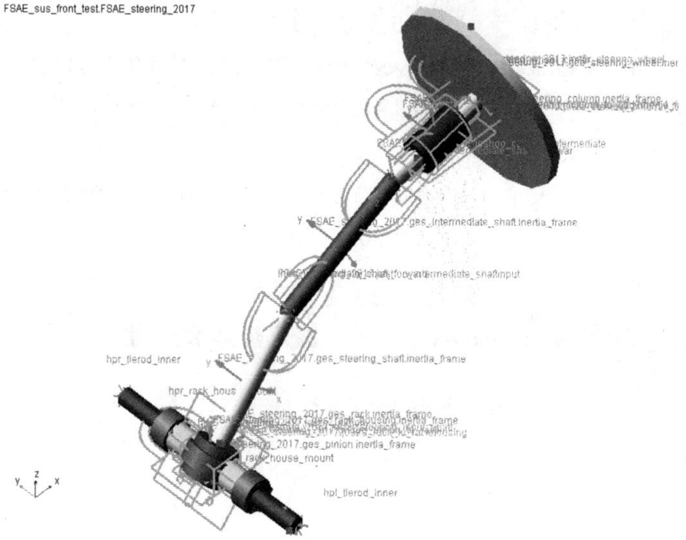

图 11-29　FSAE 中置转系系统模型

FSAE 中置转向模型中硬点、部件、几何体、变量参数具体信息如下：

Info for subsystem:　FSAE_steering_2017

File Name	:	<FASE>/subsystcms.tbl/FSAE_steering_2017.sub
Template	:	mdids://FASE/templates.tbl/_FSAE_steering_mid.tpl
Comments	:	*no comments found*
Major Role	:	steering
Minor Role	:	front

HARDPOINTS: *%硬点信息，*

hardpoint name	symmetry	x_value	y_value	z_value
--------------	--------	-------	-------	-------
intermediate_shaft_forward	single	164.3	0.0	279.4
intermediate_shaft_rearwar	single	316.7	0.0	355.6
pinion_pivot	single	50.8	0.0	152.4
steering_wheel_center	single	443.7	0.0	381.0
rack_house_mount	left/right	50.8	– 60.0	152.4
tierod_inner	left/right	50.8	– 127.0	152.4

PARTS:

intermediate_shaft **%部件信息**

symmetry : single
mass : 0.4054756837
location (dependent) : 240.5, 0.0, 317.5
orientation (dependent) : zp_vector=0.894427191, 0.0, 0.4472135955
: xp_vector=0.4472135955, 0.0, – 0.894427191
cm_location_from_part : 0.0, 0.0, 0.0
Ixx, Iyy, Izz : 990.8323605963 , 990.8323605963 , 19.6895306058
Ixy, Izx, Iyz : 0.0 , 0.0 , 0.0

intermediate_shaft link geometry ***%几何体部件信息，***

name : intermediate_shaft
symmetry : single
radius : 10.0

pinion **%部件信息**

symmetry : single
mass : 0.5949286036
location (dependent) : 50.8, 0.0, 152.4
orientation (dependent) : zp_vector=0.6663657097, 0.0, 0.7456250673
: xp_vector=0.7456250673, 0.0, – 0.6663657097
cm_location_from_part : 0.0, 0.0, 0.0
Ixx, Iyy, Izz : 169.6025393729 , 169.6025393729 , 180.5574511141
Ixy, Izx, Iyz : 0.0 , 0.0 , 0.0

rack **%部件信息**

symmetry : single
mass : 2.0227572523
location (dependent) : 50.8, 0.0, 152.4
orientation (dependent) : zp_vector=0.0, − 1.0, 0.0
: xp_vector=1.0, 0.0, 0.0
cm_location_from_part : 0.0, 0.0, 0.0
Ixx, Iyy, Izz : 1.2183595453E+005, 1.2183595453E+005, 98.2232534061
Ixy, Izx, Iyz : 0.0 , 5.3065426719E − 011 , − 3.2847982369E − 011

rack link geometry ***%几何体部件信息，***

name : rack
symmetry : single
radius : 10.0

rack_housing **%部件信息**

symmetry : single
mass : 0.6425228919
location (dependent) : 50.8, 0.0, 152.4
orientation (dependent) : zp_vector=0.0, − 1.0, 0.0
: xp_vector=1.0, 0.0, 0.0
cm_location_from_part : 0.0, 0.0, 0.0
Ixx, Iyy, Izz : 806.1278387867 , 806.1278387867 , 70.2007369932
Ixy, Izx, Iyz : 0.0 , 0.0 , 0.0

rack_housing link geometry ***%几何体部件信息，***

name : rack_housing
symmetry : single
radius : 15.0

steering_column **%部件信息**

symmetry : single
mass : 0.30820894
location (dependent) : 380.2, 0.0, 368.3
orientation (dependent) : zp_vector= − 0.9805806757, 0.0, − 0.1961161351
: xp_vector= − 0.1961161351, 0.0, 0.9805806757
cm_location_from_part : 0.0, 0.0, 0.0

Ixx, Iyy, Izz : 438.3120123909 , 438.3120123909 , 14.9663459523
Ixy, Izx, Iyz : 0.0 , 0.0 , 0.0

steering_column link geometry ***%几何体部件信息,***

name : steering_column
symmetry : single
radius : 10.0

steering_column_to_body **%部件信息**

symmetry : single
mass : 0.5711314595
location (dependent) : 380.2, 0.0, 368.3
orientation (dependent) : zp_vector= – 0.9805806757, 0.0, – 0.1961161351
: xp_vector= – 0.1961161351, 0.0, 0.9805806757
cm_location_from_part : 0.0, 0.0, 0.0
Ixx, Iyy, Izz : 226.8066868245 , 226.8066868245 , 110.9344979645
Ixy, Izx, Iyz : 0.0 , 0.0 , 0.0

steering_shaft **%部件信息**

symmetry : single
mass : 0.4053293591
location (dependent) : 107.55, 0.0, 215.9
orientation (dependent) : zp_vector=0.6663657097, 0.0, 0.7456250673
: xp_vector=0.7456250673, 0.0, – 0.6663657097
cm_location_from_part : 0.0, 0.0, 0.0
Ixx, Iyy, Izz : 989.7671600378 , 989.7671600378 , 19.6824252175
Ixy, Izx, Iyz : 0.0 , 0.0 , 0.0

steering_shaft link geometry ***%几何体部件信息,***

name : steering_shaft
symmetry : single
radius : 10.0

steering_wheel **%部件信息**

symmetry : single
mass : 3.6569071407
location (dependent) : 443.7, 0.0, 381.0
orientation (dependent) : zp_vector= – 0.9805806757, 0.0, – 0.1961161351

```
                              :   xp_vector= – 0.1961161351, 0.0, 0.9805806757
    cm_location_from_part    :   0.0, 0.0, 0.0
    Ixx, Iyy, Izz       :   1.0792505112E+004 , 1.0792505112E+004 , 2.1486706464E+004
    Ixy, Izx, Iyz                :   0.0 , 0.0 , 0.0
SWITCH PARTS:            %转换部件信息

  rack_house_mount

    symmetry          :   single
    switched to     :   rack_to_body (mount part)
    part list       :   rack_to_body (mount part)
                          :   rack_housing_to_suspension_subframe (mount part)
PARAMETERS:             %参数变量信息

   parameter name                         symmetry        type         value
   --------------                         --------        ----         -----
   kinematic_flag                         single          integer      0
   steering_assist_active                 single          integer      1
   max_rack_displacement                  single          real         0.0
   max_rack_force                         single          real         500.0
   max_steering_angle                     single          real         540.0
   max_steering_torque                    single          real         500.0
```

前推力杆式悬架与 FSAE 中置转向系统通信器匹配信息如下，匹配信息中也包含 FSAE 中置转向系统中需要建立的输入输出通信器：

!-------------------------- Matched communicators：--------------------------!

Communicator Matching Name：tierod_to_steering

Input Communicator Name：ci[lr]_tierod_to_steering

Located in：_FSAE_sus_front

Output Communicator Name：co[lr]_tierod_to_steering

Output from：_FSAE_steering_mid

!---------------------- Unmatched input communicators：----------------------!

Input Communicator Name：cis_rack_to_body

Class：mount

From Minor Role：front

Matching Name（s）：rack_to_body

In Template：_FSAE_steering_mid

Input Communicator Name： cis_rack_housing_to_suspension_subframe
Class： mount
From Minor Role： front
Matching Name（s）： rack_housing_to_suspension_subframe
In Template： _FSAE_steering_mid

Input Communicator Name： cis_steering_column_to_body
Class： mount
From Minor Role： front
Matching Name（s）： steering_column_to_body
In Template： _FSAE_steering_mid

Input Communicator Name： cis_suspension_to_chassis
Class： mount
From Minor Role： front
Matching Name（s）： suspension_to_chassis
In Template： _FSAE_sus_front

!--------------------- Unmatched output communicators： ----------------------!
Output Communicator Name： cos_steering_wheel_joint
Class： joint_for_motion
To Minor Role： front
Matching Name（s）： steering_wheel_joint
In Template： _FSAE_steering_mid

Output Communicator Name： cos_steering_rack_joint
Class： joint_for_motion
To Minor Role： front
Matching Name（s）： steering_rack_joint
In Template： _FSAE_steering_mid

Output Communicator Name： cos_max_steering_angle
Class： parameter_real
To Minor Role： front
Matching Name（s）： max_steering_angle
In Template： _FSAE_steering_mid

Output Communicator Name： cos_max_rack_displacement
Class： parameter_real

To Minor Role：front
Matching Name（s）：max_rack_displacement
In Template：_FSAE_steering_mid

Output Communicator Name：cos_max_rack_force
Class：parameter_real
To Minor Role：front
Matching Name（s）：max_rack_force
In Template：_FSAE_steering_mid

Output Communicator Name：cos_max_steering_torque
Class：parameter_real
To Minor Role：front
Matching Name（s）：max_steering_torque
In Template：_FSAE_steering_mid

Output Communicator Name：co[lr]_toe_angle
Class：parameter_real
To Minor Role：front
Matching Name（s）：toe_angle
In Template：_FSAE_sus_front

Output Communicator Name：co[lr]_camber_angle
Class：parameter_real
To Minor Role：front
Matching Name（s）：camber_angle
In Template：_FSAE_sus_front

Output Communicator Name：cos_suspension_parameters_ARRAY
Class：array
To Minor Role：front
Matching Name（s）：suspension_parameters_array
In Template：_FSAE_sus_front

Output Communicator Name：co[lr]_wheel_center
Class：location
To Minor Role：front
Matching Name（s）：wheel_center
In Template：_FSAE_sus_front

Output Communicator Name：co[lr]_suspension_upright
Class：mount
To Minor Role：front
Matching Name（s）：suspension_upright
In Template：_FSAE_sus_front

Output Communicator Name：co[lr]_suspension_mount
Class：mount
To Minor Role：front
Matching Name（s）：suspension_mount
In Template：_FSAE_sus_front

（1）悬架及转向系统装配。

- 单击 File > New > Suspension　Amssembly 命令，弹出悬架装配对话框，如图 11-30 所示；
- Assembly Name（系统名称）：FSAE_sus_front_test；

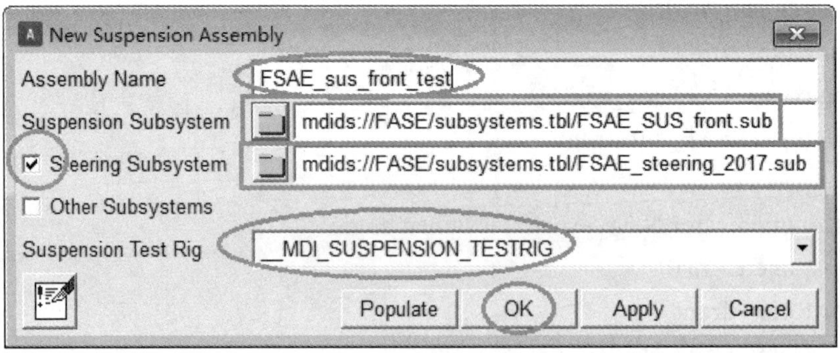

图 11-30　悬架及转向系统装配对话框

- Suspension Subsystem（悬架子系统）：mdids：//FASE/subsystems.tbl/FSAE_SUS_front.sub；
- 勾选 Steering Subsystem；
- Steering Subsystem（转向子系统）：mdids：//FASE/subsystems.tbl/FSAE_steering_2017.sub；
- Suspension Test Rig：MDI_SUSPENSION_TESTRIG（悬架试验台）；
- 单击 OK，完成前推杆式双横臂悬架、FSAE 中置转向系统、试验台架的装配创建，装配好的系统如图 11-31 所示。

装配过程中不匹配的通信器自动连接到大地，并不影响仿真的正常进行，装配信息如下。
Creating the suspension assembly：'FSAE_sus_front_test'...
Opening the front suspension subsystem：'FSAE_SUS_front'...
Opening the front steering subsystem：'FSAE_steering_2017'...
Assembling subsystems...

Assigning communicators...
WARNING: The following input communicators were not assigned during assembly:

testrig.cil_jack_frame (attached to ground)

testrig.cir_jack_frame (attached to ground)

testrig.cis_driveline_active

testrig.cis_leaf_adjustment_steps

testrig.cis_powertrain_to_body (attached to ground)

testrig.cil_diff_tripot

testrig.cir_diff_tripot

FSAE_SUS_front.cis_suspension_to_chassis (attached to ground)

FSAE_steering_2017.cis_rack_to_body (attached to ground)

FSAE_steering_2017.cis_rack_housing_to_suspension_subframe (attached to ground)

FSAE_steering_2017.cis_steering_column_to_body (attached to ground)

Assignment of communicators completed.

Assembly of subsystems completed.

Suspension assembly ready.

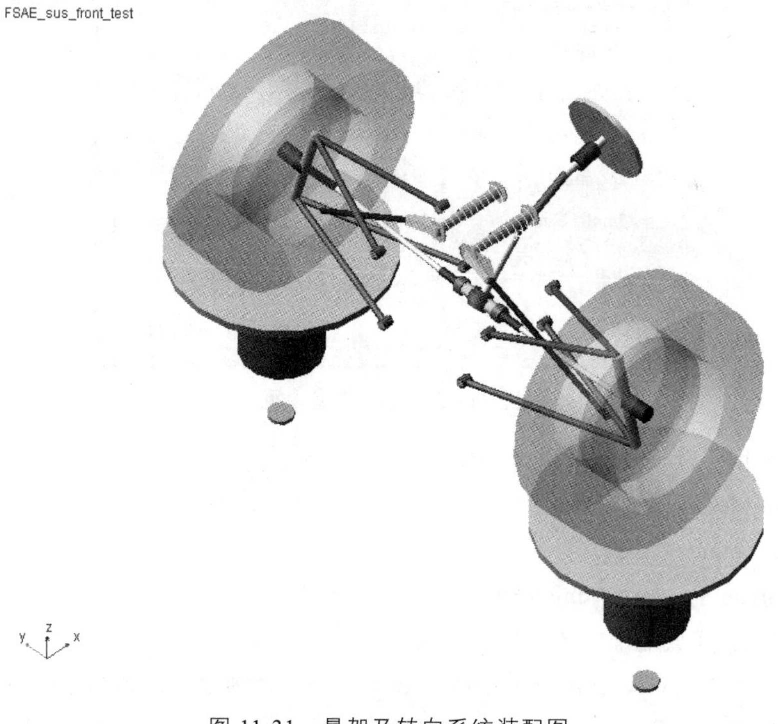

图 11-31　悬架及转向系统装配图

（2）转向仿真。

转向仿真需要悬架系统与转向系统同时存在，可以同时检验子系统的正确性及装配体的准确性；转向仿真可以检测四轮定位参数、阿克曼误差等。

- 单击 Simulate > Suspension Analysis > Steering 命令，弹出转向仿真对话框，如图 11-32 所示；
- Output Prefix：FSAE_Steering；
- Number of Steps（仿真步数）：100；
- Mode of Simulation：interactive；
- Vertical Setup Mode：Wheel Center；
- Upper Steering Limit：180；
- Lower Steering Limit：－180；
- Left Wheel Fixed Height：50；

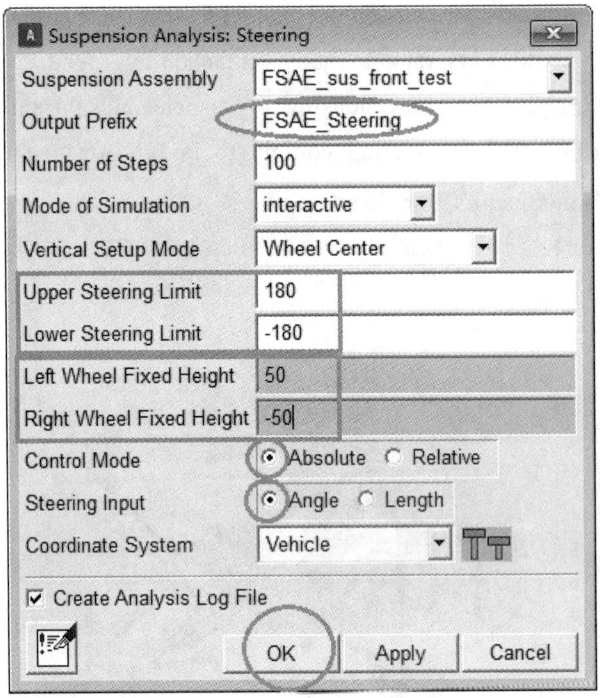

图 11-32　转向仿真设置

- Right Wheel Fixed Height：－50；
- Control Mode：Absolute；
- Steering Input：Angle；
- Coordinate System：Vehicle；
- 单击 OK，完成前推杆式双横臂悬架转向仿真。
- 菜单栏单击 Review > Animation Controls，开始动画观看，动画结束后悬架模型变化如图 11-33、图 11-34 所示；

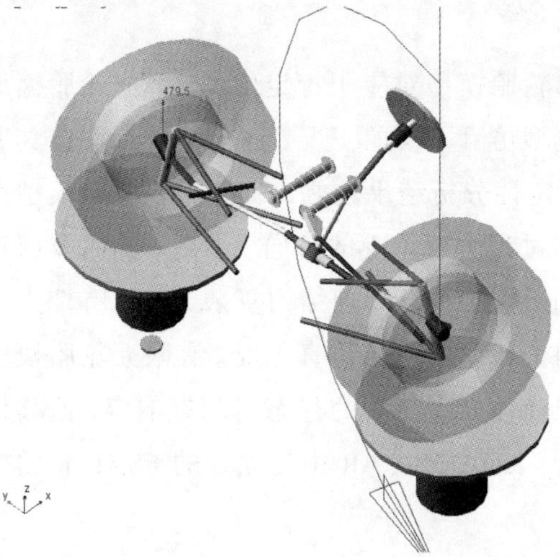

图 11-33　转向左方向 180°

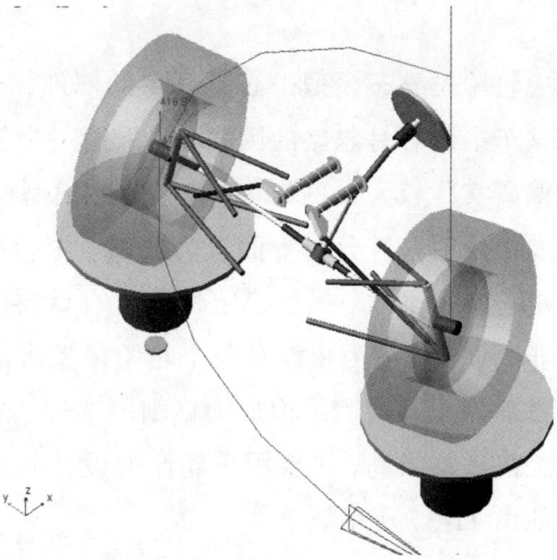

图 11-34　转向右方向 180°

- 按 F8，界面转换到后处理模块；
- Filter：user defined；
- Request：选择左前轮 toe_angle；
- Component：left/right 同时选择；
- 单击 Add Curves，完成前束角随车轮跳动的曲线绘制如图 11-35 所示。
- Request：选择左前轮 ackerman_error；
- Component：left/right 同时选择；
- 单击 Add Curves，完成阿克曼误差随车轮跳动的曲线绘制如图 11-36 所示。

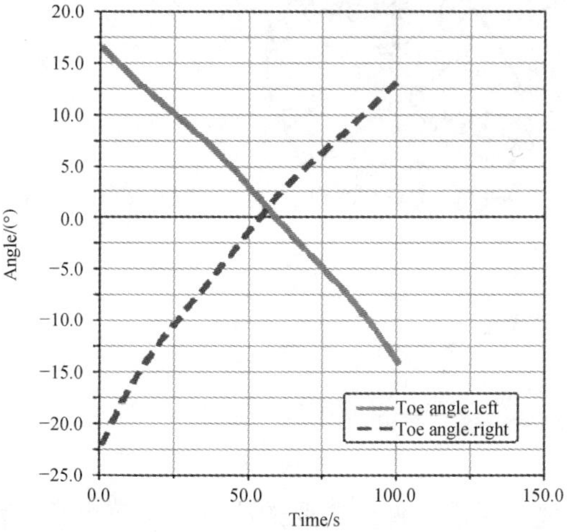

图 11-35　左右轮前束角变化曲线

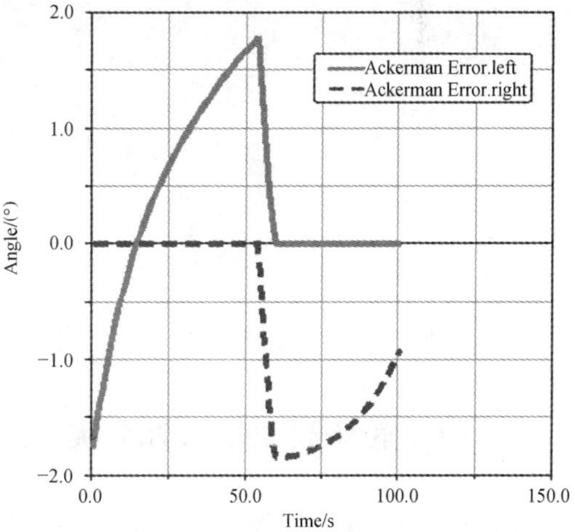

图 11-36　左右阿克曼误差曲线

11.5 FSAE 轮胎模型

轮胎是整车模型中必不可少的部件，不同的轮胎模型对应于特定仿真工况。轮胎模型是整车中最容易忽略的因素，即采用一个轮胎模型仿真不同的工况，这会导致有些仿真工况偏离实际较大，例如 SWIFT 轮胎模型操纵稳定性分析结果较好，而 FTire 轮胎模型在平顺性及耐久性分析方面较为准确。轮胎在工作过程中所承受的垂向、纵向、侧向及回正力矩对整车平顺、操纵稳定性分析有重要的作用。轮胎本身物理结构复杂，力学特性为高度非线性，目前为止没有一个轮胎模型可以适用于整车所有的仿真工况。有限元轮胎模型是目前为止对轮胎结构最为详细的描述，能够准确计算出轮胎的稳态与动态响应，但其计算经济成本太高，主要用于轮胎的设计制造分析。ADAMS/CAR 中建立好的 FSAE 轮胎模型如图 11-37 所示。

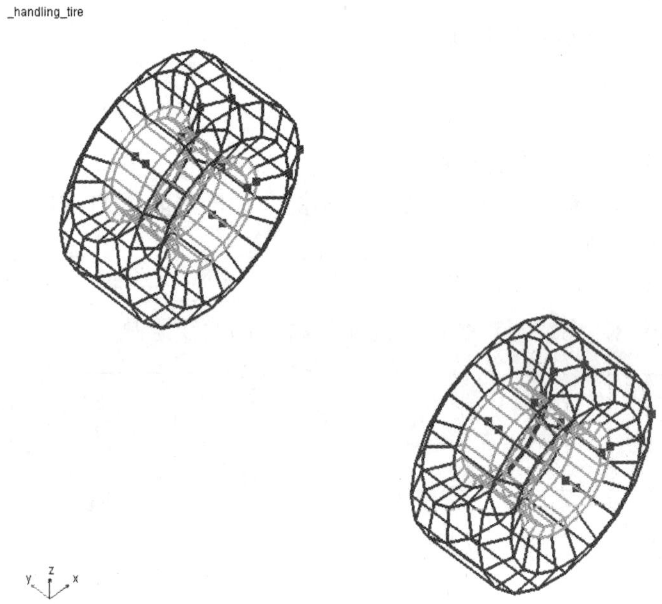

图 11-37　轮胎模型

11.5.1 轮胎模型适用性分类

ADAMS/CAR 共性数据库中包含 55 个轮胎模型属性文件，需要的注意的是每个轮胎都有特定的实用性范围，不能乱用，否则会导致错误的分析结果。如表 11-1 所示为每种轮胎的正确使用领域；如表 11-2 所示为不同的轮胎模型使用的最佳状况。

表 11-1　轮胎使用领域查询表

Tire model		transient	gyroscopic effect	scaling factors	combined slip	camber effects	co-ordinate system	max valid frequency (Hz)	tyre enveloping effects
ADAMS/Handling Tire	PAC2002	Y	Y	Y	Y	Y	ISO	8	N
	PAC89	N	N	limited	ellips	limited	SAE/ISO	0.5	N
	PAC94	N	N	limited	ellips	Y	SAE	0.5	N
	FLALA	N	N	N	N	N	SAE	0.5	N
	5.2.1	N	N	N	ellips	Y	SAE	0.5	N
	UA Tire	Y	Y	N	ellips	Y	SAE	8	N
Speclfic Models	PAC_MC	Y	Y	Y	Y	Y	ISO	8	N
	SWIFT-Tire	Y	Y	Y	Y	Y	ISO	60	Y
	Ftire	Y	Y	N	Y	Y	ISO	120	Y

表 11-2　轮胎模型使用的最佳状况查询表

Simulation event	ADAMS/Handling Tire						Speclfic Models		
	PAC2002	PAC89	PAC94	FIALA	5.2.1	UA Tire	PAC_MC	SWIFT-Tire	FTire
standstill	○	–	–	–	–	–	○	○	○
steady-state cornering	+	○	+	○	○	○	+	+	○
cornering over bumpy road	○	–	–	–	–	○	○	+	○
lane change	+	○	○	○	○	○	+	+	○
ABS braking	○	–	–	–	–	–	○	○	+
braking/poweer-off in a turn	+	○	○	○	○	○	+	+	○
same on bumpy road	○	–	–	–	–	–	○	+	+
shimmy	○	–	–	–	–	○	○	+	+
ride/comfort	–	–	–	–	–	–	–	+	+
chassis control system > 8 Hz	–	–	–	–	–	–	–	+	+
chassis control wiht ride	–	–	–	–	–	–	–	+	+
durability	–	–	–	–	○	○	–	○	○
–：not possible，not realistic；○：possible；+：best									

11.5.2　FSAE 轮胎属性文件

FSAE 赛车轮胎采用 260 干胎品牌，型号、规格分别为 hossier 43120，19.5 × 7.5 - 10；无载荷车轮半径：247.65 mm；轮胎断面宽度：190.5 mm；扁平率：63.3%。

打开 D：\fsae_MD_2010.cdb\tires.tbl 文件夹中的轮胎属性文件 mdi_tire01.tir 如下列信息

所示，（无载荷车轮半径：247.65 mm；轮胎断面宽度：190.5 mm；扁平率：63.3%）参数在 DIMENSION 数据块中进行更改，更改完成后另存为轮胎属性文件：fsae_tire_front.tir 及 fsae_tire_rear.tir。

```
轮胎属性文件信息如下：
$---------------------------------------------------MDI_HEADER
[MDI_HEADER]
 FILE_TYPE        =   'tir'
 FILE_VERSION   =   2.0
 FILE_FORMAT     =   'ASCII'
(COMMENTS)
{comment_string}
'Tire          -  ××××××'
'Pressure    -  ××××××'
'Test Date -  ××××××'
'Test tire'
'New File Format v2.1'
$---------------------------------------------------UNITS
[UNITS]
 LENGTH                    = 'mm'
 FORCE                     = 'newton'
 ANGLE                     = 'radians'
 MASS                      = 'kg'
 TIME                      = 'sec'
$---------------------------------------------------MODEL
[MODEL]
! use mode      1   2    3    4        11     12     13       14
! -----------------------------------------------
! smoothing              ×    ×                  ×    ×
! combined          ×          ×          ×            ×
! transient                           ×      ×      ×         ×
 PROPERTY_FILE_FORMAT       = 'PAC89'
 USE_MODE                          = 12.0
$---------------------------------------------------DIMENSION
[DIMENSION]
 UNLOADED_RADIUS            = 247.65
 WIDTH                       = 190.5
```

ASPECT_RATIO = 0.633

```
$---------------------------------------------------PARAMETER
[PARAMETER]
 VERTICAL_STIFFNESS        = 150
 VERTICAL_DAMPING          = 9.0
 LATERAL_STIFFNESS         = 190.0
 ROLLING_RESISTANCE        = 0.01
$---------------------------------------------------shape
[SHAPE]
{radial width}
 1.0     0.0
 1.0     0.2
 1.0     0.4
 1.0     0.5
 1.0     0.6
 1.0     0.7
 1.0     0.8
 1.0     0.85
 1.0     0.9
 0.9     1.0
$---------------------------------------------LATERAL_COEFFICIENTS
[LATERAL_COEFFICIENTS]
 a0  =  2.0
 a1  =  – 34.0
 a2  =  1250.00
 a3  =  3036.00
 a4  =  12.80
 a5  =  0.00501
 a6  =  – 0.02103
 a7  =  0.77394
 a8  =  0.0022890
 a9  =  0.013442
 a10 =  0.003709
 a11 =  19.1656
 a12 =  1.21356
 a13 =  6.26206
```

```
$---------------------------------------------longitudinal
[LONGITUDINAL_COEFFICIENTS]
 b0   =  2.3
 b1   =  - 10
 b2   =  1400
 b3   =  0
 b4   =  175
 b5   =  0.1
 b6   =  0.005
 b7   =  - 0.1
 b8   =  1
 b9   =  0
 b10 =  0
$---------------------------------------------aligning
[ALIGNING_COEFFICIENTS]
 c0   =  2.34000
 c1   =  1.4950
 c2   =  6.416654
 c3   = - 3.57403
 c4   = - 0.087737
 c5   =  0.098410
 c6   =  0.0027699
 c7   = - 0.0001151
 c8   =  0.1000
 c9   = - 1.33329
 c10 =  0.025501
 c11 = - 0.02357
 c12 =  0.03027
 c13 = - 0.0647
 c14 =  0.0211329
 c15 =  0.89469
 c16 = - 0.099443
 c17 =  0.0
```

- 转换到专家模板，单击单击 File > Open 命令，弹出模板打开对话框，如图 11-38 所示。
- Template Name：mdids：//FASE/templates.tbl/_handling_tire.tpl；

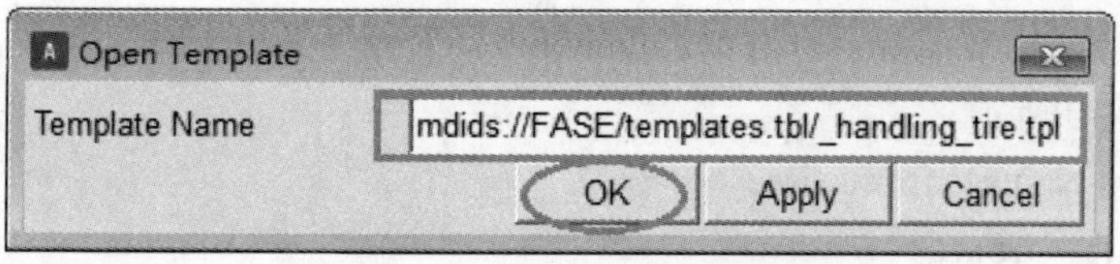

图 11-38　轮胎模板打开对话框

- 单击 OK，轮胎._handling_tire 在窗口中显示。
- 选择轮胎（左右轮胎均可）右击 Wheel：whr_wheel > Modify，弹出轮胎修改对话框，如图 11-39 所示；
- Property File：mdids：//FASE/tires.tbl/fsae_tire_front.tir，输入上述修改好的轮胎属性文件 fsae_tire_front.tir 或者 fsae_tire_rear.tir 均可，其余参数均保持默认设置；
- 单击 OK，完成轮胎._handling_tire.whr_wheel 的修改，此时轮胎在窗口的中尺寸发生变化。
- 单击 File > Save as 命令，弹出 Save Template，保持默认，单击 OK，完成轮胎._handling_tire.whr_wheel 存储。

（轮胎前后子系统）

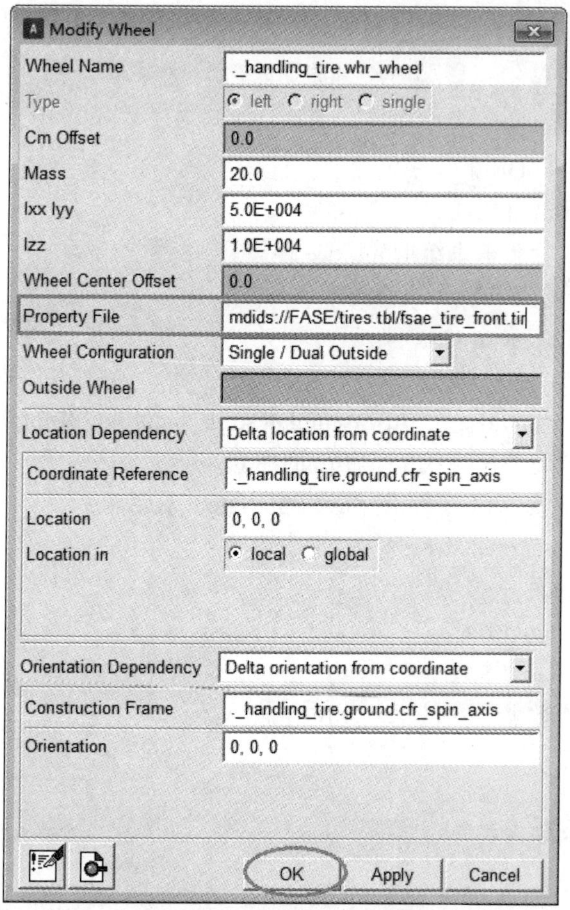

图 11-39　轮胎修改对话框

- 按 F9 切换到标准模板，单击单击单击 File > New > Subsystem 命令，弹出新建子系统对话框，如图 11-40 所示；
- Subsystem Name：front_tire；
- Minor Role：front；
- Template Name：mdids：//FASE/templates.tbl/_handling_tire.tpl；
- 单击 OK，完成轮胎子系统 front_tire 的建立。
- 单击 File > Save as 命令，弹出 Save Subsystem 对话框；
- Subsystem Name：front_tire；

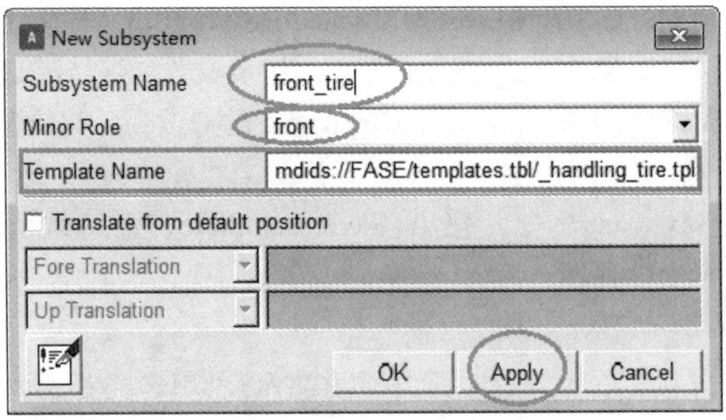

图 11-40　轮胎子系统创建对话框

- Minor Role：front；
- File Format：TeimOrbit；
- Target：Database，FSAE；
- 单击 OK，完成轮胎子系统 front_tire 存储。
- 单击 File > New > Subsystem 命令；
- Subsystem Name：rear_tire；
- Minor Role：rear；
- Template Name：mdids：//FASE/templates.tbl/_handling_tire.tpl；
- 单击 OK，完成轮胎子系统 rear_tire 的建立。
- 单击 File > Save as 命令，弹出 Save Subsystem 对话框；
- Subsystem Name：rear_tire；
- Minor Role：rear；
- File Format：TeimOrbit；
- Target：Database，FSAE；
- 单击 OK，完成轮胎子系统 rear_tire 存储。

11.6　车身系统

车身为整车的承载部分，同时与各个子系统之间存在着装配关系及数据交换。ADAMS 车身模型较为简单，主要是一些变量参数的设置及输出通信器，输出通信器的主要作用是与其他子系统之间建立虚拟意义上的装配，建立好的简化车身模型如图 11-41 所示。车身建模过程如下，软件界面切换到专家模式界面。

- 单击 File > New 命令，弹出新建模板对话框；
- Template Name：fsae_chassis；
- Major Role：body；
- 单击 OK，完成车身模板创建创建。

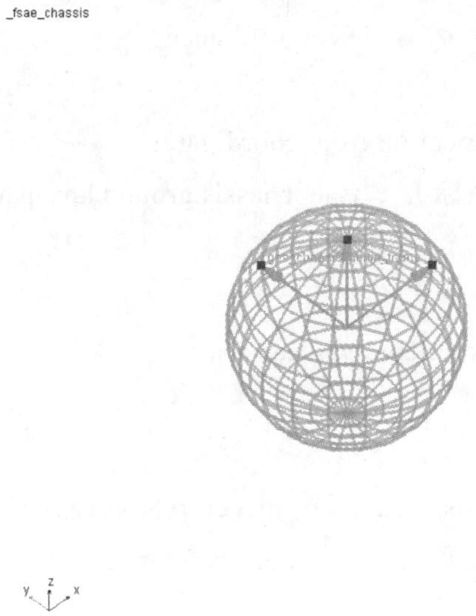

图 11-41　车身简化刚体模型

（1）车身硬点参数。

- 单击 Build > Hardpoint > New 命令，弹出创建硬点对话框；
- Hardpoint Name：path_reference；
- Type：single；
- Location：0.0，0.0，0.0；
- 单击 Apply，完成 path_reference 硬点的创建；
- Hardpoind Name：ground_height_reference；
- Type：single；
- Location：0.0，0.0，0.0；
- 单击 Apply，完成 ground_height_reference 硬点的创建。

（2）结构框参数。

- 单击 Build > Construction Frame > New 命令；
- Construction Frame（结构框名称）：path_reference；
- Type：single；
- Location Dependency：Delta location from coordinate；
- Coordinate Reference（参考坐标）：._fsae_chassis.ground.hps_path_reference；

- Location：0，0，0；
- Location in：local；
- Orientation Dependency：User entered values；
- Orient using：Euler Angles；
- Euler Angles：0，0，0；
- 单击 Apply，完成._fsae_chassis.ground.cfs_path_reference 结构框的创建；
- Construction Frame（结构框名称）：driver_reference；
- Type：single；
- Location Dependency：Delta location from coordinate；
- Coordinate Reference（参考坐标）：._fsae_chassis.ground.hps_path_reference；
- Location：0，0，0；
- Location in：local；
- Orientation Dependency：User entered values；
- Orient using：Euler Angles；
- Euler Angles：180，0，0；
- 单击 Apply，完成._fsae_chassis.ground.cfs_driver_reference 结构框的创建；
- Construction Frame（结构框名称）：aero_force_reference；
- Type：single；
- Location Dependency：Delta location from coordinate；
- Coordinate Reference（参考坐标）：._fsae_chassis.ground.hps_ground_height_reference；
- Location：0，0，0；
- Location in：local；
- Orientation Dependency：User entered values；
- Orient using：Euler Angles；
- Euler Angles：90，90，180；
- 单击 OK，完成._fsae_chassis.ground.cfs_aero_force_reference 结构框的创建。

（3）车身部件与几何体。

- 单击 Build > Part > General Part > New 命令，弹出创建部件对话框；
- General Part 输入 chassis；
- Location Dependency：User-entered lacation；
- Location values：0，0，0；
- Orientation Dependency：User-entered values；
- Orient using：Euler Angles；
- Euler Angles：0，0，0；
- Mass：260；
- Ixx：5.23E7；

- Iyy：1.31E8；
- Izz：1.57E8；
- Density：Material；
- Material Type：.materials.steel；
- 单击 OK，完成车身部件._fsae_chassis.ges_chassis 创建。
- 单击 Build > Geometry > Ellipsoid > New 命令；
- Link Name（连杆名称）输入几何名称：cg_graphic；
- Coordinate Reference #1（参考坐标）：._fsae_chassis.ground.hps_path_reference；
- Method：by entering size；
- General Part 输入._fsae_chassis.ges_chassis；
- X Radius：100；
- Y Radius：100；
- Z Radius：100；
- Color（杆件几何体颜色）：yellow；
- Density：Material；
- Material Type：steel；
- 其余保持默认设置，单击 OK，完成 cg_graphic 几何体的创建。

（4）车身参数变量。

车身参数变量如表 11-3 所示：

表 11-3　车身变量参数

Parameter name	symmetry	type	value
kinematic_flag	single	integer	0
aero_drag_active	single	integer	1
aero_frontal_area	single	real	1.8
air_density	single	real	1.22
downforce_coefficient	single	real	0.0
drag_coefficient	single	real	0.36
lap_beacon_active	single	integer	1
lap_beacon_X	single	real	0.0
lap_beacon_Xrange	single	real	4000.0
lap_beacon_Y	single	real	0.0
lap_beacon_Yrange	single	real	8000.0
lap_info_file	single	string	'Lap_Data'

- 单击 Build > Parameter Variable > New 命令，弹出参数变量对话框；
- Parameter Variable Name：kinematic_flag；
- Integer　Value（实数值）：1；
- Units：no_units；
- Hide from standard user（是否从标准界面隐藏）：yes；
- 单击 Apply，完成变量._fsae_chassis.phs_kinematic_flag 的创建；
- 重复上述步骤，按顺序完成表格中对应的参数变量的创建。

（5）输出通信器。

FSAE 简化车身共包含 26 个输出通信器，具体如表 11-4 所示：

表 11-4　车身通信器

CommunicatorName:	**EntityClass:**	**ToMinorRole:**
co[lr]_tierod_to_steering	mount	rear
co[lr]_trod	mount	inherit
co[lr]_tv_link	mount	inherit
cos_aero_drag_force	solver_variable	inherit
cos_aero_frontal_area	parameter_real	inherit
cos_air_density	parameter_real	inherit
cos_body	mount	inherit
cos_body_subsystem	mount	inherit
cos_chassis_path_reference	marker	inherit
cos_column_support_mount	mount	inherit
cos_concept_to_body	mount	inherit
cos_diff_housing_to_body	mount	rear
cos_downforce_coefficient	parameter_real	inherit
cos_drag_coefficient	parameter_real	inherit
cos_driver_reference	marker	inherit
cos_measure_for_distance	marker	inherit
cos_powertrain_to_body	mount	inherit
cos_propshaft_support_to_body	mount	rear
cos_rack_housing_mount	mount	inherit
cos_rack_to_body	mount	inherit
cos_steering_column_to_body	mount	inherit
cos_subframe_to_body	mount	inherit
cos_suspension_to_chassis	mount	inherit

- 单击 Build > Communicator > Output >New 命令，弹出输出通信器对话框；
- Output Communicator Name（输出通信器名称）：subframe_to_body；
- Matching Name（s）：subframe_to_body；
- Type：single；
- Entity：mount；
- To Minor Role：inherit；
- Part Name：._fsae_chassis.ges_chassis；
- 单击 Apply，完成通信器._fsae_chassis.cos_subframe_to_body 的创建；
- 重复上述步骤，按顺序完成表格中对应输出通信器的创建。

（6）车身测量函数建立。

车身测量函数主要包括 *X\Y\Z* 方向上的加速度及转动角加速度，这 6 个参数反映整车在运行过程中的车身状态，可以判定整车的稳定性及平顺特性。

① 车身 *X* 方向加速度._fsae_chassis.av_x：ACCx（._fsae_chassis.ges_chassis.inertia_frame）;

② 车身 *Y* 方向加速度：._fsae_chassis.av_yACCY（._fsae_chassis.ges_chassis.inertia_frame）;

③ 车身 *Z* 方向加速度：._fsae_chassis.av_zACCZ（._fsae_chassis.ges_chassis.inertia_frame）;

④ 绕车身 *X* 方向转动角加速度._fsae_chassis.WDTX：WDTX(._fsae_chassis.ges_chassis.inertia_frame）;

⑤ 绕车身 *Y* 方向转动角加速度._fsae_chassis.WDTY：WDTY(._fsae_chassis.ges_chassis.inertia_frame）;

⑥ 绕车身 *Z* 方向转动角加速度._fsae_chassis.WDTZ：WDTZ(._fsae_chassis.ges_chassis.inertia_frame）。

变量参数，输出通信器建立完成后，车身模型建立完成。

- 单击 File > Save as 命令，弹出 Save Template 对话框；
- Major Role：body；
- File Fo：rmat：Binary；
- 其余设置保持默认，单击 OK，完成车身 fsae_chassis 存储。

（7）车身子系统。

- 按 F9 切换到标准模板，单击 File > New > Subsystem 命令，弹出新建子系统对话；
- Subsystem Name：FSAE_Body_2017；
- Minor Role：any；
- Template Name：mdids：//FASE/templates.tbl/_fsae_chassis.tpl；
- 单击 OK，完成车身子系统 FSAE_Body_2017.sub 的建立。
- 单击 File > Save as 命令，弹出 Save Subsystem 对话框；
- Subsystem Name：FSAE_Body_2017；
- Minor Role：any；
- File Format：TeimOrbit；
- Target：Database，FSAE；
- 单击 OK，完成轮胎子系统 FSAE_Body_2017.sub 存储。

11.7 FSAE 整车模型装配

- 按 F9 切换到标准模板，单击 File > Full-Vehicle Assembly 命令，弹出整车装配对话框，如图 11-42 所示；
- Assembly Name：fsae_full_2017；
- Front Susp Subsystem：mdids：//FASE/subsystems.tbl/FSAE_SUS_front.sub；
- Rear Susp Subsystem：mdids：//FASE/subsystems.tbl/fsae_suspension_rear_axle.sub；
- Steering Subsystem：mdids：//FASE/subsystems.tbl/FSAE_steering_2017.sub；
- Front Wheel Subsystem：mdids：//FASE/subsystems.tbl/front_tire.sub；
- Rear Wheel Subsystem：mdids：//FASE/subsystems.tbl/rear_tire.sub；
- Body Subsystem：mdids：//FASE/subsystems.tbl/FSAE_Body_2017.sub；

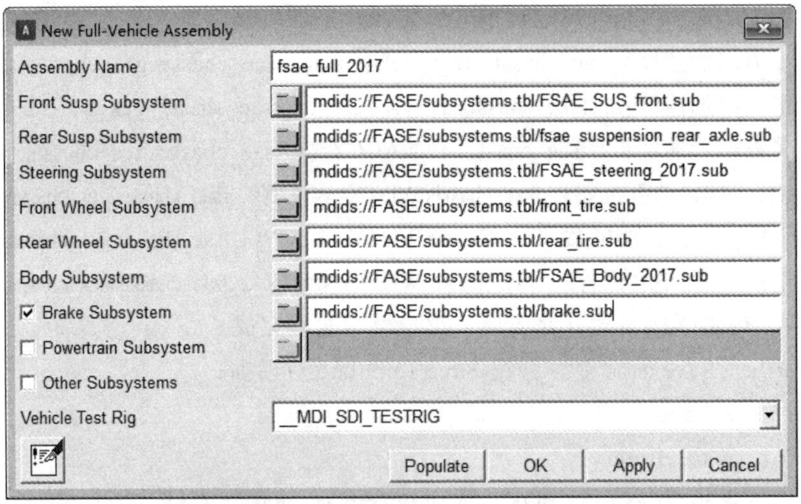

图 11-42　FSAE 整车装配对话框

- 勾选 Brake Subsystem：mdids：//FASE/subsystems.tbl/brake.sub；
- Vehicle Test Rig（整车实验台架）：_MDI_SDI_TESTRIG；
- 单击 OK，完成 FSAE 整车模型 fsae_full_2017 装配，装配好的模型如图 11-1 所示。

11.8 Fish-Hook 仿真

FSAE 赛车模型装配完成后，可以对整车进行验证仿真，观察模型正确与否，是否能够根据实验标准达到预期状态，本模型装配好之后，并没有包含发动机系统，有些工况是不能整车进行仿真的，同时在仿真过程中不能预先进行静平衡，FSAE 赛车制动系统模型在第 7 章“制动系统”中已经建立，装配时直接应用即可。

- 单击 Simulate > Full-Vehicle Analysis > Open-loop Steering Events > Fish Hook 命令，弹出蛇形绕桩仿真对话框，如图 11-43 所示；

- Output Prefix：FH；
- Output Step Size（仿真步数）：0.01；
- Mode of Simulation：interactive；
- Road Date File：mdids：//FASE/roads.tbl/2d_flat.rdf，在仿真过程中，由于路面场地过小，可能导致整车运行中驶出场地范围，但不影响仿真的正常运行，可以打开路面属性文件，对路面的长度与宽度参数进行修改，本路面长×宽为 500 000×400 000，单位 mm；
- Initial Velocity：50；
- First Turm Direction：right；
- First Steer Angle：200；
- Duration of First Turn：5；
- Second Turm Direction：left；

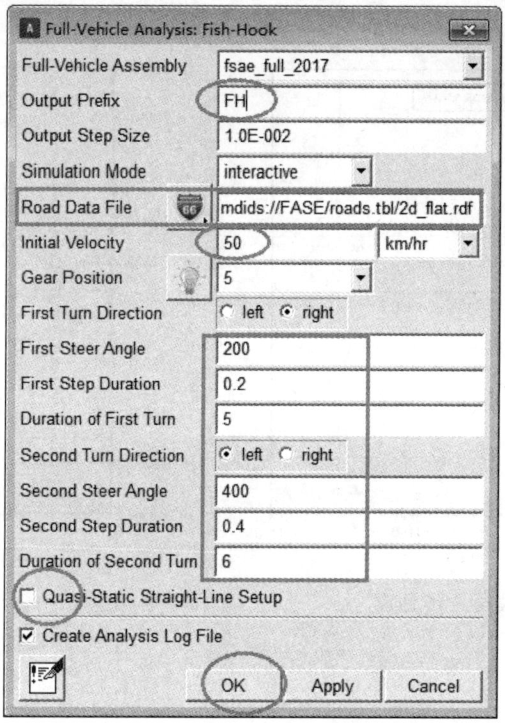

图 11-43　FSAE 整车装配对话框

- Second Steer Angle：400；
- Duration of First Turn：5；
- Quasi-Static Straight-Line Setup：不勾选，整车模型不包含发动机，不能运行准静态平衡；
- 单击 OK，完成蛇形绕桩仿真设置并提交运算。

仿真结束后，FSAE 赛车的运行轨迹如图 11-44 所示，在运行过程中，整车的横摆角加速度与侧倾角加速度如图 11-45、图 11-46 所示。

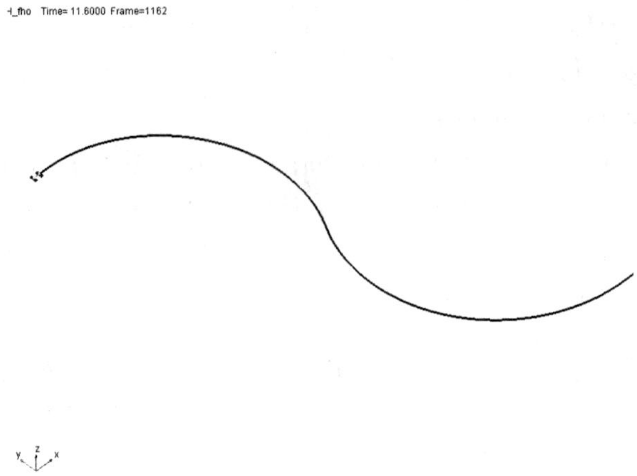

图 11-44　FSAE 运行轨迹

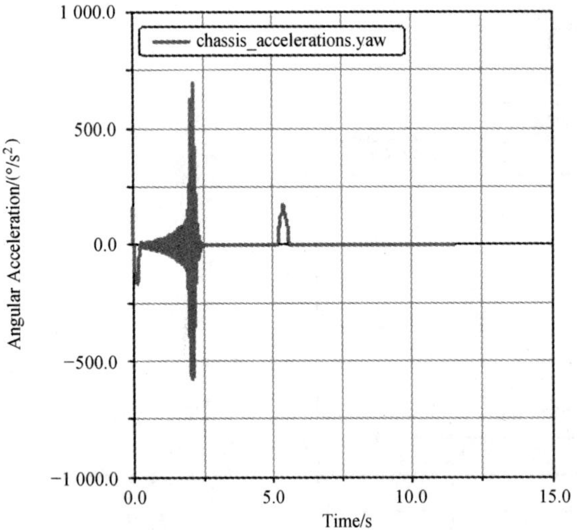

图 11-45　车身横摆角加速度

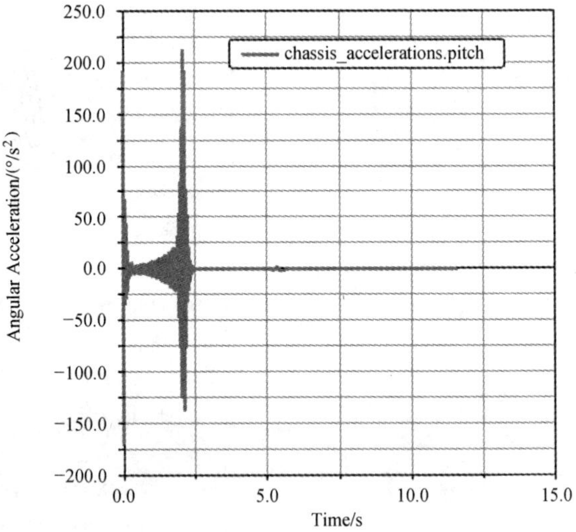

图 11-46　车身侧倾角加速度

第 12 章　4×2 客货车模型

4×2 底盘驱动模式较为常见，商用牵引车，大中型客车及工程车辆等均采用此种底盘布置模式。采用板簧悬架的大型客车与牵引车很相似，区别主要在轴距大小及动力传动系统布置上。本章主要讨论 4×2 整车模型（见图 12-1）的构建，包括牵引车和客车。

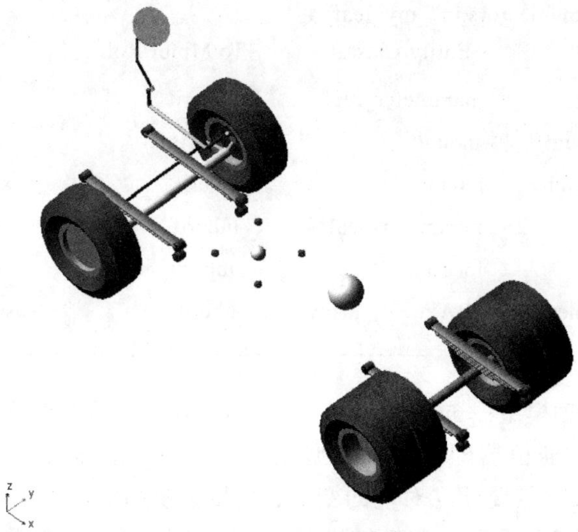

图 12-1　客货 4×2 整车

学习目标

- ✧ 驱动轴悬架模型。
- ✧ 4×2 牵引车模型。
- ✧ 通信器调节。
- ✧ 谐波脉冲转向仿真。
- ✧ 4×2 客车模型。
- ✧ 方向盘调节。
- ✧ 超车仿真。

12.1 驱动轴悬架模型

第 3 章“钢板弹簧模型——Nonlinear Beam”建立的板簧模型_my_leaf_4.tpl，在此模型上增加外侧车轮与发动机相关通信器即可完成驱动轴模型的创建。

板簧模型_my_leaf_4.tpl 包含的通信器如下。

Listing of input communicators in '_my_leaf_4'

Communicator Name:	Entity Class:	From Minor Role:	Matching Name:
cis_leafspring_to_body	mount	any	leafspring_to_body

Listing of output communicators in '_my_leaf_4'

Communicator Name:	Entity Class:	To Minor Role:	Matching Name:
co[lr]_camber_angle	parameter_real	inherit	camber_angle
co[lr]_suspension_mount	mount	inherit	suspension_mount
co[lr]_suspension_upright	mount	inherit	suspension_upright
co[lr]_toe_angle	parameter_real	inherit	toe_angle
co[lr]_wheel_center	location	inherit	wheel_center
cos_suspension_parameters_ARRAY	array	inherit	suspension_parameters_array

----

建立完成后的驱动轴模型：_my_bus_sus_r_leaf4.tpl 包含通信器如下。在模型_my_leaf_4.tpl 中添加如下斜体标记的通信器即可完成模型建立。其中通信器 cos_halfshaft_omega_left、cos_halfshaft_omega_right 需要建立对应的变量，变量建模相对较为烦琐，请读者参考《车辆系统动力学仿真》中驱动桥章节。驱动轴模型建立完成后如图 12-2 所示。

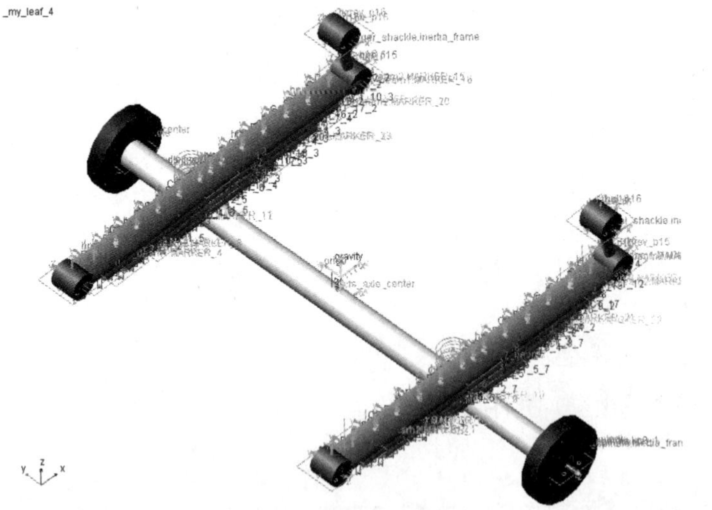

图 12-2　驱动轴悬架模型

Listing of input communicators in '_my_bus_sus_r_leaf4'

Communicator Name：	Entity Class：	From Minor Role：	Matching Name：
ci[lr]_tire_force	*force*	*rear*	*tire_force*
ci[lr]_tripot_to_differential	*mount*	*rear*	*tripot_to_differential*
cis_leafspring_to_body	mount	any	leafspring_to_body

Listing of output communicators in '_my_bus_sus_r_leaf4'

Communicator Name：	Entity Class：	To Minor Role：	Matching Name：
co[lr]_camber_angle	parameter_real	rear	camber_angle
co[lr]_diff_tripot	*location*	*rear*	*tripot_to_differential*
co[lr]_lddrv_outside_whl_mount	*mount*	*rear*	*outside_whl_mnt*
co[lr]_lddrv_suspension_mount	*mount*	*rear*	*suspension_mount*
co[lr]_lddrv_suspension_upright	*mount*	*rear*	*suspension_upright*
co[lr]_outside_wheel_center	*location*	*rear*	*outside_wheel_center*
co[lr]_toe_angle	parameter_real	rear	toe_angle
co[lr]_wheel_center	location	rear	wheel_center
cos_axle_diff_mount	*mount*	*rear*	*axle_diff_mount*
cos_driveline_active	*parameter_integer*	*front*	*driveline_active*
cos_halfshaft_omega_left	*solver_variable*	*rear*	*halfshaft_omega_left*
cos_halfshaft_omega_right	*solver_variable*	*rear*	*halfshaft_omega_right*
cos_suspension_parameters_ARRAY	array	rear	suspension_parameters_array

----

12.2 4×2 牵引车模型

驱动轴悬架模型建立完成后构建牵引车整车模型如图 12-1 所示，调整轴距与实际车辆保持一致。整车装配完成后出现动力传动系统与轮胎力不匹配现象，整车不能正确仿真。发动机通信器调节如下：

① 修改通信器名称 cil_tire_force 为 cil_tire_force_f，Matchiing Name：tire_force 不变；

② 添加通信器：cil_tire_force_r，Matchiing Name：tire_force 不变。

发动机通信器修改完成重新替换动力传动子系统，整车装配正确，仿真正确。

12.3 谐波脉冲转向仿真

谐波脉冲转向仿真设置。

- 单击 Simulate > Full-Vehicle Analysis > Open-loop Steering Events > Ramp Steer 命令，弹出脉冲仿真对话框，如图 12-3 所示；

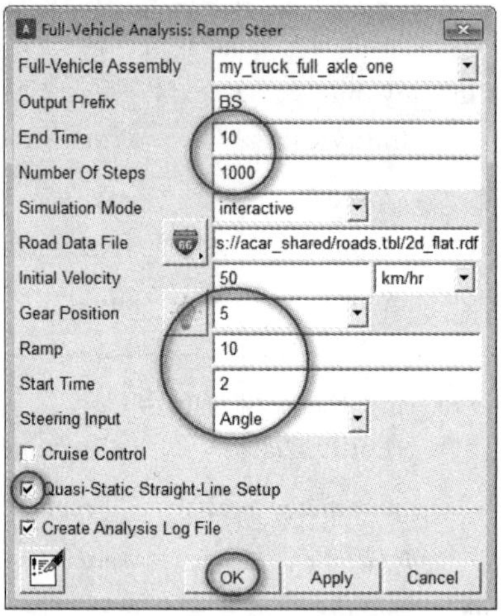

图 12-3　谐波脉冲仿真设置

- Output Prefix：BS；
- End Time：10；
- Output Step Size（仿真步数）：1 000；
- Mode of Simulation：interactive；
- Road Date File：mdids：//FASE/roads.tbl/2d_flat.rdf；
- Initial Velocity：50；
- Gear Position：5；
- Ramp：10；
- Start Time：2；
- Quasi-Static Straight-Line Setup：勾选，整车模型包含发动机，能运行准静态平衡；
- 单击 OK，完成谐波脉冲仿真设置并提交运算。

仿真完成后，谐波脉冲仿真下整车运动轨迹如图 12-4 所示；前轴板簧 P1 衬套受力如图 12-5～图 12-6 所示；后轴板簧 P1 衬套受力如图 12-7～图 12-8 所示；车垂向加速度与侧向加速度如图 12-9～图 12-10 所示。经过结果可以看出，前后轴衬套受力变化趋势一样，后轴受力大，同时伴有高频微小振荡现象。车身侧向加速度大，也伴有振荡现象。

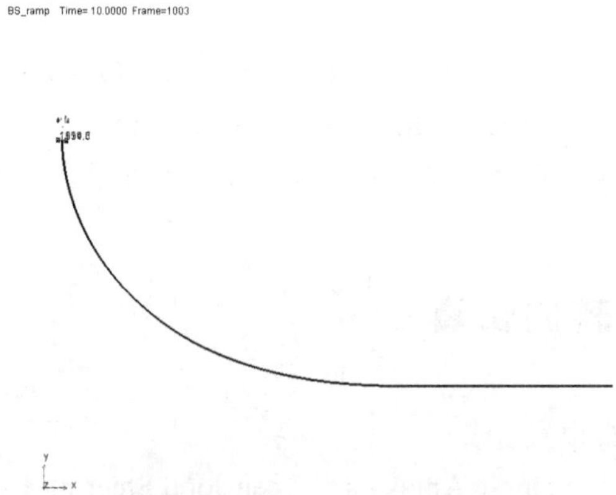

图 12-4　谐波脉冲转向整车运动轨迹

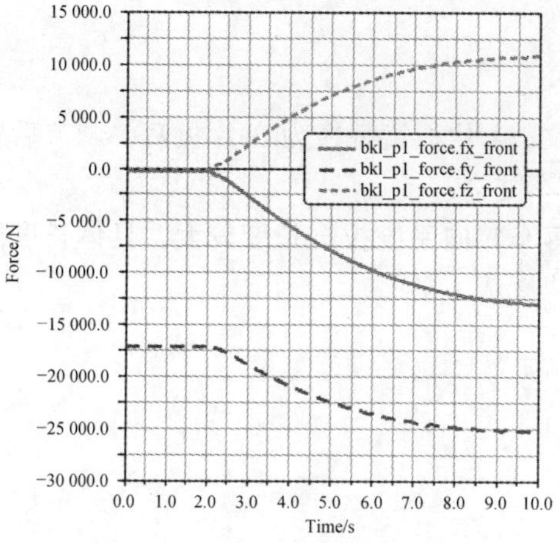

图 12-5　前轴板簧 P1 衬套受力

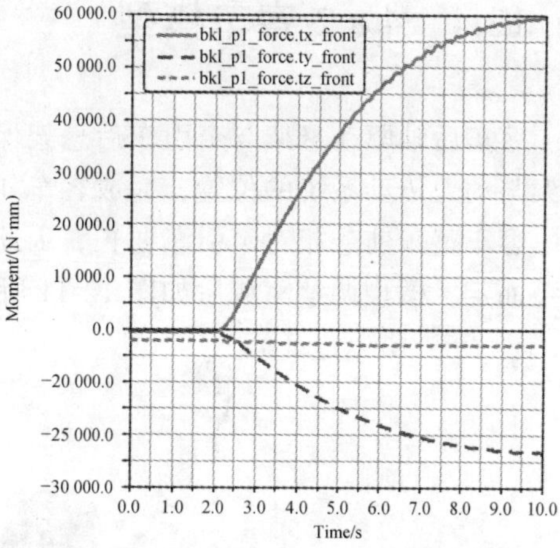

图 12-6　前轴板簧 P1 衬套扭转受力

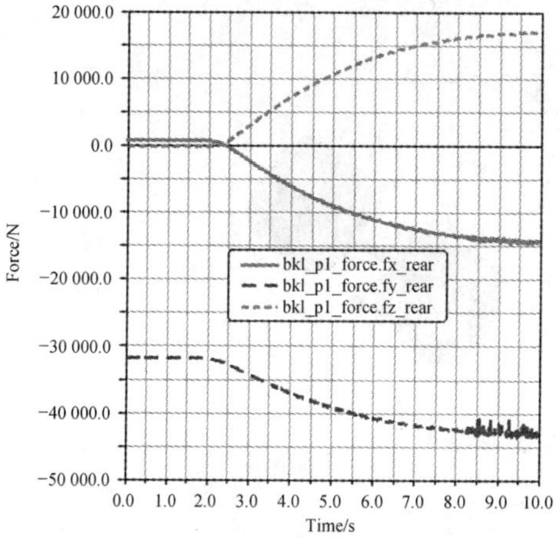

图 12-7　后轴板簧 P1 衬套受力

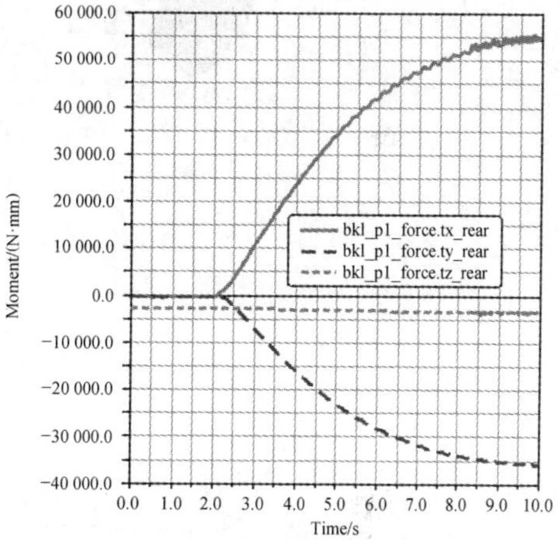

图 12-8　后轴板簧 P1 衬套扭转受力

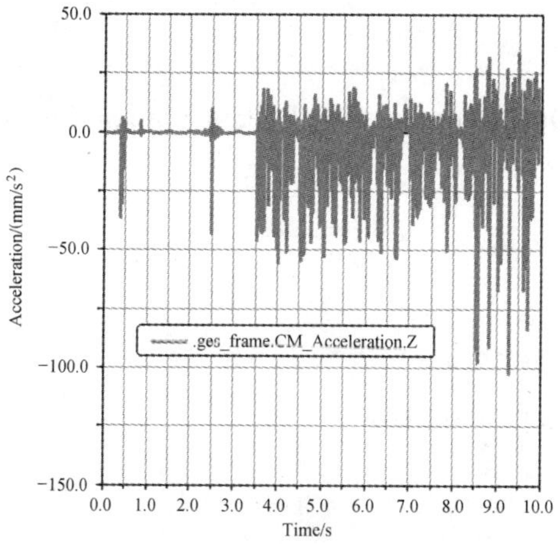

图 12-9　车身垂向加速度

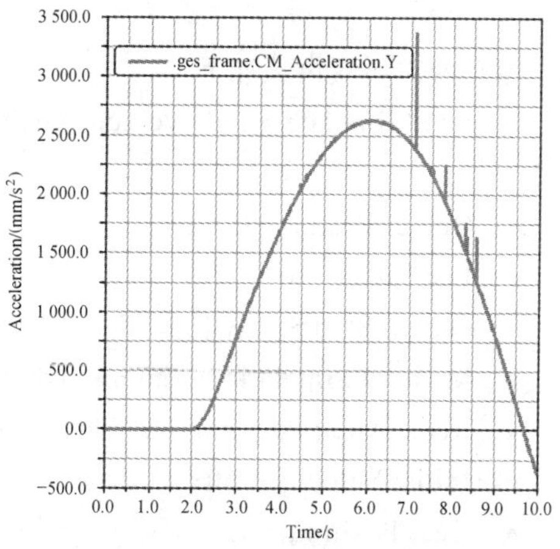

图 12-10　车身侧向加速度

12.4　4×2 客车模型

客车后轴驱动悬架与牵引车后悬架保持一致，4 片板簧替换为 3 片板簧，调节后轴驱动悬架与动力传动系统的位置，完成客车 4×2 整车建立。

客车整车前悬相对牵引车要长，因此导致客车转向系统拉缸长度较大，具体长度因不同车型而定。模型调整完成后如图 12-11 所示

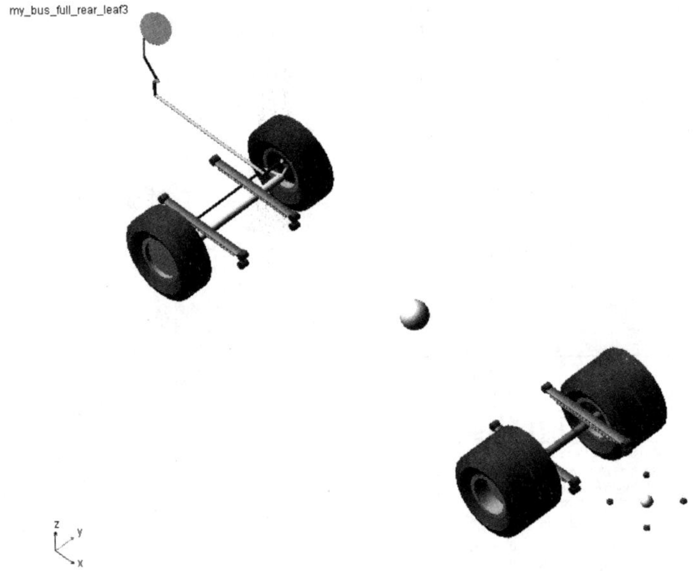

图 12-11　客车整车模型

12.5　超车仿真

超车转向仿真设置如下。

- 单击 Simulate > Full-Vehicle Analysis > Open-loop Steering Events > Single Line Change 命令；
- Output Prefix：SLC；
- End Time：10；
- Output Step Size（仿真步数）：1 000；
- Mode of Simulation：interactive；
- Road Date File：mdids：//FASE/roads.tbl/2d_flat.rdf；
- Initial Velocity：50；
- Gear Position：5；
- Maximum Steer Value：200；
- Cycle Length：6；
- Start Time：2；

- Quasi-Static Straight-Line Setup：勾选，整车模型包含发动机，能运行准静态平衡；
- 单击 OK，完成超车仿真设置并提交运算，如图 12-12 所示。

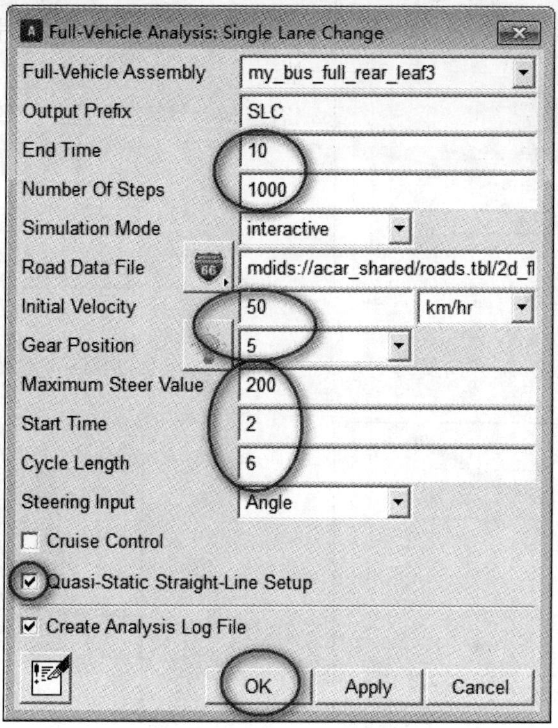

图 12-12　谐波脉冲仿真设置

仿真完成后，超车仿真下整车运动轨迹如图 12-13 所示；发动机 *X*、*Y*、*Z* 三方向受力如图 12-14 ~ 图 12-19 所示；变速箱输入输出转速变化如图 12-20 所示；变速箱输入输出扭矩变化如图 12-21 所示。

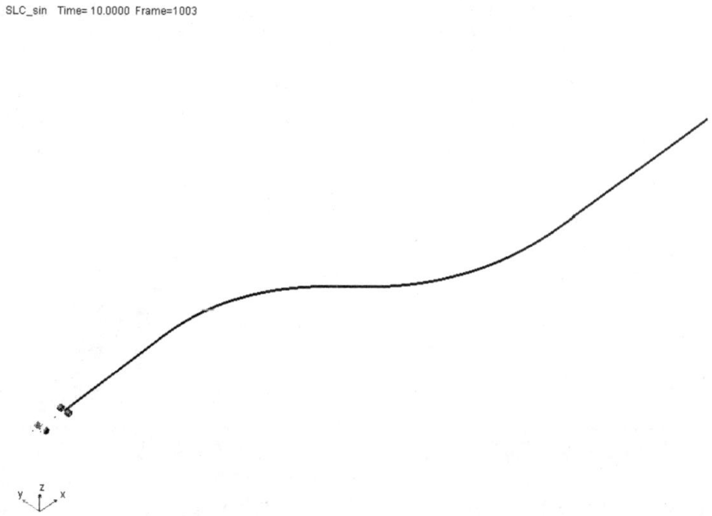

图 12-13　超车运动轨迹

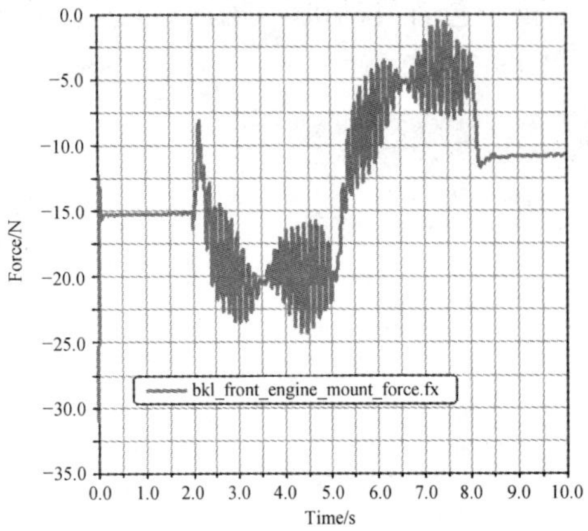

图 12-14　发动机 X 方向受力

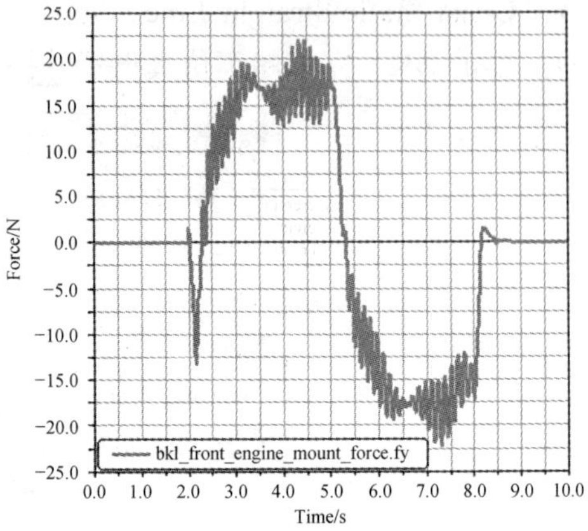

图 12-15　发动机 Y 方向受力

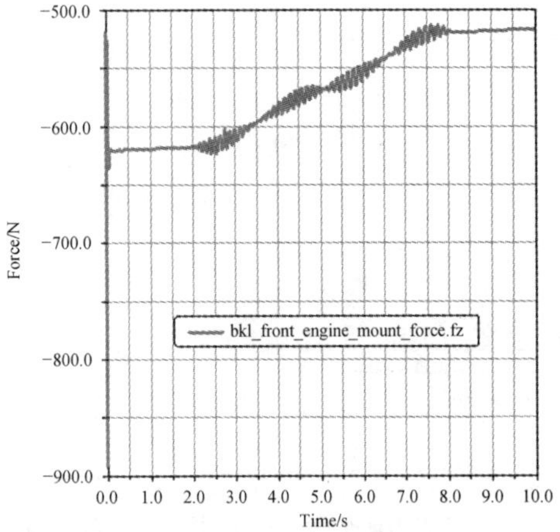

图 12-16　发动机 Z 方向受力

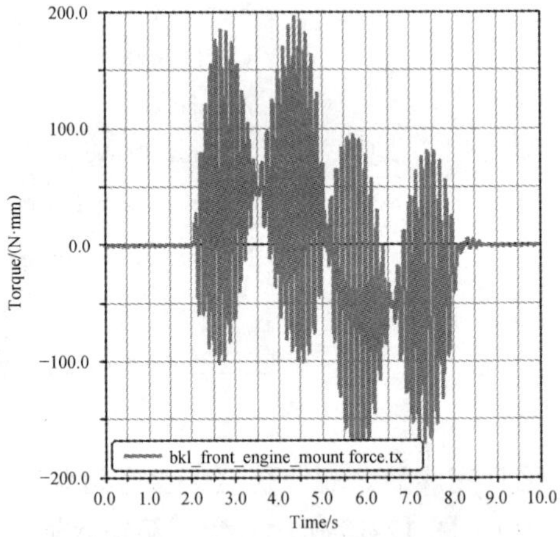

图 12-17　发动机 X 方向扭转受力

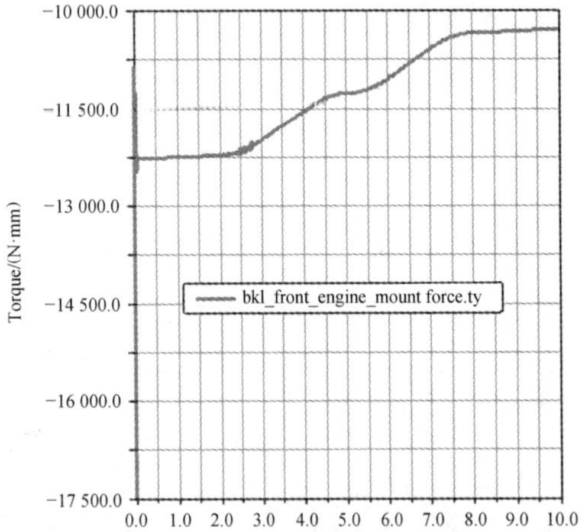

图 12-18　发动机 Y 方向扭转受力

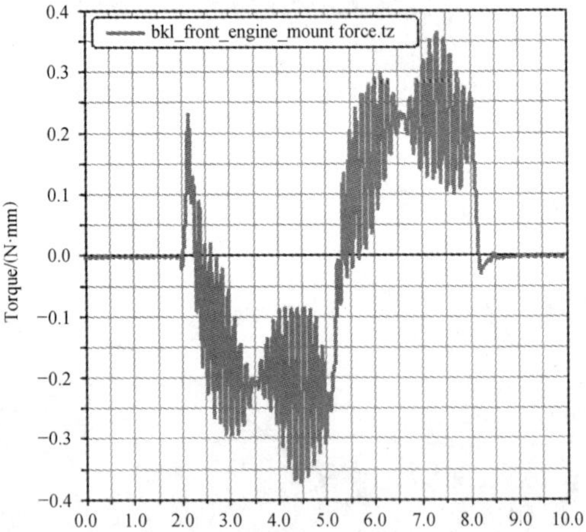

图 12-19　发动机 Z 方向扭转受力

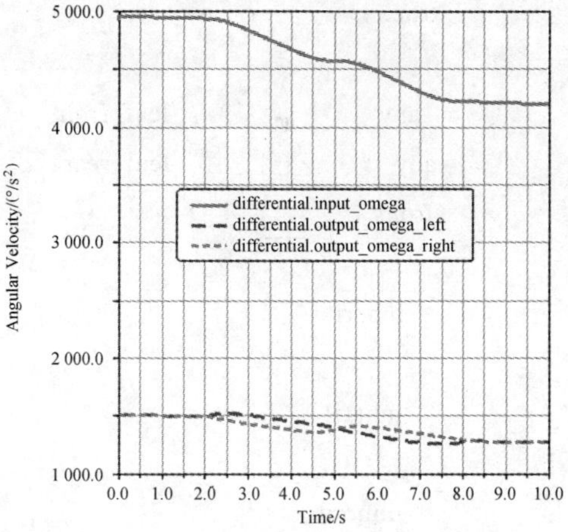

图 12-20　变速箱输入输出转速

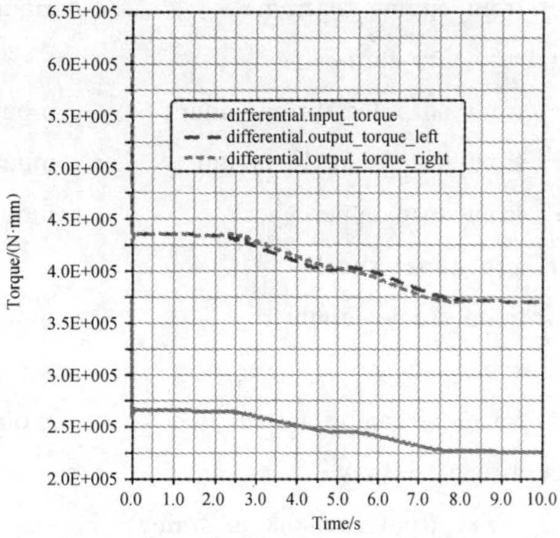

图 12-21　变速箱输入输出扭矩

附：

重卡车身通信器，通过车身上增加或者修改铜须器与子系统保持匹配，可以完成整车装配。

Listing of input communicators in '_my_truck_body'

Communicator Name: Entity Class: From Minor Role: Matching

Name:

cis_std_tire_ref location inherit std_tire_ref

1 input communicator was found in '_my_truck_body'

Listing of output communicators in '_my_truck_body'

Communicator Name: Entity Class: To Minor Role: Matching

Name:

co[lr]_cab_mount mount inherit cab_mount

co[lr]_cab_suspension_shocks mount inherit shock_to_cab,

co[lr]_cab_susp_shock_to_frame mount inherit

cab_susp_shock_to_frame

co[lr]_fd_shock_to_frame mount rear

shock_to_frame

co[lr]_fd_spring_to_frame mount rear

spring_to_frame

co[lr]_fifth_wheel_to_frame mount inherit

fifth_wheel_to_frame

co[lr]_front_airtank_to_frame mount inherit

front_airtank_to_frame

co[lr]_front_engine_to_frame	mount	truck	
front_engine_to_frame			
co[lr]_front_susp_leafspring_mount	mount	any	leaf_front
co[lr]_front_susp_shackle_mount	mount	any	leaf_rear
co[lr]_front_susp_upper_shock	mount	front	
front_susp_upper_shock			
co[lr]_hood_frame_mount	mount	inherit	
hood_frame_mount			
co[lr]_lower_airbag_to_frame	mount	inherit	
lower_airbag_to_frame			
co[lr]_lower_front_fueltank_to_frame	mount	inherit	
lower_front_fueltank_to_frame			
co[lr]_lower_middle_fueltank_to_frame	mount	inherit	
lower_middle_fueltank_to_frame			
co[lr]_lower_radiator_to_frame	mount	inherit	
lower_radiator_to_frame			
co[lr]_lower_rear_fueltank_to_frame	mount	inherit	
lower_rear_fueltank_to_frame			
co[lr]_main_exhaust_to_cab	mount	inherit	
main_exhaust_to_cab			
co[lr]_rd_shock_to_frame	mount	rear_2	
shock_to_frame			
co[lr]_rd_spring_to_frame	mount	rear_2	
spring_to_frame			
co[lr]_rear_airtank_to_frame	mount	inherit	
rear_airtank_to_frame			
co[lr]_rear_engine_to_frame	mount	inherit	
rear_engine_to_frame			
co[lr]_rear_suspension_to_frame	mount	rear_2	
hockeystick_to_frame,			
co[lr]_stack_to_cab	mount	inherit	stack_to_cab
co[lr]_suspension_to_frame	mount	rear	
hockeystick_to_frame,			
co[lr]_upper_front_fueltank_to_frame	mount	inherit	
upper_front_fueltank_to_frame			
co[lr]_upper_middle_fueltank_to_frame	mount	inherit	
upper_middle_fueltank_to_frame			
co[lr]_upper_radiator_to_frame	mount	inherit	
upper_radiator_to_frame			

co[lr]_upper_rear_fueltank_to_frame	mount	inherit	upper_rear_fueltank_to_frame
cos_aero_drag_force	solver_variable	inherit	aero_drag_force
cos_aero_frontal_area	parameter_real	inherit	aero_frontal_area
cos_air_density	parameter_real	inherit	air_density
cos_body_subsystem	mount	inherit	body_subsystem,
cos_cab_suspension	mount	inherit	lateral_rod_to_cab,
cos_chassis_path_reference	marker	inherit	chassis_path_reference
cos_drag_coefficient	parameter_real	inherit	drag_coefficient
cos_driver_reference	marker	inherit	driver_reference
cos_fd_panhard_rod_to_frame	mount	rear	panhard_rod_to_frame
cos_lateral_rod_to_frame	mount	any	lateral_rod_to_frame
cos_leafspring_to_body	mount	inherit	leafspring_to_body
cos_lower_back_bbox_to_frame	mount	inherit	lower_back_bbox_to_frame
cos_lower_bump_stop_to_frame	mount	inherit	lower_bump_stop_to_frame
cos_lower_front_bbox_to_frame	mount	inherit	lower_front_bbox_to_frame
cos_main_exhaust_to_frame_1	mount	inherit	main_exhaust_to_frame_1
cos_main_exhaust_to_frame_2	mount	inherit	main_exhaust_to_frame_2
cos_main_exhaust_to_frame_3	mount	inherit	main_exhaust_to_frame_3
cos_main_exhaust_to_frame_4	mount	inherit	main_exhaust_to_frame_4
cos_main_exhaust_to_frame_5	mount	inherit	main_exhaust_to_frame_5
cos_main_exhaust_to_frame_6	mount	inherit	main_exhaust_to_frame_6

```
cos_main_exhaust_to_frame_7              mount              inherit
main_exhaust_to_frame_7
cos_main_exhaust_to_frame_8              mount              inherit
main_exhaust_to_frame_8
cos_measure_for_distance                 marker             inherit
measure_for_distance
cos_pitman_mount                         mount              inherit
pitman_mount
cos_powertrain_to_body                   mount              truck
powertrain_to_body
cos_press_valve_link_to_frame            mount              inherit
press_valve_link_to_frame
cos_rd_panhard_rod_to_frame              mount              rear_2
panhard_rod_to_frame
cos_steering_column_to_body              mount              inherit
steering_column_to_body
cos_subframe_to_body                     mount              inherit
subframe_to_body
cos_upper_back_bbox_to_frame             mount              inherit
upper_back_bbox_to_frame
cos_upper_front_bbox_to_frame            mount              inherit
upper_front_bbox_to_frame
89 output communicators were found in '_my_truck_body'
--------------------------------------------------------------------------------
```

第 13 章 6×4 整车模型

公开文献显示，目前商用车整车模型较少，基于导向杆式平衡悬架或推杆式平衡悬架的整车模型更少。大多数整车模型都用自带数据库中的公版模型替代，虽然通过调整垂向刚度与实际车辆相同，但是其悬架物理结构、低高频率振动特性及系统匹配等都与实际整车仍存在较大的差异。国内商用车整车架构与公版模型差异较大，6×4 牵引车（见图 13-1）后桥大都采用导向杆式平衡悬架，挂车采用推杆是平衡悬架。平衡悬架模型建立最大的难点包含两方面：① 钢板弹簧模型的建立；② 双轴及多轴悬挂悬架参数的整合。专家模板只能满足单轴系悬架模型的建立，对于多轴系车辆悬架集成参数不能够整合（前束、外倾、转向主销）。通过在 VIEW 通用模块中的模型合并功能能够很好地整合多轴系悬架集成参数，从理论上完成任意轴系模型的建立。车辆系统动力学仿真最大的难点是要保证模型与实际物理系统保持一致，从事车辆系统动力学仿真学者都应保持严格谨慎的态度。

图 13-1 重卡 6×4 整车模型

学习目标

- ✧ 白两片簧模型。
- ✧ 白前桥悬架模型。
- ✧ 货车前桥转向悬架系统。
- ✧ 转向系统。
- ✧ 白四片簧模型。
- ✧ 白驱动轴模型。
- ✧ 导向杆式平衡悬架模型。
- ✧ 6×4 整车模型。
- ✧ 制动仿真。

13.1 白两片板簧模型

白板簧指模型仅包含板簧的基本特性（包含接触，弹簧夹），不附加悬架变量等参数。白板簧作为系统模块化中的一个环节，主要功用是与其他子系统通过模型合并组合成更加复杂系统，参考 Beam 梁法建立好的两片装配体板簧模型如图 13-2 所示，白板簧包含 K、C 两种动力学模式，其垂向刚度可以通过簧片横截面积不断重复调试满足要求，亦可通过参数变量设置改变刚度。两片装配体白板簧的硬点、部件、约束及变量信息如下，读者可以参考信息建立白板簧模型。

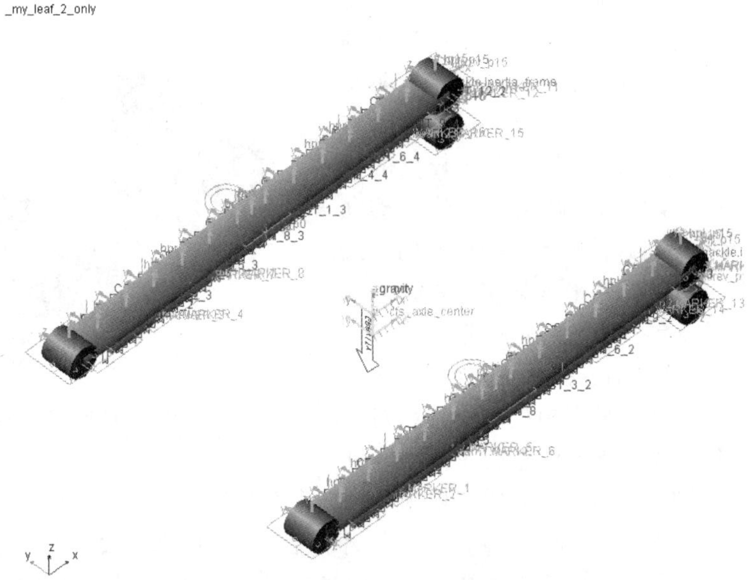

图 13-2 白板簧模型——两片

两片装配体白板簧模型信息：_my_leaf_2_only.tpl

HARDPOINTS:

hardpoint name	symmetry	x_value	y_value	z_value
--------------	--------	-------	-------	-------
a2	left/right	– 550.0	– 430.0	0.0
a3	left/right	– 450.0	– 430.0	0.0
a4	left/right	– 350.0	– 430.0	0.0
a5	left/right	– 250.0	– 430.0	0.0
a6	left/right	– 150.0	– 430.0	0.0
a7	left/right	– 50.0	– 430.0	0.0
a8	left/right	0.0	– 430.0	0.0
a9	left/right	50.0	– 430.0	0.0
a10	left/right	150.0	– 430.0	0.0

a11	left/right	250.0	– 430.0	0.0
a12	left/right	350.0	– 430.0	0.0
a13	left/right	450.0	– 430.0	0.0
a14	left/right	550.0	– 430.0	0.0
p0	left/right	0.0	– 430.0	– 70.0
p1	left/right	– 650.0	– 430.0	30.0
p2	left/right	– 550.0	– 430.0	30.0
p3	left/right	– 450.0	– 430.0	30.0
p4	left/right	– 350.0	– 430.0	30.0
p5	left/right	– 250.0	– 430.0	30.0
p6	left/right	– 150.0	– 430.0	30.0
p7	left/right	– 50.0	– 430.0	30.0
p8	left/right	0.0	– 430.0	30.0
p9	left/right	50.0	– 430.0	30.0
p10	left/right	150.0	– 430.0	30.0
p11	left/right	250.0	– 430.0	30.0
p12	left/right	350.0	– 430.0	30.0
p13	left/right	450.0	– 430.0	30.0
p14	left/right	550.0	– 430.0	30.0
p15	left/right	650.0	– 430.0	30.0
p16	left/right	650.0	– 430.0	– 100.0

PARTS:

shackle

symmetry : left/right

mass : 2.4268420472

location (dependent) : 650.0, – 430.0, – 35.0

orientation : zp_vector=0.0, 0.0, 1.0

: xp_vector=1.0, 0.0, 0.0

cm_location_from_part : 0.0, 0.0, 0.0

Ixx, Iyy, Izz : 1.2884557836E+004 , 1.338108491E+004 , 967.9080493034

Ixy, Izx, Iyz : 0.0 , – 2482.6353721348 , 0.0

shackle link geometry

name : shackle

symmetry : left/right

radius : 20.0

NRODS:

beam1

symmetry : left/right

height : 30.0
width : 100.0
damping ratio : 2.0E – 003
material type : steel
formulation : linear

beam2
symmetry : left/right
height : 30.0
width : 100.0
damping ratio : 2.0E – 003
material type : steel
formulation : linear
BUSHINGS:
p1
definition : .ACAR.attachments.ac_bushing
symmetry : left/right
orientation (dependent) : zp_vector=0.0, – 1.0, 0.0
: xp_vector=1.0, 0.0, 0.0
t preload x : 0.0
t preload y : 0.0
t preload z : 0.0
r preload x : 0.0
r preload y : 0.0
r preload z : 0.0
t offset x : 0.0
t offset y : 0.0
t offset z : 0.0
r offset x : 0.0
r offset y : 0.0
r offset z : 0.0
fx scaling factor : 1.0
fy scaling factor : 1.0
fz scaling factor : 1.0
tx scaling factor : 1.0
ty scaling factor : 1.0
tz scaling factor : 1.0
tx damping force scale : 1.0

ty damping force scale : 1.0

tz damping force scale : 1.0

rx damping force scale : 1.0

ry damping force scale : 1.0

rz damping force scale : 1.0

property file : mdids://acar_shared/bushings.tbl/mdi_0001.bus

p15

definition : .ACAR.attachments.ac_bushing

symmetry : left/right

orientation (dependent) : zp_vector=0.0, – 1.0, 0.0

: xp_vector=1.0, 0.0, 0.0

t preload x : 0.0

t preload y : 0.0

t preload z : 0.0

r preload x : 0.0

r preload y : 0.0

r preload z : 0.0

t offset x : 0.0

t offset y : 0.0

t offset z : 0.0

r offset x : 0.0

r offset y : 0.0

r offset z : 0.0

fx scaling factor : 1.0

fy scaling factor : 1.0

fz scaling factor : 1.0

tx scaling factor : 1.0

ty scaling factor : 1.0

tz scaling factor : 1.0

tx damping force scale : 1.0

ty damping force scale : 1.0

tz damping force scale : 1.0

rx damping force scale : 1.0

ry damping force scale : 1.0

rz damping force scale : 1.0

property file : mdids://acar_shared/bushings.tbl/mdi_0001.bus

p16

definition : .ACAR.attachments.ac_bushing

```
symmetry                    :  left/right
orientation (dependent)     :  zp_vector=0.0, - 1.0, 0.0
:  xp_vector=1.0, 0.0, 0.0
t preload x                 :  0.0
t preload y                 :  0.0
t preload z                 :  0.0
r preload x                 :  0.0
r preload y                 :  0.0
r preload z                 :  0.0
t offset x                  :  0.0
t offset y                  :  0.0
t offset z                  :  0.0
r offset x                  :  0.0
r offset y                  :  0.0
r offset z                  :  0.0
fx scaling factor           :  1.0
fy scaling factor           :  1.0
fz scaling factor           :  1.0
tx scaling factor           :  1.0
ty scaling factor           :  1.0
tz scaling factor           :  1.0
tx damping force scale      :  1.0
ty damping force scale      :  1.0
tz damping force scale      :  1.0
rx damping force scale      :  1.0
ry damping force scale      :  1.0
rz damping force scale      :  1.0
property file               :  mdids://acar_shared/bushings.tbl/mdi_0001.bus
PARAMETERS:
parameter name                    symmetry      type        value
--------------                    --------      ----        -----
kinematic_flag                    single        integer     0
```

13.2 白前桥悬架模型

白前桥非独立悬架模型如图 13-3 所示。此模型包含转向横拉杆、轮毂、车轴、转向节部件，同时包含悬架参数等变量。读者可参考白前桥信息建立前悬架模型。

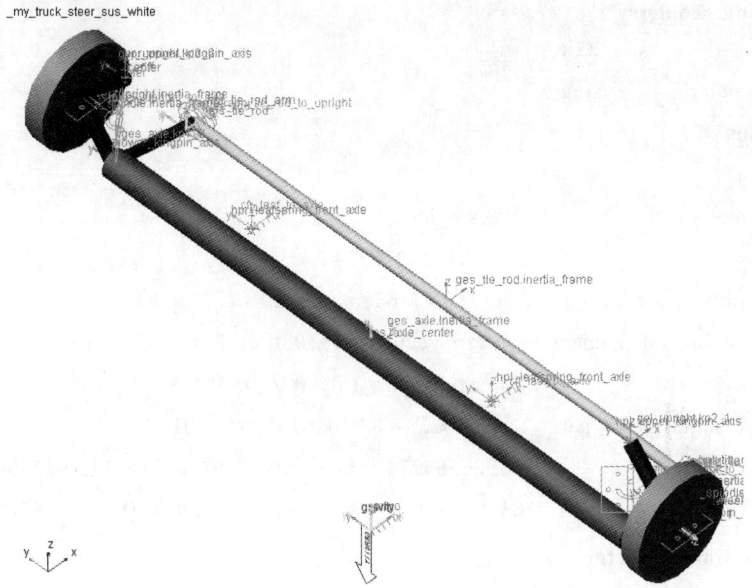

图 13-3　白前桥悬架模型

白前桥悬架信息：_my_truck_steer_sus_white.tpl

HARDPOINTS:

hardpoint name	symmetry	x_value	y_value	z_value
axle_center	single	0.0	– 0.32	575.0
origin	single	– 2100.0	0.0	0.0
tie_rød	single	210.4	838.4	585.0
leafspring_front_axle	left/right	– 0.61	– 405.09	714.03
lower_kingpin_axis	left/right	0.0	– 875.0	600.0
tie_rod_arm	left/right	250.0	– 850.0	575.0
upper_kingpin_axis	left/right	20.0	– 855.0	880.0
wheel_center	left/right	10.6	– 1010.0	735.0

PARTS:

axle

symmetry	: single
mass	: 66.6320036053
location（dependent）	: 0.0，0.0，600.0
orientation（dependent）	: zp_vector=0.0，– 1.0，0.0
	: xp_vector=1.0，0.0，0.0
cm_location_from_part	: 0.0，0.0，0.0
Ixx, Iyy, Izz	: 1.7030927303E+007, 1.7030927303E+007, 5.1769432383E+004

Ixy, Izx, Iyz : 1.1055002036E－009, 2.1756628365E－009, －2.9565245101E－009

axle link geometry

name : axle

symmetry : single

radius : 40.0

tie_rod

symmetry : single

mass : 9.1024076354

location (dependent) : 210.4, 838.4, 585.0

orientation (dependent) : zp_vector=0.0, 0.0, 1.0

: xp_vector=1.0, 0.0, 0.0

cm_location_from_part : 39.6, －838.41075, －10.01

Ixx, Iyy, Izz : 2.1926604274E+006, 994.5104407366, 2.1926604274E+006

Ixy, Izx, Iyz : 1.7763568394E－009, 7.5460471205E－011, －5.8286708793E－010

tie_rod link geometry

name : tie_rod

symmetry : single

radius : 15.0

spindle

symmetry : left/right

mass : 1.0

location (dependent) : 10.6, －1010.0, 735.0

orientation (dependent) : zp_vector=0.0, －1.0, 0.0

: xp_vector=1.0, 0.0, 0.0

cm_location_from_part : 0.0, 0.0, 0.0

Ixx, Iyy, Izz : 1000.0 , 1000.0 , 1000.0

Ixy, Izx, Iyz : 0.0, 0.0 , 0.0

upright

symmetry : left/right

mass : 5.1943935587

location (dependent) : 10.6, －1010.0, 735.0

orientation : zp_vector=0.0, 0.0, 1.0

: xp_vector=1.0, 0.0, 0.0

cm_location_from_part : 29.74683819, 92.21439302, －33.8142207429

Ixx,Iyy,Izz : 6.1859961209E+004 ,6.9680095301E+004 ,3.3458179721E+004

Ixy, Izx, Iyz : 9374.8881639913 , －1.6509950357E+004 , －9201.357473684

upright link geometry

name : link_1

```
    symmetry          :  left/right
    radius          :  20.0
  upright link geometry
    name              :  link_2
    symmetry          :  left/right
    radius          :  20.0
  upright link geometry
    name              :  link_3
    symmetry          :  left/right
    radius          :  15.0
PARAMETERS:
    parameter name                           symmetry        type         value
    --------------                           --------        ----         -----
    kinematic_flag                           single          integer      0
    camber_angle                             left/right      real         0.0
    toe_angle                                left/right      real         0.0
```

13.3 货车前桥转向悬架系统

前转向悬架总成建模思路如下。

① 准备好白板簧模型，板簧与安装部件 mts_leafspring_to_body 之间的刚性与柔性约束全部删除掉；

② 准备好白前桥悬架模型，删除所有约束；

③ 切换到通用 ADAMS/VIEW 界面进行模型合并。

注：理论上不用删除约束或者删除部分约束模型可以直接进行合并，但由于模型中可能存在重复约束行为，因此在合并过程中软件有可能提示合并之前必须删除相关重复约束。为了保证模型的准确及精确性，将模型删除相关全部刚性及柔性约束（不包含板簧簧片之间的接触与点面约束行为），模型合并后再重新建立约束，此过程虽较为烦琐，但可以保证模型的准确及正确性。

- 在 ADAMS/CAR 专家界面同时打开_my_leaf_4_only.tpl 与_my_truck_steer_sus_white.tpl 两个模型；
- 单击 Tools > Adams/View Interface 命令，切换到 View 通用界面；
- 单击 Tools > Merge Two Models 命令，弹出合并模型界面，如图 13-4 所示；

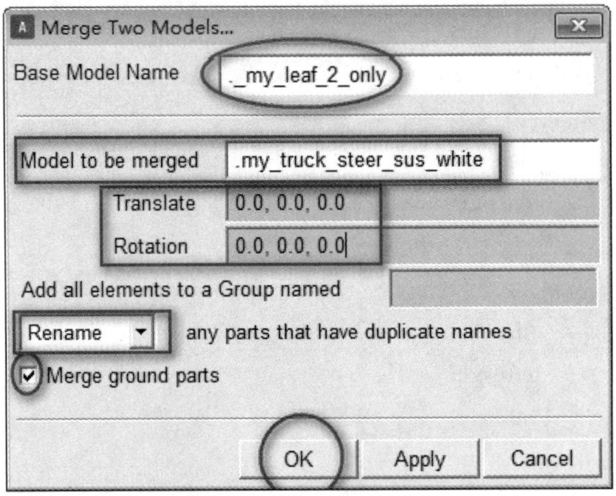

图 13-4　合并模型界面

- Base Model Name：._my_leaf_2_only；
- Model to be merged：.my_truck_steer_sus_white；基本模型与被合并模型存在主次之分，顺序不能乱，主要原因在于两片白板簧模型存在 K、C 模式，如果更改合并顺序，在合并之后的新模型上会导致 K、C 模式不能正常切换，只会有一种运动模式存在；
- Translate：0.0，0.0，0.0；被合并模型需要移动的距离，建议模型在被合并之前先通过 ADAMS/CAR 专家界面下的 Shift 命令把部件移动到合并之后的新位置，然后再进行合并，这是此处可以保持默认为 0 的设置；
- Rotation：0.0，0.0，0.0；
- 选择 Rename，对于重复的部件名称软件自动重新命名；
- 勾选 Merge ground parts，两个模型都存在大地部件，合并为一个大地部件。
- 单击 OK，模型合并完成，合并过程中软件并没有弹出界面提示可能存在的问题，说明合并之后的新模型正确。重新添加完约束后的模型如图 13-5 所示。

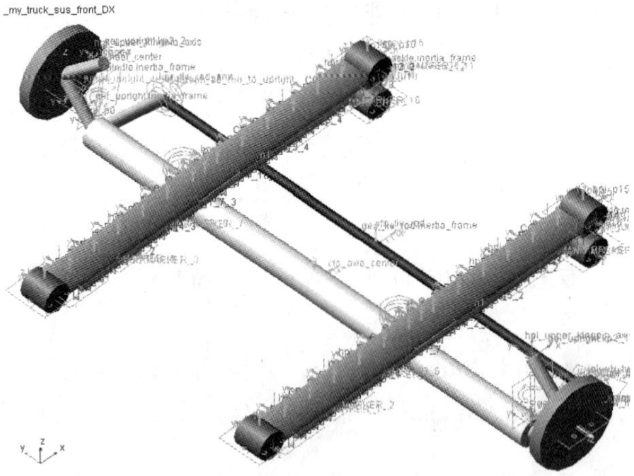

图 13-5　前转向悬架系统

添加约束过程如下。

- 单击 Tools > Select Mode > Switch To A/Car Template Biulder 命令，切换到 ADAMS/CAR 专家界面；
- 单击 File > Save as 命令，另存为文件：_my_truck_sus_front_DX.tpl；

（1）部件 nrl_1_beam1 与安装件 leafspring_to_body 之间 revolute 约束。

- 单击 Build > Attachments > Joint > New 命令，弹出创约束件对话框如图 13-6 所示；

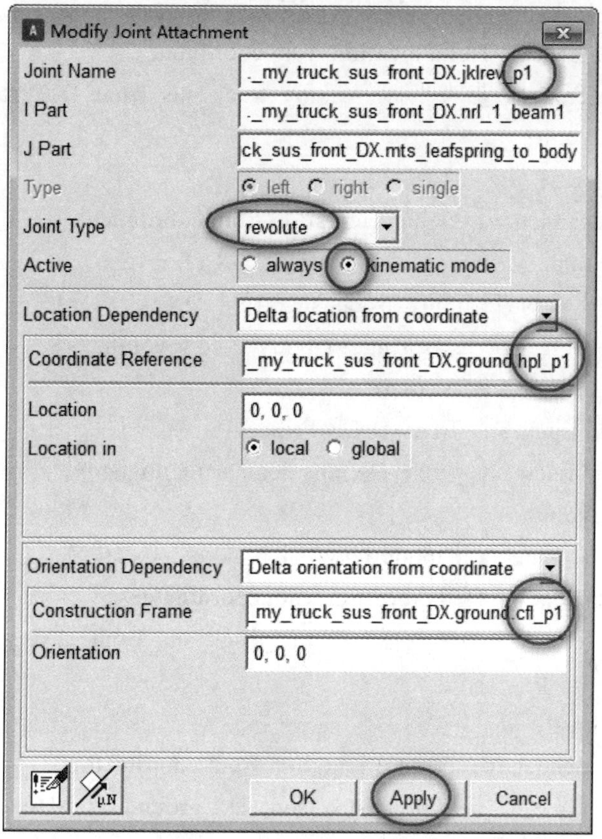

图 13-6　revolute 约束

- Joint Name（约束副名称）：p1；
- I Part：._my_truck_sus_front_DX.nrl_1_beam1；
- J Part：._my_truck_sus_front_DX.mts_leafspring_to_body；
- Joint Type：revolute；
- Active（激活）：kinematic mode（运动学模式）；
- Location Dependency：Delta location from coordinate；
- Coordinate Reference（参考坐标）：._my_truck_sus_front_DX.ground.hpl_p1；
- Location：0，0，0；
- Location in：local；
- Orientation Dependency：Delta orientation from coordinate；
- Construction Frame：._my_truck_sus_front_DX.ground.cfl_p1；

- 单击 Apply，完成约束副._my_truck_sus_front_DX.jklrev_p1 的创建。

（2）部件 nrl_15_beam1 与安装件 leafspring_to_body 之间 revolute 约束。

- Joint Name（约束副名称）：p15；
- I Part：._my_truck_sus_front_DX.nrl_15_beam1；
- J Part：._my_truck_sus_front_DX.gel_shackle；
- Joint Type：revolute；
- Active（激活）：kinematic mode（运动学模式）；
- Location Dependency：Delta location from coordinate；
- Coordinate Reference（参考坐标）：._my_truck_sus_front_DX.ground.hpl_p15；
- Location：0，0，0；
- Location in：local；
- Orientation Dependency：Delta orientation from coordinate；
- Construction Frame：._my_truck_sus_front_DX.cfl_p15；
- 单击 Apply，完成约束副._my_truck_sus_front_DX.jklrev_p15 的创建。

（3）部件 shackle 与安装件 leafspring_to_body 之间 revolute 约束。

- Joint Name（约束副名称）：p16；
- I Part：._my_truck_sus_front_DX.gel_shackle；
- J Part：._my_truck_sus_front_DX.mts_leafspring_to_body；
- Joint Type：revolute；
- Active（激活）：kinematic mode（运动学模式）；
- Location Dependency：Delta location from coordinate；
- Coordinate Reference（参考坐标）：._my_truck_sus_front_DX.ground.hpl_p16；
- Location：0，0，0；
- Location in：local；
- Orientation Dependency：Delta orientation from coordinate；
- Construction Frame：._my_truck_sus_front_DX.ground.cfl_p16；
- 单击 Apply，完成约束副._my_truck_sus_front_DX.jklrev_p16 的创建。

（4）部件 rear_axle 与 nrl_7_beam2 之间 fixed 约束。

- Joint Name（约束副名称）：axle；
- I Part：._my_truck_sus_front_DX.ges_rear_axle；
- J Part：._my_truck_sus_front_DX.nrl_7_beam2；
- Joint Type：fixed；
- Active（激活）：always；
- Location Dependency：Delta location from coordinate；
- Coordinate Reference（参考坐标）：._my_truck_sus_front_DX.ground.hpl_a8；
- Location：0，0，0；
- Location in：local；
- 单击 Apply，完成约束副._my_truck_sus_front_DX.jolfix_axle 的创建。

（5）部件 spindle 与 upright 之间 revolute 约束。

- Joint Name（约束副名称）：hub；
- I Part：._my_truck_sus_front_DX.gel_spindle；
- J Part：._my_truck_sus_front_DX.gel_upright；
- Joint Type：revolute；
- Active（激活）：always；
- Location Dependency：Delta location from coordinate；
- Coordinate Reference（参考坐标）：._my_truck_sus_front_DX.ground.cfl_wheel_center；
- Location：0，0，0；
- Location in：local；
- Orientation Dependency：Delta orientation from coordinate；
- Construction Frame：._my_truck_sus_front_DX.ground.cfl_wheel_center；
- 单击 Apply，完成约束副._my_truck_sus_front_DX.jolrev_hub 的创建。

（6）部件 rear_axle 与 upright 之间 revolute 约束。

- Joint Name（约束副名称）：upright_to_axle；
- I Part：._my_truck_sus_front_DX.gel_upright；
- J Part：._my_truck_sus_front_DX.ges_rear_axle；
- Joint Type：revolute；
- Active（激活）：always；
- Centered between：Two Coordinates；
- Coordinate Reference #1（参考坐标）：._my_truck_sus_front_DX.ground.hpl_p0；
- Coordinate Reference #2（参考坐标）：._my_truck_sus_front_DX.ground.hpl_upper_kingpin_axis；
- Orientation Dependency：Orient axis to point；
- Construction Frame：._my_truck_sus_front_DX.ground.hpl_upper_kingpin_axis；
- 单击 Apply，完成约束副._my_truck_sus_front_DX.jolrev_upright_to_axle 的创建。

（7）部件 tie_rod 与 upright 之间 spherical 约束。

- Joint Name（约束副名称）：tie_rod_to_upright；
- I Part：._my_truck_sus_front_DX.ges_tie_rod；
- J Part：._my_truck_sus_front_DX.gel_upright；
- Joint Type：spherical；
- Active（激活）：always；
- Location Dependency：Delta location from coordinate；
- Coordinate Reference（参考坐标）：._my_truck_sus_front_DX.ground.hpl_tie_rod_arm；
- Location：0，0，0；
- Location in：local；
- 单击 Apply，完成约束副._my_truck_sus_front_DX.jolsph_tie_rod_to_upright 的创建。

（8）部件 tie_rod 与 upright 之间 perpendicular 约束。

- Joint Name（约束副名称）：tie_rod_ori；
- I Part：._my_truck_sus_front_DX.ges_tie_rod；
- J Part：._my_truck_sus_front_DX.gel_upright；

- Joint Type：perpendicular；
- Active（激活）：always；
- Location Dependency：Delta location from coordinate；
- Coordinate Reference（参考坐标）：._my_truck_sus_front_DX.ground.hpl_tie_rod_arm；
- Location：0，0，0；
- Location in：local；
- I-Part Axis：._my_truck_sus_front_DX.ground.hpr_tie_rod_arm；
- J-Part Axis：._my_truck_sus_front_DX.ground.cfs_axle_center；
- 单击 Apply，完成约束副._my_truck_sus_front_DX.josper_tie_rod_ori 的创建。

（9）部件 nrl_1_beam1 与 leafspring_to_body 之间 bushing 约束。

- 单击 Build > Attachments > Bushing > New 命令，弹出创衬套件对话框；
- Bushing Name（约束副名称）：p1；
- I　Part：._my_truck_sus_front_DX.nrl_1_beam1；
- J　Part：._my_truck_sus_front_DX.mts_leafspring_to_body；
- Inactive（抑制）：kinematic mode（运动学模式）；
- Preload：0，0，0；
- Tpreload：0，0，0；
- Offset：0，0，0；
- Roffset：0，0，0；
- Geometry Length：100；
- Geometry Radius：50；
- Property File：mdids：//acar_shared/bushings.tbl/mdi_0001.bus；
- Location Dependency：Delta location from coordinate；
- Coordinate Reference（参考坐标）：._my_truck_sus_front_DX.ground.hpl_p1；
- Location：0，0，0；
- Location in：local；
- Orientation Dependency：Delta location from coordinate；
- Construction Frame：._my_truck_sus_front_DX.ground.cfl_p1；
- Orientation：0，0，0；
- 单击 Apply，完成轴套._my_truck_sus_front_DX.bkl_p1 的创建。

（10）部件 nrl_15_beam1 与 shackle 之间 bushing 约束。

- Bushing Name（约束副名称）：p15；
- I　Part：._my_truck_sus_front_DX.nrl_1_beam1；
- J　Part：._my_truck_sus_front_DX.gel_shackle；
- Inactive（抑制）：kinematic mode（运动学模式）；
- Preload：0，0，0；
- Tpreload：0，0，0；
- Offset：0，0，0；
- Roffset：0，0，0；

- Geometry Length：100；
- Geometry Radius：50；
- Property File：mdids：//acar_shared/bushings.tbl/mdi_0001.bus；
- Location Dependency：Delta location from coordinate；
- Coordinate Reference（参考坐标）：._my_truck_sus_front_DX.ground.hpl_p15；
- Location：0，0，0；
- Location in：local；
- Orientation Dependency：Delta location from coordinate；
- Construction Frame：._my_truck_sus_front_DX.ground.cfl_p15；
- Orientation：0，0，0；
- 单击 Apply，完成轴套._my_truck_sus_front_DX.bkl_p15 的创建。

（11）部件 leafspring_to_body 与 shackle 之间 bushing 约束。

- Bushing Name（约束副名称）：p15；
- I　Part：._my_truck_sus_front_DX.mts_leafspring_to_body；
- J　Part：._my_truck_sus_front_DX.gel_shackle
- Inactive（抑制）：kinematic mode（运动学模式）；
- Preload：0，0，0；
- Tpreload：0，0，0；
- Offset：0，0，0；
- Roffset：0，0，0；
- Geometry Length：100；
- Geometry Radius：50；
- Property File：mdids：//acar_shared/bushings.tbl/mdi_0001.bus；
- Location Dependency：Delta location from coordinate；
- Coordinate Reference（参考坐标）：._my_truck_sus_front_DX.ground.hpl_p16；
- Location：0，0，0；
- Location in：local；
- Orientation Dependency：Delta location from coordinate；
- Construction Frame：._my_truck_sus_front_DX.ground.cfl_p16；
- Orientation：0，0，0；
- 单击 OK，完成轴套._my_truck_sus_front_DX.bkl_p16 的创建。

13.4　6×4 转向系统

转向系统建模参考“转向系统”相关章节，其建模过程与齿轮齿条转系系统相似，建模过程中不建立助力转向，推荐采用联合仿真模型研究转向助力特性，联合仿真模型（仿真参见“联合仿真“相关篇章）。模型完成后建立转向子系统，通过调节转向系统的硬点参数可以改变转向系统的外在形状，调整后的模型如图 13-7 所示。

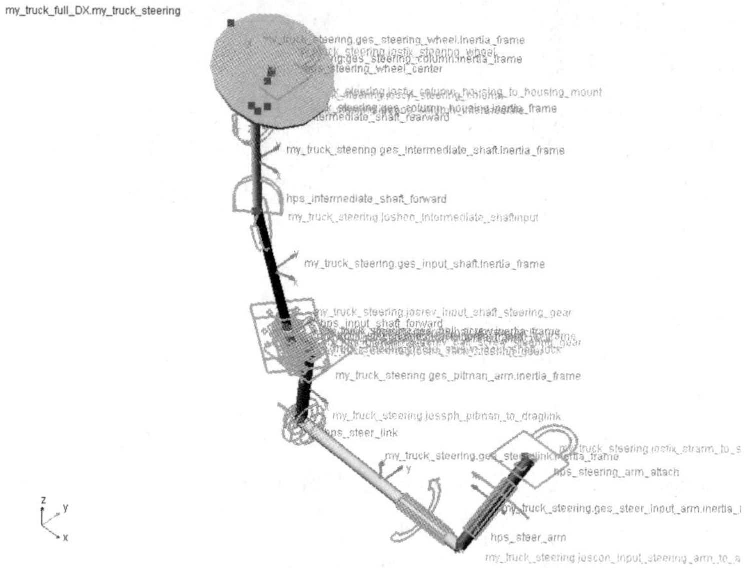

图 13-7　右舵转系系统模型

右舵转向系统信息

HARDPOINTS:

hardpoint name	symmetry	x_value	y_value	z_value
input_shaft_forward	single	1397.1	526.8	1204.8
intermediate_shaft_forward	single	1263.7	526.8	1612.5
intermediate_shaft_rearward	single	1203.9	571.9	1988.6
origin_ref	single	0.0	0.0	0.0
pitman_axis	single	1445.0	570.0	1120.0
steering_arm_attach	single	2120.9	858.6	924.8
steering_wheel_center	single	1280.1	571.9	2196.8
steer_arm	single	2110.0	565.0	750.0
steer_link	single	1415.0	565.0	800.0

PARTS:

ball_screw

symmetry : single

mass : 0.2677178716

location (dependent) : 1404.8744451208, 526.8, 1181.0395706465

orientation (dependent): zp_vector= – 0.3109778048, 0.0, 0.9504171741

: xp_vector=0.9504171741, 0.0, 0.3109778048

cm_location_from_part : 0.0, 0.0, 0.0

Ixx, Iyy, Izz : 70.3997101295 , 70.3997101295 , 29.2503070805

Ixy, Izx, Iyz : 0.0 , 0.0 , 0.0

ball_screw link geometry

name : ball_screw

symmetry : single

radius : 15.0

column_housing

symmetry : single

mass : 3.8075430632

location (dependent) : 1242.0, 571.9, 2092.7

orientation (dependent): zp_vector=0.3436979584, 0.0, 0.9390802486

: xp_vector=0.9390802486, 0.0, －0.3436979584

cm_location_from_part : 0.0, 0.0, 0.0

Ixx, Iyy, Izz : 4652.0791921612 , 4652.0791921612 , 2958.2532790538

Ixy, Izx, Iyz : 0.0 , 0.0 , 0.0

input_shaft

symmetry : single

mass : 1.5395509539

location (dependent) : 1330.4, 526.8, 1408.65

orientation (dependent): zp_vector=－0.3109778048, 0.0, 0.9504171741

: xp_vector=0.9504171741, 0.0, 0.3109778048

cm_location_from_part : 0.0, 0.0, 0.0

Ixx, Iyy, Izz : 1.0690949443E+004 , 1.0690949443E+004 , 168.2081883253

Ixy, Izx, Iyz : 0.0 , 0.0 , 0.0

input_shaft link geometry

name : input_shaft

symmetry : single

radius : 15.0

intermediate_shaft

symmetry : single

mass : 3.2572861028

location (dependent) : 1233.8, 549.35, 1800.55

orientation (dependent): zp_vector=－0.1559380297, 0.1176054372, 0.9807406854

: xp_vector=0.9875941925, 0.0, 0.1570277392

cm_location_from_part : 0.0, 0.0, 0.0

Ixx, Iyy, Izz : 1.0063298763E+005 , 1.0063298763E+005 , 355.8844173383

Ixy, Izx, Iyz : 0.0 , 1.5435463028E－011 , －1.2222099755E－011

intermediate_shaft link geometry

name : intermediate_shaft

symmetry : single

radius : 15.0

pitman_arm

symmetry : single

mass : 3.0597612449

location (dependent) : 1430.0, 567.5, 960.0

orientation (dependent): zp_vector=9.3329415885E - 002 , 1.5554902647E - 002 , 0.9955137694

: xp_vector=0.9956342261, 0.0, - 9.3340708693E - 002

cm_location_from_part : 0.0, 0.0, 0.0

Ixx, Iyy, Izz : 2.6642977669E+004 , 2.6642977669E+004 , 594.316898446

Ixy, Izx, Iyz : 0.0 , 0.0 , 0.0

pitman_arm link geometry

name : pitman

symmetry : single

radius : 20.0

rack

symmetry : single

mass : 0.4759428829

location (dependent) : 1404.8744451208, 526.8, 1181.0395706465

orientation (dependent): zp_vector= - 0.3109778048, 0.0, 0.9504171741

: xp_vector=0.9504171741, 0.0, 0.3109778048

cm_location_from_part : 0.0, 0.0, 0.0

Ixx, Iyy, Izz : 145.377474755 , 145.377474755 , 92.4454149704

Ixy, Izx, Iyz : 0.0 , 0.0 , 0.0

rack link geometry

name : rack

symmetry : single

radius : 20.0

steering_column

symmetry : single

mass : 4.6054150195

location (dependent) : 1242.0, 571.9, 2092.7

orientation (dependent): zp_vector= - 0.3436979584, 0.0, - 0.9390802486

: xp_vector= - 0.9390802486, 0.0, 0.3436979584

cm_location_from_part : 0.0, 0.0, 0.0

Ixx, Iyy, Izz : 2.8418098227E+005 , 2.8418098227E+005 , 503.1782254018

Ixy, Izx, Iyz : 1.290539313E - 011 , - 3.4339542441E - 011 , - 1.7447092497E - 011

steering_column link geometry

name : steering_column
symmetry : single
radius : 15.0

steering_wheel

symmetry : single
mass : 4.3520217212
location (dependent) : 1280.1, 571.9, 2196.8
orientation (dependent): zp_vector= - 0.3436979584, 0.0, - 0.9390802486
: xp_vector= - 0.9390802486, 0.0, 0.3436979584
cm_location_from_part : 0.0, 0.0, 0.0
Ixx, Iyy, Izz : 1.5274270539E+004 , 1.5274270539E+004 , 3.0431551482E+004
Ixy, Izx, Iyz : 0.0, 0.0, 0.0

steer_input_arm

symmetry : single
mass : 3.2542078734
location (dependent) : 2115.45, 711.8, 837.4
orientation(dependent): zp_vector= - 3.1883503608E - 002, - 0.858807033, - 0.5113060946
: xp_vector= - 0.9980614551, 0.0, 6.2236097601E - 002
cm_location_from_part : 0.0, 0.0, 0.0
Ixx, Iyy, Izz : 3.2010619994E+004 , 3.2010619994E+004 , 632.0855045091
Ixy, Izx, Iyz : 0.0 , 0.0 , 0.0

steer_input_arm link geometry

name : steer_input_arm
symmetry : single
radius : 20.0

steer_link

symmetry : single
mass : 6.6327042246
location (dependent) : 1762.5, 565.0, 775.0
orientation (dependent): zp_vector= - 0.9974221446, 0.0, 7.1756988821E - 002
: xp_vector=7.1756988821E - 002, 0.0, 0.9974221446
cm_location_from_part : 0.0, 0.0, 0.0
Ixx, Iyy, Izz : 2.6900613273E+005 , 2.6900613273E+005 , 1288.3123510291
Ixy, Izx, Iyz : 0.0 , 2.4202770437E - 011 , 1.4162484132E - 011

steer_link link geometry

name : steer_link
symmetry : single
radius : 20.0

GEARS:

ball_screw_rack

```
    symmetry          : single
    reduction ratio:  10.0
    invert input      : no
  pitman_arm_rack
    symmetry          : single
    reduction ratio:  0.8
    invert input      : no
  screw_input_shaft_lock
    symmetry          : single
    reduction ratio:  1.0
    invert input      : yes
  PARAMETERS:
    parameter name              symmetry      type        value
    --------------              --------      ----        -----
    kinematic_flag              single        integer     0
    max_rack_displacement       single        real        100.0
    max_rack_force              single        real        500.0
    max_steering_angle          single        real        720.0
max_steering_torque             single        real        500.0
```

13.5　白驱动轴模型

白驱动轴模型的主要特征是模型包含悬架参数（前束、外倾、主销），ADAMS/CAR 专家界面只能够建立单轴系悬架系统参数，通过模型合并功能可以建立任意轴系悬架集成参数。白驱动轴模型可以通过自建立模型获取，本章附的白驱动轴模型为作者建立，读者可以参考自行建立。如图 13-8 所示白驱动轴模型通过公版模型_msc_truck_drive_axle.tpl 获取，通过专家界面打开模型，删除除驱动轴和轮毂部件以外的其他所有部件、安装部件及关联的硬点和结构框。通过 Shift Template 命令把驱动轴向前移动 7 405.9 mm，保证驱动轴质心在原点位置。

图 13-8　白驱动轴模型

Template：_msc_truck_drive_axle 公版驱动轴模型，红色下滑部件保留，其余部件全部删除

PARTS：

panhard_link

symmetry : single

mass : 1.0

location（dependent） : 7405.86, 0.0, 758.41

orientation（dependent）: zp_vector=0.0, 0.0, 1.0

: xp_vector=1.0, 0.0, 0.0

cm_location_from_part : 0.0, 0.0, 0.0

Ixx, Iyy, Izz : 100.0 , 100.0 , 100.0

Ixy, Izx, Iyz : 0.0 , 0.0 , 0.0

panhard_link link geometry

name : panhard_link

symmetry : single

radius : 10.0

panhard_rod

symmetry : single

mass : 6.0

location（dependent） : 7437.61, – 60.2196, 1112.99

orientation（dependent）: zp_vector=0.0, 2.5653525392E – 002, 0.9996708942

: xp_vector=0.0, – 0.9996708942, 2.5653525392E – 002

cm_location_from_part : 0.0, 0.0, 0.0

Ixx, Iyy, Izz : 1040.0 , 2.0E+005 , 2.0E+005

Ixy, Izx, Iyz : 0.0 , 0.0 , 0.0

panhard_rod link geometry

name : panhard_rod

symmetry : single

radius : 10.0

drive_axle

symmetry : left/right

mass : 175.0

location（dependent） : 7459.0, – 305.73, 753.054

orientation（dependent）: zp_vector=0.0, 0.0, 1.0

: xp_vector=0.0, – 1.0, 0.0

cm_location_from_part : 0.0, 0.0, 0.0

Ixx, Iyy, Izz : 7.25E+006 , 3.25E+006 , 4.25E+006

Ixy, Izx, Iyz : 0.0 , 0.0 , 0.0

drive_axle link geometry

name : drive_axle

symmetry : left/right

radius : 50.0

hub

symmetry : left/right

mass : 1.0

location（dependent） : 7405.9, －904.1, 758.4

orientation（dependent）: zp_vector=0.0, 0.0, 1.0

: xp_vector=0.0, －1.0, 0.0

cm_location_from_part : 0.0, 0.0, 0.0

Ixx, Iyy, Izz : 1000.0 , 1000.0 , 1000.0

Ixy, Izx, Iyz : 0.0 , 0.0 , 0.0

lower_shock

symmetry : left/right

mass : 1.0

location（dependent） : 7546.525, －518.35, 808.725

orientation(dependent): zp_vector= －0.1968141168, －1.4578823463E－002, －0.9803324239

: xp_vector= －0.9804366215, 0.0, 0.1968350357

cm_location_from_part : 0.0, 0.0, 0.0

Ixx, Iyy, Izz : 1.0 , 1.0 , 1.0

Ixy, Izx, Iyz : 0.0 , 0.0 , 0.0

trailing_arm

symmetry : left/right

mass : 34.0

location（dependent） : 7082.25, －523.9, 784.9

orientation : zp_vector=0.0, 0.0, 1.0

: xp_vector=1.0, 0.0, 0.0

cm_location_from_part : 0.0, 0.0, 0.0

Ixx, Iyy, Izz : 1.3525277301E+007, 2.1467216057E+005, 1.3406829359E+007

Ixy, Izx, Iyz : 0.0 , 0.0 , 0.0

trailing_arm link geometry

name : trailing_arm

symmetry : left/right

radius : 30.0

upper_shock

symmetry : left/right

mass : 1.0

```
        location ( dependent )       :  7599.175,  – 514.45, 1070.975
    orientation( dependent ): zp_vector= – 0.1968141168,  – 1.4578823463E – 002,  – 0.9803324239
                                     :  xp_vector= – 0.9804366215, 0.0, 0.1968350357
        cm_location_from_part        :  0.0, 0.0, 0.0
        Ixx, Iyy, Izz                :  1.0 , 1.0 , 1.0
     Ixy, Izx, Iyz                   :  0.0 , 0.0 , 0.0
```

删除其他部件后，转向主销参数也会被删除，原因在于公版模型的主销参数在部件._msc_truck_drive_axle.mtl_spring_to_frame 与._msc_truck_drive_axle.gel_trailing_arm 之间通过几何关系建立。重新构建转向主销参数方法如下：

（1）建立结构框 hub_up。

- 单击 Build > Construction Frame > New 命令，弹出创建结构框，如图 13-9 所示；
- Construction Frame（结构框名称）输入 hub_up；
- Coordinate Reference（参考坐标）：._my_truck_axle_white.ground.cfl_hub；
- Location：0，-200，0；
- Orientation Dependency（参考方向）：Delta orientation from coordinate；
- Constructon Frame（结构框名称）输入._my_truck_axle_white.ground.cfl_hub；
- Orientation（参考方向）：0，0，0；
- 单击 OK，完成._my_truck_axle_white.ground.cfl_hub_up 结构框的创建；

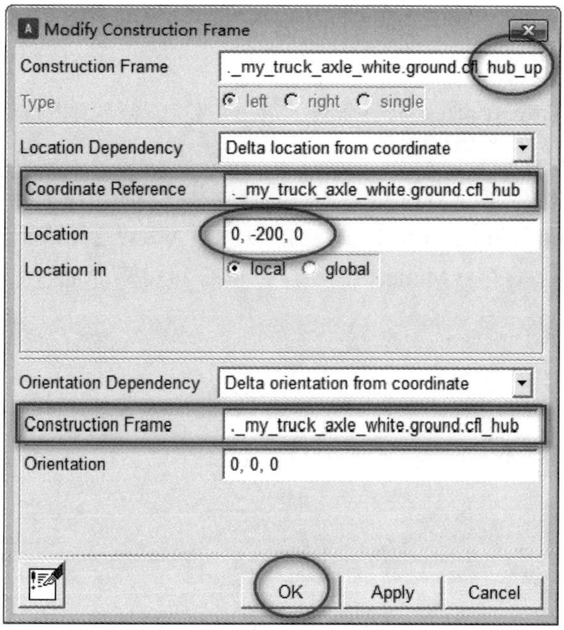

图 13-9　结构框 hub_up

（2）建立主销参数。

- 单击 Build > Suspension Parameters > Characteristics Array > Set 命令，弹出悬架参数 Characteristics Array 对话框，如图 13-10 所示；

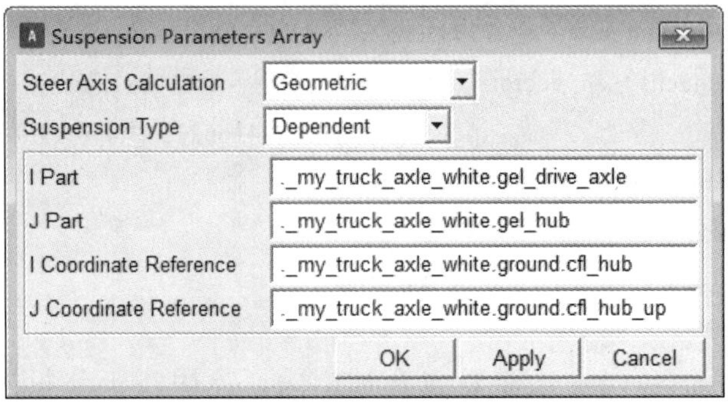

图 13-10　转向主销参数设置

- Steer Axis Calculation：Geometric；
- Suspension Type：Dependent（非独立悬架）；
- I Part：._my_truck_axle_white.gel_drive_axle；
- J Part：._my_truck_axle_white.gel_hub；
- I Coordinate Reference：._my_truck_axle_white.ground.cfl_hub；
- J Coordinate Reference：._my_truck_axle_white.ground.cfl_hub_up；
- 单击 OK，完成转向主销轴线的创建。同时创建输出通信器：._my_truck_axle_white.cos_suspension_parameters_ARRAY。
- 保存模型，完成白驱动轴模型的创建。

（3）构造双驱动轴模型。

- 白驱动轴模型._my_truck_axle_white 另存为 Q1，修改输入输出通信器，特征全部为 rear；
- 白驱动轴模型._my_truck_axle_white 另存为 Q2，修改输入输出通信器，特征全部为 rear_2；
- 通过 Shift Template 命令，把模型 Q2 后移动 1 300 mm；
- 击 Tools > Adams/View Interface 命令，切换到 View 通用界面；
- 单击 Tools > Merge Two Models 命令，弹出合并模型界面，如图 13-11 所示；

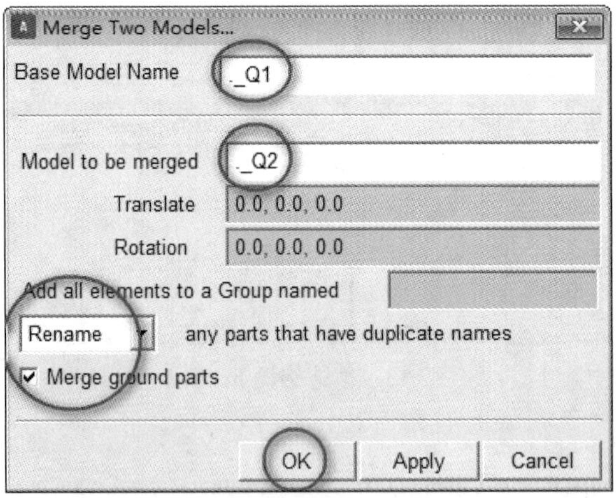

图 13-11　模型合并设置

- Base Model Name：._Q1；
- Model to be merged：._Q2；
- Translate：0.0，0.0，0.0；
- Rotation：0.0，0.0，0.0；
- 选择 Rename；
- 勾选 Merge ground parts；
- 单击 OK，模型合并完成，模型._Q1 此时变成双轴系模型。
- 单击 Tools > Select Mode > Switch To A/Car Template Biulder 命令，切换到 ADAMS/CAR 专家界面；
- 单击 File > Save as 命令，另存为文件：my_truck_axle_two_white；合并完成后的白双轴驱动模型如图 13-12 所示。

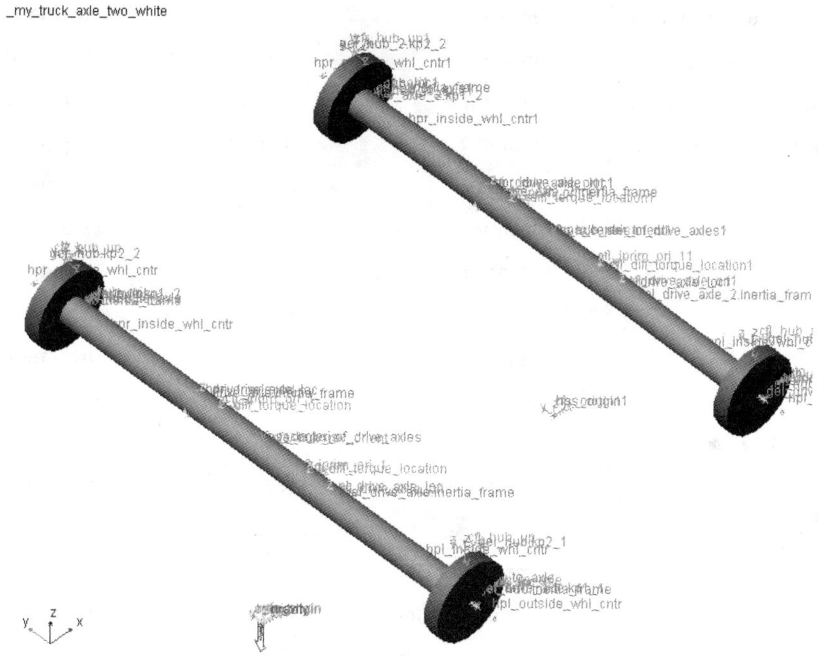

图 13-12　白双周驱动模型

白双轴驱动模型建立完成后，悬架集成参数整合完成，具体信息如下。

Listing of input communicators in '_my_truck_axle_two_white'

Communicator Name：	Entity Class：	From Minor Role：	Matching Name：
ci[lr]_tire_force	force	rear	tire_force
ci[lr]_tire_force_2	force	rear_2	tire_force
ci[lr]_tripot_to_differential	mount	rear	tripot_to_differential

ci[lr]_tripot_to_differential_2	mount	rear_2	tripot_to_differential

8 input communicators were found in '_my_truck_axle_two_white'

Listing of output communicators in'_my_truck_axle_two_white'

Communicator Name:	Entity Class:	To Minor Role:	Matching Name:
co[lr]_camber_angle	parameter_real	rear	camber_angle
co[lr]_camber_angle_2	parameter_real	rear_2	camber_angle
co[lr]_diff_tripot	location	rear	diff_tripot
co[lr]_diff_tripot_2	location	rear_2	diff_tripot
co[lr]_lddrv_outside_whl_mount	mount	rear	outside_whl_mnt
co[lr]_lddrv_outside_whl_mount_2	mount	rear_2	outside_whl_mnt
co[lr]_lddrv_suspension_mount	mount	rear	suspension_mount
co[lr]_lddrv_suspension_mount_2	mount	rear_2	suspension_mount
co[lr]_lddrv_suspension_upright	mount	rear	suspension_upright
co[lr]_lddrv_suspension_upright_2	mount	rear_2	suspension_upright
co[lr]_outside_wheel_center	location	rear	outside_wheel_center
co[lr]_outside_wheel_center_2	location	rear_2	outside_wheel_center
co[lr]_toe_angle	parameter_real	rear	toe_angle
co[lr]_toe_angle_2	parameter_real	rear_2	toe_angle
co[lr]_wheel_center	location	rear	wheel_center
co[lr]_wheel_center_2	location	rear_2	wheel_center
cos_axle_diff_mount	mount	rear	axle_diff_mount
cos_axle_diff_mount_2	mount	rear_2	axle_diff_mount
cos_driveline_active	parameter_integer	rear	driveline_active
cos_driveline_active_2	parameter_integer	rear_2	driveline_active
cos_halfshaft_omega_left	solvcr_variable	rear	halfshaft_omega_left
cos_halfshaft_omega_left_2	solver_variable	rear_2	halfshaft_omega_left
cos_halfshaft_omega_right	solver_variable	rear	halfshaft_omega_right
cos_halfshaft_omega_right_2	solver_variable	rear_2	halfshaft_omega_right
cos_suspension_parameters_ARRAY	array	rear	suspension_parameters_array
cos_suspension_parameters_ARRAY_2	array	rear_2	suspension_parameters_array

----

42 output communicators were found in '_my_truck_axle_two_white'

13.6　导向杆式平衡悬架模型

为提升建模速度，作者在此提供一个白平衡悬架模型，通过合并功能把白导向杆式平衡悬架模型与白双轴驱动模型合并，合并后的模型添加刚性约束与柔性约束可以快速完成导向杆式平衡悬架模型的建立，如图 13-13 所示白平衡悬架信息如下。

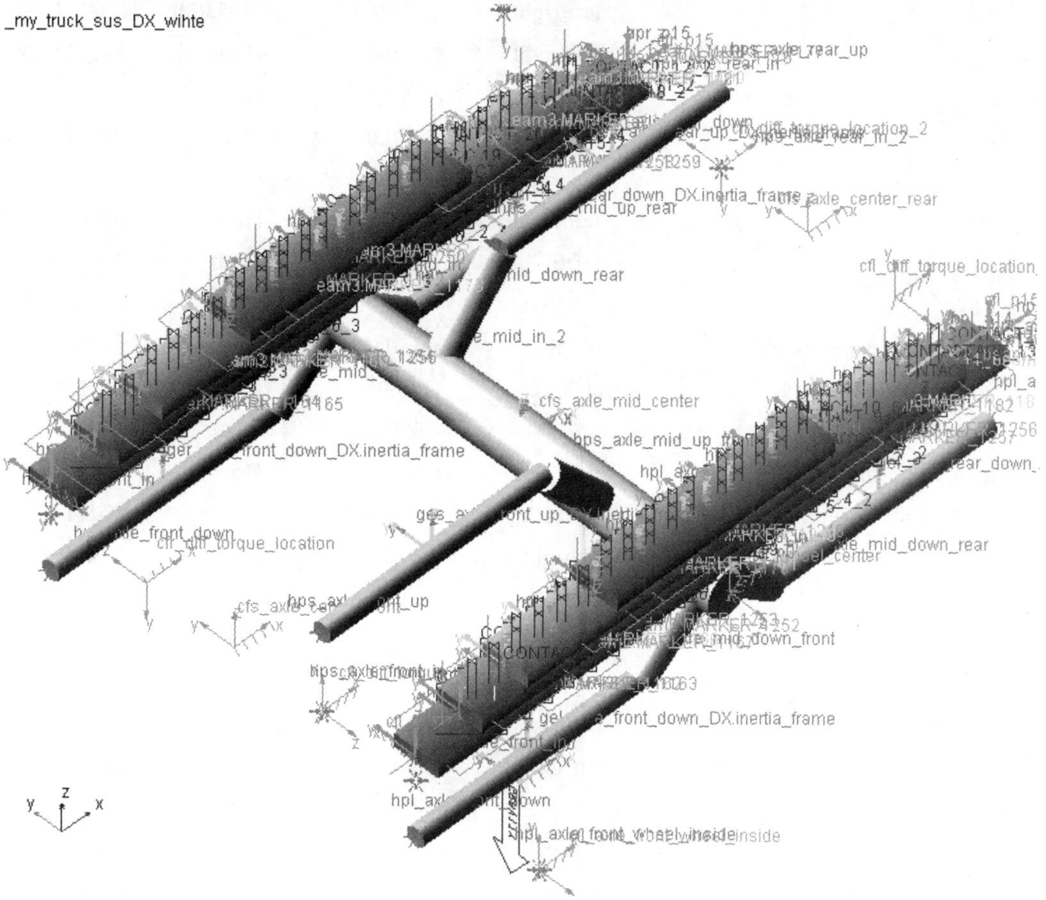

图 13-13　白平衡悬架模型

HARDPOINTS:

hardpoint name	symmetry	x_value	y_value	z_value
axle_front_in_2	single	– 650.0	– 200.0	758.4
axle_front_up	single	– 650.0	– 200.0	933.4
axle_mid_up_front	single	– 150.0	– 200.0	933.4
axle_mid_up_rear	single	150.0	200.0	933.4
axle_rear_in_2	single	650.0	200.0	758.4
axle_rear_up	single	650.0	200.0	933.4

a2	left/right	– 550.0	– 415.0	843.4
a3	left/right	– 450.0	– 415.0	843.4
a4	left/right	– 350.0	– 415.0	843.4
a5	left/right	– 250.0	– 415.0	843.4
a6	left/right	– 150.0	– 415.0	843.4
a7	left/right	– 50.0	– 415.0	843.4
a8	left/right	0.0	– 415.0	843.4
a9	left/right	50.0	– 415.0	843.4
a10	left/right	150.0	– 415.0	843.4
a11	left/right	250.0	– 415.0	843.4
a12	left/right	350.0	– 415.0	843.4
a13	left/right	450.0	– 415.0	843.4
a14	left/right	550.0	– 415.0	843.4
anxle_mid_down_front	left/right	– 150.0	– 415.0	633.4
anxle_mid_down_rear	left/right	150.0	– 415.0	633.4
axle_front_down	left/right	– 650.0	– 415.0	633.4
axle_front_in	left/right	– 650.0	– 415.0	758.4
axle_front_wheel_inside	left/right	– 650.0	– 693.5	758.4
axle_front_wheel_outside	left/right	– 650.0	– 1041.0	758.4
axle_mid_in	left/right	0.0	– 415.0	758.4
axle_mid_in_2	left/right	0.0	– 200.0	758.4
axle_rear_down	left/right	650.0	– 415.0	633.4
axle_rear_in	left/right	650.0	– 415.0	758.4
axle_rear_wheel_inside	left/right	650.0	– 693.5	758.4
axle_rear_wheel_outside	left/right	650.0	– 1041.0	758.4
b3	left/right	– 450.0	– 415.0	873.4
b4	left/right	– 350.0	– 415.0	873.4
b5	left/right	– 250.0	– 415.0	873.4
b6	left/right	– 150.0	– 415.0	873.4
b7	left/right	– 50.0	– 415.0	873.4
b8	left/right	0.0	– 415.0	873.4
b9	left/right	50.0	– 415.0	873.4
b10	left/right	150.0	– 415.0	873.4
b11	left/right	250.0	– 415.0	873.4
b12	left/right	350.0	– 415.0	873.4
b13	left/right	450.0	– 415.0	873.4
c5	left/right	– 250.0	– 415.0	903.4
c6	left/right	– 150.0	– 415.0	903.4

c7	left/right	– 50.0	– 415.0	903.4
c8	left/right	0.0	– 415.0	903.4
c9	left/right	50.0	– 415.0	903.4
c10	left/right	150.0	– 415.0	903.4
c11	left/right	250.0	– 415.0	903.4
p0	left/right	0.0	– 470.0	758.4
p1	left/right	– 650.0	– 415.0	813.4
p2	left/right	– 550.0	– 415.0	813.4
p3	left/right	– 450.0	– 415.0	813.4
p4	left/right	– 350.0	– 415.0	813.4
p5	left/right	– 250.0	– 415.0	813.4
p6	left/right	– 150.0	– 415.0	813.4
p7	left/right	– 50.0	– 415.0	813.4
p8	left/right	0.0	– 415.0	813.4
p9	left/right	50.0	– 415.0	813.4
p10	left/right	150.0	– 415.0	813.4
p11	left/right	250.0	– 415.0	813.4
p12	left/right	350.0	– 415.0	813.4
p13	left/right	450.0	– 415.0	813.4
p14	left/right	550.0	– 415.0	813.4
p15	left/right	650.0	– 415.0	813.4

PARTS:

axle_front_up_DX

symmetry : single

mass : 4.759428829

location (dependent) : – 400.0, – 200.0, 933.4

orientation : zp_vector=0.0, 0.0, 1.0

: xp_vector=1.0, 0.0, 0.0

cm_location_from_part : 0.0, 0.0, 0.0

Ixx, Iyy, Izz : 924.4541497043 , 9.9616994345E+004 , 9.9616994345E+004

Ixy, Izx, Iyz : 0.0 , 0.0 , 0.0

axle_front_up_DX link geometry

name : axle_front_up

symmetry : single

radius : 20.0

axle_mid

symmetry : single

mass : 115.1251112865

location (dependent) : 0.0, 0.0, 758.4

orientation : zp_vector=0.0, 0.0, 1.0

: xp_vector=1.0, 0.0, 0.0

cm_location_from_part : 0.0, 0.0, − 3.943009184

Ixx, Iyy, Izz : 2.2371399487E+007 , 7.6923522486E+005 , 2.2189586742E+007

Ixy, Izx, Iyz : 2.646461238E+005 , 6.6131006653E − 010 , 1.979578607E − 010

axle_mid link geometry

name : axle_mid

symmetry : single

radius : 50.0

axle_mid link geometry

name : axle_mid_down_left_font

symmetry : single

radius : 30.0

axle_mid link geometry

name : axle_mid_down_left_rear

symmetry : single

radius : 30.0

axle_mid link geometry

name : axle_mid_down_right_font

symmetry : single

radius : 30.0

axle_mid link geometry

name : axle_mid_down_right_rear

symmetry : single

radius : 30.0

axle_mid link geometry

name : axle_mid_up_left

symmetry : single

radius : 30.0

axle_mid link geometry

name : axle_mid_up_right

symmetry : single

radius : 30.0

axle_rear_up_DX

symmetry : single

mass : 4.759428829

location (dependent) : 400.0, 200.0, 933.4

orientation : zp_vector=0.0, 0.0, 1.0

: xp_vector=1.0, 0.0, 0.0

cm_location_from_part : 0.0, 0.0, 0.0

Ixx, Iyy, Izz : 924.4541497043 , 9.9616994345E+004 , 9.9616994345E+004

Ixy, Izx, Iyz : – 2.1049036204E – 011 , 0.0 , 0.0

axle_rear_up_DX link geometry

name : axle_rear_up

symmetry : single

radius : 20.0

axle_front_down_DX

symmetry : left/right

mass : 4.759428829

location (dependent) : – 400.0, – 415.0, 633.4

orientation : zp_vector=0.0, 0.0, 1.0

: xp_vector=1.0, 0.0, 0.0

cm_location_from_part : 0.0, 0.0, 0.0

Ixx, Iyy, Izz : 924.4541497043 , 9.9616994345E+004 , 9.9616994345E+004

Ixy, Izx, Iyz : 0.0 , 0.0 , 0.0

axle_front_down_DX link geometry

name : axle_front_down

symmetry : left/right

radius : 20.0

axle_rear_down_DX

symmetry : left/right

mass : 4.759428829

location (dependent) : 400.0, – 415.0, 633.4

orientation : zp_vector=0.0, 0.0, 1.0

: xp_vector=1.0, 0.0, 0.0

cm_location_from_part : 0.0, 0.0, 0.0

Ixx, Iyy, Izz : 924.4541497043 , 9.9616994345E+004 , 9.9616994345E+004

Ixy, Izx, Iyz : – 2.1049036204E – 011 , 0.0 , 0.0

axle_rear_down_DX link geometry

name : axle_rear_down

symmetry : left/right

radius : 20.0

NRODS:

beam1

symmetry : left/right

height : 30.0
width : 100.0
damping ratio : 2.0E－003
material type : steel
formulation : linear

beam2

symmetry : left/right
height : 30.0
width : 100.0
damping ratio : 2.0E – 003
material type : steel
formulation : linear

beam3

symmetry : left/right
height : 30.0
width : 100.0
damping ratio : 2.0E – 003
material type : steel
formulation : linear

beam4

symmetry : left/right
height : 30.0
width : 100.0
damping ratio : 2.0E – 003
material type : steel
formulation : linear

PARAMETERS:

parameter name	symmetry	type	value
--------------	--------	----	-----
driveline_active	single	integer	1
kinematic_flag	single	integer	0
kinematic_flag_2	single	integer	0
final_drive	single	real	7.0
final_drive_2	single	real	7.0
camber_angle	left/right	real	0.0
toe_angle	left/right	real	0.0
toe_angle_2	left/right	real	0.0

板簧前后端与驱动轴采用移动连接，其余约束均为球副约束和衬套约束，特别需要强调的是衬套的刚度属性文件，刚度过低可能导致模型计算过程不收敛，本模型衬套属性文件采用公版数据库提供的 mdids://atruck_shared/bushings.tbl/msc_truck_trailing_arm_to_ frame.bus，添加完刚性约束与柔性约束后，平衡悬架模型如图 13-14 所示。

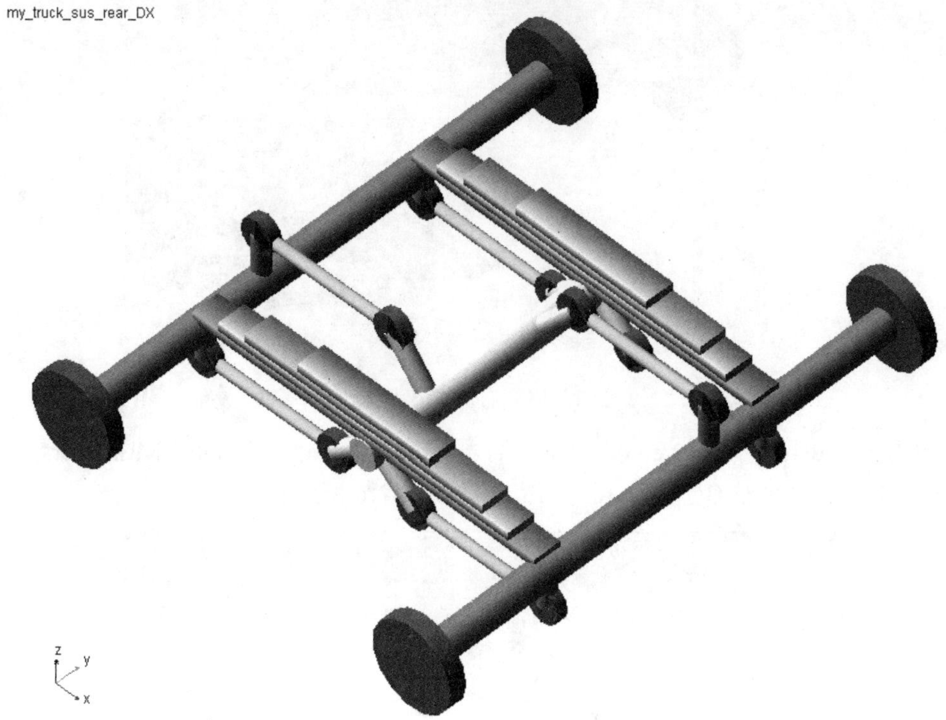

图 13-14　平衡悬架模型

13.7　6×4 整车模型

整车模型建立包含两种方法：① 直接装配建立整车模型；② 通过公版模型替换自建系统逐步完成整车模型。推荐采用第二种方法建立整车模型，虽然过程较为复杂，但建模过程中可以发现自建模型本身存在问题并逐步解决问题，通过逐步替换子系统完成整车模型建立不失为初学者学习复杂模型建立的一种有效手段；如果熟悉模型及装配，则推荐采用第一种方法快速建立整车模型，总之建模手段“不拘一格”，但前提条件是子系统和整车装配必须准确无误，不能像有些文献中出现的随意“替代”系统现象。整车模型中前后轮胎、制动系统及动力传动系统采用公版模型。

建立好的基于导向杆式平衡悬架整车模型如图 13-15 所示，整车包含 840 个自由度，模型较为复杂，建议采用服务器或者工作站进行运算，个人 PC 运算速度较为缓慢。整车模型建立完成之后首先需要进行静平衡分析，静平衡成功是模型能够正确运算的必要前提条件，否则模型在运算过程中会出现不收敛的现象。

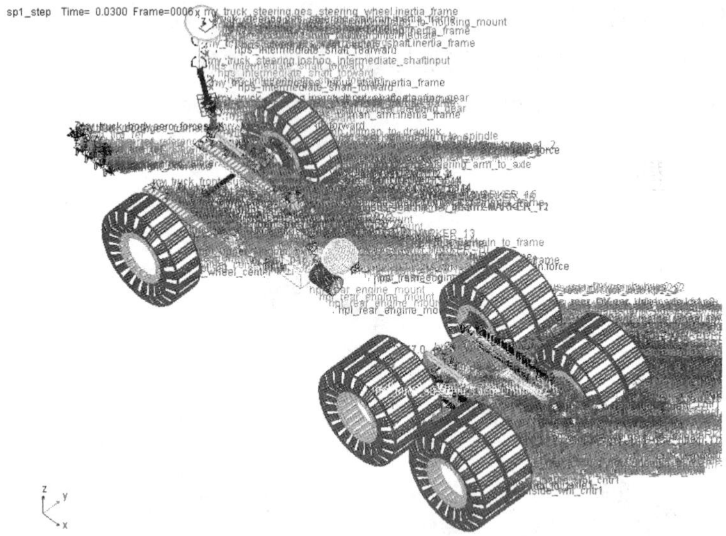

图 13-15　右舵整车模型

- 单击 Simulate > Full-Vehicle Analysis > Static and Quasi-Static Maneuvers > Static Equilibrium 命令，弹出整车加速仿真对话框，如图 13-16 所示；

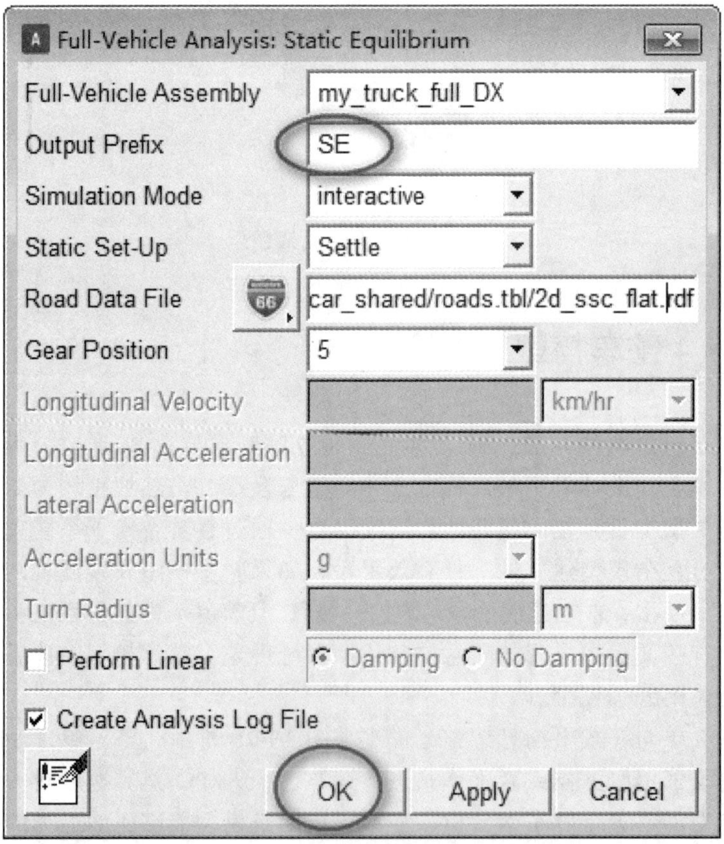

图 13-16　整车静平衡模型

- Output Prefix（输出别名）：SE；
- 其余参数保持默认设置，单击 OK，完成静平衡计算。

13.8 6×4 整车制动仿真

- 单击 Simulate > Full-Vehicle Analysis > Straight Line Events > Acceleration 命令，弹出整车加速仿真对话框，如图 13-17 所示；

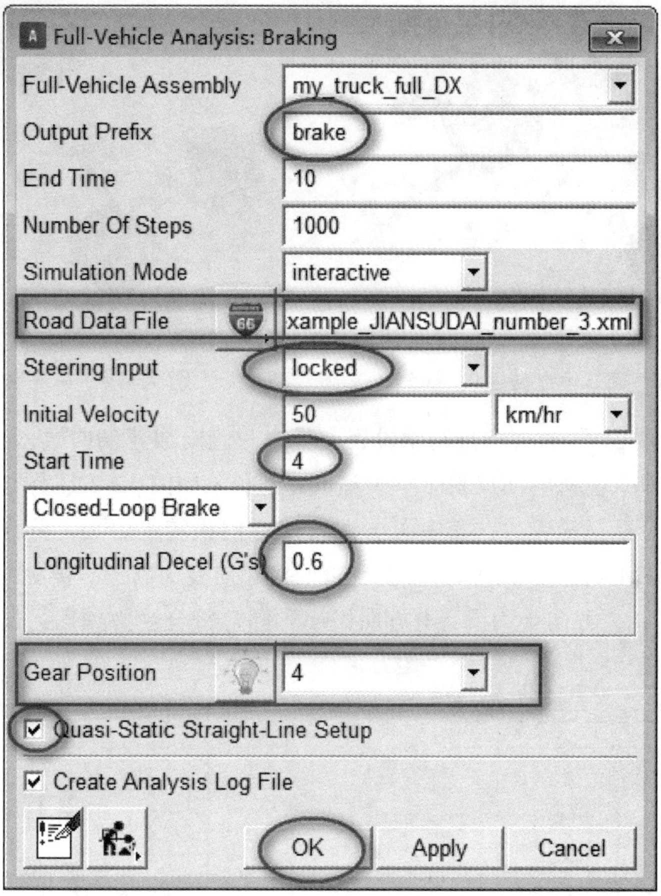

图 13-17 制动仿真

- Output Prefix（输出别名）：brake；
- End Time：10；
- Number of Steps（仿真步数）：1 000；
- Simulation Mode：interactive；
- Road Date File：mdids：//FASE/roads.tbl/road_3d_sine_example_JIANSUDAI_number_3.xml；
- Steering Input：locked；
- Initial Velocity：50 km/hr；

- Start Time：4；
- 选择闭环控制制动：Closed-Loop Brake；
- Longitudinal Accel（G's）：0.6；
- 单击 OK，完成制动过程通过 3 个减速带路面的仿真，整个仿真过程较为缓慢。仿真完成后如图 13-18 ~ 图 13-19 所示，分别显示中轴与后轴通过减速带时整车及前后板簧的受力状态。

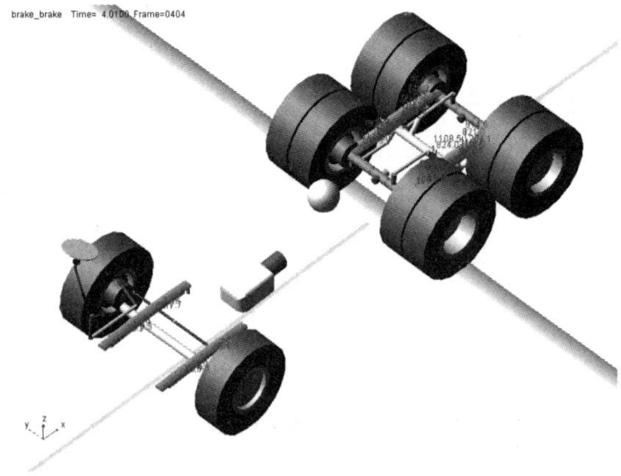

图 13-18　第二轴过减速度

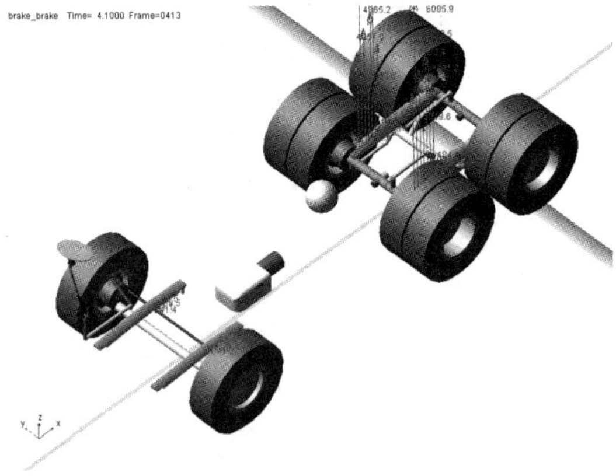

图 13-19　第三轴过减速度

图 13-20 ~ 图 13-21 所示为车身制动过程中垂向与侧向加速度曲线，通过观察曲线发现振动幅值范围符合预期，也从侧面反映张彻模型的正确性；如图 13-22 ~ 图 13-27 所示为衬套在 3 个方向的垂向受力及扭转受力，其中 *X* 方向及 *Y* 方向扭转受力大，符合衬套安装方向下的受力预期；如图 13-28 ~ 图 13-30 所示为板簧模型接触对受力状态，接触力成对出现，受力相等，方向相反，其中 *Z* 方向受力大，*Y* 方向极小，同样符合受力预期，如有实验条件，读者可进行实验验证。

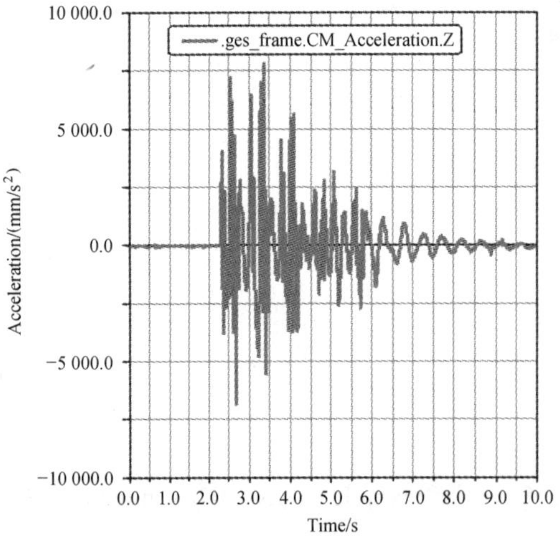

图 13-20　车身垂向加速度

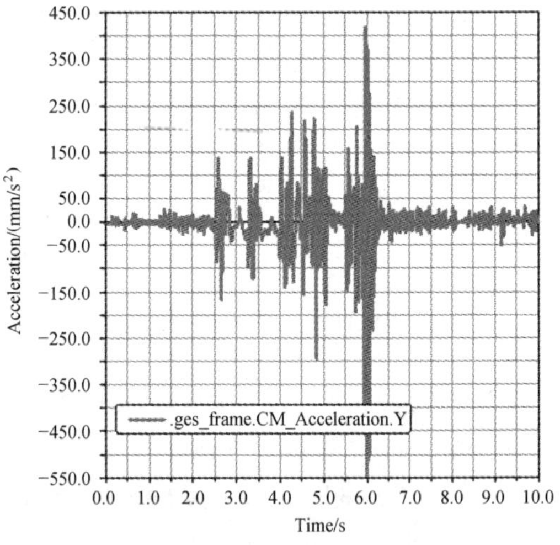

图 13-21　车身侧向加速度

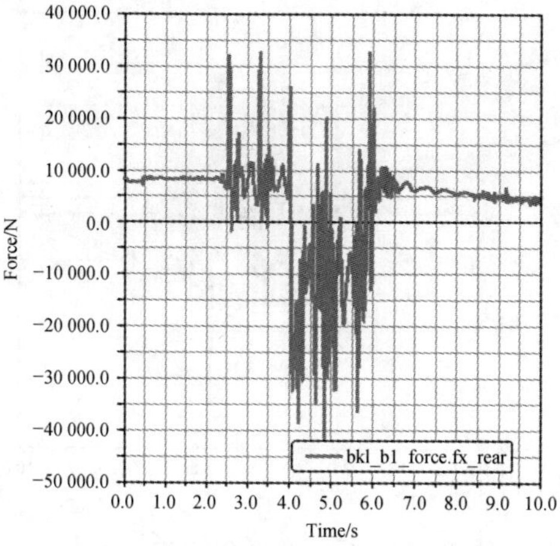

图 13-22 平衡悬架推杆衬套 *X* 方向受力

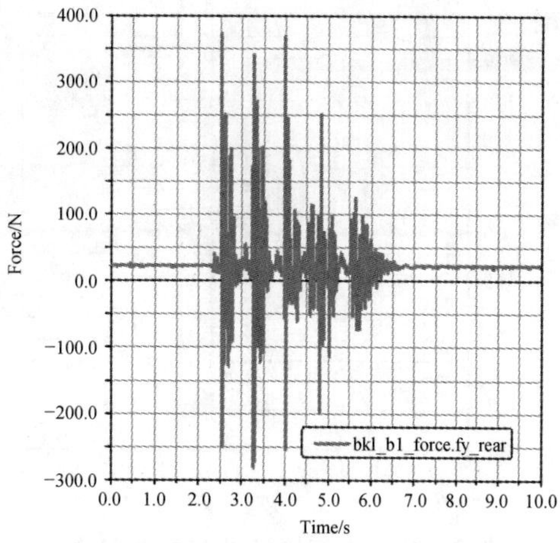

图 13-23 平衡悬架推杆衬套 *Y* 方向受力

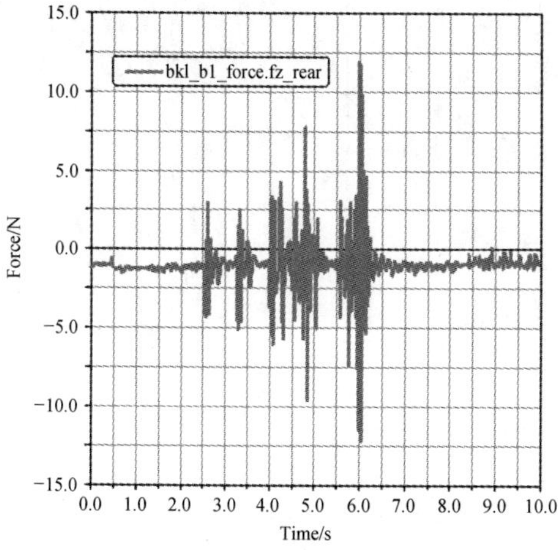

图 13-24 平衡悬架推杆衬套 *Z* 方向受力

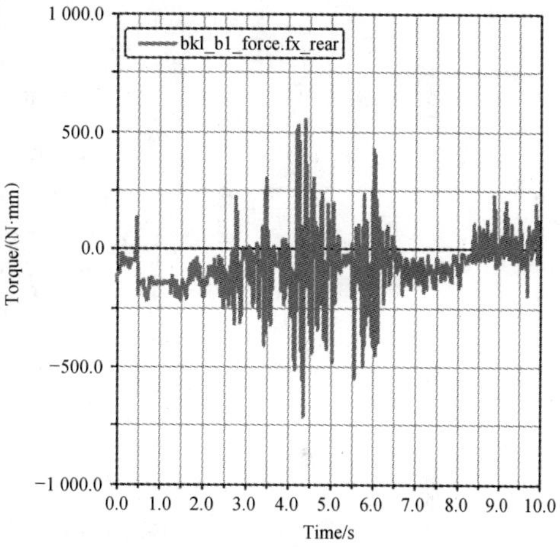

图 13-25 平衡悬架推杆衬套 *X* 方向扭转受力

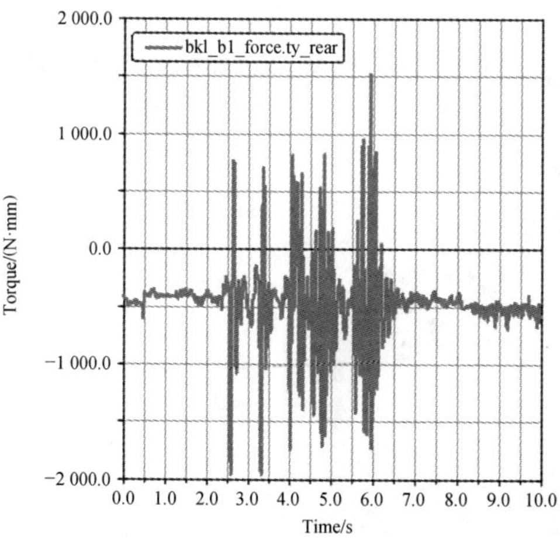

图 13-26 平衡悬架推杆衬套有 *Y* 方向扭转受力

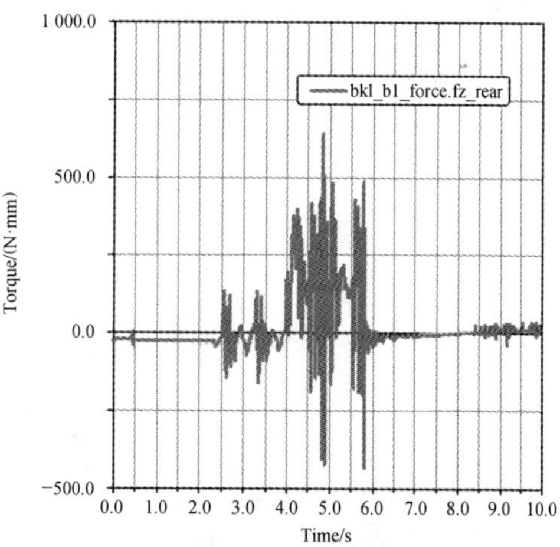

图 13-27 平衡悬架推杆衬套 *Z* 方向扭转受力

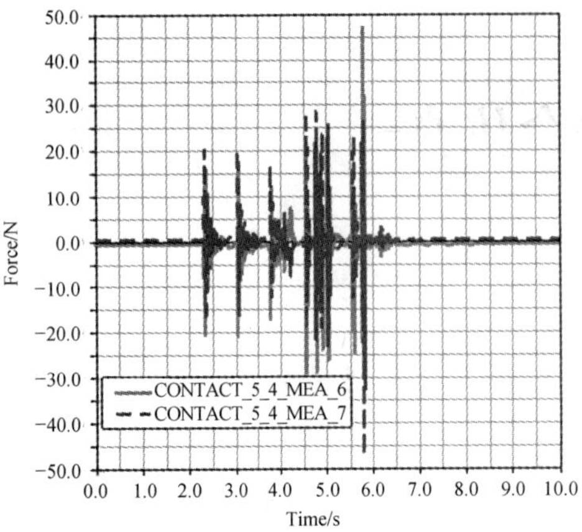

图 13-28　板簧接触对 *X* 方向受力

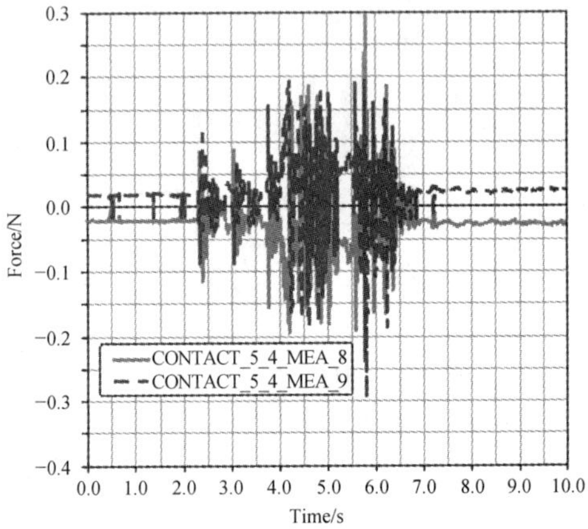

图 13-29　板簧接触对 *Y* 方向受力

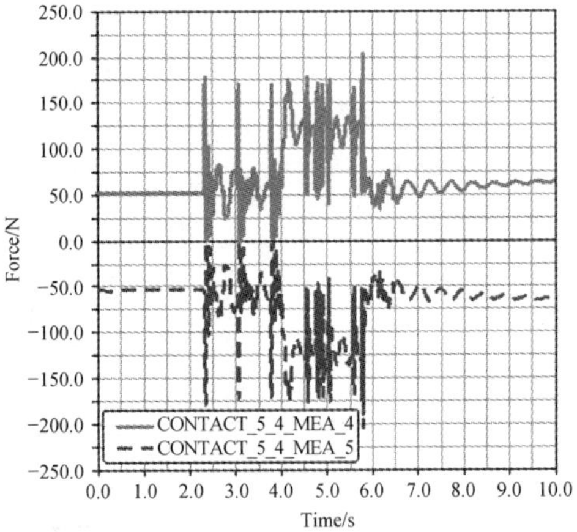

图 13-30　板簧接触对 *Z* 方向受力

附：

白 4 片板簧装配体_my_leaf_4.tpl（见图 13-31）存储在章节文件夹，读者可以自行参考练习。

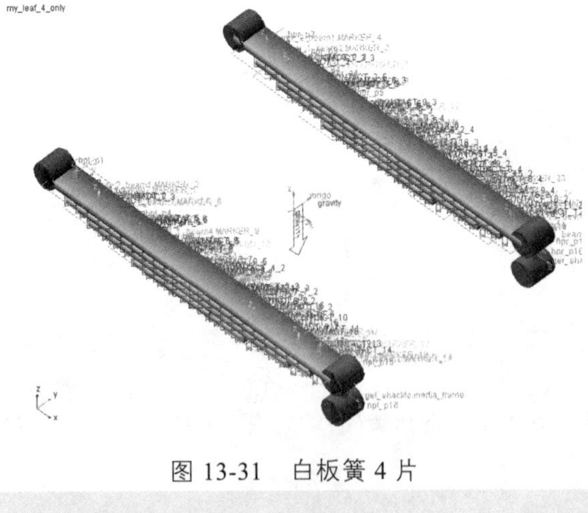

图 13-31　白板簧 4 片

第 14 章 联合仿真—麦弗逊悬架

麦弗逊悬架应用较多，几乎所有乘用车前悬架系统均采用麦弗逊悬架，其结构简单，占用空间小；在 VIEW 模块中建立好的麦弗逊悬架模型如图 14-1 所示。麦弗逊悬挂通常由两个基本部分组成：支柱式减震器和 A 字形托臂。支柱减震器除了减震功能外还有支撑整个车身的作用，结构很紧凑，把减震器和减震弹簧集成在一起，组成一个可以上下运动的滑柱；下托臂通常是 A 字形的设计，用于给车轮提供部分横向支撑力，以及承受全部的前后方向冲击力。整车重力和汽车在运动时车轮承受的所有冲击靠这两个部件承担；占用空间小带来的直接好处就是设计师能在发动机仓布置更大的发动机，而且发动机的放置方式也能稍加随心所欲。在中型车上能放下大型发动机，在小型车上也能放下中型发动机，让各种发动机的匹配更灵活。经典的 PID 控制算法较为简单，PID 控制器（比例-积分-微分控制器）是工业控制应用中常见的反馈回路部件，由比例单元 P、积分单元 I 和微分单元 D 组成。PID 控制的基础是比例控制；积分控制可消除稳态误差，但可能增加超调；微分控制可加快大惯性系统响应速度以及减弱超调趋势。

图 14-1　麦弗逊悬架模型

学习目标

- ✧ 麦弗逊悬架模型建立。
- ✧ 路面模型。
- ✧ PID 控制理论算法。
- ✧ 半主动悬架联合仿真。
- ✧ 时频域，功率谱密度变换程序。

14.1 麦弗逊悬架模型建立

麦弗逊悬架模型在 ADAMS/VIEW 模块中建立，悬架的硬点参数参考 CAR 模块共享数据库中麦弗逊悬架的硬点参数。通用模块与专业模块建模稍有不同。

- 启动 ADAMS/VIEW，选择 New Model；
- Model Name（模型名称）：adams_view_zhengche；
- 单击 OK 完成新模型名称创建，如图 14-2 所示，接下来可以在窗口中完成模型任务。
- 单击硬点快捷方式，右击鼠标，在弹出的方框中输入-200，150，-450；
- 选中硬点右击鼠标选择 Rename，修改硬点名称为 rca_front；
- 单击 OK，完成硬点重命名。
- 重复以上步骤，完成如图 14-3 所示硬点的建立。

注：单击硬点快捷方式，在左侧命令窗口选择硬点表格 Point Table 创建如图 14-3 所示硬点，推荐采用硬点表格方式批量创建硬点，速度较快；悬架模型建立过程中，可以边建立硬点，边建立部件、约束等，也可以批量完成硬点建立，接下来批量完成部件建立，最后建立约束。建模方法多样可行，总之模型准确无误是前提条件。

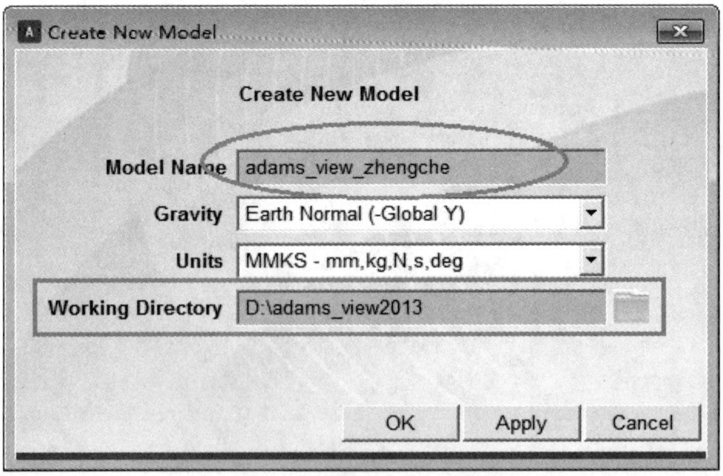

图 14-2 模型创建对话框

	Loc X	Loc Y	Loc Z
rca_front	-200.0	150.0	-450.0
rca_outer	0.0	150.0	-750.0
rca_rear	200.0	150.0	-450.0
r_tierod_outer	200.0	300.0	-400.0
r_tierod_inner	150.0	300.0	-750.0
r_wheel_center	0.0	300.0	-800.0
r_spring_lower	40.0	600.0	-650.0
r_spring_up	57.5	900.0	-603.8

图 14-3　硬点参数

14.1.1　下控制臂部件

- 单击 Cylinder（圆柱体）；选择 Radius，在对应方框中输入 20，单位为 mm；
- 选择硬点 rca_front 与 rca_outer，创建 PART_2；
- 重复上述步骤，选择硬点 rca_rear 与 rca_outer，创建 PART_3；
- 单击 Booleans，分别选择 PART_2 与 PART_3，完成部件的布尔合并，PART_2 与 PART_3 两个部件合并成一个独立的部件 PART_2；
- 选中部件 PART_2，右击鼠标选择 Rename，在弹出的修改名称对话框输入 lca_arm；
- 单击 OK，完成部件名称的修改。

14.1.2　转向主销部件

- 单击 Cylinder（圆柱体）；选择 New Part，勾选 Radius，在对应方框中输入 20；
- 选择硬点 r_wheel_center 与 rca_outer，创建 PART_3；
- 选中部件 PART_3，右击鼠标选择 Rename，在弹出的修改名称对话框输入 up_right；
- 单击 OK，完成转向节部件名称的修改。
- 单击 Cylinder（圆柱体）；选择 Add to Part，勾选 Radius，在对应方框中输入 20；
- 选择硬点 r_wheel_center 与 r_spring_lower，完成几何体 up_right.CYLINDER_33 创建；
- 选择硬点 r_wheel_center 与 r_tierod_inner，完成几何体 up_right.CYLINDER_32 创建；至此完成转向节部件的建立。

注：转向节部件的创建也可采用在 4 个硬点之间建立 3 个部件，最后采用布尔操纵合并 3 个部件为一个部件。不推荐采用此种方法，原因在于通过布尔合并后几何体的参数化失败，不能通过快捷方式调节部件几何的形状。

14.1.3 转向横拉杆部件

- 单击 Cylinder（圆柱体）；选择 New Part，勾选 Radius，在对应方框中输入 15；
- 选择硬点 r_tierod_outer 与 r_tierod_inner，创建 PART_4；
- 选中部件 PART_4，右击鼠标选择 Rename，在弹出的修改名称对话框输入 tierod_right；
- 单击 OK，完成转向横拉杆部件名称的修改。

14.1.4 转向节部件

- 菜单栏单击 Setting，选择 Working Grid，弹出 Working Grid Setting 对话框；
- 单击 Set Location，选择 Pick，在屏幕中选择硬点 r_wheel_center，此时主窗口中的坐标原点位于硬点 r_wheel_center；
- 单击 Set Orientation，选择 Global YZ 方向，设置网格对话对话框，如图 14-4 所示；
- 单击 Cylinder（圆柱体）；选择 New Part，勾选 Radius，在对应方框中输入 15；勾选 Length，在对应方框中输入 250；
- 在主窗口选择硬点 r_wheel_center 单击，保持圆柱体部件与-Z 轴平行单击鼠标左键完成部件 PART_5 的创建；
- 选中部件 PART_5，右击鼠标选择 Rename，在弹出的修改名称对话框输入 knuckle_right；
- 单击 OK，完成转向节部件名称的修改。

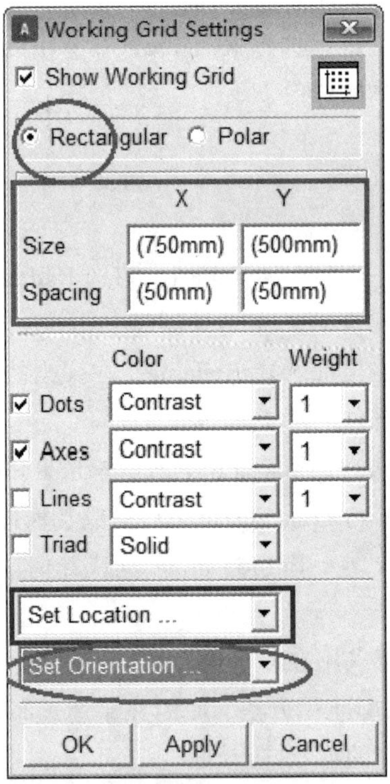

图 14-4 网格设置对话框

14.1.5 车轮部件创建

• 单击 Cylinder（圆柱体）；选择 New Part，勾选 Radius，在对应方框中输入 350；勾选 Length，在对应方框中输入 215；

• 在主窗口选择方向点 MARKER_22 单击，保持圆柱体部件与 *Z* 轴平行单击鼠标左键完成部件 PART_6 的创建；

• 选中部件 PART_6,右击鼠标选择 Rename,在弹出的修改名称对话框输入 wheel_right；

• 单击 OK，完成车轮部件名称的修改。

• 菜单栏单击 Setting，选择 Working Grid，弹出 Working Grid Setting 对话框；

• 单击 Set Location，选择 Pick，在屏幕中选择硬点 r_wheel_center，此时主窗口中的坐标原点位于硬点 r_wheel_center；

• 单击 Set Orientation，选择 Global XY 方向；

• 单击 OK，完成网格位置与方向设置。

• 单击菜单栏快捷方式 Add a hole，左侧 Radius 输入 325，勾选 Depth，输入 215，选择轮胎部件 wheel_right 的侧面，接着选择方向点 MARKER_22，完成车轮部件的掏空。

14.1.6 弹簧底座部件创建

• 单击 Cylinder（圆柱体）；选择 New Part，勾选 Radius，在对应方框中输入 50；

• 选择硬点 r_spring_lower 与 r_spring_up，创建 PART_7；

• 选中部件 PART_7 下的几何体 CYLINDER_34，右击选择 Modify；

• 在弹出的 Geometry Modify Shape Cylinder 对话框中修改 Length 值为 10；

• 单击 OK，完成弹簧底座部件 PART_7 的创建。

• 选中部件 PART_7，右击鼠标选择 Rename，在弹出的修改名称对话框输入 srping_down；

• 单击 OK，完成弹簧底座部件名称的修改。

（弹簧顶座部件创建）

• 单击 Cylinder（圆柱体）；选择 New Part，勾选 Radius，在对应方框中输入 50；

• 选择硬点 r_spring_up 与 r_spring_lower，创建 PART_8，在此注意选择硬点的顺序；

• 选中部件 PART_8 下的几何体 CYLINDER_35，右击选择 Modify；

• 在弹出的 Geometry Modify Shape Cylinder 对话框中修改 Length 值为 10；

• 单击 OK，完成弹簧底座部件 PART_8 的创建。

• 选中部件 PART_8，右击鼠标选择 Rename，在弹出的修改名称对话框输入 srping_up；

• 单击 OK，完成弹簧顶座部件名称的修改。

14.1.7 车身部件

1/4 悬架模型也需要建立简化车身模型，悬架系统包含车身部件模型较为精准。

• 单击 Sphere（球体）；选择 New Part，勾选 Radius，在对应方框中输入 30；

- 选择硬点 r_spring_up，创建 PART_9；
- 选中部件 PART_9，右击鼠标选择 Rename，在弹出的修改名称对话框输入 body；
- 单击 OK，完成车身简化部件名称的修改。
- 选中部件 body，右击选择 Modify 弹出部件修改对话框；
- Define Mass By：在下拉菜单中选择 User Input，手动输入 1/4 车身的质量及惯量；
- Mass：250；
- Ixx：5.0E+007；
- yy：1.5E+008；
- Izz：1.25E+008；
- 单击 OK，完成车身部件参数的修改。

14.1.8 弹簧与减震器

- 单击菜单栏 Force，选择 Flexibile Connections（柔性连接）框的 Spring（创建弹簧与减震器）；
- Properties 栏中勾选 K&C，在 K 栏中输入 17，在 C 栏中输入 1.3；
- 选择 spring_up.cm 与 srping_down.cm 两个参考点，完成弹簧与减震器的创建；弹簧创建需要选择两个不同部件对应的点或者参考点，选择时可以右击部件在弹出的快捷 Select 对话中选择相应点；
- 选中 SPRING_1，右击选择 Modify 弹出部件修改对话框，如图 14-5 所示；

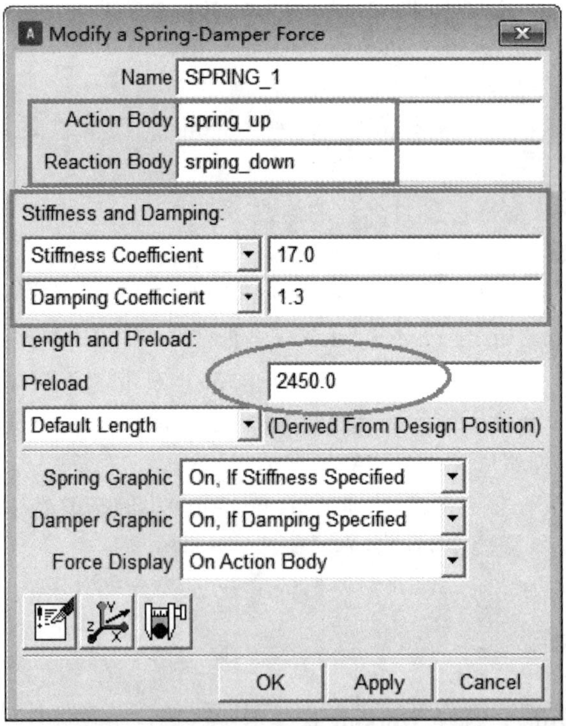

图 14-5 弹簧与减震器参数对话框

- 在 Preload（预载荷，输入四分之一车身的重力）：2 450，其余保持默认；
- 单击 OK，完成弹簧与减震器参数的设置。

14.1.9 振动台

- 单击 Box（六面体）；选择 New Part，勾选 Length、Height、Depth，分别输入 400、45、500；
- 选择位置 0.0，-50.0，0.0 单击，创建六面体部件 PART_10；
- 选中部件 PART_10 下的 MARKER_23，右击选择 Modify；
- Location：-200.0，-120.0，-1200.0；
- 单击 OK，完成 PART_10 的位置修改。
- 选中部件 PART_10，右击鼠标选择 Rename，在弹出的修改名称对话框输入 test_patch；
- 单击 OK，完成振动台部件名称的修改。
- 菜单栏单击 Setting，选择 Working Grid，弹出 Working Grid Setting 对话框；
- 单击 Set Location，选择 Pick，在屏幕中选择参考点 test_patch.cm，此时主窗口中的坐标原点位于参考点 test_patch.cm 处；
- 单击 OK，完成网格位置与方向设置。
- 单击 Cylinder（圆柱体）；选择 Add to Part，勾选 Length、Radius，在对应方框中输入 350、50；
- 选择参考点 test_patch.cm 处，方向与-*Y* 轴平行重合单击，完成圆柱体 CYLINDER_25 的创建。

悬架建模探讨：

① 在建模过程中忽略车身部件，直接把弹簧与减震器与大地联接，这种模型对于研究车轮的运动学（狭义指车轮的运动空间）是可以满足要求的；

② 对于研究悬架的动力学车身部件不可忽略（实际整车在运行过程中，车轮与车身部件存在相对运动，绝对不可以忽略）；

③ 对于主动悬架的研究，必须考虑车身部件；有些文献即使考虑了车身，但仍存在下控制及转向横拉杆与大地连接而非与车身连接的错误，这样的模型虽然能正确进行仿真，但是其运动特性与真实悬架不符；

④ 从学术上讲，以上建立的麦弗逊悬架模型符合研究要求。但对于汽车工程研究院中真实的整车及悬架模型来说依然存在缺陷，原因在于整车的振动与簧载质量与非簧载质量有关，以上建立的麦弗逊悬架模型控制臂等部件采用简化杆件而非真实的冲压件；除此之外，在研发过程中，对应载荷的提取结果会应用于零部件的有限元、疲劳特性等研究，因此模型与实际越接近，研究结果越准确。

14.1.10 悬架部件约束

- 菜单栏单击 Setting，选择 Working Grid，弹出 Working Grid Setting 对话框；
- 单击 Set Orientation，选择 Global YZ 方向；

- 单击 OK，完成网格位置与方向设置。
- 单击菜单栏 Connector，选择 Joint 框中的 Revolute Joint（铰接副）；
- 设置 Construction：2 Bodies -1 Location、Normal To Grid；
- 顺序选择两部件 lca_arm、body，再选择硬点 rca_rear，完成铰接副 JOINT_1 的创建；铰接副约束 2 个旋转自由度，3 个移动自由度，两个部件之间存在一个旋转自由度，同时需要注意下控制臂与车身之间只建立一个铰接副，而非在控制臂前后硬点之间建立两个铰接副，实际部件的约束与理论模型之间存在差异，铰接副的创建如图 14-6 所示；

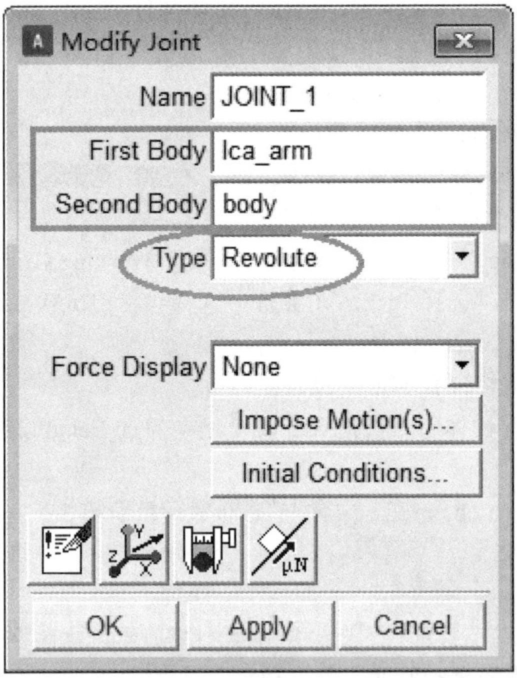

图 14-6　铰接副对话框

- 选中铰接副 JOINT_1，右击鼠标选择 Rename，在弹出的修改名称对话框输入 rca_rear；
- 单击 OK，完成铰接副重命名为 rca_rear 的修改。
- 单击菜单栏 Connector，选择 Joint 框中的 Sphcrical Joint（球形副）；
- 设置 Construction：2 Bodies -1 Location、Normal To Grid；
- 顺序选择两部件 lca_arm、up_right，再选择硬点 rca_outer，完成铰接副 JOINT_2 的创建；球形副约 3 个移动自由度，部件之间存在 3 个旋转自由度；
- 选中铰接副 JOINT_2，右击鼠标选择 Rename，在弹出的修改名称对话框输入 rca_outer；
- 单击 OK，完成球形副重命名为 rca_outer 的修改。
- 单击菜单栏 Connector，选择 Joint 框中的 Spherical Joint（球形副）；
- 设置 Construction：2 Bodies -1 Location、Normal To Grid；
- 顺序选择两部件 lca_arm、up_right，再选择硬点 rca_outer，完成铰接副 JOINT_2 的创建；球形副约 3 个移动自由度，部件之间存在 3 个旋转自由度；
- 选中铰接副 JOINT_2，右击鼠标选择 Rename，在弹出的修改名称对话框输入

rca_outer；

- 单击 OK，完成球形副重命名为 rca_outer 的修改。
- 单击菜单栏 Connector，选择 Joint 框中的 Fix Joint（固定副）；
- 设置 Construction：2 Bodies -1 Location、Normal To Grid；
- 顺序选择两部件 up_right、knuckle_right 再选择硬点 r_wheel_center，完成铰接副 JOINT_3 的创建；固定副约束两个部件之间有 6 个自由度；
- 选中铰接副 JOINT_3，右击鼠标选择 Rename，在弹出的修改名称对话框输入 r_wheel_center；
- 单击 OK，完成固定副重命名为 r_wheel_center 的修改。
- 单击菜单栏 Connector，选择 Joint 框中的 Spherical Joint（球形副）；
- 设置 Construction：2 Bodies -1 Location、Normal To Grid；
- 顺序选择两部件 tierod_right、body，再选择硬点 r_tierod_outer，完成铰接副 JOINT_4 的创建；
- 选中铰接副 JOINT_4，右击鼠标选择 Rename，在弹出的修改名称对话框输入 r_tierod_outer；
- 单击 OK，完成球形副重命名为 r_tierod_outer 的修改。
- 单击菜单栏 Connector，选择 Joint 框中的 Spherical Joint（球形副）；
- 设置 Construction：2 Bodies -1 Location、Normal To Grid；
- 顺序选择两部件 tierod_right、body，再选择硬点 r_tierod_outer，完成铰接副 JOINT_4 的创建；
- 选中铰接副 JOINT_4，右击鼠标选择 Rename，在弹出的修改名称对话框输入 r_tierod_outer；
- 单击 OK，完成球形副重命名为 r_tierod_outer 的修改。
- 单击菜单栏 Connector，选择 Joint 框中的 Spherical Joint（球形副）；
- 设置 Construction：2 Bodies -1 Location、Normal To Grid；
- 顺序选择两部件 up_right、tierod_right，再选择硬点 r_tierod_inner，完成铰接副 JOINT_5 的创建；
- 选中铰接副 JOINT_5，右击鼠标选择 Renama，在弹出的修改名称对话框输入 r_tierod_inner；
- 单击 OK，完成球形副重命名为 r_tierod_inner 的修改。
- 单击菜单栏 Connector，选择 Joint 框中的 Fix Joint（固定副）；
- 设置 Construction：2 Bodies -1 Location、Normal To Grid；
- 顺序选择两部件 wheel_right、knuckle_right，再选择参考点 MARKER_38，完成铰接副 JOINT_6 的创建；
- 选中铰接副 JOINT_6，右击鼠标选择 Rename，在弹出的修改名称对话框输入 knuckle_right_fix；
- 单击 OK，完成固定副重命名为 knuckle_right_fix 的修改。
- 单击菜单栏 Connector，选择 Joint 框中的 Fix Joint（固定副）；
- 设置 Construction：2 Bodies -1 Location、Normal To Grid；

- 顺序选择两部件 srping_down、up_right，再选择硬点 r_spring_lower，完成铰接副 JOINT_7 的创建；
- 选中铰接副 JOINT_7，右击鼠标选择 Rename，在弹出的修改名称对话框输入 r_spring_lower；
- 单击 OK，完成固定副重命名为 r_spring_lower 的修改。
- 单击菜单栏 Connector，选择 Joint 框中的 Cylindrical Joint（圆柱副）；
- 设置 Construction：2 Bodies -1 Location、Pick Geometry Feature；
- 顺序选择两部件 srping_down、srping_up，顺序选择硬点 r_spring_lower、r_spring_up 完成圆柱副 JOINT_8 的创建；圆柱副约束两部件之间的 3 个旋转自由度，2 个移动自由度；
- 选中铰接副 JOINT_8，右击鼠标选择 Rename，在弹出的修改名称对话框输入 r_spring_lower_cylindrical；
- 单击 OK，完成圆柱固副重命名为 r_spring_lower_cylindrical 的修改。
- 单击硬点快捷方式，右击鼠标，在弹出的方框中输入 57.5，950，-603.8；
- 选中硬点右击鼠标选择 Rename：修改硬点名称为 r_spring_up_ref；
- 单击 OK，完成硬点重命名。
- 单击菜单栏 Connector，选择 Joint 框中的 Hook Joint（胡克副）；
- 设置 Construction：2 Bodies -1 Location、Pick Geometry Feature；
- 顺序选择两部件 spring_up、body，顺序选择硬点 r_spring_up、r_spring_lower、r_spring_up_ref 完成胡可副 JOINT_9 的创建；胡克副约束两部件之间的 1 个旋转自由度，3 个移动自由度；
- 选中铰接副 JOINT_9，右击鼠标选择 Rename，在弹出的修改名称对话框输入 r_spring_up；
- 单击 OK，完成胡克副重命名为 r_spring_up 的修改。
- 单击菜单栏 Connector，选择 Joint 框中的 Translational Joint（移动副）；
- 设置 Construction：2 Bodies -1 Location、Pick Geometry Feature；
- 顺序选择两部件 body、.adams_view_zhengche.ground，再选择硬点 r_spring_up、r_spring_up_ref，完成铰接副 JOINT_10 的创建；
- 选中铰接副 JOINT_10，右击鼠标选择 Renama，在弹出的修改名称对话框输入 r_spring_up_Translational；
- 单击 OK，完成固定副重命名为 r_spring_up_Translational 的修改。
- 单击菜单栏 Connector，选择 Joint 框中的 Translational Joint（移动副）；
- 设置 Construction：2 Bodies -1 Location、Pick Geometry Feature；
- 顺序选择两部件 test_patch、.adams_view_zhengche.ground，选择参考点 MARKER_24、然后移动鼠标，保持箭头方向与 *Y* 轴平行单击，完成铰接副 JOINT_11 的创建；
- 选中铰接副 JOINT_11，右击鼠标选择 Rename，在弹出的修改名称对话框输入 test_patch_Translational；
- 单击 OK，完成固定副重命名为 test_patch_Translational 的修改。
- 单击菜单栏 Connector，选择基本约束栏 Primitives 框中的 In-Plane（点面副）；点面副限制一个部件在另一个部件的某个平面内运动，减少一个自由度；

- 设置 Construction：2 Bodies -1 Location、Pick Geometry Feature；
- 顺序选择两部件 wheel_right、test_patch，选择参考点 MARKER_24、然后移动鼠标，保持箭头方向与 *Y* 轴平行单击，完成基本点面副 JPRIM_1 的创建。

至此麦弗逊悬架模型与振动试验台模型建立完成，接下来的工作需要把路面的振动数据添加到振动试验台上，当然也可以用简单的正余弦驱动验证模型的正确性。

通过工具菜单栏 Tool 下的 Model Topology Map 可以显示不同部件之间的连接关系，在参考共享数据库模型建模时经常需要判定部件之间的连接关系，除此之外，还可在命令窗口中用图形的方式显示部件之间的连接关系，用图形显示拓扑关系更加直观。

```
Topology of model: adams_view_zhengche

  Ground Part: ground

  Part ground
  Is connected to:
  test_patch      via   test_patch_Translational     (Translational Joint)
  body            via   r_spring_up_Translational    (Translational Joint)

  Part lca_arm
  Is connected to:
  up_right        via   rca_outer                    (Spherical Joint)
  body            via   rca_rear                     (Revolute Joint)

  Part knuckle_right
  Is connected to:
  up_right        via   r_wheel_center               (Fixed Joint)
  wheel_right     via   knuckle_right_fix            (Fixed Joint)

  Part wheel_right
  Is connected to:
  test_patch      via   JPRIM_1                      (Inplane Primitive_Joint)
  knuckle_right   via   knuckle_right_fix            (Fixed Joint)

  Part srping_down
  Is connected to:
  spring_up       via   SPRING_1.sforce              (Single_Component_Force)
  up_right        via   r_spring_lower               (Fixed Joint)
  spring_up       via   r_spring_lower_cylindrical   (Cylindrical Joint)
```

```
spring_up          via   zhudongli                          (Single_Component_Force)

Part test_patch
Is connected to:
ground             via   test_patch_Translational           (Translational Joint)
wheel_right        via   JPRIM_1                            (Inplane Primitive_Joint)

Part tierod_right
Is connected to:
up_right           via   r_tierod_inner                     (Spherical Joint)
body               via   r_tierod_outer                     (Spherical Joint)

Part up_right
Is connected to:
knuckle_right      via   r_wheel_center                     (Fixed Joint)
lca_arm            via   rca_outer                          (Spherical Joint)
tierod_right       via   r_tierod_inner                     (Spherical Joint)
srping_down        via   r_spring_lower                     (Fixed Joint)

Part spring_up
Is connected to:
srping_down        via   SPRING_1.sforce                    (Single_Component_Force)
srping_down        via   r_spring_lower_cylindrical         (Cylindrical Joint)
body               via   r_spring_up                        (Hooke Joint)
srping_down        via   zhudongli                          (Single_Component_Force)

Part body
Is connected to:
lca_arm            via   rca_rear                           (Revolute Joint)
tierod_right       via   r_tierod_outer                     (Spherical Joint)
spring_up          via   r_spring_up                        (Hooke Joint)
ground             via   r_spring_up_Translational          (Translational Joint)
```

14.2 路面模型

对悬架性能分析时需要输入路面模型。根据国家标准将公路等级分为 8 种，在不同的路段测量，很难得到两个完全相同的路面轮廓曲线。通常是把测量得到的大量路面不平度随机数据，经数据处理得到路面功率谱密度。产生随机路面不平度时间轮廓有两种方法，由白噪声通过一个积分器产生或者有白噪声通过一个成型滤波器产生。路面时域模型可用公式（14-1）描述；根据公式在 MATLAB\SIMULINK 中建立 B 级路面不同车速的仿真模型如图 14-7 所示，B 级路面不同车速的垂直位移计算结果如图 14-8 所示。

$$\dot{q}(t) = -2\pi f_0 q(t) + 2\pi\sqrt{G_q V} w(t) \tag{14-1}$$

式中，$q(t)$ 为路面随激励；$w(t)$ 为积分白噪声；f_0 为时间频率；G_q 为路面不平度系数；V 为汽车行驶速度。不同级别及对用不用的车速路面参数请查看相关资料。

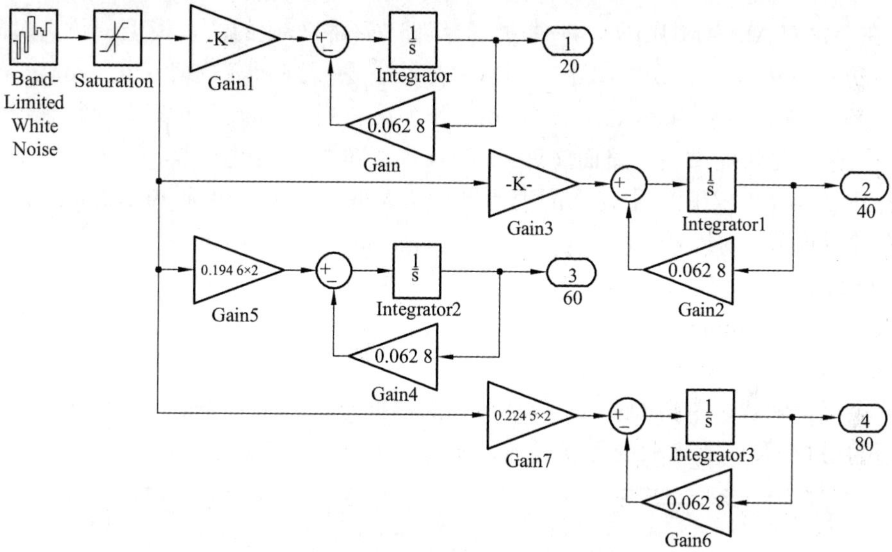

图 14-7　B 级路面不同车速时域仿真模型

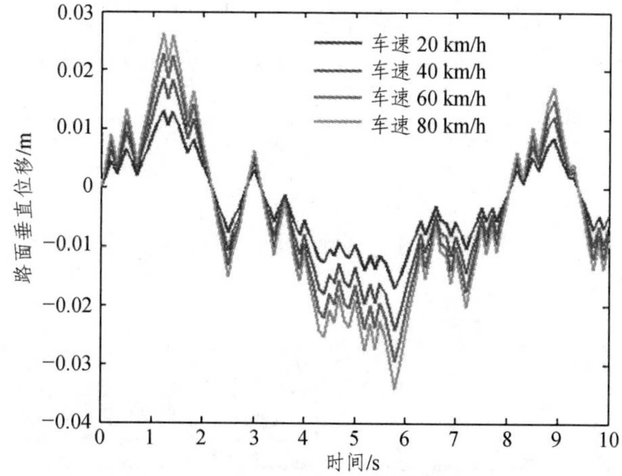

图 14-8　B 级路面各车速垂向位移

路面模型需要添加到振动试验台上，路面模型驱动添加有两种方式，在进行联合仿真时推荐采用方案B：

① 直接把B及路面的仿真数据通过函数AKISPL( )添加到振动试验台上，在ADAMS软件中可以仿真在路面条件下麦弗逊悬架运动的真实状态，当更换路面时需要重复计算路面参数及重复添加驱动函数，尤其是在进行联合仿真时，过程较为烦琐；

② 在ADAMS中建立状态变量函数，把此状态函数通过ADAMS\CONTROL模块设置为系统的输入接口，路面模型在MATLAB\SIMULINK模型中搭建如图14-7所示，输出结果直接与ADAMS_SYS的路面输入接口对接，此种方式的优点是可以预先建立好仿真需要的各种路面，联合仿真模型建立好后可以方便快速地更换不同路面，推荐采用此种方法。

14.3 路面驱动方案A

针对在MATLAB\SIMULINK中建立B级路面不同车速的仿真模型，仿真时间设置为10 s，运行仿真后在MATLAB的工作空间Workspace会得到两组数据tout、yout；在D盘中新建一个文本文件，命名为road.txt；将tout作为第一列、yout中的第一列复制到文本文件road.txt中保存。此处提供一个路面文件road.txt在光盘中，仅供参考。

- 打开ADAMS/VIEW中建立的麦弗逊悬架模型，在主菜单选File>Import，弹出对话框，如图14-9所示；
- File Type：Test Data；
- 点选Create Spline；
- File To Read：D：\road.txt；
- 其余保持默认，单击OK，完成仿真路面数据导入。如果要更换其他路面模型，需要重复以上仿真过程及以上步骤的重新导入，相对较为烦琐。

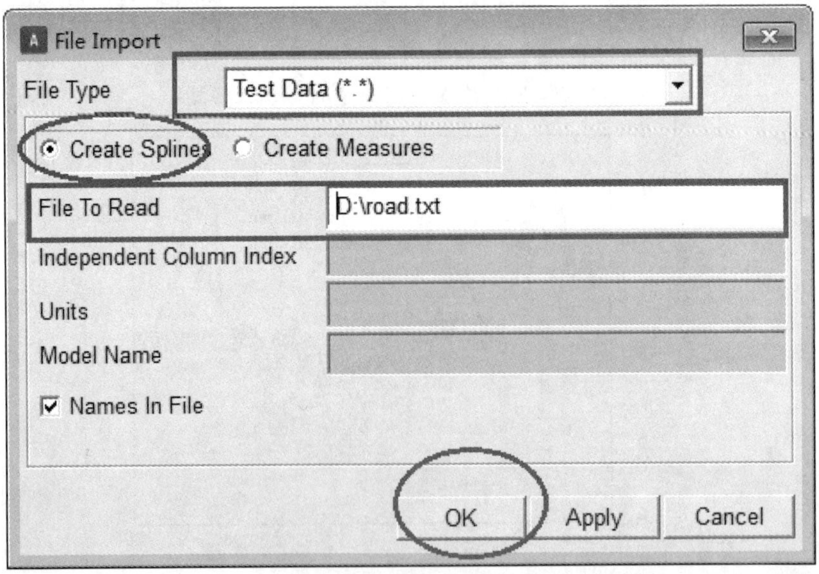

图14-9 路面数据导入对话框

打开 ADAMS 的数据库浏览器如图 14-10 所示，SPLINE_2 为生成的样条曲线数据。双击打开 SPLINE_2，在弹出的 Information 窗口中显示如下信息，此信息包含的舒服与路面文件 road.txt 中的数据相同。对于有多个试验振动台的整车模型，可以依次导入不同的路面模型，设置在同一个模型中不同的振动试验台有不同的振动效果。

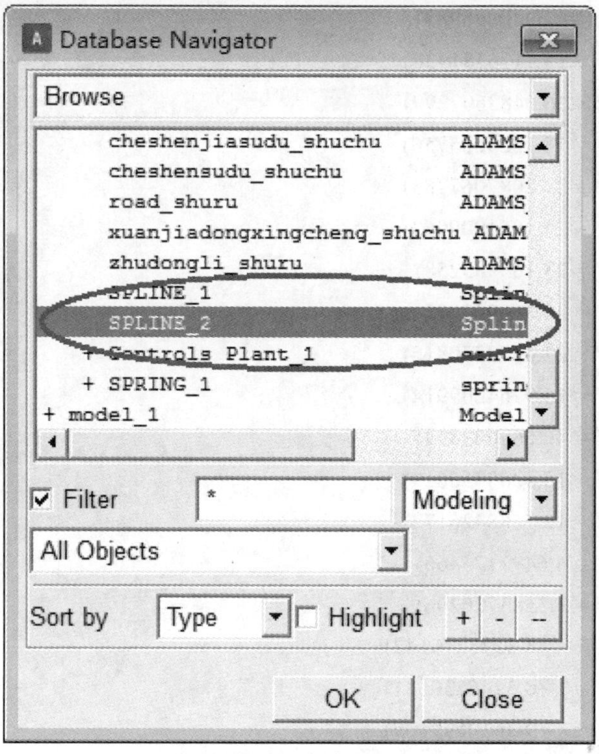

图 14-10　数据库浏览器对话框

SPLINE_2 样条数据：

Object Name : .adams_view_zhengche.SPLINE_2

Object Type : Spline

Parent Type : Model

Adams ID : 0

Active : NO_OPINION

X Units : NO UNITS

Y Units : NO UNITS

Spline Points:

(X = 1.0, Y = 0.2008942924)

(X = 2.0, Y = 1.2036690038)

(X = 3.0, Y = 2.2319211241)

(X = 4.0, Y = 17.1592158991)

(X = 5.0, Y = 11.6840101222)
(X = 6.0, Y = 19.6574141868)
(X = 7.0, Y = 20.7626001622)
(X = 8.0, Y = 18.2043021902)
(X = 9.0, Y = 12.3320688983)
(X = 10.0, Y = 13.1176331434)
(X = 11.0, Y = 16.6482607299)
(X = 12.0, Y = 18.1223665756)
(X = 13.0, Y = 21.2087067783)
(X = 14.0, Y = 24.1851909962)
(X = 15.0, Y = 23.165983258)
(X = 16.0, Y = 30.8669520711)
(X = 17.0, Y = 27.4372350815)
(X = 18.0, Y = 13.9764209914)
(X = 19.0, Y = 4.2068003494)
(X = 20.0, Y = 15.5260556619)
(X = 21.0, Y = 12.7388426178)
(X = 22.0, Y = 6.6497175466)
(X = 23.0, Y = 1.3583780206)
(X = 24.0, Y = – 3.3223270142)
(X = 25.0, Y = – 6.3246530621)
(X = 26.0, Y = – 9.3619599109)
(X = 27.0, Y = – 10.6419856681)
(X = 28.0, Y = – 1.241284351)
(X = 29.0, Y = – 0.7729604272)
(X = 30.0, Y = 7.2391497849)
(X = 31.0, Y = 12.0138478618)
(X = 32.0, Y = 14.0406498922)
(X = 33.0, Y = 10.2822107278)
(X = 34.0, Y = 7.3400461246)
(X = 35.0, Y = 5.822534108)
(X = 36.0, Y = – 2.1005830571)
(X = 37.0, Y = 11.3482505873)
(X = 38.0, Y = 17.4644483624)
(X = 39.0, Y = 13.1119102857)
(X = 40.0, Y = 6.9110780294)
(X = 41.0, Y = 5.9189550731)
(X = 42.0, Y = 10.6042550475)

```
(X  = 43.0,   Y = 8.8497533756)
(X  = 44.0,   Y = 0.7340467417)
(X  = 45.0,   Y =  – 4.9846087554)
(X  = 46.0,   Y =  – 5.1291263)
(X  = 47.0,   Y = 2.1813242014)
(X  = 48.0,   Y = 1.8578747187)
(X  = 49.0,   Y = 7.6197835954)
(X  = 50.0,   Y = 4.3011814626)
(X  = 51.0,   Y = 4.1085670937)
(X  = 52.0,   Y = 4.9545937392)
(X  = 53.0,   Y =  – 5.3379970314)
(X  = 54.0,   Y =  – 19.5222166417)
(X  = 55.0,   Y =  – 16.8979451067)
(X  = 56.0,   Y =  – 17.751622188)
(X  = 57.0,   Y =  – 10.3357422219)
(X  = 58.0,   Y =  – 10.6740149358)
(X  = 59.0,   Y =  – 13.090919801)
(X  = 60.0,   Y =  – 16.3579177288)
(X  = 61.0,   Y =  – 12.1750299942)
(X  = 62.0,   Y =  – 8.9585917002)
(X  = 63.0,   Y =  – 3.5191306676)
(X  = 64.0,   Y = 8.7584919584)
(X  = 65.0,   Y = 12.5213179179)
(X  = 66.0,   Y = 1.7283436916)
(X  = 67.0,   Y = 2.5545743641)
(X  = 68.0,   Y = 11.9302113598)
(X  = 69.0,   Y = 5.6161232304)
(X  = 70.0,   Y = 5.4291102585)
(X  = 71.0,   Y =  – 3.9851221492)
(X  = 72.0,   Y =  – 1.6101060218)
(X  = 73.0,   Y =  – 4.6170343759)
(X  = 74.0,   Y =  – 14.3337974285)
(X  = 75.0,   Y =  – 10.7385528551)
(X  = 76.0,   Y = 2.6601640362)
(X  = 77.0,   Y = 6.6761759735)
(X  = 78.0,   Y = 5.538095211)
(X  = 79.0,   Y = 24.859606528)
(X  = 80.0,   Y = 20.5153212318)
```

```
(X  = 81.0,   Y = 27.3536586215)
(X  = 82.0,   Y = 31.9759557217)
(X  = 83.0,   Y = 36.5164598195)
(X  = 84.0,   Y = 36.7784670709)
(X  = 85.0,   Y = 28.0611391681)
(X  = 86.0,   Y = 32.1177054177)
(X  = 87.0,   Y = 33.3570934985)
(X  = 88.0,   Y = 24.3426326995)
(X  = 89.0,   Y = 41.814734247)
(X  = 90.0,   Y = 51.4731759113)
(X  = 91.0,   Y = 51.5084722166)
(X  = 92.0,   Y = 44.1394257716)
(X  = 93.0,   Y = 40.0990967222)
(X  = 94.0,   Y = 38.0502028171)
(X  = 95.0,   Y = 37.87671055)
(X  = 96.0,   Y = 32.4000817014)
(X  = 97.0,   Y = 26.7647784662)
(X  = 98.0,   Y = 23.5445126387)
(X  = 99.0,   Y = 17.9074381032)
(X  = 100.0,   Y = 25.2181669987)
(X  = 101.0,   Y = 19.5024043564)
(X  = 102.0,   Y = 23.4432401045)
```

- 单击菜单栏 Motions，选择系统单元 Joint Motions 框中的创建移动约束副驱动快捷方式图标：Translations Joint Motions；
- 选择移动副 test_patch_Translational，完成移动副驱动 MOTION_1 的创建
- 右击 MOTION_1，选择 Modify；在弹出的 Joint Motion 对话框中 Fuction（time）：100*AKISPL（time，0，SPLINE_2，0），AKISPL（）是 ADAMS 的一个函数，表示按 Akima 插值方法将样条数据“SPLINE_2”拟合成以时间为横轴的函数曲线。
- 单击单击 OK，完成 MOTION_1 的修改。
- 点击 Simulation，仿真时间设置为 10 s，仿真步数设置为 1 000，仿真前选悬架系统静平衡，计算完成后测量车身 Body 部件在 Y 方向的加速度，计算结果如图 14-11 所示，从计算结果中看，车身在垂向的加速度为 100 mm/s^2，效果极好。

检查模型麦弗逊悬架模型自由度，系统显示信息如下。建立的悬架模型的部件数量、约束副等具体信息会显示出来，软件根据系统自由度计算公式，计算出所建立的麦弗逊悬架有 2 个自由度，模型正确无误。

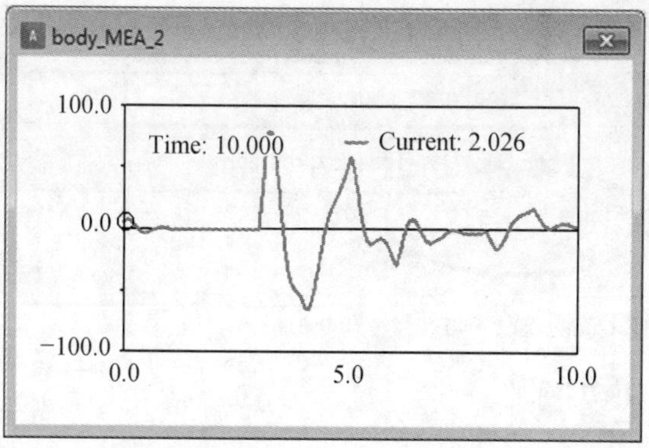

图 14-11　车身垂向加速度

VERIFY MODEL：.adams_view_zhengche

2 Gruebler Count（approximate degrees of freedom）

9 Moving Parts（not including ground）

1 Cylindrical Joints

1 Revolute Joints

3 Spherical Joints

2 Translational Joints

3 Fixed Joints

1 Hooke Joints

1 Inplane Primitive_Joints

1 Motions

2 Degrees of Freedom for .adams_view_zhengche

There are no redundant constraint equations.

Model verified successfully

14.4　路面驱动方案 B

- 单击菜单栏 Elements，选择系统单元 System Elements 框中的创建状态变量快捷方式图标：Create a State Variable defined by an Algebraic Equation；
- Name（状态变量名称）：road_shuru；
- Definition：Run-Time Expression；
- F（time，……）=：0；
- 单击 OK，完成状态变量 road_shuru 的创建，如图 14-12 所示。

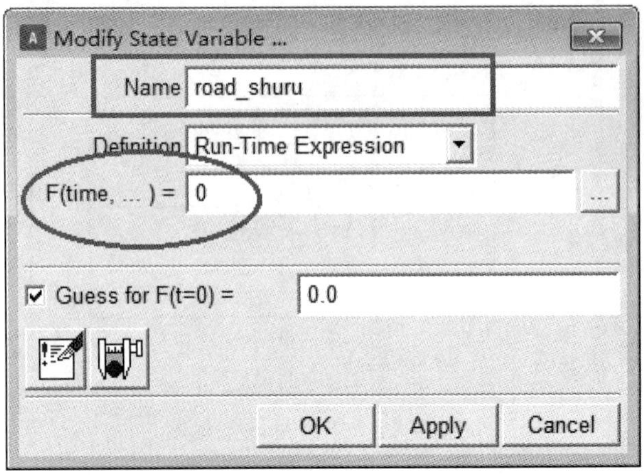

图 14-12　路面输入状态变量创建

- 单击菜单栏 Motions，选择系统单元 Joint Motions 框中的创建移动约束副驱动快捷方式图标：Translations Joint Motions；
- 选择移动副 test_patch_Translational，完成移动副驱动 MOTION_1 的创建
- 右击 MOTION_1，选择 Modify；
- 在弹出的 Joint Motion 对话框中 Fuction（time）：VARVAL（.adams_view_zhengche.road_shuru）；
- 单击 OK，完成 MOTION_1 的修改，如图 14-13 所示。

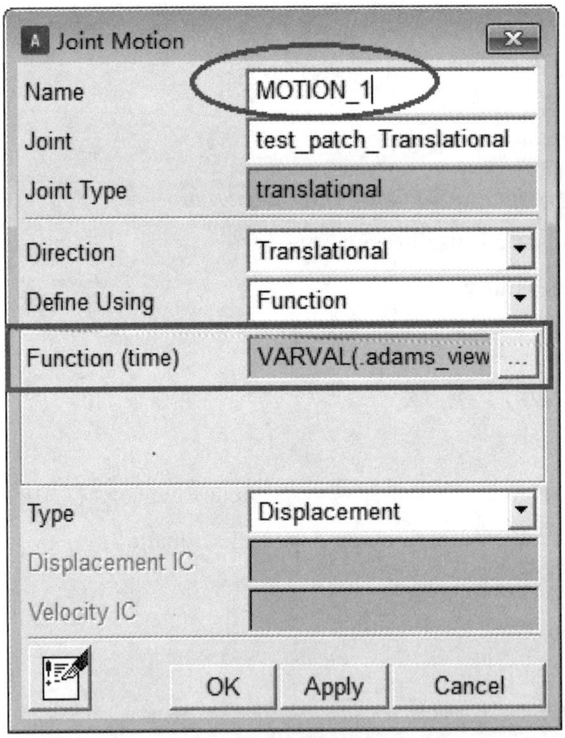

图 14-13　约束副驱动对话框

14.5 PID 控制器设计

PID 控制具有调节原理简单，参数容易整定和实用性强等优点，其控制规律如公式(14-2)所示：

$$u(t)=K_p e(t)+K_I\int_0^t e(t)\mathrm{d}t+K_d\frac{\mathrm{d}}{\mathrm{d}t}e(t) \tag{14-2}$$

式中，$K_I=\dfrac{K_p}{T_i}$，$K_d=K_pK_d$；K_p 为比例系数；K_I 为时间极品常数；K_d 为微分时间常数；$e(t)$ 为实时误差，即车身速度与理想值之间差值；$u(t)$ 为实时主动控制力。根据公式（14-2）建立好的 PID 控制器模型如图 14-14 所示。

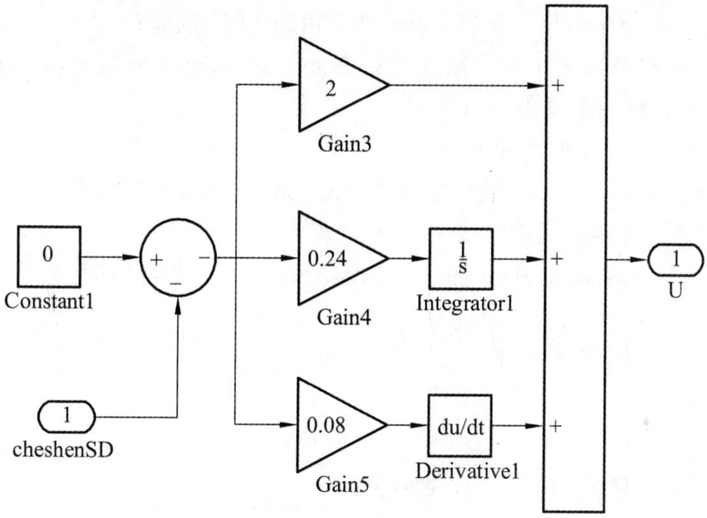

图 14-14 PID 控制器

14.6 半主动悬架联合仿真

相对于主动悬架，半主动悬架主要通过改变减震器的可变力输出来控制整车的振动特性，其性能与主动悬架接近。相比主动悬架，其结构简单，能耗小。上述建立的麦弗逊多体悬架模型为被动悬架模型，要想进行半主动悬架或者主动悬架联合仿真，首先需要在被动悬架模型的基础上构造或者建立主动悬架模型。

14.6.1 半主动悬架模型

半主动悬架模型构建首先需要添加主动力，主动力主要根据控制算法计算得出。主动悬架模型可采用不同算法：模糊控制算法、PID 模糊、神经网络、自适应模糊等。

- 单击菜单栏 Elements，选择系统单元 System Elements 框中的创建状态变量快捷方式图标：Create a State Variable defined by an Algebraic Equation；
- Name（状态变量名称）：zhudongli_shuru；
- Definition：Run-Time Expression；
- F（time，……）=：0；
- 单击 OK，完成状态变量 zhudongli_shuru 的创建，参考如图 14-12 所示。
- 单击菜单栏 Force，选择 Applied Forces 框的 Force 快捷方式，在两部件 srping_down、srping_up 之间建单向主动力；
- Run-time Direction（主动力运行时方向）：Two Bodies；
- Construction：2 Bodies -2 Location；
- Characteristic：Custom；
- 根据命令窗口提示顺序选择两部件 srping_down、srping_up，顺序选择参考点 spring_down.cm、spring_up.cm，完成主动力 SFORCE_1 的创建；
- 选中主动力 SFORCE_1 右击鼠标选择 Rename：修改名称为 zhudongli；
- 单击 OK，完成硬主动力的重命名。
- 右击 zhudongli，选择 Modify；
- 在弹出的 Modify Force 对话框中修改 Fuction：输入 VARVAL(.adams_view_zhengche.zhudongli_shuru)，其余参数保持默认；
- 单击 OK，完成主动力 zhudongli 的修改函数，如图 14-15 所示。

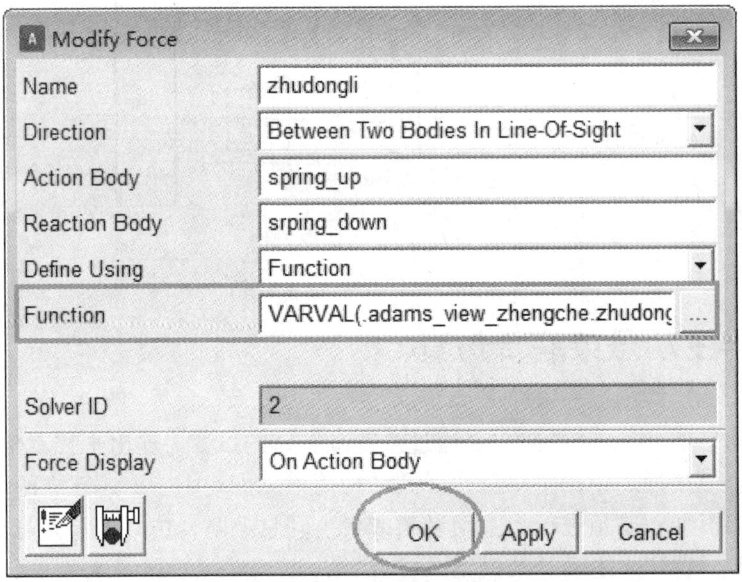

图 14-15　主动力修改对话框

建立车身速度、加速度、悬架动行程及车轮侧向滑移量状态输出函数，首先需要建立车身速度、加速度、悬架动行程及车轮侧向滑移量的测量函数。

- 单击菜单栏 Design Exploration，选择系统单元 Measures 框中的创建状态变量快捷方式图标：Create a new Function Measures，弹出函数构建对话框，如图 14-16 所示；

- Measures Name：cheshenjiasudu；
- Units：accelaeration；
- 选择 Accelaeration along Y；
- 点击 Assist 弹出 Accelaeration along Y 对话框；
- To_Marker 框中输入 body.cm，其余 From_Marker、Along_Marker、Ref_Frame 框保持默认不用输入，辅助对话框如图 14-17 所示，单击 OK，完成加速度函数 ACCY（.adams_view_zhengche.body.cm）输入；
- 单击 Verify，检查函数 ACCY（.adams_view_zhengche.body.cm）正确无误；
- 单击 OK，完成函数构建。
- 重复以上步骤，建立以下测量函数，分别为车身速度、悬架动形成、车辆侧向滑移量：

① VY（.adams_view_zhengche.body.cm）；

② DY（body.cm，wheel_right.cm）-DY（body_cm，ground.wheel_cm）+11.4；

③ DZ（MARKER_76，test_patch.cm）+0.3674；

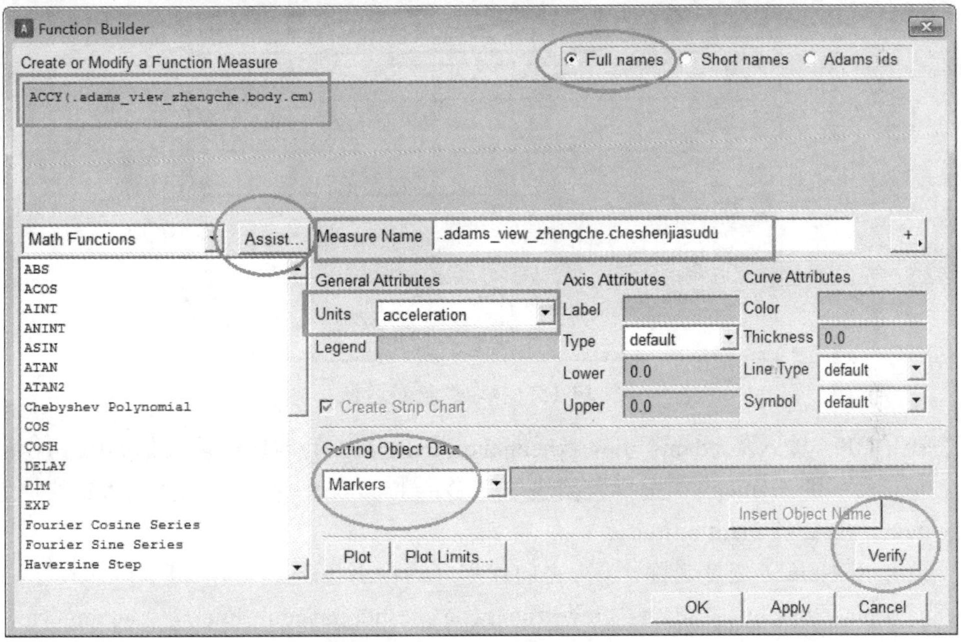

图 14-16　函数构建对话框

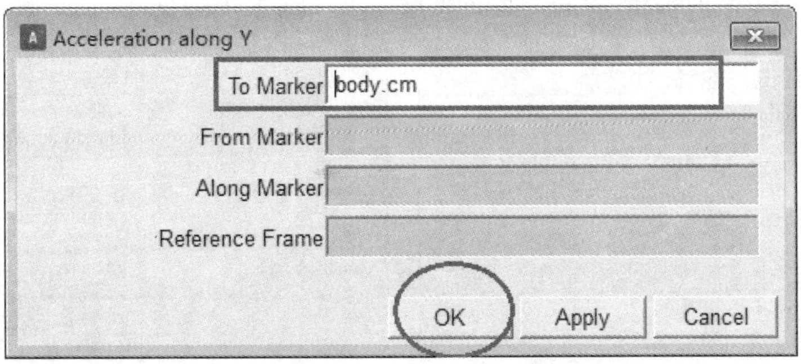

图 14-17　辅助对话框

- 单击菜单栏 Elements，选择系统单元 System Elements 框中的创建状态变量快捷方式图标：Create a State Variable defined by an Algebraic Equation；
- Name（状态变量名称）：cheshenjiasudu_shuchu；
- Definition：Run-Time Expression；
- F（time，……）=：ACCY（.adams_view_zhengche.body.cm）；
- 单击 OK，完成状态变量 cheshenjiasudu_shuchu 的创建，如图 14-18 所示。
- 重复以上步骤，分别建立状态变量 cheshensudu_shuchu、xuanjiadongxingcheng_shuchu、cexianghuayiliang_shuchu；
- 单击菜单栏 Elements，选择数据块单元 Date Elements 框中的创建输入集快捷方式图标：Create an ADAMS plant input；
- Variable Name（变量名称，输入之前建立好的输入状态变量）：.adams_view_zhengche.zhudongli_shuru，.adams_view_zhengche.road_shuru；

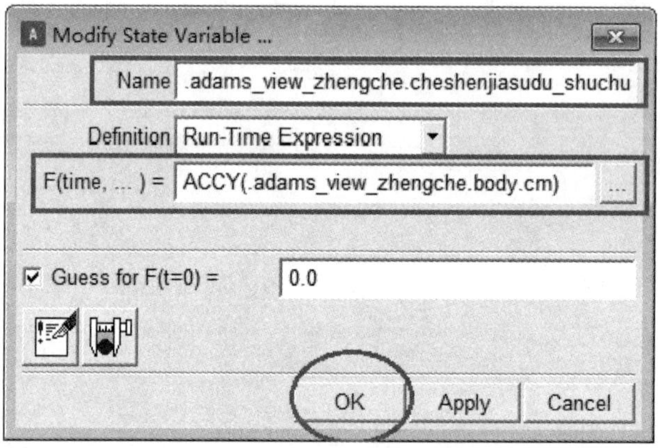

图 14-18 状态变量对话框

- 单击 OK，输入集.adams_view_zhengche.PINPUT_1 的创建；输入集如图 14-19 所示。
- 单击菜单栏 Elements，选择数据块单元 Date Elements 框中的创建输入集快捷方式图标：Create an ADAMS plant output；
- Variable Namc（变量名称，输入之前建立好的输出状态变量）：.adams_view_zhengche.cexianghuayiliang_shuchu，.adams_view_zhengche.cheshenjiasudu_shuchu，.adams_view_zhengche.cheshensudu_shuchu，.adams_view_zhengche.xuanjiadongxingcheng_shuchu；
- 单击 OK，输出集.adams_view_zhengche.POUTPUT_1 的创建；输出集如图 14-20 所示。

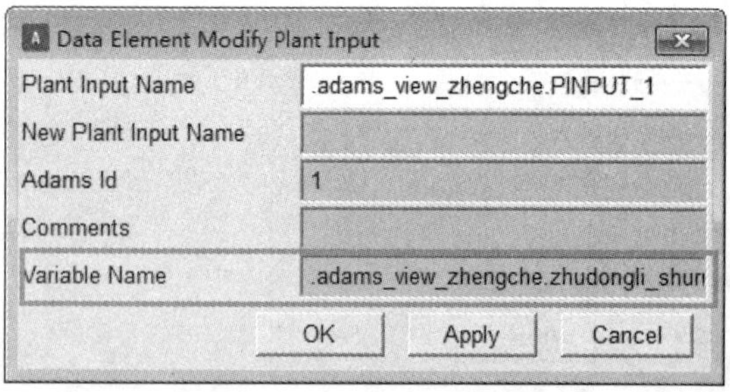

图 14-19 输入集对话框

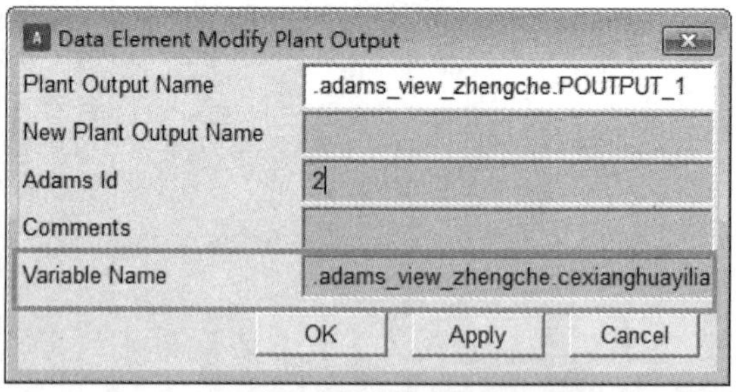

图 14-20 输入集对话框

至此，完成麦弗逊悬架被动模型到主动悬架模型的转变，建立好的主动悬架模型如图 14-21 所示，不加控制系统，主动悬架模型依然可以在方案 A 下进行仿真，仿真结果准确无误；在方案 B 下也可进行仿真，但结果不正确，原因在于振动台架不动，悬架只是在重力作用下进行静平衡计算。

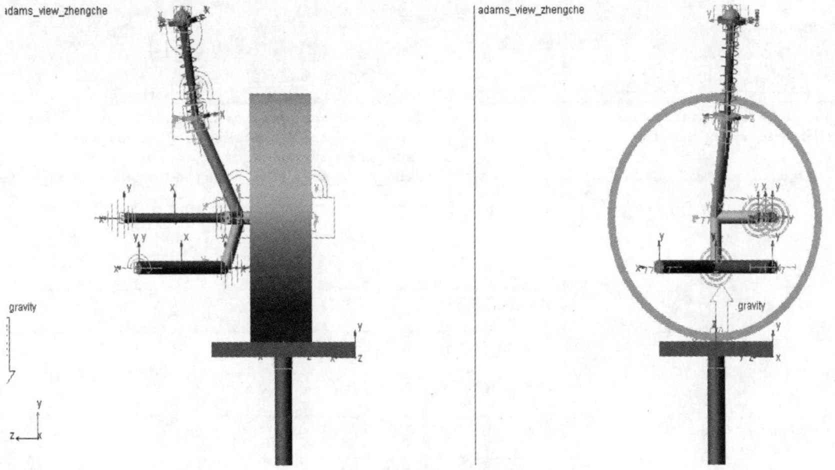

图 14-21　主动悬架模型

14.6.2　机控协同模型

通过 ADAMS\CONTROL 模块系统机械模型与控制模型，ADMAS 与 MATLAB 软件路径统一设置为 D：\adams_view2013\adams_matlab；

- 单击菜单栏插件 Plugins，选择 Controls，出现下拉列表选择 **Plant Export** 命令，弹出控制接口输出对话框，如图 14-22 所示；
- File Prefix（输出文件别名）：pid；
- Initial Static Analysis（ 初始静态分析）：Yes，此处需要进行静平衡，静平衡完成之后再进行计算；
- 单击 From Pinput，在弹出的数据命令窗口中选择子系统双击 adams_view_zhengche 下的 PINPUT1；
- 单击 From Poutput，在弹出的数据命令窗口中选择子系统双击 adams_view_zhengche 下的 POUTPUT1；
- Target Software（目标软件或者对接软件）：MATLAB；
- Analysis Type（分析类型）：选择非线性 non_linear；
- ADAMS/Solver Choice：选择 FORTRAN；
- 其余保持默认，单击 OK 完成 ADAMS\CONTROL 模块下的输入输出集的创建。

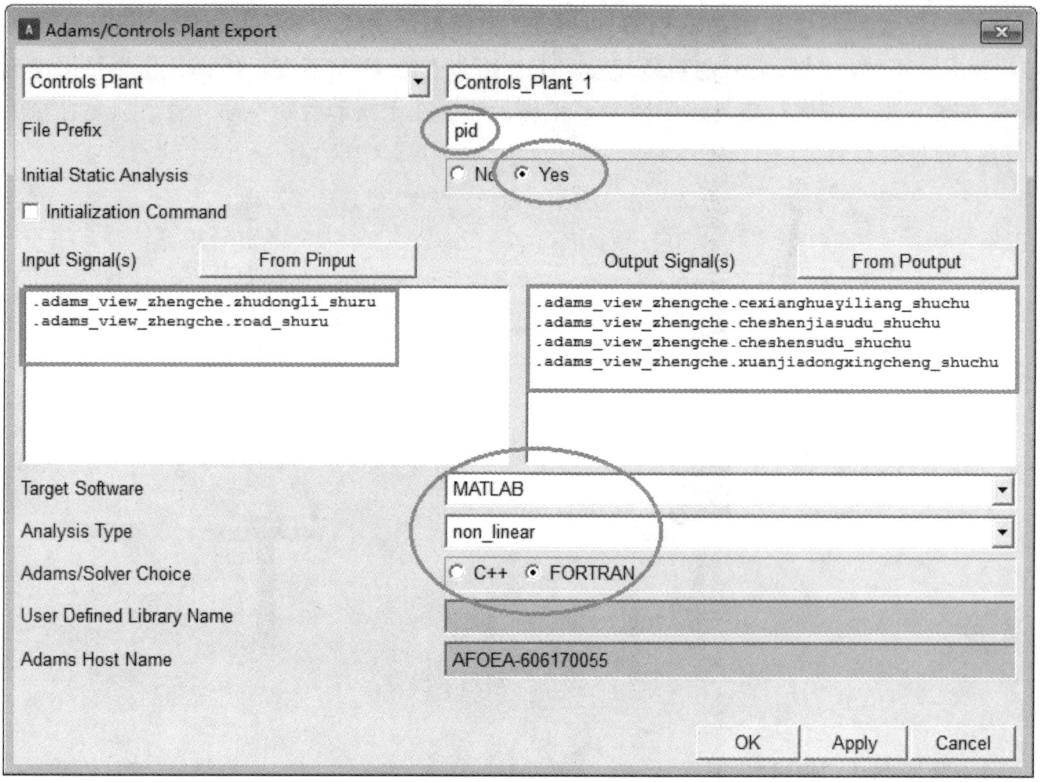

图 14-22　控制接口输出对话框

- MATLAB 软件中命令窗口中输入 Controls_Plant_1；
- 单击键盘 Enter 键；此时命令窗口显示输入输出集信息。
- 命令窗口中输入 adams_sys，单击键盘 Enter 键调出 adams_plant 对话框，如图 14-23 所示；

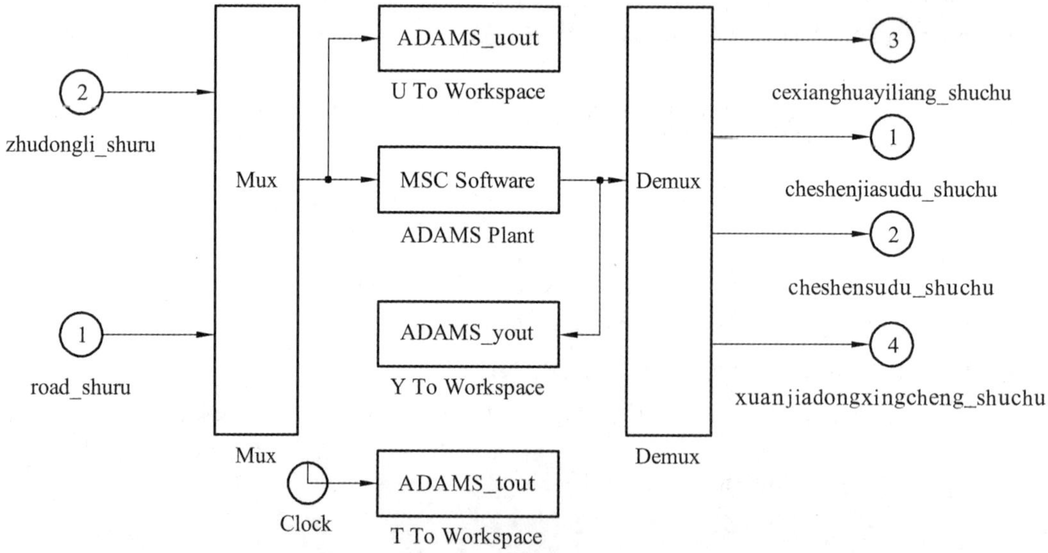

图 14-23　通信状态函数

导通 ADAMS 与 MATLAB 软件之间通信，对路面及 PID 控制器进行封装，建立 ADAMS 主动悬架联合仿真模型如图 14-24 所示。在 B 级路面上车辆分别以 20 km/h、40 km/h、60 km/h、80 km/h 的速度直线行驶，计算主被动悬架的车身加速度、悬架动行程、车轮侧向滑移量。主被动悬架计算结果如图 14-25 ~ 图 14-29 所示，仿真步长为 0.005 s，仿真时间为 10 s。

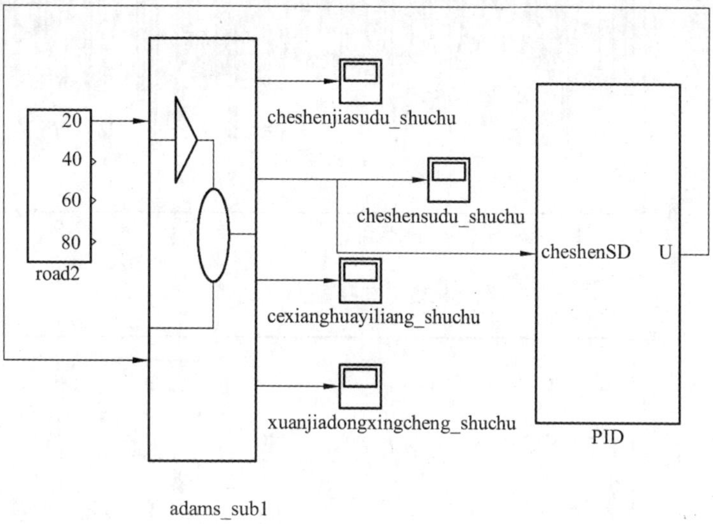

图 14-24　联合仿真模型

从计算结果中可以看出，主动悬架相对于被动悬架在性能上整体都有所提升。在不同车速阶段，车身垂直加速度、悬架动行程、轮胎动位移性能均有改善，其中车身垂向加速度改善尤为突出，在全速范围内改善车辆行驶的乘坐舒适性。随着车速的增加，悬架动行程及侧向滑移量少有改善，增加整车行驶过程中的操作稳定性。各个速度段的悬架性能参数变化如表 14-1 所示。

表 14-1　性能均方根值对比表

均方根值	车速/ km/h	主动悬架	被动悬架	优化比
垂直加速度/ (m/s^2)	20	2.33E－1	4.52E－1	48.5
悬架动行程/m		3.90E－2	4.10E－2	4.9
侧向滑移量/m		2.80E－5	4.39E－5	36.2
垂直加速度/ (m/s^2)	40	3.30E－1	6.40E－1	48.4
悬架动行程/m		4.02E－2	4.27E－2	5.9
侧向滑移量/m		3.85E－5	6.11E－5	37.0
垂直加速度/ (m/s^2)	60	4.04E－1	7.84E－1	48.5
悬架动行程/m		4.11E－2	4.41E－2	6.8
侧向滑移量/m		4.67E－5	7.43E－5	37.1
垂直加速度/ (m/s^2)	80	4.66E－1	9.04E－1	48.5
悬架动行程/m		4.18E－2	4.53E－2	7.7
侧向滑移量/m		5.35E－5	8.53E－5	37.3

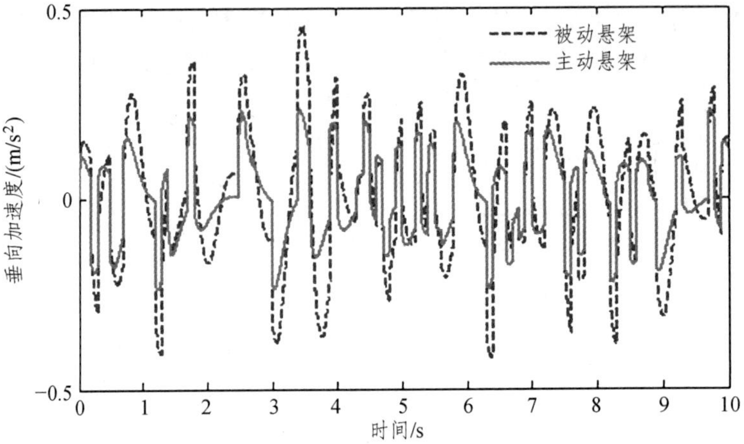

图 14-25　车身垂向加速度

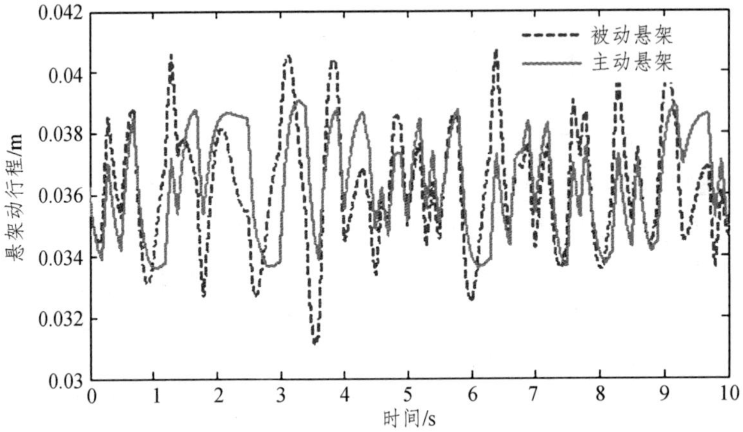

图 14-26　悬挂动行程

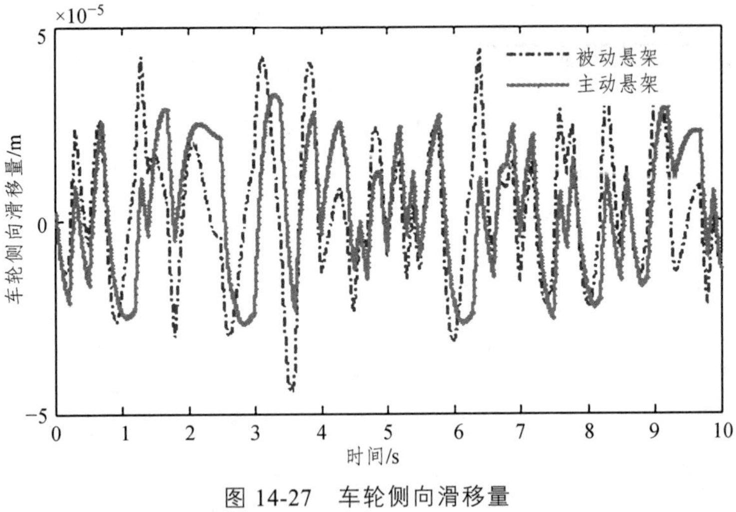

图 14-27　车轮侧向滑移量

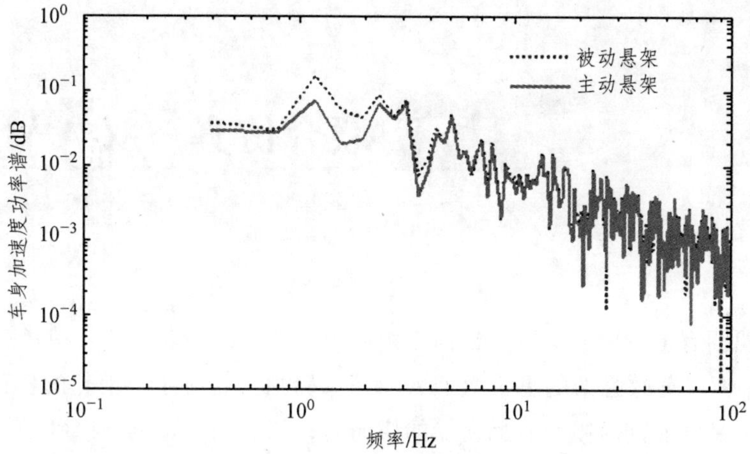

图 14-28　车身加速度功率谱

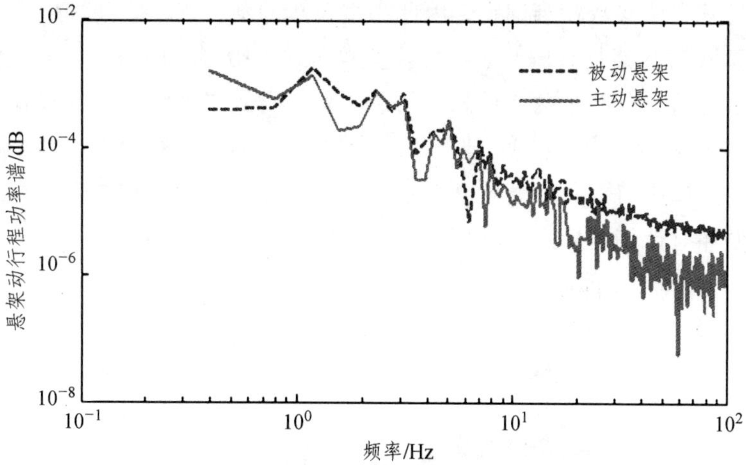

图 14-29　悬挂动行程度功率谱

如图 14-28、图 14-29 所示为车身加速度、悬架动行程的功率谱曲线。从功率谱曲线中可以看出，整车运行过程中，主动悬架的幅值相对被动悬架都较小，同时可以看出，振幅最大值都出现在频率较小处，低频路面输入信息对整车的振动特性较大，悬架动行程在高频路面激励下车轮的振动得到较好的抑制。

第 15 章 联合仿真—双 A 臂悬架

双叉臂悬架拥有上下两个叉臂，横向力由两个叉臂同时吸收，支柱只承载车身重力，因此横向刚度大。双叉臂式悬架的上下两个 A 字形叉臂可以精确定位前轮的各种参数，前轮转弯时，上下两个叉臂能同时吸收轮胎所受的横向力，加上两叉臂的横向刚度较大，所以转弯的侧倾较小，如图 15-1 所示。相比麦弗逊式悬架双叉臂多了一个上控制臂，不仅需要占用较大的空间，而且其定位参数较难确定，因此小型轿车的前桥出于空间和成本考虑一般不会采用此种悬架；双 A 臂悬架具有侧倾小，可调参数多、轮胎接地面积大、抓地性能优异，因此主打运动性能型的轿车、跑车的前后悬架均选用双叉臂式悬架。本章同样在 ADAMS\VIEW 中建立双 A 臂悬架多体动力学模型，建模硬点参数参考 ADAMS\CAR 中共享数据库中的双 A 臂悬架参数。控制算法简单介绍模糊 PID 控制算法、自适应模糊控制理论算法，建立主动悬架联合仿真模型并对计算结果进行分析。

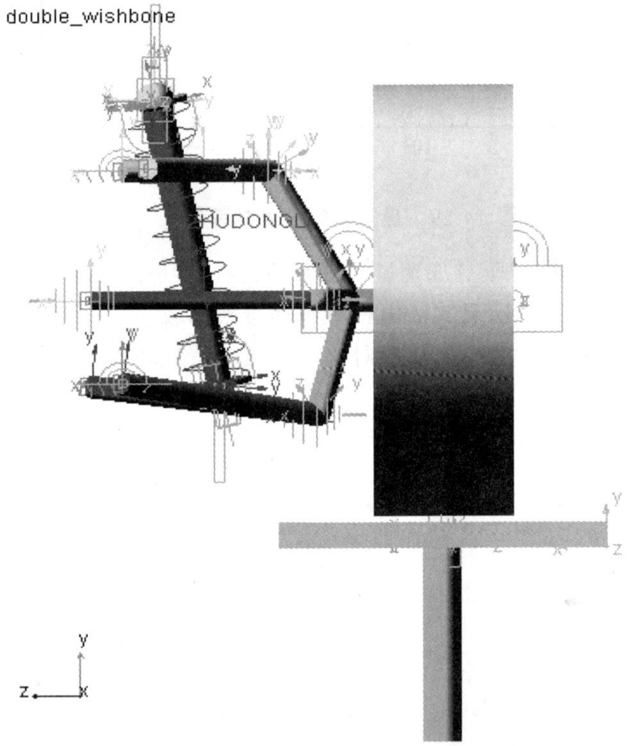

图 15-1 双 A 臂悬架模型

学习目标

- ✧ 双 A 悬架模型。
- ✧ 四轮定位参数。
- ✧ 模糊 PID 控制理论算法。
- ✧ 半主动悬架联合仿真。

15.1 双 A 臂悬架模型

双 A 臂悬架模型建模过程与麦弗逊悬架相似，步骤也大都相同。这里提供双 A 臂悬架的硬点参数，建模过程请参考第 14 章中麦弗逊悬架模型建立及路面驱动输入。下文提供部件之间的具体约束信息，模型建立完成后请检查是否与提供的约束信息相否。建立的好的双 A 臂悬架模型存放在文件夹中，读者也可以用 ADAMS/VIEW 从文件夹中打开双 A 臂悬架模型，参考已经建立好的模型分别按硬点、部件、约束、路面驱动、主动悬架设置、软件系统等顺序步骤建立完成。

- 启动 ADAMS/VIEW，选择 New Model；
- Model Name：double_wishbone；
- 设置启动路径为 D：\adams_view2013；
- 单击 OK 完成新模型名称创建，如图 15-2 所示，接下来可以在窗口中完成模型任务；
- 单击硬点快捷方式，右击鼠标，在弹出的方框中输入-200，150，-400；
- 选中硬点右击鼠标选择 Rename：修改硬点名称为 lca_front；
- 单击 OK，完成硬点重命名。
- 双 A 臂悬架模型硬点参数如图 15-3 所示，重复以上步骤，完成悬架模型全部硬点的建立。

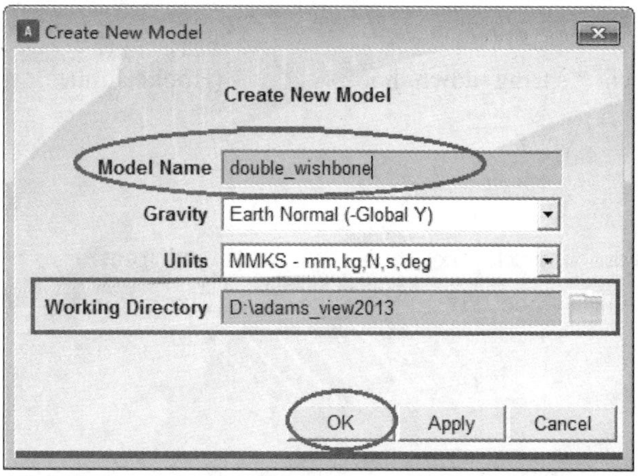

图 15-2 模型创建对话框

	Loc X	Loc Y	Loc Z
lca_front	-200.0	150.0	-400.0
lac_outer	0.0	100.0	-750.0
lca_rear	200.0	155.0	-450.0
tie_rod_outer	200.0	300.0	-400.0
tie_rod_inner	150.0	300.0	-750.0
uca_front	100.0	525.0	-450.0
uca_outer	40.0	525.0	-675.0
uca_rear	250.0	530.0	-490.0
wheel_center	0.0	300.0	-800.0
spring_down	0.0	150.0	-600.0
spring_up	40.0	650.0	-500.0

图 15-3 硬点参数

双 A 臂悬架部件之间的约束关系如下，模型建立完成后检查约束关系与下列信息是否对应。

```
Topology of model: double_wishbone
  Ground Part: ground

  Part ground
  Is connected to:
  test_patch    via  test                  (Translational Joint)
  body          via  body_translational    (Translational Joint)
  lca           via  lca_rear              (Revolute Joint)
  uca           via  uca_rear              (Revolute Joint)

  Part lca
  Is connected to:
  ground        via  lca_rear              (Revolute Joint)
  upright       via  lca_outer             (Spherical Joint)
  spring_down   via  spring_down_hook      (Hooke Joint)

  Part knuckle
  Is connected to:
  upright       via  knuckle_fix           (Fixed Joint)
  wheel         via  wheel_fix             (Fixed Joint)

  Part wheel
  Is connected to:
  test_patch    via  JPRIM_1               (Inplane Primitive_Joint)
  knuckle       via  wheel_fix             (Fixed Joint)
```

Part upright

Is connected to:

tierod	via	tierod_inner	(Spherical Joint)
uca	via	uca_outer	(Spherical Joint)
knuckle	via	knuckle_fix	(Fixed Joint)
lca	via	lca_outer	(Spherical Joint)

Part test_patch

Is connected to:

ground	via	test	(Translational Joint)
wheel	via	JPRIM_1	(Inplane Primitive_Joint)

Part tierod

Is connected to:

upright	via	tierod_inner	(Spherical Joint)
body	via	tierod_outer	(Spherical Joint)

Part uca

Is connected to:

ground	via	uca_rear	(Revolute Joint)
upright	via	uca_outer	(Spherical Joint)

Part spring_down

Is connected to:

spring_up	via	SPRING_1.sforce	(Single_Component_Force)
lca	via	spring_down_hook	(Hooke Joint)
spring_up	via	spring_down_cylindrical	(Cylindrical Joint)
spring_up	via	ZHUDONGLI	(Single_Component_Force)

Part spring_up

Is connected to:

spring_down	via	SPRING_1.sforce	(Singlc_Component_Force)
spring_down	via	spring_down_cylindrical	(Cylindrical Joint)
body	via	spring_up_hook	(Hooke Joint)
spring_down	via	ZHUDONGLI	(Single_Component_Force)

Part body

Is connected to:

tierod	via	tierod_outer	(Spherical Joint)
spring_up	via	spring_up_hook	(Hooke Joint)
ground	via	body_translational	(Translational Joint)

15.2 双 A 臂半主动悬架

- 单击菜单栏 Design Exploration，选择系统单元 Measures 框中的创建状态变量快捷方式图标：Create a new Function Measures，弹出函数构建对话框，如图 15-4 所示；
- Measures Name：.double_wishbone.cheshenjiasudu；
- Units：accelaeration；
- 选择 Accelaeration along Y；
- 点击 Assist 弹出 Accelaeration along Y 对话框；
- To_Marker 框中输入 body.cm，其余 From_Marker、Along_Marker、Ref_Frame 框保持默认不用输入，辅助对话框如图 15-5 所示，单击 OK，完成加速度函数 ACCY（.double_wishbone.body.cm）输入。
- 单击 Verify，检查函数 ACCY（.double_wishbone.body.cm）正确无误；
- 单击 OK，完成函数构建。

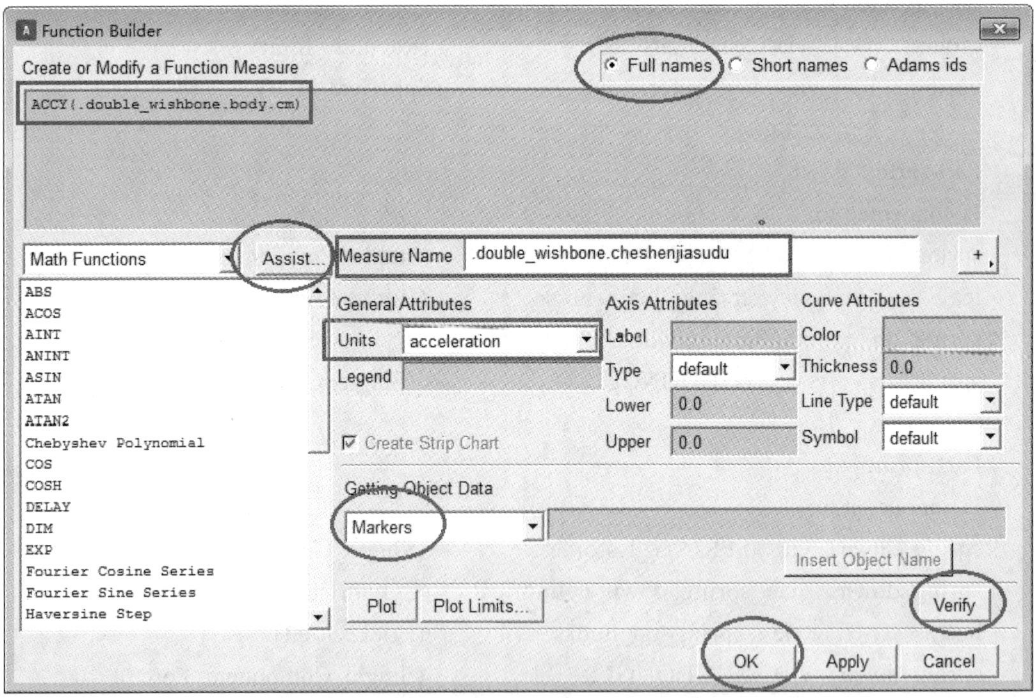

图 15-4　函数构建对话框

- 重复以上步骤，建立以下测量函数，分别为车身速度、悬架动行程、车辆侧向滑移量：

① VY（.double_wishbone.body.cm）;

② DY（.double_wishbone.body.cm，.double_wishbone.knuckle.MARKER_40）-343.6;

③ DZ（.double_wishbone.knuckle.MARKER_84，.double_wishbone.test_patch.cm）;

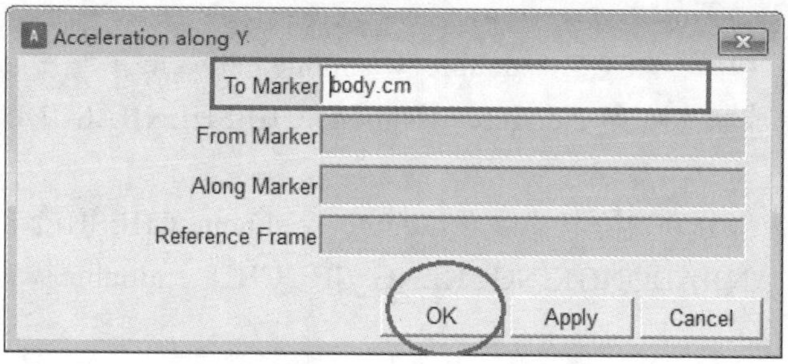

图 15-5　辅助对话框

双 A 臂悬架半主动悬架模型构建首先需要添加主动力，主动力添加过程如下。

- 单击菜单栏 Force，选择 Applied Forces 框的 Force 快捷方式，在两部件 srping_up、srping_down 之间建单向主动力；
- Run-time Direction（主动力运行时方向）：Two Bodies；
- Construction：2 Bodies -2 Location；
- Characteristic：Custom；
- 根据命令窗口提示顺序选择两部 srping_up、 srping_down，顺序选择参考点 spring_up.cm 、spring_down.cm，完成主动力 SFORCE_1 的创建；
- 选中主动力 SFORCE_1 右击鼠标选择 Rename：修改名称为 ZHUDONGLI；
- 单击 OK，完成硬主动力的重命名。
- 右击 ZHUDONGLI，选择 Modify；
- 在弹出的 Modify Force 对话框中修改 Fuction：输入 VARVAL（.double_wishbone.ZHUDONGLI_SHURU），其余参数保持默认；
- 单击 OK，完成主动力 ZHUDONGLI 的修改函数，如图 15-6 所示。

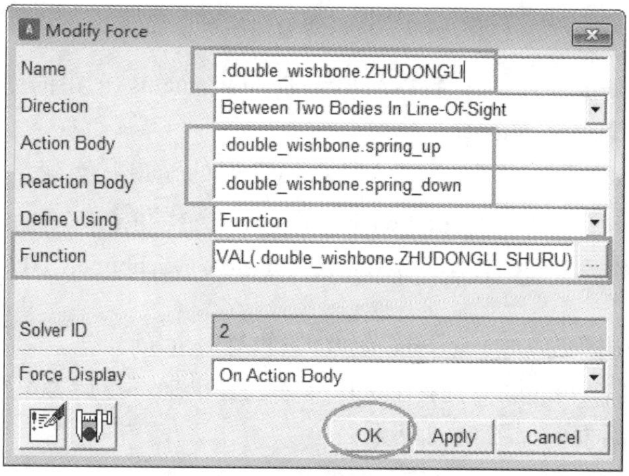

图 15-6　主动力状态变量创建对话框

- 单击菜单栏 Elements，选择系统单元 System Elements 框中的创建状态变量快捷方式图标：Create a State Variable defined by an Algebraic Equation；
- Name（状态变量名称）：CHESHENJIASUDU_SHUCHU；
- Definition：Run-Time Expression；
- F（time，……）=：ACCY（.double_wishbone.body.cm）；
- 单击 OK，完成状态变量 c.double_wishbone.CHESHENJIASUDU_SHUCHU 的创建，如图 15-7 所示。
- 重复以上步骤，分别建立状态变量.double_wishbone.CHESHENSUDU_SHUCHU、.double_wishbone.XUANJIADONGXINGCHENG_SHUCHU、.double_wishbone.CHELUNCEXINGHUAYILIANG；
- 单击菜单栏 Elements，选择数据块单元 Date Elements 框中的创建输入集快捷方式图标：Create an ADAMS plant input；
- Variable Name（变量名称，输入之前建立好的输入状态变量）：.double_wishbone.LUMIAN_SHURU，.double_wishbone.ZHUDONGLI_SHURU；
- 单击 OK，输入集.double_wishbone.PINPUT_1 的创建。

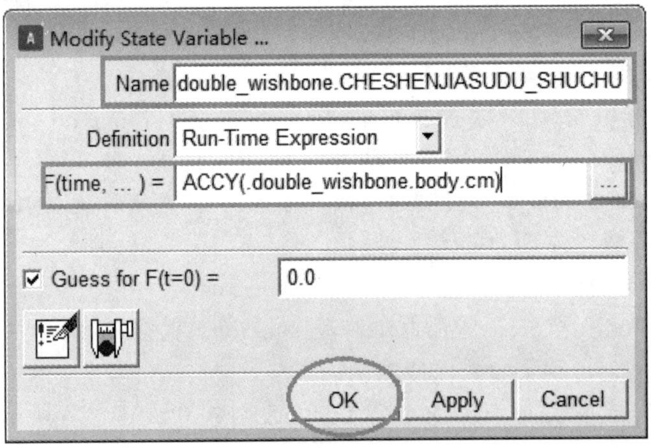

图 15-7 状态变量创建对话框

- 单击菜单栏 Elements，选择数据块单元 Date Elements 框中的创建输入集快捷方式图标：Create an ADAMS plant output；
- Variable Name（变量名称，输入之前建立好的输出状态变量）：.double_wishbone.CHESHENJIASUDU_SHUCHU,.double_wishbone.CHELUNCEXINGHUAYILIANG,.double_wishbone.XUANJIADONGXINGCHENG_SHUCHU,.double_wishbone.CHESHENSUDU_SHUCHU；
- 单击 OK，输出集.double_wishbone.POUTPUT_1 的创建。
- 单击菜单栏插件 Plugins，选择 Controls 单击，出现下拉列表选择 **Plant Export** 命令，弹出控制接口输出对话框，如图 15-8 所示；

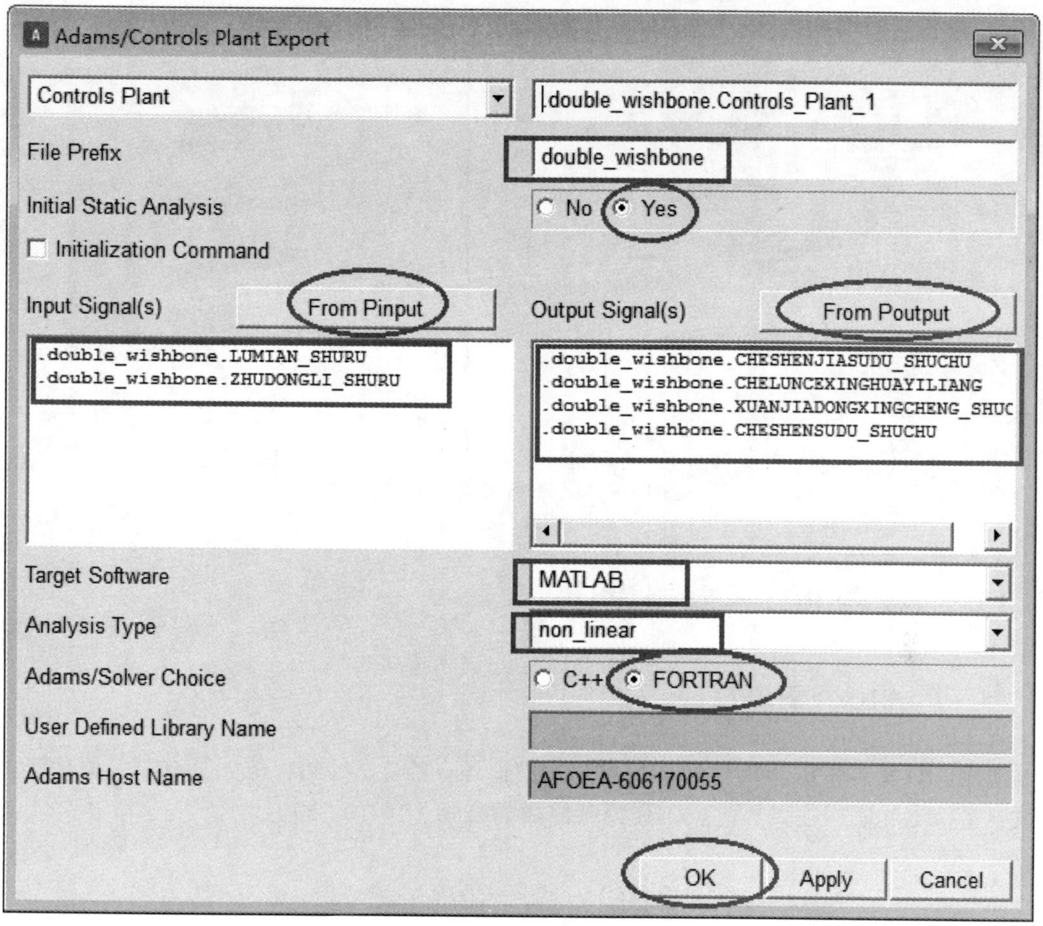

图 15-8　控制接口输出对话框

- File Prefix（输出文件别名）：double_wishbone；
- Initial Static Analysis（初始静态分析）：Yes，此处需要进行静平衡，静平衡完成之后在进行计算；
- 单击 From Pinput，在弹出的数据命令窗口中选择子系统双击 double_wishbone 下的 PINPUT1；
- 单击 From Poutput，在弹出的数据命令窗口中选择子系统双击 double_wishbone 下的 POUTPUT1；
- Target Software（目标软件或者对接软件）：MATLAB；
- Analysis Type（分析类型）：选择非线性 non_linear；
- ADAMS/Solver Choice：选择 FORTRAN；
- 其余保持默认，单击 OK 完成 ADAMS\CONTROLS 模块下的输入输出集的创建，创建完成的半主动双 A 臂悬架模型如图 15-9 所示。

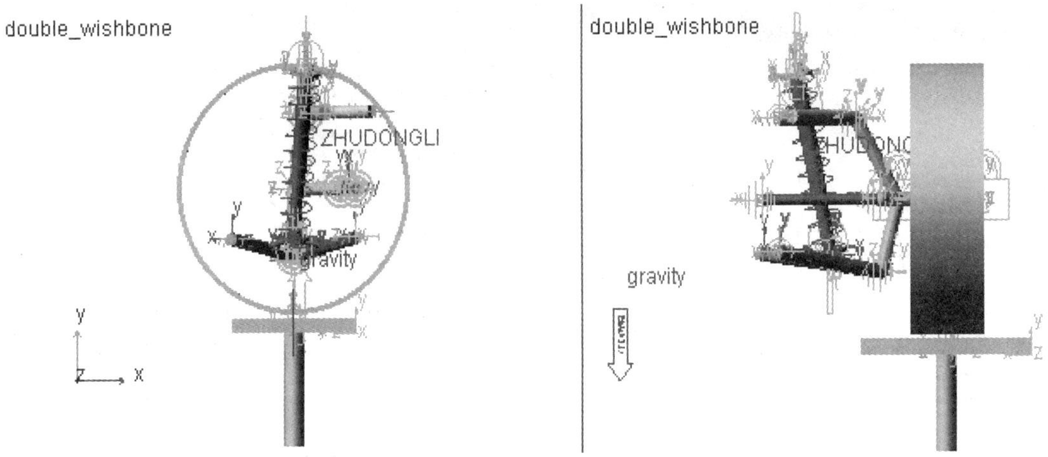

图 15-9　双 A 臂主动悬架模型

15.3　模糊 PID 控制器设计

15.3.1　PID 控制器设计

模糊 PID 复合控制器具有 PID 与模糊控制器各自的优势；PID 控制具有调节原理简单，参数容易整定和实用性强等优点，其控制规律如公式（15-1）所示：

$$u(t)=K_p e(t)+K_I\int_0^t e(t)\mathrm{d}t+K_d\frac{\mathrm{d}}{\mathrm{d}t}e(t) \tag{15-1}$$

式中，$K_I=\dfrac{K_p}{T_i}$，$K_d=K_pK_d$；K_p为比例系数；K_I为时间极品常数；K_d为微分时间常数；$e(t)$为实时误差，即车身速度与理想值之间差值；$u(t)$为实时主动控制力.

模糊 PID 控制系统的输入为车身的速度及其变化量，输出为主控控制力；模糊控制器的输出为ΔK_p、ΔK_I、ΔK_d、实际的 PID 控制参数如公式（15-2）~（15-4）描述。

$$K_{p1}=K_p+H_p\Delta K_p \tag{15-2}$$

$$K_{I1}=K_I+H_I\Delta K_I \tag{15-3}$$

$$K_{d1}=K_d+H_d\Delta K_d \tag{15-4}$$

式中，K_p、K_I、K_d为预设 PID 控制参数；H_p、H_I、H_d为比例因子。

15.3.2　模糊控制器设计

模糊控制规则是模糊控制器的核心，它用语言的方式描述了控制器输入量与输出量之间的关系。悬架的输入输出分别采用 7 个语言变量规则来进行描述：负大（－3）、负中（－2）、负小（－1）、零（0），正小（1）、正中（2）、正大（3）。输入采用高斯隶属函数，保证输入参数的平缓且稳定性好；输出采用三角隶属函数，保证其较好的灵敏度。当误差较大时，K_p 取较大值，系统响应较快，模糊制系统输出较大的ΔK_p 值，ΔK_d 取较小值，避免系统出现过大超调量线性，产生不稳定现象；当误差中等时，K_p取较中间值，保证系统具有较小的超调量，ΔK_d、取值不变或者稍微减小，K_I 取适当值；当误差较小时，K_p 取较小值；当误差及其变化率方向一致时，说明误差有增大的趋势，此时应取较大ΔK_p 值。误差及其变化率同ΔK_p、ΔK_I、ΔK_d 的模糊控制规则，如表 15-1 ~ 表 15-3 所示。

- 启动 MATLAB 软件，设置启动路径为 D：\adams_view2013；
- 在 MATLAB 命令窗口输入命令：fuzzy，确认 Enter，此时弹出模糊编辑 FIS Editor Untitled 窗口；
- 点击 Edit，在弹出的下拉菜单依次选择 Add > Variable > Input 命令；
- 点击 Edit，在弹出的下拉菜单依次选择 Add > Variable > Output 命令；
- 点击 Edit，在弹出的下拉菜单依次选择 Add > Variable > Output 命令，此时模糊控制系统为两输入，3 个输出系统；
- 单击 File > Export > To File 命令，选择路径为 D：\adams_view2013，文件命中输入 myexample_mohu_pid.fis，保存，模糊编辑对话框如图 15-10 所示；
- 单击 input1，Name 框中输入 e；
- 单击 input2，Name 框中输入 ec；
- 单击 output1，Name 框中输入 kp；
- 单击 output2，Name 框中输入 ki；
- 单击 output3，Name 框中输入 kd；
- 分别双击 e\ec，弹出输入隶属函数编辑对话框，如图 15-11 所示；
- Type：gaussmf，隶属函数选择高斯函数；
- 从左向右顺序选择高斯函数线条，在 Name 窗口中分别输入 NB（ – 3）、NM（ – 2）、NS（ – 1）、ZO（0）、PS（1）、PM（2）、PB（3）；

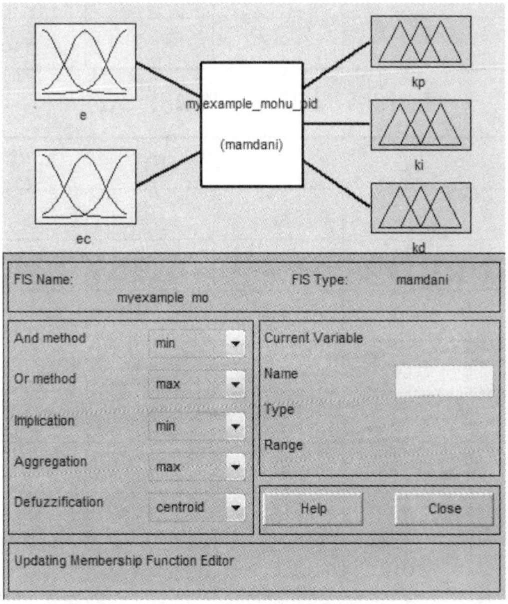

图 15-10　模糊控制编辑对话框

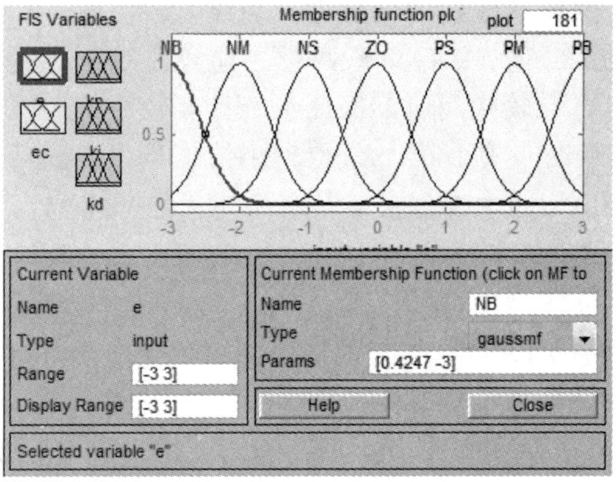

图 15-11　隶属函数编辑器\e

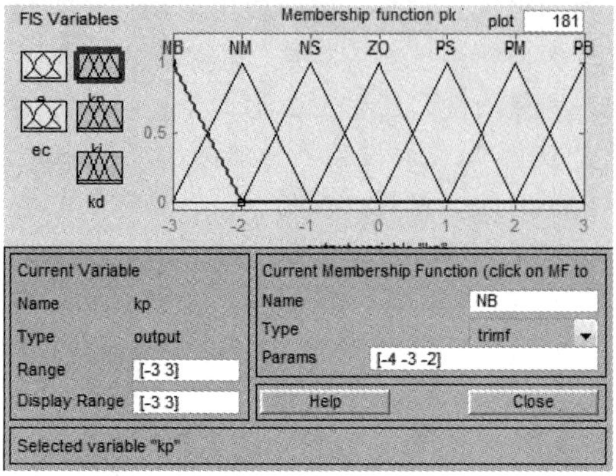

图 15-12　隶属函数编辑器\pk

- 分别双击 kp\ki\kd，弹出输出隶属函数编辑对话框，如图 15-12 所示；

表 15-1　模糊控制规则　K_p

E	EC						
	-3	-2	-1	0	1	2	3
-3	3	3	2	2	1	0	0
-2	3	3	2	1	1	0	-1
-1	2	2	2	1	0	-1	-1
0	2	2	1	0	-1	-2	-2
1	1	2	0	-1	-1	-2	-2
2	1	0	-1	-2	-2	-2	-3
3	0	0	-2	-2	-2	-3	-3

表 15-2　模糊控制规则　K_I

E	EC						
	-3	-2	-1	0	1	2	3
-3	-3	-3	-2	-2	-1	0	0
-2	-3	-3	-2	-1	-1	0	-1
-1	-3	-2	-1	-1	0	1	1
0	-2	-2	-1	0	1	2	2
1	-2	-1	0	1	1	2	3
2	0	0	1	1	2	3	3
3	0	0	1	2	2	3	3

表 15-3　模糊控制规则　K_d

E	EC						
	−3	−2	−1	0	1	2	3
−3	1	−1	−3	−3	−3	−2	1
−2	1	−1	−3	−2	−2	−1	0
−1	0	−1	−2	−2	−1	−1	0
0	0	−1	−1	−1	−1	−1	0
1	0	0	0	0	0	0	0
2	3	−1	1	1	1	1	3
3	3	2	2	2	1	1	3

- Type：trimf，隶属函数选择三角函数；
- 从左向右顺序选择三角函数线条，在 Name 窗口中分别输入 NB（−3）、NM（−2）、NS（−1）、ZO（0）、PS（1）、PM（2）、PB（3）；
- 单击 Edit > Rules 命令，弹出模糊规则编辑对话框，如图 15-13 所示，根据表 15-1～表 15-3 所示模糊控制规则分别输入；
- 模糊控制规则输入完成后，单击 File > Export > To File 命令，选择路径为 D:\adams_view2013，选择 myexample_mohu_pid.fis，覆盖保存；
- 单击 File > Export > To Workspace 命令，弹出模糊控制规则保存到 MATLAB 工作空间对话框；
- 单击 OK，完成控制规则输入到工作空间。
- 控制规则窗口中单击 View > Rules 命令，弹出控制规则对话框如图 15-14 所示，它以图形的形式显示了模糊控制系统的推理过程；

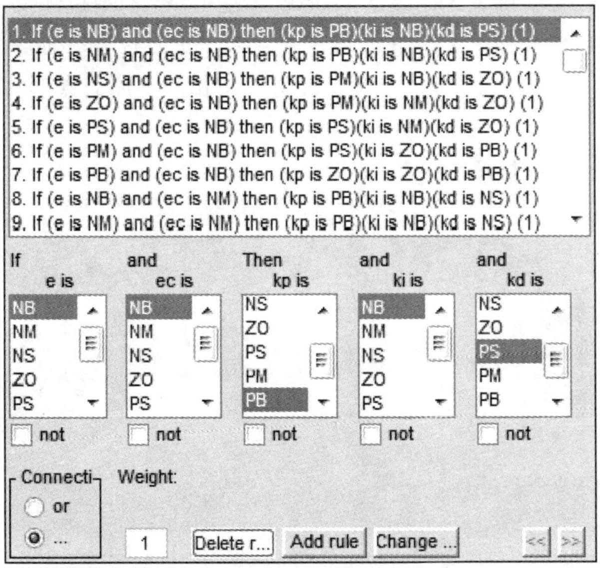

图 15-13　模糊控制规则编辑对话框

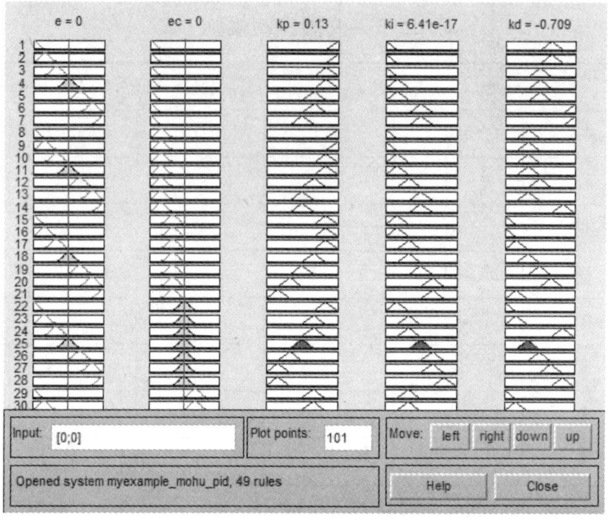

图 15-14　模糊规则推理对话框

- 控制规则窗口中单击 View > Surface 命令，弹出模糊推理系统输入输出曲面特性图对话框如图 15-15 ~ 图 15-17 所示，特性曲面变化平稳表明控制规则较好，控制规则编辑可多次调试，直到符合要求为主。

根据双输入三输出模块控制系统架构，在 MATALB\simulink 中搭建模糊控制架构如图 15-18 所示，系统输入为误差变化量 *e*，*e* 为车身输出速度，*e* 与 In1 等价；误差及误差变化量的量化因子分别 150、15；输出 Out1 为矢量，别分为 kp\ki\kd；

- 双击模糊控制逻辑方框 Fuzzy Logic Controller2，弹出功能块参数对话框如图 15-19 所示；
- FIS file or structure：myexample_mohu_pid；
- 单击 OK，完成参数输入。

对如图 15-19 所示进行封装，创建子系统命名为 mohu，如图 15-20 所示浅蓝色背景方框即为封装的模糊控制系统；根据公式（15-1）~（15-4）及模糊控制系统建立模糊 PID 复合控制器如图 15-20 所示，仿真图中各模块参数请保持相同，联合仿真中计算的结果才能与本文计算结果相同。

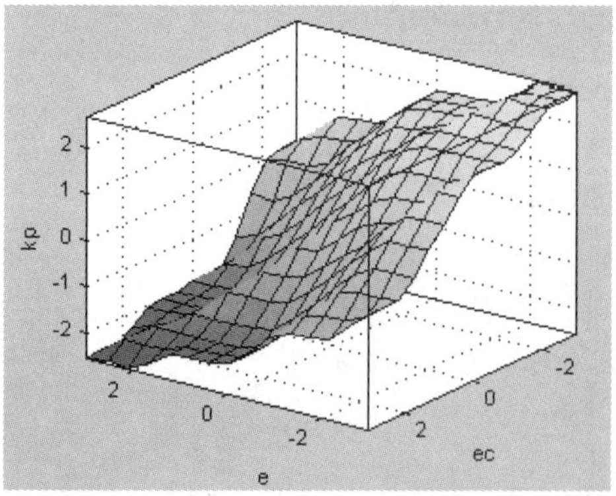

图 15-15　e\ec\kp 曲面特性

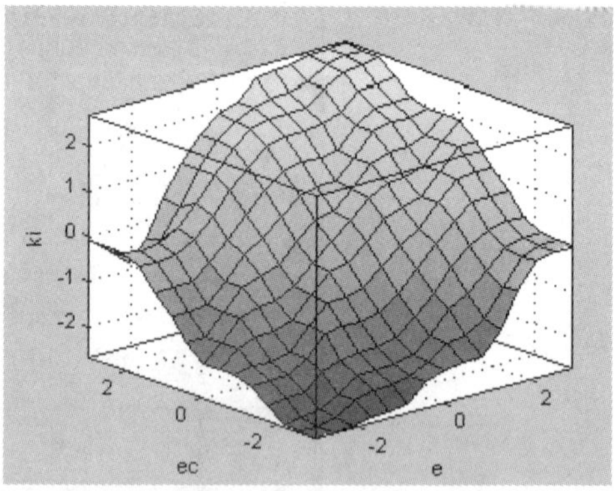

图 15-16　e\ec\ki 曲面特性

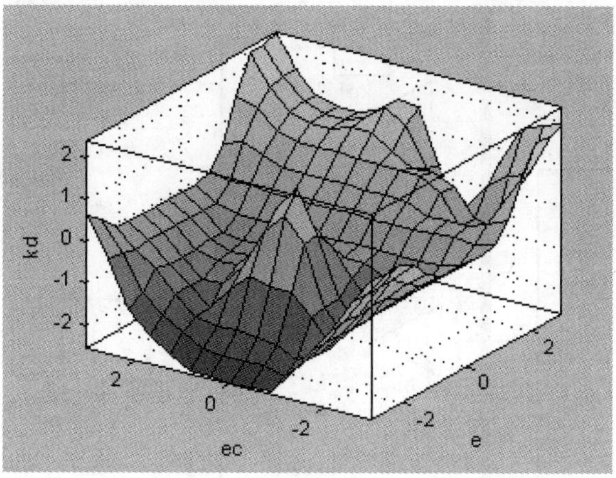

图 15-17　e\ec\kd 曲面特性

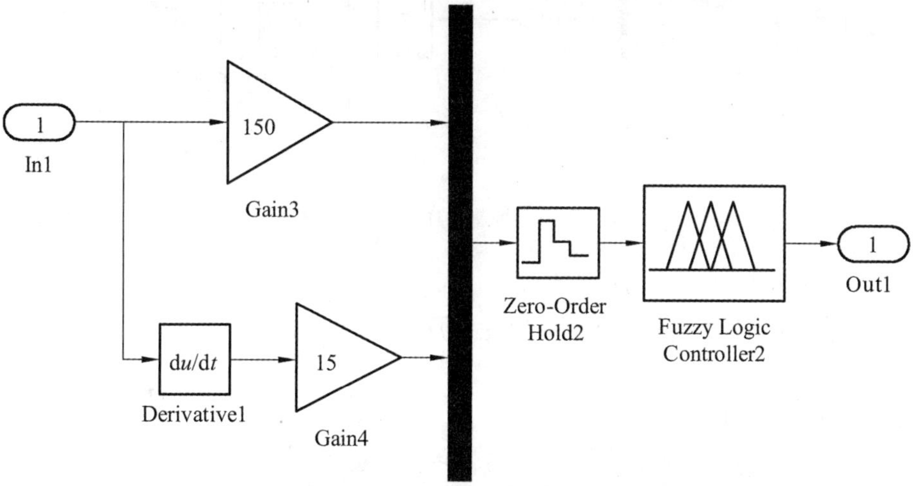

图 15-18　模块控制系统

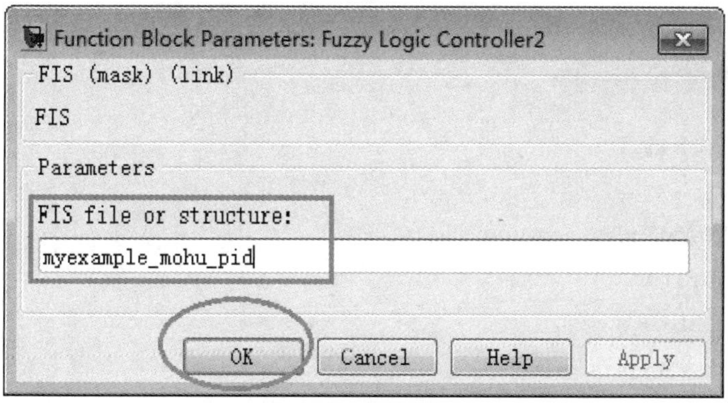

图 15-19　功能块参数对话框

对如图 15-20 所示模糊 PID 控制架构再次进行封装创建子系统，子系统命名为 fuzzy-pid，保存。

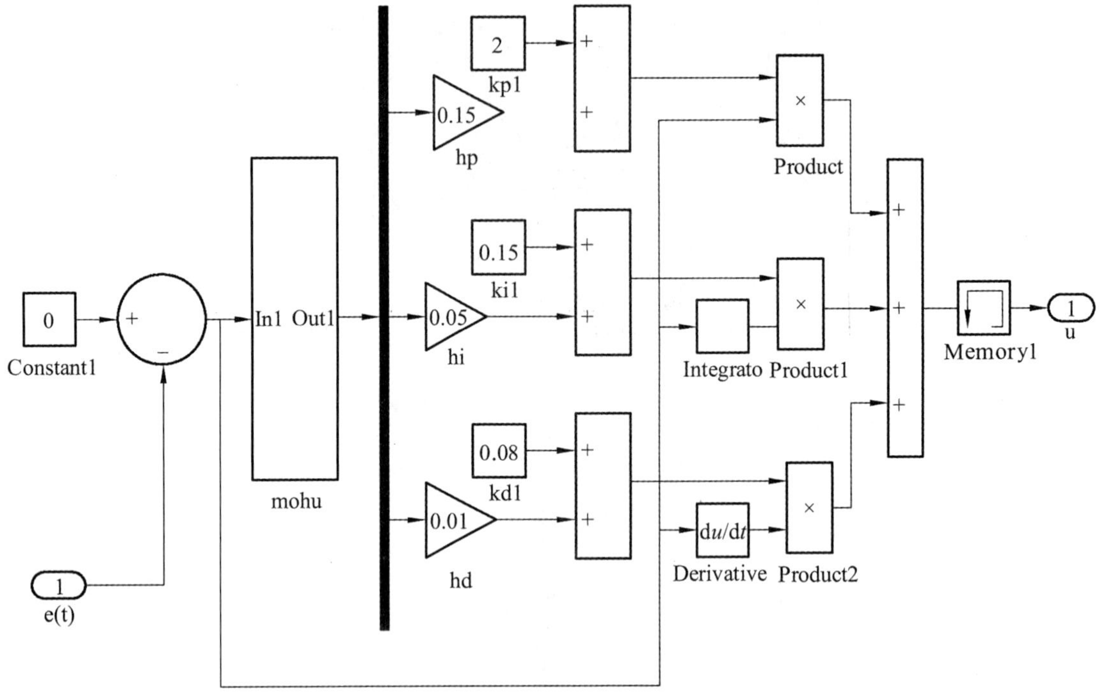

图 15-20　模糊 PID 控制器架构

15.4　双 A 臂半主动悬架联合仿真

- MATLAB 软件中命令窗口中输入 double_wishbone；
- 单击键盘 Enter 键；此时命令窗口显示出输入输出集信息；

```
>> double_wishbone


ans =


07-Aug-2016 12:24:43


%%% INFO : ADAMS plant actuators names :
1 LUMIAN_SHURU
2 ZHUDONGLI_SHURU
%%% INFO : ADAMS plant sensors      names :
1 CHESHENJIASUDU_SHUCHU
2 CHELUNCEXINGHUAYILIANG
3 XUANJIADONGXINGCHENG_SHUCHU
4 CHESHENSUDU_SHUCHU
```

• 命令窗口中输入 adams_sys，单击键盘 Enter 键调出 adams_plant 对话框，如图 15-21 所示；

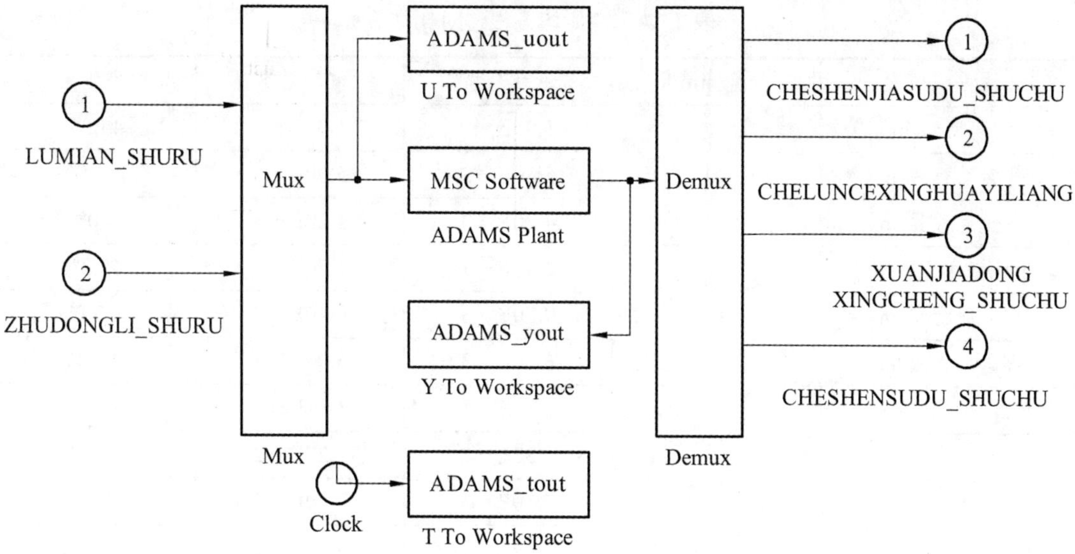

图 15-21　通信状态函数

导通 ADAMS 与 MATLAB 软件之间通信，建立 ADAMS 主动悬架联合仿真模型如图 15-22 所示。在 B 级路面上车辆分别以 20 km/h、40 km/h、60 km/h、80 km/h 的速度直线行驶，计算主被动悬架的车身加速度、悬架动行程、车轮侧向滑移量。主被动悬架计算结果如图 15-23 ~ 15-26 所示，仿真步长为 0.005 s，仿真时间为 10 s。

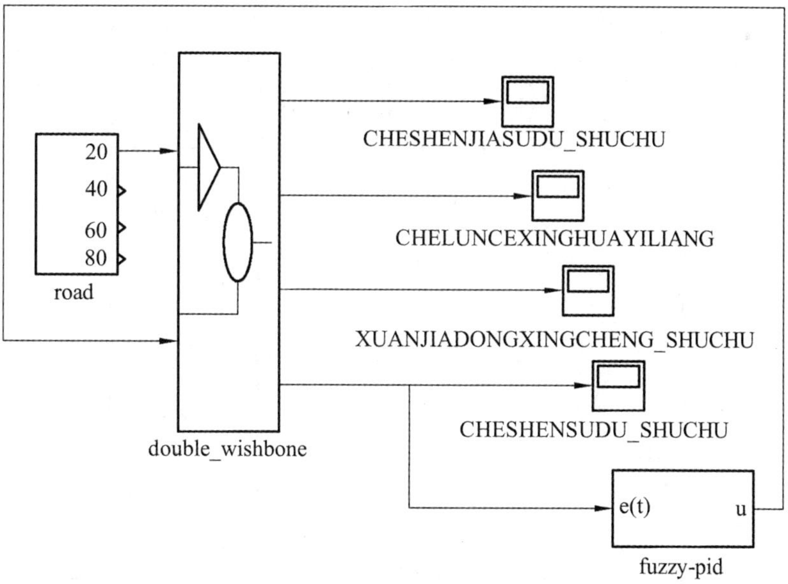

图 15-22　联合仿真模型

从计算结果中可以看出，主动悬架相对于被动悬架在性能上都有局部提升。在各不同车速阶段，车身垂直加速度性能提升明显，增加整车行驶过程中的乘坐舒适性；悬架动行程、车轮侧向滑移保持不变或者有恶化趋势，因数量级较小，可以忽略不计。各个速度段的悬架性能参数变化如表 15-4 所示。

表 15-4 性能均方根值对比如表

均方根值	车速/ km/h	主动悬架	被动悬架	优化比
垂直加速度/（m/s^2）	20	1.05E－1	1.91E－1	45.0%
悬架动行程/m		5.20E－3	5.00E－3	－4.0%
侧向滑移量/m		4.20E－3	4.20E－3	0.0%
垂直加速度/（m/s^2）	40	1.48E－1	2.70E－1	45.2%
悬架动行程/m		9.70E－3	9.40E－3	－3.2%
侧向滑移量/m		6.00E－3	6.00E－3	0.0%
垂直加速度（m/s^2）	60	1.81E－1	3.31E－1	45.3%
悬架动行程/m		1.32E－2	1.27E－2	－3.9%
侧向滑移量/m		7.30E－3	7.30E－3	0.0%
垂直加速度（m/s^2）	80	2.09E－1	3.82E－1	45.3%
悬架动行程/m		1.61E－2	1.56E－2	－3.2%
侧向滑移量/m		8.50E－3	8.50E－3	0.0%

如图 15-25～图 15-26 为车身加速度、悬架动行程的功率谱曲线，可以看出，车身加速度功率谱曲线整车运行过程中，主动悬架的幅值相对被动悬架都较小，同时可以看出，振幅最大值都出现在频率较小处，低频路面输入信息对整车的振动特性较大；悬架动行程功率谱曲线在全速范围内性能提升不明显，被动悬架复制较大，同时低频路面输入信息对整车的振动特性较大。

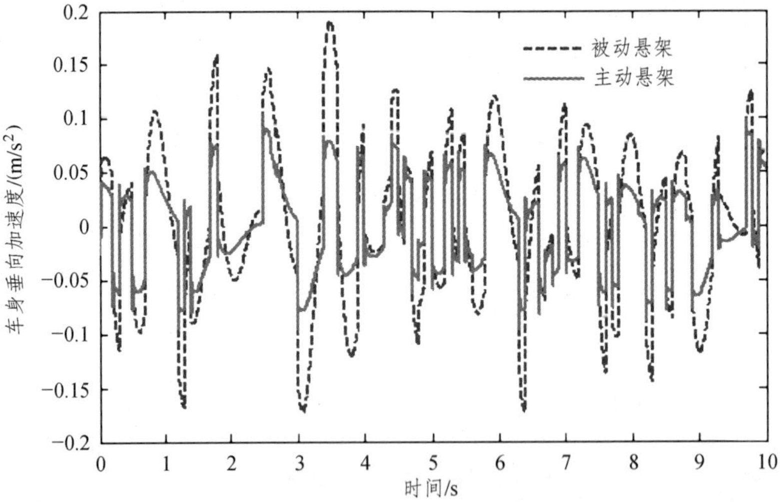

图 15-23 车身垂向加速度

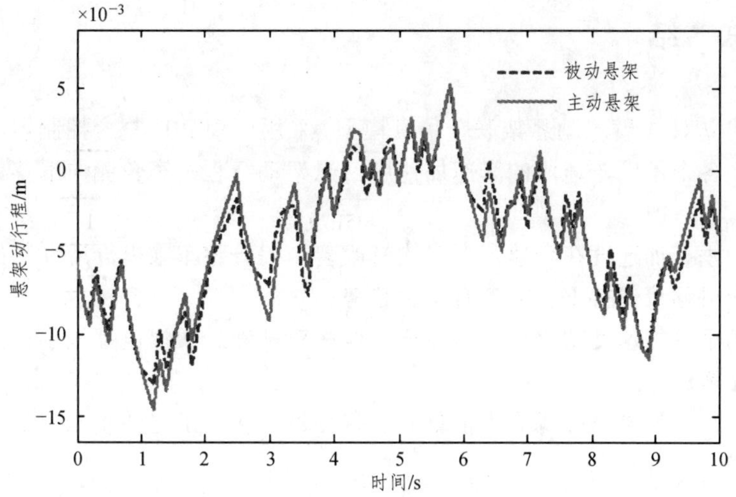

图 15-24　悬挂动行程

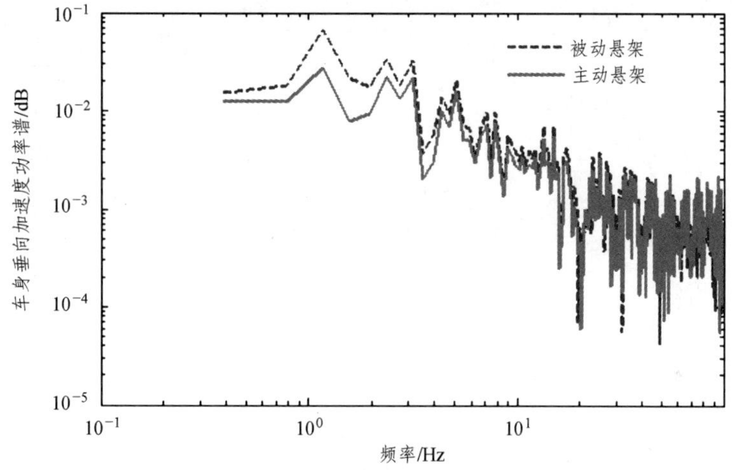

图 15-25　车身加速度功率谱

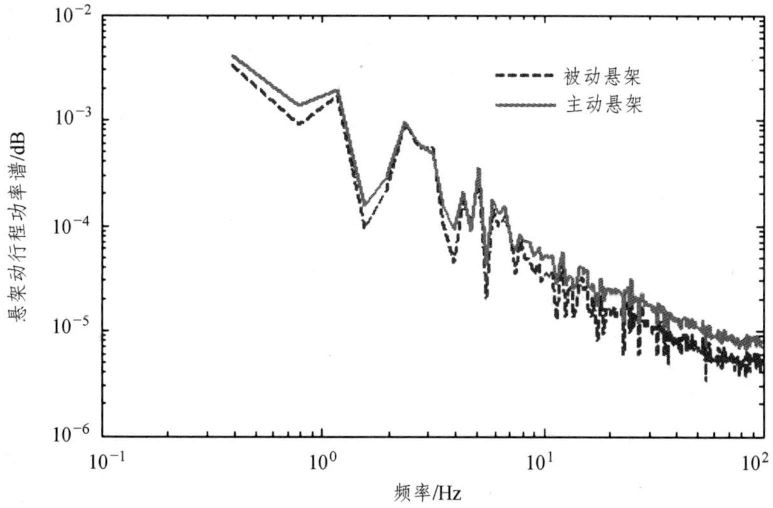

图 15-26　悬挂动行程度功率谱

15.5 总　结

本章通过建立双 A 臂主动悬架联合仿真模型，采用模糊 PID 复合控制器对阻尼力进行控制，分析悬架在各个不同车速段的车速加速度、悬架动行程及车轮侧向滑移量特性，可得出如下结论：

（1）车身的垂直加速度在全速范围内均有改善，提升整车乘坐舒适性与操稳性；悬架动行程及车轮侧向滑移量保持不变或者有恶化趋势；

（2）车身的垂直加速度功率谱幅值在全频段相对被动悬架幅值都较小；低频状态时对悬架性能的影响显著；

（3）模糊 PID 控制器整体综合性能优越，鲁棒性强，满足对整车全速范围内实时最优参数控制。

第 16 章 联合仿真—驾驶室隔振

驾驶室悬置系统的优劣关系到驾乘人员的乘坐品质感受。国内商用货车驾驶室多采用四点全浮支撑，即驾驶室前后端分别采用对称的弹簧与阻尼器进行支撑。以 6×4 底盘为基础的商用牵引运货车及工程车辆经常在国、省、乡道路面（减速带较多，即为阶跃或者正弦路面信号输入）及极差的工地路面运行，舒适性差，主动驾驶室悬置系统可以有效地改善垂向振动特性，提升乘坐舒适感。针对驾驶室振动特性，本章基于商用牵引车整车平台建立主动驾驶室模型，此模型更能反映驾驶室真实运行状态，同时又可以进行系统间参数的匹配。主动驾驶室采用模糊 PID-D 耦合算法，用车身加速度判别路面状态，对 PID 算法中的微分系数进行在线自适应实时调节，避免在较差路面及减速带路面造成定点冲击，适合多工况路面输入特性，提升驾驶室乘坐品质感，建立好的主动驾驶室模型如图 16-1 所示。

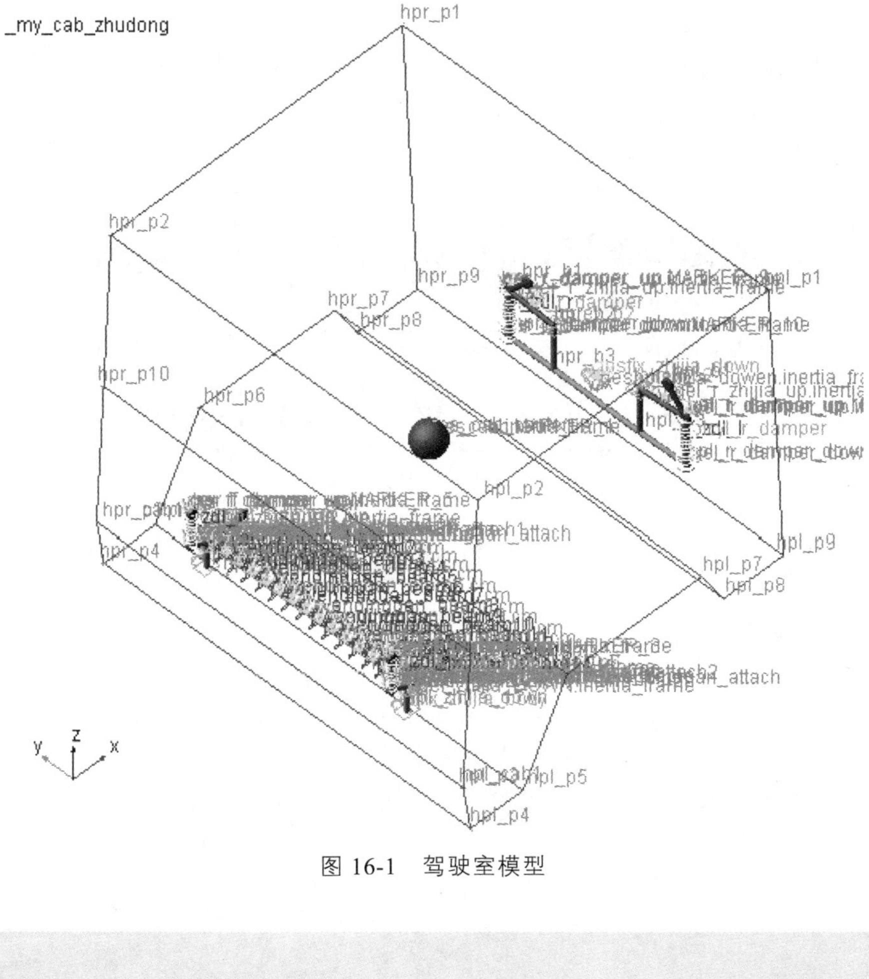

图 16-1　驾驶室模型

学习目标

- ✧ 驾驶模型。
- ✧ 横向稳定杆（离散梁）。
- ✧ 驾驶室约束关系。
- ✧ 主动驾驶室函数设定。
- ✧ 整车平台。
- ✧ ADAMS\CONTROLS 设置。
- ✧ ADAMS 与 MATLAB 软件协同。
- ✧ PID-D 耦合算法。
- ✧ 悬架辅助系统。

16.1 驾驶模型

- 启动 ADAMS/CAR；
- 单击 **FILE > NEW** 命令，弹出建模对话框，如图 16-2 所示；
- Template Name：my_cab_zhudong；
- Major Role：cab；
- 单击 OK，完成驾驶室模板建立。

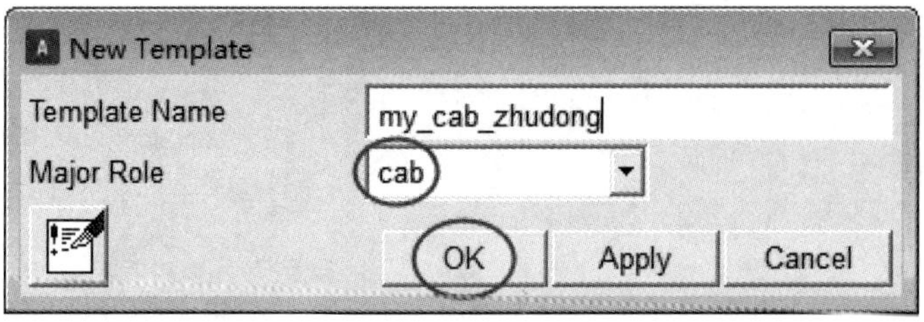

图 16-2　驾驶模板

- 单击 Build > Hardpoind > New 命令，弹出创建硬点对话框，如图 16-3 所示；
- Hardpoint Name：cab_center；
- Type：single；
- Location：1 900.0，0.0，1 900.0；
- 单击 OK，完成._my_cab_zhudong.ground.hps_cab_center 硬点的创建；
- 重复上述步骤，完成如表 16-1 所示硬点参数的创建，创建过程中请注意左右对称的情况，具体请参考已经建立好的驾驶室模型，该模型存储于章节文件中；

表 16-1　驾驶室硬点参数

硬点名称	*X* 方向	*Y* 方向	*Z* 方向
r_damper_down	3 028.0	− 591.5	1 352.0
r_damper_up	3 028.0	− 591.5	1 657.0
weidinggan	1 010.0	− 456.0	1 326.0
zhijia_down	1 085.0	− 665.0	1 180.0
zhijia_front	1 085.0	− 665.0	1 340.0
cab_center	1 900.0	0.0	1 900.0
cab1	900.0	− 1225.0	1 200.0
f_damper_down	985.0	− 665.0	1 390.0
f_damper_up	985.0	− 665.0	1 590.0
f_spring_down	1 040.0	− 552.5	1 375.0
f_spring_up	1 040.0	− 552.5	1 534.5
fzb_front	1 085.0	− 665.0	1 340.0
fzb_rear	1 324.0	− 665.0	1 340.0
b1	3 028.0	− 470.0	1 792.6
b2	3 028.0	− 288.5	1 635.0
b3	3 028.0	− 288.5	1 352.0
b4	985.0	− 665.0	1 390.0
p1	2 950.0	− 1 225.0	3 000.0
p2	1 000.0	− 1 225.0	3 000.0
p3	900.0	− 1 225.0	1 200.0
p4	950.0	− 1 225.0	900.0
p5	1 300.0	− 1 225.0	900.0
p6	1 600.0	− 1 225.0	1 450.0
p7	2 500.0	− 1 225.0	1 450.0
p8	2 650.0	− 1 225.0	1 200.0
p9	3 050.0	− 1 225.0	1 200.0
p10	950.0	− 1 225.0	2 050.0

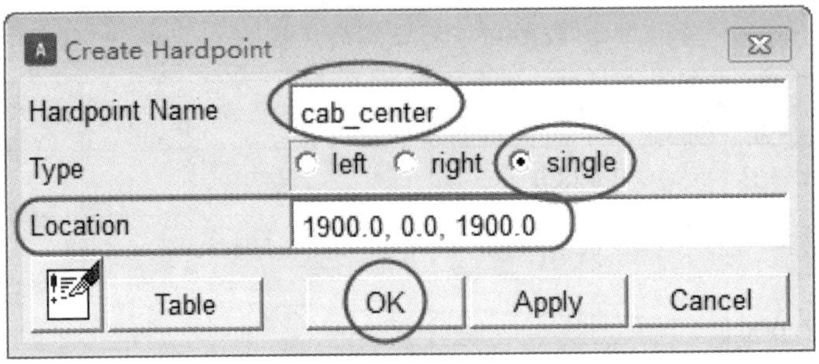

图 16-3　驾驶室硬点

（1）驾驶室质心部件。

- 单击 Build > Part > General Part > New 命令，弹出创建对话框，如图 16-4 所示；

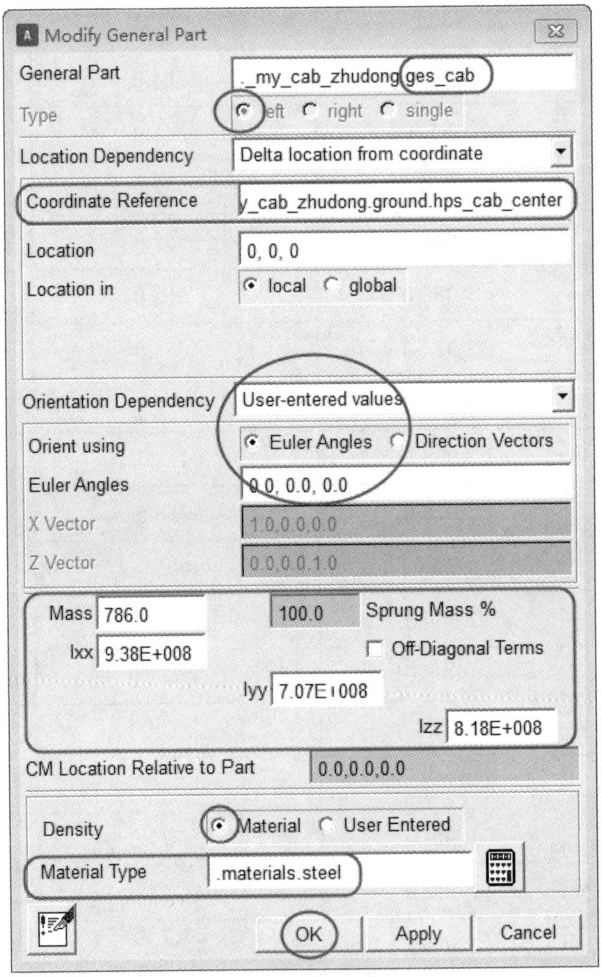

图 16-4　驾驶室简化质心部件

- General　Part：cab；
- Type：single；
- Location Dependency：Delta location from coordinate；

- Coordinate Reference：._my_cab_zhudong.ground.hps_cab_center；
- Location：0，0，0；
- Orientation Dependency：User-entered values；
- Orient using：Euler Angles；
- Euler Angles：0，0，0；
- Mass：786；
- Ixx：9.38E+008；
- Iyy：7.07E+008；
- Izz：8.18E+008；
- Density：Material；
- Material Type：.materials.steel；
- 单击 OK，完成部件._my_cab_zhudong.ges_cab 创建。
- 单击 Build > Geometry > Ellipsoid > New 命令如图 16-5 所示；

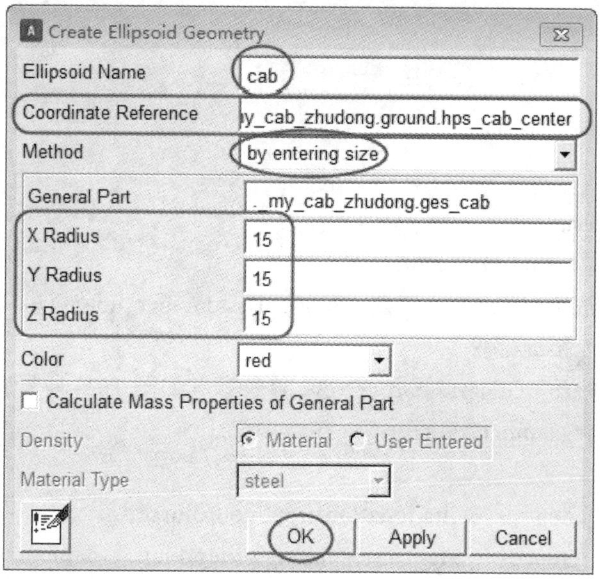

图 16-5　球形几何体

- Ellipsoid Name（连杆名称）输入几何名称：cab；
- Coordinate Reference：._my_cab_zhudong.ground.hps_cab_center；
- Method：by entering size；
- General Part 输入._my_cab_zhudong.ges_cab；
- X Radius（半径）：15；
- Y Radius（半径）：15；
- Z Radius（半径）：15；
- Color（杆件几何体颜色）：red；
- 不勾选：Calculate Mass Properties of General Part；
- Density：Material；

- Material Type：steel；
- 单击 OK，完成驾驶室几何体 cab 的创建。

（2）后避震器上连接处部件。

- 单击 Build > Part > General Part > New 命令参考如图 16-4 所示；
- General Part：r_damper_up；
- Type：left；
- Location Dependency：Delta location from coordinate；
- Coordinate Reference：._my_cab_zhudong.ground.hpl_r_damper_up；
- Location：0，0，0；
- Location in：local；
- Orientation Dependency：Orient axis along line；
- Coordinate Reference #1（参考坐标）：._my_cab_zhudong.ground.hpl_r_damper_down；
- Coordinate Reference #2（参考坐标）：._my_cab_zhudong.ground.hpl_r_damper_up；
- Axis：Z；
- Mass：1；
- Ixx：1；
- Iyy：1；
- Izz：1；
- Density：Material；
- Material Type：.materials.steel；
- 单击 OK，完成部件._my_cab_zhudong.gel_r_damper_up 创建。

（3）后避震器下连接处部件。

- 单击 Build > Part > General Part > New 命令参考如图 16-4 所示；
- General Part：r_damper_down；
- Type：left；
- Location Dependency：Delta location from coordinate；
- Coordinate Reference：._my_cab_zhudong.ground.hpl_r_damper_down；
- Location：0，0，0 ；
- Location in：local；
- Orientation Dependency：Orient axis along line；
- Coordinate Reference #1（参考坐标）：._my_cab_zhudong.ground.hpl_r_damper_down；
- Coordinate Reference #2（参考坐标）：._my_cab_zhudong.ground.hpl_r_damper_up；
- Axis：Z；
- Mass：1；
- Ixx：1；
- Iyy：1；
- Izz：1；
- Density：Material；
- Material Type：.materials.steel；

- 单击 OK，完成部件._my_cab_zhudong.gel_r_damper_down 创建。

（4）前避震器上连接处部件。

- 单击 Build > Part > General Part > New 命令参考如图 16-4 所示。
- General　Part：f_damper_up；
- Type：left；
- Location Dependency：Delta location from coordinate；
- Coordinate Reference：._my_cab_zhudong.ground.hpl_f_damper_up；
- Location：0，0，0 ；
- Orientation Dependency：User-entered values；
- Orient using：Euler Angles；
- Euler Angles：0，0，0；
- Mass：1；
- Ixx：1；
- Iyy：1；
- Izz：1；
- Density：Material；
- Material Type：.materials.steel；
- 单击 OK，完成部件._my_cab_zhudong.gel_f_damper_up 创建。

（5）前避震器下连接处部件。

- 单击 Build > Part > General Part > New 命令参考如图 16-4 所示；
- General　Part：f_damper_down；
- Type：left；
- Location Dependency：Delta location from coordinate；
- Coordinate Reference：._my_cab_zhudong.ground.hpl_f_damper_down；
- Location：0，0，0 ；
- Orientation Dependency：User-entered values；
- Orient using：Euler Angles；
- Euler Angles：0，0，0；
- Mass：1；
- Ixx：1；
- Iyy：1；
- Izz：1；
- Density：Material；
- Material Type：.materials.steel；
- 单击 OK，完成部件._my_cab_zhudong.gel_f_damper_down 创建。

（6）驾驶室前上支架部件。

- 单击 Build > Part > General Part > New 命令参考如图 16-4 所示；
- General　Part：zhijia_UP；
- Type：left；

- Location Dependency：Centered between coordinates；
- Centered between：Two coordinates；
- Coordinate Reference #1（参考坐标）：._my_cab_zhudong.ground.hpl_fzb_rear；
- Coordinate Reference #2（参考坐标）：._my_cab_zhudong.ground.hpl_zhijia_up_front；
- Orientation Dependency：User-entered values；
- Orient using：Euler Angles；
- Euler Angles：0，0，0；
- Mass：1；
- Ixx：1；
- Iyy：1；
- Izz：1；
- Density：Material；
- Material Type：.materials.steel；
- 单击 OK，完成部件._my_cab_zhudong.gel_zhijia_UP 创建。

（7）驾驶室前上支架几何体。

- 单击 Build > Geometry > Link > New 命令，弹出创建连杆对话框，如图 16-6 所示；

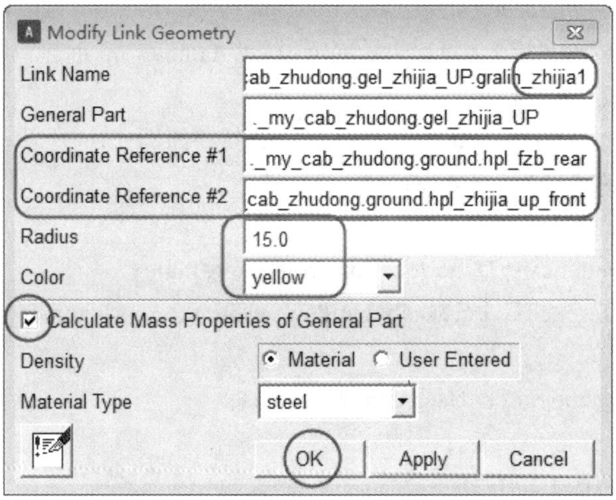

图 16-6　连杆几何体_zhijia1

- Link Name（连杆名称）输入几何名称：zhijia1；
- General Part 输入._my_cab_zhudong.gel_zhijia_UP；
- Coordinate Reference #1（参考坐标）：._my_cab_zhudong.ground.hpl_fzb_rear；
- Coordinate Reference #2（参考坐标）：._my_cab_zhudong.ground.hpl_zhijia_up_front；
- Radius（半径）：15；
- Color：yellow；
- 选择 Calculate Mass Properties of General Part 复选框，当几何建立好之后会更新对应部件的质量和惯量参数；
- Density：Material；

- Material Type：steel；
- 单击 Apply，完成._my_cab_zhudong.gel_zhijia_UP.gralin_zhijia1 几何体的创建；
- Link Name（连杆名称）输入几何名称：zhijia2；
- General Part 输入._my_cab_zhudong.gel_zhijia_UP；
- Coordinate Reference #1（参考坐标）：._my_cab_zhudong.ground.hpl_zhijia_up_front；
- Coordinate Reference #2（参考坐标）：._my_cab_zhudong.ground.hpl_b4；
- Radius（半径）：15；
- Color：yellow；
- 选择 Calculate Mass Properties of General Part 复选框；
- Density：Material；
- Material Type：steel；
- 单击 Apply，完成._my_cab_zhudong.gel_zhijia_UP.gralin_zhijia_2 几何体的创建。

（8）驾驶室前下支架部件。

- 单击 Build > Part > General Part > New 命令参考如图 16-4 所示；
- General　Part：zhijia_DOWN；
- Type：left；
- Location Dependency：Centered between coordinates；
- Centered between：Two coordinates；
- Coordinate Reference #1（参考坐标）：._my_cab_zhudong.ground.hpl_fzb_front；
- Coordinate Reference #2（参考坐标）：._my_cab_zhudong.ground.hpl_zhijia_down；
- Orientation Dependency：User-entered values；
- Orient using：Euler Angles；
- Euler Angles：0，0，0；
- Mass：1；
- Ixx：1；
- Iyy：1；
- Izz：1；
- Density：Material；
- Material Type：.materials.steel；
- 单击 OK，完成部件._my_cab_zhudong.gel_zhijia_DOWN 创建。

（9）驾驶室前下支架几何体。

- 单击 Build > Geometry > Link > New 命令，弹出创建连杆对话框参考如图 16-6 所示；
- Link Name（连杆名称）输入几何名称：zhijia_A；
- General Part 输入._my_cab_zhudong.gel_zhijia_DOWN；
- Coordinate Reference #1（参考坐标）：._my_cab_zhudong.ground.hpl_fzb_front；
- Coordinate Reference #2（参考坐标）：._my_cab_zhudong.ground.hpl_zhijia_down；
- Radius（半径）：15；
- Color：skyblue；
- 选择 Calculate Mass Properties of General Part 复选框，当几何建立好之后会更新对应

部件的质量和惯量参数；

- Density：Material；
- Material Type：steel；
- 单击 OK，完成._my_cab_zhudong.gel_zhijia_DOWN.gralin_zhijia_A 几何体的创建。

（10）驾驶室后下支架部件。

- 单击 Build > Part > General Part > New 命令参考如图 16-4 所示；
- General Part：r_zhijia_dowen；
- Type：single；
- Location Dependency：Centered between coordinates；
- Centered between：Four coordinates；
- Coordinate Reference #1（参考坐标）：._my_cab_zhudong.ground.hpl_r_damper_down；
- Coordinate Reference #2（参考坐标）：._my_cab_zhudong.ground.hpr_r_damper_down；
- Coordinate Reference #3（参考坐标）：._my_cab_zhudong.ground.hpr_b2；
- Coordinate Reference #4（参考坐标）：._my_cab_zhudong.ground.hpl_b2；
- Orientation Dependency：User-entered values；
- Orient using：Euler Angles；
- Euler Angles：0，0，0；
- Mass：1；
- Ixx：1；
- Iyy：1；
- Izz：1；
- Density：Material；
- Material Type：.materials.steel；
- 单击 OK，完成部件._my_cab_zhudong.ges_r_zhijia_dowen 创建。

（11）驾驶室后下支架几何体。

- 单击 Build > Geometry > Link > New 命令，弹出创建连杆对话框参考如图 16-6 所示。
- Link Name（连杆名称）输入几何名称：zhijia_a；
- General Part 输入._my_cab_zhudong.ges_r_zhijia_dowen；
- Coordinate Reference #1（参考坐标）：._my_cab_zhudong.ground.hpl_r_damper_down；
- Coordinate Reference #2（参考坐标）：._my_cab_zhudong.ground.hpr_r_damper_down；
- Radius（半径）：15；
- Color：green；
- 选择 Calculate Mass Properties of General Part；
- Density：Material；
- Material Type：steel；
- 单击 Apply，完成._my_cab_zhudong.ges_r_zhijia_dowen.gralin_zhijia_a 几何体的创建；
- Link Name（连杆名称）输入几何名称：zhijia_b；
- General Part 输入._my_cab_zhudong.ges_r_zhijia_dowen；
- Coordinate Reference #1（参考坐标）：._my_cab_zhudong.ground.hpl_b2；

- Coordinate Reference #2（参考坐标）：._my_cab_zhudong.ground.hpl_b3；
- Radius（半径）：15；
- Color：green；
- 选择 Calculate Mass Properties of General Part；
- Density：Material；
- Material Type：steel；
- 单击 Apply,完成._my_cab_zhudong.ges_r_zhijia_dowen.gralin_zhijia_b 几何体的创建；
- Link Name（连杆名称）输入几何名称：zhijia_c；
- General Part 输入._my_cab_zhudong.ges_r_zhijia_dowen；
- Coordinate Reference #1（参考坐标）：._my_cab_zhudong.ground.hpr_b2；
- Coordinate Reference #2（参考坐标）：._my_cab_zhudong.ground.hpr_b3；
- Radius（半径）：15；
- Color：green；
- 选择 Calculate Mass Properties of General Part；
- Density：Material；
- Material Type：steel；
- 单击 OK，完成._my_cab_zhudong.ges_r_zhijia_dowen.gralin_zhijia_c 几何体的创建。

（12）驾驶室后上支架部件。

- 单击 Build > Part > General Part > New 命令参考如图 16-4 所示；
- General　Part：r_zhijia_up；
- Type：left；
- Location Dependency：Centered between coordinates；
- Centered between：Two coordinates；
- Coordinate Reference #1（参考坐标）：._my_cab_zhudong.ground.hpl_b2；
- Coordinate Reference #2（参考坐标）：._my_cab_zhudong.ground.hpl_r_damper_up；
- Orientation Dependency：User-entered values；
- Orient using：Euler Angles；
- Euler Angles：0，0，0；
- Mass：1；
- Ixx：1；
- Iyy：1；
- Izz：1；
- Density：Material；
- Material Type：.materials.steel；
- 单击 OK，完成部件._my_cab_zhudong.gel_r_zhijia_up 创建。

（13）驾驶室后上支架几何体。

- 单击 Build > Geometry > Link > New 命令，弹出创建连杆对话框参考如图 16-6 所示；
- Link Name（连杆名称）输入几何名称：zhijia_a；
- General Part 输入._my_cab_zhudong.gel_r_zhijia_up；

- Coordinate Reference #1（参考坐标）：._my_cab_zhudong.ground.hpl_b2；
- Coordinate Reference #2（参考坐标）：._my_cab_zhudong.ground.hpl_r_damper_up；
- Radius（半径）：15；
- Color：red；
- 选择 Calculate Mass Properties of General Part；
- Density：Material；
- Material Type：steel；
- 单击 Apply，完成._my_cab_zhudong.gel_r_zhijia_up.gralin_zhijia_a 几何体的创建；
- Link Name（连杆名称）输入几何名称：zhijia_b；
- General Part 输入._my_cab_zhudong.gel_r_zhijia_up；
- Coordinate Reference #1（参考坐标）：._my_cab_zhudong.ground.hpl_r_damper_up；
- Coordinate Reference #2（参考坐标）：._my_cab_zhudong.ground.hpl_b1；
- Radius（半径）：15；
- Color：red；
- 选择 Calculate Mass Properties of General Part；
- Density：Material；
- Material Type：steel；
- 单击 OK，完成._my_cab_zhudong.gel_r_zhijia_up.gralin_zhijia_b 几何体的创建。

（14）安装部件 cab_to_body。

- 单击 Build > Part > Mount > New 命令，弹出创建部件对话框，如图 16-7 所示；

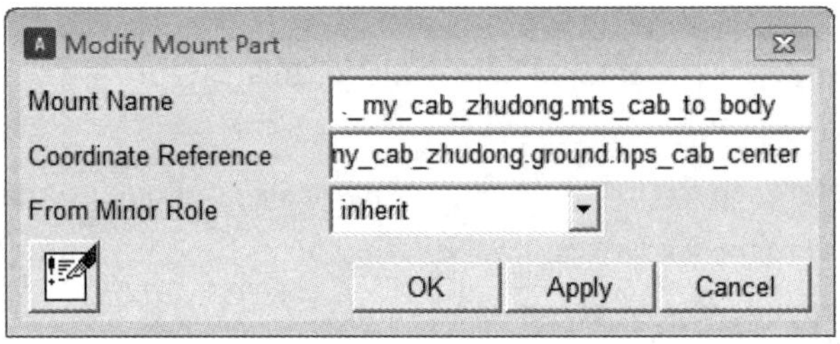

图 16-7　安装部件

- Mount name（安装件名称）：cab_to_body；
- Coordinate Reference（参考坐标）：._my_cab_zhudong.ground.hps_cab_center；
- 安装件此特征选择：inherit（继承特性）；
- 单击 OK，完成._my_cab_zhudong.mts_cab_to_body 安装部件的创建。

16.2　驾驶室前横向稳定杆

- 单击 Tools > Adams/VIEW INTERFACE 命令，建模界面切换 VIEW 通用模块；
- 单击 Bodies > Flexible Bodies > Discrete Flexible Link 命令，弹簧离散量建模界面如图 16-8 所示。

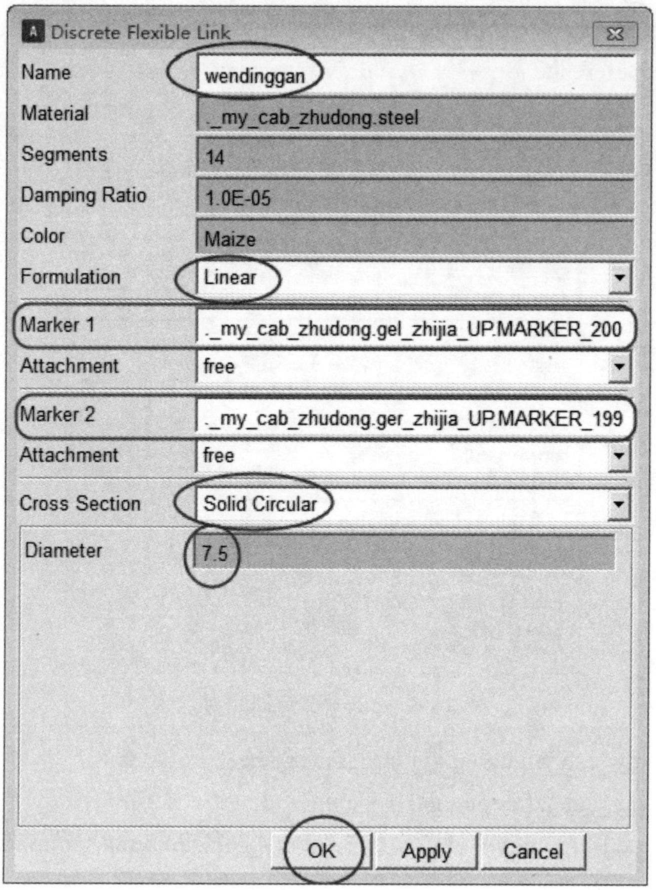

图 16-8　横向稳定杆（离散梁）

- Name：wendinggan；
- Material：._my_cab_zhudong.steel；
- Segments：14；
- Damping Ratio：1.0E-05；
- Formulation：Linear；
- Marker 1：._my_cab_zhudong.gel_zhijia_UP.MARKER_200；
- Attachment：free；
- Marker 2：._my_cab_zhudong.gel_zhijia_UP.MARKER_199；
- Attachment：free；
- Cross Section：Solid Circular；
- Diamcter：7.5；
- 单击 OK，完成前横向稳定杆离散梁的创建。
- 单击 Tools > Select Mode > Switch to A/Car Template Builder 命令，切换到 ADAMS/CAR 专家界面。

16.3 驾驶室弹簧与避震器

（1）弹簧。

- 击 Build > Force > Spring > New 命令，弹出创建部件对话框，如图 16-9 所示；
- Spring Name（减震器名称）：r_spring ；

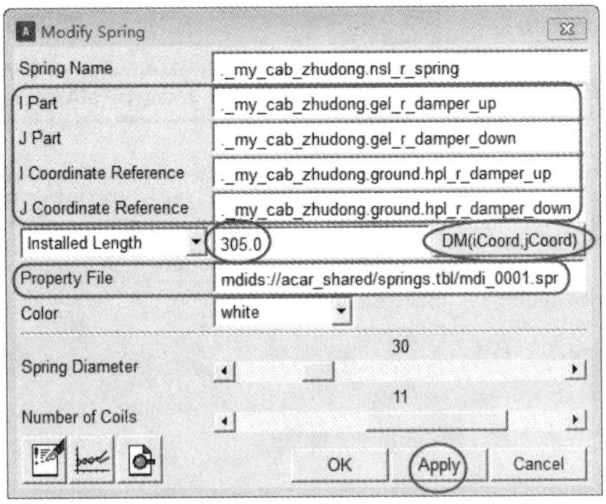

图 16-9　spring 弹簧创建对话框

- I　Part：._my_cab_zhudong.gel_r_damper_up;
- J　Part：._my_cab_zhudong.gel_r_damper_down;
- I　Coordinate Reference（参考坐标）：._my_cab_zhudong.ground.hpl_r_damper_up;
- J　Coordinate Reference（参考坐标）：._my_cab_zhudong.ground.hpl_r_damper_down;
- Installed Length（安装长度）：单击 DM（iCoord，jCoord）自动计算弹簧的安装长度并填入到方框中，此模型的安装长度为 305;
- Property File（属性文件）：mdids：//acar_shared/springs.tbl/mdi_0001.spr，弹簧刚度曲线如图 16-10 所示;

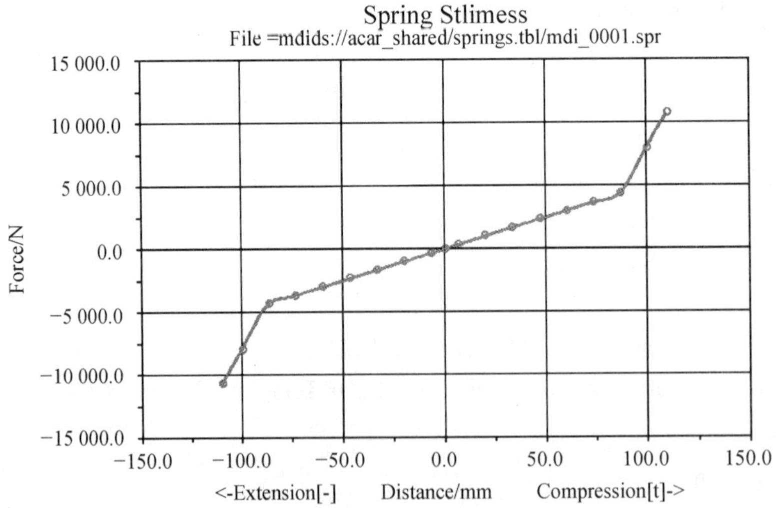

图 16-10　spring 弹簧刚度曲线

- Spring Diameter（弹簧直径）：拖动滑块选择 30 mm；
- Spring of Coils（弹簧圈数）：拖动滑块选择 11；
- 单击 Apply，完成弹簧._my_cab_zhudong.nsl_r_spring 的创建；
- Spring Name（减震器名称）：f_spring ；
- I　Part：._my_cab_zhudong.gel_f_damper_up；
- J　Part：._my_cab_zhudong.gel_f_damper_down；
- I　Coordinate Reference（参考坐标）：._my_cab_zhudong.ground.hpl_f_damper_up；
- J　Coordinate Reference（参考坐标）：._my_cab_zhudong.ground.hpl_f_damper_down；
- Installed Length（安装长度）：单击 DM（iCoord，jCoord）自动计算弹簧的安装长度并填入到方框中，此模型的安装长度为 310；
- Property File（属性文件）：mdids：//acar_shared/springs.tbl/mdi_0001.spr；
- Spring Diameter（弹簧直径）：拖动滑块选择 26 mm；
- Spring of Coils（弹簧圈数）：拖动滑块选择 8；
- 单击 OK，完成弹簧 my_cab_zhudong.nsl_f_spring 的创建。

（2）避震器。

- 击 Build > Force > Damper > New 命令，弹出避震器创建对话框，如图 16-11 所示；

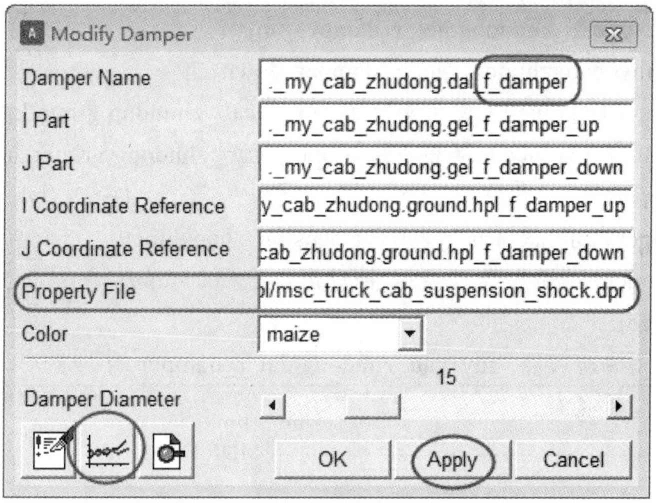

图 16-11　damper 避震器创建对话框

- Damper Name（减震器名称）：f_damper ；
- I　Part：._my_cab_zhudong.gel_f_damper_up；
- J　Part：._my_cab_zhudong.gel_f_damper_down；
- I　Coordinate Reference（参考坐标）：._my_cab_zhudong.ground.hpl_f_damper_up；
- J　Coordinate Reference（参考坐标）：._my_cab_zhudong.ground.hpl_f_damper_down；
- Property File（属性文件）：mdids：//atruck_shared/dampers.tbl/msc_truck_cab_suspension_shock.dpr；阻尼器属性特性曲线如图 16-12 所示；
- Damper Diameter（避震器直径）：拖动滑块选择 15 mm；
- Color：maize；

- 单击 Apply，完成避震器._my_cab_zhudong.dal_f_damper 的创建；

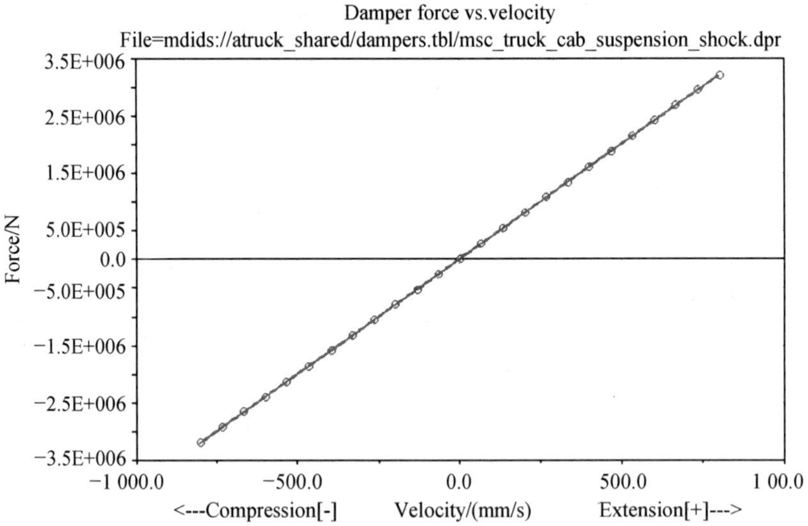

图 16-12　damper 避震器特性曲线

- Damper Name（减震器名称）：r_damper ；
- I　Part：._my_cab_zhudong.gel_r_damper_up；
- J　Part：._my_cab_zhudong.gel_r_damper_down；
- I　Coordinate Reference（参考坐标）：._my_cab_zhudong.ground.hpl_r_damper_up；
- J　Coordinate Reference（参考坐标）：._my_cab_zhudong.ground.hpl_r_damper_down；
- Property File（属性文件）：mdids：//atruck_shared/dampers.tbl/msc_truck_cab_suspension_shock.dpr；
- Damper Diameter（避震器直径）：拖动滑块选择 15 mm；
- Color：maize；
- 单击 OK，完成避震器._my_cab_zhudong.dal_r_damper 的创建。

避震器属性文件信息如下。

```
$-------------------------------------------------------------MDI_HEADER
[MDI_HEADER]
 FILE_TYPE      =  'dpr'
 FILE_VERSION   =  4.0
 FILE_FORMAT    =  'ASCII'
$-------------------------------------------------------------UNITS
[UNITS]
 LENGTH  =  'mm'
 ANGLE   =  'degrees'
 FORCE   =  'newton'
 MASS    =  'kg'
 TIME    =  'second'
```

```
$--------------------------------------------------------------CURVE
% 以下为避震器参数，即力和速度之间的关系，对于不同车型的使用过的避震器，可以通过实验
  获取以下参数
[CURVE]
{    vel              force}
-800.0            -3200000.0
-733.3333         -2933333.3333
-666.6667         -2666666.6667
-600.0            -2400000.0
-533.3333         -2133333.3333
-466.6667         -1866666.6667
-400.0            -1600000.0
-333.3333         -1333333.3333
-266.6667         -1066666.6667
-200.0            -800000.0
-133.3333         -533333.3333
-66.6667          -266666.6667
0.0               0.0
66.6667           266666.6667
133.3333          533333.3333
200.0             800000.0
266.6667          1066666.6667
333.3333          1333333.3333
400.0             1600000.0
466.6667          1866666.6667
533.3333          2133333.3333
600.0             2400000.0
666.6667          2666666.6667
733.3333          2933333.3333
800.0             3200000.0
```

16.4 驾驶室约束关系

16.4.1 驾驶室刚性约束

- 单击 Build > Attachments > Joint > New 命令，弹出创约束件对话框，如图 16-13 所示；

（1）部件 r_damper_down 与 r_damper_up 之间 cylindrical 约束。

- Joint Name（约束副名称）：r_damper；
- I　Part：._my_cab_zhudong.gel_r_damper_down；
- J　Part：._my_cab_zhudong.gel_r_damper_up；
- Type：left；
- Joint Type（约束副类型）：cylindrical，圆柱副，约束 4 个自由度；
- Active（激活）：always；
- Location Dependency：Centered between coordinates；
- Centered between：Two Coordinates；
- Coordinate Reference #1（参考坐标）：._my_cab_zhudong.ground.hpl_r_damper_down；
- Coordinate Reference #2（参考坐标）：._my_cab_zhudong.ground.hpl_r_damper_up；
- Orientation Dependency：Orient axis along line；
- Coordinate Reference #1（参考坐标）：._my_cab_zhudong.ground.hpl_r_damper_down；
- Coordinate Reference #2（参考坐标）：._my_cab_zhudong.ground.hpl_r_damper_up；
- 单击 Apply，完成._my_cab_zhudong.jolcyl_r_damper 圆柱副的创建。

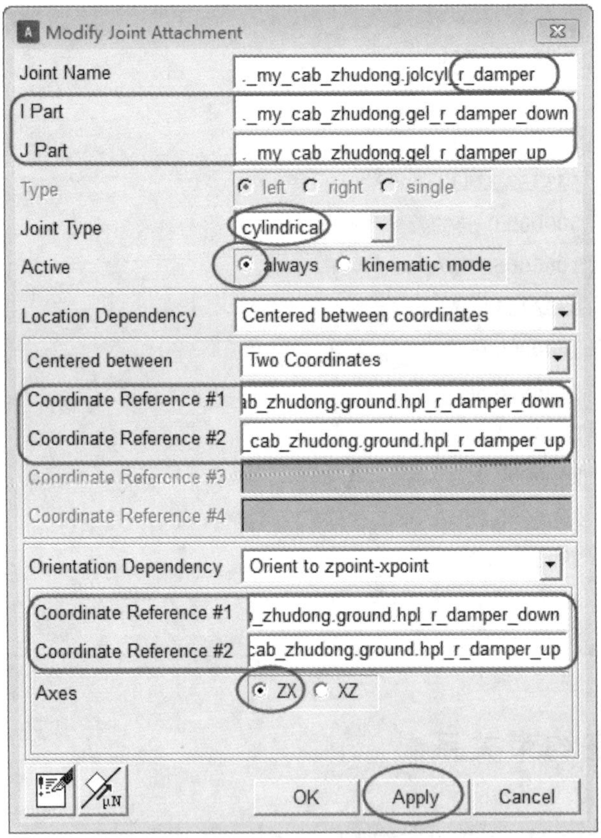

图 16-13　圆柱约束

（2）部件 f_damper_down 与 f_damper_up 之间 cylindrical 约束。

- Joint Name（约束副名称）：f_damper；

- I　Part：._my_cab_zhudong.gel_f_damper_down；
- J　Part：._my_cab_zhudong.gel_f_damper_up；
- Type：left；
- Joint Type（约束副类型）：cylindrical，圆柱副，约束 4 个自由度；
- Active（激活）：always；
- Location Dependency：Centered between coordinates；
- Centered between：Two Coordinates；
- Coordinate Reference #1（参考坐标）：._my_cab_zhudong.ground.hpl_f_damper_down；
- Coordinate Reference #2（参考坐标）：._my_cab_zhudong.ground.hpl_f_damper_up；
- Orientation Dependency：Orient axis along line；
- Coordinate Reference #1（参考坐标）：._my_cab_zhudong.ground.hpl_f_damper_down；
- Coordinate Reference #2（参考坐标）：._my_cab_zhudong.ground.hpl_f_damper_up；
- 单击 Apply，完成._my_cab_zhudong.jolcyl_f_damper 圆柱副的创建。

（3）部件 zhijia_DOWN 与 cab_to_body 之间 fixed 约束。

- Joint Name（约束副名称）：zhijia_body；
- I　Part：._my_cab_zhudong.gel_zhijia_DOWN；
- J　Part：._my_cab_zhudong.mts_cab_to_body；
- Type：left；
- Joint Type（约束副类型）：fixed，固定副，约束 6 个自由度；
- Active（激活）：always；
- Location Dependency：Delta location from coordinate；
- Coordinate Reference：._my_cab_zhudong.ground.hpl_f_damper_down；
- Location：0，0，0；
- Location in：local；
- 单击 Apply，完成._my_cab_zhudong.jolfix_zhijia_body 固定副的创建。

（4）部件 r_zhijia_dowen 与 cab_to_body 之间 fixed 约束。

- Joint Name（约束副名称）：zhijia_down；
- I　Part：._my_cab_zhudong.ges_r_zhijia_dowen；
- J　Part：._my_cab_zhudong.mts_cab_to_body；
- Type：single；
- Joint Type（约束副类型）：fixed，固定副，约束 6 个自由度；
- Active（激活）：always；
- Location Dependency：Centered between coordinates；
- Centered between：Four coordinates；
- Coordinate Reference #1（参考坐标）：._my_cab_zhudong.ground.hpl_r_damper_down；
- Coordinate Reference #2（参考坐标）：._my_cab_zhudong.ground.hpr_r_damper_down；
- Coordinate Reference #3（参考坐标）：._my_cab_zhudong.ground.hpl_b2；
- Coordinate Reference #4（参考坐标）：._my_cab_zhudong.ground.hpr_b2；
- 单击 Apply，完成._my_cab_zhudong.josfix_zhijia_down 固定副的创建。

（5）部件 r_zhijia_dowen 与 r_zhijia_up 之间 revolute 约束。

- Joint Name（约束副名称）：b2；
- I Part：._my_cab_zhudong.ges_r_zhijia_dowen；
- J Part：._my_cab_zhudong.gel_r_zhijia_up；
- Type：left；
- Joint Type（约束副类型）：revolute，铰接副，约束 5 个自由度；
- Active（激活）：always；
- Location Dependency：Delta location from coordinate；
- Coordinate Reference：._my_cab_zhudong.ground.hpl_b2；
- Location：0，0，0；
- Location in：local；
- Orientation Dependency：User entered values；
- Orient using：Euler Angles；
- Euler Angles：90，90，0；
- 单击 Apply，完成._my_cab_zhudong.jolrev_b2 转动副的创建。

（6）部件 zhijia_UP 与 zhijia_DOWN 间 revolute 约束。

- Joint Name（约束副名称）：zhijia_up_to_down；
- I Part：._my_cab_zhudong.gel_zhijia_UP；
- J Part：._my_cab_zhudong.gel_zhijia_DOWN；
- Type：left；
- Joint Type（约束副类型）：revolute，铰接副，约束 5 个自由度；
- Active（激活）：always；
- Location Dependency：Delta location from coordinate；
- Coordinate Reference：._my_cab_zhudong.ground.hpl_fzb_front；
- Location：0，0，0；
- Location in：local；
- Orientation Dependency：Orient axis to point；
- Coordinate Reference：._my_cab_zhudong.ground.hpl_fzb_front；
- Axis：Z；
- 单击 Apply，完成._my_cab_zhudong.jolrev_zhijia_up_to_down 转动副的创建。

（7）部件 zhijia_UP 与 wendinggan_elem1 之间 fixed 约束。

- Joint Name（约束副名称）：f_wendinggan_right；
- I Part：._my_cab_zhudong.ger_zhijia_UP；
- J Part：._my_cab_zhudong.wendinggan_elem1；
- Type：single；
- Joint Type（约束副类型）：fixed，固定副，约束 6 个自由度；
- Active（激活）：always；
- Location Dependency：Delta location from coordinate；
- Coordinate Reference：._my_cab_zhudong.ground.hpr_fzb_front；

- Location：0，0，0；
- Location in：local；
- 单击 Apply，完成._my_cab_zhudong.josfix_f_wendinggan_right 固定副的创建。

（8）部件 zhijia_UP 与 wendinggan_elem15 之间 fixed 约束。

- Joint Name（约束副名称）：f_wendinggan_left；
- I　Part：._my_cab_zhudong.wendinggan_elem15；
- J　Part：._my_cab_zhudong.gel_zhijia_UP；
- Type：single；
- Joint Type（约束副类型）：fixed，固定副，约束 6 个自由度；
- Active（激活）：always；
- Location Dependency：Delta location from coordinate；
- Coordinate Reference：._my_cab_zhudong.ground.hpl_fzb_front；
- Location：0，0，0；
- Location in：local；
- 单击 OK，完成._my_cab_zhudong.josfix_f_wendinggan_left 固定副的创建。

16.4.2 驾驶室柔性约束

- 单击 Build > Attachments > Bushing > New 命令，弹出创衬套件对话框，如图 16-14 所示；

（1）部件 r_zhijia_up 与 r_damper_up 之间 bushing 约束。

- Bushing Name（约束副名称）：r_damper_up；
- I　Part：._my_cab_zhudong.gel_r_zhijia_up；
- J　Part：._my_cab_zhudong.gel_r_damper_up；
- Iinactive（抑制）：never；
- Preload：0，0，0；
- Tpreload：0，0，0；
- Offset：0，0，0；
- Roffset：0，0，0；
- Geometry Length：20；
- Geometry Radius：30；
- Property File：mdids：//atruck_shared/bushings.tbl/msc_truck_cab_suspension_shock.bus；用记事本文件打开衬套属性文件信息；
- Location Dependency：Delta location from coordinate；
- Coordinate Reference（参考坐标）：._my_cab_zhudong.ground.hpl_r_damper_up；
- Location：0，0，0；
- Location in：local；
- Orientation Dependency：User entered values；
- Orient using：Euler Angles；

- Euler Angles：90，90，0；
- 单击 Apply，完成轴套._my_cab_zhudong.bgl_r_damper_up 的创建。

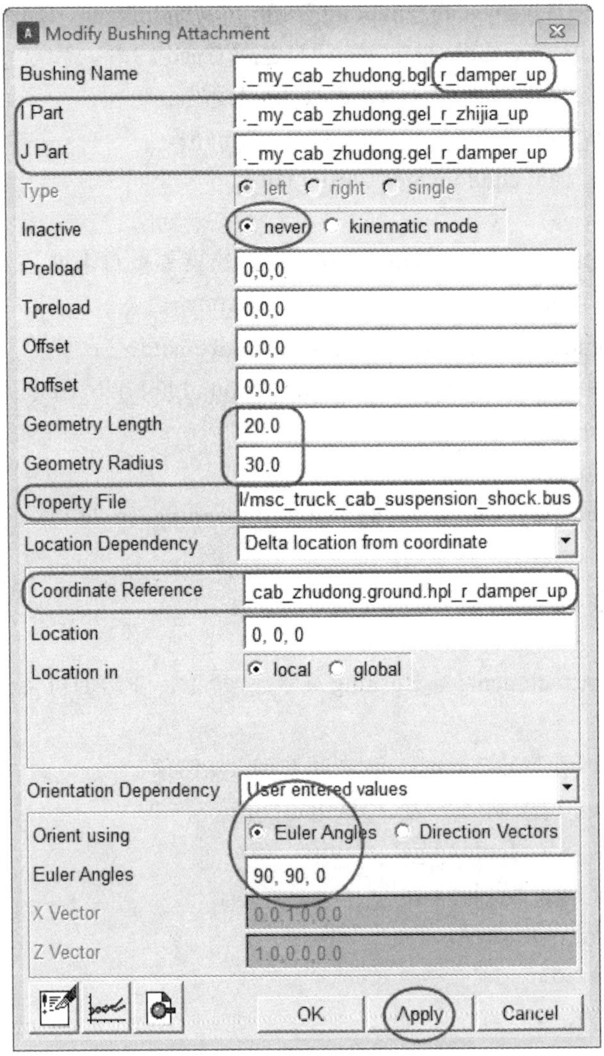

图 16-14 衬套连接——r_damper_up

衬套信息如下：

```
$---------------------------------------------------------------MDI_HEADER
[MDI_HEADER]
 FILE_TYPE        =  'bus'
 FILE_VERSION     =  4.0
 FILE_FORMAT      =  'ASCII'
$---------------------------------------------------------------UNITS
[UNITS]
 LENGTH   =  'mm'
 ANGLE    =  'degrees'
```

```
 FORCE     =  'newton'
 MASS      =  'kg'
 TIME      =  'second'
$------------------------------------------------------------DAMPING
[DAMPING]
 FX_DAMPING  =  22.0
 FY_DAMPING  =  22.0
 FZ_DAMPING  =  22.0
 TX_DAMPING  =  100.0
 TY_DAMPING  =  100.0
 TZ_DAMPING  =  0.0
$------------------------------------------------------------FX_CURVE
%衬套实验数据，可以通过有限元方法或者实验方法测出衬套在X\Y\Z三个方向的刚度与扭转刚度
[FX_CURVE]
{     x                 fx}
-500.0              -1100000.0
-458.3333           -1008333.3333
-416.6667           -916666.6667
-375.0              -825000.0
-333.3333           -733333.3333
-291.6667           -641666.6667
-250.0              -550000.0
-208.3333           -458333.3333
-166.6667           -366666.6667
-125.0              -275000.0
-83.3333            -183333.3333
-41.6667            -91666.6667
0.0                 0.0
41.6667             91666.6667
83.3333             183333.3333
125.0               275000.0
166.6667            366666.6667
208.3333            458333.3333
250.0               550000.0
291.6667            641666.6667
333.3333            733333.3333
375.0               825000.0
416.6667            916666.6667
```

```
458.3333                1008333.3333
500.0                   1100000.0
$--------------------------------------------------------------------FY_CURVE
[FY_CURVE]
{       y               fy}
-500.0                  -1100000.0
-458.3333               -1008333.3333
-416.6667               -916666.6667
-375.0                  -825000.0
-333.3333               -733333.3333
-291.6667               -641666.6667
-250.0                  -550000.0
-208.3333               -458333.3333
-166.6667               -366666.6667
-125.0                  -275000.0
-83.3333                -183333.3333
-41.6667                -91666.6667
0.0                     0.0
41.6667                 91666.6667
83.3333                 183333.3333
125.0                   275000.0
166.6667                366666.6667
208.3333                458333.3333
250.0                   550000.0
291.6667                641666.6667
333.3333                733333.3333
375.0                   825000.0
416.6667                916666.6667
458.3333                1008333.3333
500.0                   1100000.0
$--------------------------------------------------------------------FZ_CURVE
[FZ_CURVE]
{       z               fz}
-500.0                  -1100000.0
-458.3333               -1008333.3333
-416.6667               -916666.6667
-375.0                  -825000.0
-333.3333               -733333.3333
```

```
-291.6667          -641666.6667
-250.0             -550000.0
-208.3333          -458333.3333
-166.6667          -366666.6667
-125.0             -275000.0
-83.3333           -183333.3333
-41.6667           -91666.6667
0.0                0.0
41.6667            91666.6667
83.3333            183333.3333
125.0              275000.0
166.6667           366666.6667
208.3333           458333.3333
250.0              550000.0
291.6667           641666.6667
333.3333           733333.3333
375.0              825000.0
416.6667           916666.6667
458.3333           1008333.3333
500.0              1100000.0
$--------------------------------------------------------------------TX_CURVE
[TX_CURVE]
{      ax          tx}
-500.0             -5000000.0
-458.3333          -4583333.3333
-416.6667          -4166666.6667
-375.0             -3750000.0
-333.3333          -3333333.3333
-291.6667          -2916666.6667
-250.0             -2500000.0
-208.3333          -2083333.3333
-166.6667          -1666666.6667
-125.0             -1250000.0
-83.3333           -833333.3333
-41.6667           -416666.6667
0.0                0.0
41.6667            416666.6667
83.3333            833333.3333
```

```
125.0                1250000.0
166.6667             1666666.6667
208.3333             2083333.3333
250.0                2500000.0
291.6667             2916666.6667
333.3333             3333333.3333
375.0                3750000.0
416.6667             4166666.6667
458.3333             4583333.3333
500.0                5000000.0
$----------------------------------------------------------------------TY_CURVE
[TY_CURVE]
{     ay               ty}
-500.0               -5000000.0
-458.3333            -4583333.3333
-416.6667            -4166666.6667
-375.0               -3750000.0
-333.3333            -3333333.3333
-291.6667            -2916666.6667
-250.0               -2500000.0
-208.3333            -2083333.3333
-166.6667            -1666666.6667
-125.0               -1250000.0
-83.3333             -833333.3333
-41.6667             -416666.6667
0.0                  0.0
41.6667              416666.6667
83.3333              833333.3333
125.0                1250000.0
166.6667             1666666.6667
208.3333             2083333.3333
250.0                2500000.0
291.6667             2916666.6667
333.3333             3333333.3333
375.0                3750000.0
416.6667             4166666.6667
458.3333             4583333.3333
500.0                5000000.0
```

```
$--------------------------------------------------------------------TZ_CURVE
[TZ_CURVE]
{     az              tz}
-500.0              0.0
-458.3333           0.0
-416.6667           0.0
-375.0              0.0
-333.3333           0.0
-291.6667           0.0
-250.0              0.0
-208.3333           0.0
-166.6667           0.0
-125.0              0.0
-83.3333            0.0
-41.6667            0.0
0.0                 0.0
41.6667             0.0
83.3333             0.0
125.0               0.0
166.6667            0.0
208.3333            0.0
250.0               0.0
291.6667            0.0
333.3333            0.0
375.0               0.0
416.6667            0.0
458.3333            0.0
500.0               0.0
```

（2）部件 r_zhijia_dowen 与 r_damper_down 之间 bushing 约束：

- Bushing Name（约束副名称）：r_damper_down；
- I Part：._my_cab_zhudong.ges_r_zhijia_dowen；
- J Part：._my_cab_zhudong.gel_r_damper_down；
- Inactive（抑制）：never；
- Preload：0，0，0；
- Tpreload：0，0，0；
- Offset：0，0，0；
- Roffset：0，0，0；
- Geometry Length：20；

- Geometry Radius：30；
- Property File：mdids：//atruck_shared/bushings.tbl/msc_truck_cab_suspension_shock.bus；
- Location Dependency：Delta location from coordinate；
- Coordinate Reference（参考坐标）：._my_cab_zhudong.ground.hpl_r_damper_down；
- Location：0，0，0；
- Location in：local；
- Orientation Dependency：User entered values；
- Orient using：Euler Angles；
- Euler Angles：90，90，0；
- 单击 Apply，完成轴套._my_cab_zhudong.bgl_r_damper_down 的创建。

（3）部件 zhijia_UP 与 cab 之间 bushing 约束。

- Bushing Name（约束副名称）：zhijia_UP_rear；
- I Part：._my_cab_zhudong.gel_zhijia_UP；
- J Part：._my_cab_zhudong.ges_cab；
- Inactive（抑制）：never；
- Preload：0，0，0；
- Tpreload：0，0，0；
- Offset：0，0，0；
- Roffset：0，0，0；
- Geometry Length：20；
- Geometry Radius：30；
- Property File：mdids：//acar_shared/bushings.tbl/mdi_0001.bus；
- Location Dependency：Delta location from coordinate；
- Coordinate Reference（参考坐标）：._my_cab_zhudong.ground.hpl_fzb_rear；
- Location：0，0，0；
- Location in：local；
- Orientation Dependency：Orient axis to point；
- Coordinate Reference（参考坐标）：._my_cab_zhudong.ground.hpr_fzb_rear；
- Axis：Z；
- 单击 Apply，完成轴套._my_cab_zhudong.bgl_zhijia_UP_rear 的创建。

（4）部件 r_zhijia_up 与 cab 之间 bushing 约束。

- Bushing Name（约束副名称）：b1；
- I Part：._my_cab_zhudong.gel_r_zhijia_up；
- J Part：._my_cab_zhudong.ges_cab；
- Inactive（抑制）：never；
- Preload：0，0，0；
- Tpreload：0，0，0；
- Offset：0，0，0；
- Roffset：0，0，0；

- Geometry Length：20；
- Geometry Radius：30；
- Property File：mdids：//atruck_shared/bushings.tbl/msc_truck_cab_suspension_lateral_bar.bus；
- Location Dependency：Delta location from coordinate；
- Coordinate Reference（参考坐标）：._my_cab_zhudong.ground.hpl_b1；
- Location：0，0，0；
- Location in：local；
- Orientation Dependency：User entered values；
- Orient using：Euler Angles；
- Euler Angles：90，90，0；
- 单击 Apply，完成轴套._my_cab_zhudong.bgl_b1 的创建。

（5）部件 f_damper_up 与 cab 之间 bushing 约束。

- Bushing Name（约束副名称）：f_damper_up；
- I　Part：._my_cab_zhudong.gel_f_damper_up；
- J　Part：._my_cab_zhudong.ges_cab；
- Inactive（抑制）：never；
- Preload：0，0，0；
- Tpreload：0，0，0；
- Offset：0，0，0；
- Roffset：0，0，0；
- Geometry Length：20；
- Geometry Radius：30；
- Property File：mdids：//acar_shared/bushings.tbl/mdi_0001.bus；
- Location Dependency：Delta location from coordinate；
- Coordinate Reference（参考坐标）：._my_cab_zhudong.ground.hpl_f_damper_up；
- Location：0，0，0；
- Location in：local；
- Orientation Dependency：Orient axis to point；
- Coordinate Reference（参考坐标）：._my_cab_zhudong.ground.hpr_f_damper_up；
- Axis：Z；
- 单击 Apply，完成轴套._my_cab_zhudong.bgl_f_damper_up 的创建。

（6）部件 f_damper_down 与 zhijia_UP 之间 bushing 约束。

- Bushing Name（约束副名称）：f_damper_down；
- I　Part：._my_cab_zhudong.gel_f_damper_down；
- J　Part：._my_cab_zhudong.gel_zhijia_UP；
- Inactive（抑制）：never；
- Preload：0，0，0；
- Tpreload：0，0，0；
- Offset：0，0，0；

- Roffset：0，0，0；
- Geometry Length：20；
- Geometry Radius：30；
- Property File：mdids：//acar_shared/bushings.tbl/mdi_0001.bus；
- Location Dependency：Delta location from coordinate；
- Coordinate Reference（参考坐标）：._my_cab_zhudong.ground.hpl_f_damper_down；
- Location：0，0，0；
- Location in：local；
- Orientation Dependency：Orient axis to point；
- Coordinate Reference（参考坐标）：._my_cab_zhudong.ground.hpr_f_damper_down；
- Axis：Z；
- 单击 Apply，完成轴套._my_cab_zhudong.bgl_f_damper_down 的创建。

16.5 主动驾驶室函数设定

（1）状态变量。

- 单击 Build >System Elements > State variable > New 命令，弹出创建状态变量对话框，如图 16-15 所示；
- Name（状态变量名称）：frot_left；
- Definition：Run-Time Expression；
- F（time=0）：0；
- 单击 Apply 完成状态变量._my_cab_zhudong.frot_left 的创建；
- 重复上述步骤，完成以下状态变量的建立：

① ._my_cab_zhudong.front_right；

② ._my_cab_zhudong.rear_left；

③ ._my_cab_zhudong.rear_right。

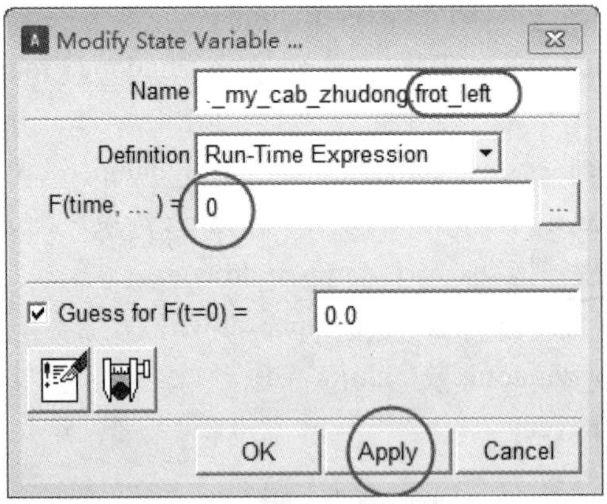

图 16-15 状态变量——frot_left

（2）主动力。

- 切换到 ADAMS/VIEW 界面；
- 单击菜单栏 Force，选择 Applied Forces 框的 Force 快捷方式，在两部件 srping_down、srping_up 之间建单向主动力；
- Run-time Direction（主动力运行时方向）：Two Bodies；
- Construction：2 Bodies -2 Location；
- Characteristic：Custom；
- 根据命令窗口提示顺序选择两部件._my_cab_zhudong.gel_f_damper_up、._my_cab_zhudong.gel_f_damper_down，顺序选择参考点 spring_down.cm、spring_up.cm，完成主动力 SFORCE_1 的创建；
- 选中主动力 SFORCE_1 右击鼠标选择 Rename：修改名称为 f_zdl_l；
- 单击 OK，完成硬主动力的重命名。
- 右击 zhudongli，选择 Modify；
- 在弹出的 Modify Force 对话框中修改 Fuction：输入 VARVAL（._my_cab_zhudong.frot_left），其余参数保持默认；
- 单击 OK，完成主动力 f_zdl_l 的修改函数，如图 16-16 所示。

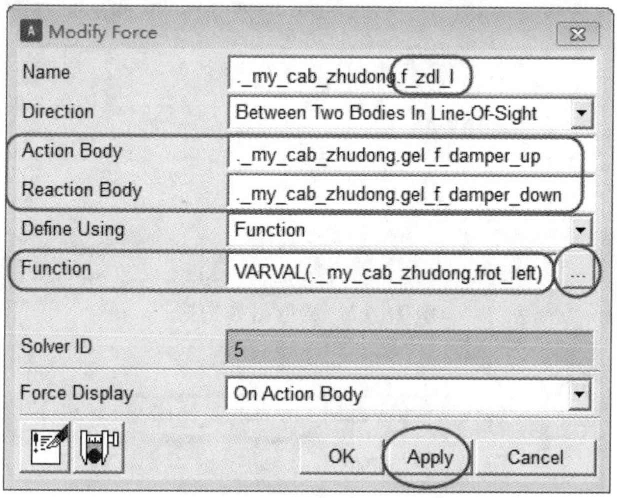

图 16-16　主动力修改对话框

- 重复上述步骤，完成以下主动力的创建：

① ._my_cab_zhudong.f_zdl_r；

② ._my_cab_zhudong.r_zdl_l；

③ ._my_cab_zhudong.r_zdl_r。

（3）测量函数。

构建主动驾驶室模型，需要输出驾驶与支撑悬置处连接处的速度及其他参数。测量函数的建立如图 16-17 所示。

- 单击菜单栏 Design Exploration，选择系统单元 Measures 框中的创建状态变量快捷方式图标：Create a new Function Measures，弹出函数构建对话框；

- Measures Name：f_l_V；
- Units：velocity；
- 选择 Velocity along Y；
- 点击 Assist 弹出 Velocity along Y 对话框；
- To_Marker 框中输入 gel_f_damper_up.MARKER_3，其余 From_Marker、Along_Marker、Ref_Frame 框保持默认不用输入，辅助对话框如图 16-18 所示，单击 OK，完成加速度函数 VZ（._my_cab_zhudong.gel_f_damper_up.MARKER_3）输入；

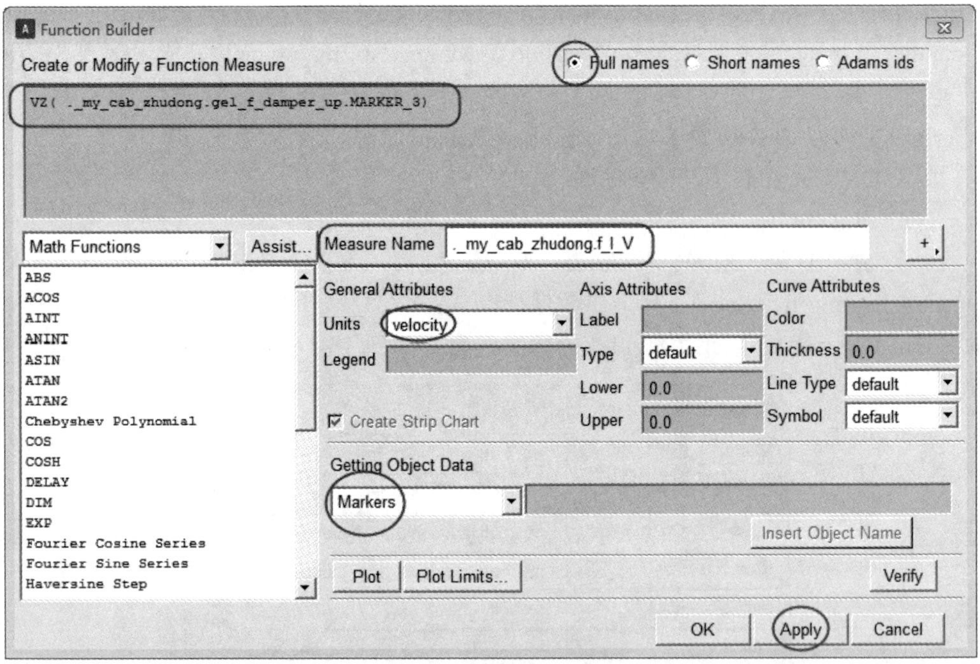

图 16-17　测量函数构建

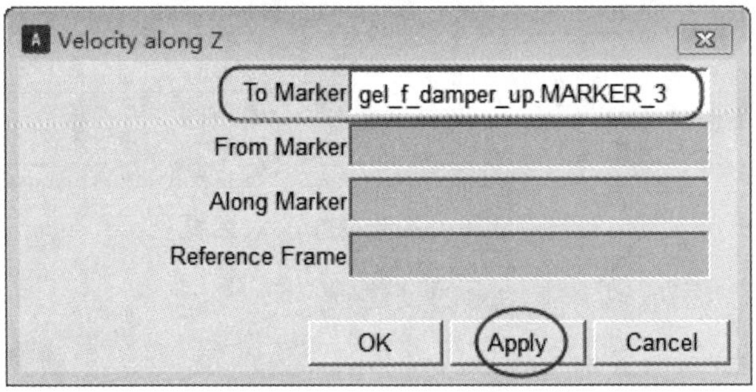

图 16-18 辅助对话框

- 单击 Verify，检查函数 VZ（._my_cab_zhudong.gel_f_damper_up.MARKER_3）正确无误；
- 单击 OK，完成函数构建。
- 重复以上步骤，完成以下测量函数的建立：

① VZ（ ._my_cab_zhudong.ger_f_damper_up.MARKER_5）；

② VZ（ ._my_cab_zhudong.gel_r_damper_up.MARKER_7)；
③ VZ（ ._my_cab_zhudong.ger_r_damper_up.MARKER_9)；
④ ACCZ（ ._my_cab_zhudong.gel_f_damper_up.MARKER_3)；
⑤ ACCZ（ ._my_cab_zhudong.ger_f_damper_up.MARKER_5)；
⑥ ACCZ（ ._my_cab_zhudong.gel_r_damper_up.MARKER_7)；
⑦ ACCZ（ ._my_cab_zhudong.ger_r_damper_up.MARKER_9)；
⑧ ACCX（ ._my_cab_zhudong.ges_cab.MARKER_1)；
⑨ ACCY（ ._my_cab_zhudong.ges_cab.MARKER_1)；
⑩ ACCZ（ ._my_cab_zhudong.ges_cab.MARKER_1)；
⑪ WX（ ._my_cab_zhudong.ges_cab.MARKER_1)；
⑫ WY（ ._my_cab_zhudong.ges_cab.MARKER_1)；
⑬ WZ（ ._my_cab_zhudong.ges_cab.MARKER_1)。

（4）输入输出集。

- 切换到 ADAMS/CAR 专家界面；
- 单击 Build >Date Elements > Plant Input > New 命令，弹出创建状态变量对话框，如图 16-19 所示；
- Variable Name（变量名称，输入之前建立好的状态变量）：._my_cab_zhudong.frot_left，._my_cab_zhudong.front_right，._my_cab_zhudong.rear_left，._my_cab_zhudong.rear_right；
- 单击 OK，完成输入集._my_cab_zhudong.PINPUT_1 的创建。
- 单击 Build >Date Elements > Plant Output > New 命令，弹出创建状态变量对话框，如图 16-20 所示；
- Variable Name（变量名称，输入之前建立好的状态变量）：._my_cab_zhudong.f_l_v_shuchu，._my_cab_zhudong.f_r_v_shuchu，._my_cab_zhudong.r_l_v_shuchu，._my_cab_zhudong.r_r_v_shuchu，._my_cab_zhudong.f_l_av_shuchu，._my_cab_zhudong.f_r_av_shuchu，._my_cab_zhudong.r_l_av_shuchu，._my_cab_zhudong.r_r_av_shuchu，._my_cab_zhudong.cab_wx_shuchu，._my_cab_zhudong.cab_wy_shuchu，._my_cab_zhudong.cab_wz_shuchu，._my_cab_zhudong.cab_AX_shuchu，._my_cab_zhudong.cab_AY_shuchu，._my_cab_zhudong.cab_AZ_shuchu；
- 单击 OK，完成输出集._my_cab_zhudong.POUTPUT_1 的创建。

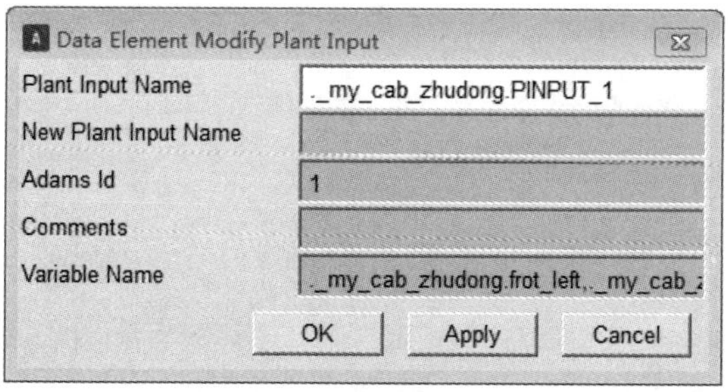

图 16-19　输入集

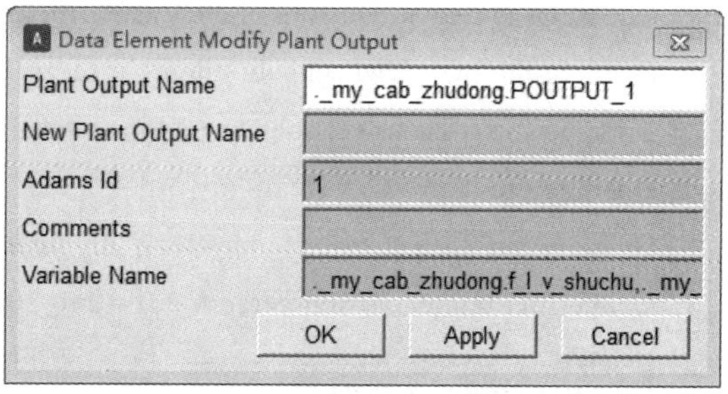

图 16-20　输出集

至此，主动驾驶室模型建立完成，保存主动驾驶室模型，切换到 ADAMS/CAR 标准界面，建立主动驾驶室子系统，并在 6×2 整车上添加主动驾驶室子系统，6×2 整车模型建立请参考《车辆系统动力学仿真》书籍，由于 6×2 整车模型极为复杂，在此处不再详细叙述其建模过程。

16.6 整车平台

相对于独立的驾驶室模型，整车平台环境下研究驾驶室的动态特性更符合驾驶室真实工作状态。整车平台下可以详细考虑驾驶室与其他系统的匹配特性。同时可以考虑不同的路面特性；整车平台下的缺点是建模工作量较大、系统的匹配与调试较为复杂、计算量大。整车平台如图 16-21 所示，包含车架、推杆式平衡悬架、前转向悬架，右舵转向系统、制动、动力传动及及轮胎多个系统，整车共包含 977 个自由度。

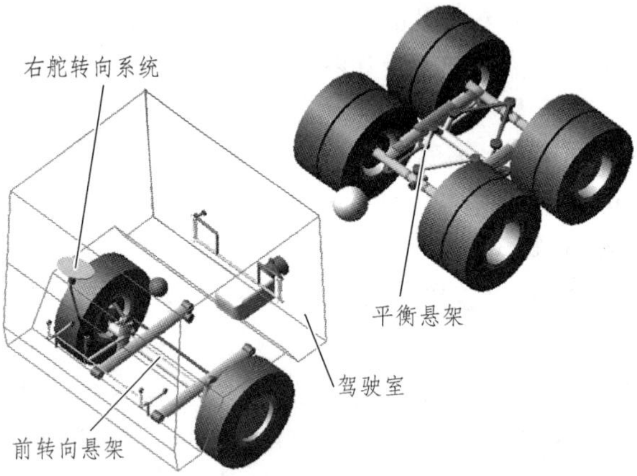

图 16-21　整车平台

包含主动驾驶室系统的 6×2 整车模型打开信息如下，可以从打开信息中看出整车包含的系统及通信器匹配情况，如果熟悉 ADAMS/CAR 通信器的特性，可以凭经验判断政策装配是否存在小的缺陷，如果政策装配不正确，装配信息会有适当的提示；采用高版本软件时，装配过程会自动更新或转换为适用于高版本软件的模型；

```
Opening the rear wheel subsystem: 'msc_truck_drive_wheels'...
Opening the rear_2 wheel subsystem: 'msc_truck_drive_wheels_2'...
Opening the front wheel subsystem: 'msc_truck_steer_wheels'...
Opening the body subsystem: 'my_truck_body'...
Opening the front steering subsystem: 'my_truck_steering'...
Converting template from version 2014.0 to 2015.0 ...
----------------------------------------------------
Template has been converted to version 2015.0.
Opening the front suspension subsystem: 'my_truck_sus_f'...
Converting template from version 2014.0 to 2015.0 ...
```

```
----------------------------------------------------
- Converting bushing: bgl_damper_down...
- Converting bushing: bgr_damper_down...
- Converting bushing: bgl_damper_up...
- Converting bushing: bgr_damper_up...
- Converting bushing: bkl_p1...
- Converting bushing: bkr_p1...
- Converting bushing: bkl_p15...
- Converting bushing: bkr_p15...
- Converting bushing: bkl_p16...
- Converting bushing: bkr_p16...
- Converting damper: dal_damper...
- Converting damper: dar_damper...
----------------------------------------------------
Template has been converted to version 2015.0.
Opening the powertrain subsystem: 'my_truck_powertrain'...
Opening the brake_system subsystem: 'my_truck_brake'...
Converting template from version 2014.0 to 2015.0 ...
----------------------------------------------------
Template has been converted to version 2015.0.
Opening the rear suspension subsystem: 'my_truck_driveaxle_DX_496'...
Opening the cab subsystem: 'my_cab_zhudong'...
Converting template from version 2014.0 to 2015.0 ...
----------------------------------------------------
- Converting bushing: bgl_b1...
- Converting bushing: bgr_b1...
- Converting bushing: bgl_f_damper_down...
- Converting bushing: bgr_f_damper_down...
- Converting bushing: bgl_f_damper_up...
- Converting bushing: bgr_f_damper_up...
- Converting bushing: bgl_r_damper_down...
- Converting bushing: bgr_r_damper_down...
- Converting bushing: bgl_r_damper_up...
- Converting bushing: bgr_r_damper_up...
- Converting bushing: bgl_zhijia_UP_rear...
- Converting bushing: bgr_zhijia_UP_rear...
- Converting damper: dal_f_damper...
- Converting damper: dar_f_damper...
```

```
- Converting damper: dal_r_damper...
- Converting damper: dar_r_damper...
------------------------------------------------------
Template has been converted to version 2015.0.
Assembling subsystems...
Assigning communicators...
WARNING: The following input communicators were not assigned during assembly:
%以下为不匹配的输入通信器，但不影响整车的正常仿真
testrig.cis_downforce_coefficient
testrig.cis_crankshaft_ratio
testrig.cis_transmission_efficiency
testrig.cis_drive_torque_bias_front
testrig.cil_svs_ride_height_front
testrig.cir_svs_ride_height_front
testrig.cil_svs_ride_height_rear
testrig.cir_svs_ride_height_rear
testrig.cis_svs_trim_part
testrig.cis_engine_idle_speed
Assignment of communicators completed.
Assembly of subsystems completed.
Full vehicle assembly ready.
```

16.7 ADAMS\CONTROLS 设置

通过 ADAMS\CONTROL 模块系统机械模型与控制模型，ADMAS 与 MATLAB 软件路径统一设置为 D：\cab_cosimulation；

- 单击菜单栏插件 Plugins，选择 Controls 单击，出现下拉列表选择 **Plant Export** 命令，弹出控制接口输出对话框，如图 16-22 所示；
- File Prefix（输出文件别名）：Controls_Plant_1；
- Initial Static Analysis（ 初始静态分析 ）：No；
- 单击 From Pinput，从输入集中快速输入以下变量：

① .my_truck_full_DX_496_cab.my_cab_zhudong.frot_left；

② .my_truck_full_DX_496_cab.my_cab_zhudong.front_right；

③ .my_truck_full_DX_496_cab.my_cab_zhudong.rear_left；

④ .my_truck_full_DX_496_cab.my_cab_zhudong.rear_right。

- 单击 From Poutput，从输出集中快速输入以下变量（可以删除输出集中不必要的变量，此处只保留主动驾驶室连接的速度变量）：

① .my_truck_full_DX_496_cab.my_cab_zhudong.f_l_v_shuchu；
② .my_truck_full_DX_496_cab.my_cab_zhudong.f_r_v_shuchu；
③ .my_truck_full_DX_496_cab.my_cab_zhudong.r_l_v_shuchu；
④ .my_truck_full_DX_496_cab.my_cab_zhudong.r_r_v_shuchu。

- Target Software（目标软件或者对接软件）：MATLAB；
- Analysis Type（分析类型）：选择非线性 non_linear；
- ADAMS/Solver Choice：选择 FORTRAN；
- 其余保持默认，单击单击 OK 完成 ADAMS\CONTROLS 模块下的输入输出集的创建。

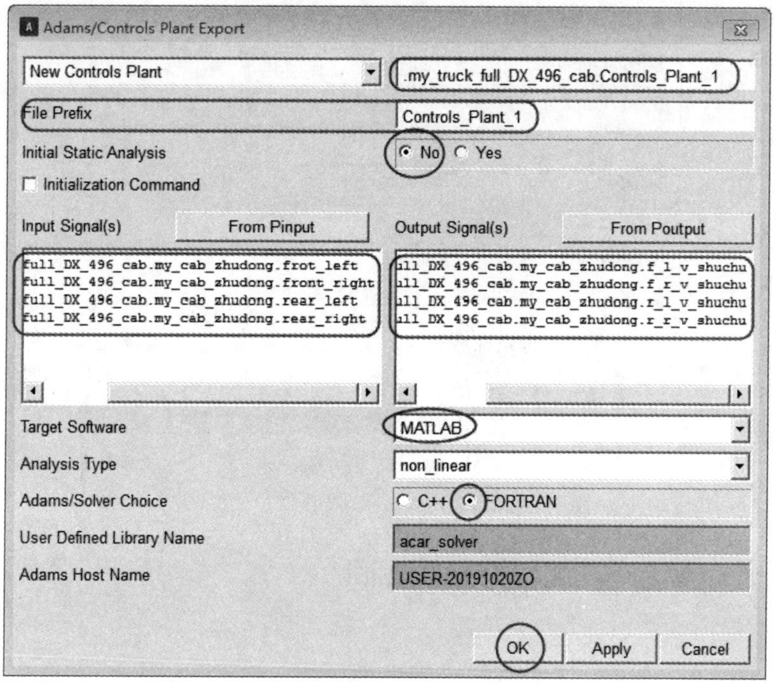

图 16-22　控制接口输出对话框

16.8　匀速直线仿真

- 单击 Simulate > Full-Vehicle Analysis > Straight Line Events > Acceleration 命令，弹出整车加速仿真对话框，如图 16-23 所示；
- Output Prefix（输出别名）：slme；
- End Time：10；
- Number of Steps（仿真步数）：1 000；
- Simulation Mode：files_only；
- Road Date File：mdids：//FASE/roads.tbl/road_3d_sine_example.rdf；
- Initial Velocity：40 km/hr；
- Maintain：velocity；

- Gear Position：2；
- Steering Input：locked；
- 勾选 Quasi-Static Straight-Line Setup；
- 单击 OK，完成匀速直线行驶仿真设置并提交运算。

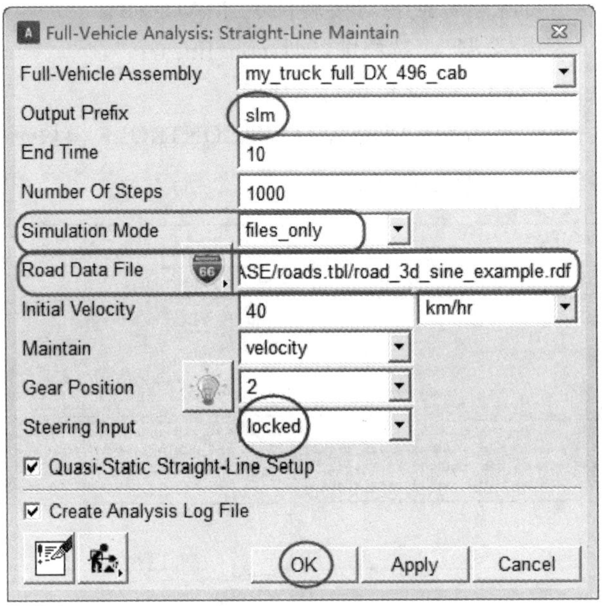

图 16-23　匀速仿真设定

16.9　ADAMS 与 MATLAB 协同

1. 协同方案 A

用记事本打开文件 Controls_Plant_1.m：

① 修改 ADAMS_prefix = ‘slm_maintain’；

② 修改 ADAMS_init = ‘file/command=Controls_Plant_1_controls.acf’为 ADAMS_init= ‘file/command=file/command=slm_maintain_controls.acf’；

③ 具体操作过程如下，程序修改部分用下划线斜体区别。

```
% Adams / MATLAB Interface - Release 2015.0.0
system('taskkill /IM scontrols.exe /F >NUL');clc;
global ADAMS_sysdir; % used by setup_rtw_for_adams.m
global ADAMS_host; % used by start_adams_daemon.m
machine=computer;
datestr(now)
if strcmp(machine, 'SOL2')
    arch = 'solaris32';
elseif strcmp(machine, 'SOL64')
```

```
    arch = 'solaris32';
elseif strcmp(machine, 'GLNX86')
    arch = 'linux32';
elseif strcmp(machine, 'GLNXA64')
    arch = 'linux64';
elseif strcmp(machine, 'PCWIN')
    arch = 'win32';
elseif strcmp(machine, 'PCWIN64')
    arch = 'win64';
else
    disp( '%%% Error : Platform unknown or unsupported by Adams/Controls.' ) ;
    arch = 'unknown_or_unsupported';
    return
end
if strcmp(arch,'win64')
    [flag, topdir]=system('adams2015_x64 -top');
else
    [flag, topdir]=system('adams2015 -top');
end
if flag == 0
   temp_str=strcat(topdir, '/controls/', arch);
   addpath(temp_str)
   temp_str=strcat(topdir, '/controls/', 'matlab');
   addpath(temp_str)
   temp_str=strcat(topdir, '/controls/', 'utils');
   addpath(temp_str)
   ADAMS_sysdir = strcat(topdir, '');
else
   addpath( 'D:\MSC~1.SOF\ADAMS_~1\2015\controls/win64' ) ;
   addpath( 'D:\MSC~1.SOF\ADAMS_~1\2015\controls/win32' ) ;
   addpath( 'D:\MSC~1.SOF\ADAMS_~1\2015\controls/matlab' ) ;
   addpath( 'D:\MSC~1.SOF\ADAMS_~1\2015\controls/utils' ) ;
   ADAMS_sysdir = 'D:\MSC~1.SOF\ADAMS_~1\2015\' ;
end
ADAMS_exec = 'acar_solver' ;
ADAMS_host = 'USER-20191020ZO' ;
ADAMS_cwd ='D:\cab_cosimulation'    ;
ADAMS_prefix = 'slm_maintain ' ;
ADAMS_static = 'no' ;
ADAMS_solver_type = 'Fortran' ;
```

```
if exist([ADAMS_prefix,'.adm']) == 0
    disp( '' ) ;
    disp( '%%% Warning : missing ADAMS plant model file(.adm) for Co-simulation or Function Evaluation.' ) ;
    disp( '%%% If necessary, please re-export model files or copy the exported plant model files into the' ) ;
    disp( '%%% working directory.  You may disregard this warning if the Co-simulation/Function Evaluation' ) ;
    disp( '%%% is TCP/IP-based (running Adams on another machine), or if setting up MATLAB/Real-Time Workshop' ) ;
    disp( '%%% for generation of an External System Library.' ) ;
    disp( '' ) ;
end
ADAMS_init = 'file/command= slm_maintain _controls.acf' ;
ADAMS_inputs  = 'my_cab_zhudong.frot_left!my_cab_zhudong.front_right!my_cab_zhudong.rear_left!my_cab_zhudong.rear_right' ;
ADAMS_outputs  = 'my_cab_zhudong.f_l_v_shuchu!my_cab_zhudong.f_r_v_shuchu!my_cab_zhudong.r_l_v_shuchu!my_cab_zhudong.r_r_v_shuchu' ;
ADAMS_pinput = 'Controls_Plant_1.ctrl_pinput' ;
ADAMS_poutput = 'Controls_Plant_1.ctrl_poutput' ;
ADAMS_uy_ids   = [
                    532
                    533
                    534
                    535
                    547
                    548
                    549
                    550
                 ] ;
ADAMS_mode    = 'non-linear' ;
tmp_in   = decode( ADAMS_inputs   ) ;
tmp_out = decode( ADAMS_outputs ) ;
disp( '' ) ;
disp( '%%% INFO : ADAMS plant actuators names :' ) ;
disp( [int2str([1:size(tmp_in,1)]'),blanks(size(tmp_in,1))',tmp_in] ) ;
disp( '%%% INFO : ADAMS plant sensors     names :' ) ;
disp( [int2str([1:size(tmp_out,1)]'),blanks(size(tmp_out,1))',tmp_out] ) ;
disp( '' ) ;
clear tmp_in tmp_out ;
% Adams / MATLAB Interface - Release 2015.0.0
```

2. 协同方案 B

用记事本打开文件 slm_maintain.m，如下参数与 Controls_Plant_1.m 文件对应的参数相同，可以把 Controls_Plant_1.m 中对应的参数复制粘贴过来保存即可。

① 修改 ADAMS_outputs = '……' ;

② 修改 ADAMS_poutput = '……';

③ 修改 ADAMS_uy_ids='……';

具体操作过程如下，程序修改部分用斜体区别：斜体与 Controls_Plant_1.m 文件对应的参数相同。

```
% Adams / MATLAB Interface - Release 2015.0.0
system('taskkill /IM scontrols.exe /F >NUL');clc;
global ADAMS_sysdir; % used by setup_rtw_for_adams.m
global ADAMS_host; % used by start_adams_daemon.m
machine=computer;
datestr(now)
if strcmp(machine, 'SOL2')
    arch = 'solaris32';
elseif strcmp(machine, 'SOL64')
    arch = 'solaris32';
elseif strcmp(machine, 'GLNX86')
    arch = 'linux32';
elseif strcmp(machine, 'GLNXA64')
    arch = 'linux64';
elseif strcmp(machine, 'PCWIN')
    arch = 'win32';
elseif strcmp(machine, 'PCWIN64')
    arch = 'win64';
else
    disp( '%%% Error : Platform unknown or unsupported by Adams/Controls.' ) ;
    arch = 'unknown_or_unsupported';
    return
end
if strcmp(arch,'win64')
    [flag, topdir]=system('adams2015_x64 -top');
else
    [flag, topdir]=system('adams2015 -top');
end
if flag == 0
  temp_str=strcat(topdir, '/controls/', arch);
  addpath(temp_str)
  temp_str=strcat(topdir, '/controls/', 'matlab');
  addpath(temp_str)
```

```
    temp_str=strcat(topdir, '/controls/', 'utils');
    addpath(temp_str)
    ADAMS_sysdir = strcat(topdir, '');
  else
    addpath( 'D:\MSC~1.SOF\ADAMS_~1\2015\controls/win64' ) ;
    addpath( 'D:\MSC~1.SOF\ADAMS_~1\2015\controls/win32' ) ;
    addpath( 'D:\MSC~1.SOF\ADAMS_~1\2015\controls/matlab' ) ;
    addpath( 'D:\MSC~1.SOF\ADAMS_~1\2015\controls/utils' ) ;
    ADAMS_sysdir = 'D:\MSC~1.SOF\ADAMS_~1\2015\' ;
  end
  ADAMS_exec = 'acar_solver' ;
  ADAMS_host = '' ;
  ADAMS_cwd ='D:\cab_cosimulation'   ;
  ADAMS_prefix = 'slm_maintain' ;
  ADAMS_static = 'no' ;
  ADAMS_solver_type = 'Fortran' ;
  if exist([ADAMS_prefix,'.adm']) == 0
     disp( ' ' ) ;
     disp( '%%% Warning : missing ADAMS plant model file(.adm) for Co-simulation or Function
Evaluation.' ) ;
     disp( '%%% If necessary, please re-export model files or copy the exported plant model files into
the' ) ;
     disp( '%%% working directory.  You may disregard this warning if the Co-simulation/Function
Evaluation' ) ;
     disp( '%%% is TCP/IP-based (running Adams on another machine), or if setting up
MATLAB/Real-Time Workshop' ) ;
     disp( '%%% for generation of an External System Library.' ) ;
     disp( ' ' ) ;
  end
  ADAMS_init = 'file/command=slm_maintain_controls.acf' ;
  ADAMS_inputs    =  'my_truck_brake.front_left_INPUT!my_truck_brake.front_right_INPUT!my_
truck_brake.mid_left_INPUT!my_truck_brake.mid_right_INPUT!my_truck_brake.rear_left_INPUT!my_tru
ck_brake.rear_right_INPUT!my_cab_zhudong.frot_left!my_cab_zhudong.front_right!my_cab_zhudong.rear
_left!my_cab_zhudong.rear_right' ;
  ADAMS_outputs = 'my_cab_zhudong.f_l_v_shuchu!my_cab_zhudong.f_r_v_shuchu!my_cab_zhudong.
r_l_v_shuchu!my_cab_zhudong.r_r_v_shuchu' ;
  ADAMS_pinput = 'Controls_Plant_1.ctrl_pinput' ;
  ADAMS_poutput = 'Controls_Plant_1.ctrl_poutput' ;
  ADAMS_uy_ids   = [
                    532
```

```
                533
                534
                535
                547
                548
                549
                550
              ];
ADAMS_mode    = 'non-linear' ;
tmp_in   = decode( ADAMS_inputs   ) ;
tmp_out = decode( ADAMS_outputs ) ;
disp( ' ' ) ;
disp( '%%% INFO : ADAMS plant actuators names :' ) ;
disp( [int2str([1:size(tmp_in,1)]'),blanks(size(tmp_in,1))',tmp_in] ) ;
disp( '%%% INFO : ADAMS plant sensors      names :' ) ;
disp( [int2str([1:size(tmp_out,1)]'),blanks(size(tmp_out,1))',tmp_out] ) ;
disp( ' ' ) ;
clear tmp_in tmp_out ;
% Adams / MATLAB Interface - Release 2015.0.0
```

- MATLAB 软件中命令窗口中输入 Controls_Plant_1;
- 单击键盘 Enter 键；此时命令窗口显示出如下信息；信息包含输入输出集信息。

```
Matlab 窗口界面显示如下信息：
Controls_Plant_1


%%% INFO : ADAMS plant actuators names :
1 my_cab_zhudong.frot_left
2 my_cab_zhudong.front_right
3 my_cab_zhudong.rear_left
4 my_cab_zhudong.rear_right
%%% INFO : ADAMS plant sensors      names :
1 my_cab_zhudong.f_l_v_shuchu
2 my_cab_zhudong.f_r_v_shuchu
3 my_cab_zhudong.r_l_v_shuchu
4 my_cab_zhudong.r_r_v_shuchu
```

- 运行 adams_sys，调出 adams_plant 对话框，如图 16-24 所示。

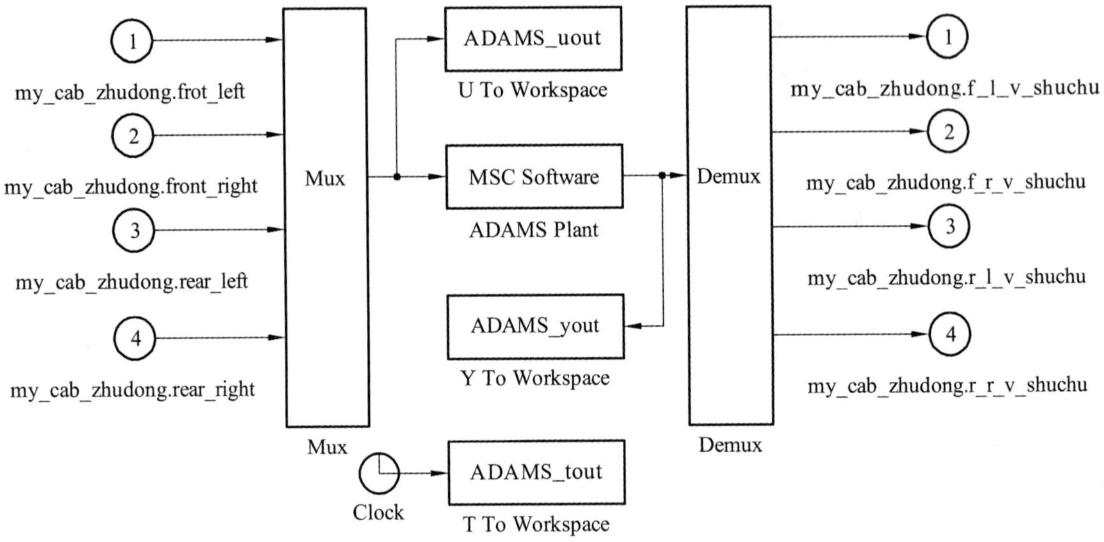

图 16-24　adams_plant 对话框

16.10　模糊 PID-D 耦合算法

6×4 驱动底盘形式主要用于工程车辆和商用牵引车，工程车辆一般工作路面较差，牵引车多在国道及高速路面运输。对于不同的路面工作状态，驾驶室输出的振动特性不同；当工作路面较差且整车运行速度较小时，输入信号等同于阶跃信号，在驾驶室主动悬置系统控制过程中会造成定点冲击，增加驾驶室的瞬间振动；对于固定的路面信号输入，微分先行 PID 控制可以有效地改善瞬时定点冲击现象，但当路面输入改变时，已调整好的系统调节参数已不适用。针对此问题提出模糊 PID-D 耦合算法，通过车身加速度判定路面的输入状态，然后通过模糊算法在线自适应调节 PID-D 微分系数，使整车在各状态运行时都可以适度减小及避免定点冲击，改善驾驶室的舒适性。

以左前磁流变阻尼器为例，模糊 PID-D 耦合算法公式推导如下：

$$u(t) = K_p e(t) + K_I \int_0^t e(t)\mathrm{d}t + K_{d1} F_1 \frac{\mathrm{d}}{\mathrm{d}t} e(t) - K_{d2} F_2 \frac{\mathrm{d}}{\mathrm{d}t} y(t) \tag{16-1}$$

$$e(t) = 0 - y(t) \tag{16-2}$$

$$F_1 = \Omega(V_s) \tag{16-3}$$

$$F_2 = 1 - \Omega(V_s) \tag{16-4}$$

公式（16-2）~（16-4）带入公式（16-1）中整理得

$$u(t) = -K_p y(t) - K_I \int_0^t y(t)\mathrm{d}t - \frac{\mathrm{d}}{\mathrm{d}t} y(t) - \Omega(V_z)\left[K_{d1}\frac{\mathrm{d}}{\mathrm{d}t} y(t) - K_{d2}\frac{\mathrm{d}}{\mathrm{d}t} y(t)\right] \tag{16-5}$$

式中，$e(t)$为输入输出之间误差；$y(t)$为驾驶室与阻尼器连接处垂向速度；K_p 为缩放系数；K_I 为积分系数；K_{d1} 为误差反馈预设微分系数；K_{d2} 为输出反馈预设微分系数；F_1、F_2 为微分在线调节系数，由模糊算法根据路面状态输出；u（t）为磁流变阻尼器输出控制力；Ω（V_Z）为模糊控制规则。

微分在线调节系数由模糊算法输出，输入为车身垂向加速度，系统模糊控制规则如表 16-2 所示。建立好的模糊 PID-D 控制系统如图 16-25 所示。

车身垂向加速度论域：

$$E = [-1\,500, 1\,500] \tag{16-6}$$

量化因子：

$$K = 3 / E = 0.002 \tag{16-7}$$

表 16-2　微分系数调节模糊规则

$\dot{y}(t)$	−3	−2	−1	0	1	2	3
F_1	0.1	0.2	0.5	0.8	0.5	0.2	0.1
F_2	0.9	0.8	0.5	0.2	0.5	0.8	0.9

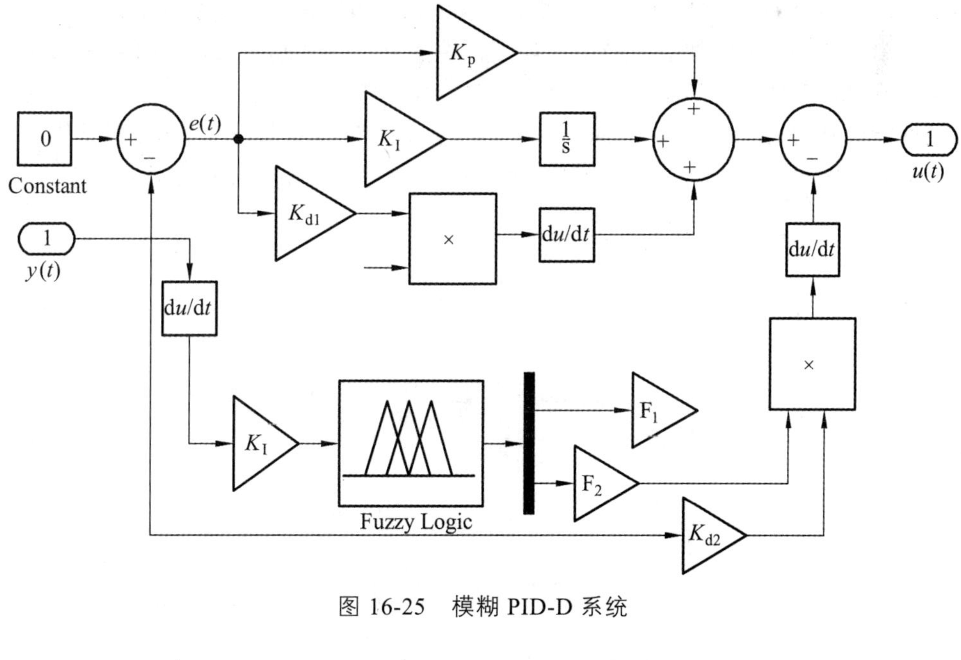

图 16-25　模糊 PID-D 系统

16.11 机控联合仿真

（1）路面模型。

按要求编制连续正弦波路面文件谱，波纹路面宽 2 m，路面摩擦系数为 0.9，路面垂向峰值为 10 mm，波长 8 m，路面特征为“sine”，波纹路面无偏移；编制好的正弦波路面如图 16-26 所示。

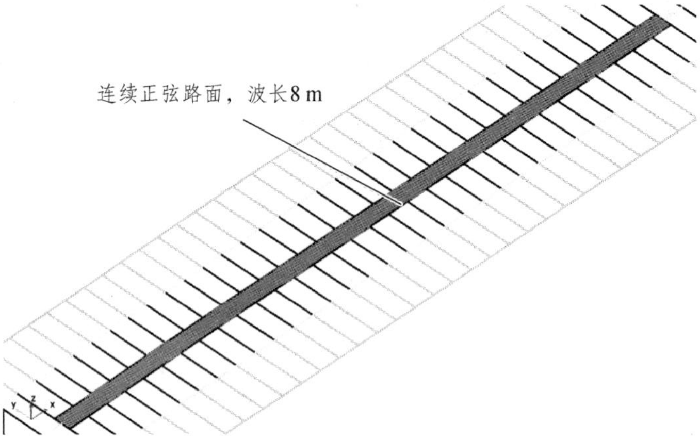

图 16-26　正弦路面模型

（2）速度保持仿真。

整车保持匀速直线行驶状态，速度为 40 km/h，方向盘锁定，仿真计算时间为 10 s。计算结果如图 16-27 ~ 图 16-29 所示，passive 为常规阻尼器仿真结果曲线，active 为磁流变阻尼器仿真结果曲线；驾驶室垂向加速度改善明显，极值从 1 026.98 降低为 403.50，均方根值从 415.65 降低为 107.47，垂向加速度极值与均方根性能分别提升 60.71%、74.14%；驾驶室横摆角速度极值从 0.022 4 降低为 0.017 3，均方根值从 0.007 4 降低为 0.005 0，横摆角速度极值与均方根性能分别提升 22.77%、32.43%；驾驶室侧倾角速度极值从 1.466 2 降低为 0.772 0，均方根值从 0.319 5 降低为 0.272 0，侧倾角速度极值与均方根性能分别提升 47.35%、14.87%。

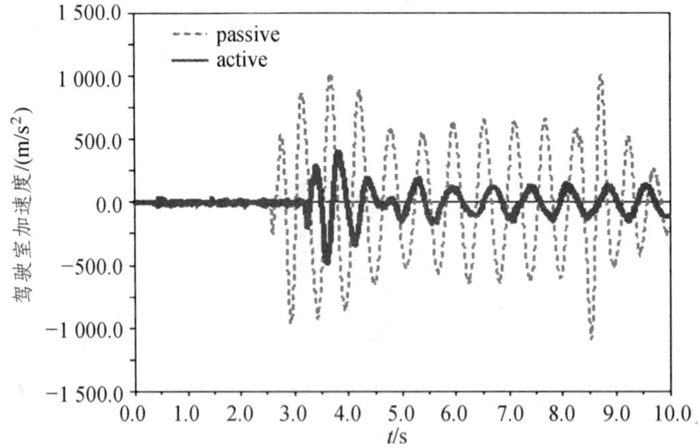

图 16-27　驾驶室垂向加速度/Z

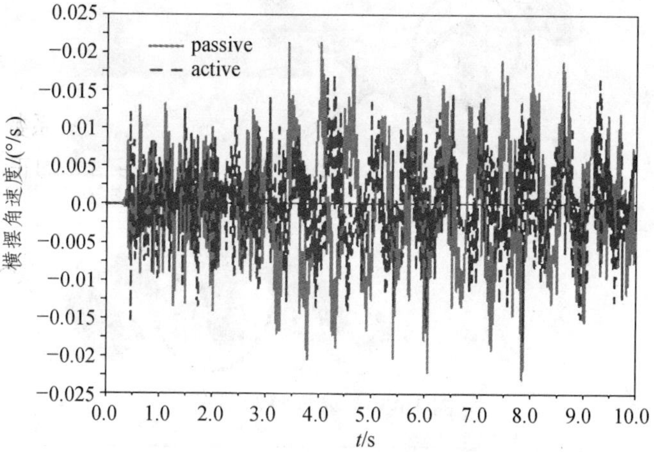

图 16-28 驾驶室横摆角速度/Z

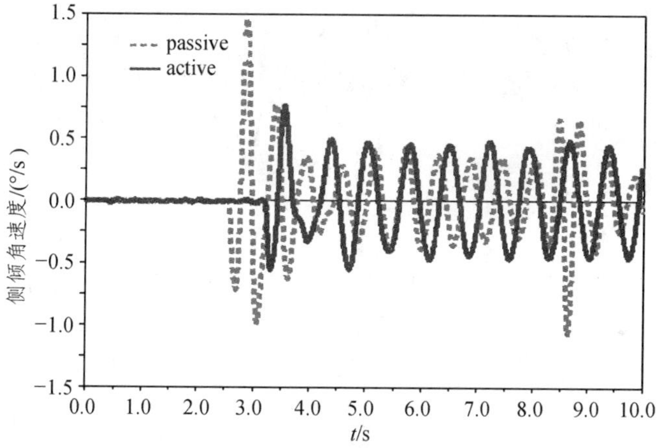

图 16-29 驾驶室侧倾角速度/X

（3）转向桥避震器。

牵引车轴距较长，同时转向桥板簧刚度相对后轴平衡悬架刚度要小很多，在经过坑洼路面时导致整车的俯仰角过大，从而导致安装在车架上的驾驶振动过大。针对此问题，提出在转向桥加装阻尼器，阻尼器安装位置如图 16-30 所示。更换驾驶室阻尼器特性文件为变频率实验数据。按同工况进行速度保持仿真，车身垂向加速度计算结果如图 16-31 ~ 图 16-32 所示，auxiliary 为转向桥加装阻尼器仿真结果曲线；驾驶室垂向加速度极值为 243.57，均方根值为 37.54，驾驶室在磁流变主动阻尼器的基础上极值与均方根性能继续提升 39.64%、65.07%；功率谱显示在全频域范围内，驾驶室性能均提升，低频段改善明显。

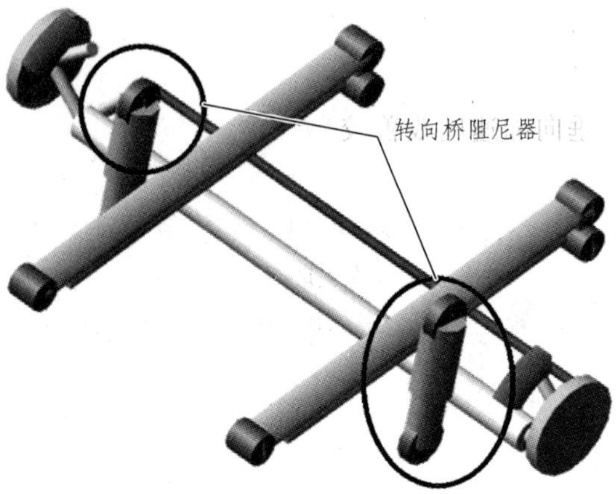

图 16-30　转向桥阻尼器

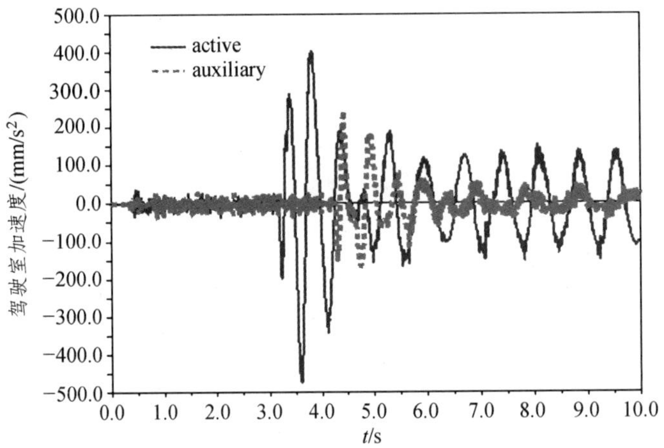

图 16-31　驾驶室垂向加速度/阻尼器

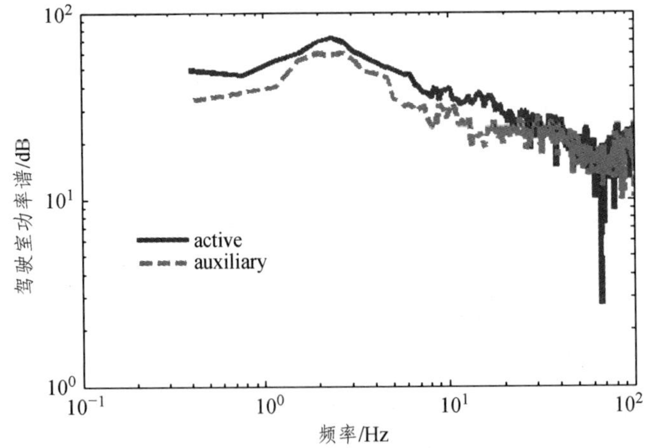

图 16-32　驾驶室垂向加速度功率谱

（4）计算结论。

① 磁流变阻尼器变电流实验表明，随着电流的增加，阻尼力增加，阻尼特性为非重合曲线；变频率实验表明，随着频率的增加，阻尼力亦增加，同时阻尼器有效工作区域范围增加，

适当提升阻尼器工作频率对系统有益；

② 采用模糊 PID-D 耦合算法后，驾驶室垂向加速度、横摆角速度、侧倾角速度指标参数均有改善，其中驾驶室垂向加速度改善较为明显，垂向加速度极值与均方根性能分别提升 60.71%、74.14%；

③ 转向桥加装阻尼器后，驾驶室在磁流变主动阻尼器的基础上极值与均方根性能继续提升 39.64%、65.07%；功率谱显示在全频域范围内提升，低频段改善明显；

④ 整车平台下研究驾驶室与其他系统匹配、优化等特性对于车辆理论及工程研究均具有指导意义。

第 17 章 多柔体系统动力学仿真

系统动力学包括刚体系统动力学和柔体系统动力学。刚体系统动力学较为成熟，在系统位移变化不大的状态下大都可以简化成多刚体模型。多柔体系统动力学理论目前理论仍不成熟，例如接触、碰撞等。目前柔性体创建有多种方法，如非线性梁\有限元、模态法等。非线性梁法可参考钢板弹簧相关章节，模态中性文件 MNF 可用 NASTRAN、MARC、ANSYS、ABAQUS、Hypermesh 等商业软件建立。本章主要介绍采用 ABAQUS 商业软件建立模态中性文件实现刚体转换为柔性体，如图 17-1 所示。

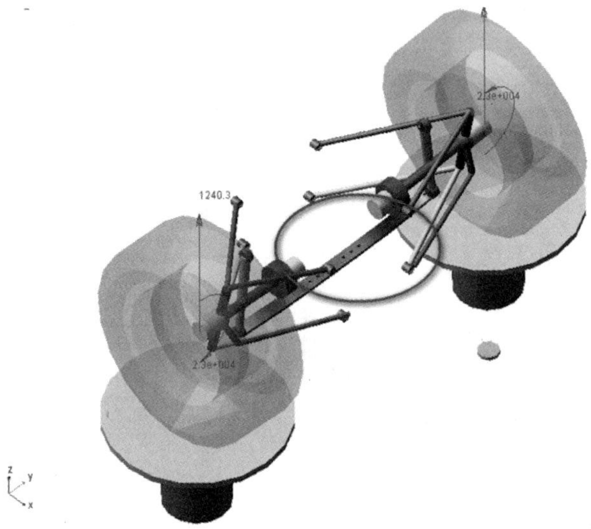

图 17-1 横置板簧柔性体双 A 臂悬架

学习目标

- ✧ 柔性四连杆。
- ✧ 柔性扭力梁悬架。
- ✧ 柔性钢板弹簧。
- ✧ 柔性横直板簧双横臂悬架。
- ✧ 多柔性 FSAE 赛车。

17.1 柔性四连杆

（1）对于柔性体的介绍，先从一个简单的四连杆案例开始讨论。

- 启动 ABAQUS/CAE，切换到草图界面绘制如图 17-2 所示的草图，草图绘制完成后通过拉伸厚度为 5 mm 完成几何体的创建，如图 17-3 所示。

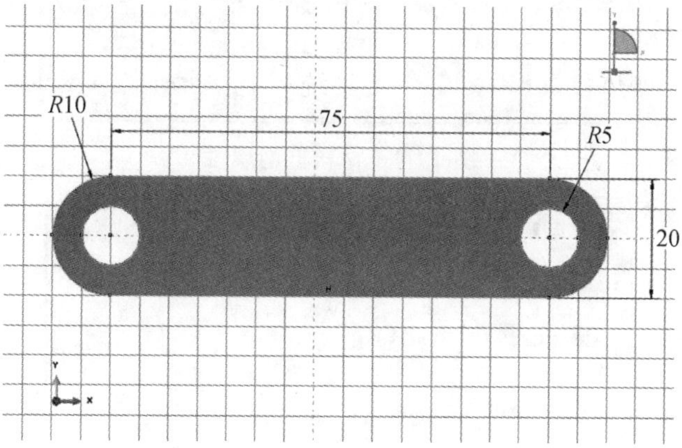

图 17-2　连杆草图

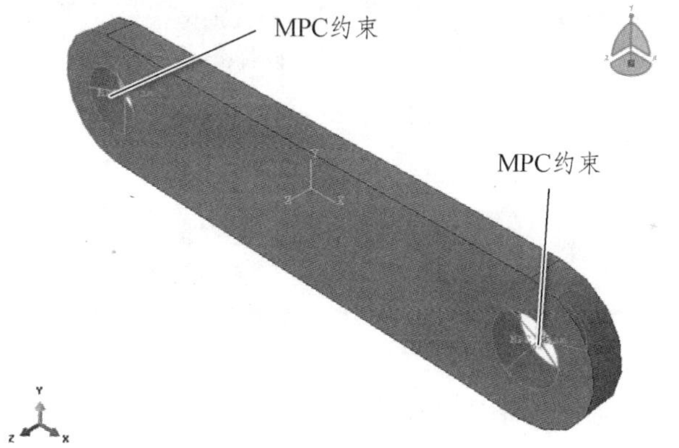

图 17-3　连杆几何体

- 切换到 Property 界面，创建材料属性，弹性模量：2.1E5，泊松比：0.3；密度：7.9E－9；

特别需要注意的是，材料属性参数一定要保持正确，不同软件的单位制不同，本案例在 ABAQUS 软件中采用毫米制，材料参数输入错误会导致连杆模态参数计算结果错误。

- 材料参数创建完成后建立截面属性 Section-1 如图 17-4 所示，并把截面属性赋予连杆部件，完成连杆部件材料特性如图 17-5 所示，此时连杆颜色变为蓝色，表明材料赋予成功；

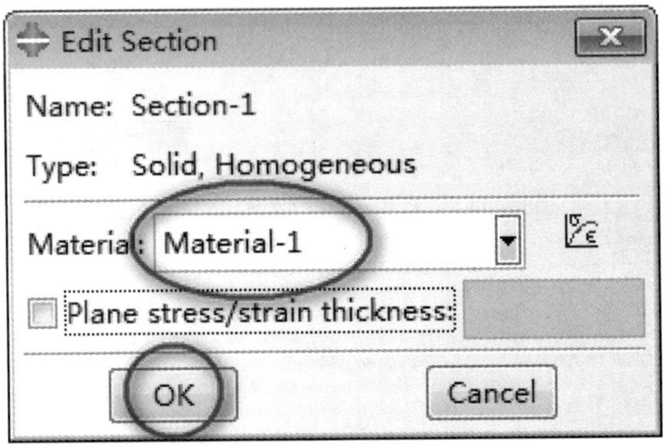

图 17-4　材料截面属性

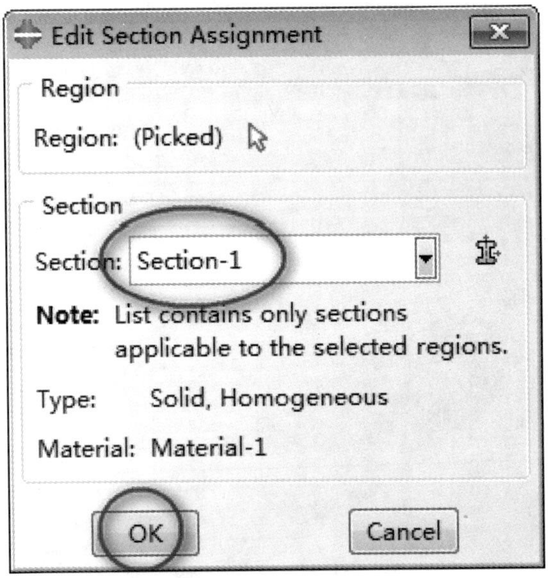

图 17-5　分配截面属性

- 切换到 Assembly 界面，单击装配完成单体部件装配；
- 切换到分析部 Step 界面，完成两个分析部创建如图 17-6 所示，Step-1 为模态分析步，设置提取前 20 阶模态，Step-2 为子结构生成，子结构即把整个连杆作为一个单一部件；

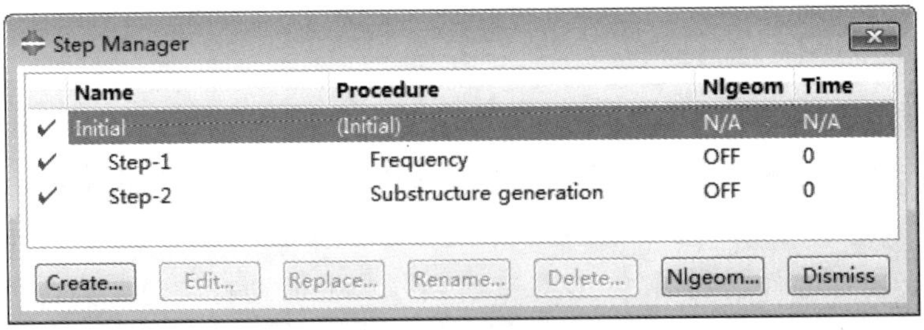

图 17-6　分析步设置

- Step-2 子结构在 Basic 选项卡设置子结构标示（Substructure identifier：Z101），点选 Whole model，在后续方框中选择整个模型；切换到 Options 选项卡：勾选 Specify retained eigenmodes by：点选 Mode range，在 Date 方框中输入 1，20，1，Step-2 设置如图 17-7 ~ 图 17-8 所示；

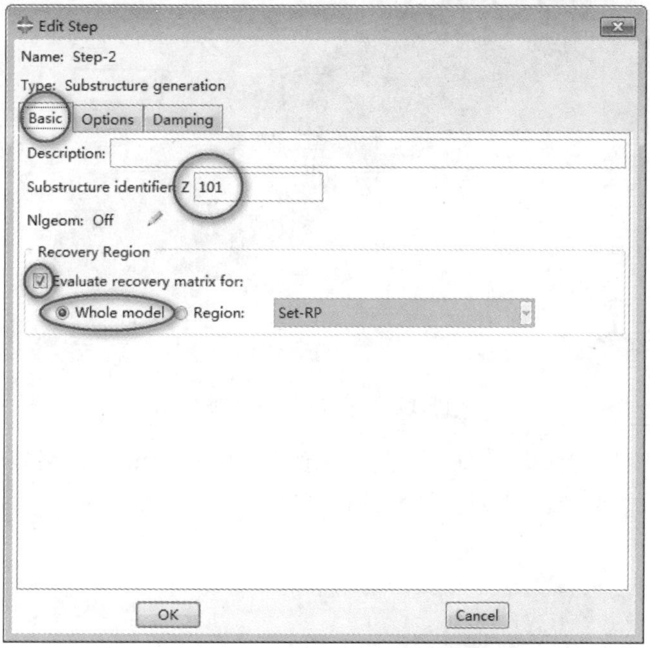

图 17-7　Basic 选项卡设置

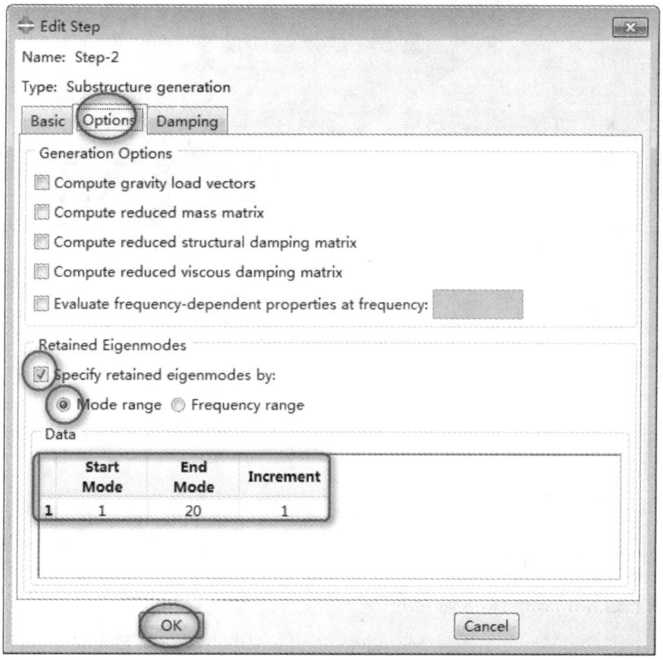

图 17-8　Options 选项卡设置

- 切换到相互作用 Interaction 界面，在连杆两圆孔中心创建 RP 参考点，建立 RP 点与孔内表面的 MPC 多点约束如图 17-9 所示；

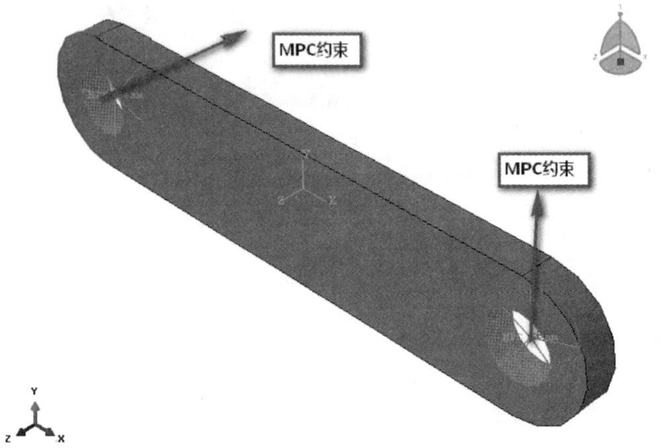

图 17-9　MPC 多点约束

- 切换到网格划分 Mesh 界面，设置网格全局尺寸为 2 mm，网格划分完成后如图 17-10 所示，共包含 1 587 个六面体单元，经检查，网格全部符合要求；

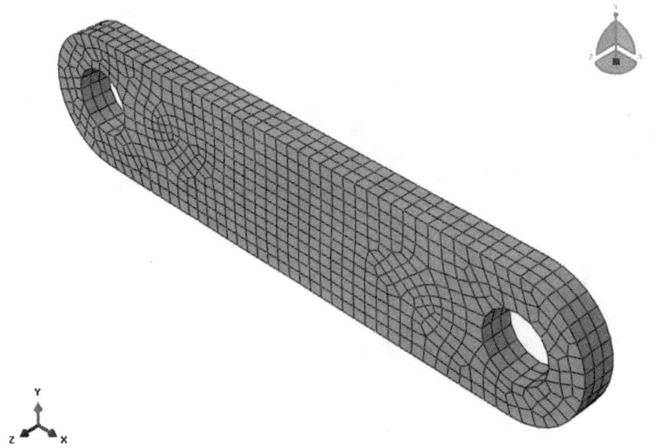

图 17-10　网格划分

- 切换到 Load 界面，在 Step-1 分析步下约束 RP-1、RP-2 两个参考点完全固定；
- Step-2 分析步下选择 Retained nodal dofs，点击继续弹出编辑界面对话框，如图 17-11 所示，勾选全部约束；
- 切换到 Job 界面，在模型下点击编辑关键字，弹出关键字命令窗口如图 17-12 所示，在图片位置处添加关键字符如下：

① MASS MATRIX=YES　%质量矩阵

② *FLEXIBLE BODY，TYPE=ADAMS　%转换为 ADAMS 关键字；

③ *ELEMENT RECOVERY MATRIX，POSITION=AVERAGED AT NODES　%计算结果中显示应力应变

④ S；

⑤ E。

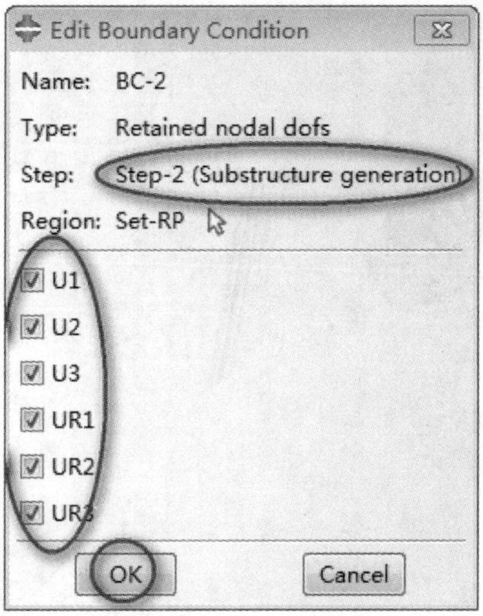

图 17-11　约束设置

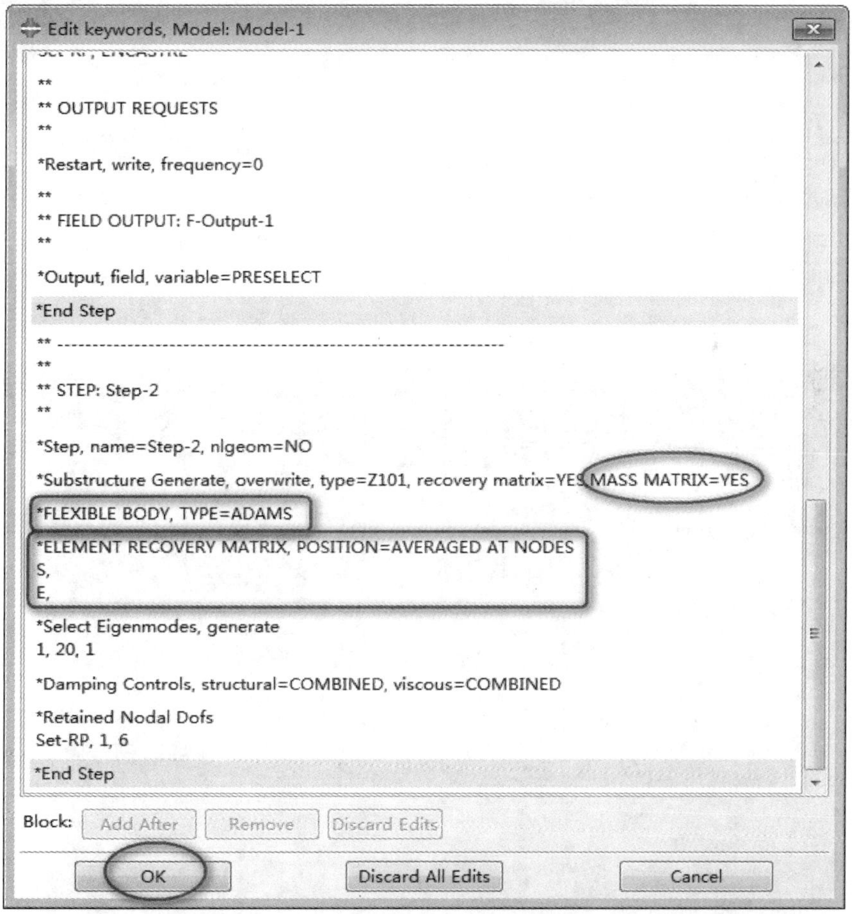

图 17-12　模型关键字编辑

- 创建 lianggan 分析作业并提交运算，运算完成后可以在后处理模块中显示连杆的的模态变形及对应的频率结果，如图 17-13 ~ 图 17-16 所示。

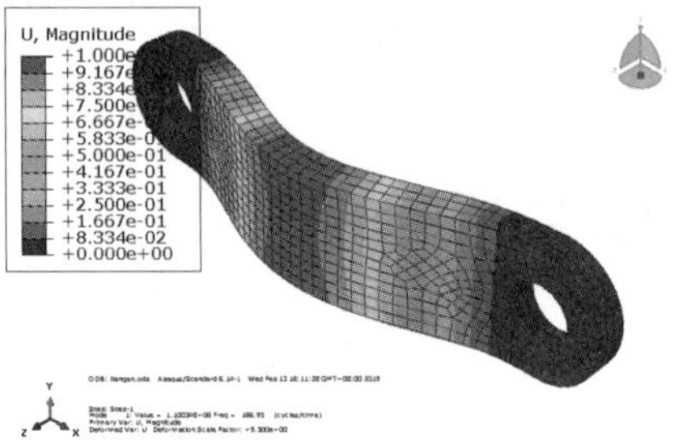

图 17-13　一阶模态

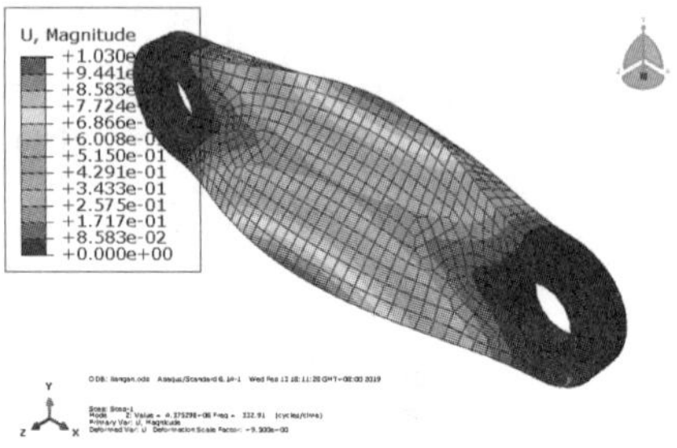

图 17-14　二阶模态

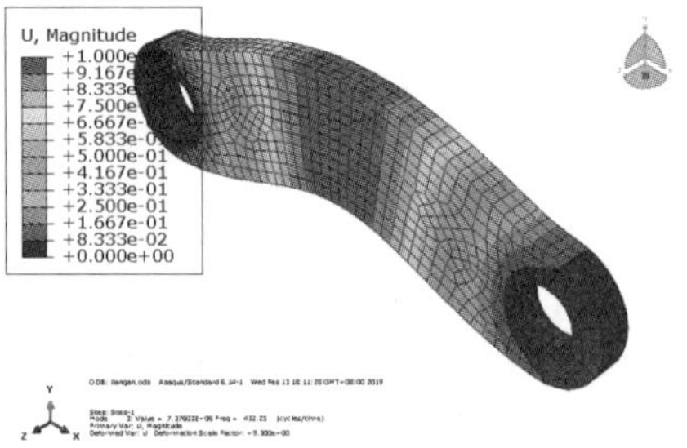

图 17-15　三阶模态

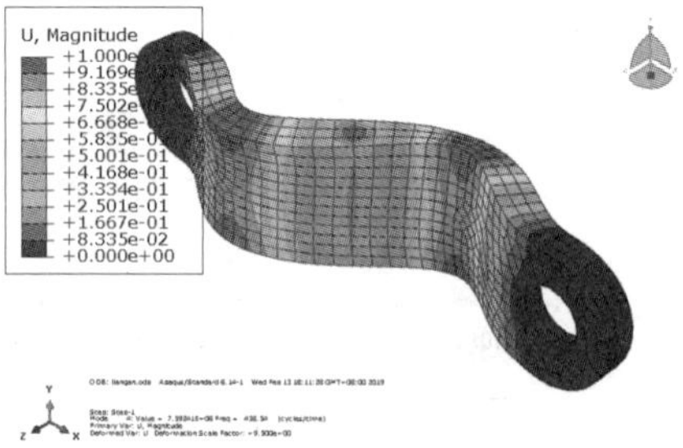

图 17-16　四阶模态

- 打开 Abaqus Command，输入 cd D：\ADAMS_MNF，切换命令至 ADAMS_MNF 文件夹；
- 继续输入以下命令：abaqus adams job=fsae_arb_flex substructure_sim=fsae_arb_flex_Z101 model_odb=fsae_arb_flex length=mm mass=tonne time=sec force=N，命令输入完成后，Abaqus Command 完成提交并运算后生产 liangan.mnf 中性文件如图 17-17 所示。

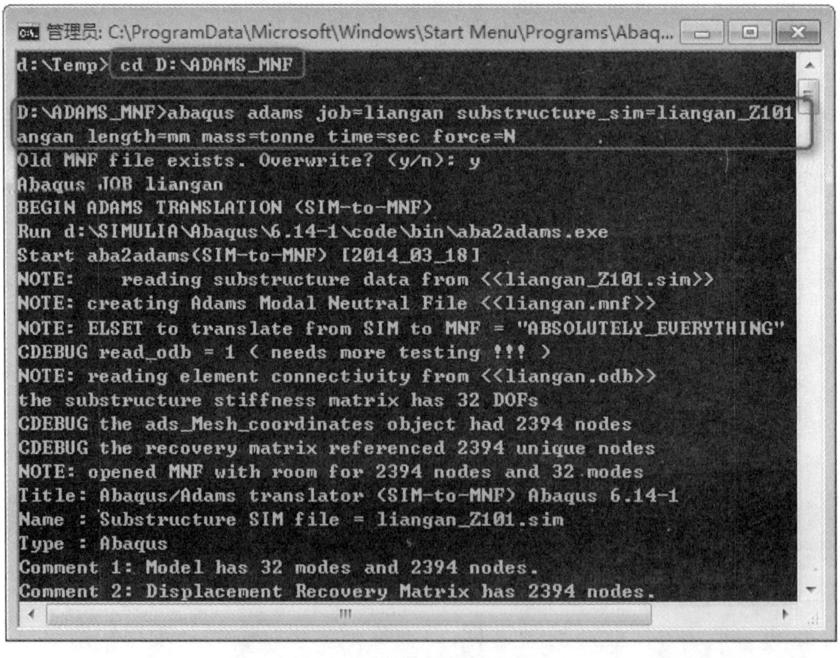

图 17-17　生产 MNF 中心文件命令

- 启动 ADAMS/VIEW，导入连杆柔性体模型如图 17-18 所示；
- 模型导入完成后建立四连杆模型如图 17-19 所示，仿真 1 s 如图 17-20 所示。

模型仿真完成后，通过测量柔性体在 Z 方向上的加速度如图 17-21 所示，如果为刚形体四连杆机构，Z 方向的加速度恒为 0。

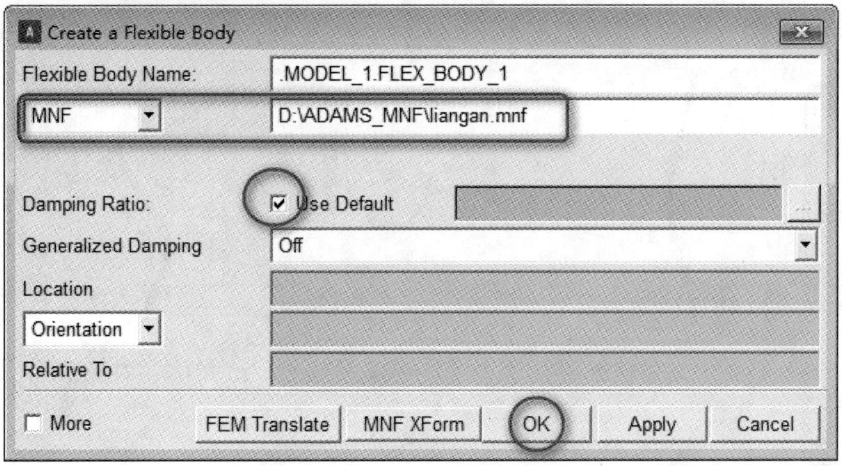

图 17-18　导入 MNF 中性文件

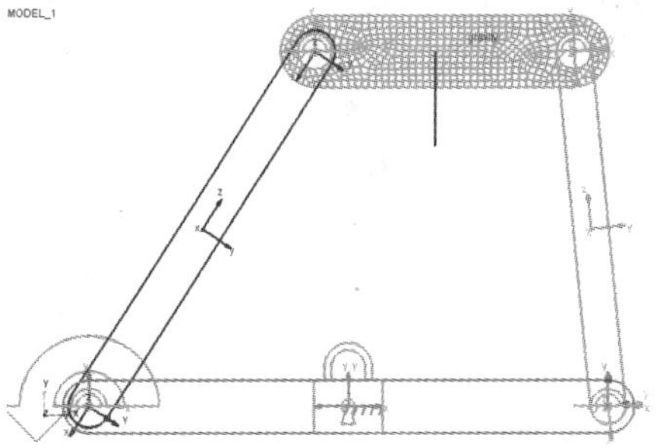

图 17-19　四连杆模型

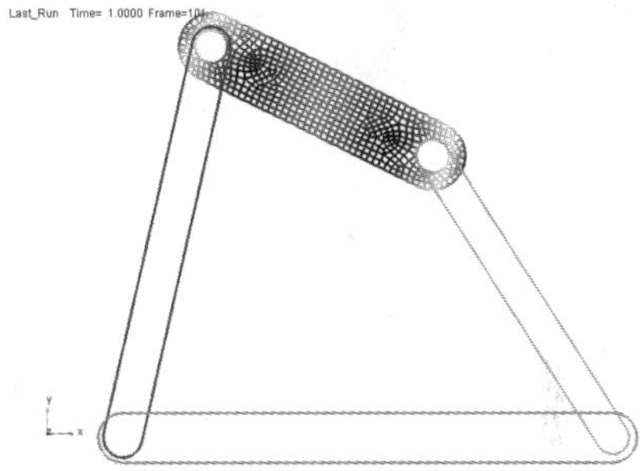

图 17-20　四连杆仿真

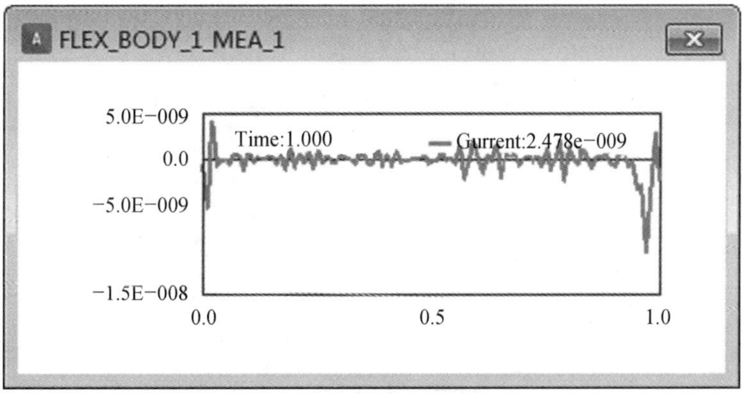

图 17-21　柔性体 Z 方向加速度

17.2 柔性扭力梁悬架

参考柔性连杆 MNF 中性文件生成方法，对扭力梁悬架模型中的扭力梁进行柔性化，扭力梁模态变形图如图 17-22 ~ 图 17-25 所示；柔性化完成后对刚形体进行替换后进行车轮反向激振实验如图 17-26 所示。

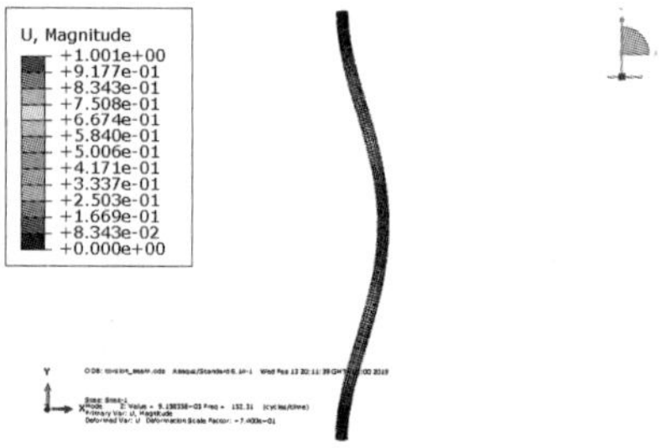

图 17-22　二阶模态

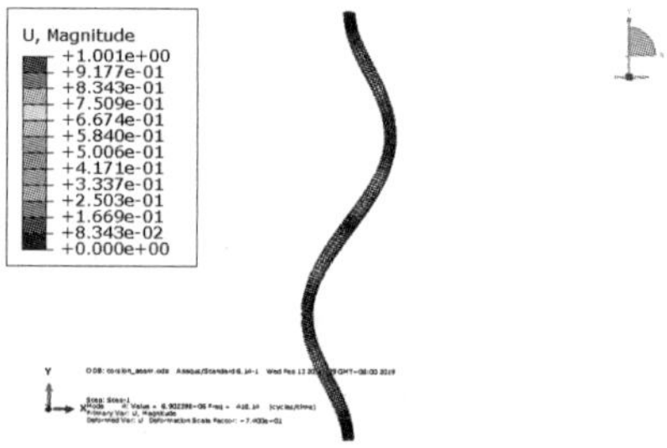

图 17-23　四阶模态

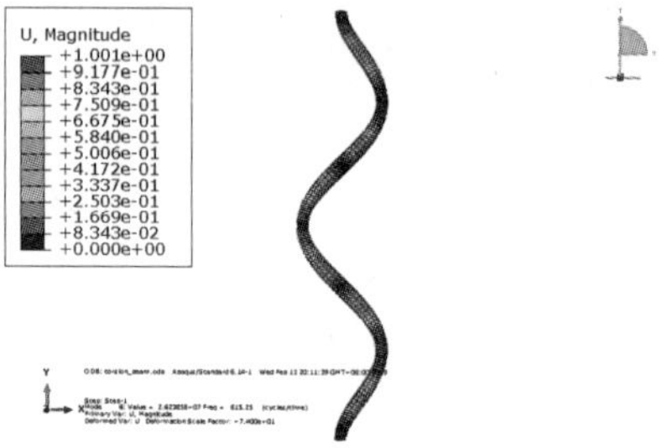

图 17-24　六阶模态

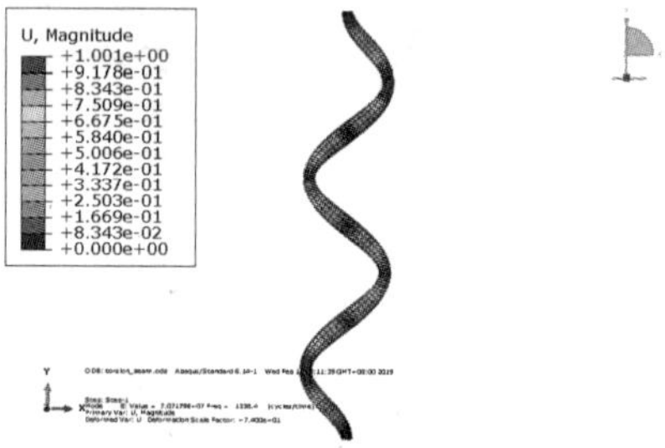

图 17-25　八阶模态

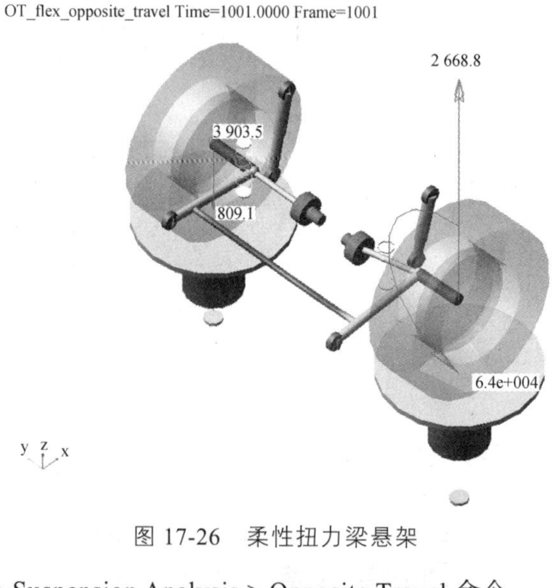

图 17-26　柔性扭力梁悬架

- 单击 Simulate > Suspension Analysis > Opposite Travel 命令；
- Output Prefix：OT_flex；

- Number of Steps（仿真步数）：1 000；
- Mode of Simulation：interactive；
- Vertical Setup Mode：Wheel Center；
- Bump Travel：50；
- Rebound Travel：-50；
- Travel Relative To：Wheel Center；
- Control Mode：Absolute；
- Coordinate System：Vehicle；
- 单击 OK，完成柔性扭力梁悬架在 C 模式下的仿真。

打开扭力梁刚性体装配模型，进行相同参数状态下仿真。仿真完成后进行结果对比，如图 17-27～图 17-30 所示，其中实线为柔性体扭力梁悬架计算结果，虚线为刚性扭力梁悬架计算结果。

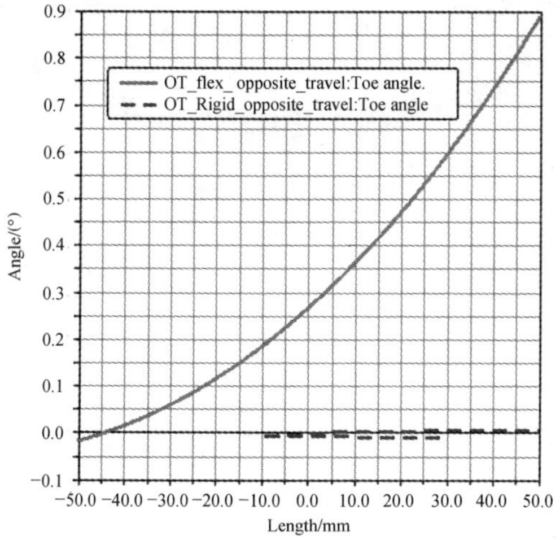

图 17-27　车轮前束角

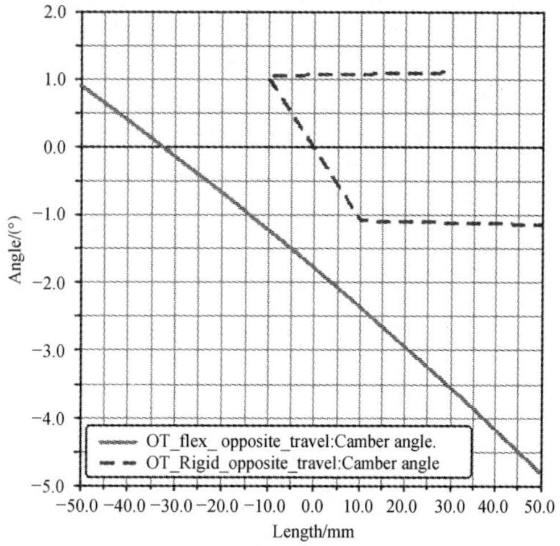

图 17-28　车轮外倾角

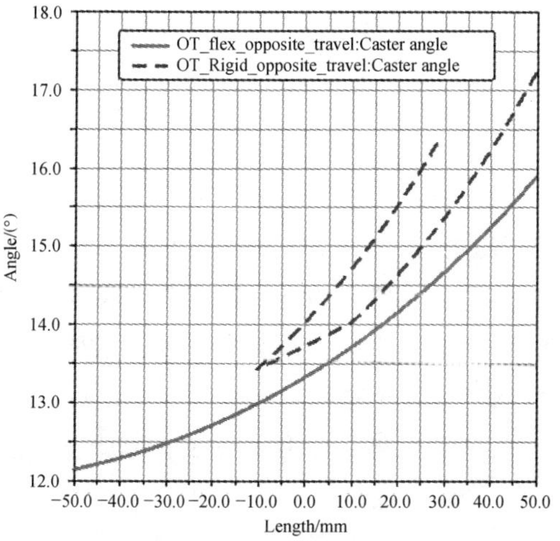

图 17-29　主销后倾角

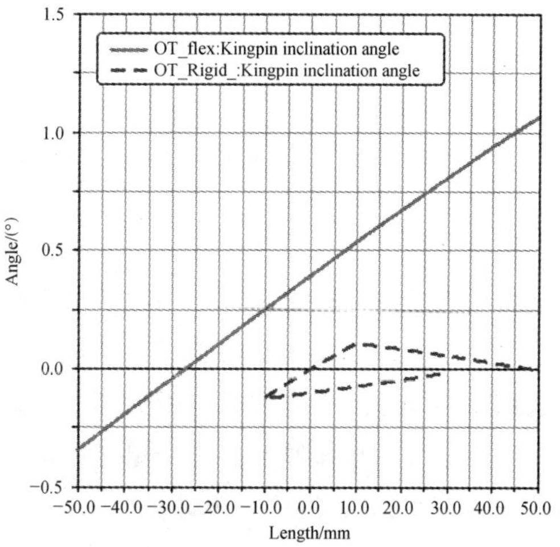

图 17-30　主销内倾角

17.3 柔性钢板弹簧

在 ABAQUS 中建立 5 片装配体板簧模型，其中簧片之间采用绑定约束；两个卷耳中心处建立 RP 参考点，参考点与内孔表面采用 MPC 约束。底部螺栓孔约束处的 MPC 约束需要注意，在选择螺栓内孔表面会导致与绑定面之间产生重复约束点，因此表面选择最低部与车轴接触 MPC 约束（可以通过面切割画出一片小范围接触面），ABAQUS 中板簧模型如图 17-31 ~ 图 17-32 所示。

钢板弹簧中性文件建立方法与前相同，MNF 完成后倒入 ADAMS 中如图 17-33 所示，两卷耳出与大点建立移动副，板簧螺栓孔处建立移动副，方向与网格面垂直。约束建立完成后，在螺栓孔处建立驱动，进行 2 s 仿真如图 17-34 所示。

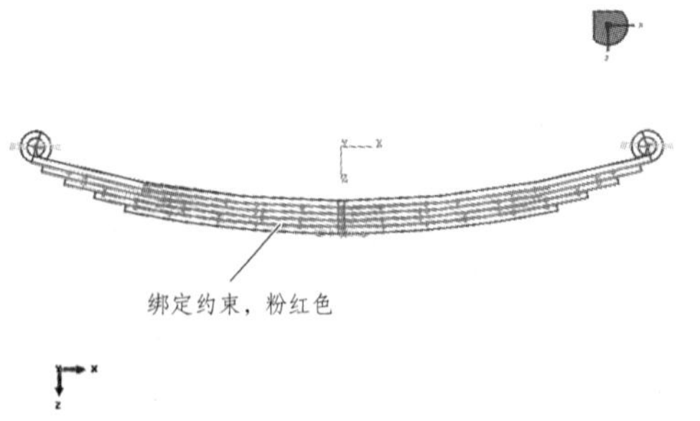

图 17-31 簧片节绑定约束

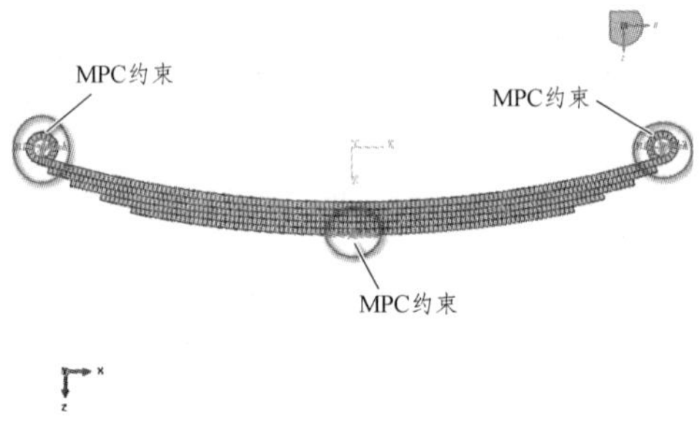

图 17-32 卷耳、螺栓孔 MPC 约束

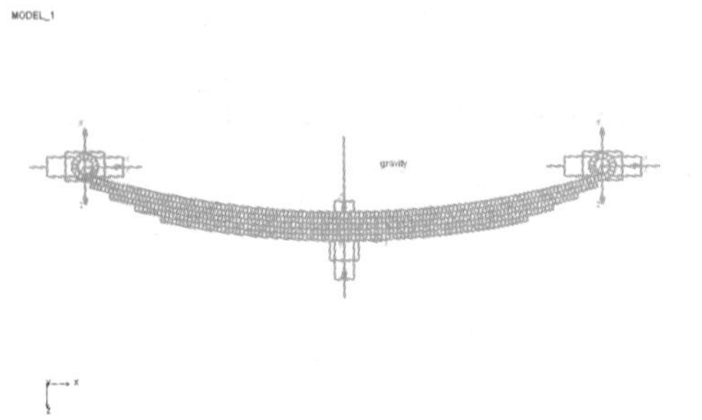

图 17-33 ADAMS 中约束

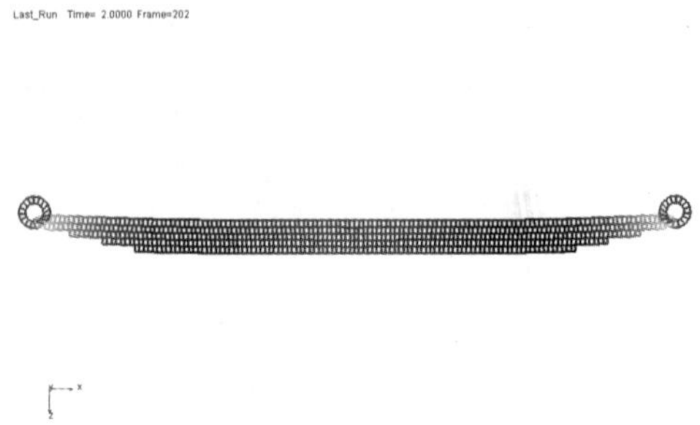

图 17-34 板簧仿真 2 s

板簧装配体 MNF 中性文件能够计算成功，同时也能在 ADAMS 中仿真成功，但不意味着板簧中性文件是正确的。原因在于板簧模型簧片之间采用绑定约束，绑定约束使得簧片之间不能产生移动，与实际板簧运动状态不符。如果板簧变形范围较小且变化速度非常慢，可以近似采用绑定约束处理或者板簧模型在装配体中合并成一个整体处理。

网格划分时板簧厚度为一个单元厚度，如果厚度增加为两个或者 3 个单元厚度，此时模型计算量较大，PC 机已难于计算，采用服务器会大幅提升计算速度。

17.4 柔性横直板簧双横臂悬架

悬架采用横置板簧车辆较少，目前能查到的车型有科尔维特跑车型、沃尔沃系列车型，采用横置板簧后可以取消螺旋弹簧，同时板簧也可以起到横向拉杆的作用。板簧的刚度也可以调节，如图 17-35 所示，板簧中间有 7 个孔，4 挡可调节，通过固定不同孔位置可以改变板簧的刚度，相对螺旋弹簧的固定刚度也具有优势。沃尔沃美洲区与中国区板簧在固定位置不同，虽为同一车型但底盘特性也不一样。

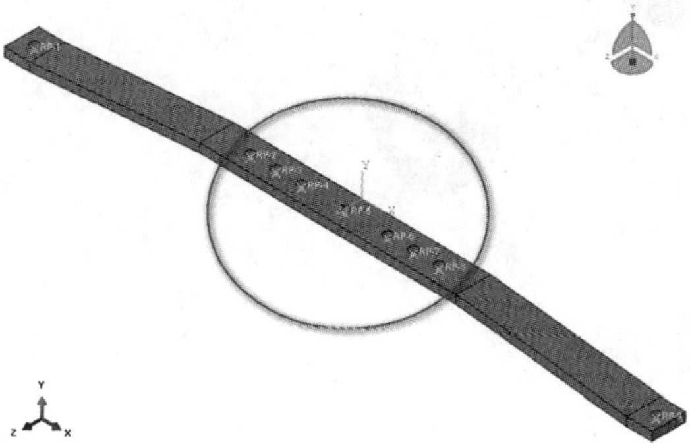

图 17-35　横置板簧

横置板簧中性文件制作过程中 9 个孔全部采用 MPC 约束，前四阶模态如图 17-36 ~ 17-39 所示。板簧中性文件制作完成后通过导入后推杆式悬架模型中，删除相关部件及螺旋弹簧，添加新约束后完成横置板簧双 A 臂悬架模型如图 17-1 所示，此处只介绍模型建立过程思路，具体步骤不再详述，请参考悬架模型建立相关章节。

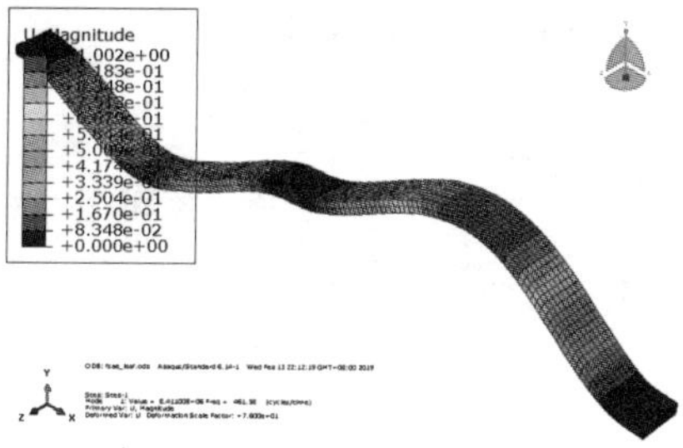

图 17-36　板簧一阶模态

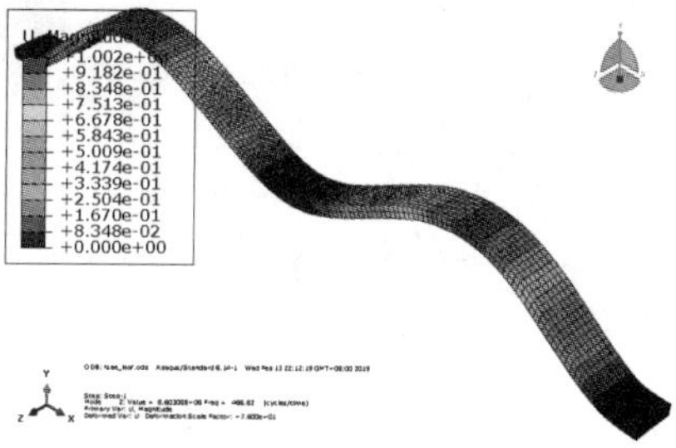

图 17-37　板簧二阶模态

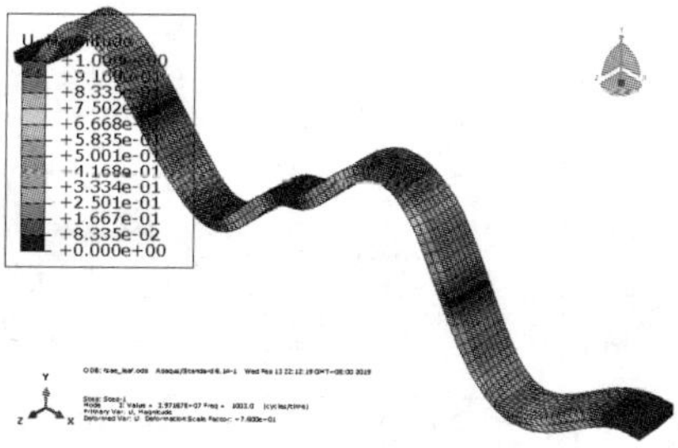

图 17-38　板簧三阶模态

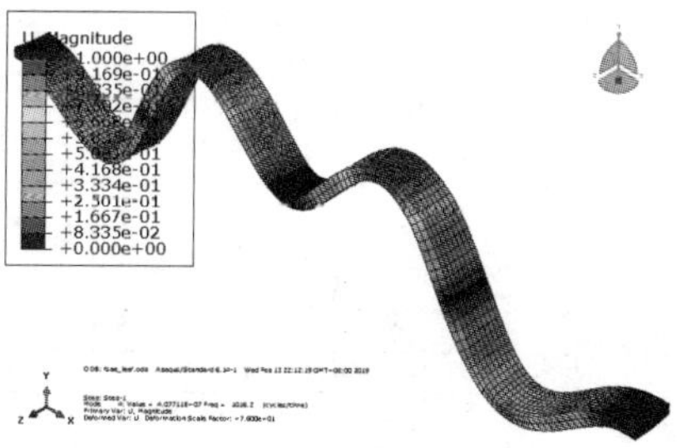

图 17-39　板簧四阶模态

17.5 多柔性 FSAE 赛车

横置板簧双 A 臂悬架模型建立完成后，通过替换 FSAE 赛车前后悬架模型，完后柔性 FSAE 赛车整车模型如图 17-40 所示。整车模型建立完成后进行角阶跃转向仿真，整车运行轨迹如图 17-41 所示；与替换之前的整车模型仿真对比结果如图 17-42 ~ 17-49 所示。

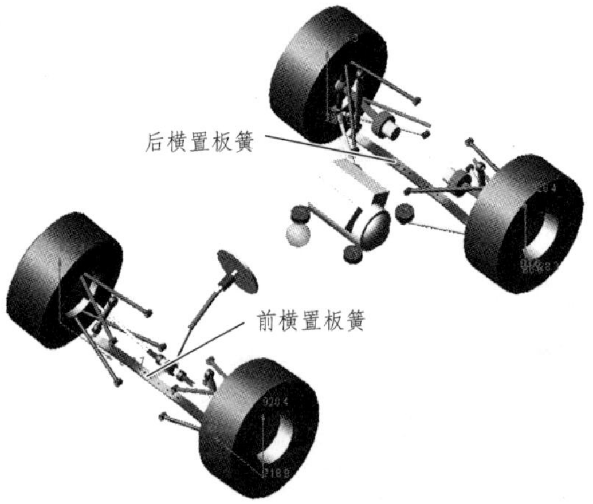

图 17-40　FSAE 柔性整车模型

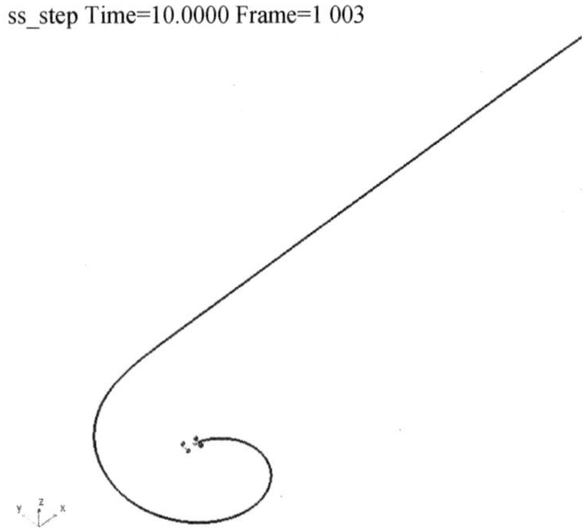

图 17-41　阶跃转向运行轨迹

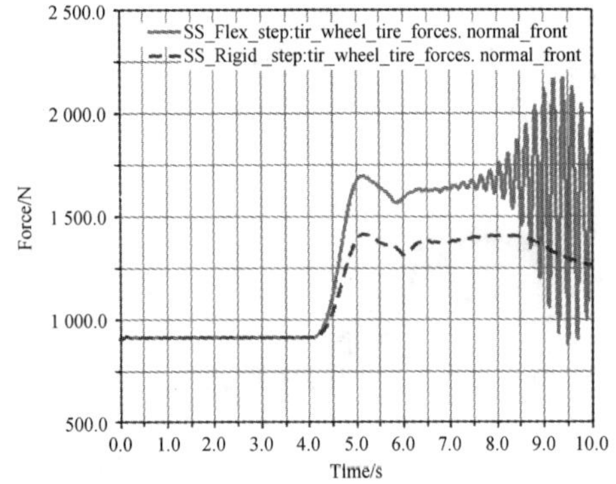

图 17-42　轮胎垂向力

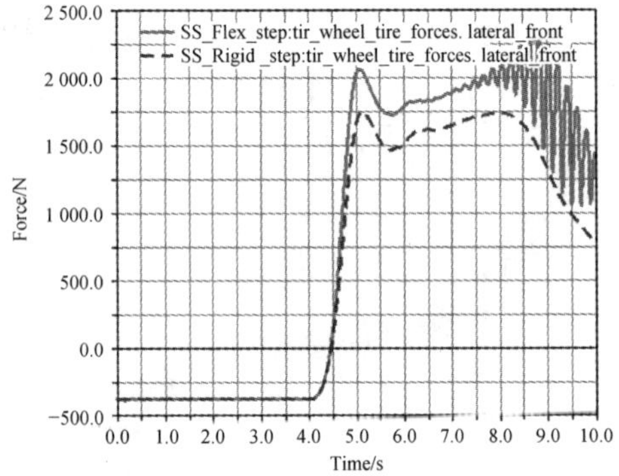

图 17-43　轮胎侧向力

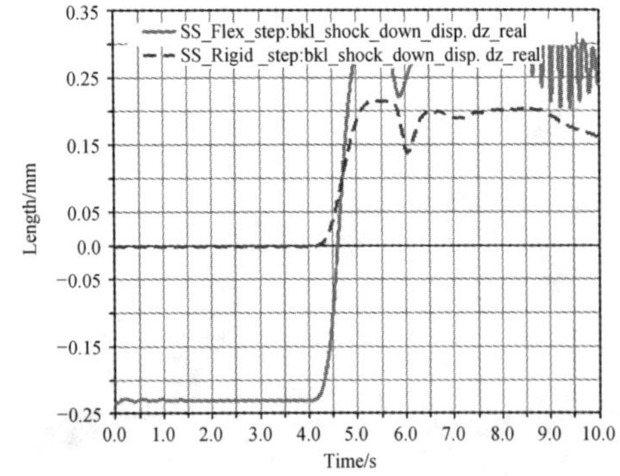

图 17-44　减震器下衬套 Z 方向位移

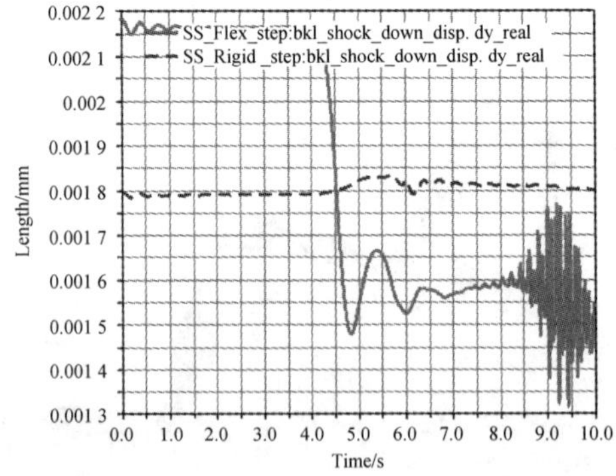

图 17-45　减震器下衬套 Y 方向位移

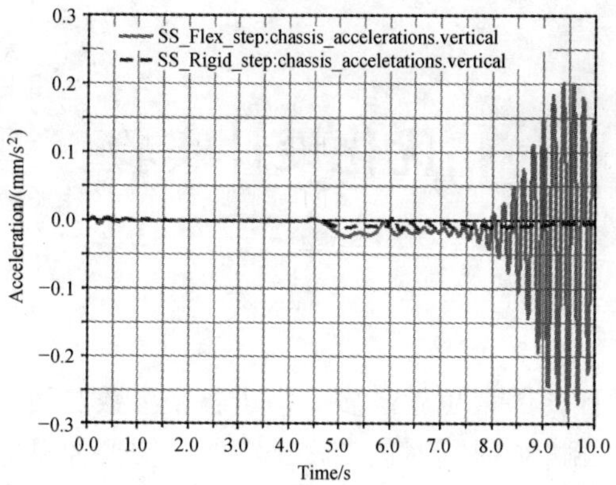

图 17-46　车身垂向加速度

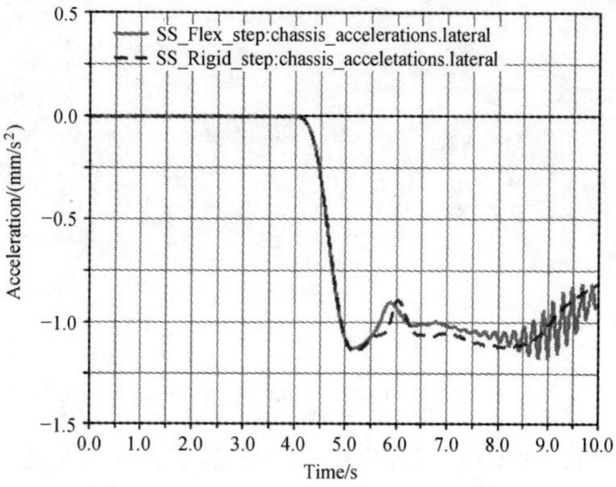

图 17-47　车身侧向加速度

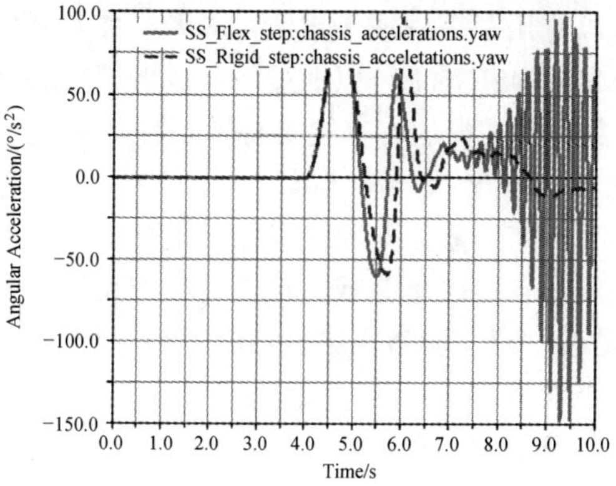

图 17-48　车身横摆角加速度

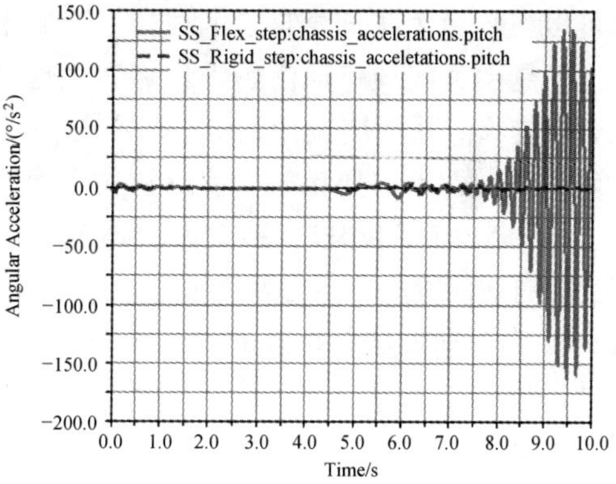

图 17-49　车身俯仰角加速度

第 18 章 优化设计实验

对于一个动力学模型，设计越复杂，影响设计的因素也就越多。由于各个参数之间相互影响，所以每次改变一个参数很难提高设计的性能。如果同时改变多个参数，需要大量的仿真计算，并产生庞大的仿真数据，这样很难判断到底哪个参数是主要的，哪个是次要的。利用 ADAMS/INSIGHT，工程师们可以对虚拟样机和物理样机进行系统的研究、深入的分析，并可以与整个团队分享自己的成果。研究策略可以应用于部件或子系统，或者扩展到评估多层次问题中，实现跨部门的设计方案优化。ADAMS/INSIGHT 可以通过网页或者数据表格实现数据交换，从而使设计人员、研究人员以及项目管理人员能够直接参与到“如果?—怎样?”的研究中，而不需要接触到实际的仿真模型。

ADAMS/INSIGHT 特点为① 研究策略：设计研究、蒙特卡罗法研究、设计实验、扫描研究、周期研究、单目标和多目标优化；② 支持用户自定义策略或将已有策略应用于其他模型；③ 响应曲面法（Response Surface Methods）是通过对实验数据进行数学回归分析的方法，帮助工程师更好地理解产品的性能和系统内部各个参数之间的相互关系；④ 可综合考虑各种制造因素的影响（例如公差、装配误差、加工精度等）；⑤ 对拥有共同输入的不同域的实验进行综合分析；⑥ 将实验结果与解算结果进行综合比较，以便更深入地研究；⑦ 网络发布实验结果；⑧ 可输出为 Excel、MATLAB 以及 Visual Basic 文件格式；⑨ 既可与其他 MSC.ADAMS 模块联合使用，也可脱离 MSC.ADAMS 环境单独使用。

学习目标

- ✧ 双 A 臂悬架前束角优化。
- ✧ 运载火箭模型优化。
- ✧ 推杆式悬架模型外倾角优化。

18.1 双 A 臂悬架前束角优化数据库导入模型

- 启动 ADAMS/VIEW，保持界面默认设置；
- 单击 File > Import，弹出导入模型界面，如图 18-1 所示；

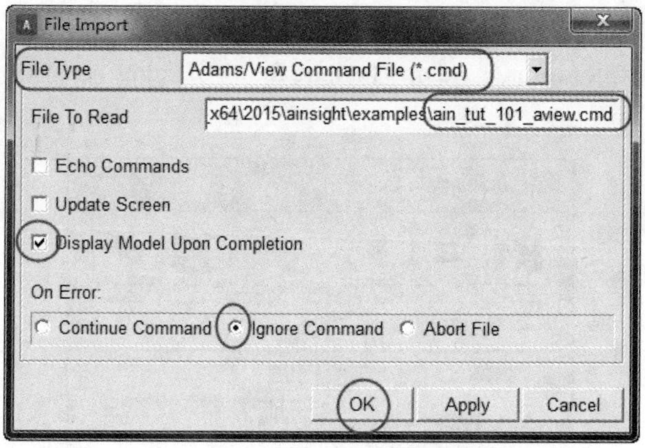

图 18-1　导入 CMD 模型

- File Type：选择 ADAMS/View Command File（*.cmd）;
- File To Read：D：\MSC.Software\Adams_x64\2015\ainsight\examples\ain_tut_101_aview.cmd;
- 勾选 Display Model Upon Completion；
- 单击 OK，完成模型导入，如图 18-2 所示双 A 臂悬架概念化模型，模型中的部件特性、约束、驱动等参数请读者自行查看学习，此处不做详细的叙述。

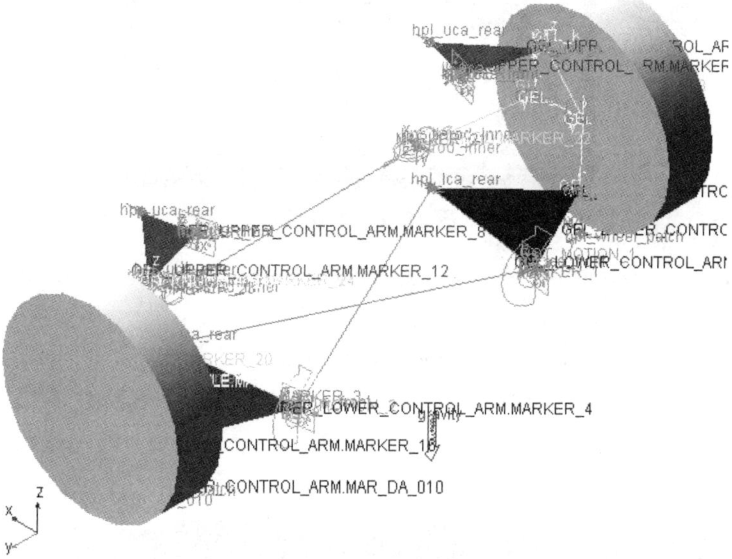

图 18-2　双 A 臂悬架概念模型

（1）运行仿真设定。

- 单击 Simulation > Simulate 命令；
- End Time：5；
- Steps：500；
- 其余保持默认设置；
- 单击 Start simulation，运行完成仿真。

（2）优化设计实验。

- 单击 Design Exploration > Adams/Insight Export Dialog box 命令弹出优化输出界面，如图 18-3 所示；

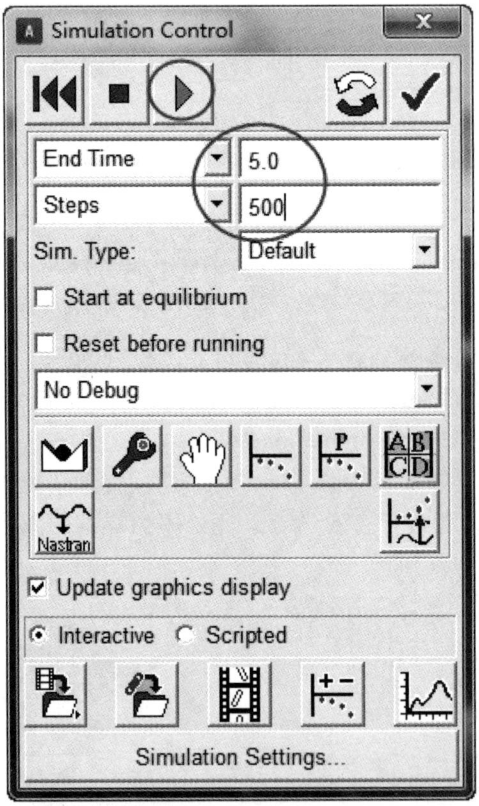

图 18-3　仿真设定

- Experiment：suspension_insight_experiment；
- Model：tut_101_aview；
- Simulation Script：.tut_101_aview.Last_Sim；
- 单击 OK，完成输出接口的设置，此时 ADAMS/VIEW 界面消失，弹出 ADAMS/INSIGHT 界面，其界面较为简单，包含菜单栏、工具条、模型树及显示窗口 4 部分；实验矩阵的设置、分析等将在此界面完成。如图 18-4 所示。

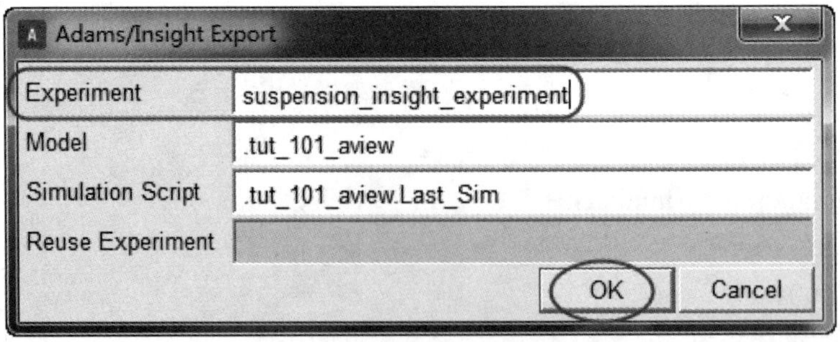

图 18-4　ADAMS/INSIGHT 输出界面

（3）创建设计矩阵（优化变量选取）。

- 选取优化变量，按如下顺序依次展开模型树：Factors > Candidates > tut_101_aview > ground > hpl_tierod_outer；
- 选择：ground.hpl_tierod_outer.x，此时视窗显示如图 18-5 所示；

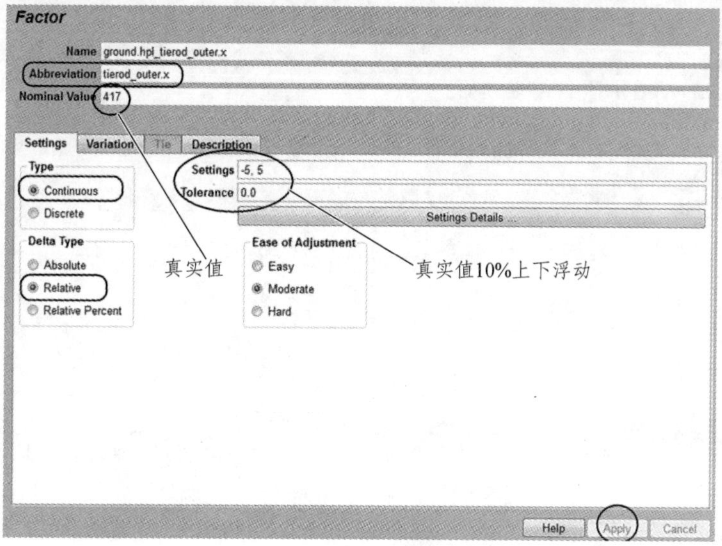

图 18-5　设计变量因素

- 单击 Promote to inclusion，将设计因素 ground.hpl_tierod_outer.x 提升为设计变量；
- Abbreviation（简称）：ground.hpl_tierod_outer.x；
- Nominal Value：417，此数值为转向横拉杆在 x 方向真实值；
- Type：Continuous；
- Delta Type：Relative，相对值，一般允许其变化范围为 Nominal Value 的 10%；
- Settings：– 5，5；在 Nominal Value 的基础减少/增加 5，既允许数值的变化范围为[412，422]；
- 切换到 Description 菜单；
- Units：mm；
- 单击 Apply，完成 ground.hpl_tierod_outer.x 参数的设定；
- 重复上述步骤，完成以下设计因素的设定：

① ground.hpl_tierod_outer.y；

② ground.hpl_tierod_outer.z。

（4）优化目标。

- 选取优化目标，按如下顺序依次展开模型树：Responses > Candidates > tut_101_aview > toe_left_REQ，此优化目标模型导入之前已经创建好，因此不需要创建，如果是自建模型，则需要根据优化的任务创建自己所希望的优化目标；
- 选择 toe_left_REQ，此时视窗显示如图 18-6 所示；
- 单击 Promote to inclusion，将响应因素：ground.hpl_tierod_outer.x 提升为响应目标（优化目标）；

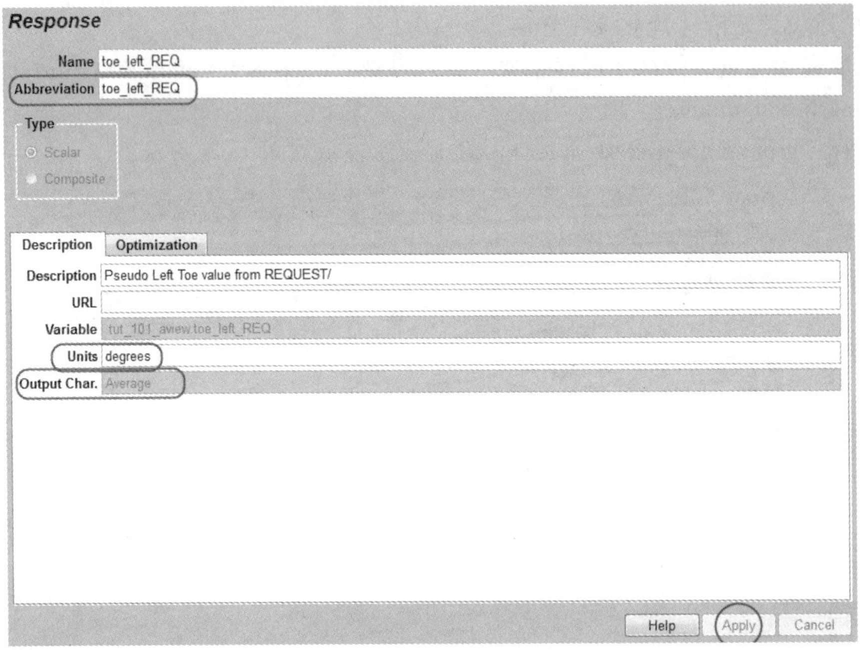

图 18-6　优化目标

- Abbreviation（简称）：toe_left_REQ；
- Units：degrees；
- 单击 Apply，完成 toe_left_REQ 优化目标的设定；
- 重复上述步骤，完成 toe_right_REQ 优化目标的设定。

（5）设置设计规范。

- 单击 Define > Experiment Design > Set Design Specification 弹出设计规范界面，如图 18-7 所示；

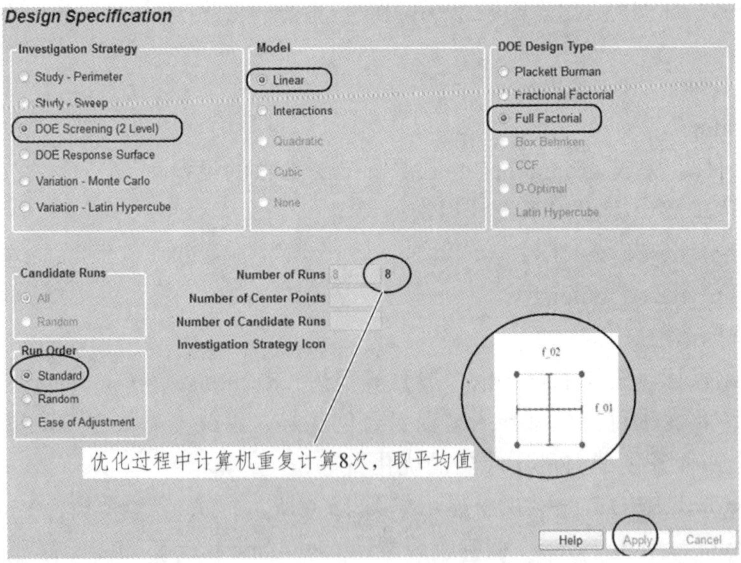

图 18-7　设计规范

- Investigation Strategy：DOE Screening（2 Level）;
- Model：Linear；
- DOE Design Type：Full Factorial；
- 单击 Apply，完成设计规范中参数设定。

（6）创建设计与工作空间。

- 单击 Define > Experiment Design > Create Design Space；
- 单击 Define > Experiment Design > Create Work Space；
- 模型树上单击 Work Space，视图窗口如图 18-8 所示，可以看到上述所选取的优化变量及优化目标参数，优化变量通过不同的组合工有 8 种不同高的组合，提交计算后计算机需要重复计算 8 次；

Work Space

	Trial	tierod outer.y	tierod outer.z	tierod outer.x	toe right REQ	toe left REQ
1	Trial 1	-755	325	412		
2	Trial 2	-755	325	422		
3	Trial 3	-755	335	412		
4	Trial 4	-755	335	422		
5	Trial 5	-745	325	412		
6	Trial 6	-745	325	422		
7	Trial 7	-745	335	412		
8	Trial 8	-745	335	422		

图 18-8　工作空间

（7）提交计算。

- 单击 Simulation > Build-Run-Load > All；
- ADAMS/VIEW 打开并运行由实验定义的仿真。ADAMS/VIEW 状态栏显示显示模拟进度的消息，消息窗口也会出现并显示有关关键位置的警告，在本教程中可以忽略这些警告；
- 计算完成后，界面显示如图 18-9、图 18-10 所示；如图 18-9 所示参数保持恒定值并没有变化，原因在于左右车轮为独立悬架并不相互影响，同时优化变量选取的是右侧横向拉杆外侧点 *x\y\z* 3 个方向的参数，因此优化目标输出变化仅为左侧车轮的前束角。

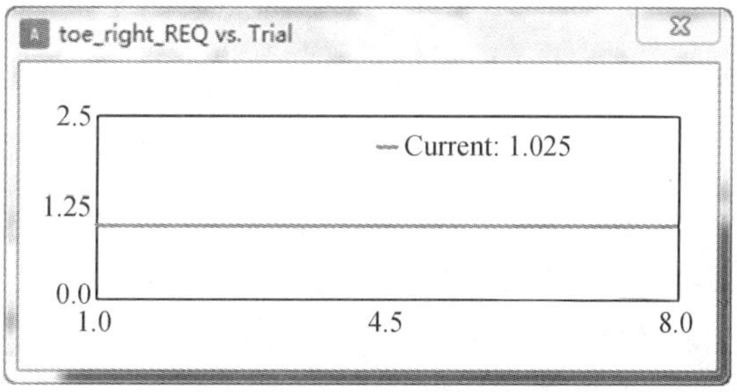

图 18-9　右轮前束角

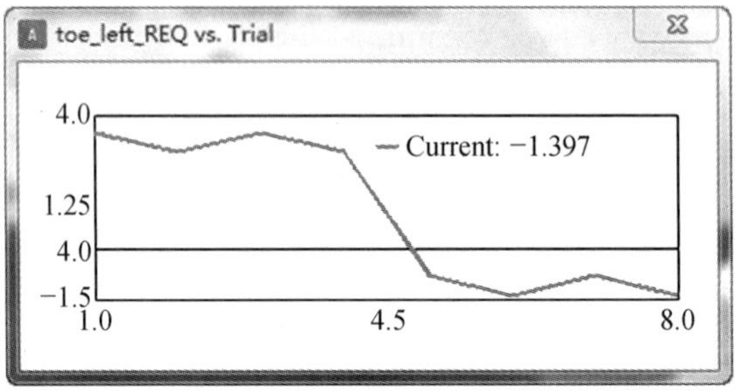

图 18-10　左轮前束角

（8）优化结果。

- 单击 Simulation > Adams/Insight > Display 命令显示如图 18-11 所示的界面；

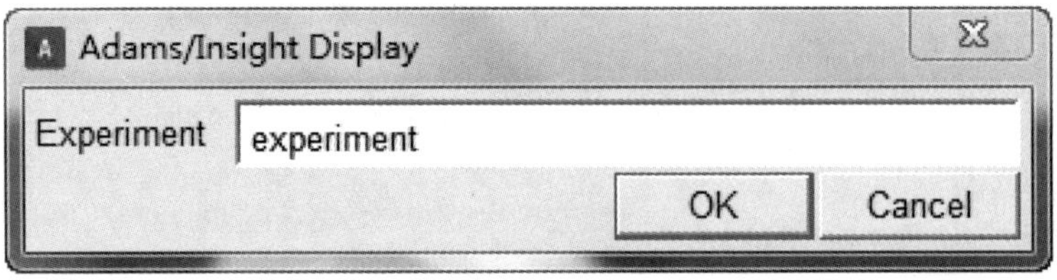

图 18-11　优化结果输出界面

- 模型树下单击：Work Space，计算优化出的结果如图 18-12 所示，从结果中可以看出，每种不同的组合左侧车轮前束角的值完全不同，根据设计要求，可以选取最符合目标的一组值。

Work Space

	Trial	tierod outer.y	tierod outer.z	tierod outer.x	toe right REQ	toe left REQ
1	Trial 1	-755	325	412	1.02452	3.5103
2	Trial 2	-755	325	422	1.02452	2.90266
3	Trial 3	-755	335	412	1.02452	3.5103
4	Trial 4	-755	335	422	1.02452	2.90266
5	Trial 5	-745	325	412	1.02452	-0.777356
6	Trial 6	-745	325	422	1.02452	-1.39724
7	Trial 7	-745	335	412	1.02452	-0.777356
8	Trial 8	-745	335	422	1.02452	-1.39724

图 18-12　优化结果

（9）拟合结果。

ADAMS/VIEW 已经完成了工作空间矩阵中定义的测试，接下来可以使用 ADAMS/INSIGHT 将结果拟合到多项式或响应曲面。

- 单击 Tools > Fit New Model 命令；
- 单击 Regression > toe_left_REQ 命令；
- Display 界面可以选择需要的显示的参数，此处选择 Fit，显示结果如图 18-13 所示；

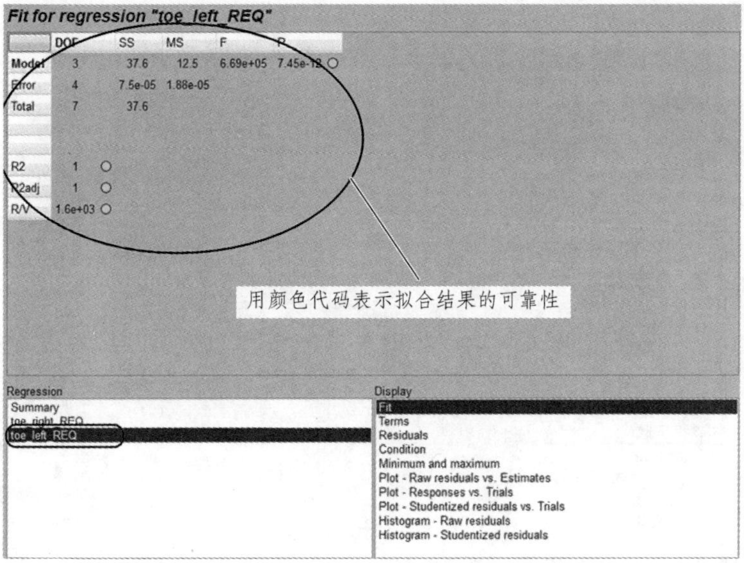

图 18-13　左侧车轮前束角回归拟合分析

① 绿色表示所有拟合标准均满足或超过最高拟合阈值；

② 黄色表示适合标准可能需要调查；

③ 红色表示应调查拟合标准。

- Display 界面可以选择选择 Plot—Responses vs Trials，显示结果如图 18-14 所示与如图 18-12 所示数值相同。

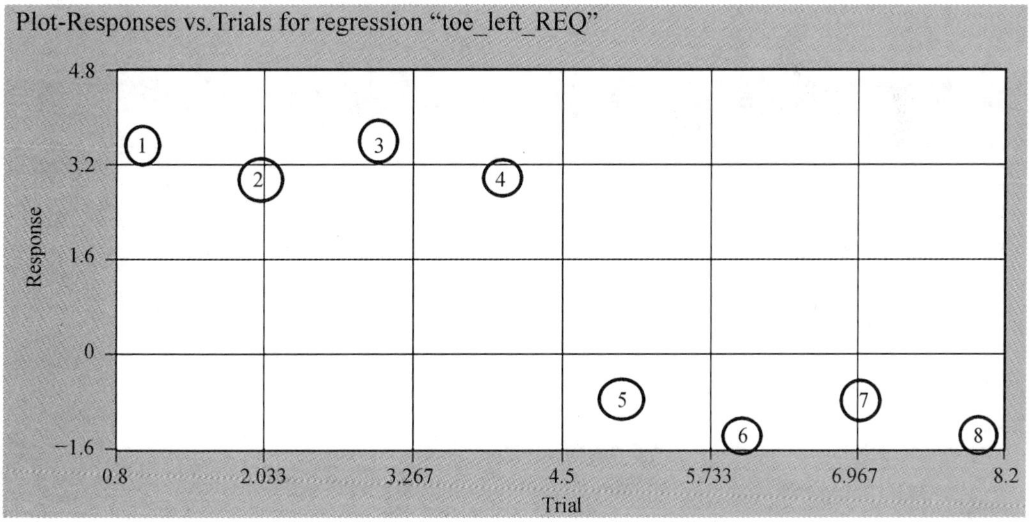

图 18-14　响应（Responses vs Trials）

（10）刷新因素设定。

可以使用 ADAMS / INSIGHT 执行单目标和多目标优化。单目标优化旨在标量响应；多目标优化涉及多个标量响应。

- 单击 Tools > Optimize Model 命令，显示如图 18-15 所示界面；

- 在优化模型界面中，可以通过滑动条幅修改参数 tierod_outer.x\ tierod_outer.y\ tierod_outer.z 的值，修改完成后，下列的设计目标值会通过刷新按钮更新；

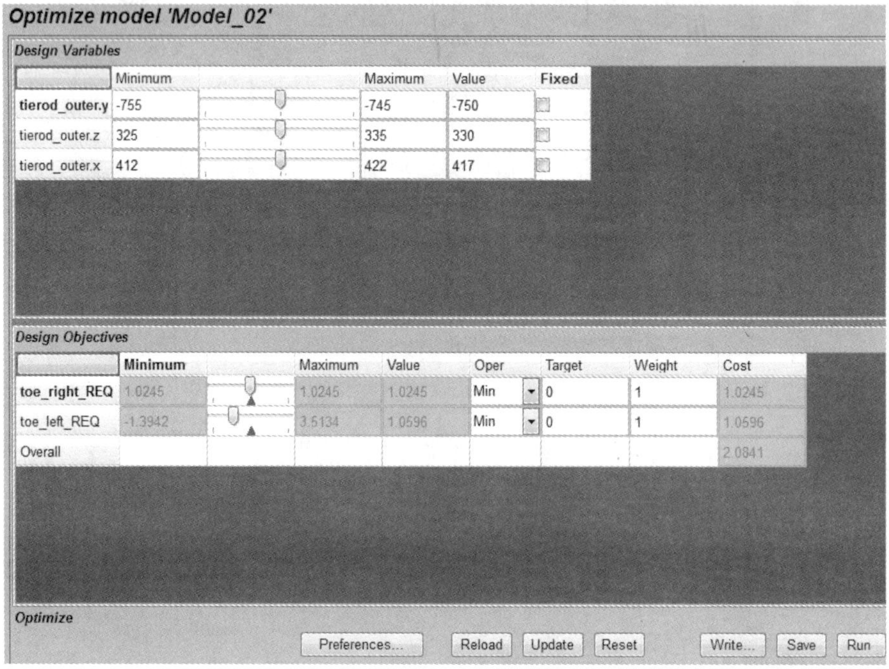

图 18-15 优化模型界面

- 单击 Analysis > Model_01 > Export to Web > Model_01 命令，显示如图 18-16 所示界面；

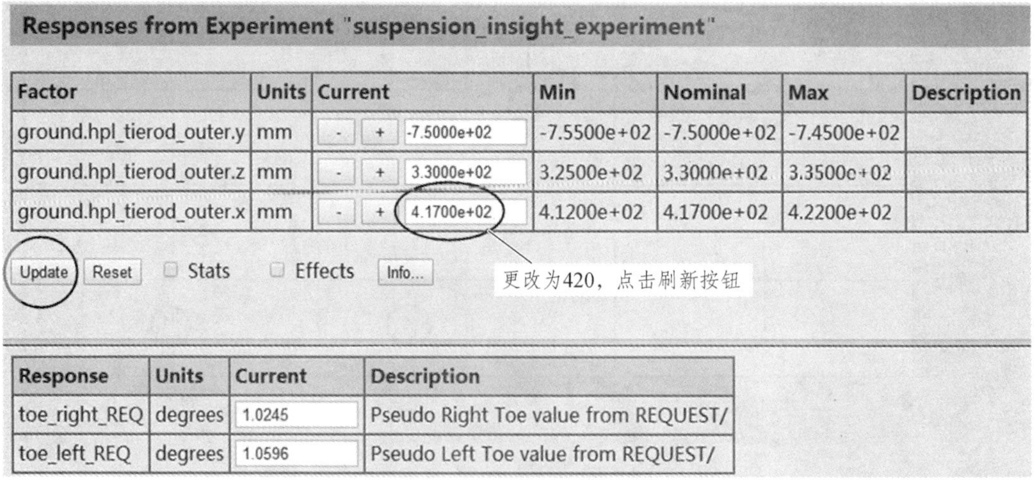

图 18-16 响应输出（网页模式）

- 将第一个因子 hpl_tierod_outer.x 的值从 417 更改为 420，然后选择 Update。目标响应会进行调整以反映新的因子值；注意：只有一个的值响应中的 toe_left_REQ 反映了变化，因为模型是一个独立的悬架，其中右拉杆未与左拉杆相连，因子值更改仅影响悬架的左侧；左车轮前束角变化如图 18-17 所示；

- 勾选 Effects，优化变量灵敏度显示如图 18-18 所示，可以看出，*Y* 方向的数值对钱束角的影响最大。

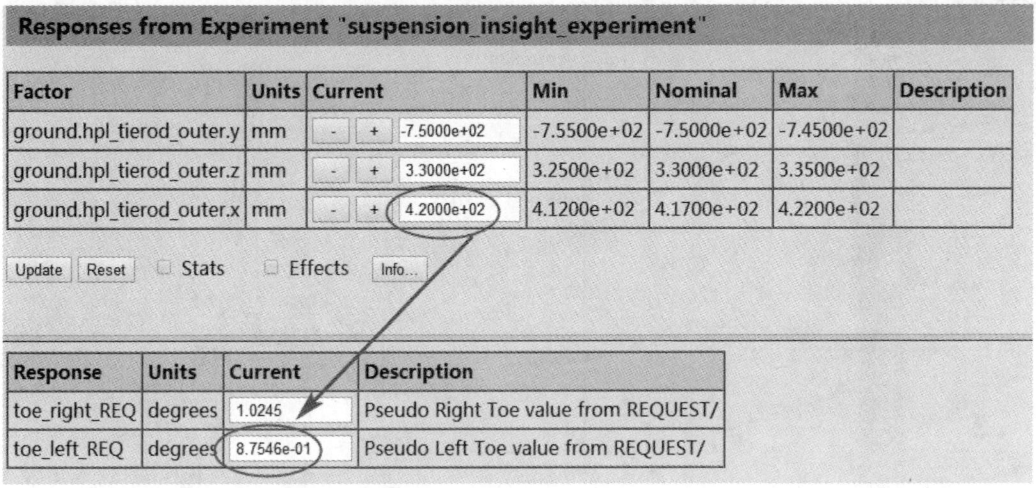

图 18-17　响应输出（网页模式，改变数值为 420）

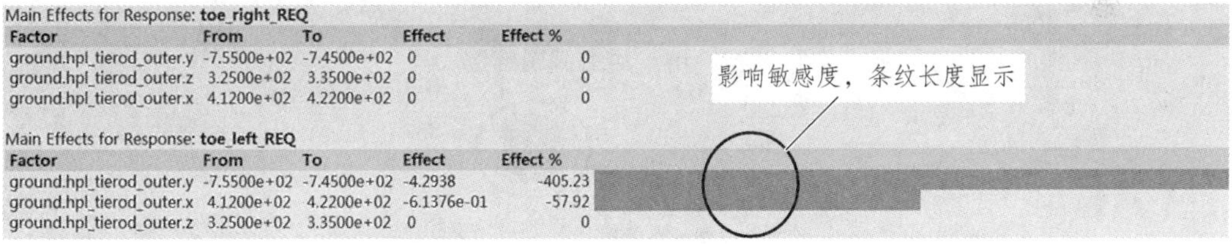

图 18-18　响参数灵敏度分析

18.2　运载火箭模型

应用于机械系统的蒙特卡罗分析方法涉及多次运行参数，目的是为预测机构性能提供统计依据。该方法的基础涉及使用概率密度函数（PDF）表征参数，必须为将在分析中变化的每个参数指定此功能，例如弹簧刚度，阻尼率和初始旋转率等。

- 启动 ADAMS/VIEW，保持界面默认设置；
- 单击 File > Import，弹出导入模型界面参考如图 18-1 所示；
- File Type：选择 ADAMS/View Command File（*.cmd）；
- File To Read：D：\MSC.Software\Adams_x64\2015\ainsight\examples\ain_tut_141_aview.cmd；
- 勾选 Display Model Upon Completion；
- 单击 OK，完成运载火箭模型的导入如图 18-19 所示。

（1）火箭运行仿真设定。

- 单击 Simulation > Simulate 命令；
- End Time：5；
- Steps：500；

- 其余保持默认设置；
- 单击 Start simulation，运行完成仿真，仿真完成观看动画效果如图 18-20 所示，航天器与接口分离；

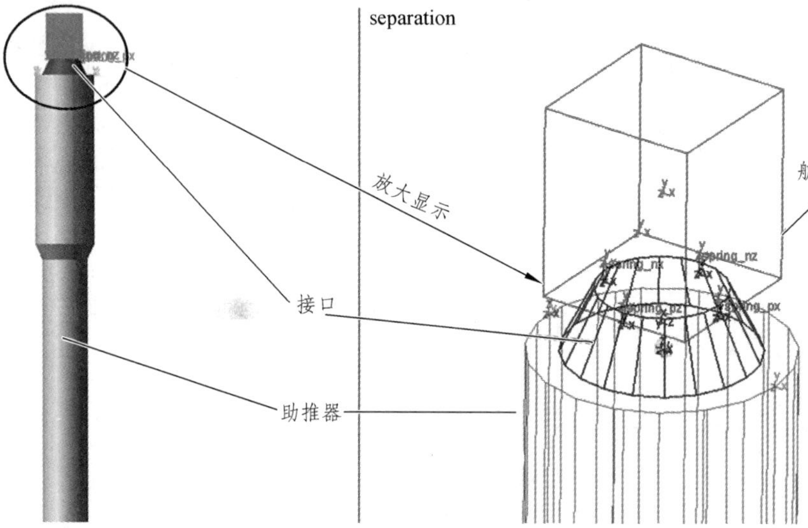

图 18-19　运载火箭模型

图 18-20　航天器发射

（2）优化设计实验。

- 单击 Design Exploration > ADAMS/INSIGHT Export Dialog box 命令弹出优化输出界面，如图 18-21 所示；

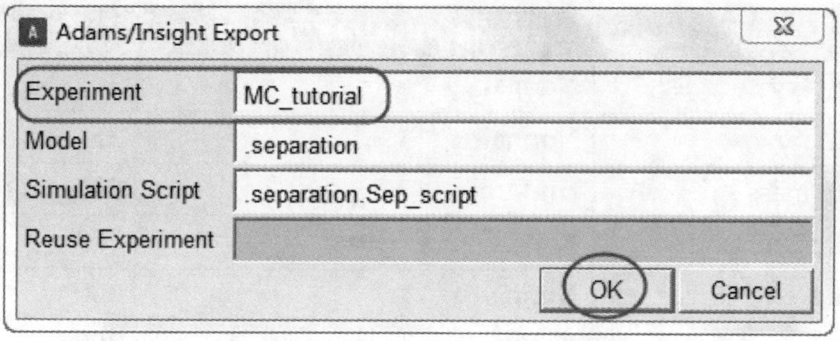

图 18-21　ADAMS/Insight 输出接口

- Experiment：MC_tutorial；
- Model：separation；
- Simulation Script：. separation.Sep_script；
- 单击 OK，完成输出接口的设置，此时 ADAMS/VIEW 界面消失，弹出 ADAMS/INSIGHT 界面。
- 参考双 A 臂悬架设定优化变量与优化目标，设定完成后的运载火箭模型树如图 18-22 所示，设置过程中需要修改的参数如图 18-23 所示。

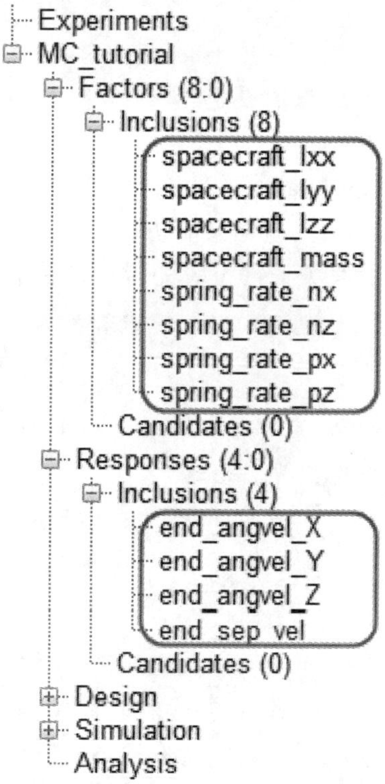

图 18-22　运载火箭优化界面模型树

Factor:	Variation Distribution:	Tolerance:
spacecraft_lyy	Normal	30
spacecraft_lzz	Normal	35
spacecraft_mass	Uniform	23
spring_rate_nx	Normal	200
spring_rate_nz	Normal	200
spring_rate_px	Normal	200
spring_rate_pz	Normal	200

图 18-23　优化变量参数修订值

（3）设置设计规范。

- 单击 Define > Experiment Design > Set Design Specification 弹出设计规范界面，如图 18-24 所示；
- Investigation Strategy：Variation-Monte Carlo；
- Model：Linear；
- Number of Runs：100；
- Number of Center Points：0；
- 单击 Apply，完成设计规范中参数设定。

（4）提交计算。

- 单击 Simulation > Build-Run-Load > All；
- ADAMS/VIEW 打开并运行由实验定义的仿真。ADAMS/VIEW 状态栏显示模拟进度的消息，消息窗口也会出现并显示有关关键位置的警告，在本教程中可以忽略这些警告；

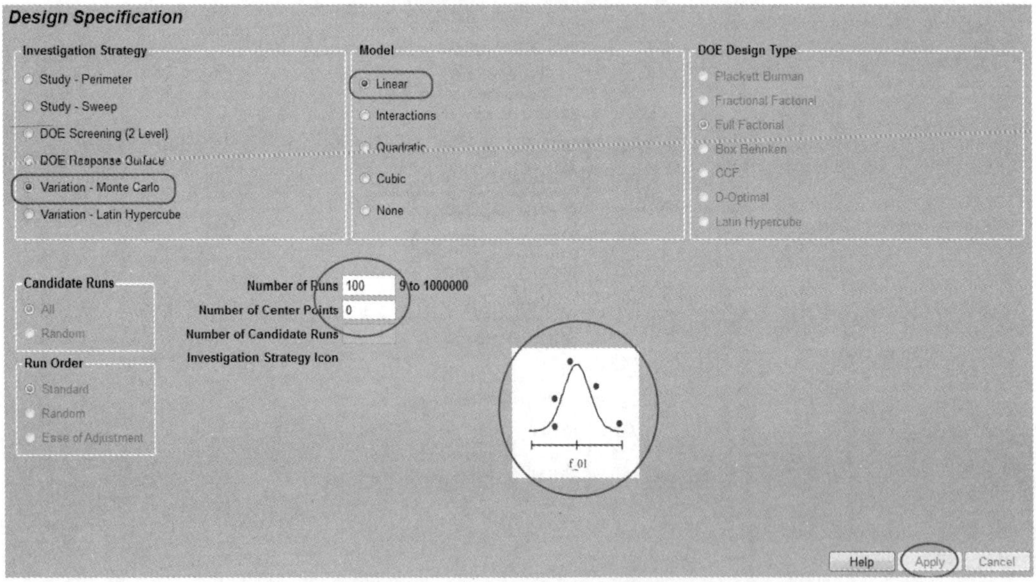

图 18-24　运载火箭设计规范

• 运载火箭模型计算较为缓慢，计算机需要重复计算 128 次；计算完成后界面显示图 18-25 ~ 图 18-28 所示。

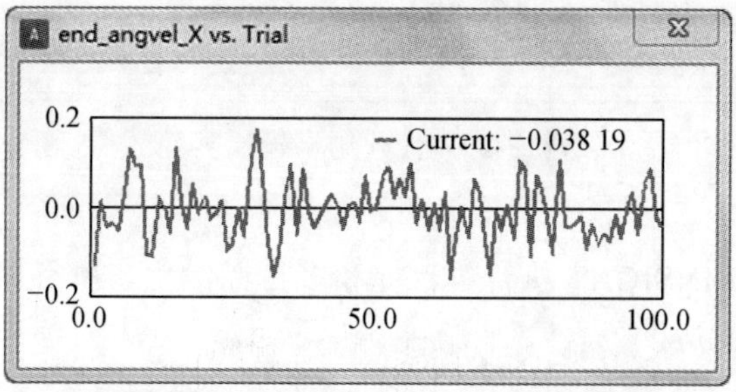

图 18-25　航天器终点时 X 方向角速度

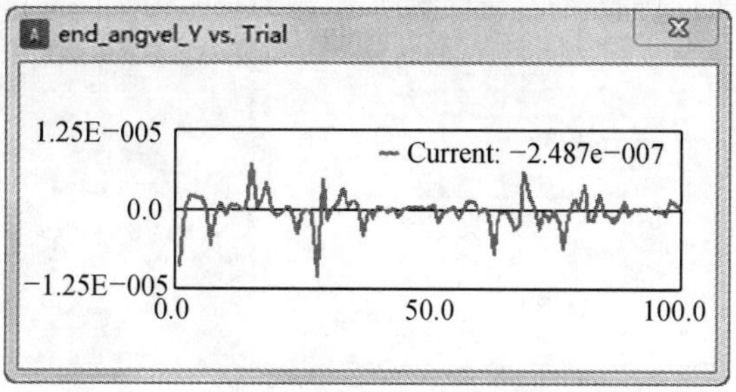

图 18-26　航天器终点时 Y 方向角速度

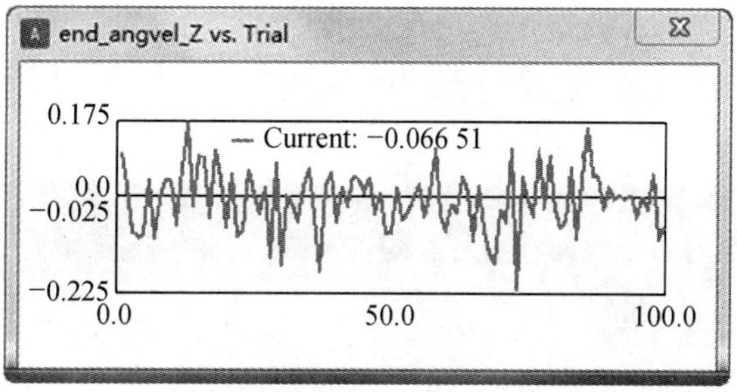

图 18-27　航天器终点时 Z 方向角速度

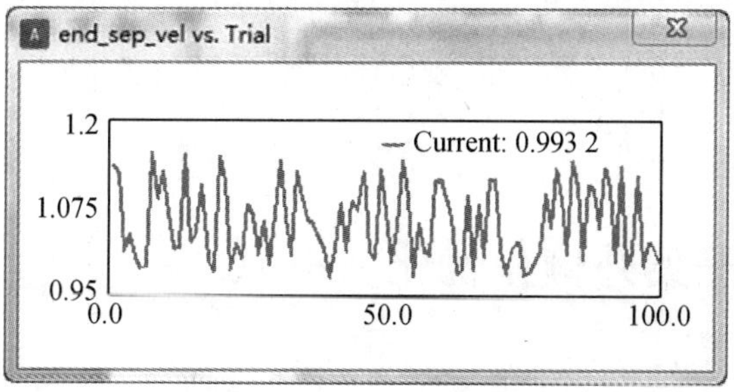

图 18-28　助推器速度

（5）优化结果。

• 单击 Simulation > Adams/Insight > Display 命令显示如图 18-29 所示的界面。

图 18-29　优化结果输出界面

（6）刷新因素设定。

可以使用 ADAMS / INSIGHT 执行单目标和多目标优化。单目标优化旨在标量响应；多目标优化涉及多个标量响应。

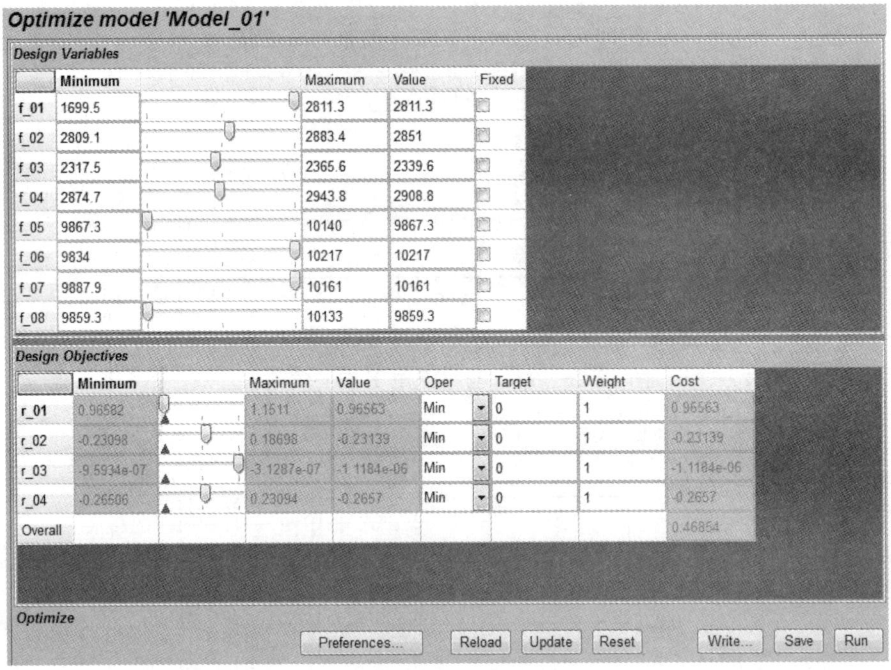

图 18-30　优化模型界面

- 单击 Tools > Optimize Model 命令，显示图 18-30 所示界面。
- 在优化模型界面中，可以通过滑动条幅修改参数值，修改完成后，设计目标值会通过刷新按钮更新。

18.3　推杆式悬架外倾角优化——ACAR

（1）悬架装配。

- 单击 File > New > Suspension Assembly 命令，弹出推杆式悬架装配对话框，如图 18-31 所示；

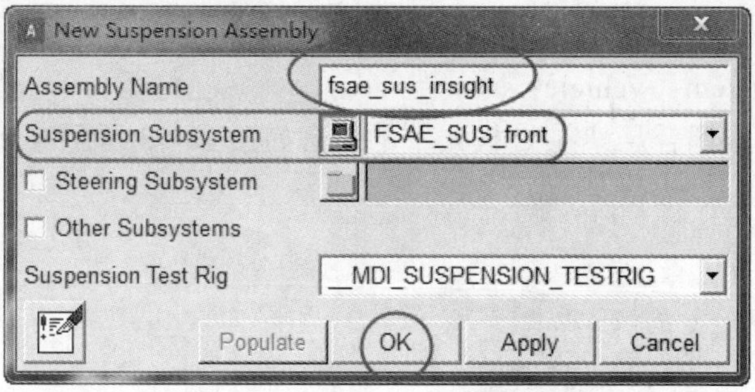

图 18-31　推杆式悬架装配

- Assembly Name（系统名称）：fsae_sus_insight；
- Suspension Subsystem（模板路径）：FSAE_SUS_front；
- 单击 OK，完成推杆式悬架的装配。

（2）仿真设置

- 单击 Simulate > Suspension Analysis > Opposite Travel 命令，弹出双轮同向激振对话框，如图 18-32 所示；

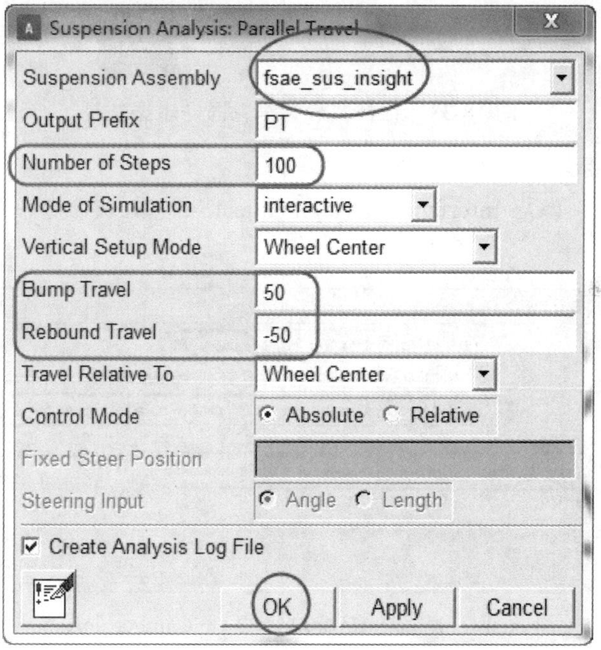

图 18-32　车轮同向激振仿真

- Output Prefix：PT；
- Number of Steps（仿真步数）：100；
- Mode of Simulation：interactive；
- Vertical Setup Mode：Wheel Center；
- Bump Travel：50；
- Rebound Travel：-50；
- Travel Relative To：Wheel Center；

- Control Mode：Absolute；
- Coordinate System：Vehicle；
- 单击 OK，完成耦合悬架在 C 模式下的仿真如图 18-33 所示。

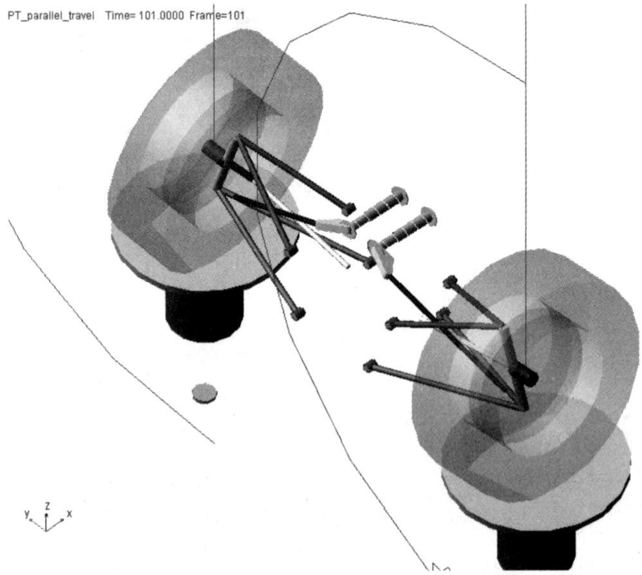

图 18-33　推杆式悬架车轮同向激振仿真

（3）创建优化目标。

- 单击 Simulate > DOE Interface > Design Objective > New 命令，弹出设计目标对话框，如图 18-34 所示；

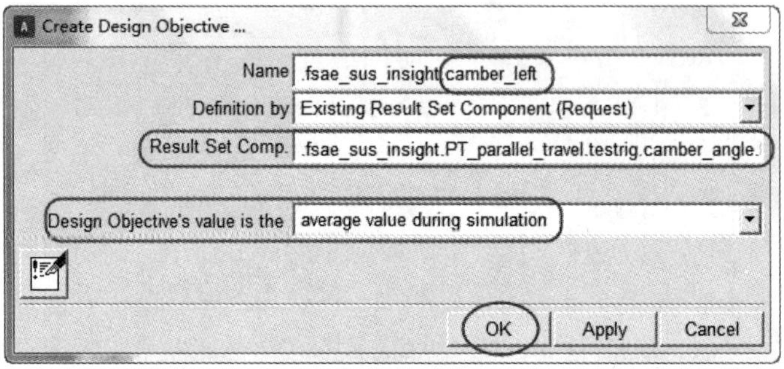

图 18-34　设计目标对话框——Camber_left

- Definition by：Existing Result Set Component（Request）；
- Result Set Comp：.fsae_sus_insight.PT_parallel_travel.testrig.camber_angle.left；
- Design Objective's value is the：average value duringsimulation；
- 单击 Apply，完成 camber_angle.left 优化目标的创建；
- Result Set Comp：.fsae_sus_insight.PT_parallel_travel.testrig.camber_angle.right；
- Design Objective's value is the：average value duringsimulation；
- 单击 OK，完成 camber_angle. right 优化目标的创建。

（4）优化设计实验。

• 单击 Simulate > DOE Interface > Adams/Insight > Export 命令弹出优化输出界面，如图 18-35 所示；

• Assembly：fsae_sus_insight；

• Experiment：PT_parallel_travel_doe；

• Simulation Script：fsae_sus_insight.simulation_script；

• 单击 OK，完成输出接口的设置，此时 ADAMS/VIEW 界面消失，弹出 ADAMS/INSIGHT 界面。

（5）优化结果。

后续具体操作请参考前束角优化，此处不再详细叙述，计算机共运行 64 次，优化结果如图 18-36～图 18-38 所示；优化变量敏感度如图 18-39 所示。

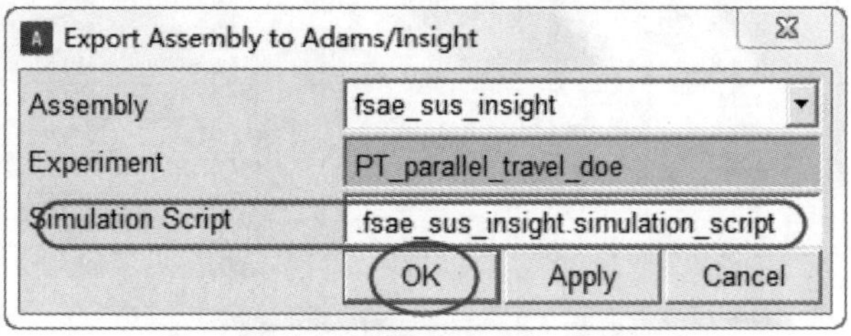

图 18-35　ADAMS/INSIGHT 输出接口

Work Space

	Trial	hpl uca outer.x	hpl uca outer.y	hpl uca outer.z	hpr uca outer.x	hpr uca outer.y	hpr uca outer.z	camber angle left	camber angle right
1	Trial 1	-5	-487.6	350.6	-5	477.6	350.6	-7.64193	-7.71144
2	Trial 2	-5	-487.6	350.6	-5	477.6	360.6	-7.64193	-7.94597
3	Trial 3	-5	-487.6	350.6	-5	487.6	350.6	-7.64193	-7.64193
4	Trial 4	-5	-487.6	350.6	-5	487.6	360.6	-7.64193	-7.87602
5	Trial 5	-5	-487.6	350.6	5	477.6	350.6	-7.64193	-7.7873
6	Trial 6	-5	-487.6	350.6	5	477.6	360.6	-7.64193	-8.0239
7	Trial 7	-5	-487.6	350.6	5	487.6	350.6	-7.64193	-7.7165
8	Trial 8	-5	-487.6	350.6	5	487.6	360.6	-7.64193	-7.95269
9	Trial 9	-5	-487.6	360.6	-5	477.6	350.6	-7.87602	-7.71144
10	Trial 10	-5	-487.6	360.6	-5	477.6	360.6	-7.87602	-7.94597
11	Trial 11	-5	-487.6	360.6	-5	487.6	350.6	-7.87602	-7.64193
12	Trial 12	-5	-487.6	360.6	-5	487.6	360.6	-7.87602	-7.87602
13	Trial 13	-5	-487.6	360.6	5	477.6	350.6	-7.87602	-7.7873
14	Trial 14	-5	-487.6	360.6	5	477.6	360.6	-7.87602	-8.0239
15	Trial 15	-5	-487.6	360.6	5	487.6	350.6	-7.87602	-7.7165
16	Trial 16	-5	-487.6	360.6	5	487.6	360.6	-7.87602	-7.95269
17	Trial 17	-5	-477.6	350.6	-5	477.6	350.6	-7.71144	-7.71144
18	Trial 18	-5	-477.6	350.6	-5	477.6	360.6	-7.71144	-7.94597
19	Trial 19	-5	-477.6	350.6	-5	487.6	350.6	-7.71144	-7.64193
20	Trial 20	-5	-477.6	350.6	-5	487.6	360.6	-7.71144	-7.87602
21	Trial 21	-5	-477.6	350.6	5	477.6	350.6	-7.71144	-7.7873
22	Trial 22	-5	-477.6	350.6	5	477.6	360.6	-7.71144	-8.0239
23	Trial 23	-5	-477.6	350.6	5	487.6	350.6	-7.71144	-7.7165
24	Trial 24	-5	-477.6	350.6	5	487.6	360.6	-7.71144	-7.95269
25	Trial 25	-5	-477.6	360.6	-5	477.6	350.6	-7.94597	-7.71144
26	Trial 26	-5	-477.6	360.6	-5	477.6	360.6	-7.94597	-7.94597
27	Trial 27	-5	-477.6	360.6	-5	487.6	350.6	-7.94597	-7.64193
28	Trial 28	-5	-477.6	360.6	-5	487.6	360.6	-7.94597	-7.87602

图 18-36　优化结果（1～28 行）

29	Trial 29	-5	-477.6	360.6	5	477.6	350.6	-7.94597	-7.7873
30	Trial 30	-5	-477.6	360.6	5	477.6	360.6	-7.94597	-8.0239
31	Trial 31	-5	-477.6	360.6	5	487.6	350.6	-7.94597	-7.7165
32	Trial 32	-5	-477.6	360.6	5	487.6	360.6	-7.94597	-7.95269
33	Trial 33	5	-487.6	350.6	-5	477.6	350.6	-7.7165	-7.71144
34	Trial 34	5	-487.6	350.6	-5	477.6	360.6	-7.7165	-7.94597
35	Trial 35	5	-487.6	350.6	-5	487.6	350.6	-7.7165	-7.64193
36	Trial 36	5	-487.6	350.6	-5	487.6	360.6	-7.7165	-7.87602
37	Trial 37	5	-487.6	350.6	5	477.6	350.6	-7.7165	-7.7873
38	Trial 38	5	-487.6	350.6	5	477.6	360.6	-7.7165	-8.0239
39	Trial 39	5	-487.6	350.6	5	487.6	350.6	-7.7165	-7.7165
40	Trial 40	5	-487.6	350.6	5	487.6	360.6	-7.7165	-7.95269
41	Trial 41	5	-487.6	360.6	-5	477.6	350.6	-7.95269	-7.71144
42	Trial 42	5	-487.6	360.6	-5	477.6	360.6	-7.95269	-7.94597
43	Trial 43	5	-487.6	360.6	-5	487.6	350.6	-7.95269	-7.64193
44	Trial 44	5	-487.6	360.6	-5	487.6	360.6	-7.95269	-7.87602
45	Trial 45	5	-487.6	360.6	5	477.6	350.6	-7.95269	-7.7873
46	Trial 46	5	-487.6	360.6	5	477.6	360.6	-7.95269	-8.0239
47	Trial 47	5	-487.6	360.6	5	487.6	350.6	-7.95269	-7.7165
48	Trial 48	5	-487.6	360.6	5	487.6	360.6	-7.95269	-7.95269
49	Trial 49	5	-477.6	350.6	-5	477.6	350.6	-7.7873	-7.71144
50	Trial 50	5	-477.6	350.6	-5	477.6	360.6	-7.7873	-7.94597
51	Trial 51	5	-477.6	350.6	-5	487.6	350.6	-7.7873	-7.64193
52	Trial 52	5	-477.6	350.6	-5	487.6	360.6	-7.7873	-7.87602
53	Trial 53	5	-477.6	350.6	5	477.6	350.6	-7.7873	-7.7873
54	Trial 54	5	-477.6	350.6	5	477.6	360.6	-7.7873	-8.0239
55	Trial 55	5	-477.6	350.6	5	487.6	350.6	-7.7873	-7.7165

图 18-37 优化结果（29 ~ 55 行）

56	Trial 56	5	-477.6	350.6	5	487.6	360.6	-7.7873	-7.95269
57	Trial 57	5	-477.6	360.6	-5	477.6	350.6	-8.0239	-7.71144
58	Trial 58	5	-477.6	360.6	-5	477.6	360.6	-8.0239	-7.94597
59	Trial 59	5	-477.6	360.6	-5	487.6	350.6	-8.0239	-7.64193
60	Trial 60	5	-477.6	360.6	-5	487.6	360.6	-8.0239	-7.87602
61	Trial 61	5	-477.6	360.6	5	477.6	350.6	-8.0239	-7.7873
62	Trial 62	5	-477.6	360.6	5	477.6	360.6	-8.0239	-8.0239
63	Trial 63	5	-477.6	360.6	5	487.6	350.6	-8.0239	-7.7165
64	Trial 64	5	-477.6	360.6	5	487.6	360.6	-8.0239	-7.95269

图 18-38 优化结果（56 ~ 64 行）

Main Effects for Response: **camber_angle_left**

Factor	From	To	Effect	Effect %
FSAE_SUS_front.ground.hpl_uca_outer.z	3.5060e+02	3.6060e+02	-2.3535e-01	-3.01
FSAE_SUS_front.ground.hpl_uca_outer.x	-5.0000	5.0000	-7.6259e-02	-0.97
FSAE_SUS_front.ground.hpl_uca_outer.y	-4.8760e+02	-4.7760e+02	-7.0366e-02	-0.9
FSAE_SUS_front.ground.hpr_uca_outer.z	3.5060e+02	3.6060e+02	8.8818e-16	0
FSAE_SUS_front.ground.hpr_uca_outer.x	-5.0000	5.0000	0	0
FSAE_SUS_front.ground.hpr_uca_outer.y	4.7760e+02	4.8760e+02	0	0

Main Effects for Response: **camber_angle_right**

Factor	From	To	Effect	Effect %
FSAE_SUS_front.ground.hpr_uca_outer.z	3.5060e+02	3.6060e+02	-2.3535e-01	-3.01
FSAE_SUS_front.ground.hpr_uca_outer.x	-5.0000	5.0000	-7.6259e-02	-0.97
FSAE_SUS_front.ground.hpr_uca_outer.y	4.7760e+02	4.8760e+02	7.0366e-02	0.9
FSAE_SUS_front.ground.hpl_uca_outer.z	3.5060e+02	3.6060e+02	-4.4409e-15	0
FSAE_SUS_front.ground.hpl_uca_outer.x	-5.0000	5.0000	1.7764e-15	0
FSAE_SUS_front.ground.hpl_uca_outer.y	-4.8760e+02	-4.7760e+02	1.7764e-15	0

图 18-39 外倾角优化变量敏感度分析

附　录

集成式下控制臂倒三轮车模型 my_sanlun_op_leaf_down_full.bin 如附图 A 所示，整车模型存储在章节文件中，读者可自行调阅学习。

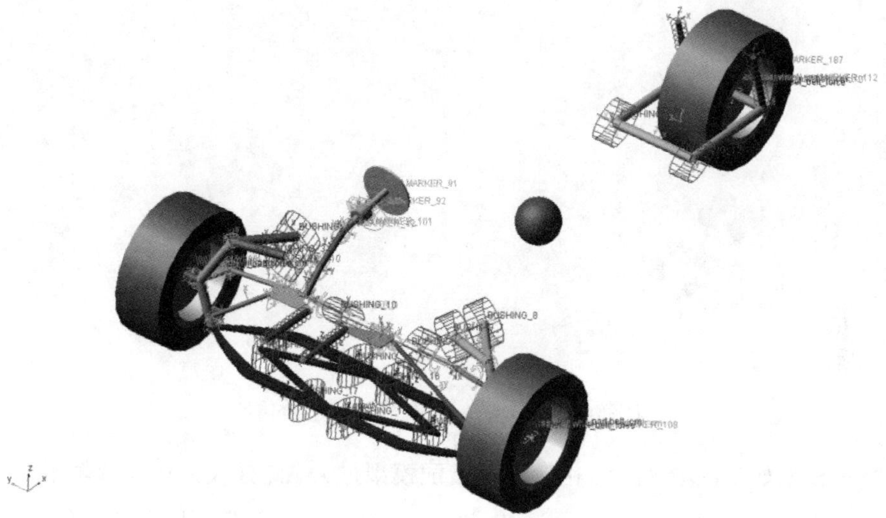

附图 A　倒三轮车模型（前悬架下控制臂为柔性体）

8×4 整车模型如附图 B 所示，由于整车装配模型过大，此处仅提供一个后平衡悬架模型 _Truck_rear_sus_double_axle_1，此平衡悬架模型板簧采用有限元 MNF 制作完成；漂移仿真整车运动轨迹如附图 C 所示。

附图 B　8×4 整车模型

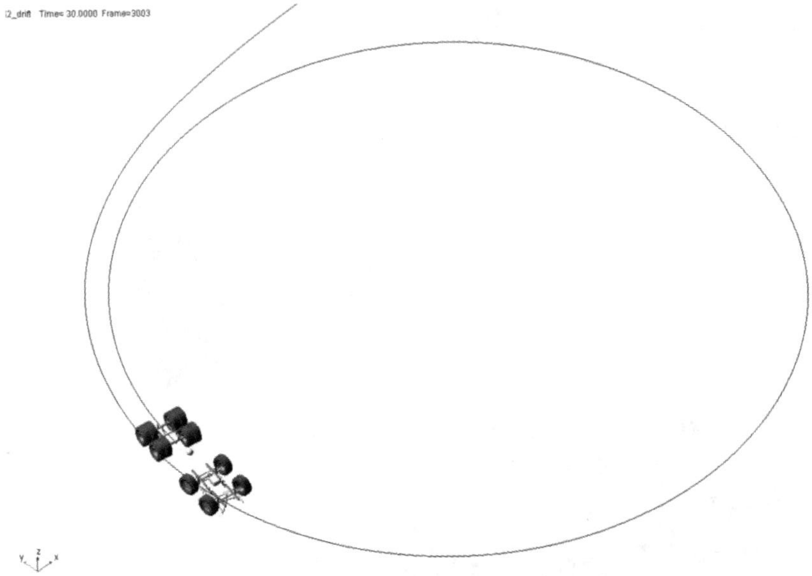

附图 C　8×4 整车漂移仿真运动轨迹

6×2 整车模型如附图 D 所示，由于整车装配模型过大，此处仅提供前双轴平衡悬架模型 _my_truck_sus_hanger_front_1 与_my_truck_sus_hanger_rear_1；整车阶跃转向仿真整车运动轨迹如附图 E 所示。

附图 D　6×2 整车模型

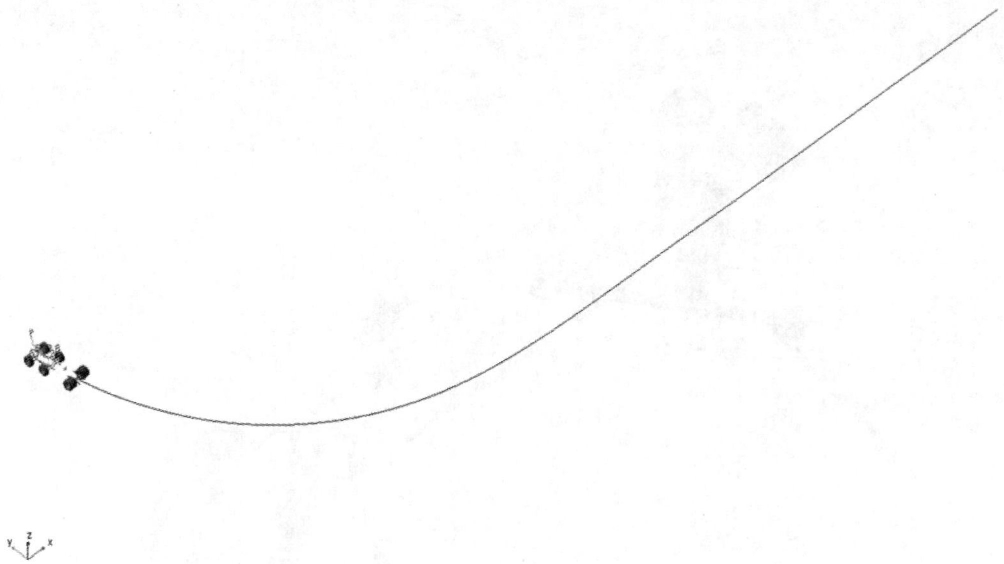

附图 E　6×2 整车阶跃转向仿真运动轨迹

ATV 整车模型如附图 F 所示，整车模型参考 View 模板中的硬点参数并在 CAR 模块中重新建立，建立过程中后悬架的几何通过杆件适当简化，此处仅提供后悬架模型_ATV_rear_sus_simple。

附图 F　ATV 整车模型

四连杆整体桥式悬架模型如附图 G 所示，悬架模型_P2_rear_sus_4_link_white_bar 存储在章节文件中，读者可自行调阅学习。以四连杆整体桥式悬架为基础建立的电动整车模型如附图 H 所示。

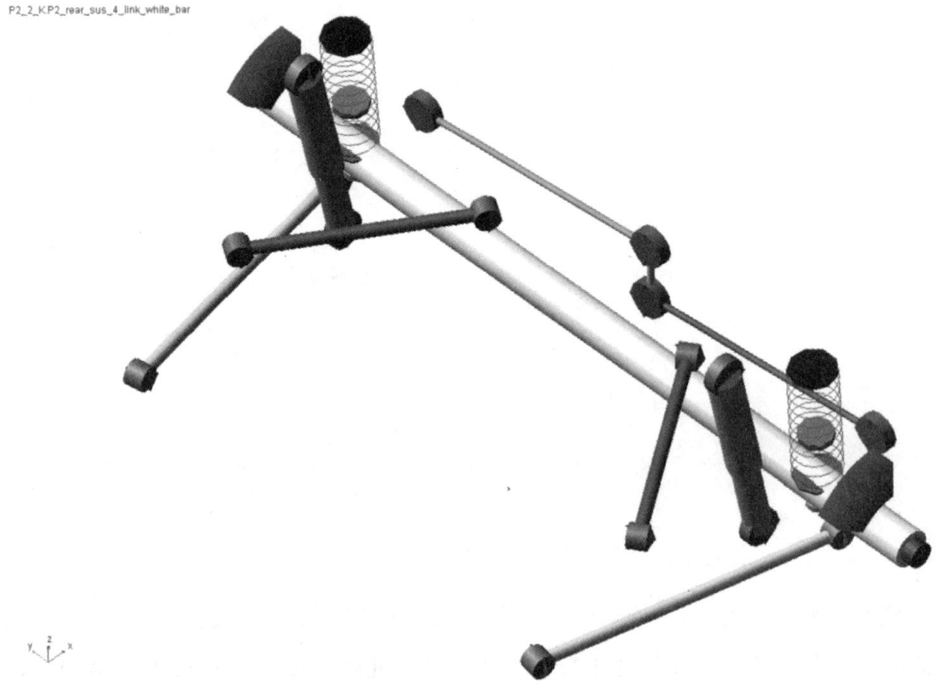

附图 G　四连杆整体桥式悬架模型

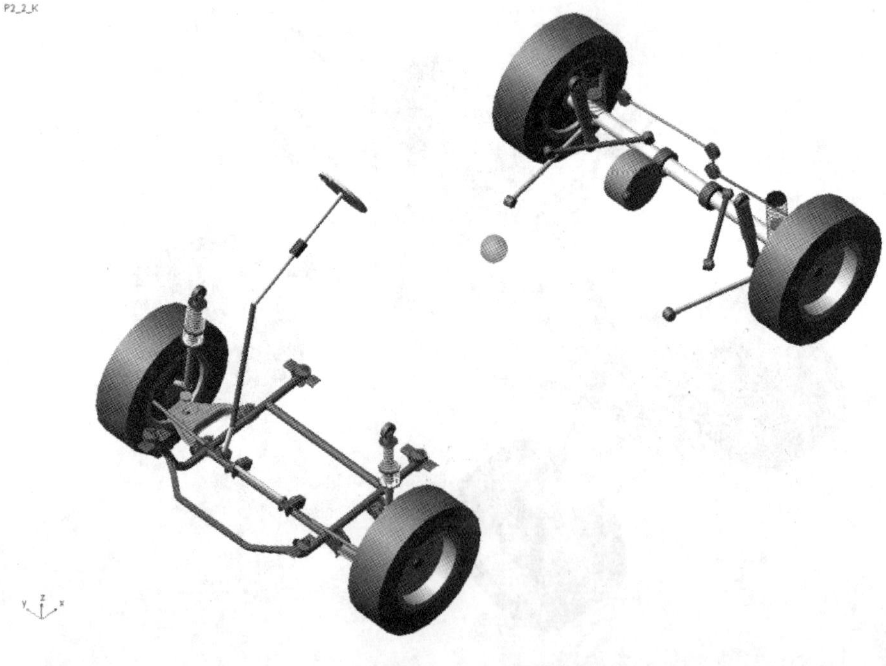

附图 H　电动整车模型

四轴系车辆制动模型如附图I所示，ADAMS公版数据库中并没有提供四轴系车辆制动系统模型，而四轴系车辆较为常见，例如6×4牵引车；通过把两轴系车辆制动模型在View模块中合并而成，合并完成后需要在实验台上添加对应的输入通信器，否则会导致实验台输入通信器同时匹配两个输出通信器现象（并不影响制动仿真）。四轴系制动系统模型_Truck_brake_four_axle存储在章节文件中，读者可自行调阅学习。

附图I　四轴系车辆制动模型

附录模型资源包

参考文献

[1] 冯静娟，汤淋淋. 基于 ADAMS 的行星齿轮传动动力学研究[J]. 机械工程与自动化，2020（06）：62-63.

[2] 周军，高跃飞，王登，肖建光，王振嵘. 基于 ADAMS 的火炮发射动力学仿真研究[J]. 振动与冲击，2020，39（23）：135-140.

[3] 王孝鹏. 磁流变式驾驶室悬置系统隔振研究[J]. 机械设计与制造，2020（07）：129-133.

[4] 张永祥，涂虎，陆杰，朱丹宸，赵磊. 基于 ADAMS 的齿轮裂纹故障仿真研究[J]. 机械强度，2020，42（06）：1277-1285.

[5] 桂林，程志. 基于 Pro/E 和 ADAMS 的拖拉机齿轮系统设计与仿真[J]. 农机化研究，2021，43（08）：265-268.

[6] 李江，范禅金，赵化刚. 基于 ADAMS 的双横臂式独立悬架仿真与优化[J]. 汽车实用技术，2020，45（19）：62-64.

[7] 王孝鹏. 平衡悬架精准建模与推杆特性研究[J]. 机械设计与制造，2020（05）：214-217+223.

[8] 张志亮，朱建军. FSAE 赛车整车建模及操纵稳定性仿真[J]. 机械设计与制造，2020（01）：75-79.

[9] 王孝鹏. 汽车理论课程平行分层化教学思路研究[J]. 西昌学院学报（自然科学版），2019，33（03）：92-96.

[10] 王恒. 汽车动力总成主动悬置系统控制与仿真研究[D]. 重庆：重庆理工大学，2019.

[11] 龙金莲，张玉分，卢家暄，王家忠. 汽车主动悬架 LQR 控制器平顺性控制仿真[J]. 计算机仿真，2018，35（04）：102-106.

[12] 汤建新，张腾，牛赛赛. 半主动空气弹簧悬架的 PID 优化控制与联合仿真[J]. 汽车实用技术，2018（01）：55-58.

[13] 孙攀. 汽车半主动悬架平顺性优化控制仿真研究[D]. 长沙：湖南大学，2017.

[14] 王孝鹏，陈秀萍，刘建军，吴龙. 基于 ABAQUS 的 H5G 型重卡钢板弹簧有限元仿真研究[J]. 三明学院学报，2017，34（02）：47-56.

[15] 白欣. 基于 ADAMS 与 MATLAB 的主动悬架控制策略研究[D]. 哈尔滨：东北林业大学，2017.

[16] 付涛，王大镇，弓清忠，祁丽. 车辆空气悬架 PID 控制优化仿真[J]. 计算机仿真，2015，32（01）：197-201.

[17] 王孝鹏，刘建军. 弯道制动模式下 FSAE 赛车稳定性研究[J]. 机械设计与制造，2019

（10）：110-114.
[18] 古晓科. 磁流变减振器多目标优化设计及半主动悬架仿真研究[D]. 重庆：重庆大学，2014.
[19] 王纪婵，张亲艳，潘劲松. 空气弹簧悬架的鲁棒控制仿真研究[J]. 机械设计与制造，2012（08）：154-156.
[20] 于海涛，田静姝，于海波，门玉琢，李跃伟. ADAMS 与 MATLAB 软件在汽车悬架系统优化及控制中的应用[J]. 机械设计与制造，2010（07）：82-84.
[21] 王孝鹏. 变刚度横置板簧式悬架系统设计研究[J]. 机械设计与制造，2020（01）：9-13.
[22] 陈黎卿. 基于 ADAMS 的悬架优化及控制研究[D]. 合肥：合肥工业大学，2005.
[23] 王启瑞，朱婉玲，陈无畏，施文武. 汽车半主动悬架集成优化仿真研究[J]. 合肥工业大学学报（自然科学版），2001（06）：1046-1052.
[24] 王孝鹏. 弯道模式下 FSAE 赛车后轮随动转向特性研究[J]. 机械设计与制造，2020（02）：129-133.